金融学译丛

Applied Corporate Finance 3e

应用公司财务

（第三版）

阿斯沃思·达摩达兰（Aswath Damodaran） 著

芮 萌 张逸民 译

中国人民大学出版社

·北京·

出版说明

作为世界经济的重要组成部分，金融在经济发展中扮演着越来越重要的角色。为了加速中国金融市场与国际金融市场的顺利接轨，帮助中国金融界相关人士更好、更快地了解西方金融学的最新动态，寻求建立并完善中国金融体系的新思路，促进具有中国特色的现代金融体系的建立，中国人民大学出版社精心策划了这套“金融学译丛”，该套译丛旨在把西方金融体系相对完善的国家最权威、最具代表性的金融学著作，被实践证明最有效的金融理论和实用操作方法介绍给中国的广大读者。

该套丛书主要包括以下三个方面：

（1）理论方法。重在介绍金融学的基础知识和基本理论，帮助读者更好地认识和了解金融业，奠定从事深层次学习、研究等的基础。

（2）实务案例。突出金融理论在实践中的应用，重在通过实务案例以及案例讲解等，帮助广大读者将金融学理论的学习与金融学方法的应用结合起来，更加全面地掌握现代金融知识，学会在实际决策中应用具体理论，培养宏观政策分析和进行实务操作的能力。

（3）学术前沿。重在反映金融学科的最新发展方向，便于广大金融领域的研究人员在系统掌握金融学基础理论的同时，了解金融学科的学术前沿问题和发展现状，帮助中国金融学界更好地认清世界金融的发展趋势和发展前景。

我们衷心地希望这套译丛的推出能够如我们所愿，为中国的金融体系建设和改革贡献出一份力量。

中国人民大学出版社

2004 年 8 月

前　言

在介绍前言之前，我先表明我的两个个人观点。第一，我相信理论以及模型应该是我们分析和解决问题的工具。检验一个模型或者理论的标准不在于它们是否优美，而在于它们是否有助于我们解决问题。第二，几乎没有任何公司财务的理论是新的具有开创性的。公司财务的核心原则建立在常识的基础上，并且经久不变。公司财务的发展只有数十年，而人们经商的时间已经有几千年的历史。如果我们认为这些商人一直处在黑暗之中，直到创建公司财务理论的学者们出现并指导商人们如何去做，他们才开始有序行事的话，那我们就太自以为是了。平心而论，公司财务理论在应用常识准则及提供框架方面有很大的进步，但是这些进步主要着眼于细节。公司财务的整体框架在很长的时间内都没有变化。

谈到框架，让我想到本书的第一主旨。本书阐述了世界上公司财务的基本观点，即任何一个企业所做的决策都可以分成三类——将企业筹集而来的资源或者资金投资到何处，包括内部资源和外部资源（投资决策）；从哪里以及如何为这些投资项目筹集资金（融资决策）；在多大范围及以何种形式将资金返还给股东（股利决策）。在我看来，公司财务的第一原则可以总结在图 1 中，同时图 1 也展示出本书的整体脉络。本书的每个章节都与图 1 的某些部分有关联，每一章也以该图开始，并且强调相应章节的重点。（请留意图 1 中每一方块下面的章节编号。）也就是说，本书中的所有部分都可以在此框架中找到。

当你看到本书的章节大纲时，你可能会想知道哪些章节是关于现值、期权定价和债务定价的，哪些章节是关于短期财务管理、营运资本和国际财务的。这些章节的第一部分，即被划分为“工具”的章节，被放在附录中，并不是我认为它们不重要，而是我想将关注点放在本书的整体框架上。对于我们而言，理解货币时间价值的概念非常重要，但本书主要是将此概念用于更好地度量投资回报率和为企业估值。期权定价理论不仅优美而且为我们提供了令人难忘的深刻见解，但本书仅限于考察隐含着项目的期权和可转换债券等融资工具的期权。

我没有将这些章节的第二部分包含在内，一个非常特殊的原因是在我看来，是否以及应当做出多少存货投资，或者信用额度应当有多宽松，这些决策所要用到的准则和是否新建厂房、购买机器或者开一个新店等决策所要用到的基本准则相同。换句话说，没有任何的逻辑基础来区别后面几种投资（这些在大多数公司财务教科书中都包含在资本预算的章节里）和前面几种投资（这些都放在营运资本的章节里）。

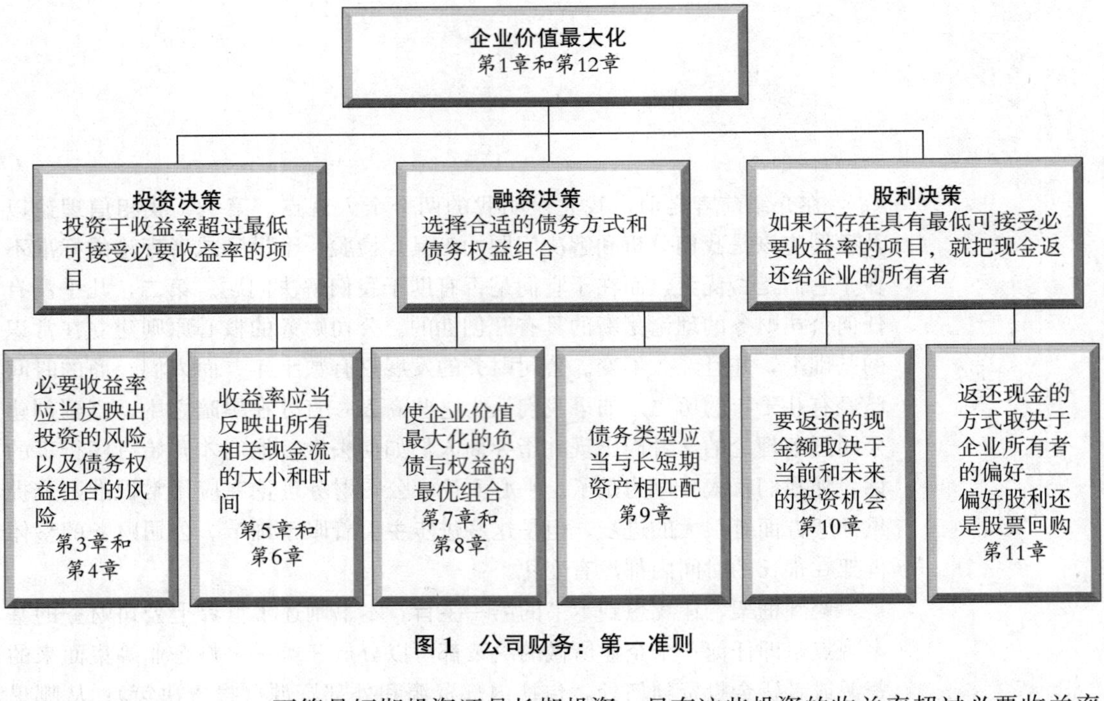

图 1　公司财务：第一准则

不管是短期投资还是长期投资，只有这些投资的收益率超过必要收益率（hurdle rate）时，你才应当进行投资。国际财务中也应当如此。难道仅仅因为一个公司考虑的是在泰国投资，而且现金流是泰铢而不是在美国以美元的形式存在，这个项目的投资或者融资准则就应当有所不同吗？我不认为有所不同，并且在我看来分开决策只会让读者认为上述情况是两种不同的状况且

> 准则是普遍的
>
> 无论是对于小型企业还是大型企业，美国企业还是外国企业，私有企业还是公共企业

应当采用不同的准则。最后，大多数公司财务的教科书都有关于小公司管理和私有公司管理的章节，并且在这些章节里详细解释了这些公司与其他章节里介绍的传统大型上市公司的区别。尽管这些差别是存在的，但不同类型公司间的共性远远大于它们之间的区别，这恰好证明了公司财务的内在一致性。总的来说，本书的第二主旨是强调不同公司在不同市场做出不同决策时所采用的公司财务准则的普遍性。

我将这种普遍性引入实际生活中的方法是利用贯穿全书的五家公司来解释每一个概念；包括一家大型美国上市公司（迪士尼公司），一家小型新兴市场商品公司（鹦鹉纸浆公司，一家巴西的造纸和纸浆公司），一家印度家族集团控股的制造公司（塔塔化学公司），一家金融服务公司（德意志银行），以及一家小规模的私人企业（书景书店，一家独立的纽约市的书店）。尽管采用现实中的公司来解释理论的想法既不新颖也不具有革命性，但将这些公司应用在本书中的方式有两个关键的特点：首先，我们将分析这些公司与本书所述的公司财务理论相关的各个方面，而不是只在某一些章节里进行分析。由此，读者自己能够看出投资、融资以及股利的准则在这五家差异很大的公司中运用的相似之处和不同之处。其次，我希望本书中的案例不仅仅是为了解释理论，而更希望理论与这些案例相辅相成。事实上，回到我最初的类比——理论是为解决问题提供工具，本书就是将解决问题放在首位，而将理论放在辅助的位置。

> 应用
> 应用
> 应用
>
> 迪士尼
> 德意志银行
> 鹦鹉纸浆公司
> 塔塔化学公司
> 书景书店

通读理论和应用案例可能是具有启发性的甚至是有趣的，但是我们只能通过实际来尝试运用这些理论去认识公司财务的优势和劣势，除此之外别无他法。我采用了一些方法来使本书成为主动学习的一种工具。其中一种方法是时不时引入一些概念问题邀请读者解答。我们拿第 7 章的一个问题来举例说明一下。

2.1 风险资本家多样化的效果

有两个风险资本家对同一软件公司感兴趣，你来比较这两个风险资本家的必要收益率。其中一位将其所有的资本投资于一家软件公司，而另一位则将其资本投资在许多行业的小公司里。请问哪一个风险资本家会有更高的必要收益率。

a. 仅仅投资于一家软件公司的风险资本家。

b. 投资于许多行业的风险资本家。

c. 除非有更多的信息，否则不能给出答案。

> 主动学习
>
> 概念问题，真实案例研究

这个问题被设计来检查关于风险和收益章节里的一个概念，即通过持有多样化投资组合能够抵消的风险和不能够通过该方法抵消的风险之间的差别，然后将这种差别与以下问题相联系，即一个从风险资本家寻求资金的企业如何受这些风险的影响。相反，这个问题的答案留给了读者更多的问题，例如未来的风险资本是否会以多样化的资金形式来提供，以及一个专业的风险资本家（仅仅投资于一个部门）需要如何做才能使

自己在这样的环境下生存。在我看来，这至少会让投资者看到那些公司财务中最令人激动的内容之一：公司财务能够提供一个框架来解释每天发生在我们周围的事件，并且能够为未来的决策提供合理的预测。

本书的第二个积极的经验在于每个章节结束时的真实案例研究。这些案例研究基本采用了本章中介绍的概念，并且为读者选择的任意一家公司提供了应用这些概念的框架。同时也有指引告诉大家怎样获取信息来回答这些问题。

公司财务为任何一家公司的分析提供了内在一致且直截了当的模板，然而信息是让我们做这些分析的润滑剂。在分析信息的过程中有三个步骤——掌握信息，从无用的信息中过滤出有用的信息，以及保持信息的更新。能够印在书上的有关信息是非常有限的，我介绍以下几种利用网上信息的方式。

（1）需要信息的案例研究都给出了相应的网址。

（2）难以从网上直接得到的数据或者仅仅是本书特有的数据，例如表格的更新版本，可以在我自己的网站（www.damodaran.com）上找到与书本相配套的新数据。例如，第 9 章中包含的最近几个季度的各行业股利收益率（dividend yields）和股利支付率（payout ratios）的表格如下：

网上的数据集总结了按照美国公司的行业部门归类的股利收益率和股利支付率。

你可以通过访问本书的网站（damodaran.com），查看第 9 章的数据集得到这个表格。

（3）用于分析书中案例公司的电子表格也同样可以从我的网站上获得，同时也列示在本书的参考文献中。例如，在第 8 章用于评估迪士尼公司的最优负债比例的表格引用如下：

Capstru.xls：这个表格可让你通过使用其他公司与迪士尼公司类似的信息计算出公司的最优负债比例。这张表格已经更新了利息保障倍数以及价差。

按照列示在上面的数据集，你可以通过访问本书的网站并按第 8 章的电子表格得到以下电子表格。

你们其中的一些人已经阅读过本书的前两个版本，所以我在前言里的陈述对于你们而言都是非常熟悉的。但是你们会发现这本书有两处与以前两个版本不一样。

（1）也许更好、也许更糟、也许不好不坏：更糟的是，2008 年的银行和市场危机使我们投资者的心态受到了创伤，并且动摇了我们对于如何估计关键数字并做出基本权衡的核心想法。我试图在这场讨论中引入我所学的关于权益风险溢价和债务危机成本的知识。

（2）我一直对行为金融持怀疑态度，但是我想这个领域在经理的行为上有一些非常有趣的见解，而这些恰是我们忽视的。我初次尝试将一些行为金融上的研究成果结合在投资、筹资和股利决策中。

当我着手写这本书时，我自己心里定了两个目标。一个是希望本书不仅反映我教授公司财务的方法，更重要的是，希望本书反映出我从公司财务中享受到的乐趣。第二个目标则是希望写一本学生们认为有用的且有助于实务工作者的书。我不知道我是否已经达到了其中一个目标，但是我的的确确感受到了这本书给我带来的数不尽的乐趣。希望你们也会！

目 录

第 1 章 基　础

全部是公司财务。

——我无偏的世界观

企业的每个决策都有财务意义，并且每个涉及资金使用的决策都可以说是公司财务决策。一般来说，一个企业所做的任何事情都遵守着公司财务的普遍规则。事实上，令人感到遗憾的是我们将这个主题称为公司财务，它让许多人关注大企业如何做出财务决策，而将小公司及私有企业排除在讨论范围之外。更适合本书的名称应该是企业财务，因为无论是大的上市公司还是小的私有企业，基本准则都是相同的。所有的企业都必须明智地投资，找到正确的融资组合，并且在没有足够好的项目时将现金返还给股东。

在这一章，我们将通过列出公司财务的三条基本准则——投资准则、融资准则和股利准则来展示本书内容。同时也阐述公司财务理论的核心——企业价值最大化目标。

企业：结构设置

在接下来的章节里，我们将用**企业**（firm）来泛指任何一种商业业态，无论是大企业还是小企业，制造业企业还是服务业企业，私有企业还是公共企业。因此，街角杂物店和微软都是企业。

企业的投资被统称为**资产**（assets）。尽管资产通常在会计上分为长期的固定资产和短期的流动资产，我们偏好另一种不同的分类方法。我们将公司已经投资的资产称为**现有资产**（assets in place），而将那些将在未来投资的资产称为**成长资产**（growth assets）。尽管一家企业从还未做出的投资里获得价值看上去是令人惊讶的，然而高成长性的公司却能从即将进行的投资里获得巨大的价值。

企业能够从两个渠道为这些投资筹集资金。其中一个渠道是从投资者或金融机构筹集资金，条件是承诺对于该资产产生的现金流给予投资者固定的索取权（利息支付），这些投资者或者金融机构在企业的日常经营中作用有限或者不发挥作用。我们将这种类型的筹资称为**负债**（debt）。另一个渠道是提供现金的剩余索取权（例如，投资者能够得到支付利息后剩余的收益），并且赋予投资者企业经营中更多的角色。我们将这种类型的筹资称为**权益**（equity）。请注意，这些定义对于私有企业和上市公司都适用，其中在私有企业里负债可能以银行借款的形式出现且权益是所有者自己的资金，而上市公司可能会通过发行债券来筹集负债资金，通过发行普通股来筹集权益资金。

因此，在这个阶段，我们可以将企业的资产负债表展示如下：

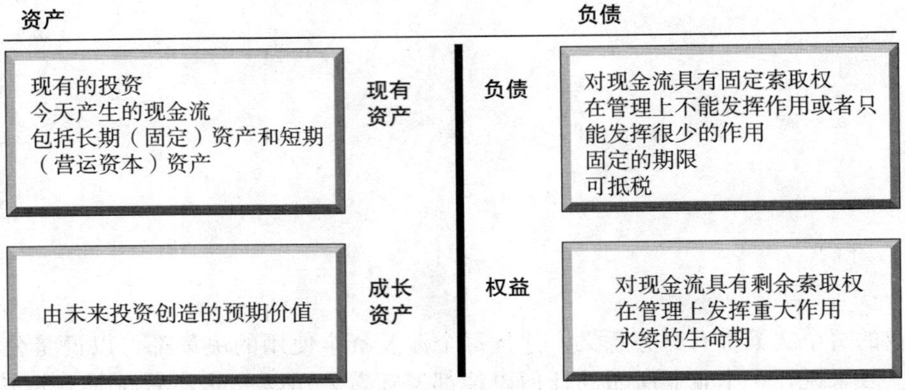

我们将在整本书里重复回到这个框架。

第一准则

每一个学科专业都有其第一准则，任何事情都是在这些准则的统领和指导下完成的。公司财务的所有内容建立在三条准则之上。我们将这三条准则称为投资准则、融资准则和股利准则。投资准则决定了公司的投向，融资准则决定了公司采用什么样的资金来投资，而股利准则告诉我们应当将多少盈余用于企业的再投资，将多少盈余返还给企业的所有者。这些核心的公司财务准则表述如下：

（1）投资准则。投资的资产和项目收益率要超过最低可接受的必要收益率。项目的风险越大，预期收益率应当越高，并且预期收益率应当反映出筹资的资金组合状况——企业所有者的资金（权益）和借入的资金（负债）。项目的收益率应当通过该项目产生的现金流和产生的时间来度量，并且应当考虑到这些项目的正反两方面的效应。

（2）融资准则。选择一种融资组合（负债和权益）的标准是，融资组合能够使投资价值最大化，而且该融资组合能与已有的资产结构相匹配。

(3) 股利准则。如果没有足够的超过最低可接受的必要收益率的项目，就将现金返还给企业的所有者。在上市公司中，返还收益的形式——股利或者股票回购——将取决于股东的偏好。

当进行投资、融资和股利决策时，公司财务只遵循企业价值最大化这一终极目标。这些首要准则为我们提炼出现代公司财务的模型和理论提供了基础，然而它们也是符合常识的准则。如果我们认为，在几十年前公司财务发展成为一门拥有清晰准则的学科以前，企业所有者的决策是没有任何准则地随机做出的，那我们就太过自负了。多年以来，优秀的商人就意识到这些准则的重要性，并且按照这些准则行事，尽管他们是凭着直觉这样做。事实上，具有讽刺意味的是，近年来许多大而复杂的公司的经理们却对这些基本准则视而不见，而他们应该是最接近最新的公司财务知识的人。

企业的目标

没有一门学科能够在没有一个统一的目标的情况下综合发展很长时间。公司财务理论的发展可以追溯到它选择单一的目标以及围绕着该目标建立模型的时候。在传统的公司财务理论中决策目标就是企业价值最大化。因此，任何一个能够增加企业价值的决策（投资、融资或股利）都被认为是一个好的决策，而任何降低企业价值的决策都被认为是差的决策。尽管单一目标的选择为公司财务提供了一个统一的主题和内在的一致性，然而这也是有成本的。如果接受这个目标，公司财务理论中的许多假定都是有道理的。但如果该目标是有缺陷的，那么就会认为建立在该目标上的理论也是有缺陷的。许多公司财务的理论家和其他人（学术界和实务界）的分歧都可以归结到什么是企业的正确目标这一观点的根本差别上。例如，有些人对公司财务持批评的态度，他们认为企业应当有多个目标从而满足多种利益需求（包括股东、员工和客户），而另一些人则认为企业应当集中关注更加简单直接的目标，例如市场份额或者利润率。

倘若这个目标对于公司财务理论的发展和应用都具有重要意义，那么我们对该目标进行更加细致的考察，并且讨论对于该目标的忧虑和批评就是重要的：该目标假定股东为了他们私人利益所做的事同样符合公司的最佳利益，该目标有时要求有效市场的存在，并且有时会假设与价值最大化相关的社会成本不存在。在下一章，我们会考虑到这些和其他一些问题，并且将企业价值最大化的目标与其他目标相比较。

投资准则

公司的有限资源必须在相互竞争的需求中进行分配。公司财务理论的首要功能是为企业提供一个进行明智决策的框架。同时，我们所定义的投资准则不仅包含那些创造收入和利润的决策（例如引进一条新的生产线或者将产品扩展到一个新的市场），也包括那些节约资金的决策（例如建立一个更有效的新分销系统）。而且，那些传统意义上被划分为营运资本决策如关于保存什么以及保存多少存货、是否以及将多少信用额度给予客户的决策，最终也归为投资决策。另一方面，关于进入哪个市场以及收购其他公司等更广泛的战略决策也被视为投资决策。

公司财务力图衡量计划投资的收益率并且将该收益率与最低可接受**必要收益率**（hurdle rate）作比较以确定该项目是否能被接受。项目的风险越高，预期收益率应当设定得越高，并且预期收益率要反映出使用的融资组合，即所有者的资金（权益）或借入的资金（负债）。在第3章，我们从给风险下定义开始，逐步发展出一种度量风险的过程。在第4章，我们将风险度量转化为可同时用于整个企业和单个项目投资的最低可接受的收益率。

在建立了最低可接受的必要收益率之后，我们将注意力放在度量单个投资的收益上。在第5章，我们将评价三种度量收益率的方法——传统的会计收益法、现金流量法和时间加权现金流量法（在时间加权现金流量法这种方法上，我们会同时考虑现金流的大小及其预期发生的时间）。在第6章，我们会考虑到一些这三种度量方法所不能计量到的潜在的附带成本（包括上马新的项目从而对现有项目造成的成本）和附带收益（例如新项目所包含的进入新市场和扩大生产线的选择权）以及并购其他企业时的协同效应。

融资准则

每个企业，无论大小繁简，资金来源最终都是由借入资金（负债）和自有资金（权益）构成。在上市公司里，负债可能是债券，而股权通常表现为普通股。在私人企业里，负债更可能是银行贷款，而所有者的储蓄代表着权益。虽然我们考虑到现有的负债和权益的组合以及该组合对于将最低可接受必要收益率作为投资准则一部分的意义，我们提出一个问题：在融资准则下现有的组合是否是正确的组合？企业的融资组合可能会受管制和受到其他现实世界的约束，然而在这些约束中也有足够的空间灵活变动。我们在第7章开始讨论这一问题，我们将看到私人企业和上市公司在负债和权益之间的选择范围。接着在第8章我们则转向另一个问题，即在给定企业价值最大化的目标下，企业现在所用的融资组合是否是最优的。虽然对负债收益和成本之间的权衡是建立在定性分析的基础上的，我们还是在第8章考察达到最优融资组合的定量方法。在第一种方法下，我们将考察最优融资组合存在的特定条件，即最小化最低可接受的必要收益率。在第二种方法下，我们考察改变融资组合对企业价值的影响。

在第9章中，当最优的融资组合与现有组合不同时，我们描绘了从现在所在地（现有组合）到目的地（最优组合）的路径，同时考虑了企业的投资机会以及在企业成为收购目标或者遭受到破产威胁时做出及时回应的需要。在概述了最优融资组合之后，我们将注意力转到企业应当使用的融资类型上，比如企业应当采用长期还是短期的融资方式，筹集资金的偿付应当是固定的还是变动的，如果是变动的，它应当是什么的函数。通过采用一个基本原则，即如果企业能够将债务的现金流与资产的现金流相匹配，企业将会最小化融资风险并且最大化使用借入资金的能力，我们将能为企业设计出完美的融资工具。然后我们再增加与税收和外部监督者（股票分析师和评级机构）相关的因素，以设计出更好的融资组合。

股利准则

毫无疑问，大多数公司都希望拥有收益率超过预期收益率的无限投资机会，但是所有的企业都会成长和成熟。因此，每个兴盛的企业都会到达现有投资项目产生的现金流大于新项目投资所需资金的阶段。此时，企业必须找到将多余现金返还给所有者的途径。对私人企业而言，可能仅仅是所有者将自己的部分资金从企业中提取出来。而在上市公司中，可能通过发放股利或者股票回购的方式。值得注意的是，那些不将现金返还给所有者的企业的现金将会随着时间的推移累积得越来越多。因此，是否以及应当将多少现金返还给企业的所有者就相当于另外一个问题，即在企业里累积多少现金就是超额现金了。

在第 10 章，我们将介绍有关现金是应当留在企业里还是应当返还给所有者的基本利弊权衡。对于上市公司的股东来说，这个决策基本表现为股东是否信任企业的经理人，并且这种信任在很大程度上是建立在经理人过去的投资业绩上。在第 11 章，我们将介绍几种将资产返还给其所有者的方式——股利、股票回购和分拆——并且研究在这些方法中进行取舍的方法。

公司财务决策、企业价值和股票价值

如果公司的财务目标是企业价值最大化，企业价值必须与列举出来的三种公司决策相联系——投资、融资和股利决策。这些决策与企业价值之间的联系可以这样表述：企业价值是其预期现金流的现值，而折现率则反映了企业项目的风险程度以及项目的融资组合。投资者通过观察到的现有现金流和预期未来的增长形成对未来现金流的预期，而这些又取决于企业项目的质量（投资决策）和重新投资的资金量（股利决策）。而融资决策通过折现率和预期现金流来影响企业的价值。

这种简洁的价值公式还必须考虑投资、融资和股利决策的相互作用，以及股东与债权人之间的利益冲突、股东与经理人之间的利益冲突。我们将在第 12 章介绍一个企业及其股票估值的基本模型，并且将它与投资、融资与股利的管理决策相联系。同时，本书也检验价值的决定因素和企业如何提高价值。

现实世界的视角

在现实世界中，每天都有关于企业决策的新闻和信息广播，这就意味着我们不必使用假想的例子来解释公司财务的准则。我们将在本书中使用五家企业来说明我们对于公司财务政策的观点。

（1）迪士尼公司。迪士尼公司是一家控股大量娱乐业与传媒业的上市公司。世界上的大部分人都认识米老鼠的标志，并且听说或参观过迪士尼乐园，也看过一些甚至所有迪士尼的经典动画电影，但迪士尼公司是一家超乎大多数人想象的多元化公司。迪士尼的持股公司业务涉及游船、房地产（位于佛罗里达州和南卡罗来纳州的以分时度假和租用房产为主营业务的公司）、电视（迪士尼有线、美国广播公司 ABC 和娱乐与运动节目网 ESPN）、出版、电影工作室（米拉麦克斯、皮克斯和迪士尼）和消费品。迪士尼将有助于我们理解大型的多元化跨国公司面临传统公司财务问题时如何决策。这些财务问题包括：我们应该投资到哪儿？我们如何为这些投资项目筹集资金？我们要返还股东多少回报？

（2）书景书店。这个公司是位于纽约的私人所有的独立书店，也是在诸如巴诺和 Borders 之类的连锁书店进入该行业后剩下的为数不多的书店。我们将在公司财务决策制定的过程中以书景书店为例来解释小型私有企业所面临的一些问题。

（3）鹦鹉纸浆公司。鹦鹉纸浆公司是一家巴西企业，它生产桉树纸浆并且经营自己的纸浆作坊、电气化学工厂以及码头。该企业通过生产高级别的纸张将自己的产品推广到全世界，我们用纸浆公司这个例子来解释一家高度依赖于商品价格——例如纸和纸浆的价格——并且处于高通胀且不稳定的转型经济中的公司的财务问题。

（4）德意志银行。德意志银行是德国主要的商业银行，也是主要的投资银行。我们将用德意志银行来解释金融企业在做出投资、融资和股利决策时遇到的问题。由于银行是高度管制的机构，它也可以解释管制下的约束和机会。

（5）塔塔化学公司。塔塔化学公司是一个涉及化学和化肥行业的企业，也是印度最大的家族集团公司塔塔集团的一部分。塔塔集团在科技、制造业和服务业都有企业。塔塔化学公司除了有助于我们考察制造业企业特有的问题外，也给我们机会来考察那些大型集团控股公司如何进行公司财务决策。

我们将通过这五个公司来考察财务的方方面面，有时也会在这些公司间作对比，但是大多数时候是展示它们共同的部分。

资源向导

为了让本书的学习尽可能实现互动，并可立即使用，我们采用了一些图标。

这个图标表明可以用电子表格做一些分析。例如，计算企业最优融资组合和估值的表格。

这个图标表明我们分析中使用的一些最新数据可以在本书的网站上找到。因

此，当估计企业的风险参数时，可以参见本书网站上的各行业报告的平均风险参数的数据库。

我们也会问读者一些与主题有关的问题，这会有规律地出现。这些问题通常是以现实世界的例子为背景，将会有助于我们强调该章的主要观点。

在每一章，我们将介绍一些“实践”专栏。这些专栏将会提到实践中可能会出现的问题以及解决这些问题的方法。

我们检验了在评估风险、考察投资、确定负债和权益的组合以及股利政策时公司将采取何种行为。为了做出这种评估，我们将会分析决策制定者的行为（记录该企业的行为）和试图解释管理层行为的有关行为金融的研究发现。

一些关于公司财务的基本观点

以下是一些我们将在本书中反复声明的基本观点。

- 公司财务有其内在一致性。这种一致性源于企业价值最大化的唯一目标，并以以下几种基本准则为基础：风险需要得到相应的回报，现金流比会计收入更重要，市场不是那么容易被愚弄的，公司做出的每个决策都会对其价值造成影响。
- 公司财务必须被视为一个整体，而不仅仅是决策的集合。投资决策通常会影响融资决策，反之亦然。融资决策往往会影响股利决策，反之亦然。虽然在一些情况下这些决策相互独立，但是这种情况在现实生活中是很少见的。因此，以零碎的方式处理问题的企业将不大可能解决这些公司财务问题。例如，一个做出糟糕投资的企业将会很快发现它所存在的股利问题（没有足够的资金来发放股利）和融资问题（因为盈利的下降使得公司越来越难以支付利息）。
- 公司财务对每个人都是有影响的。企业所做的每个决策都涉及公司财务的某一方面；虽然并非每个人都认为公司财务的所有组成部分都是有用的，但是每个人至少能发现公司财务的有些部分是有用的。营销经理、公司的战略制定者、人力资源经理和信息技术经理每天都在做公司财务决策，但他们却没有意识到这一点。理解公司财务将会帮助他们做出更好的决策。
- 公司财务很有趣。这可能是最令人难以置信的。毕竟，许多人将公司财务与数字、会计报表以及严谨的分析联系在一起。虽然公司财务着眼于数字分析，但还有很大一部分创造性想法在为企业碰到的财务问题提供解决方法。与此同时，金融市场总孕育着创新和变革的土壤，这一点绝不是偶然的。
- 学习公司财务的最佳方法是利用其模型和理论来解决现实问题。虽然过去几十年所发展起来的理论给人以深刻的印象，但能否应用是检验任何理论的最终标准。就如同我们将在本书中展示的，大部分理论都能运用于现实公司中而不仅仅是抽象的例子，虽然我们在这个过程中必须退一步先做出一些前提假设。

结　论

这一章提出了公司财务的首要准则。投资准则指出企业只投资于那些收益率超过最低可接受必要收益率的项目。融资准则指出一个企业的最优融资组合是能使企业投资价值最大化的组合。股利准则要求将超过好项目融资需求的超额现金返还给投资者。这些准则是本书接下来所讲内容的核心。

第 2 章　决策的目标

如果你不知道要到哪里去，那么你怎么去的也就无所谓了。

——匿名

公司财务最大的优点和弱点都在于它对价值最大化的关注。基于价值最大化，公司财务维持了其内在的一致性和连贯性，并且发展出许多强有力的模型和理论去指导人们用合适的方法做出投资、融资和股利决策。但是，也有人认为它的弱点是所有的结论都是建立在价值最大化这个唯一目标的基础上。

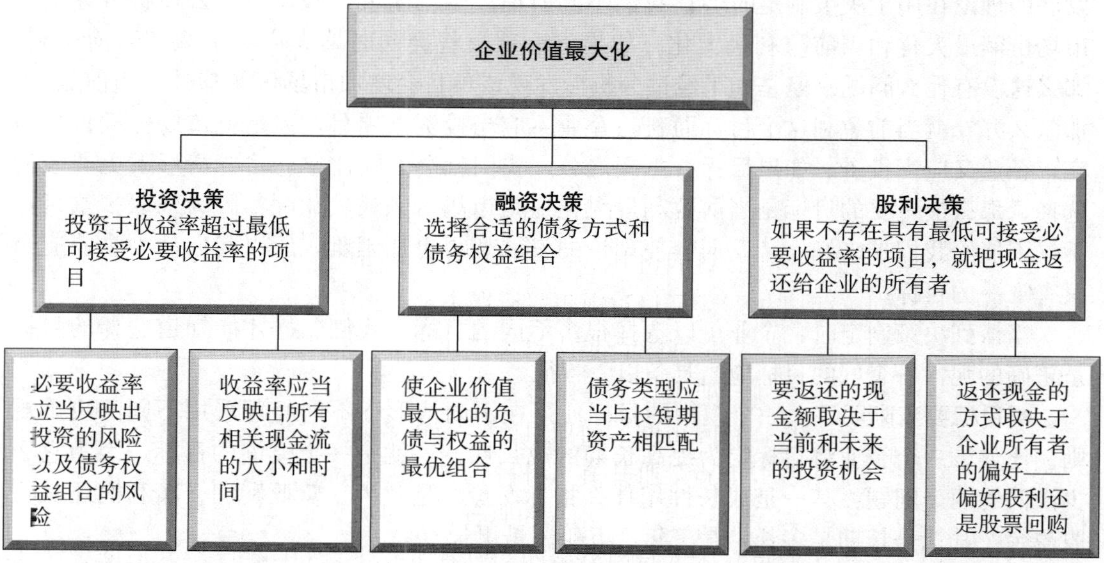

在本章中，我们将仔细考虑为什么我们如此关注价值最大化，以及在现实中为什么

将此目标改为股票价格最大化。我们还会考察以下问题，包括将股票价格最大化作为合适目标的前提假设，关注股票价格最大化的企业会犯什么错误，以及这些问题的解决方法。我们坚信，尽管股票价格最大化是一个有缺陷的目标，但该目标仍然比其他目标更可信，因为它能够自我纠正。

选择正确的目标

我们现在开始描述目标是什么，以及目标的建立如何有助于理论的发展。目标明确了决策者要努力完成什么，以及提供了如何在备选方案中做出选择的衡量方法。在大多数企业中，投资决策以及如何为这些投资项目筹集资金的决策是由企业的经理而不是企业的所有者做出的。因此，如果将股价最大化设立为目标，经理会从两个备选方案中挑选出那个能使股价上涨更多的方案。在大多数情况下，该目标用最大化某个函数或变量来表示，例如利润或成长性，或者用最小化某个函数或者变量来表示，例如风险或成本。

我们为什么需要目标呢？为什么是一个目标而不是多个目标呢？首先我们来看第一个问题。如果没有选择好目标，就没有系统性的方法来使企业及时做出决策。例如，如果没有一个目标，迪士尼的经理如何判断一个投资于新主题公园的项目是不是好项目？有很多方法可用于选择好的项目，有的方法比较合理，比如投资收益率最大化，有的方法比较模糊，比如企业规模最大化，但是却不能对这些方法相对价值的大小做出评估。因此，对于同一个项目，三个经理很可能得到三个不同的结论。

如果我们选择多重目标，我们将面对另一个问题。一个围绕着相同权重的多重目标发展的理论在用于决策制定时会让我们不知所措。举例来说，假设一个公司将目标定为市场份额最大化和当前盈利最大化。如果一个项目将会同时增大市场份额和当前盈利，那么这没有什么问题。但是如果经过分析后发现该项目会增加市场份额却减少当前盈利，那怎么办？就当前盈利这个目标而言，企业不应当投资该项目，但是就市场份额目标而言，企业又应当投资。如果目标有主次之分，我们就会面临比单一目标情形下更严峻的选择。那么最重要的目标是当前盈利最大化还是市场份额最大化呢？因为采取多重目标不仅不能给我们带来好处，反而会使理论的发展变得更加困难，所以我们认为企业应当只有唯一的目标。

当谈到决策制定时，企业可以选择很多不同的目标。我们怎样才能知道选择的目标是正确的呢？一个好的目标应当具备以下特征。

- **目标要清晰明了。**一个模糊的目标使得在不同情形下不同经理采用不同的决策规则。比如，一个企业将目标定为提高长期的成长性。这就是一个模糊的目标，因为它至少没回答两个问题：其一是成长性用什么指标衡量？是收入、营业利润、净利润还是每股盈余？其二是长期是多长，是三年、五年还是更长？
- **目标为评估决策的成功与失败提供了及时的措施。**那些听起来不错却没有相应的衡量机制的目标很可能会失败。比如，一个零售企业将自己的目标设定为客户满意度最大化。怎样才能给客户满意度下一个准确的定义？如何衡量客户满意度？如果没有好的机制来衡量客户对于购买产品的满意程度，不但经理无法根据该目标做出决策，而且股东也没有办法让经理对其做出的决策负责。

- **目标不会给其他企业或群体带来成本。** 这种成本将会抵消公司特有的收益并且使整个社会从总体上变得更糟。举例来说，假如一家烟草公司将目标定为收入增长。这个企业的经理将倾向于向未成年人做广告，因为这会增加销售收入。但这样做可能会给社会带来巨大的成本，并且这种成本超过任何由此目标产生的收益。
- 一些人可能不同意将社会成本和收益包括进来，他们认为一个企业只需要对股东负责，而不是对社会。这种短视的看法让我们感到震惊，因为拥有且经营企业的人也是社会的一部分。

经典目标

公司财务的理论者们普遍认为企业决策的目标是企业价值最大化。但是该目标究竟是股东价值最大化还是企业价值最大化，还存有一些分歧。如果是企业价值最大化，那么除了股东之外还必须考虑其他金融索取权（financial claim）的持有者（债权人、优先股股东等等）。而且，即使在那些认为应当将股东财富最大化作为目标的人当中，也存在一个问题，即是否应将这个目标转化为股价最大化。我们将在本章看到，前提假设不同，目标也将不同。就所需的假设而言，三个目标中约束最小的目标是企业价值最大化，而约束最大的目标是股价最大化。

多个利益相关者和利益冲突

在现代公司中，股东聘请经理来为他们经营企业；这些经理通过从银行借钱或者发行债券来为企业的运营筹集资金。金融市场的投资者对经理披露给他们的信息做出回应，并且企业必须在更大的社会背景下运营。公司财务通过关注股票价格最大化使自身面临许多风险。而利益相关者都有不同的目标，他们之间的利益可能存在冲突。有利于管理者的不一定有利于股东，而有利于股东的不一定有利于债权人，并且有利于企业的也可能给社会带来巨大的成本。

当我们考虑到另外两类利益相关者时，这种利益的冲突会更加严重。首先，企业的雇员可能对股东财富最大化不感兴趣，他们更关注提高工资福利和工作保障。在某些情况下，这些利益可能与股东财富最大化直接冲突。其次，企业的客户很可能偏好价格更低的产品和服务从而最大化他们的效用，但这却与股东的偏好相冲突。

价值最大化的潜在外部成本

正如我们在本章开始所提到的，公司财务的广泛目标是整个企业价值最大化，狭义一点来说则是企业的股权价值最大化，而更狭义些来说则是上市公司的股价最大化。随着目标变窄，潜在的外部成本变大。

如果说决策的目标是企业价值最大化，那么很可能有利于企业的决策不一定有利于社会。换言之，有利于企业的决策比如说提高企业的价值，可能会带来社会成本。如果这些成本很大，我们会看到社会将为企业的价值最大化付出巨大的代价，从而必须考虑这些成本对目标加以修订。但是，平心而论，这是一个在任何私有企业的系统里都会存在的问题，并非只针对目标是价值最大化的企业。当存在所有权与管理权的分离时，实现价值最大化的目标也可能存在障碍，尤其是大型上市公司中更加明显。当管理者作为代理人为所有者（股东）的利益行事时，股东的利益与管理层的利益很可能发生冲突，此时，管理层会做出那些有利于自己利益而损害股东利益的决策。

当目标是股东财富最大化时，就不得不协调股东与债权人的利益冲突。由于股东是决策制定者，而债权人通常不能被完全保护以使自己不受股东决策的影响，一种最大化股东财富的方法是侵占债权人的财富，即使该行为最终会减少企业的整体价值。

最后，当目标缩小为股票价格最大化时，金融市场的无效性会导致资源的错误配置以及糟糕的决策。例如，如果股价不反映决策的长期结果，而是像很多批评者认为的那样对短期的盈余效应做出反应，那么增加股东财富（这些反映了长期的盈利能力）的决策可能会降低股票价格。反过来说，一个减少股东财富但在短期内增加盈余的决策可能会提高股价。

为什么公司财务把焦点集中在股价最大化

公司财务理论的许多内容都是以股价最大化为中心，并且将它作为决策的唯一目标。如果考虑到刚才讨论的潜在外部成本，这似乎令人感到惊讶，但是有三个理由来解释为什么传统的公司财务强调股价最大化。

（1）股价是在所有衡量上市公司业绩的指标中最容易被观察到的一个。不像盈利或者销售收入这种必须每个季度甚至每年才能汇总更新的指标，股价可以随时更新以反映与企业有关的最新信息。因此，经理人可以从投资者那里获得对他们每个行动的即时反馈。一个非常好的例子就是当企业宣布计划收购另外一家企业时市场所做出的反应。虽然经理人对他们计划的每一个收购都勾画出一幅美好的画面，但是在所有的收购中大约有一半公司在宣布收购事项时股价就立即下跌。这表明市场怀疑管理层的声明。

（2）如果投资者是理性的且市场是有效的，那么股价将会反映出企业所做决策的长期效应。如盈利之类的会计指标和如市场份额之类的销售指标仅考察了企业所做决策的当前运营效果，而股票的价值反映的是企业长期健康的发展和前景。在一个理性的市场中，就投资者而言，股票价格趋于反映企业的价值。即使股价的衡量是有错误的，但是也可以认为，对长期价值的错误估计也优于对当前盈利的准确估计。

（3）最后，以股价最大化为目标可以让我们明确挑选项目并进行筹资的最优方式，并且可以通过实证研究来对它们进行检验。

2.1 当你将股价最大化作为决策的唯一目标时，你需要以下哪种假设？

a. 经理人按照股东的利益行事。

b. 公司的债权人完全受到保护，使得其利益不被剥夺。

c. 金融市场是有效的。

d. 不存在社会成本。

e. 以上所有选项都是。

f. 以上没有一个选项是。

实践：在私有企业或非营利企业中，决策的目标是什么？

股价最大化的目标仅仅适合于上市公司。公司财务准则如何适用于私有企业呢？对于非上市企业而言，决策的目标是企业价值最大化。我们将在本章阐述的投资、融资和股利准则既适用于上市公司（其目标是股价最大化），也适用于私有企业（其目标是企业价值最大化）。因为看不到企业价值所以需要估计，私有企业缺乏一种反馈机制——有时也是不受欢迎的——这种反馈机制是上市公司做出重要的决策后金融市场所给予的反应。

但是，将公司财务准则应用于非营利组织要难得多，因为非营利组织的目的往往是以尽可能最有效的方式去提供服务而不是创造利润。例如，我们可以将医院的目标表述为以最小的成本提供高质量的健康护理。然而，问题是必须首先定义出护理的可接受水平，并且成本与质量的冲突将体现在医院所做的每个决策中。

最大化股价：最佳情形

如果公司财务理论是建立在股价最大化目标的基础上，那就需要问经理什么时候关注这个目标而不是其他目标是合理的。存在这样一种情形，此时经理只关心股价最大化而不考虑其他任何目标，也不担心外部成本。为了说清这种情形，必须做以下假设：

- **经理人将自己的利益放在一边并且关注股东财富最大化。**这种情况可能发生的原因有两点：一是经理对股东拥有的可以开除他们的权利感到害怕（通过年度会议或者董事会)，另一个则是经理已经拥有该企业足够多的股票使得最大化股东财富也就是他们自己的目标。

● **债权人完全受保护以免财富被股东盘剥。**下列两个原因随便一个成立都可能使该假设成立。一是声誉效应——也就是，如果股东认为采取有害债权人的行动后，他们以后再向债权人借钱时就不一定能借到，那么股东将不会采取有害债权人的行动。第二点是债权人可以通过签订债务契约的方式使他们的利益得到完全保护，这些债务契约明确禁止企业采取任何有害债权人的行动。

● **企业的经理人不会就公司未来前景误导或者欺骗金融市场，同时有足够的信息使得市场能够判断企业行为对长期现金流和价值造成的影响。**假定市场是理性的且能够合理评判这些行为及其对价值的影响。

● **没有社会成本和社会效益。**公司追求股东财富最大化所涉及的所有成本都能被计量且由企业负担。

有了这些假设条件，股价最大化就没有外部成本。因此，经理人能够将注意力集中于股价最大化。在此过程中，股东财富和公司价值也将最大化，并且整个社会的境况将变得更好。这个经典目标所需要的假设总结在图 2—1 中。

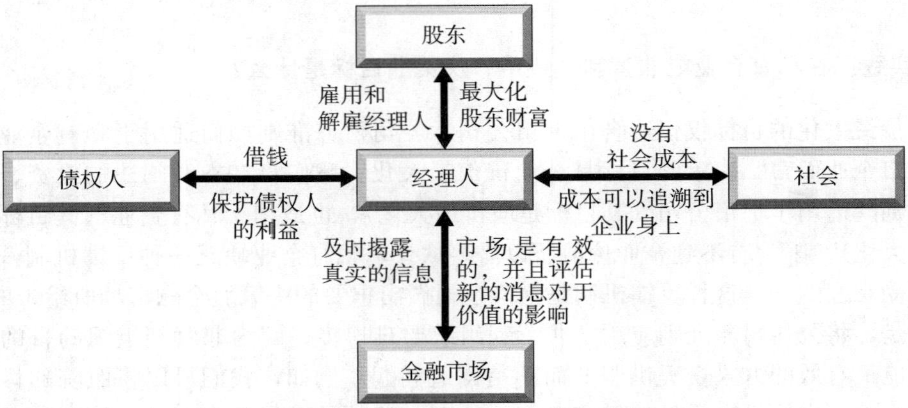

图 2—1　股价最大化：无成本的情形

最大化股价：现实世界的利益冲突

如果决策的唯一目标是股价最大化，对这一目标的假设随意推敲一下，就可以发现每个假设条件都存在潜在的缺陷。经理并不总是按照股东的最大利益行事，股东有时也会采取一些有损债权人的行为，传递到市场的信息通常是有误差的并且有时是有误导性的，同时，一些社会成本并不能被公司的财务报告反映出来。接下来，我们将会考虑一些现实中会造成股价最大化这一目标崩溃的情况。

股东和经理人

经典公司财务理论认为，股东拥有约束和替换那些没有最大化他们财富的经理人的权力。有两种保障这一权力的机制，一是年度股东大会，股东聚集到一起评价管理层业绩；一是董事会，受股东之托确保经理服务于股东利益。虽然这个假设的法律依据是合理的，但是这些机构行使股东控制权的实际效果是有争议的。在本部分，我们将首先考察股东权力的局限性，然后考察管理层的决策后果。

年度股东大会

每个上市公司都有一年一度的股东大会，在大会期间股东既可以表达他们对管理层的一些看法，也可以通过投票修改公司章程。但是，大多数股东不去参加年度会议，部分原因是这些股东并不认为他们会起到什么作用，还有部分原因是他们认为经济上不划算。[①] 投资者的确可以通过代理投票权[②]来行使他们的权利，然而在位的管理者却具有明显的优势。[③] 许多股东都因嫌麻烦而不去行使代理投票权，因而对于在任管理人的投票就成了一种缺席选举。对于那些持有相当大比例多种证券的机构投资者来说，他们对在位的管理者感到不满时，最简单的投票方式就是"用脚投票"，即卖出该公司的股票然后离开。对于股东而言，积极参会将使管理者对他们的利益更加负责，同时也将产生更积极的趋势，这在本章的后面将会有所阐述。

董事会

董事会是上市公司的治理机制。董事成员是股东选出来的代表，他们有义务确保经理人留意股东的利益。董事会可以更换企业的高管，并且对公司如何经营有相当大的影响力。在收购其他公司等重大事项上，经理人必须经过董事会的同意。

董事会约束经理人并要求他们对股东负责的能力被许多因素弱化了。

- 许多董事会成员并没有花费很多时间在他们的信托责任上，部分原因是他们还有其他工作，还有部分原因是他们中许多人同时在好几家公司中担任董事。光辉国际

① 例如，一个拥有可口可乐公司 100 股股票的投资者如果每年飞到亚特兰大去开股东大会，那么他会迅速花费掉其投资获得的所有潜在收益。

② 代理投票权能够使股东在缺席时对董事会成员的选举投票并且对于在股东大会上做出的一些决策进行投票。代理投票权不赋予股东对管理层进行一些开放性的提问。

③ 如果公司章程允许在位的管理层拥有那些没有送回公司的代理投票权，那么这种优势就进一步放大了。这就相当于在选举上在位者得到那些并没有投票的人的赞成票。

(Korn/Ferry)[①]，一个高管猎头公司，出版了对董事薪酬的定期调查报告，其中详细记录了董事们在工作上花费的时间。在1992年的调查报告中，他们写到平均每个董事每年花费92小时在董事会会议的准备和召开上，而1988年平均是108小时。1992年董事年薪从1988年的19 544美元上升到32 352美元。[②] 由于缺乏董事会监督所导致的丑闻使得政府通过《萨班斯-奥克斯利法案》，董事们面临着更大的压力使得他们严肃对待自己的工作。光辉国际2007年的调查表明，平均每个董事的工作时间上升到每年192小时，同时薪酬也相应上升到每年62 500美元，与2002年相比上升了45%。

● 即使有些董事花费时间去了解企业的内部工作，但也由于自己对许多问题缺乏专业知识而受阻。这些相关问题的知识，尤其是与会计准则和要约收购有关的部分，就必须依靠外部专家。

● 在一些企业里，可以将为企业工作的大部分董事归为内部人，而这些内部人不大可能向首席执行官（CEO）提出质疑。即使那些外部董事通常也不是独立的，因为公司的CEO对于由谁来担任董事具有主要的话语权。光辉国际关于董事会的年度调查发现，在1988年的426家公司中，有74%的公司依靠董事会的推荐来提名新的董事，只有16%的公司通过猎头公司。在1998年的调查报告中，光辉国际发现在董事的提名上公司变得越来越独立，大约有3/4的公司拥有至少在名义上独立于CEO的提名委员会。光辉国际最新的调查报告证实了这种方式的转变，只有20%的董事是内部董事，并且越来越多的公司有了独立于CEO的提名委员会。

● 通常偏好于选择其他公司的CEO来担任本公司的董事，这就导致CEO在各自不同的董事会任职时存在着潜在的利益冲突。在光辉国际的调查中，对于30%的美国公司和44%的法国公司来说，前CEO都在董事会任职。

● 大多数董事仅持有公司很少的或者象征性的一点点股份。这些董事收到的酬劳远大于他们持有的股票所赚取的收益，因此，当股价下跌时，他们不会受到像股东那么大的影响。

● 在美国的许多公司里，CEO兼任董事会主席，而在大多数欧洲公司里，董事会主席都由独立董事来担任。

以上这些因素综合起来的净效应是，董事会通常都不能够发挥其应有的作用——保护股东利益。CEO制定时间表、主持会议而且掌控信息，并且通常都是寻求共识而不是提出反对意见。虽然存在一些改革的推动力，值得注意的是，这些改革往往不是由董事会成员提出，而是由机构投资者提出的。

在美国有不计其数的例子可以说明董事会无力保护股东的事实，但我们不应该因此就忽略了一些更加令人烦恼的事实。与其他任何金融市场相比，美国的股东对管理层的权力要大得多。如果说在大多数情况下年度股东大会和董事会对管理层实施的控制都是无效的，这些保护股东的机制在欧洲和亚洲就更加无效了。

---

① 光辉国际调查了大型公司的董事会，并且对它们的组成进行了深入的了解。

② 这里低估了企业里平均每个董事取得的真实收益，因为这里并没有计算福利和在职消费——保险和养老福利是最大的部分。韩威特咨询公司（Hewitt Associates），一家行政调查企业，报道说在所调查的100家企业中有67%的企业为其董事提供了退休计划。

所有权结构

股东直接（通过年度股东大会）或间接（通过董事会）影响管理层决策的效果受到谁拥有公司的股票以及如何在股东之间分配投票权的影响。

● 投票权。在美国，上市公司最常见的投票权结构是只拥有一种类型的股票，每一股股票有一份投票权。但是，渐渐地，我们见到诸如谷歌、新闻集团和维亚康姆等公司，它们有双重投票权股票，不同类别的股票拥有不同比例的投票权。在拉丁美洲的许多公司中，大多数公司都拥有有不同投票权的股票，几乎每一家公司都有普通股（拥有投票权）和优先股（没有投票权）两种股票。虽然不同类别的股票应该有不同的投票权可能在某些方面是有道理的①，但是这种机制显然对在位经理人有利（相对于股东而言），因为内部人员和在位的管理人员都会拥有具有更高投票权的股份。

● 公司的创始人/所有者。在年轻的公司中，可以发现相当一部分股票是由企业的创始人所持有。因此，甲骨文公司（Oracle）的创始人拉里·埃里森（Larry Ellison）一直持有公司约 1/4 的股份，并且同时担任公司的 CEO。作为小的投资者，我们能从这个事实得到慰藉，即公司的高级经理人同时也是其最大的股东，但是这种情况也存在危险，当内部股东将其部分或全部财富投资到该企业时，对于内部股东来说是好的事情不一定有利于外部股东的最大利益，尤其是当外部股东将财富分散在多种投资上时。

● 消极的与积极的投资者。当机构投资者提高他们的持股比例时，简单地将投资者划分为个人投资者和机构投资者对许多公司来说就不合适了。机构投资者之间存在的较大差别是他们在监督和惩罚犯错的经理人时所起的作用大小不同。大多数机构投资者，包括大量的共同基金和养老金，都是消极的投资者，就如同他们对于糟糕管理的反应是用脚投票，即卖出持有的股票。也有一些机构投资者，例如对冲基金和私募基金，他们对自己的投资发挥更加积极的作用并且努力改变公司运行的方式。因此，这些机构投资者的存在会提高股东相对于管理层的权力。

● 存在竞争利益的股东。并不是所有的股东都一心一意地关注股东财富的最大化。某些股东可能会在追求股东财富的最大化与有关公司的其他利益之间进行权衡，可能会为了前者的利益必须牺牲后者的利益。我们来看看两个常见例子。一个例子是企业的雇员直接投资于公司的股权，或者通过他们的养老金基金投资于公司的股权。他们必须在作为股东的利益和作为雇员的利益之间做出权衡。一个雇员被解雇可能有助于他们作为该公司股东的利益却伤害了他作为公司雇员的利益。另一个例子是，在国有公司私有化浪潮后，政府可能成为公司的最大股东，跟其他所有股东一样的是，政府希望它们持有的股权价值增长，但是它们也必须将该利益与其他利益加以平衡（作为收税者和对国有利益的保护者）。政府可能不喜欢减税计划和将生产转移到海外的计划。

---

① 有一个原因是资本市场上的投资者可能是短期投资者，而那些拥有投票权的投资者是长期投资者。因此，给后者赋予更多的权力能够导致更好的决策。

● 公司交叉持股。公司的最大股东可能是另一家公司。在某些情况下，这种投资可能是出于战略上或者经营上的考虑。而在另一些情况下，交叉持股是投资者或者经理人行使与其持股量不成比例的权力的工具。很多亚洲的企业集团是以金字塔的形式存在，某个公司或者家族处在金字塔的顶端，他们通过公司持有股份来控制底端的几十家公司。稍稍往好的方面来说，这些企业被一些交叉持股的公司共同持有，它们使用交叉持股来防范股东的责难。

总而言之，在那些只有一种类型的股票、有限的交叉持股和存在大量积极投资者的公司里，公司治理可能是最强的。而在那些拥有不同类型的投票权和广泛的交叉持股以及消极投资者占主导地位的公司里，其公司治理可能是最弱的。

实践：公司治理

现代的上市公司都存在利益冲突，其中做决策的经理人的利益可能偏离于股东的利益。简单来说，公司治理作为财务的一个领域考察了以下问题，即怎样才能更好地约束和激励经理人按照公司股东的利益行事。就此而论，如果某个公司管理层做出差的决策（伤害股东的决策）也不能被换掉，该公司的公司治理就很差。

考虑到会计丑闻，同时面对着笼统的财务报告，投资者显然会更加在乎相关的公司治理状况，而公司也知道投资者的这一想法。公司对此的反应是，扩大资源并且利用它们年报中相当大的篇幅来向投资者传达它们对于公司治理的看法（以及它们用以提高公司治理水平的行动）。很多公司制定了明确的公司治理准则，准则规范了它们如何选取董事以及如何付给董事薪酬。以迪士尼公司为例，这些开始于十几年前的准则已经随着时间的推移不断加强。2008 年迪士尼的公司治理准则要求绝大多数董事必须是独立的并且拥有至少价值 10 万美元的股票。

投资者对公正客观的公司治理的需求创造了一个中介产业，他们试图对每家企业的公司治理水平进行评估。2002 年末，标准普尔公司引入了一种公司治理评价体系，包括对董事会构成、股权结构和财务结构等因素的加权评分，评分结果最低为 1 分，最高为 10 分。公司图书馆（Corporate Library）是一家由尼尔·米诺（Neil Minow）和罗伯特·蒙克斯（Robert Monks）成立的独立研究机构，该机构追踪评价董事会的有效性。机构股东服务（Institutional Shareholder Service，ISS）是一家代理咨询公司，该公司基于一系列专有的维度对8 000家以上的公司进行评级，并且将这些公司的公司治理系数（corporate governance quotient，CGQ）推销给机构投资者。也有其他的机构提供欧洲公司和加拿大公司的公司治理分数。

股东无能的后果

如果公司治理的两个机制——每年的股东大会和董事会都不能使管理层对股东负责，

那么我们就不能期望管理层会最大化股东的财富，尤其是当管理层的利益与股东的利益发生冲突时。我们来看下面的例子。

反对敌意收购

当一家公司成为敌意收购的目标时，经理人有时会面临令人不悦的选择。允许敌意收购将使股东获得大量财务上的收益但却使经理人丢掉他们的工作。毫不奇怪的是，经理人往往会采取保护他们自己利益的行动而损害股东利益。

● 在20世纪80年代一些公司成为敌意收购的目标，这些公司的经理人通过买断收购者现有的股份来避免被收购。通常这种购买支付的价格远高于收购方的出价并且用的是股东的财富。这个过程被称为绿票讹诈（greenmail），通常会造成股价下跌，但是保存了在位经理人的工作。具有讽刺意味的是，绿票讹诈是利用股东的财富使得股东们所拥有的股票不能够有更高的价格，却没有使绿票讹诈的始作俑者受到损失。

● 另一个应用很广的反收购工具是金降落伞（golden parachute）。它是雇佣合同的一个条款。该条款规定，如果合约涉及的经理人在收购过程中失去了工作，则必须一次性支付给经理人大量现金或者在一段时间内给予其现金。有经济学家认为金降落伞的支付是有道理的，因为这种方式减少了股东与管理层之间的冲突，但是对那些只是尽其本分的经理人给予如此多的额外支付，并且对他们做出最大化股东财富的分内事做出如此巨大的补偿似乎是没有道理的。

● 公司有时候还会使用毒丸计划（poison pills），它也是由敌意收购所引发的。其目的是使对方公司获得控制权变得非常困难和承担巨额成本。一个翻转的权利（flipover right）为我们提供了一个简单例子。在翻转权利中，现有的股东有权以相对于当前股票价格非常优惠的价格来购买公司的股份。如果敌意收购者试图并购公司，股东就被赋予了这种权利，即他们能够以比当前股价低出许多的价格购买额外的股份。收购者在考虑了这些额外成本之后，可能决定放弃收购。

绿票讹诈、金降落伞和毒丸计划通常都不需要得到股东的表决而被董事会所采用。可以说，这三种情况都是服务于管理层自己的利益并以损害股东利益为代价的。

反收购修正案

反收购修正案有着跟绿票讹诈和毒丸计划相同的目的——阻碍敌意收购——但是有一点是非常不同的。反收购修正案在制定时需要得到股东的同意。有几种类型的反收购修正案，而所有修正案的目的都是降低敌意收购的可能性。例如，考虑一条绝大多数修正案（supermajority amendment）：收购方如果要并购一家采用该修正案的公司，那么必须拥有目标企业51%的股份才能在名义上获得控制权。反收购修正案的确增强了经理人在与收购方谈判时的议价能力，这是有利于股东的。但这种情况只有在管理层以股东利益最大化为出发点行事时才会发生。

2.2 反收购修正案与管理层信任

作为一个公司的股东，如果请你赞成通过限制对你公司的敌意收购的修正案从而给予管理层更大的权力，对于以下哪种公司你最愿意对修正案投赞成票？

a. 该公司的经理人向你许诺说，运用该权力能从敌意收购方中获得更高的股价。

b. 在过去几年里，（从盈利和股价所表现的业绩上看）该公司都做得很差。

c. 在过去几年里，（从盈利和股价所表现的业绩上看）该公司都做得很好。

d. 都不是。

对收购支付过多

经理人可以做许多事情来使得股东的境况变得更糟——投资一个坏的项目，借太多或者太少的资金，以及对于那些促使公司价值增加的收购采取防御措施。使股东财富大幅快速下降的方法就是对收购的过度支付，因为收购所支付的资金远远超过其他决策中所使用的资金。当然，进行收购的经理人都声称，他们绝不会对收购支付太多①，并且支付收购的溢价是有道理的，比如收购能带来协同效应、战略上的考虑、目标公司价值被低估、糟糕的管理等等。收购方股东似乎并不像经理一样对兼并收购表现出极大的热情，因为一旦收购方宣布收购行动其股价就下跌——几乎都是如此。②

这些例子并不是想说明经理总是腐败或者自私的，这对他们不公平，但是却证实了一个基本的问题：当股东与经理人的利益发生冲突时，股东财富最大化的目标就被管理层自身的目标所取代了。

CEO 帝王与顺从的董事：一个行为学视角

如果独立董事能够询问一些苛刻的问题并且对高管加强管理，那么很多公司的失败都可以避免，或者至少结果不会那么严重。给定这个事实，一个有趣的问题是，为什么在现实中我们看不到董事们的抗议。一些董事会约束 CEO 的失败可以归结为制度因素和董事的产生过程，但是有一些可以归结为人性的弱点。

社会心理学的研究指出，忠诚是人类固有的行为。虽然忠诚是建立组织的重要工具，但它也使人们在跟权威人物发生冲突时屈服于内在的道德标准。有一个著名的试验解释了这个现象。斯坦利·米尔格拉姆（Stanley Milgram）是耶鲁大学的一名心理学教授，他要学生对问题答案完全错误的陌生人执行电刑，如果这些人接下来的回答还是错误则电击的强度更大。米尔格拉姆预期当学生们看见陌生人处于痛苦中（实际上这些陌生人是在表演）时他们会停下来，但是却发现如果这是来自一个权威人物的命令，学生们会

---

① 对收购中过度支付现象的一个解释是，是管理层的骄傲自大导致了这个过程。

② 见 G. A. Jarrell，J. A. Brickley，and J. M. Netter，"The Market for Corporate Control：The Empirical Evidence since 1980，" *Journal of Economic Perspectives* 2：49 - 68。在对收购方回报的大量研究中，作者发现，在收购公布期间收购方股票的超额收益从 20 世纪 60 年代的 4.95%下降到 70 年代的 2%，再下降到 80 年代的－1%。有关兼并活动的研究也发现，收购方股票的价格在超过一半的收购活动中下降。

继续对陌生人进行电击。就公司治理而言，董事对 CEO 保持切实的忠诚，即使在面临糟糕的业绩和决定时也是如此——并且这种忠诚超过了他们对于不出现在董事会中的股东的法律责任。

我们怎样才能打破这种天生的忠诚倾向？这些记录了对权威人物的忠诚的心理学研究同时指出一些削弱忠诚的因素。第一个是引入持有异议的同行：如果察觉到反对权威的声音，那么其他人这样做的可能性也增大了。第二个是一些行动不太一致的权威人物的存在以及权威人物之间的意见不一致：在米尔格拉姆的试验中，让两个人穿同样的衣服然后持不同意见，这样做可以显著降低服从度。如果我们很在意这些研究，则不仅应当增加董事会中独立董事的数量，而且应由与在位经理人持有异议最大的股东来提名这些董事。另外，由一些非执行董事担任董事会主席，首席独立董事的出现使得在召开董事会时能平衡 CEO 的权力。

即使有这些改革，我们也必须接受一个现实，即董事会人员绝对不是独立的，也不是如我们期望的那样具有探索性的。原因有两点：第一是人们倾向于达成一致意见，即使这个意见是错的。只要是由 CEO 在董事会上制定的事务，那么就会达成 CEO 偏好的一致意见。第二个原因来自对信息追随行为的研究成果，即人们总是会模仿在他们看来有更多信息的人，而不是自己付出代价去成为有更多信息的人。如果执行人员或者内部董事被视为是对董事事务更有信息的人，那么即使外部股东是独立的，也会赞同执行人员或者内部董事的观点。兰德尔·莫克（Randall Morck）所提出的一个解决方法是，创造一个魔鬼的拥护者（Devil's advocate）——一个针对 CEO 的有力的反权威机构，其主要作用是对战略和行动提出反对和批评。①

【例 2—1】 评价迪士尼的公司治理

为了理解迪士尼公司治理的发展情况，我们必须先看看它的历史。早期迪士尼由沃尔特·迪士尼（Walt Disney）创造。沃尔特的愿景和梦想是动画电影和主题公园的起源，这些成就了公司的声誉。在 1966 年沃尔特去世后，迪士尼公司经历了一个低迷期，电影票房不好且对主题公园的参观过了顶峰时期。在 1984 年，迈克尔·埃斯纳（Michael Eisner），当时派拉蒙（Paramount）的一个行政人员，被聘任为迪士尼的 CEO。在接下来的十几年，埃斯纳与他的继任者杰弗里·卡曾伯格（Jeffrey Katzenberg）成功重新打造出迪士尼品牌。卡曾柏格领导迪士尼的动画部门，制造了轰动当时的包括《小美人鱼》、《美女与野兽》、《狮子王》等大片。②

随着迪士尼的盈利和股价的增长，埃斯纳的权力也逐渐扩大。在 20 世纪 90 年代中期，董事会都服从于他的权力。在 1996 年，《财富》杂志将迪士尼公司评为财富 500 强公司里董事会最差的一家公司。该董事会有 16 名成员，表 2—1 和表 2—2 中列示了这些成员，没有划分内部董事（为迪士尼工作）还是外部董事（不为迪士尼工作）。

---

① R. Morck, "Behavioral Finance in Corporate Governance: Independent Directors, Non-Executive Chairs and the Importance of the Devil's Advocate," NBER working paper series, 2004.

② 我们向读者推荐 *Disney Wars* 这本书作为娱乐性和启发性的读物，作者是詹姆斯·斯图尔特（James Stewart）。这本书记录了迈克尔·埃斯纳在迪士尼的历程以及他的优势如何最终成为他最弱的一环。

表2—1 **迪士尼 1996 年的董事会成员**

内部董事	外部董事
1. 迈克尔·D·埃斯纳：CEO	1. 雷弗塔·F·鲍尔斯：早期教育中心的校长。其中，早期教育中心是埃斯纳孩子所在的学校
2. 罗伊·E·迪士尼：动画部门总裁	2. 小伊格纳西斯·E·洛扎诺：Lozano 企业的主席，该企业是位于洛杉矶的 *La Opinion* 报纸的出版商
3. 桑福德·利特瓦克：公司运营总裁	3. 乔治·J·米切尔：华盛顿的律师，前美国参议员。迪士尼因为 1996 年的国际事务向米切尔先生支付了50 000美元的咨询费，另外给他的华盛顿律师事务所支付了122 764美元
4. 理查德·A·努尼斯：迪士尼娱乐公司主席	4. 斯坦利·P·戈尔德：是 Shamrock 控股公司的总裁和首席执行官，他为迪士尼家族管理了 10 亿美元的资产
5. *雷蒙德·沃森：迪士尼的主席：1983—1984 年	5. 利奥·奥多诺凡：乔治敦大学的校长。其中，乔治敦大学是埃斯纳先生的孩子所上的一所大学。埃斯纳先生是乔治敦大学的董事会成员，并且给该校捐赠了 100 万美元
6. *E·卡登·沃克：迪士尼的主席：1980—1983 年	6. 欧文·E·拉塞尔：加州贝弗利希尔斯的律师，其中，埃斯纳先生是他的客户
7. *加里·L·威尔逊：迪士尼的 CFO，1985—1989 年	7. *悉尼·波蒂埃：演员
8. *托马斯·S·墨菲：大都会/美国广播公司的前主席和总裁	8. 罗伯特·A·M·斯特恩：纽约建筑师，曾为迪士尼设计了很多项目。他在 1996 年因为其服务收取了168 278美元的费用

*迪士尼以前的任职人员。

表2—2 **迪士尼 2008 年的董事会成员**

董事会成员	职位
小约翰·E·佩珀	宝洁公司退休的主席和 CEO
苏珊·E·阿诺德	宝洁公司全球业务部门总裁
约翰·E·布赖森	爱迪生国际公司退休的主席和 CEO
约翰·S·陈	Sybase 公司的主席、CEO 和总裁
朱迪思·L·埃斯特林	JLabs 有限责任公司 CEO
罗伯特·A·伊格尔	迪士尼公司 CEO
史蒂夫·P·乔布斯	苹果公司 CEO
弗雷德·连翰墨	雅诗兰黛公司全球事务的主席
埃尔文·刘易斯	Potbelly Sandwich Works 的总裁和 CEO
莫妮卡·洛扎诺	*La Opinion* 报纸的出版人和 CEO
罗伯特·W·麦兹初莱特	施格兰（Seagram）公司退休的副总裁和 CFO
奥林·C·史密斯	星巴克公司退休的总裁和 CEO

请注意，在表 2—1 中，在 16 个董事会成员中，有 8 个成员是迪士尼的当前或者前任雇员，而埃斯纳同时担任 CEO 和董事会主席。在 8 名外部董事中，至少有 5 名因为与迪士尼或者埃斯纳的关系而存在潜在的利益冲突。在了解董事会的构成后，我们对为什么迪士尼的董事会不能够成功反对 CEO，一点也不会感到惊讶了。[①] 1997 年，加州公共雇员退休系统（California Public Employees Retirement System，CALPERS）建议做出一系列的检查来看董事会是否有效地制衡了 CEO 的权力，包括以下几点：

- 大多数董事是外部董事吗？
- 董事会主席独立于公司（不是公司 CEO 兼任）吗？
- 薪酬委员会与审计委员会完全由外部董事构成吗？

当 CALPERS 考察 1997 年标准普尔 500 企业时发现，迪士尼公司是唯一一个上述三条都未获通过的公司，迪士尼公司中关键委员会的每个成员都是内部人。

从 1997 年到 2002 年，迪士尼公司遭受到来自股东的压力，被要求改善其公司治理，同时该公司也做出了一些改变。到 2002 年为止，董事会的内部人人数下降为 4 名，但是董事会依然很庞大（有 16 名董事），而且作用十分有限。2003 年，有 2 名董事会成员——罗伊·迪士尼（Roy Disney）和斯坦利·戈尔德（Stanley Gold）从董事会辞职，他们抱怨说董事会太过赞同埃斯纳的决策了。在 2004 年的年度会议上重选埃斯纳进入董事会的表决中，有 43%的股东表示反对，这是前所未有的。最终，2004 年埃斯纳辞掉董事会主席职务，在 2005 年 3 月辞掉 CEO 职务。他的继任者鲍勃·伊格尔（Bob Iger）则更加对股东负责。到 2008 年年底，迪士尼的 12 名董事会成员中只有一名（鲍勃·伊格尔）是内部人。

这时的董事会至少从表面上看比迪士尼早期的董事会独立得多，没有表现出明显的利益冲突。同时也有另外两个转变，第一个是 2003 年的董事会成员（由埃斯纳所领导的最后一届）只有 4 人留下来，表明现在是伊格尔所领导的董事会。另一个则是史蒂夫·乔布斯成为董事会成员。乔布斯在高科技方面的专业知识无疑是受其余董事会成员欢迎的，并且他恰好又是迪士尼的最大股东（持有超过 7%的股份）。[②] 最后迪士尼的股东终于在董事会中拥有维护他们利益的人了。那些关注公司治理的外部监督者也意识到迪士尼公司治理水平的提高。在 2009 年年初，ISS 的报告说，就公司治理分数而言，迪士尼位于传媒行业的第一位并且位于标准普尔 500 强公司的前十位。对于迪士尼这个在几年前还是公司治理差的典型代表来说，这是一个巨大的转变。

【例 2—2】 鹦鹉纸浆公司治理：投票权与非投票权

如同大多数巴西的公司一样，鹦鹉纸浆公司在 2008 年年底还拥有两种类型的股份。具有投票权的普通股由在位的经理人、公司的债权人和巴西政府所持有。外部股东只拥

---

① 一个让迪士尼花费巨大的事件是，埃斯纳坚持让董事会以丰厚的薪水聘用一个著名的好莱坞经纪人迈克尔·奥维茨（Michael Ovitz），从而使迪士尼背负了数百万美元的债务。2003 年对于迪士尼董事会成员的诉讼宣称，迪士尼的董事会成员由于在同意人员聘用前没有检查薪酬合同的条款因而未完成信托责任。

② 这些持股可以追溯到史蒂夫·乔布斯对皮克斯公司持有的大量股份。当皮克斯被迪士尼收购时，乔布斯就用皮克斯的股份交换了迪士尼的股份。

有无投票权的股份，也就是通常所说的优先股[①]，他们在董事会成员的选举上没有发言权。在2008年年底，鹦鹉纸浆的董事会有7个人，其中4个是拥有投票权的普通股的代表，还有3个是公司执行委员会（executive board）的经理。

不用分析鹦鹉纸浆董事会的构成，也能清楚地看到对董事会有投票权的股东与没有投票权的股东的利益冲突了。尽管巴西有法律来保护那些无投票权股东的利益，但是这些优先股股东完全没有能力改变公司现有的管理层，并且对能影响股东价值的重大决策完全没有影响作用。[②] 一种更普遍的观点则是，将股份分为有投票权的股份和没有投票权的股份这一做法本身就是一种差的公司治理的表现，即使对于谷歌这样被认为管理很好的公司也是如此。

【例2—3】 德意志银行的公司治理：两个委员会?

德意志银行遵循德国的传统和法律要求拥有两个委员会。主要由在职经理构成的董事会（board of managing directors）提出公司的战略，然后由监事会（supervisory board）审核并确保战略的执行。监事会委派并召集董事会的成员，与董事会合作安排接下来的长期计划。监事会同时在管理事务上对董事会提出意见，并且监督其长期目标的完成。

稍微看看德意志银行监事会的构成就可以知道美国和德国公司治理系统的不同。德意志银行的监事会由20名成员构成，其中8名是雇员代表。而余下的12名从股东中选取，但是德国的雇员显然对公司的运行有更大的话语权，有时甚至能够对公司的决策实施否决权。

【例2—4】 塔塔化学公司的公司治理：家族集团公司

正如我们在第1章中提到的，塔塔化学公司是塔塔集团的一部分，而塔塔集团是印度最大的家族企业之一。在2009年，塔塔化学公司有8名董事，其中4名是内部人，4名是独立董事。[③] 拉坦·塔塔（Ratan Tata）同时在塔塔化学公司和塔塔集团的其他12家公司担任董事会主席。实际上，塔塔化学公司的很多董事都在塔塔集团的其他公司兼任董事。塔塔集团的其他公司拥有塔塔化学公司29.15%发行在外的股份，而塔塔化学公司也对塔塔集团的其他公司有巨大的投资，可见集团利益和公司利益相互交叉。

对塔塔化学公司的股东而言，在公司治理上有两个关键的特点：

(1) 有限权力。集团公司间大量的交叉持股使得个人投资者（非塔塔家族的成员）不可能对这些公司的任何一家实施权力。

(2) 利益冲突。有利于公司（塔塔化学公司）投资者的决策与有利于集团（塔塔集团）的决策的冲突几乎体现在每一个重大的公司财务决策中 。例如，就塔塔化学公司应

---

① 这里对于美国的股东可能会造成一些疑惑，因为在美国优先股是伴随着固定的股利并且更像债券而不是普通股。

② 我们看另一个例子能更加清楚地认识到这一点。一家名为安贝夫（Ambev）的大型巴西饮料公司被一家名为英特品牌（Interbrand）的比利时公司所收购。这场交易增加了普通股股东的利益，但是优先股股东却没有获得多少溢价。

③ 其中有两名董事是发起人，即他们是公司的创始人或者创始人的后代。

该派发多少股利的问题，决定因素可能不是该公司有多少闲置资金，而是集团的其他公司需要多少资金。总的来说，最有利于塔塔集团利益的决策可能对塔塔化学公司的投资者造成伤害或者带来沉重的代价。

请注意，以上并不是针对塔塔集团的批评。事实上，许多投资印度公司的投资者认为塔塔集团是印度最开明的家族企业之一。投资于由更大集团控制的公司的一个普遍问题是集团的利益可能以个别公司投资者的利益为代价。

实践：较好的公司治理的回报会更大吗

我们并不想过多吹捧公司治理的重要性。好的公司治理并不是一颗能将坏经理变成好经理的魔术弹。事实上，我们能想象出，一些公司管理得很好却有着糟糕的公司治理，也有一些公司管理得很差却有着好的公司治理。好的公司治理的最大好处是很容易换掉一个坏经理，使其长期的不当管理变得不大可能。

学术界和积极的投资者都非常支持给予股东对经理更大的权力，但是有一个实际的问题还没有解决，即更好的公司治理会带来什么样的回报。在那些股东对管理者有更大权力的公司里，公司的管理会更有效吗？如果是这样的话，这些公司的价值更大吗？虽然还没有一个研究能回答这些重大的问题，但是有一些研究给了我们一些启发：

- 在大多数公司治理对价值影响的综合研究中，有一个公司治理指数，基于公司 24 条独特的公司治理条款计算了1 500家公司的治理指数。[①] 买进拥有最强投资者保护的公司股票同时卖出拥有最弱投资者保护的公司股票，可以获得 8.5%的年化超额收益。在 1999 年，公司治理指数每降低一个百分点市场价值就下降 8.9%，并且投资者保护指数更高的公司，利润更高、销售增长更快且收购活动更少。这些研究结果在韩国和德国的企业中也能看到。[②] 最近一些研究发现的差别更大。虽然大多数研究依然发现公司治理分数与市场定价（比如股票价格与账面价值之比）之间的关系，但是它们不能发现经营业绩指标（利润率和权益收益率）与公司治理分数之间的关系。
- 限制敌意收购的行为通常会减少股东的权力，因为这种行动拿走了一个反对无效管理层的最有效武器。1990 年，宾夕法尼亚州通过了一条法律，该法律保护在位的经理人反对敌意收购，允许他们在其他股东有严重不利影响时能够凌驾于股东利益之上。在这条法律首次提出和最终通过的几个月里，宾夕法尼亚州公司的股价下降了 6.9%。[③]
- 似乎没有什么证据表明董事会构成与公司价值有关。换句话说，没有证据表明那

① P. A. Gompers，J. L. Ishii，and A. Metrick，"Corporate Governance and Equity Prices，" *Quarterly Journal of Economics* 118：107－155. 构造公司治理指数的数据来自投资者责任研究中心（Investor Responsibility Research Center），该研究中心记录了几百家企业的公司章程条款。

② 对于韩国的研究请看 B. S. Black，H. Jang，and W. Kim，"Does Corporate Governance Affect Firm Value? Evidence From Korea，" Standford Law School working paper，2003。对于德国的研究请看 W. Drobetz，"Corporate Governance：Legal Fiction or Economic Reality，" working paper，University of Basel，2003。

③ J. M. Karpoff and P. H. Malatesta，"The Wealth Effects of Second-Generation State Takeover Legislation，" *Journal of Financial Economics* 25：291－322.

些董事会里有更多独立董事的公司比那些董事会主要由内部人主导的公司的股价更高。①

● 虽然只是一些趣闻，大量的公司丑闻表明，拥有一个顺从的董事会的代价是巨大的。这些问题公司中最普遍的是无效的董事会，它们无力对至高无上的 CEO 提出尖锐的问题。例如，2008 年的银行危机表明，投资银行的董事会不仅没有意识到这些银行所做投资的风险，而且无法监督或管理这些风险。

总之，好的公司治理并不是解决所有问题的万能药。但是，它给了我们改变的希望，尤其是当在位经理无法做好他们的工作时。

股东与债权人

在一个既有利于股东同时又有利于债权人（借款人）的世界中，债权人不需要担心自己的利益受到侵占。但是，在现实世界中，债权人却可能面临利益被股东以多种方式侵占的风险——如股东借更多的资金、支付更高的股利或者降低那些贷款抵押资产的安全性。

冲突的来源

股东与债权人之间利益冲突的来源在于双方对于现金流索取权的差异。债权人通常对于现金流有优先索取权却只能得到固定的利息支付，这还要假定公司能够偿付债务。权益投资者对现金流有剩余索取权，但是他们可以在上市公司不能够履行其债务时让公司破产。债权人不能够在项目成功时获得更大的收益，却在项目失败时承担巨大的成本。因此，与股东相比，债权人对于有风险的投资更加悲观。股东和债权人在很多问题上都很可能存在分歧。

一些冲突的例子

如果增加借款，现有债权人的境况会变得更糟，当新增借款数额巨大时，将增大公司的违约风险，尤其是在这些债权人未受到保护时更为明显。这时股东的财富却增加了。用债务资金支付的并购更能说明这种效应，此时，负债比例上升，债券评级显著下降，现存债券的价格下跌反映了更高的违约风险。②

股利政策是股东与债权人利益冲突的另一个例子。理论上更高的股利对股价的影响是有争议的，即对于更高的股利会提高股价还是降低股价看法不一，但实证证据却很明确。平均而言，增加股利会使得股价上涨，而减少股利会使得股价下跌。另一方面，债券价格对股利增加的反应是负面的，而对减少股利的反应是正面的。原因很简单。股利

① Sanjai Bhagat and Bernard Black, "The Uncertain Relationship between Board Composition and Firm Performance," *Business Lawyer* 54: 921－963.

② 在对纳贝斯克公司（Nabisco）的杠杆收购中，收购当天，现有债券的价格下降了 19%，而股票价格猛涨。

的支付减少了公司的可用现金，使得债务的风险增加。

股东与债权人冲突的后果

这两个例子已经解释得很清楚，股东和债权人有着不同的目标，因此有一些决策会造成财富从一方（通常是债权人）向另一方（通常是股东）转移。只注重股东财富最大化可能会导致股东采取一些侵占债权人的财富以增加股东财富的行为，并最终损害整个企业。

也许我们高估了这种侵占的可能性。因为当债权人认为股东采取有害于他们的行动时，他们会通过一些方式来保护自己。例如，在债务契约里写明对股东行为的约束，或者持有一些公司股权。进一步来说，很多公司将来还要回到债券市场再次筹集资金，这使得它们保持诚信，因为一时财富转移的收益可能远小于由此造成的声誉损失。本书后面的部分将对这些问题展开更为详细的讨论。

企业与金融市场

将目标设定为股东财富或者公司财富最大化总是比股价或者企业市场价值最大化要好一些，因为前者不需要任何有关金融市场有效性或者其他方面的假设。但麻烦的是股东财富或者公司财富不容易衡量，从而难以给决策的成功与失败制定清晰的标准。的确存在一些价值模型——有一些我们将在本书中检验——它们尝试去衡量股权价值和企业价值，但是它们也是以大量主观认识为基础，而其他人可能不赞同这些认识。因为一个好目标的基本特征是，该目标必须有清晰的衡量机制，因此将目标转化为关注股价具有显而易见的优势，因为股价最大化使得对于成败的计量可以让大家都看到。成功的经理会提高公司的股价，而失败的经理会降低公司的股价。

市场价格带来的麻烦在于，评估市场价格的投资者自己可能犯一些严重的错误。如果金融市场是有效的，并且能够利用信息对未来现金流和风险进行正确的衡量和评价，那么市场价格就能反映真实价值。在这样的市场里，考核方和被考核方都会接受市场价格作为评价成败的合适标准。

但这里存在两方面的潜在障碍。第一个是信息是使市场变得有效的润滑剂。如果信息被隐藏、延迟或者是具有误导性的，市场价格就会与真实价值相偏离，即使这个市场在其他时候是有效的。第二个问题是，许多学术界和实务界的人认为即使在信息可以免费获得时，市场也不是有效的。在这两种情形下，股票价格最大化的决策与长期价值最大化的目标就会不一致。

2.3 企业传递信息的可信度

你认为公司自己披露的信息通常是什么样的?

a. 及时的和诚实的。

b. 无偏的。

c. 具有欺骗性的。

信息问题

市场价格的基础是信息，包括公共信息和私有信息。在经典理论的世界里，有关公司的信息会被迅速且真实地披露给金融市场。而在现实世界中，这个过程会有一些阻碍。首先，公司有时会阻止信息或者推迟披露信息，尤其是对于那些坏消息。有很多事例能说明这一点，最直接的证据来自盈余公告和股利公告。对盈余公告的一个研究发现，那些含有坏消息的盈余公告时间往后拖延了，最差公司拖延的时间相对于预期公告日最长。① 类似的研究考察了 1982—1986 年在纽约股票交易所上市的公司通常选择哪一天来进行盈余公告或者股利公告。研究发现在周五进行的公告，尤其是在交易结束后进行的公告，比在一周内其他时间进行的公告包含着更多坏消息。② 这表明经理人尽量在市场不那么活跃或者快要结束交易时公布坏信息，因为他们害怕市场会对这些信息做出过度反应。

第二个问题更加严重。一些公司为了讨好投资者而努力提高股价，它们会有意向金融市场释放一些对于公司当前状况和未来前景有误导性的信息。这种错误的信息使得股价严重偏离其真实价值。下面看个例子，Bre-X 是加拿大一家采掘金矿的公司，该公司在 20 世纪 90 年代初期声称在印度尼西亚发现世界上最大的黄金矿床之一。该公司的股票受到美国和加拿大的证券分析师的大力推荐，但是其实整个声明都是虚假的。到 1997 年整个骗局被曝光时，该公司的股价暴跌，而那些分析师宣称对于公司对他们的误导行为感到震惊。这种有关公司财务的欺骗行为影响非常深远，公司通常会以股价业绩为基础对经理人进行考核。Bre-X 的经理人拥有与股价相挂钩的期权和奖金计划，在欺诈行为被曝光前，他们可能表现得很好。公司一次次违背投资者的信任同样也会造成股票市场的信心丧失从而导致所有公司的股价下跌。而且，由于新兴市场的信息披露法规和公司治理更差，信息扭曲在该市场上出现的可能性更大。在 2008 年，一家公认的专业印度软件公司 Satyam Computer 的 CEO 和高级经理人在承认会计舞弊后辞职。③

---

① S. H. Penman, "The Distribution of Earnings News over Time and Seasonalities in Aggregate Stock Returns," *Journal of Financial Economics* 18, no. 2: 199 - 228.

② A. Damodaran, "The Weekend Effect in Information Releases: A Study of Earnings and Dividend Announcements," *Review of Financial Studies* 2, no. 4: 607 - 623.

③ 为了说明财务报表中错误陈述的普遍性，在资产负债表上报告的现金余额是不存在的。

2.4 以下哪种类型的企业更可能误导市场？

a. 不经常从市场筹资的公司——它们从内部筹集资金。

b. 经常去市场筹资的公司。

请解释。

市场问题

管理者担心市场会对信息做出过度反应或者不能很好地将信息反映在价格里可能是有道理的。即使信息可以自由流动且金融市场没有任何扭曲，也不能保证市场价格是真实价值的无偏估计。事实上，许多人还认为，错误会变得更加严重，即投资者太过不理性，因此不能够依赖他们对真实价值做出好的估计。在反对金融市场的看法中，有一些是合理的，有一些太夸张了，还有一些显然就是错误的。我们将一一考虑这些看法。

- **金融市场并不总是能理性及合理地评估出新信息对价格的影响。** 持有这种看法的批评者认为，市场可能波动很大，有时候没有新的信息也会波动。任何时候，市场价格的波动通常远远大于其赖以存在的基本面的波动。在给定基本面不变的情况下，市场价格波动过大的观点有一些实证支持。[①]谈到市场的不理性，你经常会看到市场上的泡沫，包括从17世纪初荷兰的郁金香热到20世纪90年代末的网络泡沫。这些都足以证明感性有时可能超过市场的理性。
- **金融市场有时会对信息做出过度反应。** 分析师认为该观点适用于报告的盈余高于或低于盈余预期很多的公司，他们认为股价因为好消息上升或者坏消息下降的幅度太大。然而，证据是不统一的，因为还有一些情况是市场对公司的信息反应不足。总的来说，这些研究得出的唯一一致的结论是，市场在评估消息对价值的作用时会犯错误。
- **有时内部人会进入市场获取私人利益，通常会以损害外部投资者的利益为代价。** 在非流通股票中尤其如此，在那些交易不频繁的市场这种情况更加糟糕。即使这些股票是被广泛持有和交易的，内部人有时也能比其他投资者优先获得这些信息。[②]

尽管存在这些局限，我们也不能因此抹杀金融市场的主要贡献。金融市场吸收和汇总有关当期情况和未来业绩的大量信息，并将其反映在股价这个衡量指标上。没有其他指标能像股价那样及时综合反映公司的情况。上市公司相对于私有企业具有股价信息的优势。尽管上市企业的经理可能憎恨分析师和投资者的事后批评，但是如果能知道投资者如何看待企业采取的行动也是非常有价值的。

非理性繁荣：行为财务的视角

长期以来，财务学界的信念是有效市场，但是这种信念已经遭到来自学术界的攻击。

---

① R. J. Shiller, *Irrational Exuberance* (Princeton, NJ: Princeton University Press, 2000).

② 的确是这样的，即使在美国这种存在针对内部交易的严厉法律的国家也是如此。有些对在证券交易委员会（Securities and Exchange Commission, SEC）登记的内部交易进行的研究表明，内部人的确会在股价上涨之前买进股票，而在股价下跌之前卖出股票。但是，这种优势很小。

市场会犯系统性的错误，经常不能够反映出真实价值。这种观点不仅得到了一些证据的支持，而且还与已被证实的人性的怪癖有关。巴博瑞斯（Barberis）和塞勒（Thaler）在一篇有关该主题的综述中列出了扭曲投资者行为的几点特征①：

- **过度自信。**投资者对自己的判断过度自信，他们不能对数量（例如道琼斯指数）的置信区间和事情发生的概率做出评估。
- **乐观和单凭主观意愿的想法。**个人对自己所具有的能力都有不切实际的乐观看法。例如，90%的人认为自己的技能高于平均水平。
- **代表性。**人们在如何对数据分类和评估上会表现出系统性的偏差。对此的一个有力证明是，他们在评估概率的时候会忽视样本量。比如，若样本量为10时的成功率为60%，则他们会认为样本量为1 000时的成功率同样是60%，而实际上大样本的情况会包含更多的信息。
- **保守性和信念坚持。**人们似乎认为，他们对数据的先验认识更为重要，不能够对新的信息做出充分反应。他们一旦形成某一观点，就不愿意寻找一些与其观点相违背的证据，而当真的面对这些证据时，他们又会对这些证据产生过度怀疑。在很多被称为证实偏差（confirmation bias）的情况下，他们实际上将相反的证据视为支持他们观点的证据。
- **锚定效应。**人们在做出估计时，通常任意从某个初始值开始，然后再任意对这个值进行不充分的调整。
- **可获得性偏差。**人们在评估一个事件的可能性时，他们在相关信息中，通常会过分看重最新的信息以及对他们个人影响大的信息，而不是有助于形成他们判断的信息。

如果说人类的这些特征是普遍存在的，我们就不应当因为市场对于这些特征的反映而感到惊讶。过度自信和过度乐观为个股以及整个市场的泡沫提供了基础，而那些质疑这些泡沫的合理性的人通常却被忽视了（信念坚持）。锚定效应和获得性偏差会扭曲我们对于公司的估值，从而导致市场价格与真实价值之间的巨大差异。总的来说，关于为什么长时间内股价与真实价值相偏离，行为金融提供了有关的解释。

2.5 市场是短期的吗？

关注股票价格会使公司做出牺牲长期利益的短期决策吗？

a. 我同意。

b. 我不同意。

让经理人在做决策时不必担心对股票价格的影响，会使经理人所做的长期决策更好吗？

a. 我同意。

b. 我不同意。

① N. Barberis and R. Thaler, "A Survey of Behavioral Finance," NBER working paper, 2002.

【例 2—5】 企业与金融市场的相互作用：对迪士尼的案例研究

企业公告信息后所发生的事情可以作为考察企业与金融市场间复杂关系的最好例子。例如，我们来看一下迪士尼对 2009 年 1—3 月的盈利公告，该报告是在 2009 年 5 月 5 日公布的。报告指出，公司的净收入与前一年相比下降了 26%，使得每股盈利变成 0.43 美元。当这个坏消息公布时，股价却上涨了 2%，因为报告的每股盈利比分析师预测的每股盈利 0.40 美元要高。

还有一些有趣的观点需要在这里指出。第一点是有关分析师在设定预期时的作用。比如，在 2009 年 5 月，有 25 名经纪公司和投资银行的分析师提供了对迪士尼公司每股盈利的估计。[1] 在这些估计中，最低的是每股 33 美分，最高估计是每股 48 美分，且平均值（也称为共识值）是每股 40 美分。第二点与预期的能力有关。任何公司报告的消息在被归类为好消息或坏消息前必须与市场预期相比较。因此，只要盈利的下降低于预期，报告中盈利的下降（就像本例中的迪士尼公司）就可以是好消息。

实践：市场是短期的吗？

许多人认为股价最大化导致了经理人关注短期。理由如下：股价是由交易员、短期投资者和分析师来决定的。而这些人都是短期持股并且花时间去努力预测下个季度的盈利，所以关注长期价值创造而不是短期结果的经理人就会被市场惩罚。但是大多数实证证据表明，市场比大家认为的要长期得多。

- 有成百上千家公司，尤其是那些刚成立的小公司，它们没有任何当前的盈利和现金流，并且在近期也不期望产生盈利和现金流，但是它们以未来成功的预期为基础，仍然能够筹集到大量的资金。如果市场真的像批评者认为的那样是短期的，这些公司从一开始就不能筹集到资金。
- 另外的证据就是，市场对当前盈利和现金流赋予的价值太低，而对未来的盈利和现金流赋予的价值太高。有研究指出，与市盈率更高的股票相比，有较低市盈率和较高当前盈利的股票往往被低估。
- 市场对研发和投资支出的反应并不总是负面的，尽管那些认为市场是短期的批评者认为反应应当是负面的。相反，市场的反应是温和的，即平均而言在研发和投资支出的公告发出时股价是上涨的。

是否一些投资者和分析师只关注短期盈利而不是长期价值？当然是。在我们看来，财务经理们太过迎合这些人而偏离了他们自己应该做的决策。

企业和社会

大多数管理层的决策都有社会后果，而如何最好地处理这些后果却是一个不容易回

① 这些分析师被称为卖方分析师，因为他们的研究被提供给证券组合经理和其他客户。那些为共同基金工作的分析师被称为买方分析师，他们的工作相对来说比较隐晦，因为他们的推荐只是作为共同基金的内参而不公开。

答的问题。企业或者股东的财富最大化隐含的假设是，相关的社会成本要么小到可以被忽略不计，要么这些成本能够被定价并且要求企业支付。但是在许多情况下，以上假设都不能满足。

还有一些情况是，社会成本很大但是不能够将其归属于企业。在这些情况下，决策制定者虽然意识到这些成本，仍可能选择忽视这些成本而使企业财富最大化。道德困境使得经理人在自己的生存（要求使得股东财富最大化）和更广泛的社会利益中做出抉择。这是有争议的，但是本书无法提供一种简单的解决方式。

伦理学家认为，在某些情况下的社会成本相当大，并且企业意识到这些成本，此时对财富最大化的追求就应当升华为对更广泛的社会利益的追求。但是在一些情况下企业造成了大量的社会成本却没有意识到这些成本，应当怎么办呢？例如，约翰-曼维尔公司（John Manville）在 20 世纪 50 年代到 60 年代时期生产石棉，公司只想着赚钱而没有意识到该产品可能会使人类易患癌症和其他疾病。30 年之后，那些受石棉造成的疾病折磨的人对该公司提出法律诉讼，使得该公司破产。

公正地说，企业利益与社会利益之间的冲突并不仅限于股东财富最大化。这些冲突是私有企业所不能摆脱的，没有什么办法能够将社会利益和企业利益完全协调一致。

2.6 法律能够使企业成为好公民吗?

大家经常会认为，社会成本的产生是因为政府没有通过足够的法律去处罚那些产生社会成本的公司。接下来要做的就是通过那些消除社会成本的法律。

a. 我同意。

b. 我不同意。

【例 2—6】 评估社会成本

我们来稍微留意一下所分析的几家公司——迪士尼公司、鹦鹉纸浆公司、塔塔化学公司和德意志银行，就可以清楚地看到社会成本是普遍存在的。尽管这些公司之间存在许多差异，但它们都有需要考虑的社会成本。

● 迪士尼将自己标榜为以家庭为导向的公司，并且继续宣传自己是这样的公司。当迪士尼仅有主题公园和动画电影业务时，它几乎不面临什么冲突。当扩展到更广阔的电影行业和电视广播时，迪士尼就面临新的问题。举例来说，南方浸信会在 1997 年投票同意联合抵制迪士尼的主题公园和电影来作为对电视剧 *Ellen* 的一个回应。*Ellen* 是美国广播公司的一个电视剧，其中 Ellen DeGeneres 出演一个有同性恋倾向的书店老板。由于害怕这些强烈的反应，迪士尼保持了几个独立的电影工作室——米拉麦克斯制作包含更多暴力的成人电影，而迪士尼/皮克斯工作室则制作更多适合家庭生活的动画电影。

● 鹦鹉纸浆公司因为对南美雨林的砍伐而处于争议之中。在 20 世纪末，鹦鹉纸浆公司因为将巴西种植的古老森林砍掉改为种植橡树，由此造成当地土著居民的离开而遭到环境组织的控告。[1]

● 虽然塔塔化学公司并没有遭到严重的社会反对，但是塔塔集团存在一些社会冲突。比如，塔塔汽车公司原本打算将新工厂建在孟加拉邦以前的一块农田上，因为遭到了农民和社区的抗议被迫重新为新厂选址。

● 德意志银行曾经因为在大屠杀期间为纳粹服务而受到指责。该银行在 2000 年对于美国信孚银行（Bankers Trust）的收购差点失败，就是因为被谴责在第二次世界大战时期曾出资修建位于奥斯威辛的集中营。德意志银行和德累斯顿银行都被大屠杀的幸存者起诉，他们认为这两家银行在第二次世界大战期间从集中营的牺牲者那里偷取黄金和其他资产以赚取利润。[2] 最后，2008 年银行危机爆发后，监管者和激进分子指责德意志银行在制造金融危机。

对于所有这些公司来说，控告都是严重的，不仅因为这些控告会毁坏公司的声誉，还因为这些控告可能造成严重的经济成本。这些公司全部在控告面前积极维护自己，并且在年报上花大量的篇幅描述它们如何立志成为好的企业公民。

实践：股东财富最大化与平衡计分卡

许多理论家认为考虑所有各种不同相关者的利益的最佳方法就是，将股东财富最大化目标换成利益相关者财富最大化这个更广的目标，而利益相关者包含了雇员与社会。尽管这一概念听起来很精彩，但我们相信不应该替换，原因如下：

● 当有多个目标差异很大的利益相关者时，你就不可避免地要在这些目标之间做出选择。例如，辞退人浮于事公司里的雇员将会使得股东和债权人的境况变得更好，但也会带来社会成本。利益相关者财富最大化的目标丝毫没有指导我们找到合适的方法来平衡这些竞争性的利益。

● 还有一个问题是，事实上并非所有这些利益相关者的成本和收益都能被量化。对于社会成本和收益尤其如此，可以将这种评估留给那些本身有偏见的分析者。

● 最重要的是，利益相关者财富最大化的目标是为了让经理人对每个人负责，结果却使经理人无需对任何人负责。经理人基本上可以在每个利益相关者面前声称他们的失败是由于考虑了其他相关者的利益而造成的。

公司能够超过这个公认的底线*可能也是有用的，并且平衡计分卡正尝试着这样做。平衡计分卡是由哈佛大学的一名战略教授罗伯特·卡普兰（Robert Kaplan）设计的，他尝试着不仅仅使用财务指标，同时也关注客户满意度和内部业务过程。[3]

我们用最后几页的篇幅来说明与现实世界有以下关联的问题——经理人与股东，股东与债权人，企业与金融市场以及企业与社会。图 2—2 用图示对这些联系之间存在的问

---

① 在 20 世纪 90 年代，图皮历金和瓜拉尼的印第安人曾经在圣埃斯皮里图州发起了一个反对鹦鹉纸浆公司的国际抗议，要求鹦鹉纸浆公司归还并且扩大他们的传统领地。

② 美国军方 1946 年的调查曾建议清算德意志银行并对其高层人员判罪。

* 指的是股东利益最大化。——译者注

③ Robert S. Kaplan and David P. Norton, *The Balanced Scorecard: Translating Strategy into Action* (Cambridge, MA: Harvard Business School Press, 1996).

题进行了描述。

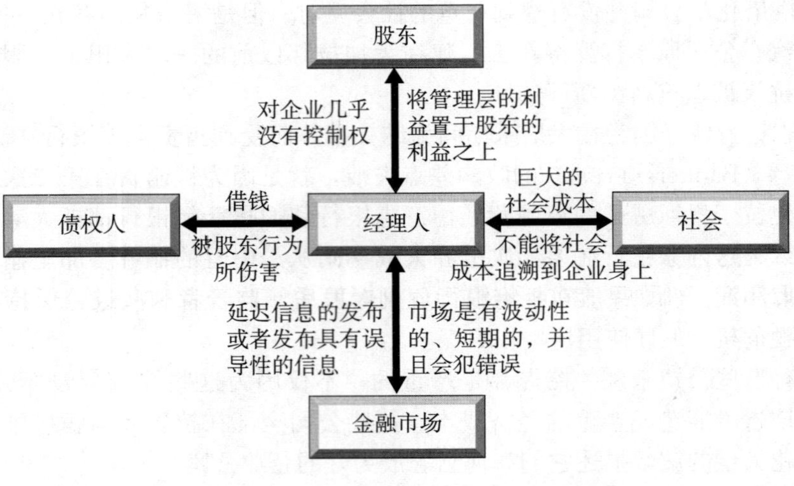

图2—2　现实世界的股价最大化

股价最大化以外的其他目标

以财富最大化为基础，显然每个联系都存在问题。股东通常对经理人没有什么权力并且经理人将自己的利益置于股东利益之上。在面对公司做出将财富转移给股东的决策时，那些不能保护自己利益的债权人将以付出代价而告终。传递到金融市场的信息通常是有误的，具有误导性或者被延迟，并且市场价值和真实价值之间存在显著的差异。最后，企业在最大化财富时可能会给社会造成大量的成本。

假定这些问题的存在，我们可以采取一些替代性的行动。其中一个则是找出一个不同的系统从而对行为不当的管理层保持控制。另一个则是找到一个替代的公司目标。在这一部分，我们将考虑这些替代性方法。

约束管理层的不同系统（公司治理）

到现在为止，在我们所描述的系统里，股东承担换掉不称职管理层的后果，金融市场的投资者对公司的经营进行治理，我们将这个系统称为以市场为导向的公司治理系统。有些人认为，这种方法让投资者承担了太多的责任，而投资者在他们看来通常是缺乏信息而且短视的。迈克尔·波特（Michael Porter）是一个权威的公司战略专家，他认为投资者是短视的且要求迅速回报的事实使得美国的企业减弱其活动能力。通过将美国的企业与日本的企业相比，他认为，即使日本的企业可能在短期内不能够最大化利润，但是它们在长期能够采用合理的战略。他建议投资者应当与企业建立长期关系并且同企业一起制定长期策略。① 即使在美国，波特的这种观点也不是独一无二的，有许多公司高管也有这样的看法。他们认为，除了用股东来惩罚和替换做错事的经理人，以及用股价来衡量成功与否这类以市场为基础的公司治理之外，还有其他的可选择方法。在德国和日本的公司治理模式里②，企业都拥有其他企业的股份，并且它们经常会做出有利于整个集团而不是自己的最大利益的决策。也有人认为，这些系统的企业之间都相互监督而不仅仅是将权力让给股东。毕竟股东是企业的所有者，除了不民主之外，德日治理模式不禁让我们产生重大怀疑，即如果股东拥有权力，同时股东倾向于将这些权力保持在在位管理者的手中，股东又会怎样使用这些权力呢?

尽管这种方式可以保护系统避免股东激进主义和无效市场带来的浪费，但是它也有自己的缺陷。与分散投资的投资者相比，这些产业集团从本质上都过于保守，因此它们不大可能像不属于集团的新贵那样去筹集资金来进行高风险的风险投资。另一个问题则是，整个集团可能被某一个公司的错误决策所拖垮。③ 事实上，在 20 世纪 90 年代，日本公司因为糟糕的投资导致的麻烦表明，日本公司治理系统虽然能够有效地处理个别运营不佳的企业，却很难处理这种普遍的问题。而最终这些问题会随着时间的推移日益恶化。例如，当金融市场促使美国的银行在 20 世纪 80 年代后期处置它们糟糕的房地产贷款时，日本银行花去 20 世纪 90 年代大量的时间从它们的账面上清除这些房地产贷款。④

在过去十年见证中国公司的成功与全球金融市场的崩溃后，那些不喜欢市场机制的人提出了另一个替代的公司治理系统。为什么不让政府成为更大的参与者并且决定什么样的投资才最为合理呢? 在 2008 年金融市场崩溃后，紧接着政府援助银行和陷入困境的公司，即使在英国和美国这些历史上倾向于由市场解决的国家里，支持政府发挥积极作用的人也增多了。我们对以上看法持怀疑态度，原因之一是从历史来看没什么证据表明应当鼓励更多政府投资。政府试图从中挑选出一个成功公司的做法通常是不成功的。苏联等社会主义国家在第二次世界大战后的几十年计划经济增长经历了惨败，并且像日本财政部这样开明的系统也不能预测出何时能再次增长。第二个原因是政府除了促进经济增长外还有其他的议程，而这些不同利益追求之间可能会存在冲突。所以说，虽然让通用汽车破产有利于美国纳税人的长期经济利益，但是任何政府在面对密歇根州（通用汽

---

① 美国的投资者关系有一些新的动向，一些基金，比如说 Allied Partners［由狄龙·里德（Dillon Read）来经营］，Corporate Partners［由拉扎德·雷弗尔（Lazard Freres）来经营］和 Lens［由激进主义者罗伯特·蒙克斯（Robert Monks）来经营］，都努力与公司的经理人建立长期关系。

② 德日模式间有细微的差异。日本的企业集团，也被称为 keiretsus，主要是公司之间交叉持股的家族企业集团。德国的企业集团是以银行为基础的，比如德意志银行和德累斯顿银行，这些银行都持有许多实业公司的股份。

③ 韩国的许多企业集团（被称为 chaebols）就是效仿日本的 keiretsu，它们在 20 世纪 90 年代处于破产的边缘，就是因为集团里一两家行为不当的公司糟糕的房地产贷款以及高额的负债。

④ S. N. Kaplan，"Corporate Governance and Corporate Performance：A Comparison of German，Japan and the United States，" *Journal of Applied Corporate Finance* 9，no. 4，86 - 93. 他比较了美国、德国和日本的公司治理模式，发现美国的模式提供了更优的激励从而使得企业的业绩表现更好，并且让美国公司将现金返还给投资者是容易的。

车总部所在州）的投票时都不可能让通用汽车破产。最后，如果说金融市场是滋生投资者非理性的温床，请注意政府机构也是由人组成的，没有什么理由让我们相信政府的这些决策者不会犯同样的错误。

有没有一种方法能让我们度量这些公司治理模式的有效性？有一种建议是可以从三方面来对公司治理系统进行度量——限制管理者从控制权获取私有收益的能力，有融资需求的公司进入资本市场的容易度，以及换掉无效管理层的容易度。至少从后两个方面来看，以市场为基础的公司治理系统做得更好。①

选择另外一个目标

由于存在这些不足之处，简单的答案即放弃股价最大化这一目标。但将该目标换成另一个目标是很困难的事情。并不是说已经没有其他可选择的目标，而是其他的目标本身也有问题，并且改变目标的好处一点也不明显。我们将评价财富最大化目标的三个标准用于评价其他可选目标时也是非常正确的：（1）目标是清晰且明确的吗？（2）它能及时衡量成功与失败吗？（3）该目标会带来超过总收益的附带成本吗？让我们来考虑一下除了股价最大化之外通常提到的三个目标。

1. 市场份额最大化

20 世纪 80 年代，日本产品充斥全球，日本企业将注意力放在市场份额的增长上。它们将市场份额转化成利润获得成功，使得包括一些美国公司在内的其他公司也将市场份额作为目标。具体来说，使市场份额增加较多的投资比使市场份额增加较少的投资更受偏爱。这种目标的支持者认为，市场份额像市场价格那样可以被观察和度量，并且不需要任何证实股价最大化所需要的有关金融市场有效性的假设。

以市场份额最大化为目标的基础是，更高的市场份额意味着更多的定价权和未来更高的利润。如果事实是这样，市场份额最大化就与公司价值最大化的目标完全一致。但是，如果更高的市场份额并不一定产生更大的定价权，并且市场份额的增长伴随着更低的甚至负的盈利，结果就使关注市场份额增长的公司变得更糟。事实上，公司战略学家曾经将很多日本企业作为例子来说明为什么对于市场份额的关注是合适的，但是在 20 世纪 90 年代这些公司发现这种目标存在严重缺陷。

2. 利润最大化

有些目标关注盈利而不是价值。这种目标的合理性在于，利润比价值更容易度量，并且从长期来看更高的利润会转换成更高的价值。但这个目标至少存在两个问题。第一个是，对当前盈利的重视会导致当前利润最大化，但却以长期利润和价值的减少为代价。第二个是，考虑到会计师能够灵活地将利润在各个期间进行平滑，认为利润能够比价值更准确计量的观点可能是错误的。

---

① J. R. Macey, "Measuring the Effectiveness of Different Corporate Governance Systems: Towards a More Scientific Approach," *Journal of Applied Corporate Finance* 10, no. 4: 16 - 25.

利润最大化可以被表述为直接的利润甚至是超额收益（超过资本成本）这些形式，也可以被表述为会计利润（例如净资产收益率或资本收益率）这种更复杂的形式。尽管这些度量方式能够消除关注利润产生的问题，但是会计计量的问题还是不可避免的。

3. 规模/收入

还有一些目标与股东财富无关，而是关注企业的规模。例如，在20世纪70年代，像Gulf&Western与ITT这些由强势的CEO所掌管的公司是通过收购大型跨国企业而建立起来的。这些收购看上去并没有战略意义，而仅仅是由于CEO们想扩大他们公司帝国的规模。建立公司帝国的思想可能不再流行，但是还有很多例子表明，公司做出的决策可能旨在增大它们的规模以获得更大的权力但却以股东财富为代价。

股价最大化：完善一个有瑕疵的目标

除了股价最大化之外的其他目标都有自己的缺陷，这些公司治理系统建立在自我治理的基础上，或者选择一个类似市场份额最大化这样的目标。在这一部分，我们将考虑如何完善价值最大化的目标并且思考解决相关问题的方法。具体来说，我们思考一些方法来减少股东、债权人以及经理人之间的利益冲突以及降低市场失败的可能性。同时我们认为，市场机制是建立在市场能够迅速有效地纠正系统性偏差的基础上。

冲突解决方法：减少代理问题

如果股东、经理人和债权人之间的冲突是股价最大化的核心问题，那么减少冲突就会使该目标更加让人信服。在这一部分，我们将考察股东和经理人、股东和债权人、企业和金融市场以及企业和社会的关系，然后再考虑怎样才能更好地减少股价最大化的附带成本。

股东和经理人

显然股东和经理人之间存在着利益冲突，并且股东控制的传统机制——年度股东大会和董事会——不能发挥监督管理层的作用。然而，这并不意味着，无论是通过消除股东与经理人之间的利益鸿沟，还是通过增大股东对于经理人的权力，两者的冲突都已经无法调和了。

让经理人更像股东那样思考问题

只要经理人的利益与股东的利益显著不一致，就可能存在冲突。有一种降低冲突的方式是，通过赋予经理人股票或者股票期权，使经理人拥有其管理的公司更多的股份。那么，如果管理使得股价升高，就会为管理层带来收益，这就激励经理人去最大化股价。

虽然这样做能够减少股东与经理人之间的冲突，但是也有不好的一面，即可能扩大前面所阐述的其他利益冲突。例如，这样做可能会增加股东从债权人手中剥夺财富的可能性，同时也增大了向市场传递误导性信息的可能性。

需要指出以股票为基础的薪酬与以期权为基础的薪酬之间的差别。我们将在后面的章节看到，有的时候当业务变得更为冒险时期权的价值更高。因此，有大量期权但持股数量很少的经理人可能比股东更愿意去冒险。因此，公司给管理层的薪酬渐渐从以期权为基础的薪酬包转变为限制性股票。

2.7 股东利益、管理层利益和管理层收购

在管理层收购中，企业的经理从现有的股东手里买断企业并且将其变成私有企业。这种方法可以减少股东和经理人之间的冲突吗?

a. 是的。

b. 不是。

请解释。

更有效的董事会

在过去的几年里，在董事会的构成和行为上有一些令人欣慰的趋势，这使得董事们能更有效地代表股东。光辉国际 2007 年对大型跨国公司董事会的调查说明了以下几点：

● **董事会变得越来越小。**董事会规模的中位数从 20 世纪 70 年代的 16～20 人减少到 2007 年的 10 人。相比较大的董事会，较小的董事会不再那么笨拙并且更加有效。

● **董事会中的内部人更少。**在 20 世纪 70 年代很多董事会的内部成员都多于 6 名，而在 2007 年大多数董事会只有 2 名内部董事。

● **更多公司的董事有股权薪酬。**在 1973 年，只有 4%的董事收到股权薪酬，而 2007 年有 86%的董事收到股权薪酬。同时薪酬形式出现了从期权向限制性股票的转变；有 72%的企业使用限制性股票，只有 14%的企业使用期权。虽然薪酬中对限制性股票的使用在欧洲也增加不少，但是在亚洲还是不太普遍。

● **更多的董事是由提名委员会提名选取而不是由 CEO 选取。**在 2007 年，97%的董事会有提名委员会，而在 1973 年该比例是 2%。

● **更多的公司限制它们的董事担任外部董事的数目。**在 2001 年，只有 23%的公司限制它们的董事去担任其他董事会成员的数目。在 2007 年，这个数字上升到 62%。许多英国和欧洲的公司也对董事有这种限制，但是在亚洲这种限制还不普遍。

● **更多的公司任命首席董事来抗衡兼任董事会主席的 CEO。**虽然 20 年前董事会任命首席董事的做法还不常见，但现在大约有 84%的美国公司的董事会任命了首席董事来作为平衡 CEO 的力量。

● **更多的公司以年为基础来评价 CEO。**在 1999 年，56%的美国公司的董事会以年为基础来评价 CEO。该数字在 2007 年上升到 92%。在亚洲，大约 95%的董事会声称它们

是以年为基础来评价 CEO 的。

以上都是正面的趋势，但是有两点值得注意。第一点是，这个调查是针对大型公司的；那些小公司的董事会实践可能变化得要更慢些。第二点是，这些变化有多少仅仅是一种装饰——展现出一种积极的面貌来避免法律诉讼，我们对这一点还不清楚。

更积极的董事会会有回报吗？麦克沃耶（MacAvoy）和米尔斯坦（Millstein）的证据表明，用董事会行为指标来衡量积极性，与那些董事会更不积极的公司相比，有积极董事会的公司可以获得更高的资本收益率。[①] 由于共同基金和积极的投资者在过去几年里提高了他们的形象，有证据表明他们对公司董事会的关注会影响董事行为，至少从股价反应上可以看出。投资者责任研究中心（IRRC）对 120 家公司的混合型董事会——也就是有积极的投资者选取的董事存在的董事会——进行了研究，结果发现，这些公司的股价比同类公司每年要高出 17%，并且有大量的回报是在那些积极的投资者对公司进行指责的月份产生的。有趣的是，与董事会中有三个或者更多的持不同意见董事的公司相比，仅有一个选取出来的持不同意见董事的公司会有更好的业绩表现。

增大股东的权力

有很多方式可用来增大股东对管理层的权力。第一种方式是，给股东提供更好更新的信息，使得他们对管理者的行为能够做出明智的判断。第二种方式是，使股东成为在位管理层的一部分，从而在公司决策制定过程中发挥直接的作用。第三种方式是，让更多的"积极的"机构投资者在一些事务上发挥更大的作用，这些事务包括董事会成员的构成、是否通过反收购协议以及总体的管理策略等等。近年来，一些机构投资者已经使用他们手中相当大的权力来迫使管理层变得对这些股东负责。这些投资者中最激进的是加利福尼亚州州立退休基金（California State Pension fund，CALPERS），该基金同时也是全国最大的机构投资者之一。令人感到遗憾的是，最大的机构投资者——共同基金和养老基金——大部分都是不那么积极的。在过去的几年里，对冲基金已经有所变化，它们向那些大公司提出质疑，从而维护现有的能力。

同样关键的是，股东所受到的制度约束也会削弱他们的权力。所有的普通股应当拥有同样的投票权，州政府对收购的限制条款必须取消，并且股东的投票过程必须简化。法律应当对那些未完成其信托责任的经理人（和董事会）采取措施。不幸的是，股东必须意识到，监督管理层的责任还是要落在他们的肩上。就像民主社会中的选民那样，股东应当选择他们想要的管理者。

实践：法律措施

我们能给好的公司治理立法吗？无论我们是否能够这样做，立法者努力通过立法来校正他们认为重大的公司治理问题。在丑闻爆发之后尤其如此，当丑闻发生后，由股东、债权人和社会来承担管理层失职的成本。例如，在 2001—2002 年美国发生会计丑闻之

① See P. W. MacAvoy and I. M. Millstein, "The Active Board of Directors and Its Effect on the Performance of Large Publicly Traded Companies," *Columbia Law Review* 98：1283 - 1322.

后，《萨班斯-奥克斯利法案》的通过是为了避免以后再出现像安然和世通那样的情况。该法案在其覆盖面上是影响深远的，但是法案中的大部分内容都是与公司董事构成和董事责任有关。在这里我们不去看法律的具体条款怎样，这个法案出台的目标是，提高董事会的透明度，提高董事的独立性以及增强董事对管理层行为的法律责任。《萨班斯-奥克斯利法案》也在很大程度上提高了对公司信息披露的要求。

股东所拥有的另一个法律手段是，当他们认为管理者所描述的未来前景有误导性时，可以起诉经理人。近年来，当股价暴跌时对公司的集体诉讼数目翻了几番，并且原告们在这类案件的诉讼中得到了大量的赔偿。尽管出问题时诉讼看似是一项非常基本的权利，然而就试图带来好的公司治理的方式而言，法律手段很大程度上还是不完善且成本很高的。事实上，遵守《萨班斯-奥克斯利法案》的成本也是相当大的。而诉讼中自始至终都受益的群体是那些辩护律师。

2.8 内部股东与外部股东

有一些公司比如微软公司其大股东（比尔·盖茨）可能是公司的高管。是否可能产生如下情况，即最有利于比尔·盖茨作为“内部”股东的最佳利益的事并不一定有利于外部股东的利益？

a. 有可能。他们的利益可能不一致。

b. 不可能。他们的利益将保持一致。

如果是这样的话，请举出一个例子来说明，某种行为使得内部股东获益却不能使外部股东获益。

收购的威胁

20 世纪 80 年代大量的收购使大家注意到一些收购给雇员和社会造成的损害。在电影和书中，参与收购的收购方都被描述成野蛮人，而被收购方都被看作是不幸的牺牲者。虽然在一些情况中的确如此，但事实上已经被收购的大多数公司本身就是应当被收购的。有分析发现，在 1985 年和 1986 年被敌意收购的目标公司的盈利一般低于其竞争者，给股东提供的回报低于预期，并且管理层持股极少。简而言之，管理更糟糕的公司更有可能成为企业收购的目标。①

这个发现的意义是，我们可以将收购视为一种监督机制，通过对糟糕的管理施加压力来约束经理的行为。通常来说，被收购的威胁足以使公司对其资产进行重组，对股东的利益更加负责。因此，在法律上努力去监管和约束收购行为对股价有着负面的影响效果，这点不会令人感到丝毫的惊讶。

① A. Bhide, “The Causes and Consequences of Hostile Takeovers,” *Journal of Applied Corporate Finance* 2: 36-59.

2.9 敌意收购：它们伤害了谁？

结合本章前面的内容，下列哪个群体最可能被禁止敌意收购的法律所保护？

a. 目标公司的股东。

b. 经营好的目标公司的经理人和雇员。

c. 经营差的目标公司的经理人和雇员。

d. 社会。

【例 2—7】 不耐烦的股东与负责的经理：迪士尼案例

1997 年，迪士尼被广泛认为有个帝王般的 CEO 迈克尔·埃斯纳和一个受控制的董事会。迪士尼曾经犯过一系列的错误，包括聘用和辞退迈克尔·奥维茨以及对其支付高额的补偿等等，之后股东开始感到不耐烦，但是那时仍然没有任何即将改革的迹象。随着迪士尼的股票在 1997 年到 2000 年间的下滑，更多的机构投资者表现出对迪士尼公司治理状况的不满，这种状况才开始发生改变。随着敌意收购和代理权斗争的说法开始蔓延，迪士尼公司被迫做出反应。在 2002 年的年报中，迪士尼列出了如下公司治理的改革：

- 要求公司每年至少召开两次没有 CEO 或者其他管理人员出席的董事会会议。
- 增设一个管理主持董事会的职位并且聘用乔治·米切尔参议员来担任该职位，让他主持会议并且协助制定董事会工作日程。
- 对董事的独立性采用新的更加严格的定义。
- 要求绝大多数董事必须满足新的独立性标准。
- 减少委员会规模和委员会的轮换期，并且由独立董事来担任董事会主席。
- 对管理层的继任计划和对管理层和董事会的业绩评价增加新的条款。
- 提供董事继续学习和培训的机会。

在 1997—2002 年之间发生了什么变化呢？虽然我们指出整个市场都朝着更完善的公司治理转换，但是最大的一个因素是迪士尼糟糕的股价表现。事实上，股东在股价上涨时通常都会忽略糟糕的公司治理和独断专横的 CEO，但是当股价下降时就不会那么宽容了。

2003 年年底，罗伊·迪士尼和斯坦利·戈尔德从迪士尼的董事会辞职，他们都抱怨埃斯纳是一个失败的经理人并且独断专横。[①] 当董事会在 2004 年年初宣布埃斯纳将因为 2003 年的业绩表现获得 625 万美元的奖金时，一些机构投资者表示反对。不久，康卡斯特（Comcast）宣布对迪士尼公司进行敌意收购。在 2004 年 2 月召开的年度股东大会上，迪士尼和戈尔德提出对埃斯纳的管理风格和言听计从的董事会感到忧虑；43% 的股东投票反对埃斯纳继任。因此，迪士尼公司开始其完美的公司治理风暴，而埃斯纳处于该风暴的中心。在会议结束不久后，迪士尼宣布埃斯纳不再担任公司的董事会主席，但继续

① 你可以在本书网站上读到罗伊·迪士尼的辞职信。

担任 CEO 职务直到 2005 年任期满为止。

实践：代理权斗争

我们在有关年度股东大会部分指出，很多不能到会的投资者没有办法行使其代理权，也就相当于将票投给了在位的经理人。在代理权斗争中，那些试图挑战管理层的积极投资者就会向个人投资者请求获得他们的代理权，从而可以投票反对管理层候选人。

2002 年，在一个公开且代价高昂的代理权斗争中，戴维·休利特（David Hewlett），当时惠普公司（HP）的董事会成员之一，通过向惠普的股东请求获得代理权来阻止惠普购买康柏（Compaq）。在八个月的激烈斗争后，惠普获得 51%的最低赞成票赢得了斗争。为什么戴维·休利特差一点就能阻止这场交易呢？他所拥有的第一个优势是惠普家族拥有的合计 18%的股份。另一个优势则是，休利特在董事会里任职并且他能够获取内部信息，这些使他在争取机构投资者的代理投票权时获得了很大的信任。即便有了这些优势他仍然失败了，这就表明，要赢得代理权斗争是非常困难的事。然而，失败了的代理权斗争也能够让在位经理人意识到至少要考虑一下股东真正想要的是什么。

股东与债权人

股东与债权人之间的利益冲突会导致财富从债权人向股东转移的行为。有一些方式至少能在一定程度上保护债权人免受这些行为的侵害。

债务契约的效果

债权人保护自己的直接方式是，在债券协议的条款里写明禁止或者限制可能使得债权人境况恶化的行为。很多债券（以及银行贷款）协议有如下条款：

- **约束企业的投资。**投资于比预期风险更大的项目会导致财富从债权人向股东转移。一些债券协议对于企业投资方向以及它们能够在新投资项目中承担多大风险进行了限制，特别是赋予债权人在投资行为不符合他们的利益时行使否定权的权利。
- **限制股利政策。**总体上来说，股利发放的增加会提高股票价格却降低债券价格，因为这样做减少了企业用于债务支付的可用现金。很多债券协议通过将股利支付与盈利相挂钩来约束股利政策。
- **限制额外的财务杠杆。**一些债券协议要求在借入更多资金之前获得现有债权人的同意。这样做是为了保护现有的有抵押品的债权人的利益。

尽管这些债务条款能够有效保护债权人避免一些侵害，但是这也是有成本的。具体来说，企业可能会因为债权人施加的约束而放弃一些有利可图的投资，同时也不得不支付（间接地，通过支付更高的利率）与这些条款相关的法律和监督成本。

获得股权

股东与债权人之间利益冲突的原因主要在于他们索取权的差异，所以债权人减少利益冲突的另一个方式是拥有公司一定比例的股权。可以采用在给公司贷款时同时购进公司股权的方式，也可以通过债权人将债券转换为股票的方式。在这两种情况下，当债权人认为股东以债权人利益为代价来谋取私利时，他们就可以变成股东从而从股东剥夺债权人的好处中分得一杯羹。

债券创新

在20世纪80年代后期债券市场崩溃后，债权人越来越倾向于采用一些新型的债券来保护他们自己。我们将在本书的后面更详细地考察这些创新，但现在来看看可赎回债券的例子。传统的债券要求债权人必须持有至到期日，而可赎回债券与传统债券有所不同。当公司违反债券规定时，可赎回债券的持有者可以要求发行公司按债券的面值赎回债券。举例来说，公司突然增加负债或者债券评级下降都会触发债券赎回。

实践：对冲基金与公司治理

在过去几年里，对冲基金成为公司治理中的关键参与者。它们拥有许多公司大量的股票，包括一些市场份额很大的股票，并且利用这些股权来提名董事以及挑战管理层。尽管这从公司治理的角度看上去是很好的，但有四点是需要我们注意的：

1. 敲诈管理层。有先例表明，对冲基金可能会一起抱团用可怕的后果来威胁管理层，然后从中为自己获取额外的收益以及进行一些特殊交易。这使其他股东的境况更加恶化。

2. 短期目标。一些对冲基金有着不同于公司长期利益的短期目标。假定对冲基金在公司经营中有更多的发言权，这样就会导致那些增加短期利益却破坏长期利益的决策。

3. 竞争性的利益。因为对冲基金可以买卖不同市场上的债券和衍生工具，所以，某对冲基金可以拥有该公司股票，同时也可以拥有当该公司股权价值下降时能够获益的其他头寸。例如，某对冲基金拥有公司的股票，同时在衍生品市场上打赌企业将要破产，那么该基金可能就会用自己的投票权促使公司走向破产。

4. 从众心理。我们可能假设对冲基金的经理比其他市场参与者要更加精明，他们不像其他投资者那样被行为特征所困扰。事实上，从众心理似乎在驱使着对冲基金经理们——他们在同一天冲进同一家公司——并且他们对于公司更新改进的方法似乎也都一样。

尽管有以上这些忧虑，我们仍然相信对冲基金和积极投资者的存在让其他的投资者更有动力。这并不是因为他们提出的改变总是明智的，也不是因为管理层总是错误的，而是因为他们促使管理层向股东解释他们的行为（关于资本结构、资产分布以及股利）。

企业和金融市场

企业传递给金融市场的信息通常是有误的，有时甚至还会误导市场。金融市场产生的市场价格可能是错误的，部分原因是市场失效，部分原因是信息本身的错误。目前还没有简便快捷地解决这些问题的方法。但是，从长期来看，总要有行动来提高信息质量，降低价格与价值之间的偏离。

提高信息质量

尽管证券交易委员会之类的监管部门可以要求公司披露更多信息，也可以对那些披露误导性信息和虚假信息的公司进行处罚，但是信息质量仅靠信息披露法律是无法提高的。具体而言，对于披露什么信息给市场以及何时披露这些信息，企业从中都能获得既定利益。因此，为了保持平衡，必须存在一个积极的外部市场，分析师在市场中收集和传播信息，并且分析师不能是受雇于他们所跟踪的公司或者是被他们跟踪的公司辞退的人员。分析师也可能像企业一样犯错误，但是他们更有动力去挖掘有关企业的坏消息并且转达给他们的客户，同时也会充分地挖掘好消息，从而对企业做出正面的或者负面的评价。

让市场更有效

就如同不可能通过立法得到更好的信息披露一样，市场也不可能因为法规而变得更加有效。事实上，对于需要什么措施才能使市场更加有效这个问题还存在着广泛的分歧。至少存在一些保证市场更加有效的必要（并非充分）条件：

- 交易必须是低成本且容易进行的。交易成本越高，交易越困难，则市场无效的可能就越大。
- 必须有自由而且有广泛的渠道去获得企业的信息。
- 确保投资者在挑选到并投资于正确的股票时会获益，在犯错误时会为此付出代价。

对交易强加限制，虽然是出于好意，但通常会导致市场无效。比如，限制卖空，即不拥有股票的投资者在感到股价被高估时不能够借入该股票并且卖出，这看似是一种公共政策，但却导致有关股票的负面信息不能充分反映在价格上。

短期与长期

由于我们在前面部分提到的行为上的原因，即使在流动性高并且有公司相关的重大信息的市场，投资者也会犯错误，并且这些错误会在较长时间内系统地存在。因此，即便是股价最大化的坚信者也需要考虑一下：有利于公司长期价值的决策是否可能在短期内导致更低的股价。反过来，那些不利于企业长期利益的行为可能伴随着较高的股价。

有关公司治理的教训是简单的。在短期内不应当根据股价业绩来评价经理人并据此支付薪酬。如果薪酬与股价挂钩，那么必须保留薪酬的一部分以确定管理层的行为有利于公司的最佳长期利益。现在有更多的公司在薪酬契约上有弥补性条款，即允许它们重新确定以前年度的薪酬，以防止股价相对于初始点的下跌，或者要求经理人等待以现金的形式支付他们的薪酬。例如，如果持有限制性股票，经理人通常必须要等待 3～5 年才能将手中的股票变现。我们隐含的假设是股价最终会反映出真实的价值。

企业与社会

企业在谋求自身最佳利益的经营过程中难免会产生相关的社会成本。基本的难题如下：社会成本在决策过程中不容忽视，但是这些成本太模糊而不能够被明确分析。有一个解决办法是，对于企业或股东价值最大化的公司，将成为一个好公民作为约束条件，也就是尽力去最小化或者减轻社会成本，即使企业并没有必须这样做的任何法律义务。当然，这种解决方法也存在问题，即不同的企业或者不同的经理，其对好公民的定义可能有所不同。

最后，让公司有更多的社会责任感的最有效方式是，使它们这样做是符合公司经济利益最优的方式。有两种这样的方式，第一种方式是，那些被认为没有社会责任感的企业将失去客户和利润。这就是为什么许多美国专业零售商否认它们在其他国家生产产品时使用血汗工厂和未成年儿童背后的原因。第二种方式是，投资者也可能会避免购买这些公司的股票。举例来说，很多美国的大学和州立养老金计划开始坚持或者沽空它们持有的烟草公司股票，从而反映出它们对烟草带给健康影响的关注。事实上，投资者现在可以投资"道德型共同基金"，这些基金只投资于达到社会意识标准的公司。图 2—3 总结了几种我们在追求股价最大化目标时降低潜在社会成本的方式。

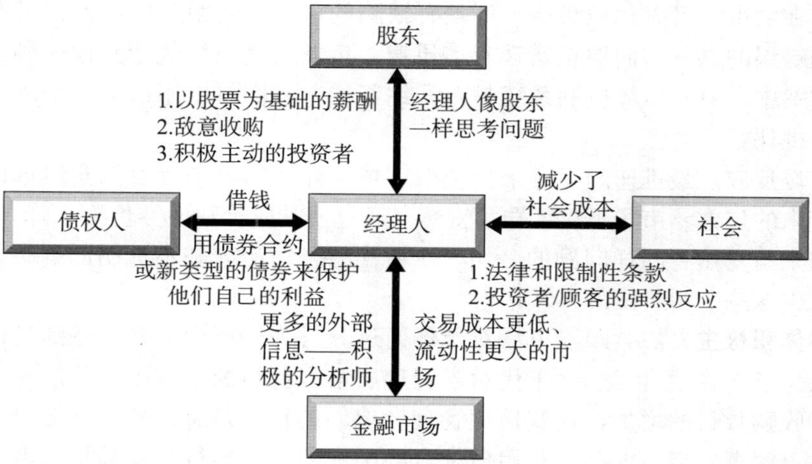

图2—3　在有市场反馈情形下的股价最大化

实践：做好事能增加价值吗？

为社会做好事是损害企业还是帮助企业？争论的一方认为，企业花费相当大的资源去为社会做好事的行为是具有误导性的并且对其股东而言是一种伤害。而争论的另一方则认为，具有社会意识的公司会得到来自顾客（有更高的收入）和投资者（有更高的价值）的回报。有关的证据是正反两方面都有，并且会让争论双方都失望。

● 研究表明，股东从有社会意识的企业得到的回报与从其他企业得到的回报是无差异的。对有道德的共同基金的研究发现，这些基金既不领先于也不落后于其他基金。

● 如果公司产生的社会成本太大以致社会无法接受，那就会给公司带来相当大的经济成本。例如，当投资者避免购买烟草公司的股票并且这些公司的利润被法律成本所影响时，烟草公司经历了股价的下滑。

● 当企业是盈利的并且做得很好时，股东通常允许经理人将公司的资金用于对社会有利的事。1998 年微软向全美国的公共图书馆赠予免费电脑时，几乎没有投资者反对它这样做。当企业表现糟糕时，股东就更不愿意将公司的资金花费在社会需要的地方。

总结这些证据，我们可以得出一些结论。第一，企业首要的责任是保持财务上的健康并且提高价值；那些遭受损失的企业负担不起做善事。第二，那些带来大量社会成本的企业在长期内会付出代价。第三，经理人不应该向股东隐瞒履行社会义务的成本；毕竟，他们是拿着股东的钱来做善事的。

一个折中的解决方法：有价格反馈的价值最大化

让我们先承认所有的备选方案——选择一个不同的公司治理系统，挑选一个不同的目标，以及在约束下最大化股价——都是有缺陷的。于是问题变成，各种可选择的方案是怎样处理错误的以及它们纠正错误有多迅速。市场机制系统优于其他两种方案。在这三种备选方案中，只有市场机制系统是自我纠正的，我们可以用以下三个潮流来回应对市场机制的批评：

(1) 市场反应。最迅速的反应来自金融市场。让我们再来看看像安然这样众所周知的失败所带来的焦虑。市场不仅惩罚了安然（通过使其股价和债券价格下降），并且惩罚了其他看起来与安然有同样问题的公司——糟糕的公司治理和不透明的财务报表——同样是通过减少这些公司价值的方式。

(2) 团体积极主义。紧跟着市场对于任何过分行为的反应的是，感到自己成为牺牲品的人被激怒了。在 20 世纪 80 年代对于管理层不当行为的反应中，我们见识到积极投资者和敌意收购数目的增加，这些提醒管理者他们的权力是有限的。在 20 世纪 80 年代众所周知的丑闻爆发后，即公司利用借款合约中的漏洞，银行和债券持有者开始在管理中发挥更加积极的作用。

(3) 市场创新。市场通常会针对问题提出创新的解决方法。作为对 2002 年和 2003 年公司治理丑闻的反应，机构股东服务公司开始对董事会的独立性和有效性进行打分并且将这些分数提供给投资者。在同一时期的会计丑闻后，对法务会计——会计师检查财务报表并从中找到不法行为的线索——的需求迅速增加。20 世纪 80 年代债券市场的崩溃导致了数十种用于保护债权人的创新性债券的产生。即使在社会成本领域，也发展了量化这些成本的市场。

我们已经做出支持市场机制的论断，但也需要面对现实。就市场价格与价值可能偏离的程度而言，参考当前股价所做出的财务决定有时可能会导致坏的决策。对于做出决策制定的计划，我们的建议如下：

- **关注长期价值。**经理人应当做出企业长期价值最大化的决策。当然这要求我们对于经营决策、财务决策与价值之间的关系更加清楚。我们将在接下来的章节学习这些内容。

- **提高公司治理。**拥有独立且有信息优势的董事能够通过对重大决策提供反馈，对管理层的设想进行检查，从而帮助高层经理。如果董事会中有一些持反对意见的董事，这种反馈的质量会得到提高。事实上，有一个独立董事来发挥魔鬼代理人的作用，可以迫使经理人更加清楚地思考他们决策的后果。

● **提高透明度。**当经理人做出在他们看来最有利于企业长期利益的决策时，他们应当向金融市场完全公开做这些决策的意图和结果。但大多时候，经理人对市场隐瞒信息或者面对市场时将信息模糊化处理。

● **听听市场的反应。**如果市场反应与管理层的预期不相一致，也就是说，当管理层认为能增加企业价值的决策传到市场时，股价下跌——经理人应当重新考虑传递到市场的信息。有三种可能的解释：

（1）传递到市场上的有关决策的信息是不完整的或者不能让人信服的，在这种情况下再进一步考虑形成的决策可能是必要的（公共关系回应）。

（2）第二种解释是，投资者受到非理性因素的影响并且做出相应回应。在这种情况下，经理人应当考虑修正决策以得到投资者的认可，只要这些修正不会使增加价值的动力发生改变。

（3）第三种解释是，市场认为该决策会损害而不是增加价值的评价是正确的。此时经理人应当放弃该决策。当然，市场不总是正确的，但也不能因此忽视市场的存在，经理人在考虑到市场的回应后应修正他们的决策。

● **将奖赏与长期价值挂钩。**企业管理上的薪酬和奖赏机制都应当与长期价值挂钩。正因为市场价格是价值的唯一可知的表现形式，这意味着，任何股权激励（期权或者限制性的股票）都应当与企业的长期股价业绩相联系，而不是与短期业绩相联系。

市场机制处于我们形成关键的公司决策的中心，图 2—4 对这种反馈循环过程进行了描述。

在此应当做一下声明。在本书的前几个版本里，我们说公司财务的目标应当是股价最大化，尽管金融市场也会失败。我们首次偏离这个经典目标，一方面来解释 2008—2009 年的市场危机，另一方面来解释如下积累起来的证据：投资者在给资产定价时并不总是理性的，至少在短期内如此。

当我们考察每个重大的公司财务决策时，也要保持这个框架。在投资、筹资和股利政策中，我们先关注各种政策与价值之间的联系以及在我们看来能最大化价值的最佳方法。接着我们将考察应当提供与决策相关的什么样的信息给金融市场，以及为什么市场的反馈会不尽如人意。最后，我们将会思考如何将市场的反馈纳入对决策的考虑中（同时思考有关决策的信息），从而使得长期价值和股价变化更一致。

后记：公司财务的局限

在过去十年里，公司财务已经遭受到过多的批评。很多人认为美国公司失败的原因是它们对金融市场的依赖。有些批评是基于将股价最大化作为唯一目标的局限性上，这是有道理的。然而，有一些批评却是基于对公司财务内涵的错误理解上。

经济学曾经因为关注财富被誉为财神。那些评论后来给公司财务贴上了不道德的标签，因为公司财务强调利润和市场价格。在重组和清算中，股东价值最大化的确可能意

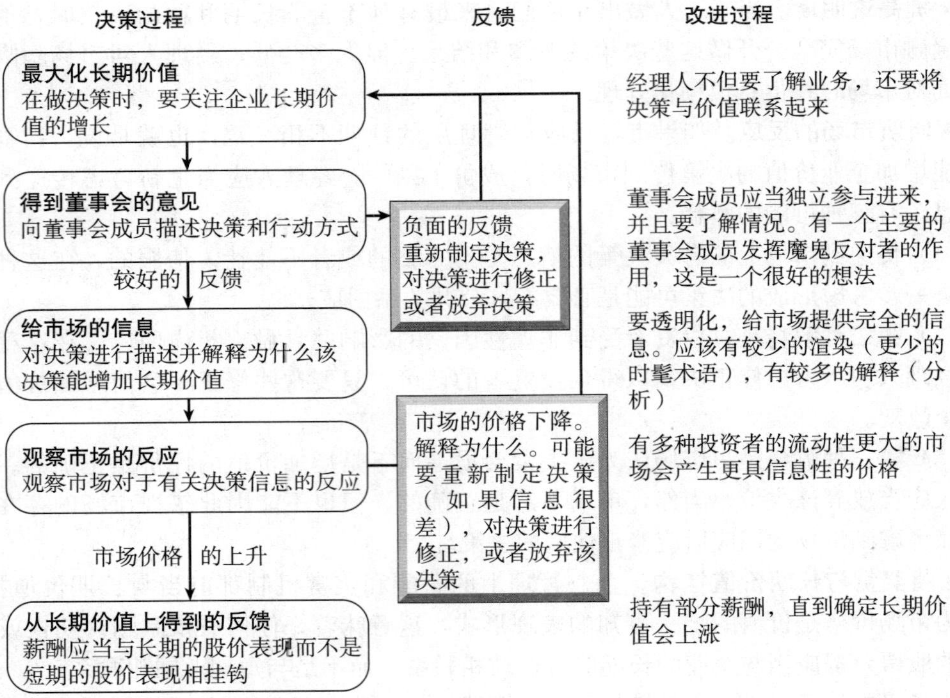

图2—4 具有反馈效应的价值最大化

味着诸如客户和雇员等其他利益相关者受损。然而，在大多数情况下增加市场价值的决策也会使客户和雇员的境况变得更好。更进一步来说，如果企业真的陷入了困境，无论是因为竞争被迫抛售还是因为产品技术过时，这时就不是在清算与生存之间做出选择，而是在选择快速解决困境的方案（这就是公司财务理论所建议的）还是坐以待毙（企业随着时间日益衰落并且在此过程中耗费了大量的社会成本）之间做出选择。

企业财富最大化与社会福利之间的冲突是商学院关注道德的根源。从来没有一个决策准则的目标能够完全将社会方面的因素都包含进去，因为社会成本很多都难以量化并且是主观的。因此，在某种程度上，公司财务理论假定决策制定者不会做出带来巨大社会成本的决策。而决策者在大多数情况下都是有道德的，他们不会给社会和其他利益相关者带来过多成本，这些是假定的前提条件，虽然这些没有被明确表述，却是公司财务理论的基础。当违背了这个前提条件时，公司财务理论将会受到道德上的谴责，尽管这种谴责最好应当针对违背条件的人。

2.10 你认为企业的目标应当是什么？

在清楚了各种不同目标的正反两方面意见之后，下列表述中哪个最好地反映出笔者认同的企业决策的最佳目标？

a. 在没有任何约束的情况下，股价或者股东财富最大化。

b. 在成为好的社会公民的约束下，股价或者股东财富最大化。

c. 利润或者盈利能力最大化。

d. 市场份额最大化。

e. 收入最大化。

f. 社会利益最大化。

g. 以上都不是。

结　论

虽然公司财务的目标是公司价值最大化，实际上我们通常会采用更窄一点的目标，即公司股价最大化。股价作为一个对公司成败可度量的明确的计量方式，为管理者制定决策提供了一个清晰的目标。我们隐含的假设是，股价是对公司真实价值的合理无偏估计，并且任何增大股价的行为同样也能增大价值。

当企业中不同的参与者——股东、经理人、债权人与社会——都有着不同的利益和目标时，将股价最大化作为唯一的目标可能是有问题的。利益和目标的差异导致了代理成本，使得经理人将自己的利益凌驾于雇用他的股东的利益之上，股东设法侵占债权人的利益，企业试图误导金融市场，以及企业的决策带来巨大的社会成本等等。在面临这些代理问题时，许多人认为应当选择一个有别于股价最大化的目标。尽管这种想法是不错的，但是每种备选方法，包括选择另一种公司治理系统或者另一种目标，都有自己的局限性。当市场不能有效运行或者股价长期偏离真实价值时，股价最大化就会失败。这是有很多证据支持的。

由于其他方法也存在局限性，我们将采取折中的方法。我们相信，经理人应当做出增加企业长期价值的决策，并且尽力提供足够多的有关决策经济后果的信息给金融市场。如果市场的反应不乐观，那么经理人就应当加以注意，因为股价反应表明他们应当修正相应的决策。

真实案例研究

公司治理分析

目标：分析企业的公司治理结构，并且对企业的权力所在和其中的利益冲突的可能性做出评估。

关键问题

这是一家经营权与所有权分离的公司吗？如果是，管理层是如何对股东负责的？

股东与债权人之间存在潜在冲突吗？如果是，企业是如何处理的？

该企业是如何与金融市场相互作用的？市场如何获取有关企业的信息？

企业如何看待其社会责任？如何管理自身的社会形象？

分析框架

1. 首席执行官

● 公司的 CEO 是谁？他或她担任 CEO 多长时间了？

● 如果这是一个家族经营的公司，CEO 是这个家族的一员吗？如果不是，CEO 是通过什么样的职业路径到达这个位置的？（他是来自企业内部还是企业外部？）

● CEO 去年的薪酬是多少？该薪酬表现为什么样的形式（工资、奖金和期权部分）？

● CEO 拥有多少公司的股份？是以什么样的形式拥有的（股票还是期权）？

2. 董事会

● 公司的董事会成员都有哪些人？这些人做董事多久了？

● 有多少董事是内部董事？

● 有多少董事与该公司有其他的关联（作为供应商、客户、消费者等等）？

● 有多少董事是其他公司的 CEO？

● 有董事持有公司大量的公司股票或者代表了那些大量持股的人吗？（有董事是大股东吗？或者是大股东委派的代表？）

3. 债权人关心的问题

● 公司有公开交易的负债吗？

● 存在债务人施加给公司的债券条款吗？

● 公司发行的任何债券都有防止股东侵占债权人利益的特殊保护条款吗？

4. 金融市场关心的问题

● 该公司的股票持有和交易有多广泛？公司有多少股权是被广泛交易的（上市的股份）？

● 有多少分析师跟踪该企业？

● 该股票有多大的交易量？

5. 社会约束

● 公司如何陈述它的社会责任？

● 作为企业公民，公司有一个特别好的声誉还是有差的声誉？

● 企业是如何赢得这个声誉的？

● 如果企业最近成为社会批评的对象，它是如何回应的？

信息来源

美国企业有关 CEO 和董事会的信息主要来自企业按照证监会的要求编制的文件中。具体而言，14－DEF 的文件详细列出了企业的董事会成员、这些成员与企业的关系以及有关董事和高管的薪酬。你也可以从证监会要求的文件中获得内部人交易的信息。对于不在美国上市的企业，这些信息更难以获得。但是，很容易得到关于董事和高管的信息，这些信息体现了在位经理人的权力。

有关企业与债权人的信息通常可从债券协议和贷款合约中得到。虽然这些信息不总是公开的，限制性条款可间接从企业债券评级报告和企业发行新债券时的公告中看出来。

企业与金融市场的关系更难估计。跟踪企业的分析师的名单可以从诸如《尼尔森证券研究目录》（*Nelson Directory of Securities Research*）等出版物中获得。对于那些有更多分析师跟踪的更大型企业，金融出版物（例如，《金融时报》、《华尔街日报》、《福布斯》和《巴隆金融周刊》）的历史档案也将是有用的信息来源。

最后，公司作为企业公民的声誉是最难以获取准确信息的，因为只有那些超出常规的企业（最坏的和最好的企业公民）才被报道。然而，越来越多的有社会责任感的共同基金给了我们一个窗口，哪些公司进入了这些基金的组合，则可认为其是富有社会责任感的公司（尽管有时这一方法比较武断）。

练习题

1. 股东与经理人之间存在利益冲突。理论上，股东能够通过年度股东大会或者董事会对经理人实施控制。但在现实中，为什么这些约束机制都不起作用？

2. 股东可以通过一系列方式转移债权人的财富。股东是怎样通过下列方式来转移债权人的财富的？

a. 增加股利。

b. 杠杆收购。

c. 收购高风险企业。

债权人是怎样保护自己免遭这些行为侵害的？

3. 股价波动太大是因为金融市场无效。请评论。

4. 股价最大化是不合理的，因为投资者关注的是短期结果而不是长期结果。请评论。

5. 一些公司战略学家建议，企业应当关注市场份额最大化而不是市场价值最大化。这种策略什么时候起作用？什么时候可能失效？

6. 反收购修正案可能有利于股东的最佳利益。在什么样的条件下起作用？

7. 美国以外的公司通常有两种发行在外的股票。一种是有投票权的且被企业的在位经理人持有的股票。还有一种是没有投票权且大量交易的股票。这样的公司治理有什么样的后果？

8. 近年来，高管被授予大量期权，赋予他们以固定价格购买股票的权利。这种薪酬机制会让经理对股东更负责吗？为什么？这些企业的债权人会受到这些薪酬机制的影响吗？

9.《读者文摘》（*Reader's Digest*）有附带投票权和不附带投票权两种股票。大约70%的有投票权的股票被慈善机构所持有，这些机构是由《读者文摘》的CEO所领导。假如你是无投票权股票的大股东，你会担心这种设置吗？你会促使企业采取一些什么样的措施来保护你的利益？

10. 在德国，大型银行通常是同一家企业的大债权人和大股东。例如，德意志银行是戴姆勒-克莱斯勒的第一大股东，同时也是其最大的债权人。在同时持有股份和债权的这些企业里，你会看到一些什么样的潜在冲突？

11. 人们通常认为，被要求最大化股价的经理必须在对社会负责方面和履行信托义务方面做出选择。你同意这种看法吗？你能列举出一个社会责任与企业价值最大化密切相关的例子吗？

12. 假定你在给一个土耳其公司的有关公司财务问题提出建议，你不相信土耳其的股票市场是有效的，那么你会建议将股价最大化作为目标吗？如果不会，你会向他们推荐什么目标呢？

13. 一些人认为，可转换债券（也就是那些可以在债券持有者的选择下转化为股票的债券）提供了一种保护利益不受股东侵占的方式。这种观点的基础是什么？

14. 社会努力通过立法反对那些带来社会成本的行为（比如对水造成污染）以便约束私有收益。如果立法是非常复杂的，社会成本问题会不再存在吗？为什么？

15. 有一种观点认为，我们应当支持立法来限制敌意收购，因为一些不择手段的投机商会收购那些运行良好的企业并且为了私利损害这些企业。假设存在这种可能，你认为这是有道理的吗？如果有道理，为什么？如果没有道理，那又是为什么？

第 3 章　风险的基本原理

风险在传统意义上被认为是负面的，需要加以规避。例如，《韦伯斯特词典》将风险描述为“暴露在危险之中”。下面危机的中文对风险进行了更好的描述。

危机

第一个字是“危险”的意思，第二字是“机会”的意思，使风险成为危险和机会的组合。这个词对投资者和企业要做的权衡解释得非常清楚——在来自“更高收益”的机会和来自“更高风险”的危险之间进行权衡。一个关键的财务检验准则是，确保投资者在面临风险时能够因为承担风险获得“适当”的回报。

在本章中，我们首先介绍公司财务中风险的基础内容，再介绍衡量风险的模型，以及将风险度量转化为“可接受”的必要收益率的模型。

分析风险的动机和角度

为什么我们需要一个模型来衡量风险并且估计预期收益呢？一个好的风险和收益模

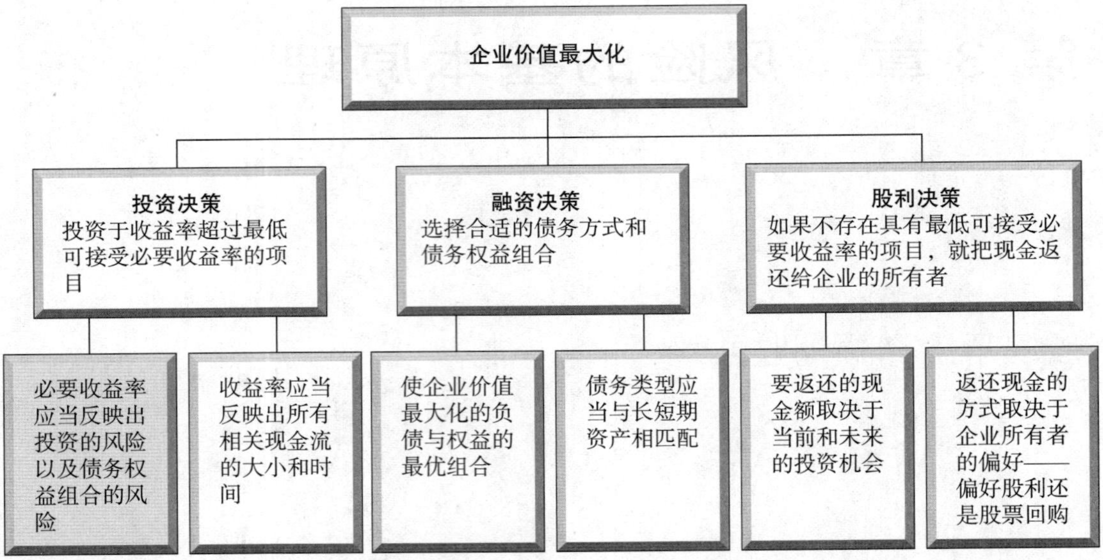

型能够帮助我们衡量任何投资中的风险，并且利用这种风险度量方法找出投资的合理预期收益；这种预期收益为我们提供了项目分析中的必要收益率。

风险和预期收益的测量变得如此困难是因为风险会由于不同人的角度而有所不同。比如，在分析迪士尼的风险时，我们可以从迪士尼经理人的角度来度量该风险。或者，我们可以认为迪士尼的股权是股东所拥有的，从股东的角度分析风险才是重要的。很多股东持有的迪士尼股份仅仅是一个大投资组合中的一部分，于是他们对迪士尼风险的看法可能就和迪士尼的经理人完全不同，因为经理人将他们的大量资本，包括人力资本和金融资本都投到这个企业里。在本章我们要强调的是，必须从投资者的角度来考察股权投资的风险。因为像迪士尼这样的企业有成千上万名投资者，他们的看法可能千差万别，所以我们要做进一步的分析。我们认为，风险并不是从任意一个投资者的角度来衡量，而是从边际投资者的角度来衡量。**边际投资者**（marginal investor）被定义为，在任何给定的时点最可能交易股票的投资者。公司财务的目标是企业价值最大化和股价最大化。如果我们希望这个目标是正确的，我们就必须考虑那些给股票定价的人的看法，也就是边际投资者的看法。

最后，同一家公司的风险在股东（股权投资者）和债权人（债券持有人和银行经理）看来是非常不同的。由于股价的上涨或下跌股东都可能获利，而债权人只有在股价上涨时才能获得有限的收益，而当股价下跌时则要遭受更多的损失，因此股东对风险的态度比债权人更加乐观。在本章的前一部分，我们考虑如何衡量股权风险，在后一部分，我们再从债权人的角度来衡量风险。

我们将在本章里介绍几种不同的风险收益模型。为了评价这些模型的相对优势，有必要看看一个好的风险收益模型应该具备的特征。

- 该模型的风险度量方法应当适合所有资产而不是特定资产。
- 该模型应当清楚地界定什么样的风险会获得回报，什么样的风险不会获得回报，并且这种界定方法是合理的。

- 该模型应当有标准化的风险衡量方法——也就是说，投资者对于某个资产的风险度量应当能够得出该风险是高于平均风险还是低于平均风险的结论。
- 该模型应当能够将度量的风险转化为投资者承担该风险所应该得到的收益率。
- 该模型应当不仅能解释过去的收益，还要能预测未来的收益。

每种风险收益模型都是有缺陷的，我们不应该因为模型不完美就认为模型不好或者模型不全面。

股权风险和预期收益

为了理解在公司财务中风险的界定，我们分三步来进行分析。首先，我们把风险定义为围绕预期收益的实际收益的分布。其次，我们将区别两种风险，一种是仅对特定的一项或少数几项投资有影响的风险，另一种是对更大范围的投资有影响的风险。我们认为，当边际投资者做好分散投资后，只有后一种风险即市场风险才会得到相应的回报。最后，我们将考察各种衡量市场风险及与其相应的预期收益的模型。

一．衡量风险

投资者在购买并持有资产时预期能在持有期间获得回报。他们在持有期间所获得的实际回报可能不同于预期回报，这就是风险的来源。假定一个投资者购买了一年期的短期国库券（或者其他任何无破产风险的一年期债券）并且持有一年，可以获得 5%的预期收益。在一年持有期满时，该投资者在此投资上的实际收益总是 5%，与预期收益相等。该投资的收益分布如图 3—1 所示。这是一个无风险的投资，至少从名义上来看是如此。

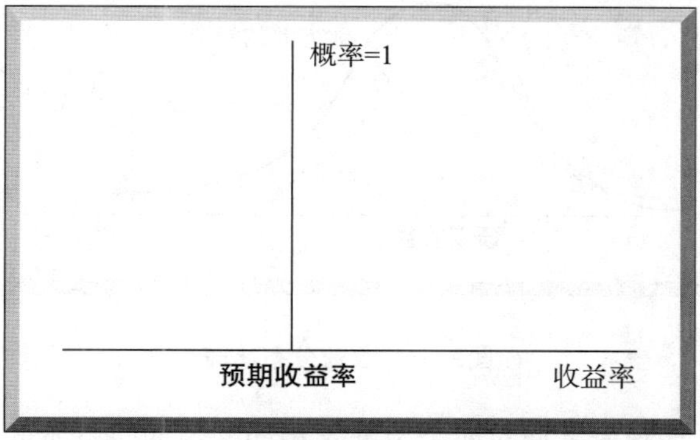

图3—1　无风险投资的收益率

为了进行对比，我们看一个投资于迪士尼的投资者。这个投资者在自己研究后认为，他对迪士尼股票持有一年可以获得 30%的预期收益率。而这一期间的实际收益率基本上一定不等于 30%；可能高于 30%，也可能低于 30%。该投资的收益分布如图 3—2 所示。

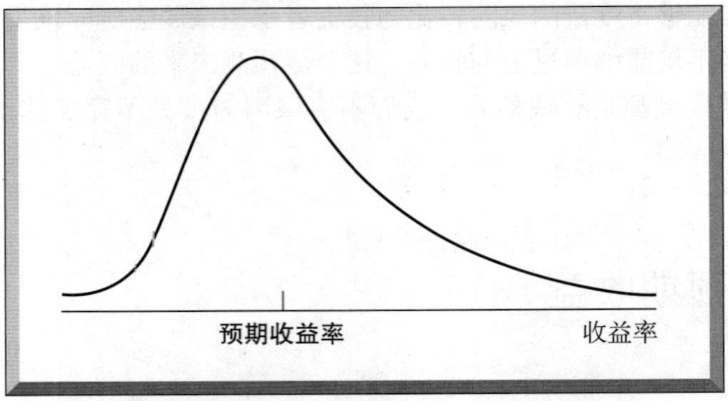

图3—2　风险投资的收益率分布

除了预期收益率之外，投资者还必须考虑以下几点。第一，实际收益率围绕预期收益率的分散程度的分布用方差或者标准差来表示；实际收益率与预期收益率的偏离越大，方差就越大。第二，正收益率与负收益率的倾向用收益率分布的偏度来表示。图 3—2 的分布就是正偏的，因为获得大的正收益的可能性比大的负收益的可能性要大。第三，分布尾端的形状可以用分布的峰度来衡量；厚尾意味着峰度系数更大。用投资术语来说，这就刻画出该投资价格“跳到”另外一个方向的变化趋向。

在正态分布这种特殊情形中，收益是对称的并且投资者不需要担心偏度和峰度，因为没有偏度并且正态分布的峰度被定义为 0。在此情形中，我们可以认为，投资可以仅仅用两个维度来衡量：（1）构成回报的投资“预期收益”；（2）构成投资风险的预期收益的方差。图 3—3 描述了两种有对称回报的收益分布。

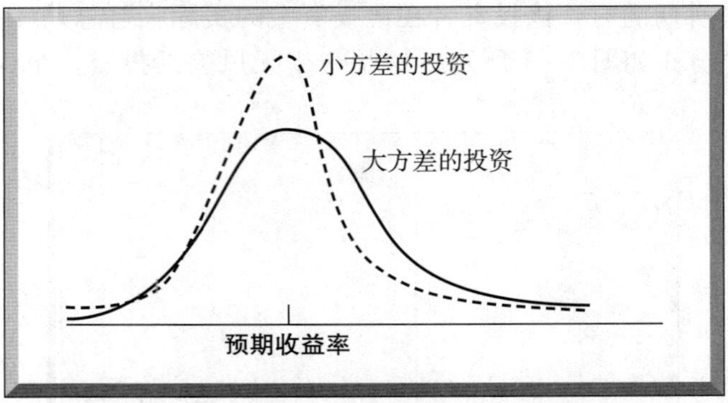

图3—3　收益分布比较

在这种情形下，当投资者面对两个标准差相同、预期收益不同的投资时，总是挑选预期收益更高的那个。

在更一般的情形下，分布不是对称的，也不是正态分布。我们可以想到投资者还是以预期收益率和方差为基础在不同的投资中做出选择，如果他们拥有让他们这样做的效用函数。[①] 然而，更可能的是，比起左偏的分布，投资者更偏好右偏的分布；比起具有更高跳动可能性的分布（高的峰度），投资者更偏好那些具有更低跳动可能性的分布（低的峰度）。在这个世界中，投资者在好的（更高的预期收益和更多正向的偏度）和坏的（更大的方差和峰度）投资中做出权衡。在我们即将检验的风险收益模型中，有一个模型（资本资产定价模型）明确要求在做出选择时只需考虑预期收益和方差。由于它忽略了偏度和峰度，它就没有明确在决定预期收益率时这些分布的额外因素究竟起了多大的作用。

最后，我们应当注意到我们在实践中总是用过去的收益而不是未来的收益来做出估计。当我们使用历史方差时所做的假设是，过去的收益分布是未来收益分布好的指示器。当违背了这个假设时，即资产的特征随时间变化很大时，历史估计就不可能是对风险的较好度量方法了。

3.1　你生活在一个均值—方差的世界中吗？

假定你必须在两种投资中做出选择。它们拥有相同的预期收益率15%以及相同的标准差25%，但是投资项目A只有很小的概率使你得到为本金4倍的收益，而投资项目B则有很大的可能获得60%收益率。你会偏好哪一个？

a. 两者都不，因为它们有相同的预期收益和标准差。

b. 投资项目A，因为它有获得高收益的可能。

c. 投资项目B，因为它比较安全。

风险评估：一个行为学视角

用于评估风险的均值—方差框架集中于风险量化上，很多时候用标准差这一数字来衡量。这是可以理解的，因为这种方法将风险衡量准则引入到过程中，并且使我们更容易跟踪和评估风险，但是它并不能完全刻画出我们人类与风险之间的复杂关系。行为金融学学者展示出风险评估的三个与均值—方差学派不同的看法：

(1) 损失厌恶。在以人类为主体的试验中，有证据表明，损失对于人的负面影响比相同的收益对于人的正面影响要大得多，并且人们通常用多少美元而不是用百分比衡量损失。换而言之，投资者是损失厌恶型而不是风险厌恶型。因此，即使投资只有很小可能性发生大额损失，该投资也会被认为是高风险的，即使该投资只有较小的标准差。

(2) 熟悉性偏差。人们通常认为自己熟悉的投资比不熟悉的投资风险要小。因此，

① 效用函数是将投资者偏好总结为以一些选择变量为基础的通用名称“效用”的一种方式。例如，在这种情况下，投资者效用或者满意度是用投资者财富来表示的。通过这样做，我们可以有效地回答各种问题：如果投资者有两倍的财富，投资者会感觉到两倍的快乐吗？在这个函数的一个特定形式——二次效用函数中，投资者的整个效用可以被归结为对预期财富的衡量和该财富的标准差，这些为我们仅使用预期收益（平均值）和标准差（方差）的框架提供了依据。

他们认为国内的一家经营年限很长的公司比新兴市场的同样一家经营年限长的公司的风险要小。这可以解释为什么在证券组合中存在着“本土偏好”（home bias），即投资者总是对国内市场进行过度投资而对外国市场投资不足。作为这一偏好的扩展，人们从一种活动或投资中感知的风险与他们在理解这种活动或投资时的困难成反比。

(3) 情绪因素。在风险中有些情绪化的部分是不能量化的。该部分有正面的情绪也有负面的情绪，其中收益强调正面的情绪（快乐和乐观），而损失强调负面的情绪（担心和忧虑）。一般来说，投资者的情绪能够影响风险认识，有些投资在乐观时被认为是相对安全的，当投资者情绪转变后该投资就变成有风险的了。

近年来，有人努力将这些行为上的认识融入分析中从而建立起一个综合的风险衡量指标，但没能达成一致意见。但是这可以解释同一家企业的风险（标准差）为什么会因为衡量方法不同而不同。

【例 3—1】　用历史收益来计算标准差——迪士尼

我们收集了迪士尼公司股票从 2004 年 1 月到 2008 年 12 月的月度数据，然后用每个月的价格变化（以价格$_t$来表示 t 月月末的股价）和股利（如果当月有的话，用股利$_t$来表示）来计算收益率。

$$收益_t = \frac{价格_t - 价格_{t-1} + 股利_t}{价格_{t-1}}$$

图 3—4 展示了月收益率。

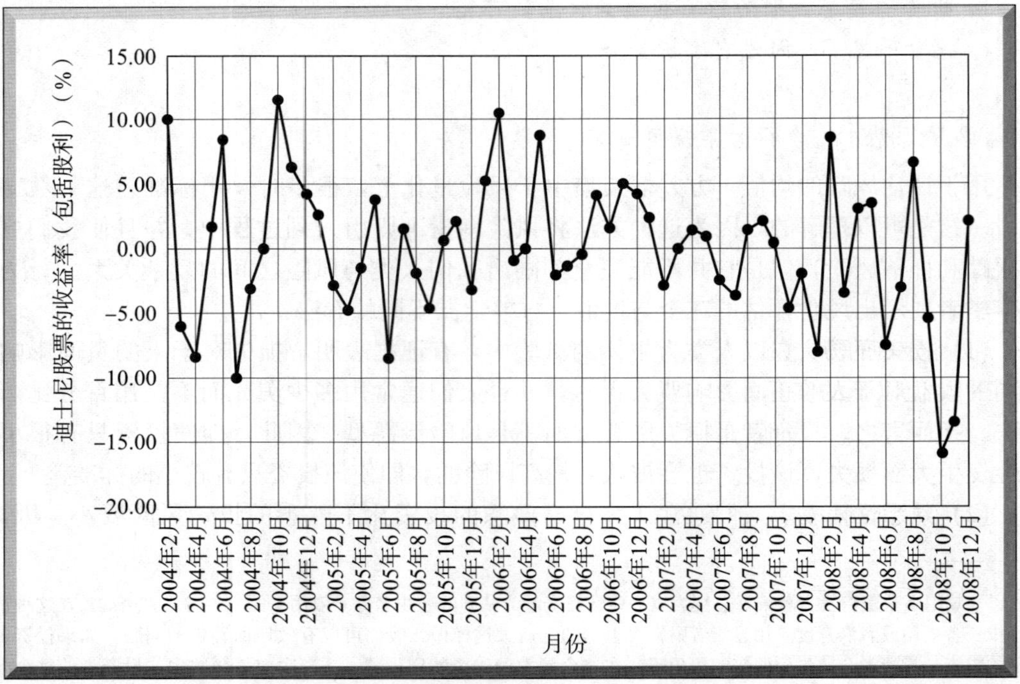

图3—4　迪士尼股票的收益率：2004—2008年

迪士尼的收益率反映了投资者在这段期间面对的股票风险，其中 2004 年 10 月是表现最好的月份（收益率为 11.82%），2008 年 10 月是表现最差的月份（收益率为 −15.58%）。

我们来看一下统计数据，迪士尼在 59 个月中的平均月收益率为 0.18%。实际上，我们的期间从 2004 年 1 月开始，股价为 23.68 美元，到 2008 年 12 月 31 日结束，股价为 22.69 美元。但是，该股每年都派发股利，从 2004 年的 0.24 美元到 2008 年的 0.35 美元。为了度量股票的波动或者风险，我们计算出该期间月收益率的标准差为 5.59%；月收益率的方差为 31.25%。[①] 将月份值转化为年份值，我们只看迪士尼的标准差而没有将该股票的标准差与其他股票作比较，是不能够得出有关迪士尼相对风险大小的结论的。

$$\text{年化的标准差} = 5.59\% \times \sqrt{12} = 19.36\%$$
$$\text{年化的方差} = 31.25\% \times 12 = 374.98\%$$

Optvar. xls：网上的数据集包括美国各个行业权益标准差的平均值。

3.2 向上和向下的风险

请你浏览两个投资项目过去五年的历史标准差，两个项目收益的标准差都是 35%。但是有一个在该期间的收益率为 −10%，而另一个在该期间的收益率为 40%。你认为这两个投资具有相同风险吗？

a. 是。

b. 不是。

为什么我们在财务中不区分“向上的风险”和“向下的风险”？

实践：仅估计向下的风险

收益分布的方差衡量了实际收益与预期收益的偏离。在估计方差时，我们不仅考虑落在平均值以下的实际收益（向下的风险），并且考虑落在平均值以上的风险（向上的风险）。作为投资者，我们通常认为向下的风险才是风险。有另外一种被称为半方差的衡量方法，该度量方法只考虑向下的风险。为了估计半方差，我们只计算当实际收益小于预期收益时实际收益与平均收益的偏离程度，不考虑那些高于平均收益的实际收益。

$$\text{半方差} = \sum_{t=1}^{t=n} \frac{(R_t - \text{平均收益})^2}{n}$$

① 方差是百分数的平方。换句话说，如果标准差为 5.59%，用小数位表示则为 0.055 9，但是如果方差是 31.25%，用小数位表示则是0.003 125。

式中，$n =$ 实际收益小于平均收益的期间数。在正态分布下，半方差的值与方差的值相等，但对于所有不对称的分布而言，半方差与方差的值是不相等的。一般而言，如果一只股票在多数期间有较小的正收益而在少数期间有较大的负收益，那么这只股票的半方差会比方差大得多。

Ⅱ. 有回报的风险和无回报的风险

就如同我们在前面部分所定义的，风险源于实际收益与预期收益的偏离。然而，这种偏离可能有很多原因，可以将这些原因分成两大类：当前投资特有的风险（称为企业特有风险）和适用于大多数或所有投资的风险（称为市场风险）。

风险的组成部分

当企业投资于一项新的资产或者项目时，该投资的收益可能受到很多变量的影响，而大部分变量都不受企业的直接控制。一些风险直接来自投资，一些风险来自竞争，一些风险来自行业的变化，一些来自汇率的变化，还有一些来自宏观因素。然而，一部分风险可以在公司进行多个投资的过程中消除掉，余下的一部分可以通过投资者持有多样化的投资组合消除掉。

风险的第一个来源是项目特有的风险；单个项目可能产生比预期更高或者更低的现金流，可能因为企业对于项目的现金流做出了错误估计，也可能因为一些项目特有因素的影响。当企业投资了大量相似的项目时，可以认为这类风险大部分能在业务的正常过程中分散掉。例如，迪士尼公司在考虑制作一部新电影时，就有可能出现估计偏差；它可能高估或者低估电影制作的成本和时间，也可能错误地估计来自电影发布和销售的收入。因为迪士尼公司每年发行好几部电影，因此这类风险的一部分在当年制作的多部电影之间分散。①

风险的第二个来源是竞争性风险，指的是一个项目的盈利和现金流会受到竞争对手行动的（正面或者负面）影响。尽管好的项目分析会在进行利润边际和成长性的估计时考虑到对手的预期行动，但对手采取的实际行动可能不同于预期行动。在大多数情况下，这种风险会影响多个项目，使得企业的正常业务过程更难以分散该类风险。例如，当迪士尼在分析其主题公园的收入时，可能会对诸如环球影城这样的竞争对手的优势和战略做出错误的估计。虽然迪士尼公司不能分散这些竞争性的风险，但是迪士尼的股东可以，只要他们愿意持有迪士尼竞争对手的股票。②

---

① 举个例子来说：迪士尼在 2002 年发布了一部名为《星银岛》（*Treasure Planet*）的动画电影；该电影耗费 1.4 亿美元并且最后亏损了 9 800 万美元。几个月之后，迪士尼制作的另一部动画电影《海底总动员》（*Finding Nemo*）赚了上亿美元，并且成为 2003 年最大的热门影片之一。

② 企业可以通过收购现有的竞争对手来分散竞争性风险。这样做会招致反垄断法的制裁，也不可能抵消来自还没宣布的竞争对手的风险。

风险的第三个来源是行业的特有风险——这些风险会对特定行业的盈利和现金流造成影响。行业的特有风险有三个来源。第一个来源是技术风险，反映了技术变化与其发展方式的影响不同于项目初始分析时所预期的影响。第二个来源是法律风险，反映了法律和管制变化的影响。第三个来源是商品风险，反映了特定行业使用或者生产的商品和服务价格变化的影响。例如，迪士尼在对其广播分支（美国广播公司）的前景进行评估时，可能受到这三种风险的影响：技术风险是指，电视娱乐与互联网的界限被微软之类的公司弄得日益模糊；法律风险是指，用于管理广播的法律发生了变化；商品风险是指，制作新的电视节目的成本随着时间的推移不断变化。企业只有通过在不同的行业进行投资，无论是投资一个新的项目还是通过收购其他行业的企业，才能分散行业的特有风险。该企业的股东应当可以通过持有不同行业股票的投资组合来分散行业特有的风险。

风险的第四个来源是国际风险。当企业产生的收入和成本来自国外市场时，那么该企业就面临国际风险。在这种情况下，盈利和现金流会受到未预期的汇率变化或者政治发展的影响。例如，迪士尼因为在中国香港的主题公园而遭受到这种风险。企业可以通过对不同国家的项目进行投资，从而在正常的业务过程中分散这类风险的一部分，因为在不同国家货币不会朝同一方向变动。例如，麦当劳在很多国家经营，应当能够分散一部分（尽管不是全部）国际风险。公司可以通过借入当地的货币来为项目筹资从而降低汇率风险。投资者可以在全球分散化投资来降低所遭受的国际风险。

风险的最后一个来源是市场风险：指基本上影响所有公司和所有项目的宏观因素，只是在程度上有所不同。例如，利率的变动会直接（通过折现率）和间接（通过现金流）影响所采纳的和将要采纳的项目的价值。会影响所有投资的其他因素包括：期限结构（短期和长期利率的差别）、投资者的风险偏好（当投资者变得更加厌恶风险时，更多风险投资就会失去价值）、通货膨胀和经济增长。虽然在进行项目分析时可以将这些变量的预期值考虑进去，但是这些变量的未预期变化仍然会影响这些投资的价值。因为所有的风险投资多少都受到这类风险的影响，所以无论是投资者还是企业都无法分散这类风险。

3.3 风险是在旁观者的眼中

同具有多样化投资者的同类上市公司相比，私有企业的项目通常需要更高的折现率。

a. 正确。

b. 错误。

这种说法提供了私有企业可能被上市公司收购的合理原因吗?

为什么分散化投资会降低或消除企业特有的风险

为什么我们要区分不同类型的风险？当投资者持有更多元化的投资组合时可以降低甚至消除只影响少数企业的企业特有风险，这有以下两个原因：

（1）第一个原因是，在一个多元化的投资组合中每项投资占比较小。因此，企业特有风险会增加或者减少某一项或少数几项投资的价值，但是对整个投资组合的影响有限。

（2）第二个原因是，公司特有的行为对于组合中单个资产价格的影响可能是正面的也可能是负面的。因此，在大的投资组合里，可以认为这种风险平均为零，并且不会影响到组合的总体价值。

相反，那些影响市场上大多数资产的风险在大的多元化组合里还会继续存在。例如，在其他条件一定的情况下，利率的上涨将会减少组合里大部分资产的价值。图 3—5 归纳了风险的不同组成部分，以及企业和投资者可以采取什么样的措施来降低或消除这类风险。

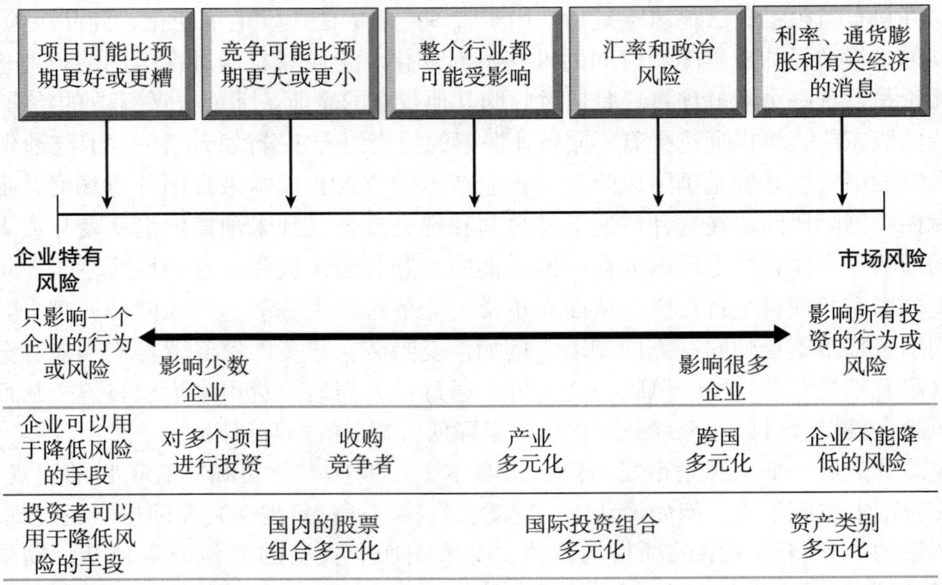

图3—5　风险分解

虽然通过多元化分散风险从直觉上来看似乎相当简单，多元化的好处也可以从数据上显示出来。在上一部分，我们介绍了标准差作为一种衡量投资风险的指标，并且计算出个别股票（迪士尼）的标准差。当你将两个变动不一致的投资放在一个组合里，该组合的标准差将会低于组合里单只股票的标准差。为了看到多元化是怎样发挥奇妙的作用的，我们来考虑一个包含两个资产的组合。资产 A 的预期收益是 μ_A，方差是 σ_A^2，而资产 B 的预期收益是 μ_B，方差是 σ_B^2。两资产的相关系数 ρ_{AB} 衡量了两资产是如何一起波动的。[①] 这两个资产组合的预期收益和方差可以写成这些变量和组合中每种资产比例的函数：

$$\mu_{\text{portfolio}} = w_A\mu_A + (1-w_A)\mu_B$$

$$\sigma^2_{\text{portfolio}} = w_A^2\sigma_A^2 + (1-w_A)^2\sigma_B^2 + 2w_A(1-w_A)\rho_{AB}\sigma_A\sigma_B$$

其中，

w_A = 组合中资产 A 的比例

① 相关系数是从 −1 到 +1 之间的一个数。如果相关系数是 −1，表明这两只股票是一致变动的，只是方向恰好相反。如果相关系数是 1，表明这两只股票朝着同一个方向一起变动。

方差公式中的最后一项有时候会写成两种资产收益的协方差，也就是：

$$\sigma_{AB}=\rho_{AB}\sigma_A\sigma_B$$

多元化组合所带来的方差的减少是相关系数的函数。在其他变量不变的情况下，两种资产收益的相关系数越大，多元化所带来的潜在好处就越小。以下例子解释了多元化所带来的好处。

多元化不足：一个行为学视角

投资者应当多元化的看法当然是极好的，至少在一个充满理性投资者的均值—方差的世界里是这样的。然而，现实情况是大多数投资者并没有多元化。在对于这种现象的一个早期研究里，Blume，Crockett 和 Friend（1974）考察了个人投资者的投资组合，发现 34%的投资者在他们的组合中仅持有一只会发放股利的股票，55%的投资者持有 1～10 只股票，仅有 11%的投资者持有 10 只以上的股票。[①] 虽然可以认为导致这种现象的原因是当时的共同基金不如现在这样广泛被人接受，但是戈茨曼（Goetzmann）和库玛尔（Kumar）对 1991—1996 年间在低收费证券经纪行的60 000名投资者进行的考察得到的结论是，在多元化这点上投资者并没有多大改进，并且这种多元化不足的现象并不能由交易成本来解释。[②] 研究者们试图从传统的财务框架来解释，行为经济学家们提出了三种可能的原因：

（1）赌徒的本性。一种可能的解释是，投资者将其股票组合构建成类似金字塔的结构，其中对最底层股票的投资是为了防止股价下跌的风险，对最顶层股票的投资是为了寻求风险并且获取股价上涨的潜力。仅投资于最顶层的一只或几只股票可能不能构成有效的风险投资组合，但这样做却有更大股价上涨的可能性。在某种意义上来说，这些投资更接近于彩票而不是金融投资。[③]

（2）过度自信。戈茨曼和库玛尔指出，在挑选股票时，与那些不急于挑出优质股票的投资者相比，那些过度投资于某个特定行业或者关注股票的某些特征（例如波动性）的投资者更倾向于不多元化。戈茨曼和库玛尔认为，这是因为投资者对于他们挑选优质股票的能力太过自信，因此就不去实行多元化了。

（3）短视和估计偏差。投资者往往会在做出投资决策时思维狭隘（他们只看到他们投资组合的一部分而不是全部）或者对相关系数做出错误估计（他们认为个股之间的相关性比它们实际的相关性要大），这些投资者就不会持有多元化的投资组合。

总的来说，很多个人投资者和一些机构投资者似乎都忘记了多元化的经验，而仅仅选择持有范围更窄的投资组合。他们对于风险的看法不同于那些更加多元化的投资者。

---

① Blume，M.，J. Crockett，and I. Friend，1974. “Stock Ownership in the United States：Characteristics and Trends，” *Survey of Current Business* 54，16 - 40.

② W. N. Goetzmann and A. Kumar，“Equity Portfolio Diversification，” *Review of Finance* 12：433 - 463. 他们发现，25%的投资者仅持有一只股票，而 50%的投资者在他们的投资组合里持有 2～3 只股票。

③ H. Shefrin and M. Statman，“Behavioral Portfolio Theory，” *Journal of Financial and Quantitative Analysis* 35：127 - 151.

【例 3—2】 投资组合的方差——迪士尼和鹦鹉纸浆

在例 3—1 中，我们计算了迪士尼在 2004 年 1 月与 2008 年 12 月间的平均收益和收益的标准差。鹦鹉纸浆是一只巴西的股票，它以美国存托凭证（American Depository Receipt，ADR）的形式在同期美国市场上上市并交易。① 我们利用同样的 60 个月的数据计算出同期的平均收益和收益的标准差。

	迪士尼	鹦鹉纸浆 ADR
平均月收益率	0.18%	−0.74%
月收益率的标准差	5.59%	14.87%

在 2004—2008 年间，迪士尼公司比鹦鹉纸浆公司获得了更高的收益率和更低的波动。我们可以看出，至少从这段期间来看，投资迪士尼比投资鹦鹉纸浆好得多。有两点值得注意。第一点是，鹦鹉纸浆从 2004 年 1 月到 2008 年 4 月获得的平均月收益率为 2.47%；股价在 2008 年 5 月到 12 月从整段期间的最高点 90.74 美元下降到 8.39 美元。第二点是，这些收益是鹦鹉纸浆的 ADR 产生的，即以美元的形式存在。因此这些收益同时受鹦鹉纸浆在巴西的股票业绩（以巴西雷亚尔的形式）和巴西雷亚尔与美元之间汇率的影响。导致 2008 年后半年 ADR 价格下跌的一个因素是雷亚尔对于美元汇率的暴跌。

为了检验迪士尼和鹦鹉纸浆 ADR 投资组合的表现，我们计算出这两种股票在这 60 个月的相关系数是0.180 7。请看一个投资组合，将 90%投资于迪士尼，将余下的 10%投资于鹦鹉纸浆 ADR。这个投资组合的方差和均值可以计算如下：

$$\begin{aligned}\text{投资组合方差} &= w_{\text{Dis}}^2\sigma_{\text{Dis}}^2 + (1-w_{\text{Dis}})^2\sigma_{\text{Ara}}^2 + 2w_{\text{Dis}}w_{\text{Ara}}\rho_{\text{Dis,Ara}}\sigma_{\text{Dis}}\sigma_{\text{Ara}} \\ &= (0.9)^2(0.055\,9)^2 + (0.1)^2(0.148\,7)^2 + 2\times 0.9 \\ &\quad \times 0.1 \times 0.180\,7 \times 0.055\,9 \times 0.148\,7 \\ &= 0.003\,023\end{aligned}$$

$$\text{投资组合均值} = \sqrt{0.003\,023} = 0.055\,0 \text{ 或} 5.50\%$$

该投资组合的风险比两只股票中任何一只的风险都要小。在图 3—6 中，我们将该投资组合的标准差以迪士尼股票比例的函数的形式展示出来。

当投资组合中鹦鹉纸浆的比例向 100%趋近时，该组合的标准差就向着鹦鹉纸浆的标准差靠近。

鹦鹉纸浆在 2008 年 5 月到同年 12 月的表现为我们理解公司特有风险和市场风险提供了一些启发。公司在 2004—2007 年有很好的利润，但是这些利润的一部分与对衍生产品（包括期权和期货）的投机有关，这些衍生产品都认为，巴西雷亚尔相对于美元会持续坚挺。当 2008 年的形势发生逆转，巴西雷亚尔开始贬值，衍生产品造成公司超过 20 亿美元

① 就如同大多数的国外股票，鹦鹉纸浆以美国存托凭证的形式在美国交易所上市。实际上，一家银行购买了鹦鹉纸浆在巴西的股份，然后在美国市场上发行以美元为单位的股份来让有兴趣的投资者购买。鹦鹉纸浆的 ADR 价格一方面反映了巴西市场上的价格，另一方面也反映了相应的汇率。

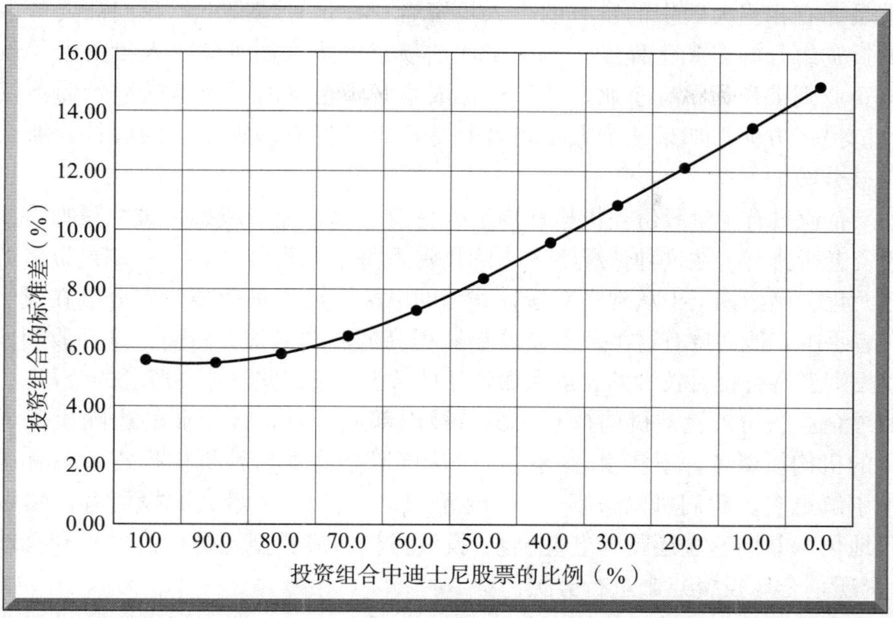

图3—6　投资组合的标准差：迪士尼和鹦鹉纸浆ADR

的损失，从而导致了股价的下跌，而当年最后三个月全球市场的崩溃又加速了下跌。汇率所导致的投机所带来的损失显然是企业特有的风险，但是来自金融危机的风险是市场风险。

确定边际投资者

一个企业的边际投资者是指最可能在边际上交易的投资者，同时也是对股票的定价具有最大影响的投资者。有了这个定义，投资者需要满足两条标准才能被认定为边际投资者：拥有公司的大量股权，并且对这只股票进行交易。一个拥有迪士尼公司 1 000 或者 10 000 股股票的投资者对于股价是没有什么影响的。一个拥有迪士尼公司 100 万股股票的投资者，如果从来不交易，那么他也称不上是边际投资者。

对于大型以及大多数中型的上市公司而言，其边际投资者很可能是机构投资者，但是机构投资者自身在许多方面也存在差别。机构可以是需要纳税的共同基金，也可以是无需纳税的养老基金，机构可以在国内市场上进行多元化投资，也可以在全球市场上进行多元化投资，并且他们的投资策略也存在差异。对于那些股东人数有限且较小的公司而言，边际投资者可能是个人投资者，并且他们之间也同样存在差异，表现为这些个人投资者的多元化程度和他们可能的投资目标。在其他情况下，边际投资者可能是企业的内部人，即拥有企业大量股权且参与管理的人。

要确定出企业的边际投资者是有难度的，我们首先来分析一下由个人、机构和内部人所持有的股票份额。这些信息在美国股票中是容易获得的。通过分析我们可以得出以下结论：

- 如果企业只有相对较少的股份被机构投资者持有而大量被个人投资者持有，边际投资者就是拥有相当大股份的富有的个人投资者。在这种情况下，我们需要考虑该个人投资者的投资组合的多元化程度，并用于评估项目风险。如果该个人投资者并没实行多元化，该企业则被视为私有企业，并且权益成本必须包括所有风险的溢价而不仅是不可分散风险。另一方面，如果该个人投资者非常富有且拥有多家企业的股权，那么大部分风险可以被分散。

● 如果企业只有少量股份被机构和内部人持有，那么这只股票是被大量拥有少数股份的个人投资者所持有。在这种情况下，边际投资者是个人投资者，并且该投资者的组合只是部分多元化。例如，至少从现在来看，美国的电话和公用事业类股票分散在成千上万的个人投资者手中，他们持有这类股票是希望获得高的股利回报。然而，这种股利偏好意味着，这些投资者持有相对较少的股票只数，并且只投资于那些发放高股利的公司。

● 如果企业股份大量被机构持有，少量被内部人持有，该企业的边际投资者几乎就是多元化的机构投资者。事实上，我们可以从该股票是由何种机构投资者持有这个问题的考察中了解更多。我们可以考察一下企业前 15 到前 20 个最大的投资者，然后将他们按照税收地位（共同基金还是养老基金）、投资目标（成长型还是价值型）和全球化程度（国内投资还是全球投资）来进行分类。

● 如果企业股份大量被机构持有且大量被内部人持有，那么谁是边际投资者的问题就变得有些困难。通常在这种情况下，大的内部人是企业的创始人或者最初所有者，他会继续参与企业的高层管理。微软和戴尔就是很好的例子，其中比尔·盖茨和迈克尔·戴尔都是公司最大的股东。然而，在大多数这类情形下，内部持股人的交易是不频繁的，并且他们的财富是由股价所决定，而股价又是由交易股票的机构投资者来决定的。我们认为机构投资者就是这类公司的边际投资者。

因此，通过考察不同群体的持股份额和企业最大的投资者，我们能够对公司的边际投资者是谁以及如何在财务分析中更好地评估风险有进一步的认识。

为什么我们要在乎边际投资者呢？因为边际投资者是制定价格的投资者，他们对于价格的评判决定了其他人对于价格的看法。如果机构投资者是多元化的机构，那么在他们看来公司的唯一风险是那些他们不能靠多元化分散的风险，该公司的经理人在做投资时就只需要考虑那些风险。如果边际投资者是多元化程度不高的个人，这些投资者就会在乎公司的所有风险，公司在做投资的时候也需要考虑到所有的风险。

【例 3—3】　确定边际投资者

谁是迪士尼、鹦鹉纸浆、塔塔化学以及德意志银行的边际投资者？要回答这个问题，我们首先考察一下内部人是否拥有企业的大量股权并参与到企业的高层管理中。虽然德意志银行不存在这样的投资者，但其他三家公司都有大量的内部持股：

● 虽然迪士尼家族的持股比例已经缩小为不到 1%，但迪士尼对于皮克斯的并购导致史蒂夫·乔布斯成为公司最大的股东，他拥有迪士尼 7%的股权。

● 对于鹦鹉纸浆公司，有投票权的股份被沃托兰廷集团（Votorantim Group）（84%）和巴西国家发展银行所持有，而无投票权的股份由机构投资者和个人投资者所持有。

● 对于塔塔化学公司，塔塔家族通过该集团的其他公司控制了（即使他们并没有持有）大量的股份。

但是，我们并不认为这些公司的边际投资者是内部人，因为有两个原因说明这些公司内部人的持股是不交易的。第一个原因是，他们因为是内部人而被限制交易，尤其是对于迪士尼公司而言。① 另一个原因是，这种交易可能会导致内部人控股权的损失，至少在塔塔化学公司和鹦鹉纸浆公司是这样。随后，我们考察了个人、内部人和机构持有的各企业的股票份额，如表3—1所示。

这四家公司都是由机构投资者广泛持有的，其中国外的机构投资者持有大量鹦鹉纸浆和塔塔化学公司的股票。表3—2显示了2008年年底各公司前十大股东及其股票份额（在括号中）。

表3—1　迪士尼公司、鹦鹉纸浆公司、德意志银行和塔塔化学公司的投资者（%）

	迪士尼公司	德意志银行	鹦鹉纸浆公司（无投票权）	塔塔化学公司
机构投资者	72	76	32	47
个人投资者	21	23	60	24
内部人	7	1	8	29

资料来源：Value Line，Morningstar，Bloomberg.

表3—2　迪士尼公司、鹦鹉纸浆公司、德意志银行和塔塔化学公司最大的投资者

迪士尼公司	德意志银行	鹦鹉纸浆公司的优先股	塔塔化学公司
Steve Jobs(7.43%)	Deutsche Post(8.05%)	BB DTVM(0.89%)	Tata Sons(14.26%)
Fidelity(4.86%)	Allianz(6.81%)	Barclays(0.34%)	Life Insurance Co. (11.71%)
State Street(3.97%)	AXA(4.64%)	Banco Itau(0.32%)	Tata Investment(6.8%)
Barclays(3.79%)	Credit Suisse(3.55%)	Banco Barclays(0.19%)	Tata Tea(6.54%)
Vanguard Group(3.07%)	Deutsche Bank(3.52%)	Vanguard Group(0.18%)	New India Assur(2.58%)
Southeastern Asset(2.40%)	Barclays(3.02%)	UBS Strategy(0.17%)	Hindustan Lever(2.14%)
State Farm Mutual(2.27%)	Blackrock(2.35%)	Banco Itau(0.17%)	General Insurance(2.12%)
AXA(2.13%)	UBS(1.65%)	Dimensional Fund(0.10%)	United India Insur. (1.13%)
Wellington Mgmt. (1.87%)	Deka(1.52%)	Banco Bradesco(0.09%)	National Insurance(1.01%)
Massachusetts Finl. (1.57%)	Dekabank(1.44%)	Landesbank(0.08%)	Templeton Funds(1.01%)

资料来源：Bloomberg.

① 美国的内部交易法限制了内部人利用有用消息来交易，并且对于这类交易都要求披露。

迪士尼公司的前十大股东中有九位是机构投资者，这表明我们基本可以认为迪士尼的边际投资者是机构投资者并且是多元化的。德意志银行的前两位最大的投资者是德国邮政和 Allianz。其中，德国邮政是私有化的德国邮政公司，Allianz 是德国的保险业巨头。这再次反映出德国公司所偏好的交叉持股的公司治理结构。但是，排在 Allianz 下面的投资者都是机构投资者，并且超过一半的机构投资者都不是德国的。因此我们可以确定德意志银行的边际投资者是机构投资者，并且这些投资者至少对欧洲的股权投资是广泛多元化投资，而不仅仅在德国公司中进行多元化投资。鹦鹉纸浆公司的普通股，也就是有投票权的股份，是由一系列的控股股东所持有的，但是这类股票的交易却很少。鹦鹉纸浆公司的优先股被国内和国际的机构投资者广泛持有。虽然很有可能该公司的经营偏向于有投票权股东的利益，但是有投票权的股票价格却与优先股价格密切相关。利己心使得有投票权的股东要考虑作为公司边际投资者的优先股股东。最后，塔塔化学前十大投资者中有四名是塔塔集团所属的其他公司，并且这些股份也很少进行交易。而余下的所有大型投资者都是机构投资者，并且 12%的股份是由国外的机构投资者持有。

因此，总的来说，对于迪士尼公司和德意志银行，我们可以很有把握地认为只有那些不能被分散化的风险才是公司在做投资时应当考虑的风险。由于受到内部持股的严重影响，我们不大能确定鹦鹉纸浆公司的情况，但是我们认为机构投资者对于这两家公司的股票定价具有足够大的影响力。

为什么边际投资者被认定是多元化的?

我们很容易认为投资者通过多元化来降低所面临的风险，但是财务中的风险收益模型会描述得更加深刻。这些模型认为，边际投资者，即为投资定价的投资者能很好地进行多元化投资；因此，唯一需要定价的风险是这类投资者感知的风险。我们可以简单地来证明一下。相对于那些进行多元化的投资者而言，那些未进行多元化的投资者对一项投资所感知的风险要更高，因为多元化的投资者不用考虑任何企业特有的风险，而未多元化的投资者则要考虑。如果这两类投资者对于资产的未来盈利和现金流有着同样的看法，多元化的投资者因为他们对风险的认知，他们愿意付出比未多元化的投资者更高的价格。结果将是该资产最终会被多元化的投资者逐渐持有。

虽然这一观点对于那些以小额单位交易且具有流动性的股票以及其他资产都是有力的证明，但是对于那些大型的流动性差的投资项目却并非如此。大多数国家的房地产依然被未多元化的投资者所持有，并且这些投资者将自身的大量财富捆绑在这些投资上。然而，多元化的好处是如此之大，以致人们创造了房地产投资信托和抵押支持债券之类的证券，从而使投资者既可以投资于房地产又可以同时进行多元化。

请注意，多元化并不要求投资者放弃对更高收益项目的追求。投资者能够同时做到多元化和打败市场。例如，如果投资者认为自己通过买进那些市盈率较低的公司的股票能够比市场做得更好，他们仍然可以通过同时持有不同行业的市盈率较低的股票来进行多元化。

3.4 管理质量与风险

一个管理良好的公司的风险比管理较差的公司的风险小。

a. 正确。

b. 错误。

实践：应当由谁来多元化？企业还是投资者？

正如我们在上一部分所指出的，各种类型的风险可以由企业或者企业的投资者来降低。应当由谁来这样做呢？这个问题应该很容易回答，比较这两者所面临的成本就可以知道了。一条通用的法则是，当企业通过多元化分散风险的成本小于投资者这样做的成本时，就应当由企业来降低风险。对于上市公司而言，投资者分散风险的成本往往低于公司这样做的成本。例如，考虑一下影响整个行业的风险。企业降低这种风险的方式只有通过支付超过市场价格很高的溢价来并购另外的公司，或者通过投资大量并不擅长的业务。另一方面，该企业的投资者可以在投资组合中持有其他行业的股票或者更简单地持有多元化的共同基金来达到相同的目的。正因为投资者多元化的成本非常低，所以企业只有在成本非常小或者降低风险是其他目标行为的额外效应时才会去努力分散风险。另一个例子是项目风险。因为迪士尼公司从事电影制作业务，通过制作大量电影而带来的风险降低实际上是毫无价值的。

私有（非公共）公司的选择更加复杂，这些企业的所有者通常将其大量的财富投资于该企业，他们可以从企业中将资金取出投资在其他地方，或者进行多元化投资。事实上，许多拉丁美洲和亚洲的家族企业扩张为多元化集团公司，部分原因是它们想分散自身的风险。

Ⅲ. 衡量市场风险

虽然公司财务中的大多数风险收益模型的推导过程的前两个步骤是一样的：风险来自实际收益围绕预期收益的分布情况；风险应当从多元化的边际投资者的角度来衡量。但在如何衡量不可分散风险也就是市场风险方面，这些模型出现分歧。在本小节，我们将考察以下三个基本模型——资本资产定价模型（CAPM）、套利定价模型（APT）和多因子模型——是如何衡量市场风险的。我们也会考察第四种模型，这种模型并不是直接衡量出风险，而是用公司的市场规模等变量来作为风险的替代。

A. 资本资产定价模型

资本资产定价模型是应用最久的模型，并且至今仍然是现实世界分析中被广泛应用的标准风险收益模型。虽然该模型多年来受到相当多的批评，但是它为我们讨论风险收益模型提供了一个有用的出发点。

1. 前提假设

多元化对投资者降低企业特有风险具有吸引力，但是大多数投资者总是把多元化投资局限于仅持有相对有限的几项资产上。即使大的共同基金也不愿意持有超过几百只股票，并且许多共同基金仅持有 10～20 只股票。这有两个原因。第一个原因是，当投资组合变得更加分散时，多元化的边际收益变小了——与组合中加入的第 5 个资产相比，加入的第 21 个资产带来的公司特有风险的减少量要小得多，这样做可能还不能弥补多元化所带来的边际成本。这些成本包括交易成本和监管成本。第二个原因是，许多投资者（和基金）认为自己能够发现价值被低估的资产，因此就不会选择去投资在他们看来已经被正确定价或者被高估的资产。

资本资产定价模型假定：不存在交易成本，所有的资产都可以交易，投资是无限可分的（也就是说，你可以购买一单位资产的任意比例）。该模型同时假设不存在私有信息，因此投资者不能够在市场上找到价值被低估和高估的资产。通过这些假设，资本资产定价模型排除了阻碍投资者多元化的因素。有了这些假设，多元化的逻辑结论是，在你的投资组合中持有每一种可交易的风险资产（包括股票、债券和房地产等）与其市场份额相对应的比例。[①] 包括市场上每一种可交易的风险资产的投资组合被称为市场组合。

2. 对投资者的意义

如果市场上的每个投资者都持有相同的市场组合，他们如何在投资中体现自己的风险偏好呢？在资本资产定价模型中，投资者根据风险偏好来调整投资的分配，决定将多少资金投资于确定的回报（无风险资产）以及将多少资金投资于风险资产（市场组合）。风险厌恶型的投资者可能选择将大部分甚至所有财产都投资在无风险资产上。愿意冒更大风险的投资者会将其大量甚至所有财产都投放在市场组合上。有些人将全部资产投资在市场组合上后还想冒险，他们可以以无风险利率借入资金，再投资到和别人一样的市场组合上。

这些结果基于另外两个附加的假设：第一个是，存在无风险资产。第二个是，投资者能够以无风险利率借出或者借入无风险资产从而达到他们的最优投资组合。存在很多放松假设的 CAPM 变形，并且结论与基本模型一致。

3.5 有效的风险承担

在资本资产定价模型中，承担更多风险的最有效方式是：

a. 购买市场中那些风险最大的股票的均衡组合。

b. 购买价值被低估的风险股票。

① 如果投资并不是以它们市场价值的比例来持有的，投资者还是会损失部分多元化收益。正因为在市场上找到价值被高估和被低估的资产的机会是随机的，过多投资于某些部门以及过少投资于某些部门是完全没有收益的，因而投资者不会这样做。

c. 借入资金来购买多元化较好的投资组合。

3. 衡量单个资产的市场风险

对于投资者而言，任何一项资产的风险是指将该资产加入到投资者的投资组合里所增加的风险。在 CAPM 的世界中，所有的投资者都持有市场组合，单个资产的风险是指将该资产加入到市场组合中所增加的风险。从直觉上来说，那些与市场组合变动更一致的资产比那些与市场组合变动不太一致的资产风险要大，因为如果资产的变动与市场组合的变动不相关，将这种资产加入到组合中就不会影响投资组合的总体价值。从统计上来说，这种增加的风险可以用该资产与市场组合之间的协方差来衡量。

协方差是对市场风险的非标准化的度量方式；我们看到迪士尼与市场组合之间的协方差是 55%，但这个数字并不能说明迪士尼比平均资产风险更大还是更小。因此，我们用每项资产与市场组合之间的协方差除以市场组合方差来将风险度量方法标准化。这就得到了该资产的贝塔：

$$\text{资产 } i \text{ 的贝塔} = \frac{\text{资产 } i \text{ 与市场组合之间的协方差}}{\text{市场组合的方差}}$$

因为市场组合与自己的协方差就是它的方差，所以市场组合的贝塔是 1，市场组合中平均资产的贝塔也是 1。与平均资产相比风险更大的资产的贝塔值将会超过 1，而与平均资产相比风险更小的资产的贝塔值将会小于 1，无风险资产的贝塔值等于 0。

4. 得到预期收益

每个投资者持有的都是无风险资产和市场组合的一个新的组合，由此可以得到另一个结论：每种资产的预期收益与该资产的贝塔线性相关。尤其是，资产的预期收益可以写成无风险利率和资产贝塔之间的函数。

$$\begin{aligned}\text{资产 } i \text{ 的预期收益} &= R_f + \beta_i[E(R_m) - R_f] \\ &= \text{无风险利率} + \text{资产 } i \text{ 的贝塔} \times \text{市场组合的风险溢价}\end{aligned}$$

其中，

$E(R_i)$ = 资产 i 的预期收益

R_f = 无风险利率

$E(R_m)$ = 市场组合的预期收益

β_i = 资产 i 的贝塔

我们如果要使用资本资产定价模型，就需要知道三个变量。我们会在下一章更详细地讨论估计过程，其中，三个变量的估计分别如下：

- 无风险资产可定义为如下资产，即在分析期间该资产的预期收益是投资者已确定知道的。所使用的无风险利率会根据预期收益的期间是 1 年、5 年还是 10 年而有所差别。
- 风险溢价是投资者对投资市场组合所要求的溢价。市场组合包括市场中所有的风险资产，不包括无风险资产。因此，风险溢价并不与任何个别的风险资产相关而是与一类风险资产相关。

● 贝塔被定义为该资产与市场组合之间的协方差与市场组合的方差的比值，它是这个等式中唯一的公司特有变量。换句话说，在资本资产定价模型中，两项投资预期收益不同的唯一原因是它们的贝塔值不同。

总之，在资本资产定价模型中，所有的市场风险都由一个相对于市场组合的贝塔值来衡量，从理论上来说，该组合至少应当包含市场上所有交易的资产，并根据它们的市场价值确定其各自在市场投资组合中的比例。

3.6 负的贝塔意味着什么？

在资本资产定价模型中，有的资产的贝塔值可能小于 0。当出现这种情况时，下列表述中哪一项是对这种投资的描述？

a. 该投资的预期收益小于无风险利率。

b. 该投资可以保证你的多元化投资组合免受一些市场风险的影响。

c. 只有当你做好多元化时，这项投资才是有意义的。

d. 以上所有选项。

实践：指数基金与市场组合

针对资本资产定价模型的很多批评认为，市场上所有的投资者将会持有市场组合（包括与其市场价值按比例存在的所有资产）恰恰说明该模型是一个不现实的模型。然而事实是这样的吗？事实上，世界上并非所有资产都可以交易，并且存在交易成本。同时，投资者有时会利用内部消息来交易并且通常持有非多元化的组合。但是，我们可以通过指数基金来创建一种类似于市场组合的组合。指数基金通过以构成指数的相同比例来购买指数中的所有股票从而复制出指数。最早也是最大的指数基金是先锋（Vanguard）500 指数基金，该基金复制了标准普尔 500 指数。现在，我们能够构造出复制美国的小公司、欧洲股票、拉丁美洲市场和亚洲股权以及债券和商品市场的指数基金。投资者可以构造一系列指数基金的组合来复制出市场组合，每种指数基金的权重是根据基础市场上的市场价值而得到，通常来说唯一难以复制的资产类别是房地产。

B. 套利定价模型

资本资产定价模型中的约束性假设以及该模型对于市场组合的依赖遭到学术界与实务界的长期质疑。还有一种对风险衡量更为一般的模型是套利定价模型，该模型是在 20 世纪 70 年代后期产生的。[①]

① Stephen A. Ross, "The Arbitrage Theory of Capital Asset Pricing," *Journal of Economic Theory* 13, no. 3: 341－360.

1. 假设

套利定价模型建立在非常简单的前提假设上，即有着同样风险的两个资产在定价时必须获得同样的预期收益。换句话说，如果两个投资组合有同样的风险却有不同的预期收益，投资者就会买进有更高预期收益的资产同时卖出有更低预期收益的资产直到这两个组合的预期收益一致。

跟资本资产定价模型一样，套利定价模型首先将风险分成两个部分。第一个部分是企业特有的风险，其中包含了那些主要影响企业的信息。第二个部分是会影响到所有投资的市场风险，其中包含了一系列经济变量的未预期变动，包括国民生产总值、通货膨胀以及利率。从而得到收益模型

$$R = E(R) + m + \varepsilon$$

其中，m 是未预期的市场风险部分，ε 是企业特有风险。

2. 市场风险的来源

虽然资本资产定价模型和套利定价模型都对企业特有风险和市场风险加以区分，但在如何衡量市场风险上，两模型出现了分歧。CAPM 假定所有的市场风险包含在市场组合里，而套利定价模型考虑了更多市场风险的来源，并且用因子贝塔来衡量投资对于每和来源的敏感性。通常来说，未预期收益的市场风险部分可以分解为一些经济因素。

$$R = R + m + \varepsilon = R + (\beta_1 F_1 + \beta_2 F_2 + \cdots + \beta_n F_n) + \varepsilon$$

其中，

β_j = 投资对于因子 j 的未预期变动的敏感性

F_j = 因子 j 的未预期变化

3. 多元化效应

在我们对资本资产定价模型的介绍中，已经对多元化的好处进行过广泛的讨论。得到的主要观点是，投资组合的多元化消除了公司特有的风险。套利定价模型也持有同样的观点，并且得出结论：组合收益率将不包括未预期收益的公司特有部分。投资组合的收益可以写成两个加权平均数之和：组合中预期收益的加权平均，以及因子贝塔的加权平均。

$$R_p = (w_1 R_1 + w_2 R_2 + \cdots + w_n R_n) + (w_1 \beta_{1,1} + w_2 \beta_{1,2} + \cdots + w_n \beta_{1,n}) F_1 + (w_1 \beta_{2,1} + w_2 \beta_{2,2} + \cdots + w_n \beta_{2,n}) F_2$$

其中，

w_j = 资产 j 在组合中的权重

R_j = 资产 j 的预期收益

$\beta_{i,j}$ = 资产 j 对于因子 i 的贝塔

请注意公司特有的收益部分（ε）由于多元化的缘故在组合中被抵消了。

4. 预期收益与贝塔

事实上，组合的贝塔是组合中资产的贝塔的加权平均。根据不存在套利的条件，可以

得出如下结论：预期收益应当与贝塔线性相关。假定只存在一个风险因子和三个组合。组合A的贝塔为2.0，预期收益为20%；组合B的贝塔为1.0，预期收益为12%；组合C的贝塔为1.5，预期收益为14%。请注意，投资者可以将其一半的财产投资于组合A，一半的财产投资于组合B，从而得到一个新的投资组合，该组合的贝塔为1.5，预期收益为16%。这样的话，没有投资者会选择投资组合C直到C的价格下降使其预期收益上升到16%。换言之，投资者可以购买组合A与B构成预期收益为16%的新组合，同时出售预期收益为15%的组合C，从而获得净收益1%。在此过程中不需要承担任何风险，也不需要投资任何资金。为了防止这种“套利”发生，组合的预期收益必须为贝塔的线性函数。这种结论对于多因子模型也同样适用。因此，资产的预期收益可以写成：

$$E(R)=R_f+\beta_1[E(R_1)-R_f]+\beta_2[E(R_2)-R_f]+\cdots+\beta_n[E(R_n)-R_f]$$

其中，

R_f = 零贝塔组合的预期收益

$E(R_j)$ = 对于因子 j 贝塔为1、对于其他因子贝塔为0的组合的预期收益

括号中的项目可以视为模型中每种因子的风险溢价。

请注意，可以将资本资产定价模型视为套利定价模型的一个特殊情形。在这种特殊情形下，只有一个经济因子驱动市场收益，即市场组合。

$$E(R)=R_f+\beta_m[E(R_m)-R_f]$$

5. 实务中的APM

套利定价模型需要估计出每个因子的贝塔以及相对于无风险利率的因子风险溢价，这些通常是利用股票的历史数据和因子分析的统计来完成。从直觉上来看，因子分析通过检验历史数据来找到影响大量股票（而不是某个部门或某几只股票）的共同特征。通过因子分析可以得到以下两个衡量指标：

（1）对历史数据产生影响的普通因子的数量。

（2）每种投资相对于各种普通因子的贝塔值，以及与每种因子相关的实际风险溢价。

但是因子分析并不能指出各种因子的经济含义。

总之，在套利定价模型中，投资的市场风险或者未分散风险是用相对于多种不明确的宏观经济因子来衡量的，其中用因子贝塔衡量了该投资相对于每种因子的敏感性。因子的数量、因子贝塔和因子风险溢价都可以通过因子分析来加以估计。

C. 风险收益的多因子模型

套利定价模型不能够明确指出模型中的因子是哪些，从统计的角度来看这可能是一个优点，但是从直观的角度来看这却是一个明显的缺陷。解决方法似乎很简单：用特定的经济因子替代未定义的统计因子，那么随之得到的模型不仅从直觉上看是有道理的，而且保持了许多套利定价模型的优点。这正是多因子模型所做的。

推导出多因子模型

多因子模型并不是基于广泛的经济学理论而是由数据推导出来的模型。套利定价模

型中只有因子的数量被识别出来，只要时间足够长，这些因子就可以从数据中抽取出来。这些因子的时间序列可以和宏观经济变量的时间序列相比较，从而考察哪些变量与某些特定的因子相关。

例如，20 世纪 80 年代的一份研究表明，下列宏观经济变量与因子分析中得到的因子高度相关：工业产值、支付债券的超过无风险利率的溢价变化、利率期限结构的变化、未预期的通货膨胀以及真实收益率的变化。[①] 这些变量与收益相关，由此得到预期收益模型，其中包含了针对每一个变量计算出来的公司特有的贝塔。预期收益的计算公式可以采用以下形式：

$$E(R)=R_f+\beta_{GNP}[E(R_{GNP})-R_f]+\beta_i[E(R_i)-R_f]+\cdots+\beta_\delta[E(R_\delta)-R_f]$$

其中，

β_{GNP} = 与工业产值变动相关的贝塔

$E(R_{GNP})$ = 工业产值因子的贝塔为 1、其他因子的贝塔为 0 的组合的预期收益

β_i = 与通货膨胀的变化相关的贝塔

$E(R_i)$ = 通货膨胀因子的贝塔为 1、其他因子的贝塔为 0 的投资组合的预期收益

从套利定价模型转到宏观经济的多因子模型的成本来自识别各因子时所犯的错误。模型中的经济因子与同每种因子相关的风险溢价都可能随着时间的推移而变化。例如，石油价格的变化是一种驱动 20 世纪 70 年代的预期收益的显著的经济因子，但是在其他时期不怎么显著。在多因子模型中使用错误的因子或者遗漏一些显著的变量可能导致估计的权益成本有误。

总之，多因子模型跟套利定价模型一样，假定可以用多种宏观经济因子和与各种因子相关的贝塔值来刻画出市场风险。与套利定价模型不同的是，多因子模型试图识别出影响市场风险的各个宏观经济因子。

D. 代理模型

到目前为止，所有模型都是从经济意义上来思考市场风险，然后发展出能对市场风险做出最优解释的模型。但是，所有的模型都是从历史数据中提炼出风险参数。还有一种风险收益模型，它从各股票过去的收益出发，然后反过来尝试用公司的特征来解释长时间内各股收益的差异。换句话说，这种模型尝试从历史上都获得高收益的公司身上发现共同的特征，并且用这些特征来作为市场风险的替代变量。

法马（Fama）和弗伦奇（French）在 20 世纪 90 年代初的一篇影响巨大的有关资本资产定价模型的研究中指出，长期的实际收益同时与市净率和市值高度相关。[②] 具体来说，他们指出，1963—1990 年间市值小的和市净率小的公司获得更高的收益。他们建议

---

① N. Chen, R. Roll, and S. A. Ross, "Economic Forces and the Stock Market," *Journal of Business* 59: 383 - 404.

② E. F. Fama and K. R. French, "The Cross-Section of Expected Stock Returns," *Journal of Finance* 47: 427 - 466.

以从数据中得来的这些指标以及类似的指标来作为风险的替代变量，并且回归系数可以用来估计投资的预期收益。他们使用 1963—1990 年的数据得出了下列有关纽约证券交易所的股票月收益的回归方程：

$$R_t = 1.77\% - 0.11\ln(MV) + 0.35\ln(BV/MV)$$

其中，

$$MV = \text{权益的市场价值}$$
$$BV/MV = \text{权益的账面价值} / \text{权益的市场价值}$$

将某个公司的权益市场价值以及市净率代入这个等式中，就可以得到预期的月收益率。例如，有一家公司的权益市场价值是 100 百万美元，账面市值比是 0.5，可以得到预期月收益率为 1.02%。

$$R_t = 1.77\% - 0.11\ln(100) + 0.35\ln(0.5) = 1.02$$

近年来单个公司的数据越来越丰富，越来越容易获得，因此可以对这些代理模型加以扩展以包含更多的变量。比如，有研究者发现价格惯性（在最近几个月股价增长的速度）似乎可以用来解释收益；那些股价惯性高的股票在接下来的期间有着更高的收益。

总之，代理模型是用公司特征来替代市场风险从而衡量市场风险的大小，而不是利用传统多因子模型中的宏观经济变量。① 通过考察长时间内投资收益率的变化，并且将这种变化与这些投资的可识别特征相关联，从而确定出公司特征。

风险收益模型的比较分析

本章所有的风险收益模型都有些共同的地方。它们都假设只有市场风险才会得到相应的回报，并且建立了一个衡量市场风险的函数以求出预期收益率，图 3—7 对不同的模型进行了比较。

资本资产定价模型的假设最多但是得到的模型也最简单，只有一个风险因子需要估计。套利定价模型的假设最少却得出一个更加复杂的模型，至少从需要估计的参数来说如此。通常来说，CAPM 的优势是估计和使用起来都很简单，但是当公司对那些市场指数以外的经济因子敏感时，CAPM 就比不上更加丰富的多因子模型了。例如，石油公司的风险大多来自石油价格的变化，这些公司有着较小的 CAPM 所需的贝塔值。如果使用多因子模型，其中一个因子就会捕捉到石油以及其他商品价格的变动，该模型就能对公司的风险做出更好的估计，那么这些公司也将会有更高的权益成本。②

---

① 需要补充的是，近年来研究者们也将代理模型描述为多因子模型。

② J. F. Weston and T. E. Copeland, *Managerial Finance*, Dryden Press, Chicago, 1992. 他们使用两种方法来估计 1989 年石油公司的权益成本，用 CAPM 估计的权益成本为 14.4%，用套利定价模型估计的权益成本为 19.1%。

第一步：定义风险

投资的风险可以用实际收益围绕预期收益的方差来衡量

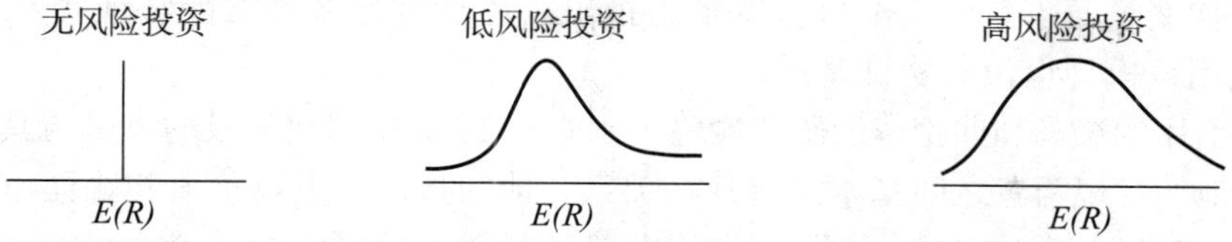

第二步：区分有回报的风险和没有回报的风险

投资特有（企业特有）的风险可以在多元化的组合中分散

1. 每个投资只在组合中占有很小的比重
2. 组合的风险是组合中所有投资风险的平均值

影响所有投资的风险（市场风险）不能通过多元化分散，因为大多数资产都会受到这种风险的影响

我们认为，边际投资者持有已经“多元化”的组合，因此，只有市场风险会被补偿和定价

第三步：衡量市场风险

CAPM	APM	多因子模型	代理模型
如果投资者 1. 没有任何私人信息 2. 没有交易成本 最优的多元化组合包括了市场上所有的交易资产。每个人都会持有这个市场组合	如果不存在套利机会，任何资产的市场风险都能够用影响所有投资的与因子相关的贝塔来衡量	因为市场因子影响到大多数甚至所有投资，那么市场风险来自宏观经济因子	在一个有效的市场中，长时间的收益差异必须归结于市场风险的差异。找到与收益相关的变量，然后用这些变量来替代风险
市场风险＝在市场组合中加入任何一种投资的风险	市场风险＝任何资产面临的与市场因子相关的风险	市场风险＝任何资产面临的与宏观经济因子相关的风险	市场风险＝由代理变量来识别
与市场组合相关的资产贝塔（从回归中得到）	与未识别的市场因子相关的资产贝塔（从因子分析中得到）	与识别出来的宏观经济因子相关的资产贝塔（从回归中得到）	将收益与代理变量相联系的等式（从回归中得到）

图3—7　财务中各种风险收益模型的比较

使用套利定价模型的最大障碍是，该模型不能明确指出哪些因子影响预期收益。虽然这可以保证模型的灵活性并且减少检验中的统计问题，但是它使我们难以理解一家公司贝塔系数的含义，以及这些系数如何随着公司的变化（或重组）而变化。

CAPM 有作用吗？贝塔能很好地衡量风险吗？它与预期收益相关吗？近二十年来，这些问题一直受到广泛的争论。对于模型的首次检验表明，贝塔与收益正相关，而风险的其他衡量指标（例如方差）仍然能够解释实际收益之间的差别。这一差异应归因于统计技术的局限性。1977 年，罗尔（Roll）对该模型提出了开创性的批评。他指出，因为我们无法观察到市场组合（市场组合应当包含市场中所有交易的资产），所以也就无法检验 CAPM，并且对于 CAPM 的所有检验都是对该模型以及所使用的市场组合的联合检

验——也就是说，对于CAPM的任何检验表明，在给定的市场组合的替代变量下该模型是有效的（或者无效的）。[①] 他认为，在任何声称拒绝CAPM的实证检验中，拒绝的是用作市场组合的替代变量而不是模型本身。罗尔还指出，还没有什么方法能够证明CAPM是对的，因此使用该模型也没有实证基础。

在上一部分引用的法马和弗伦奇的研究检验了1963—1990年期间各股的贝塔与其年收益之间的关系。他们发现两者之间基本没有什么关系。他们指出，市场价值和账面市值比能够比贝塔更好地解释企业之间的收益差异，因此是衡量风险的更好的替代变量。这些结果在两方面存在争议。首先，阿米胡德（Amihud）、克里斯滕森（Christensen）和门德尔松（Mendelson）使用相同的数据和不同的统计检验，表明贝塔确实能够解释这段期间的收益。[②] 其次，陈（Chan）和拉康尼肖克（Lakonishok）考察了从1926年到1991年更长期间的收益发现，贝塔和收益之间除了1982年后的期间之外，其他时候是正相关关系。[③] 他们认为这种正关系不存在的原因是指数化，因为指数化使得标准普尔500指数中的市值大和贝塔小的股票的业绩表现超过市值小和贝塔大的股票。他们还发现在极端的市场环境里贝塔是衡量风险的一个有用指标，风险最高的公司（有着最高贝塔值的10%公司）的业绩表现远远差于整个市场的业绩。我们通过图3—8来解释这点。在图中，我们可以看到在过去的80年里美国股票市场最糟糕的10个月，比较一下高贝塔股票与低贝塔股票的收益。

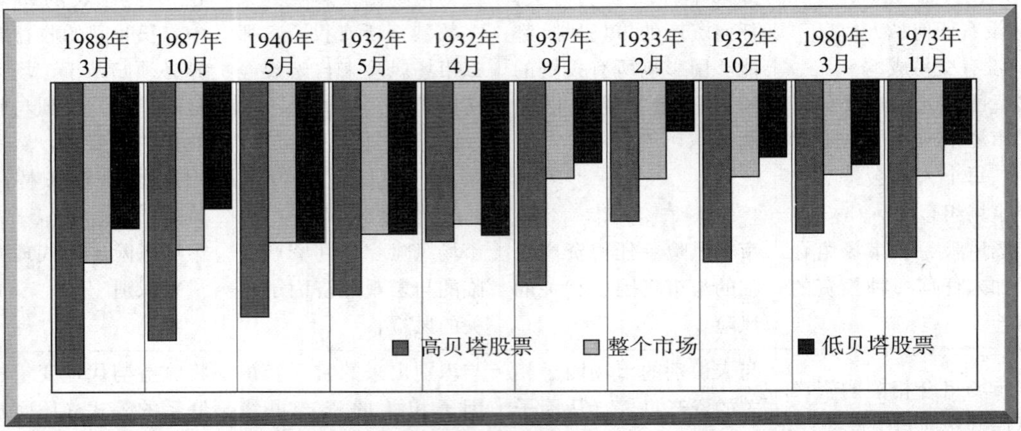

图3—8　收益与贝塔：1926—1991年之间最差的十个月

资料来源：**Chan and Lakonishok.**

这些结果表明，虽然在市场稳定时贝塔可能没有很好的解释力，但是在市场危机中贝塔的解释作用却大得多，而此时正是投资者最关注风险的时候。

---

① R. Roll, "A Critique of the Asset Pricing Theory's Tests: Part I: On Past and Potential Testability of Theory," *Journal of Financial Economics* 4: 129 - 176.

② Y. Amihud, B. Christensen, and H. Mendelson, "Further Evidence on the Risk-Return Relationship," working paper, New York University, 1992.

③ L. K. Chan and J. Lakonsihok, "Are the Reports of Beta's Death Premature?" *Journal of Portfolio Management* 19: 51 - 62.

虽然对于套利定价模型和多因子模型的初始检验都表明它们在解释收益的差异上更有可能提供更多的证明，但在使用这些模型解释过去的收益率和预测未来的预期收益率之间还是存在差别。这些 CAPM 的竞争模型在解释过去收益上比 CAPM 做得更好，因为它们并不像 CAPM 那样将自己限定在一个因素上。当我们估计未来的预期收益时，扩展成多因子反而是个问题，因为每种因子的贝塔和溢价都必须估计出来。当因子溢价和贝塔值本身波动很大时，估计误差可能会超过从 CAPM 转到更复杂的模型所带来的优势。作为替代的回归模型的这个问题可能更明显，因为一些在某个期间替代市场风险的最好变量可能在下个期间就没有什么作用了。这可能解释了为什么多因子模型被更广泛应用到投资组合绩效评价上而不是公司财务中；前者关注过去的收益，而后者关注未来的预期收益。

最后，资本资产定价模型在现实世界中仍然作为默认的风险模型被使用，这是因为它自身具有吸引力，并且那些更复杂的模型在估计预期收益上并没有显著改进。我们认为，谨慎使用资本资产定价模型且不过度依赖于历史数据，再结合其他模型的累积经验证据[①]，依然是现代公司财务中处理风险的最有效方法。

实践：权益和资本的内在成本

有一些关于以上展示的风险收益模型的前提假设以及相关估计误差的争议。这使得一些分析师使用其他方法来研究上市公司。在这些公司里，市场价格代表市场对公司现在价值的最优估计。如果你假定市场是正确的，你就会对未来的预期增长做出假设，然后从当前的市场价格倒推出权益成本。例如，假定一只股票的价格是 50 美元，第二年的股利预期为 2.50 美元。进一步假定股利的永续增长率为 4%。股价中所体现的权益成本可以按如下公式估计：

股价 = 50 美元 = 次年的预计股利 /（权益的资本成本 − 预期增长率）

50 美元 $= 2.50/(r-0.04)$

解出 $r=9\%$。这种方法可以被扩展来计算公司资本成本。

虽然这种方法的明显优势是不需要使用模型，但也有缺陷，即我们得到的权益成本是预期增长率与现金流的函数。如果我们对于预期增长率与现金流的估计过于乐观，那么就会低估权益成本，当然这些都是建立在市场价格是正确的基础上。

借款风险：违约风险与债务资本成本

当投资者将资金借给个人或者公司时，借款者可能不履行支付利息和偿还本金的义

① 巴拉（Barra）是一个主要的贝塔估计服务机构，对贝塔值进行调整然后反映出公司间基本面（比如规模和股利率）的差异。它利用回归研究来发现对于市场风险的良好替代变量。

务。这种违约的可能性被称为违约风险。通常来说，违约风险较高的借款人应当比那些违约风险较低的借款人支付更高的利率。本部分考察违约风险的衡量方式以及违约风险与借款利率之间的关系。

相比前面介绍的衡量市场风险对预期收益的影响的权益风险收益模型，违约风险模型衡量公司特有的违约风险对预期收益的影响。多元化投资可以用来解释，为什么公司特有风险计入到权益的预期收益里，然而这却不能应用到那些发生特殊事件时只有有限的上涨潜力却有大得多的下降可能性的证券上。为了理解我们所谓的有限的上涨潜力，我们来考察一下投资于一家企业发行的债券。债券利息在发行期内是固定的，并且这些利息代表了债券预期的现金流。对于作为投资者的你的最好情形是，你可以收到承诺的预期现金流；即使公司做得相当成功你也没有权利获得更多的现金流。其他的情形都只包含坏消息，也就是收到的现金流小于承诺的现金流，只不过糟糕的程度有所差异。因此，公司债券的预期收益率可能反映了发行债券的公司的特有违约风险。

违约风险的确定

一家企业的违约风险就是该企业经营产生现金流的能力和债务的函数，其中债务包括支付利息和归还本金。[①] 违约风险也是企业资产流动性的函数，因为拥有更多流动资产的企业应当在发生危机时更容易清算从而履行债务。因此，有以下与违约风险相关的说法：

- 相对于债务来说，那些产生较高现金流的企业有较低的违约风险，而产生较低现金流的企业的违约风险更高。因此，当前投资能产生更高现金流的企业比那些不能产生更高现金流的企业违约风险更低。
- 现金流越稳定，违约风险越低。在同样的负债水平下，那些经营业务稳定的公司比经营周期性或者波动业务的同类公司的违约风险要低。
- 给定现金流和债务，企业资产的流动性越大，违约风险越低。

只要存在借款人，贷款人就必须评估违约风险。一直以来，违约风险的评估都是用财务比率来衡量现金偿债率（也就是现金流相对债务的大小），衡量时控制了行业对于现金流的波动和资产流动性的影响。

违约风险与利率

当银行将大量资金借给企业时，银行有必要评估违约风险，并且银行现在仍然对大多数借款者进行这样的评估。债券市场的出现使得债券持有者需要第三方来评估债券的

① 债务指的是公司有法定义务的任何支付，例如利息和本金支付。它不包括可操纵的现金流支付，比如股利支付或者新的资本支出，这类支付可以被递延或者推迟而不会有任何法律后果（虽然可能存在经济后果）。

违约风险。这种需求产生于规模经济的需要，因为没有几个债券持有人有能力自己做出评估。在美国，标准普尔和穆迪之类的评级机构便应运而生。这些评级机构利用私有信息和公开信息对公司的违约风险做出判断，接着将这种判断转化为违约风险的衡量指标（债券评级），然后将评级公开。因此，投资者在购买公司债券时就能够使用债券评级作为衡量违约风险的简易指标。

债券评级过程

债券评级过程开始于公司对评级机构做出评级的请求。公司想要发行债券时便提出这种请求。虽然评级并不是债券发行的法定前提，但是债券市场的投资者不会愿意购买一个不知名企业发行的债券，这表明这些企业自己不愿意通过严格的债券评级过程。因此，毫不奇怪的是，美国有着最活跃的债券市场，也有着最多的评级公司，而在欧洲评级公司较少，欧洲公司中除了那些最大的公司外，银行贷款仍然是公司传统的常见的债务融资来源。

接着，评级机构从财务报表这样的公开数据和公司调研中收集信息，然后做出相关评价。如果公司不同意所得到的评级，它可以提供额外信息进行补充。图 3—9 系统展示了标准普尔评级的过程。

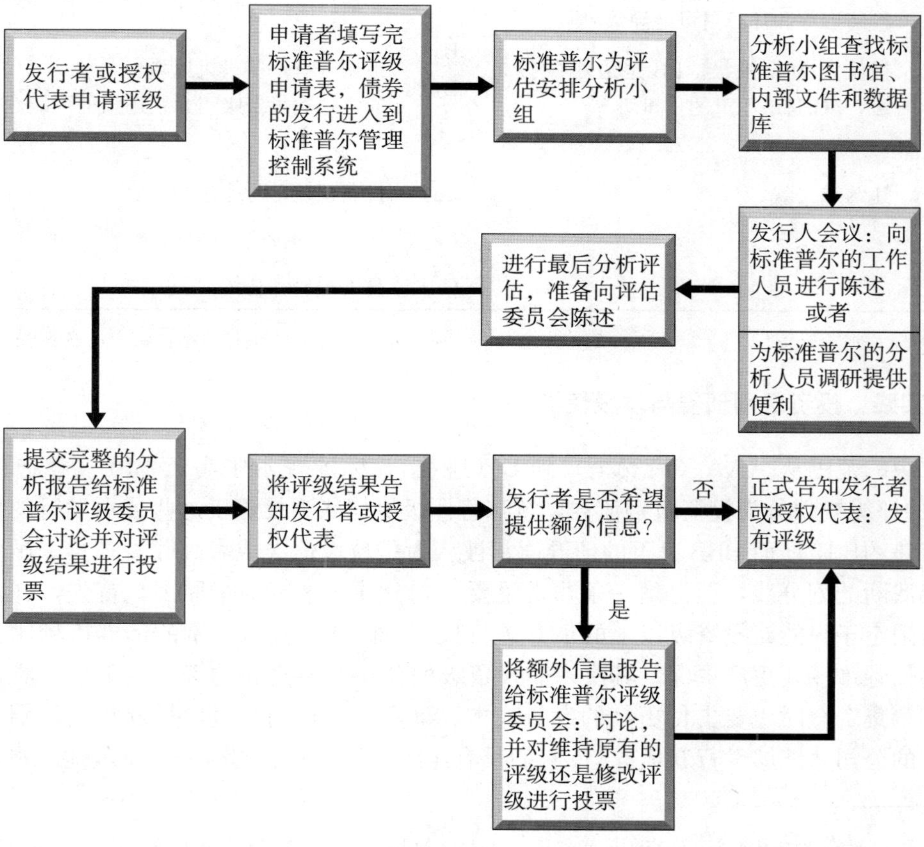

图 3—9　评级过程

这些机构给出的评级用字母表示。标准普尔的AAA和穆迪的Aaa都是A类评级，是对公司的最高评级，可以认为有这种评级的公司有最低的违约风险。随着违约风险的上升，评级降低到D，该评级是评给那些违约的公司（标准普尔）。表3—3描述了两大评级机构的债券级别。

表3—3　债券等级

	标准普尔的等级		穆迪的等级
AAA	最高的债券等级。借款人偿还债务的能力最强	Aaa	被认定为质量最优、风险最小
AA	偿债能力强，只比最高等级差一点点	Aa	质量高，但是比Aaa级质量低，可能因为债券的安全边际没有Aaa级那么大，也可能因为有其他的长期风险
A	偿债能力强；借款人容易受到外界环境和经济形势变动的不利影响	A	债券具有好的投资特征，但是未来容易受风险的影响
BBB	有足够的能力偿还债务，但是不利的经济形势和环境更可能导致风险	Baa	安全性不高也不低；有足够的偿付能力
BB，B CCC CC	被认定为投机级。BB是最小的投机级，CC是最严重的投机级	Ba B	被认定有一些投机风险 通常缺乏投资吸引力；还款的可能性小
D	违约或欠款	Caa	排名很差，可能违约
		Ca	非常大的投机可能性；经常违约
		C	高度投机；违约

实践：投资级别债券与垃圾债券

评级的范围从AAA（最安全）到D（违约），标准普尔中高于BBB（穆迪中高于Baa）的评级被划分为投资级别债券，意味着评级机构认为投资于这些公司发行的债券几乎没有违约风险。而BBB以下的债券通常被认为是垃圾债券或者高收益债券。虽然这是一个很武断的划分线，但也是一条非常重要的划分线。这有两个原因。首先，许多投资组合被限定于只能对投资级以上的债券进行投资。因此，投资级别的债券市场比投资级以下的债券市场要更广更深。其次，非投资级的公司在筹集新的资金时更加困难，并且当它们筹集资金时也要支付更高的发行成本。事实上，直到20世纪80年代初期，投资级以下的公司才能够发行新债券。[①] 它们具有违约风险的看法同时带来了其他成本，包括

① 在20世纪80年代初期，迈克尔·米尔肯（Michael Milken）和德雷克塞尔·伯恩汉姆（Drexel Burnham）考虑到垃圾债券的首次发行，创立了垃圾债券市场。他们这样做主要是为了有利于那个时期进行敌意收购的收购者。

更少的信贷供应和更严格的债务条款。

信券评级的决定因素

虽然企业传递给评级机构的私有信息也起到了一定的作用，但评级机构给出的债券评级主要是以公开信息为基础。公司债券的等级很大程度上依赖于衡量公司的偿债能力和产生稳定的可预期现金流能力的财务指标。尽管存在着大量的财务比率，表 3—4 总结了一些用于衡量违约风险的主要指标。

公司获得的债券评级与其财务绩效比率表现之间有强烈的关系。表 3—5 描述了 2006—2008 年间被标准普尔赋予不同信用等级的制造业公司的财务比率的中位数。

表3—4　　用来衡量违约风险的财务比率

比率	描述
税前利息保障倍数	＝（持续经营的税前收入＋利息费用）/总利息费用
息税折旧前利息保障倍数	＝息税折旧前收益/总利息费用
经营所得资金/总负债	＝（持续经营的净收入＋折旧）/总负债
自由经营现金流/总负债	＝（经营资金－资本支出－营运资本的变化）/总负债
永久性资本税前收益率	＝（持续经营的税前收入＋利息费用）/长短期负债、少数股东权益和股东权益的年初值与年末值的平均
经营收入/销售收入（%）	＝（销售收入－销售成本［折旧前的］－销售费用－管理费用－研发费用）/销售收入
长期负债/资本	＝长期负债/（长期负债＋权益）
总负债/资本总额	＝总负债/（总负债＋权益）

请注意，税前利息保障倍数与息税折旧前利息保障倍数是以赚取的利息的倍数表示，而余下的比值是以百分比表示。

毫不令人奇怪的是，那些产生的收入和现金流显著高于要支付的债务的公司、那些盈利的公司以及那些有着较低债务比例的公司比其他没有这些特征的公司更可能获得高的评级。然而，也存在一些公司，它们的评级与其财务比率不相一致，原因是评级机构在最后的评判中加入了自己的主观判断。因此，从财务比率上看表现差的公司可能得到一个比当前财务状况更高的评级。但是，对于大多数公司而言，财务比率为公司的债券评级提供了一个合理的基础。

WWW 网上的数据集列举了美国最近时期债券评级所使用的关键财务指标。

表 3—5 **债券评级使用的财务比率：2006—2008 年**

	AAA	AA	A	BBB	BB	B	CCC
息税前利息保障倍数	17.5	10.8	6.8	3.9	2.3	1.0	0.2
息税折旧前利息保障倍数	21.8	14.6	9.6	6.1	3.8	2.0	1.4
经营所得资金/总负债	105.8	55.8	46.1	30.5	19.2	9.4	5.8
自由经营现金流/总负债(%)	55.4	24.6	15.6	6.6	1.9	−4.5	−14.0
资本收益率(%)	28.2	22.9	19.9	14.0	11.7	7.2	0.5
经营收入/销售收入(%)	29.2	21.3	18.3	15.3	15.4	11.2	13.6
长期负债/资本(%)	15.2	26.4	32.5	41.0	55.8	70.7	80.3
总负债/资本总额(%)	26.9	35.6	40.1	47.4	61.3	74.6	89.4
公司数	10	34	150	234	276	240	23

债券评级与利率

公司债券的利率应当是公司违约风险的函数。如果评级能很好地衡量违约风险，那么评级更高的债券比评级更低的债券有着更低的利率。有违约风险的债券利率与无违约风险的政府债券利率之间的差额被称为违约价差。违约价差随着债券期限的变化而变化，也会由于不同经济环境的不同时期而不同。表 3—6 对 2009 年年初各种评级（标准普尔的评级）的十年期债券的违约价差以及基于 3.5%的国库券利率的债券市场利率进行了描述。

表 3—6 **各种评级的违约价差：2009 年年初（%）**

等级	违约价差	债券利率
AAA	1.25	4.75
AA	1.75	5.25
A+	2.25	5.75
A	2.50	6.00
A−	3.00	6.50
BBB	3.50	7.00
BB	4.25	7.75
B+	5.00	8.50
B	6.00	9.50
B−	7.25	10.75
CCC	8.50	12.00
CC	10.00	13.50
C	12.00	15.50
D	15.00	18.50

资料来源：bondsonline.com.

表 3—6 也展示出相应的违约价差，但是违约价差不仅随着时间变动，而且对于同样的评级也会随着期限的变动而变动。对于那些评级较高的债券，违约价差通常随着时间的变长而变大。对于那些评级较低的债券，违约价差通常随着时间的变长而减小，这反映了短期违约风险大于长期违约风险。从历史数据来看，每种评级的违约价差都在经济萧条期增大，在经济繁荣期减小。在图 3—10 中，我们可以看到 2008 年不同债券评级类别的违约价差的变化。（我们同时报告了权益风险溢价值，我们将在第 4 章解释估计过程。）

请注意在 2008 年违约价差变大了多少。该现象的实际意义在于，债券的违约价差必须在定期重新估计，尤其是当经济从低迷转向高增长时或者从高增长转向低迷时。

这里值得注意的最后一点是，所有有关利率与债券评级之间关系的说法通常更多地是有关利率与违约风险之间的关系。评级使得我们在分析公司时更容易对违约风险进行评估。如果不存在评级，我们还是会自己评估出违约风险。如果我们借钱给公司，也会估计出所要收取的违约价差。

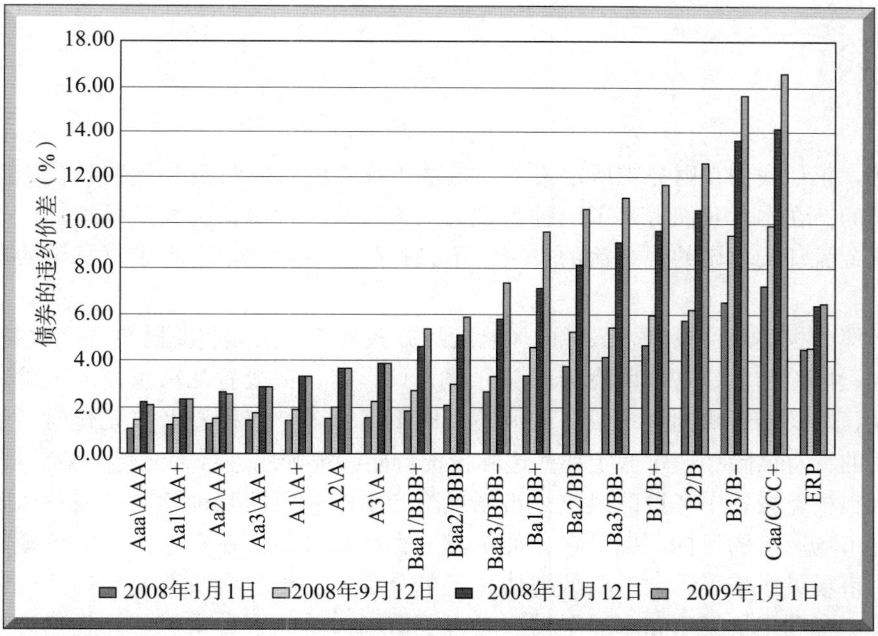

图 3—10　违约价差与债券评级

rating. xls：网上的数据集列举了最近债券评级类别的违约价差。

实践：评级变更与利率

评级机构可以自行决定变更公司的评级。评级的改变往往是由公司运营的变化所导致的，比如公司发行新证券或者借入新资金。在其他条件保持不变的情况下，如果公司经营业绩恶化或者公司又借入相当多的资金，那么评级就会下降；如果公司报告有更好的盈利或者发行了新的股份，那么评级就会上升。但无论是哪种情况，评级机构是对市场上其他人也收到的信息做出反应。事实上，评级机构在做出变更评级的决定之前会认真考虑，通常在改变评级前会将公司放在信用观察的名单上。因为市场可以立即做出反应，所以市场应当不会有任何惊讶，通常来说债券价格在评级下调之前下降，在评级上调之前上升。实际上，有研究指出很多信用质量恶化的债券价格是在评级下降之后才做出反应的。

这并不意味着，评级变化没有什么信息含量。当评级变化时，市场仍旧会做出反应，只是反应的程度较小。评级机构提供的最大服务可能是提供一种成百上千家公司之间可比较的违约风险的衡量方法，从而为债券投资者提供了一种简便的方法来对潜在投资的风险归类。

结　论

风险，正如我们在财务中所定义的，是基于投资的实际收益与预期收益之间的偏离度来衡量的。在本章我们考察了两种类型的风险。第一种被称为权益风险，产生于那些有预期现金流却无承诺的现金流的投资。第二种是违约风险，产生于有承诺的现金流的投资。

对于那些权益风险投资，最优的风险度量方式是考察实际收益围绕预期收益的方差，方差越大，风险越大。这种风险可以被分解为只影响一项或者几项投资的风险，即公司特有风险，以及能影响到众多投资的风险，即市场风险。当投资者多元化时，他们可以减少公司的特有风险。通过假定那些边际投资者能够很好地进行多元化，我们得出结论：我们应当在权益投资中考察的风险是市场风险。本章介绍的几种不同的权益风险模型都有着衡量市场风险的目标，但是在如何衡量上存在着分歧。在资本资产定价模型中，市场风险用市场贝塔来表示，市场贝塔估计了单个资产会给包含所有交易资产的组合增加多少风险。套利定价模型和多因子模型考虑了市场风险的多种来源，并且估计了某项投资与每种来源相关的贝塔值。风险的代理模型考察了与股票过去的高收益相关的公司特征（例如市值），然后用这些特征来衡量市场风险。在所有这些模型中，风险衡量是用来估计权益投资的预期收益。预期收益可以被视为公司的权益成本。

对于那些有违约风险的投资，风险是用承诺的现金流不被偿还的可能性来衡量的。违约风险更高的投资有更高的利率，并且我们所要求的超过无风险利率的溢价被称为违约溢价。对很多大型美国公司来说，违约风险是用评级机构所发布的公司评级来衡量；这些评级在很大程度上决定了企业借债的利率。即使不存在评级，利率也会包含违约溢价，这些违约溢价反映了贷款人对于违约风险的评估状况。这些根据违约风险调整的利率代表了企业的借款或者债务的成本。

真实案例研究

股东分析

目标：找出公司中的平均投资者和边际投资者。这是相关的，因为财务中的风险收益模型假定边际投资者能够实现充分的多元化并分散风险。

关键问题

这只股票的平均投资者是谁（是个人还是养老基金，是征税的还是免税的，是小的还是大的，是国内的还是国外的）？

这只股票的边际投资者是谁？

分析框架

1. 谁持有该公司的股票？

该公司有多少股东？

机构投资者的持股比例是多少？

该公司在国外上市了吗？（如果可以的话，请估计一下非国内投资者的持股比例。）

2. 内部人持股

该公司的内部人是谁？（除了经理和董事之外，任何持股份额超过5%的人都被视为内部人。）

内部人在经营公司中发挥了什么作用？

该公司中内部人的持股比例是多少？

雇员总体的持股比例是多少？（包括雇员养老金计划的持股。）

在最近年度内部人曾经买卖过公司的股票吗？

获取股东构成的信息

关于内部人和机构投资者的持股信息可以被广泛获得，因为这两类人都必须向证券交易委员会（SEC）提交文件。这些 SEC 文件被用于对公司的股东按持股数进行排序。内部交易（买或者卖）也同样被 SEC 记录在案，虽然该信息要在向证监会提交文件数周后才能被使用。

网上信息来源

www. stern. nyu. edu/～adamodar/cfin2E/project/data. htm

练习题

1. 以下表格列示出微软从 1989 年到 1998 年的股价。公司在该期间没有发放股利。

	价格(美元)
1989	1.20
1990	2.09
1991	4.64
1992	5.34
1993	5.05
1994	7.64
1995	10.97
1996	20.66
1997	32.31
1998	69.34

a. 请估计出投资于该公司的平均年收益率。

b. 请估计出年收益的标准差和方差。

c. 如果你今天投资于微软，你预期历史的标准差和方差会继续下去吗？为什么？

2. Unicom 是一个位于伊利诺伊州北部的受管制的公共服务企业。下面的表格列示了 Unicom 从 1989 年到 1998 年的股价和发放的股利。

	价格(美元)	股利(美元)
1989	36.10	3.00
1990	33.60	3.00
1991	37.80	3.00
1992	30.90	2.30
1993	26.80	1.60
1994	24.80	1.60
1995	31.60	1.60
1996	28.50	1.60
1997	24.25	1.60
1998	35.60	1.60

a. 请估计出投资该公司的平均年收益率。

b. 请估计出年收益的标准差和方差。

c. 如果你今天投资于 Unicom，你预期历史的标准差和方差会继续下去吗？为什么？

3. 下列表格描述了你如果从 1989 年到 1998 年投资于以下两家公司所得到的年收益率。一家是科学亚特兰大公司（Scientific Atlanta），一家卫星和数据设备的制造商。另一家是美国电话电报公司（AT&T），它是电信行业的巨头。

	科学亚特兰大公司(%)	美国电话电报公司(%)
1989	80.95	58.26
1990	−47.37	−33.79
1991	31.00	29.88
1992	132.44	30.35
1993	32.02	2.94
1994	25.37	−4.29
1995	−28.57	28.86
1996	0.00	−6.36
1997	11.67	48.64
1998	36.19	23.55

a. 请估计出每家公司年收益的平均值和标准差。

b. 请估计出两公司收益的协方差和相关系数。

c. 如果一投资组合由同等数额的对这两家公司的投资构成，请估计出该投资组合的方差。

4. 你处在一个只存在黄金和股票两类资产的世界。你有兴趣将资金放在其中任何一种或者两种投资上，因此你收集了下列有关两类资产在过去六年里的收益数据。

	黄金	股票市场
平均收益率	8%	20%
标准差	25%	22%
相关系数	−0.4	

a. 如果你只能投资于其中一种资产，你会选择哪一种资产？

b. 有一个朋友认为，将是否投资于黄金的决策取决于预期收益率和标准差是错误的。他认为你忽略了你能从黄金上获得的高回报。你怎样解除他的这种担心？

c. 如果某个投资组合由相等数额的黄金和股票构成，那么该组合收益的平均值和方差是多少？

d. 你现在得知，GPEC（一个黄金生产国之间的卡特尔）将根据美国的股价变化来相应地改变其黄金生产量。（GPEC在股票市场高涨时生产更少的黄金，在股票市场低迷时生产更多的黄金。）这对于你的投资组合会有什么样的影响？请解释。

5. 你有兴趣创建一个由两只股票构成的投资组合——可口可乐公司和得克萨斯公共事业公司。在过去十年里，对可口可乐公司的投资可以获得25%的平均年收益率和36%的收益标准差。对于得克萨斯公共事业公司的投资可以获得平均12%的年收益率和22%的标准差。两股票收益之间的相关系数是0.28。

a. 假定使用过去的收益估计的平均收益和标准差在未来还将持续下去，如果一个投资组合包含了60%的可口可乐公司和40%的得克萨斯公共事业公司的股票，请估计出该组合的平均收益和标准差。

b. 请估计出最小方差组合。

c. 现在假定可口可乐进行全球多元化使得两股票之间的相关系数降低为0.2，同时使得可口可乐收益的标准差上升到45%。假定其他数字都没有变，请回答问题a和问题b。

6. 假定你将一半资金投资于传媒公司时代—镜报（Times Mirror），将另一半资金投资于消费品巨头联合利华（Unilever）。两项投资的预期收益率和标准差如下表所示：

	时代—镜报(%)	联合利华(%)
预期收益率	14	18
标准差	25	40

请用两股票相关系数的函数估计出组合的方差。（将相关系数从－1变到1，以0.2的间隔变动。）

7. 请你分析由下列三种资产构成的组合的标准差。

	预期收益率(%)	标准差(%)
索尼公司	11	23
特索罗石油公司	9	27
美商存储科技公司	16	50

这三项投资的相关系数如下表所示：

	索尼	特索罗	美商存储科技
索尼	1.00	−0.15	0.20
特索罗	−0.15	1.00	−0.25
美商存储科技	0.20	−0.25	1.00

请估计出由相同份额的这三种资产构成的组合的方差。

8. 请你估计一下包含了1 250种资产的马科维茨组合：

a. 你需要估计多少个预期收益率和方差？

b. 要得到马科维茨组合，你需要估计多少个协方差？

9. 假定单个证券收益的平均方差是 50，平均协方差是 10，请问分别包含 5 个、10 个、20 个、50 个和 100 个证券的投资组合的预期方差是多少？如果要使组合的风险只比最小值大 10%，那么需要持有多少个证券？

10. 假定你将所有的财富（100 万美元）投资于先锋 500 指数基金，并且你预期可以获得的年收益为 12%，同时收益的标准差是 25%。现在你变得越来越厌恶风险，于是你决定将 20 万美元从先锋 500 中取出来投资到国库券。国库券的收益率为 5%。请估计你的新组合的预期收益和标准差。

11. 资本资产定价模型中的每个投资者都拥有市场组合和无风险资产的一个组合。假定市场组合的标准差是 30%，预期收益率为 15%。对于以下的投资者请你给出建议：应将多大比例投资于市场组合，将多大比例投资于无风险资产？（无风险资产的预期收益率为 5%。）

a. 投资者希望组合的标准差为 0。

b. 投资者希望组合的标准差为 15%。

c. 投资者希望组合的标准差为 30%。

d. 投资者希望组合的标准差为 45%。

e. 投资者希望组合的预期收益率为 12%。

12. 以下表格列示了市场组合和科学亚特兰大公司从 1989 年到 1998 年每年的收益率。

	科学亚特兰大公司(%)	市场组合(%)
1989	80.95	31.49
1990	−47.37	−3.17
1991	31	30.57
1992	132.44	7.58
1993	32.02	10.36
1994	25.37	2.55

续前表

	科学亚特兰大公司(%)	市场组合(%)
1995	−28.57	37.57
1996	0.00	22.68
1997	11.67	33.10
1998	36.19	28.32

a. 请估计科学亚特兰大公司与市场组合之间收益的协方差。

b. 请分别估计两项投资的方差。

c. 请估计科学亚特兰大公司的贝塔值。

13. 美国联合航空公司的贝塔值为1.5。市场组合和美国联合航空公司的标准差分别为22%和66%。

a. 请估计出美国联合航空公司与市场组合之间的相关系数。

b. 美国联合航空公司中有多大比例的风险是市场风险?

14. 你正在使用套利定价模型估计伯利恒钢铁公司(Bethlehem Steel)的预期收益,得到了下列对于因子贝塔和风险溢价的估计。

因子	贝塔	风险溢价(%)
1	1.2	2.5
2	0.6	1.5
3	1.5	1.0
4	2.2	0.8
5	0.5	1.2

a. 哪种是伯利恒钢铁公司最可能遭受的风险因子?在套利定价模型中有没有办法可以确定出这种因子?

b. 如果无风险收益率是5%,请估计出预期收益率。

c. 现在假定伯利恒钢铁公司在资本资产定价模型中的贝塔值为1.1,市场组合的风险溢价为5%。请用CAPM来估计伯利恒钢铁公司的预期风险。

d. 用这两种模型估计的预期风险有什么差异?

15. 你正在用多因子模型来估计艾默生电气公司(Emerson Electric)的预期收益,得到如下对于因子贝塔和风险溢价的估计。

宏观经济因子	衡量指标	贝塔	风险溢价 ($R_{因子}-R_f$)
利率	美国长期国库券利率	0.5	1.8%
利率期限结构	美国长期国库券利率—美国短期国库券利率	1.4	0.6%
通货膨胀率	CPI	1.2	1.5%
经济增长	GNP 增长率	1.8	4.2%

无风险收益率为 6%，请估计出艾默生电气公司的预期收益率。

16. 下列等式是根据法马和弗伦奇对于 1963—1990 年的研究重新计算得到。

$$R_t = 0.0177 - 0.11\ln(MV) + 0.35\ln(BV/MV)$$

其中，MV 是权益的市场价值，单位是亿美元，BV 是权益的账面价值，单位也是亿美元。收益率是月收益率。

a. 请估计出朗讯科技公司（Lucent Technologies）的预期年收益率。已知该公司权益的市场价值是 2 400 亿美元，权益的账面价值是 135 亿美元。

b. 朗讯科技公司的贝塔值为 1.55。如果无风险收益率为 6%，并且市场组合的风险溢价为 5.5%，请估计出预期收益率。

c. 为什么两种方法下得到的预期收益率有所不同？

第 4 章　实务中的风险度量和必要收益率

在上一章中，我们说到，投资的预期收益率应当是投资中所包含的市场风险或不可分散风险的函数。现在，我们来看一下，如何对模型中有关市场风险的参数做出最好的估计。我们已经在上一章介绍了一些模型，包括资本资产定价模型、套利定价模型和多因子模型。我们将在本章介绍度量投资中市场风险的三种方法。第一种方法是使用企业市场价格的历史数据，第二种方法是使用从事相同业务的其他企业的市场风险参数，第三种方法是利用会计盈利或收入来估计参数。

我们除了要估计市场风险之外，还要讨论如何对无风险收益率和风险溢价做出最优的估计，以便将风险度量转化为预期收益率。我们也会在对债务资本成本的考虑中引入违约风险，然后根据权益成本与债务资本成本估计出公司资本成本。得到的公司资本成本就是投资中可接受的最小必要收益率。

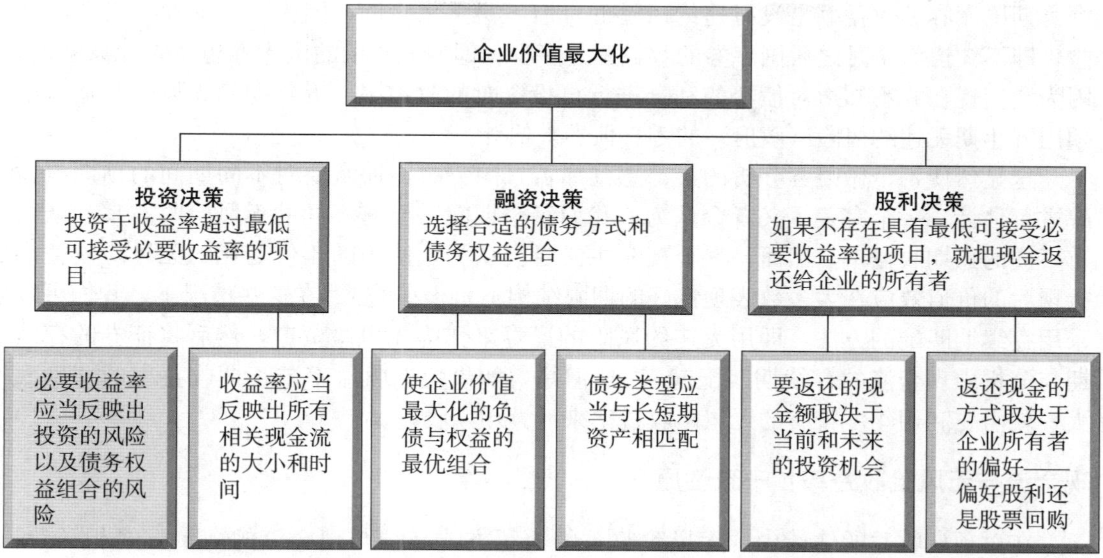

权益成本

权益成本是投资者对公司权益所要求的收益率。在上一章介绍的所有风险收益模型都需要无风险收益率和风险溢价。在学习这些风险参数的估计前，我们先来看看需要什么样的数据。

Ⅰ. 无风险收益率

大多数风险收益模型都首先定义了一种无风险资产，将无风险资产的预期收益率作为无风险收益率。风险资产的预期收益是相对于无风险收益来衡量的，也就是无风险收益再加上预期的风险溢价。

无风险资产的要求

我们将无风险资产定义为投资者明确知道其收益的资产。因此，如果一项投资是无风险的，也就是说，该投资的实际收益等于其预期收益，需要满足两个条件：

（1）不存在违约风险，这基本意味着该证券是政府发行的。但是，并非所有的政府都不会违约，政府违约风险或者主权债务违约风险的存在使一些货币的无风险收益率的估计变得非常困难。

（2）投资收益率没有不确定性，这意味着在投资期间不产生现金流。我们来解释这一点。假定你对某五年期投资的预期收益率所需要的无风险收益率进行估计，此时，六个月期国库券的收益率是没有违约风险的，但不是无风险的，因为这里存在再投资的风险，即不知道六个月之后国库券的收益率是多少。即使五年期的国库券也不是无风险的，因为我们现在并不知道对债券的利息进行再投资时的收益率。五年期的无风险收益率必须用五年期无违约风险（政府）的零息债券来估计。

这显然使每个做财务分析的人都感到痛苦，因为我们通常要对不同期间的预期收益率进行估计。一个完美主义者会认为，我们每个期间需要有不同的无风险收益率，从而有不同的预期收益率。然而，一个现实主义者会认为，使用随年份变化的无风险收益率折现后的价值效应在大多数表现良好的期限结构下是很小的。① 在这些情况下，我们可以采用存续期匹配的方法，即用无违约风险的证券来作为无风险资产，然后将证券的存续期与分析中现金流的存续期匹配起来。② 但是，如果短期收益率与长期收益率的差别太大，就需要利用年度特有的无风险收益率来计算预期收益。

现金流与无风险收益率：一致性原则

在对预期收益的估计中，无风险收益的衡量方式必须与现金流的衡量方式相一致。如果现金流是名义现金流，那么无风险收益率也应当使用相同的货币形式。这并不是说，我们要采用项目或公司所在地的货币形式的无风险收益率，而是要采用项目或公司产生的现金所用的货币形式。比如，如果迪士尼用美元来衡量位于墨西哥的某项目的现金流，那么就应当采用美元的折现率；反之，如果迪士尼用比索来衡量该项目的现金流，就应当采用比索的折现率。在前一种情况下，应当用美国国库券的收益率作为无风险收益率；而在后一种情况下，应当使用比索的无风险收益率。图 4—1 比较了 2009 年年初不同货币的无风险收益率。

如果图 4—1 中的无风险收益率是没有违约风险的，那么不同货币之间无风险收益率的差异主要是由预期的通货膨胀率决定。澳大利亚元的无风险收益率比瑞士法郎的无风险收益率要高，因为澳大利亚的预期通货膨胀率要高一些。

在通货膨胀率较高且不稳定的情况下，通常按实际值来进行估值。这意味着要利用实际的增长率来估计现金流，无需在增长率中考虑价格膨胀的影响。与此相一致的是，折现率也采用实际的折现率。政府债券通常提供的是名义上的无风险收益率，它们并不是无风险收益率的实际值，因为通货膨胀是波动的。标准的方法是，从名义利率中减去预期通胀率，就可以得到实际的无风险收益率。直到最近，才出现了一些交易性的无违约风险的证券，可以用这些证券来估计实际的无风险收益率。按通胀率指数化的国库券便是其中一种。这种债券并不能给购买者提供确定的名义收益率，却能提供确定的实际收益率。例如，2009 年 5 月，美国 10 年期的指数化国库券的收益率只有 1.6%，而名义的 10 年期债券的收益率是 3.5%。

---

① 这里所说的“表现良好的期限结构”是指，对于一条正常的向上倾斜的收益率曲线来说，长期收益率至多比短期收益率高出 2%～3%。

② 在项目的投资分析中，存续期通常是 3～10 年。在对公司的估值中，存续期会更长，因为我们一般假定企业有无限的生存期限。这类情况的存续期往往都会超过 10 年，并且公司的预期增长潜力越大，存续期越长。

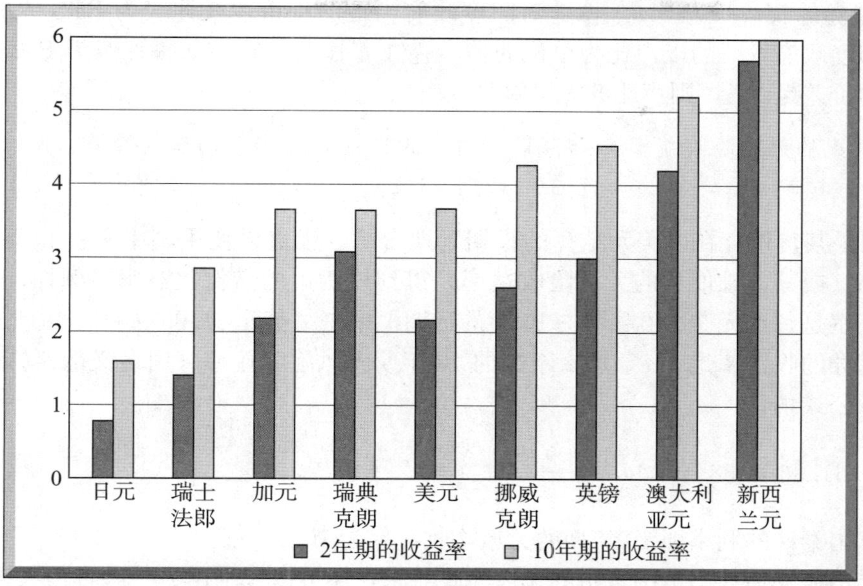

图4—1　货币的无风险收益率：2009 年 1 月（%）

4.1　什么是正确的无风险收益率？

CAPM 中使用的正确的无风险收益率

a. 是短期的政府证券收益率。

b. 是长期的政府证券收益率。

c. 可以是短期的或者长期的政府证券收益率，取决于估计期是短期还是长期。

实践：如果不存在无违约风险的收益率该怎么办？

无风险收益率存在的前提是，政府不会违约，至少在本国借款中如此。但是在很多新兴市场经济中这种假设可能不太合理。在新兴市场中，政府在本国借款时都可能违约，并且很多政府并不用本国货币进行长期借贷，那么我们想要估计那种货币的长期无风险收益率就更加困难了。在这些情况下，有一些折中的方法可以对无风险收益率进行合理估计。

● 如果政府发行了以本国货币支付的长期债券，你可以通过债券的违约价差对政府债券的收益率加以调整，从而得到本国货币的无风险收益率。可以通过对本国货币的评级来估计政府债券的违约价差。[①] 例如，2009 年 5 月，印度政府发行的以卢比为单位的

① 评级机构通常会对以本国货币结算的借款和以美元结算的借款赋予不同的评级，给前者的评级高一些，给后者的评级低一些。

10 年期债券的收益率为 7%。穆迪对印度政府当地的货币主权评级为 Ba2，这表明，穆迪认为印度政府发行的以卢比为单位的债券存在着违约风险。如果评级为 Ba2 的政府债券的违约价差是 3%，则卢比的无风险收益率是 4%。[①]

$$\begin{aligned}\text{卢比的无风险收益率} &= \text{印度政府债券的收益率} - \text{印度的违约价差} \\ &= 7\% - 3\% = 4\%\end{aligned}$$

● 如果某货币存在以美元结算的长期远期合约，你可以使用利率平价和美国国库券的收益率（或其基础债券的无风险收益率）得到该货币的借款收益率。例如，假如当前的即期汇率是每美元 38.10 泰铢，10 年的远期汇率是每美元 61.36 泰铢，并且 10 年期的美国国库券的收益率是 5%，那么泰铢的 10 年期无风险收益率（用名义的泰铢表示）可以按如下公式估计：

$$61.36 = 38.10 \times \left(\frac{1 + \text{利率}_{\text{泰铢}}}{1 + 0.05}\right)^{10}$$

计算出泰铢的利率即 10 年期的无风险收益率为 10.10%。

如果不能够估计出本国货币的无风险收益率，还可以完全用另一种货币来进行分析。我们可以用欧元来分析一家俄罗斯的公司，也可以用美元来分析一家巴西的公司。在分析时，我们必须保持一致，用确定的货币来估计所有的现金流。这就需要预测出未来的汇率。在下一章我们再介绍这个问题。

【例 4—1】　估计无风险收益率

我们在本书中分析的公司包括两家美国公司（迪士尼公司和书景书店）、一家巴西公司（鹦鹉纸浆公司）、一家印度公司（塔塔化学公司）和一家德国银行（德意志银行）。我们来对这四个国家在 2009 年 5 月 23 日的无风险收益率进行估计。

● **美元。**在此期间 10 年期的美国国库券的收益率是 3.5%。在银行危机爆发后，大家对美国政府的信用可靠度更加担忧，但是我们还是以基于美元计算的 3.5%作为无风险收益率。

● **欧元。**要计算欧元的无风险收益率，我们先来看看以欧元结算的 10 年期政府债券。在欧洲至少有 12 个国家的政府有这种债券，并且债券的收益率都不同。[②] 只有违约风险会导致这些收益率的差别（因为这些都是用相同的货币来结算的），我们用其中最低的收益率来作为以欧元为基础计算的无风险收益率，也就是德国 10 年期债券的收益率 3.6%。

● **卢比。**2009 年 5 月 23 日，由印度政府发行的 10 年期的以卢比结算的债券以 7%的收益率进行交易。印度的主权评级为 Ba2，所以违约价差为 3%。用政府债券的收益率

① 主权评级的违约价差是通过对新兴市场国家发行的以美元或者欧元结算的主权债券的收益率与无风险的美元收益率（国库券）或者与欧元收益率（德国的 10 年期债券）作比较计算而来。

② 2009 年 5 月 23 日，德国 10 年期欧元债券的收益率是 3.6%，意大利 10 年期欧元债券的收益率是 4.46%，希腊 10 年期欧元债券的收益率是 5.26%。

7%减去违约价差 3%，就可以得到以卢比计算的无风险收益率：

卢比的无风险收益率＝10 年期以卢比结算的债券收益率－违约价差

＝7%－3%＝4%

● **巴西雷亚尔。**2009 年 5 月 23 日，以巴西雷亚尔结算的 10 年期政府债券的收益率是 11%，再减去以 Ba1 的主权评级为基础的违约价差 2.5%，可得到以雷亚尔结算的无风险收益率为 8.5%。

● **实际值。**在很多以实际值为基础的计算中，我们需要实际的无风险收益率。我们用 10 年期的根据通胀率指数化的国库券收益率 1.6%（2009 年 5 月 23 日）作为实际的无风险收益率。

Ⅱ. 风险溢价

风险溢价是所有资产定价模型中非常重要的参数。在以下部分，我们首先来考察风险溢价的基本决定因素，然后再看看估计风险溢价的具体方法。

风险溢价应当衡量什么？

CAPM 中的风险溢价衡量了投资者将资金从无风险投资中转移到市场组合或者风险投资中需要的额外收益。风险溢价是两个变量的函数：

●**投资者的风险偏好。**当投资者变得更加厌恶风险时，他们从无风险资产转移到风险资产时就会要求更高的溢价。风险厌恶程度可能是内在的，也可能同未来经济的看法（如果经济表现良好，投资者可能更愿意承担风险）和近期的市场形势（在市场大幅下跌时风险溢价会上升）相关。

●**平均风险投资的风险。**当平均风险投资的风险增大时，风险溢价也会上升。这取决于市场上实际交易的企业、它们的基本面情况以及它们的风险管理情况。

因为市场上每个投资者可接受的权益风险溢价都不同，所以风险溢价是每个投资者溢价的加权平均，其中权数是以投资者投资在市场的财富为基础。比如，沃伦·巴菲特（Warren Buffett）拥有大量的财富，所以巴菲特认为的可接受溢价的权重就比你或者我认为的溢价的权重要大得多。

在套利定价模型和多因子模型中，某个因素的风险溢价就是所有投资者对于该因素所要求的风险溢价的加权平均。

4.2 你的风险溢价是多少？

假定股票是唯一的风险资产，并且你有两种投资选择：

● 无风险的投资（比如政府证券），收益率为 4%。

● 由所有股票组成的共同基金，收益率不确定。

风险资产的预期收益率为多少时，你才会将资金从无风险资产投资转到风险资产投资？

a. 小于 4%。

b. 4～6%。

c. 6～8%。

d. 8～10%。

e. 10～12%。

f. 大于 12%。

这个问题的答案衡量的是你眼中的风险溢价。（例如，如果你的答案是 6%，则你的风险溢价是 2%。）

估计风险溢价

有三种方法来估计 CAPM 中的风险溢价：（1）可以对大投资者做问卷调查，从而了解他们对未来的预期。（2）可以从历史数据中得到过去期间实际的风险溢价。（3）可以从当前的市场数据中得到隐含的风险溢价。在套利定价模型和多因子模型中，风险溢价只能通过历史数据来估计。

1. 调查风险溢价

由于风险溢价是单个投资者所要求的溢价的加权平均，那么估计风险溢价的一种方法就是通过问卷调查来了解投资者对未来的预期进而估计风险溢价。显然，对所有的投资者进行调查是不切实际的。因此，大多数问卷调查都是以基金经理或者首席财务官（CFO）为调查对象，这些人的看法有较大的影响。表 4—1 列示了一些调查的对象和结果。

表4—1　　调查得到的权益风险溢价

被调查者类别	调查者	结果（时间）
个人投资者	证券业协会	8.3%（2004 年 12 月）
机构投资者	美林证券	3.8%（2008 年 7 月）
首席财务官	Campbell and Harvey	4.2%（2008 年 3 月）
财务学者	Pablo Fernandez	6.2%（2008 年 3 月）

虽然可以通过这些调查得到风险溢价，但是很少有实务工作者使用这些风险溢价。有以下三个原因：

（1）这种观点不存在合理的约束。例如，个别基金经理的预期收益率可能低于无风险收益率。

（2）调查得到的风险溢价波动性很大。调查的溢价可能是最近市场波动的函数。

（3）调查的溢价可能是短期的，最长也不超过一年。

4.3 风险溢价会变化吗？

上一个问题是，如果让你投资于股票组合而不是无风险资产，你要求的溢价是多少。假定市场在上周下跌了20%，你再对同样的问题做出回答。你要求的溢价会

a. 更高。

b. 更低。

c. 不变。

2. 历史风险溢价

在金融资产定价模型中估计风险溢价最常用的方法是利用历史数据来估计。在套利定价模型和多因子模型中，我们从过去很长一段时间有关资产价格的历史数据中提取出各因子特有的风险溢价。在 CAPM 中，风险溢价是过去一段时间内股票的平均收益与无风险债券的平均收益之间的差额。

● **基础。**在大多数情况下，这种方法有以下几个步骤。首先确定出估计的期间，如果是利用美国数据，可以从 1871 年开始。接着需要计算出这一期间股票指数的平均收益和无风险债券的平均收益。最后，股票的平均收益与无风险收益之间的差额就是风险溢价。其中，我们隐含的假设是：

a. 投资者的风险规避程度在该期间内没有发生系统性的改变。（风险规避程度可能在每一年会有变化，但是它总会回到历史的均值水平。）

b. "风险"资产（股票指数）的平均风险在该期间内没有发生系统性的改变。

● **估计事项。**风险和收益模型的使用者会一致认为，用历史数据估计的溢价是对于未来风险溢价的最佳估计，但是现实中的实际溢价却相差很大。例如，投资银行和咨询机构都对美国市场的风险溢价进行了估计，估计结果最小的为 4%，最大的为 12%。它们使用的几乎都是伊博森咨询公司（Ibbotson Associates）提供的历史数据[①]，都是从 1926 年开始，但是结果却存在非常大的差异。有以下三个原因可以对此做出解释。

（1）运用的期间。有一些估计的期间是从 1926 年开始的，也有一些估计的期间较短，可能是 50 年、20 年甚至 10 年。有些人的估计期较短是因为平均投资者的风险偏好可能会随时间的推移而变化，利用最近较短期间的数据能够提供最新的估计。但是利用较短期间的估计也是有成本的。风险溢价估计的期间越短，估计的误差就越大。实际上，由于 1928—2008 年股价的年标准差为 20%[②]，与风险溢价相关的标准误随估计期的不同有较大的差异，详见表 4—2。[③]

---

① 请见 *Stocks*，*Bonds*，*Bills and Inflation*，这是一本按年发布的出版物，其中报道了从 1926 年开始到现在的股票收益率、长短期国库券的收益率和通货膨胀率。这些数据可以从 www.ibbotson.com 中获得。

② 如果想查看有关股票收益率、长期债券收益率和短期债券收益率的数据，可以从 www.damodaran.com 上得到最新的数据。

③ 得到的标准差可能被低估了，因为估计是基于年收益率在时间序列上并不相关的假设。而大量的实证研究表明，收益率在时间序列上是相关的，这就使得标准差的估计应当大一些。

表4—2　风险溢价估计中的标准误

估计期	风险溢价估计中的标准误
5年期	$20/\sqrt{5}=8.94\%$
10年期	$20/\sqrt{10}=6.32\%$
25年期	$20/\sqrt{25}=4.00\%$
50年期	$20/\sqrt{50}=2.83\%$

想要得到更小的标准误，我们就必须用更长期间的历史收益来估计。反之，根据最近10年或者20年期的数据估计的标准误可能已经大于估计出的实际风险溢价。因此，我们认为利用较短期间估计的成本可能要大于其好处。

（2）无风险证券的选择。伊博森数据库包含了短期国库券和长期国库券的收益率。我们可以用其中一种来估计股票的风险溢价。美国的短期收益率在过去70年里都小于其长期收益率，那么如果用短期收益率来估计风险溢价，风险溢价就会大一些。用于计算溢价的无风险收益率应当与用于计算预期收益的无风险收益率保持一致。在大多数情况下，也就是在公司财务和估值的过程中，我们都用长期的政府债券收益率而不是短期的收益率来作为无风险收益率。因此风险溢价应当用股票获得的收益率减去长期国库券的收益率得到。

（3）算术平均与几何平均。估计历史溢价的关键在于如何计算股票的平均收益和国库券的平均收益。算术平均收益是对于年收益的简单平均，而几何平均收益是以复合收益为基础。[①] 传统上认为应当使用算术平均。如果年收益率在时间上是不相关的，并且我们的目标是估计出下一年的风险溢价，那么算术平均是对溢价的无偏估计。然而，在现实世界里，大家都强烈建议使用几何平均来估计。首先，实证研究表明股票与时间是负相关的。[②] 因此，算术平均可能会高估溢价。其次，虽然资产定价模型是单期模型，但是利用这些模型估计出长时间的收益（例如5～10年）就意味着是对长时间进行分析而不仅仅是对下一年进行分析。因此，支持用几何平均溢价的观点更有道理。

总之，风险溢价的估计可能因为下列因素而出现差别：采用的期间，用短期国库券还是长期国库券来计算无风险收益率，使用的是算术平均值还是几何平均值。不同选择会导致不同的结果，就如表4—3中所展示的。其中，表4—3使用了1928—2008年的收益率数据。[③]

① 复合收益率的计算如下，其中 Value_0 是选取期间的期初投资价值，Value_N 是期末投资价值。

$$\text{几何平均收益}=\left(\frac{\text{Value}_N}{\text{Value}_0}\right)^{1/N}-1$$

② 换句话说，好的年份很可能跟在差的年份之后，或者差的年份很可能跟在好的年份之后。股票收益在时间序列上负相关的证据很多，可以在 E. F. Fama 和 K. R. French，"Permanent and Temporary Components of Stock Prices，" *Journal of Political Economy* 96：246－273中找到。虽然他们发现股票收益在1年期的相关性很低，但是按各种规模来分类的股票收益在5年期是显著负相关的。

③ 有关长短期国库券的收益率和股票收益率的原始数据可以从美联储的数据档案中得到。这些档案保存在位于圣路易斯的美联储。

从表 4—3 中可以看出，计算出来的溢价有正有负。如果采用 10 年期的数据来计算，得到的溢价就是负的。如果采用 1928—2008 年的数据来计算，得到超过短期国库券收益率的溢价的算术平均为 7.3%，得到超过长期国库券收益率的溢价的几何平均为 3.88%。

表4—3　　美国的历史风险溢价：1928—2008年（%）

	股票－短期国库券		股票－长期国库券	
	算术平均	几何平均	算术平均	几何平均
1928—2008	7.30	5.65	5.32	3.88
1959—2008	5.14	3.33	3.77	2.29
1999—2008	−2.53	−6.26	−4.53	−7.96

其他市场的历史风险溢价。在美国市场很容易获得有关股票收益的历史数据，在其他市场却不容易获得。我们可以更详细地考察一下 1900—2005 年 17 个国家股票市场中股票的收益率，并且将这些收益率与债券收益率进行比较。① 表 4—4 展示了各国的风险溢价，也就是权益收益超过政府债券收益的部分。

表 4—4　　各国历史的权益风险溢价

	股票收益率减去政府发行的短期债券收益率				股票收益率减去政府发行的长期债券收益率			
	几何平均值	算术平均值	标准误	标准差	几何平均值	算术平均值	标准误	标准差
澳大利亚	7.08	8.49	1.65	17.00	6.22	7.81	1.83	18.80
比利时	2.80	4.99	2.24	23.06	2.57	4.37	1.95	20.10
加拿大	4.54	5.88	1.62	16.71	4.15	5.67	1.74	17.95
丹麦	2.87	4.51	1.93	19.85	2.07	3.27	1.57	16.18
法国	6.79	9.27	2.35	24.19	3.86	6.03	2.16	22.29
德国	3.83	9.07	3.28	33.49	5.28	8.35	2.69	27.41
爱尔兰	4.09	5.98	1.97	20.33	3.62	5.18	1.78	18.37
意大利	6.55	10.46	3.12	32.09	4.30	7.68	2.89	29.73
日本	6.67	9.84	2.70	27.82	5.91	9.98	3.21	33.06
荷兰	4.55	6.61	2.17	22.36	3.86	5.95	2.10	21.63
挪威	3.07	5.70	2.52	25.90	2.55	5.26	2.66	27.43

① E. Dimson, P. Marsh, and M. Staunton, *Triumph of the Optimists*: *101 Years of Global Investment Returns*, Princeton University Press, Princeton, 2002; and *Global Investment Returns Yearbook*, ABN AMRO/London Business School, 2006.

续前表

	股票收益率减去政府发行的短期债券收益率				股票收益率减去政府发行的长期债券收益率			
	几何平均值	算术平均值	标准误	标准差	几何平均值	算术平均值	标准误	标准差
南非	6.20	8.25	2.15	22.09	5.35	7.03	1.88	19.32
西班牙	3.40	5.46	2.08	21.45	2.32	4.21	1.96	20.20
瑞典	5.73	7.98	2.15	22.09	5.21	7.51	2.17	22.34
瑞士	3.63	5.29	1.82	18.79	1.80	3.28	1.70	17.52
英国	4.43	6.14	1.93	19.84	4.06	5.29	1.61	16.60
美国	5.51	7.41	1.91	19.64	4.52	6.49	1.96	20.16
世界（除美国外）	4.23	5.93	1.88	19.33	4.10	5.18	1.48	15.19
世界	4.74	6.07	1.62	16.65	4.04	5.15	1.45	14.96

说明：表中展示了各国复合年收益与政府发行的长期/短期债券的收益率之间的差额。

从表4—4中可以看出，在所有国家股票的收益都高于政府债券的收益，但是各国之间却存在着很大差别。例如，在西班牙，股票的收益率比短期政府债券的收益率高3%，比长期政府债券的收益率高2.3%。在法国，相应的数字则变成6.8%和3.9%。如果考察的期间是40年或者50年，股票收益完全有可能小于长期或短期债券的收益。换句话说，认为股票的收益在长期会超过债券的观点不仅是危险的，而且没有道理。如果股票收益率在长期总是能超过无风险收益率，那么长期来说股票投资者就是无风险的并且相应的股票风险溢价应当为0。

histretSP. xls：该数据集包含了从1928年开始的长期国库券和短期国库券的利率和收益率，以及股票收益率的年数据。

修正后的历史风险溢价。很多新兴市场国家历史数据很少，并且股票市场的波动很大以至于不能够对风险溢价做出合适的估计。为了对这些国家的风险溢价进行估计，我们首先将任一国家股权市场的风险溢价写成如下基本等式：

股权风险溢价 ＝ 成熟的权益市场的基本溢价 ＋ 国家溢价

国家已经反映了某个特定市场的额外风险。这使得我们将对股权风险溢价的估计总结为两个问题：

（1）成熟的权益市场的基本溢价应当是多少？

（2）我们应当如何估计某个国家的额外风险溢价？

要回答第一个问题，我们必须认为，美国的权益市场是成熟的，并且美国已经有足够的历史数据来对风险溢价做出合理的估计。事实上，回到我们之前对美国历史溢价的讨论，我们将使用从 1928 年到 2008 年股票超过长期国库券的几何平均溢价 3.88%作为成熟权益市场的基本溢价。我们选择用长时间的数据是为了减少估计中的标准误，选用长期国库券的收益率作为无风险收益率以及几何平均的算法，是因为我们希望将估计的风险溢价用于计算长期的预期收益。我们可以用下列三种方法来估计国家风险溢价。

（1）国家债券违约价差。国家风险有很多种衡量方法，最简单的一种是评级机构对于国家债务的评级（标准普尔、穆迪和惠誉都对国家进行评级）。这些主权评级衡量了违约风险（而不是权益风险），但是这些评级会受到一些影响权益风险的因素影响——例如，国家货币稳定性，预算余额和贸易余额，以及政治的稳定性。[①] 使用主权评级还有其他的优点，即根据这些评级可以相应得到相对于美国长期国库券的违约价差。比如，2009 年 5 月，穆迪对巴西的评级是 Ba1，对印度的评级是 Ba2；此时评级为 Ba1 的主权债券的违约价差是 2.5%，评级为 Ba2 的主权债券的违约价差是 3%。[②]

分析师使用违约价差作为国家风险的衡量，计算在某国交易的公司的权益成本和债务资本成本时将国家风险加上去。例如，一家巴西公司的权益成本用美元估计比同类美国公司的权益成本要高 2.5%。如果我们假设美国的风险溢价是 3.88%，这个巴西公司的贝塔值是 1.2，美国长期国库券的收益率是 3.5%，可以计算出这家公司的权益成本为：

$$\begin{aligned}\text{权益成本} &= \text{无风险收益率} + \text{贝塔} \times \text{美国风险溢价} + \text{国家债券的违约价差} \\ &= 3.5\% + 1.2 \times 3.88\% + 2.5\% = 10.65\%\end{aligned}$$

在有些情况下分析师会将违约价差加在美国风险溢价上，然后再乘以贝塔。对于贝塔较大的公司而言，这会增大权益成本；而对于贝塔较小的公司而言，这会降低权益成本。

（2）相对标准差。有些分析师认为市场的权益风险溢价应当反映出权益风险的差别，而权益风险也可以用权益市场的波动性来表示。对权益风险的传统衡量方法是股价的标准差；一般而言，权益风险越大，标准差越大。如果你用一个市场的标准差除以另一个市场的标准差，就可以衡量出该市场的相对风险。

$$\text{相对标准差}_{X\text{国}} = \frac{\text{标准差}_{X\text{国}}}{\text{标准差}_{\text{美国}}}$$

用相对标准差乘以美国股权的风险溢价就可以得到任何市场总的风险溢价。

$$\text{权益风险溢价}_{X\text{国}} = \text{风险溢价}_{\text{美国}} \times \text{相对标准差}_{X\text{国}}$$

假定美国的市场溢价是 3.88%，美国股票年标准差是 20%，巴西股票指数的年标准

---

① 标准普尔的网站解释了对于国家主权评级的过程，请见 www.ratings.standardpoor.com/criteria/index.htm。

② 我们将这些政府发行的以美元计量或者以欧元计量的债券与美国的国库券（用美元计量）和德国的欧元债券（用欧元计量）作比较，然后估计出这些债券的违约价差。我们还会考察信用违约掉期（credit default swap，CDS）市场，观察市场对于这些违约价差评估每天的变化。

差是 34%[1]，那么巴西的总体风险溢价为：

$$权益风险溢价_{巴西} = 3.88\% \times \frac{34\%}{20\%} = 6.6\%$$

可以计算出巴西的国家风险溢价，如下式所示：

$$国家风险溢价_{巴西} = 6.6\% - 3.88\% = 2.72\%$$

已知印度权益指数的标准差为 32%，可以得到印度的权益风险溢价为：

$$权益风险溢价_{印度} = 3.88\% \times \frac{32\%}{20\%} = 6.21\%$$

$$国家风险溢价_{印度} = 6.21\% - 3.88\% = 2.33\%$$

虽然这种方法看起来很直观，但是计算不同市场的标准差也存在问题，因为市场的结构和流动性之间存在很大差别。在一些风险很大的新兴市场国家里，计算出来的权益市场的标准差可能很低，因为市场的流动性很低。那么用这种方法计算就会低估那些国家的权益风险溢价。

（3）违约价差＋相对标准差。根据国家评级得到违约价差是重要的第一步，但是这仅仅衡量了违约风险的溢价。从直观上来看，我们预计国家的权益风险溢价应当高于国家的违约风险价差，因为股票比债券的风险更高。那究竟高多少呢？我们来考察一下权益市场相对于债券的波动性。国家风险溢价可估计如下：

$$国家风险溢价 = 国家违约价差 \times \frac{\sigma_{权益}}{\sigma_{国家债券}}$$

再来考虑一下巴西的例子。如前所述，巴西政府发行的以美元结算的债券违约价差是 3%。上一年巴西股票指数的年化标准差是 34%，巴西政府债券的标准差是 21.5%。[2]可以得到巴西的国家风险溢价为：

$$巴西的国家风险溢价 = 2.50\% \times \frac{34.0\%}{21.5\%} = 3.95\%$$

如果国家的违约价差增大或者权益市场的相对波动增大，国家风险溢价也会增大。用这家公司在成熟市场的权益风险溢价加上某一国的国家风险溢价，就可以得到该公司的权益风险溢价。这家公司在美国的权益风险溢价为 3.88%，从而可以得到这家巴西公司总的权益风险溢价为 7.63%。同理，已知印度政府债券的标准差为 21.3%，可以得到印度的国家风险溢价为：

$$印度的国家风险溢价 = 3.00\% \times \frac{32.0\%}{21.3\%} = 4.51\%$$

① 美国和巴西的标准差都是，首先用从 2007 年年初到 2008 年年末两年期的周收益率计算，然后再计算出年化价值。你也可以用日收益率来计算，但是这样做会有更大的估计误差。

② 以美元计价的巴西债券收益率的标准差也是用两年的周收益率的数据来计算。因为这些收益都是以美元来计量的，而巴西的权益指数是用实际值来衡量的，所以这里存在着不一致。我们也用以美元计量的巴西权益指数来计算标准差，与原来的计算结果相差不大，因为实际的标准差和以美元估计的标准差很相近。

$$总的权益风险溢价_{印度} = 3.88\% + 4.51\% = 8.39\%$$

为什么权益风险溢价会与国家债券的违约价差有关呢？一个简单的解释是，如果一个投资者在以美元计价的巴西政府债券上获得的溢价是2.5%，那么他不会满足于在巴西的股市上获得5.2%的期望收益。这种方法和前一种方法都用到权益市场的标准差来估计国家风险溢价，但是这种方法是以公司债券作为衡量基础，前一种方法是用美国权益市场的标准差作为相对衡量基础。这种方法假定投资者在巴西的政府债券和巴西的股票之间做出选择，而前一种方法假定投资者在巴西和美国的权益市场之间做出选择。

用三种方法估计国家风险溢价得到的结果不同。其中，第二种方法比第三种方法估计出来的国家风险溢价要低一些。表4—5展示了后两种方法对印度和巴西的估计。

表4—5　　对印度和巴西的国家风险溢价估计：2009年3月

	主权评级	违约价差	相对权益市场波动	复合国家风险溢价
巴西	Ba1	2.50%	$\frac{34\%}{20\%}\times 3.88\% - 3.88\% = 2.72\%$	$\frac{34\%}{21.5\%}\times 2.5\% = 3.95\%$
印度	Ba2	3.00%	$\frac{32\%}{20\%}\times 3.88\% - 3.88\% = 2.33\%$	$\frac{32\%}{21.3\%}\times 3\% = 4.51\%$

第三种方法也就是按比例计算国家风险溢价的方法，得到的国家风险溢价更大一些。我们认为这种方法最适用于近期的估计，然而国家风险溢价会随时间的推移而降低。当公司随时间的推移变得越来越成熟，风险越来越小，国家也越来越成熟，国家的风险也越来越小。

实践：应当存在国家风险溢价吗？

投资于马来西亚或者巴西的股票比投资于美国股票风险更大吗？答案似乎是肯定的。但是，这并没有回答出，投资于这些市场时这些额外的溢价是否能得到回报。唯一与估计权益成本相关的风险是市场风险或者不可分散风险。那么关键问题就成了新兴市场中的风险是可分散的还是不可分散的。事实上，如果投资于马来西亚或者巴西的风险可以被分散，那么就不应当有额外的风险溢价补偿，那么对国家风险溢价进行估计也就没有道理了。

为了分析市场风险，我们来看一下边际投资者——最可能交易股票的投资者。如果边际投资者在全球范围内进行多元化，那么就有可能在全球范围内将风险分散。如果边际投资者没有一个全球性的投资组合，分散国家风险的可能性就会下降很多。即使边际投资者在全球进行了多元化，也可能无法抵消国家风险。所有的或者大部分的国家风险应当是国家特有的。换句话说，不同国家市场之间的相关性应当是很低的。只有这个条件成立，在全球进行多元化才能分散风险。如果各国的股票市场是一起变动的，那么国家风险就包含了部分不可分散的市场风险，从而也要求相应的溢价。各国的收益是否正相关，这是一个实证问题。从20世纪70年代到20世纪80年代的研究指出，这种相关性是很低的。这就为全球多元化提供了动力。因为在过去几十年间世界的经济变得越来越紧密，所以更多最近的研究表明市场之间的相关性提高了。相关的例子是，某一个国家的麻烦可以迅速传到另一个与该国没有明显相关关系的国家，例如从俄罗斯传到巴西。

那么我们的立足点在哪儿呢？我们认为，尽管跨国交易的障碍在下降，但是投资者在投资组合上还是存在本土偏好，并且市场在某种程度上是分割的。在全球进行多元化的投资者在世界股权定价中发挥着日益重要的作用，但是市场相关性的增加导致一部分国家风险变成了不可分散风险或者市场风险。因此，权益成本至少应当反映那部分不可分散的国家风险。

ctryprem. xls：网上的数据集包含了对各国的最新评级以及相应的风险溢价。

3. 隐含的风险溢价

还有一种估计市场溢价的方法。这种方法不需要历史数据，也不需要对国家风险进行估计，只需要假定总体上股票市场被正确定价。我们来看一个非常简单的股票估值模型：

$$价值 = \frac{预计下期的股利}{(要求的权益收益率 - 股利的预期增长率)}$$

这是对稳定增长的股利的折现值。该模型有四个变量，其中的三个变量都很容易得到——当前的市场价值（也就是价值）、预计的下期股利，以及盈利和股利长期的预期增长率。唯一不知道的变量是要求的股权收益率。我们可以通过这个等式解出隐含的股票预期收益率，然后减去无风险收益率就可以得到隐含的权益风险溢价。

比如，假定标准普尔500指数现在是900，预期下期指数的股利率为2%，预期盈利和股利的长期增长率是7%。由下式可以解出要求的股权收益率：

$$900 = \frac{900 \times 0.02}{r - 0.07}$$

$$r - 0.07 = 0.02$$

$$r = 0.09 = 9\%$$

如果现在的无风险收益率是6%，那么风险溢价为3%。

还可以对这个方法加以推广，比如，考虑到某个期间有高的增长率，也可以用现金流而不是股利来估计。为了说明这一点，我们来看2009年1月1日的标准普尔500指数。2008年12月31日标准普尔500指数收盘时是903.25，该指数的股利率大约为3.12%，大家对指数包含的公司的盈利增长率在接下来的五年里的一致估计大约为4%。[①] 因为指数中包含的公司在过去几年里回购了大量股票，我们也将股票回购作为返给投资者的现金。表4—6列示了指数包含的公司从2001年开始的股利发放和股票回购

① 我们将分析师对各公司的估计加以平均（由下而上）。或者，我们也可以采用由上而下方法。

情况。

表 4—6　　标准普尔 500 指数的股利和股票回购：2001—2008年

	指数的市场价值	股利	股票回购	权益现金回报	股利收益率(%)	股票回购收益率(%)	权益现金收益率(%)
2001	1 148.09	15.74	14.34	30.08	1.37	1.25	2.62
2002	879.82	15.96	13.87	29.83	1.81	1.58	3.39
2003	1 111.91	17.88	13.70	31.58	1.61	1.23	2.84
2004	1 211.92	19.01	21.59	40.60	1.57	1.78	3.35
2005	1 248.29	22.34	38.82	61.17	1.79	3.11	4.90
2006	1 418.30	25.04	48.12	73.16	1.77	3.39	5.16
2007	1 468.36	28.14	67.22	95.36	1.92	4.58	6.49
2008	903.25	28.47	40.25	68.72	3.15	4.61	7.77
标准化结果	903.25	28.47	24.11	52.584	3.15	2.67	5.82

在 2008 年，公司总共将 7.77%的现金返还给投资者，其中股利形式有 3.15%，股票回购形式有 4.61%。股票回购的波动性很大，由于 2008 年遭受市场危机和经济放缓，2008 年第四季度的股票回购数额比 2007 年第四季度减少了 40%。因为股利的减少可能持续到 2009 年，我们将 2008 年股票回购数额减少 40%计算出 2009 年的标准化收益率为 5.82%（结果该年从股权中支付的现金是 52.584）。在表 4—7 中，我们对标准普尔 500 指数从 2009 年到 2014 年给投资者的现金流进行估计，得到标准化的现金流在前五年的增长速度是每年 4%，之后则是每年 2.21%（与无风险收益率相等）。

表4—7　　标准普尔 500 指数的权益现金回报

	预期增长率	股利+股票回购
2008		52.584
2009	4.00%	54.69
2010	4.00%	56.87
2011	4.00%	59.15
2012	4.00%	61.52
2013	4.00%	63.98
2014	2.21%	65.39

用上述现金流计算出股票的预期收益率，我们可以得到如下式子：

$$903.25=\frac{54.69}{(1+r)}+\frac{56.87}{(1+r)^2}+\frac{59.15}{(1+r)^3}+\frac{61.52}{(1+r)^4}+\frac{63.98}{(1+r)^5}+\frac{65.39}{(r-0.0221)(1+r)^5}$$

可以从中解出要求的权益收益率，然后再计算出隐含的溢价：

$$\text{要求的权益收益率}=8.64\%$$

$$\begin{aligned}\text{隐含的风险溢价} &= \text{要求的权益收益率}-\text{无风险收益率}\\ &= 8.64\%-2.21\%=6.43\%\end{aligned}$$

我们认为，此时计算的风险溢价 6.43%比前面用历史数据的方法估计的 3.88%更加符合实际。这种方法的优点在于，这是市场驱动的并且是面向未来的结果，不需要历史数据。除此之外，得到的风险溢价还会随市场环境的变化而变化。标准普尔 500 指数在前一年为1 468.36，2008 年 1 月 1 日隐含的权益风险溢价为 4.37%。图 4—2 展现了标准普尔 500 指数从 1960 年至今隐含的风险溢价。

从技术上而言，我们使用分析师估计的盈利和股利的增长率作为我们用到的增长率，并且使用两阶段股利折现模型（与我们在上一段用来计算风险溢价的模型很相似）。依据图 4—2 中的数字，我们可以得出如下结论。

● **隐含的风险溢价与历史的风险溢价。**在过去的三十年里，隐含的权益风险溢价要低于历史的权益风险溢价，反映出股价从 1981 年到 2007 年呈现出长期上扬的趋势。在 1999 年网络泡沫的顶点，隐含的权益风险溢价是 2%，而历史的风险溢价是 6.5%。仅在 2008 年的最后一个季度，隐含的风险溢价才高于历史的风险溢价。

● **通货膨胀效应。**在 20 世纪 70 年代，隐含的权益风险溢价随着通货膨胀的增加而增加。我们不再像之前估计风险溢价那样假定风险溢价是一个不受通货膨胀率和利率影响的常数，而是在预期的通货膨胀率和利率变大时相应地增加风险溢价，这样会更加符合现实。

● **均值回归。**隐含的权益风险溢价随时间变动很大，最低点是 1999 年的 2%，最高点是 2008 年末的 6.43%。有证据表明它们最后回到了 4%～4.5%的历史标准，但是这种反转现象要经过很长一段期间。

histimpl. xls：这个数据集包含了计算美国市场每年的风险溢价所用到的数据。

implprem. xls：这个表格的模型可用于估计市场隐含的权益风险溢价。

选择一个权益风险溢价。我们已经考察了三种估计风险溢价的模型：（1）问卷调查法。这种方法的结果取决于问卷的问题和调查的对象。（2）历史风险溢价法。结果也会有很多种，取决于你怎样对历史数据进行加工。（3）隐含的风险溢价法。结果取决于你所用的模型和你对未来的假设。在大部分情况下不同的方法会产生不同的结果，但有时候这些结果也会趋同。为什么？有下列原因。

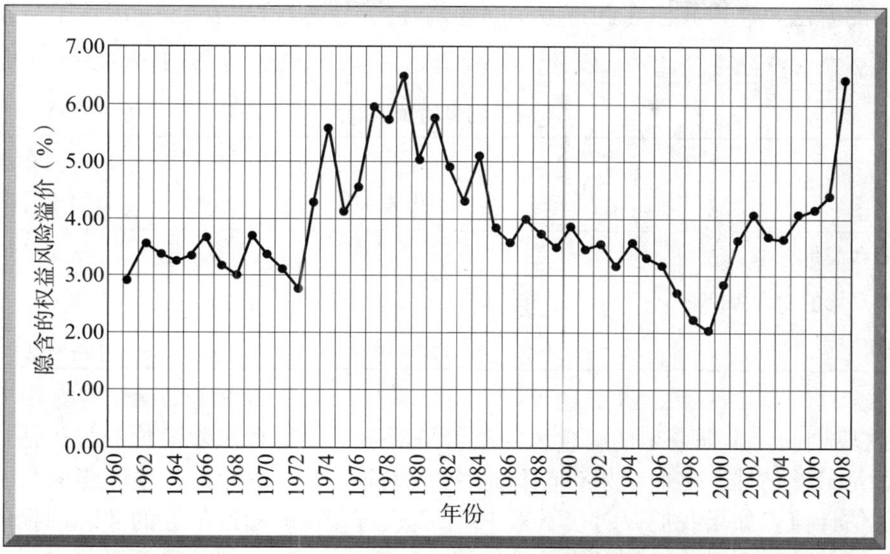

图4—2　美国权益市场隐含的权益风险溢价：1960—2008年

（1）当股价上升（下降）时，用历史数据计算的风险溢价也会上升（下降）从而反映过去的收益。而隐含的风险溢价会朝着反方向变动，因为在这种方法下，更高（更低）的股价通常转化为更低（更高）的隐含风险溢价。

（2）由问卷调查得到的溢价反映的是历史数据而不是预期值。当股价上涨时，投资者对未来的收益变得更加乐观，而调查的溢价反映出这种乐观情绪。事实上，人们在做出判断时总是过于看重最近的历史情况，对信息过度反应，导致问卷调查的风险溢价比历史的风险溢价在股价好的时期和坏的时期都调节过度。在股价上涨的时期，调查的风险溢价比历史溢价要高，历史溢价比隐含的溢价要高。在股价下跌的时期，该顺序则反过来。

（3）当市场的基本面变化时，如经济更加动荡、投资者更加厌恶风险，历史的风险溢价是不会改变的，但隐含的风险溢价会发生变化。市场所遭受到的冲击很可能使这两个数字的差距变大。比如，在 2001 年 9 月 11 日恐怖袭击后，隐含的权益风险溢价陡然上升了大约 0.5%，而历史风险溢价并没有发生变化。

总的来说，当使用不同的方法来估计权益风险溢价得出的结果不同时，我们不要惊讶。即使是同一种方法，如果选取的参数不同，得出的结果也会有所不同。

如果不同的方法得到的权益风险溢价的结果不同，我们应当怎样从中选出一个“最好”的结果？这取决于以下几个因素：

● **预测能力。**在公司财务和估值中，我们关心的是未来的权益风险溢价。因此，哪一种方法对未来有最好的预测能力（也就是，预测得到的风险溢价更接近实际的溢价），就应当更看重哪种方法。那么，在这一点上，哪种方法做得最好呢？为了寻求答案，我们考察 1960—2007 年的隐含风险溢价的三种预测值、上一年年末的历史风险溢价、上一年年末的隐含风险溢价和前五年隐含风险溢价的平均值。由于不可能通过调查问卷得到很久以前的看法，所以我们在此不考察问卷调查的风险溢价。表 4—8 展示了结果。

表 4—8　　不同预测值的预测能力

	与下一年溢价的相关系数	与未来 10 年风险溢价的相关系数
当期的隐含溢价	0.758	0.376
过去 5 年平均的隐含溢价	0.515	0.183
历史溢价	−0.288	−0.596

在这段期间，上期期末的隐含风险溢价是对下一期隐含风险溢价的最优估计，历史风险溢价是最差估计。然而结果可能只适用于提前一年的估计，并且可能偏向于隐含风险溢价的估计值。如果我们要对接下来 10 年股票可获得的超过债券的实际回报的溢价做出估计，当前的隐含风险溢价可能是最优估计。要对未来 10 年的风险溢价进行估计，历史的风险溢价可能表现更糟。

- **对市场的信任。**有的方法包含了市场有效性的假设，有的方法并没有包含这一假设。如果你相信市场在总体上是有效的，或者你至少无法预计市场总体的走向，那么当期隐含的权益风险溢价是最好的选择，因为这个值是根据当前的指数水平来估计的。如果你认为市场存在明显的价值高估或者低估，长时间的历史风险溢价或者平均的隐含风险溢价则是更优的选择。如果你完全不相信市场，那么就选择问卷调查的方法。
- **分析的目的。**不管你是否相信市场有效，你使用权益风险溢价的目的可能决定了你选择的合适的方法。比如，在并购估值和权益研究中，你要评估某个公司的价值而不是采用市场总体的看法。这时你就应当使用当前的隐含风险溢价，因为采用其他方法的结果是会将市场看法带入估值中。在公司财务中，权益风险溢价通常用于资本成本的估计，然后得出公司是否应做出该长期投资的判断。此时采用长期的平均溢价（历史的或者隐含的）更为明智。

总而言之，没有哪一种方法在所有分析中都是有效的。如果预测能力是关键或者市场的中立是前提条件，当前的隐含权益风险溢价是最佳选择。如果对市场充满怀疑，选择会更广一些，对于隐含风险溢价较长一段时间的平均值有最强的预测能力。历史风险溢价对隐含收益的短期变动和股票长期收益变动的预测能力非常差。

4.4　隐含风险溢价与历史风险溢价

假定隐含风险溢价是 3%，历史风险溢价是 7.5%。如果你用历史溢价来对股票进行估值，你很可能发现：

a. 价值被低估的股票多于价值被高估的股票。

b. 价值被高估的股票多于价值被低估的股票。

c. 价值被低估的股票与被高估的股票数目差不多。

如果隐含风险溢价是7%，历史风险溢价是3%，你的答案又将怎样变化?

【例 4—2】 估计权益风险溢价

2009年5月，标准普尔500指数的隐含风险溢价是6.5%，历史风险溢价用1928—2008年的数据计算得到3.88%。给定当前的市场条件，采用历史风险溢价得到的必要收益率太低。虽然我们注意到权益风险溢价最终会回到历史的标准，但是我们相信人们对于危机的记忆会停留较长的一段时间。因此，我们不仅用6%作为美国的权益风险溢价，还作为成熟市场的风险溢价；为了简化，我们假定所有主权评级为Aaa的国家都是成熟国家。因此，我们对下列国家和地区都使用6%的权益风险溢价，包括欧盟、北欧国家(主要指丹麦、挪威、瑞典、芬兰和冰岛)、加拿大和澳大利亚。

对于评级在Aaa以下的国家，我们使用前章所述的复合国家风险溢价方法。我们用这种方法估计得到巴西的国家风险溢价是3.95%，印度的国家风险溢价是4.51%。用成熟市场的风险溢价再加上国家风险溢价可得到两个国家各自总的风险溢价为：

$$\text{总的权益风险溢价}_{\text{巴西}} = 6\% + 3.95\% = 9.95\%$$

$$\text{总的权益风险溢价}_{\text{印度}} = 6\% + 4.51\% = 10.51\%$$

我们对于本书中所遇到的任何风险市场的权益风险溢价的估计都采用上述方法。

正常价值和实际价值：一个行为学视角

无风险收益率和权益风险溢价随时间的推移而变化，经理人经常会碰到在他们看来"不正常"的数据。例如，在2009年年初，美国10年期国库券的收益率是2.2%，权益风险溢价接近于7%。很多分析师和公司财务主管在面对这些不寻常的数字时，不理会这些数字，而是相信那些他们看来更加正常的数值。

这种将数字调整为正常值的行为有实证支持，我们也可以从行为学上找到解释。我们在第3章中提到，有大量的证据表明，个人在估计时会任意选用一个起始点。比如，公司的CFO在估值时可能会选择他们在工作中熟悉的无风险收益率和权益风险溢价。那么不同的CFO对正常价值的定义就会非常不同。除此之外，企业可能在很长时间里都使用同样的权益风险溢价，即使有充分证据表明这样做是不正确的，它们也很难放弃这些估计值。

Ⅲ. 风险参数

我们要将风险收益模型用在实务上还需要个别资产和项目的风险参数。在CAPM中，资产的贝塔是相对于市场组合来估计的。在APM和多因子模型中需要估计出资产相对于各种因子的资产贝塔。有三种方法可用于估计这些参数：(1) 使用个别资产市场价格的历史数据；(2) 根据基本面来估计；(3) 使用会计数据。在这部分，我们为大家介绍这三种方法。

A. 历史的市场贝塔

这是大多数服务机构和分析师用来估计贝塔值的传统方法。对于已经上市很久的公司而言，估计出投资者在一段时间内每个周期（每周或每月）的权益收益是相对直观的。这些个股的收益与股票市场指数是相关的，通过这种相关关系可以估计出 CAPM 中的贝塔值。同样，可以通过个股收益与宏观经济因素的关系得到多因子模型中的贝塔值，通过因子分析得到 APM 中的贝塔值。

估计 CAPM 的参数值、贝塔和阿尔法的标准程序

在展示估计 CAPM 贝塔的标准程序之前，我们先来看看如下等式，即某个投资的预期收益可以写成该投资的贝塔（β_j）、无风险收益（R_f）和市场组合预期收益（R_m）的函数。

$$R_j = R_f + \beta_j(R_m - R_f)$$

这个等式可以写成两种形式：

超额收益的形式：$R_j - R_f = \beta_j(R_m - R_f)$

原始收益的形式：$R_j = R_f(1 - \beta_j) + \beta_j R_m$

根据上面两个等式可以得到两种使用历史收益来估计贝塔的标准步骤。第一种方法是，我们先计算出过去一段期间投资的收益和市场指数收益，然后分别减去相应期间的无风险收益，接着用投资的超额收益对市场的超额收益进行回归：

$$R_j - R_f = \alpha + \beta_j(R_m - R_f)$$

第二种方法是，我们先计算出过去一段时间投资的收益和市场指数收益（不用无风险收益率作调整），然后用投资的原始收益与市场的原始收益作回归：

$$R_j = \alpha + \beta_j R_m$$

在上述两个等式中，回归的斜率都衡量了股票的贝塔值，也就是该股票的风险大小。在两个等式中，截距衡量的都是股票相对于 CAPM 预期的业绩表现，但是两个等式中截距的含义还是有差别的。在超额收益回归中，如果股票的表现恰好如 CAPM 预期的那样，那么截距应当为 0；正（负）的截距代表股票比预期表现得要更好（更差），至少在回归的这段期间是这样的。在原始收益模型中，必须将截距与 CAPM 中预期的截距 $R_f(1 - \beta_j)$ 作比较：

如果 $\alpha > R_f(1 - \beta_j)$，则股票在回归期内的表现比预期要好

如果 $\alpha = R_f(1 - \beta_j)$，则股票在回归期内的表现跟预期一样

如果 $\alpha < R_f(1 - \beta_j)$，则股票在回归期内的表现比预期要差

超额收益模型得到的 α 以及原始收益模型得到的 $\alpha - R_f(1 - \beta_j)$ 被称为詹森 α（Jensen's alpha），它衡量了回归期内的股票收益在进行了风险调整之后的表现比市场好还是比市场差。

回归的第三个统计指标是回归的 R^2。统计中认为 R^2 衡量了一个模型的拟合度，R^2 在财务上的含义是企业的风险（方差）能被市场风险解释的部分，而余下的部分 $1 - R^2$

就归属于企业特有的风险。

最后一个值得注意的统计指标是贝塔估计的标准误。回归得到的斜率是有误差的，这个误差表明了估计中包含的噪音，也可以根据标准误从斜率中得到“真实”贝塔值的置信区间。

这两种方法应当对所有变量产生相似的估计值，但是超额收益法更加准确一些，因为该方法允许无风险收益率在期间内发生变化。原始收益法在实际运用中会更加简单，因为采用这种方法时，我们只需要知道回归期内无风险收益率的平均值。①

估计事项

分析师在确定回归的模型前要考虑三方面的问题。第一个是有关估计期的长短。估计期越长，可用的数据越多，但是企业自身的特征在这段期间内发生变化的可能性也越大。迪士尼和德意志银行在过去几年里在业务组合和财务杠杆方面都发生了相当大的变化，如果我们采用这段时期内的数据来进行回归，得到的结果会受到这些变化的影响。

第二个估计的问题与收益期间有关。我们可用年收益率、月收益率、周收益率、日收益率，甚至一日之内的收益率。使用日收益率或者一日之内的收益率可以增加回归期内的观测值，但是这也会导致由于不交易所带来的贝塔估计中的显著偏差。② 比如，对那些经常不交易的小公司进行估计，如果使用日收益率的数据就会使得贝塔值的估计偏小。估计的时候采用周收益率或者月收益率则会显著减少由不交易带来的偏差。③

第三个估计的问题与回归中使用的市场指数有关。我们要估计资本资产定价模型中的贝塔，使用的市场指数从理论上来说至少应当为市场组合，也就是按照各资产的比例包含了所有交易的风险资产。而这种市场组合在实际中可能是不存在的，那么选取的市场指数越接近理想的市场组合，估计出来的贝塔就越合理。因此，不应当选择那些包含范围较窄的指数（道琼斯 30、行业指数或者纳斯达克指数），而应选择那些包含范围更广的指数。不应当使用等权加权平均指数，而应选择以市值为权重的加权指数。在美国估计贝塔时使用最广泛的市场指数是标准普尔 500 指数。标准普尔 500 指数包含了 500 只股票，但是这些股票是市场中市值最大的公司，这些股票的市值代表了股票市场组合中最重要的部分（仅当我们将市场组合定义为美国股票的市场组合）。随着资产类别的增加以及将市场的定义扩展到全球，我们需要思考一下如何对市场指数加以扩展从而反映出以前未包含的风险资产。

【例 4—3】　估计迪士尼公司的 CAPM 风险参数

为了考察迪士尼在 2004—2008 年的表现及其风险，我们用 2004—2008 年迪士尼的原始月收益率与标准普尔 500 指数的收益率进行回归。迪士尼的收益与标准普尔 500 指数的收益分别计算如下：

---

① 在周收益率或者日收益率的回归中，（周或日的）无风险收益率接近于 0。因此，很多服务机构用原始收益模型而不是超额收益模型来估计贝塔。

② 不交易偏差的产生是因为收益在不交易的期间表现为 0（即使此时市场在这期间发生显著的上涨或下跌）。回归中存在这些不交易的点会导致个股收益率与市场收益率之间的相关性减弱，从而减小了贝塔值。

③ 也可以使用一些统计技术来减少这种偏差。

● 迪士尼的收益是从 2004 年 1 月到 2008 年 12 月每月计算一次。收益中包含了股利和价格升值，并且定义如下：

$$收益_{迪士尼,j}=（价格_{迪士尼,j}-价格_{迪士尼,j-1}+股利_{迪士尼,j}）/价格_{迪士尼,j-1}$$

其中，$价格_{迪士尼,j}$ 是迪士尼股票在 j 月月底的价格，$股利_{迪士尼,j}$ 是迪士尼在 j 月派发的股利。请注意，迪士尼每年只派发一次股利，在除息日的当月将股利计算在收益里。[①]

● 用每月月底的指数来计算标准普尔 500 指数的收益，将标准普尔 500 指数中股票当月发放的股利包含在当月收益里。

$$市场收益_{S\&P500,j}=（指数_{j}-指数_{j-1}+股利_{j}）/指数_{j-1}$$

其中，$指数_{j}$ 是标准普尔 500 在 j 月月底的指数值，$股利_{j}$ 是指数中的股票在 j 月月底派发的股利。在有关美国股票风险参数的计算中大多使用标准普尔 500 指数，但该指数仅仅是对 CAPM 中市场组合的最好的衡量方式，而不是完美的衡量方式。

图 4—3 显示了从 2004 年 1 月到 2008 年 12 月迪士尼每个月相对标准普尔 500 指数月收益率的收益率，横坐标代表标准普尔 500 指数的月收益率，纵坐标代表迪士尼的月收益率。

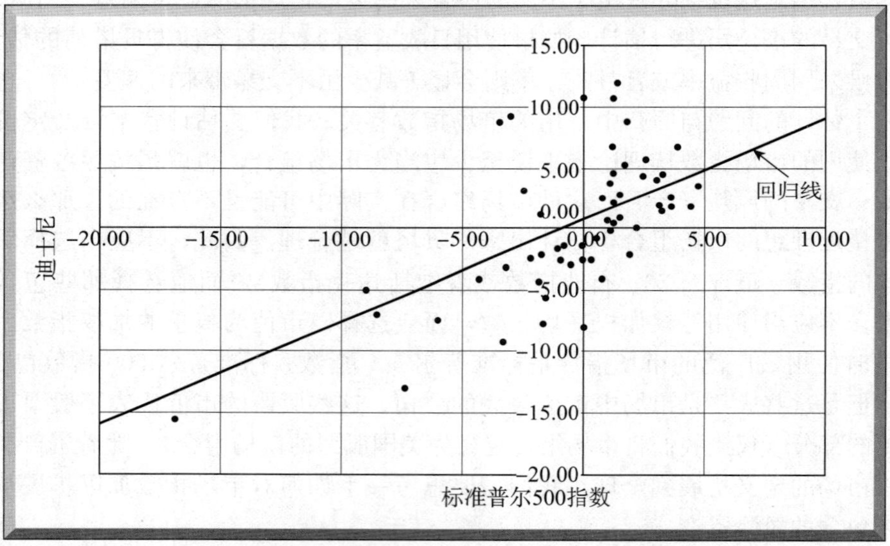

图4—3 迪士尼与标准普尔 500 指数：2004—2008年

计算出来的迪士尼的统计量如下[②]：

● 回归的斜率＝0.95。这就是基于 2004—2008 年的数据计算出来的迪士尼的贝塔值。选用不同的估计期或者在同样的期间使用不同的收益期间（周或者日）都会导致不同的贝塔值。

● 回归的截距＝0.47%。这是对于迪士尼的业绩衡量，但是这个值必须与 R_f（1－

① 除息日指的是，这一天或以后购入该公司股票的股东，不再享有该公司此次分配的股利。

② 回归的统计量是用传统方法估计出来的。附录 1 对估计过程有更详细的解释。

β_j）加以比较。[①] 2004—2008 年无风险收益率的平均值是 0.272%，对业绩的估计如下：

$$R_f(1-\beta_j) = 0.272\%(1-0.95) = 0.01\%$$
$$截距 - R_f(1-\beta_j) = 0.47\% - 0.01\% = 0.46\%$$

以上分析表明，如果用 2004—2008 年的月度收益率，用 CAPM 估计出来的迪士尼股票的收益要比预期高 0.46%。可以得到大约 5.62%的年化超额收益率。

$$年化超额收益率 = (1+月超额收益率)^{12} - 1$$
$$= (1+0.0046)^{12} - 1 = 0.0562 \text{ 或者} 5.62\%$$

这个结果表明，给定估计期内的贝塔值和市场业绩，迪士尼的表现比预期要好。

但是，这并不意味着投资迪士尼公司在以后期间是一项好的投资。并且我们也不知道这个超额收益中有多大部分可归因于行业的影响，有多大部分可归因于公司特有的影响。我们必须计算出同时期娱乐业其他公司的超额收益，然后与迪士尼的超额收益作比较。两者之差就是由公司的特有行为所导致的。例如，在本例中，其他娱乐公司在 2004—2008 年的年化超额收益率为－13.04%。这就意味着在调整风险后，迪士尼的股票收益率比同行业的股票收益率要高 18.66%。[公司特有的詹森 α = 5.62% －(－13.04%)=18.66%。]

● 回归的 R^2=39%。在迪士尼的风险中，有 39%来自市场风险（利率风险、通货膨胀风险等），余下的 61%来自公司特有的风险。后一种风险可以通过多元化来分散，因此没有相应的补偿。2008 年标准普尔 500 指数所包含公司的 R^2 大约为 24%。迪士尼的 R^2 高于这一数值。

● 贝塔估计的标准误=0.15。该统计量表明，在 67%的置信度下迪士尼贝塔的真实值位于 0.80 到 1.10 之间，在 95%的置信度下迪士尼的贝塔真实值位于 0.65 到 1.25 之间。这个区间看上去很大，但是对大多数美国公司来说这个值很正常。这表明我们要谨慎考虑从回归中估计的贝塔值。

Indreg. xls：网上的数据集包含美国各行业的平均贝塔、詹森 α 和 R^2。

4.5 R^2 对投资者意味着什么?

假定在进行回归分析后，迪士尼和安进公司（Amgen，一家生物科技公司）的贝塔值都为 0.95。迪士尼公司的 R^2 为 40%，而安进公司的 R^2 为 20%。你会选择哪一只股票作为投资对象?

a. 迪士尼，因为有更高的 R^2，表明该公司的风险较小。

① 在实务中，回归的截距通常被称为 α，并且与 0 来作比较。正的截距项意味着股票的表现比预期要好，负的截距项意味着股票的表现比预期要差。在前面也提到，只有在使用超额收益率来做回归时才可以这样做，也就是要分别从股票的原始收益率和市场指数的原始收益率中减去当月的无风险收益率。

b. 安进，因为有更低的 R^2，表明该公司有更大的机会获取高收益。

c. 我认为是无差异的，因为两者的贝塔值相等。

如果你正在打理一只已经多元化的基金，答案是否有所不同？

实践：使用服务机构的贝塔

大多数分析师使用服务机构所估计的贝塔；美林、巴拉、价值线（Value Line）、标准普尔、晨星（Morningstar）和彭博资讯（Bloomberg）是一些著名的服务机构。这些服务机构都是先从回归中估计出贝塔值，然后在必要时做出修改从而得出更符合未来情况的贝塔。虽然大多数机构都不会披露有关估计的内部细节，但是彭博资讯是一个例外。下列图形是彭博资讯对迪士尼的贝塔估计页面，估计期与我们前面所用期间相同（从 2004 年 1 月到 2008 年 12 月）。

这个估计采用的是原始收益模型而不是超额收益模型，可以同图 4—3 中的回归作比较。虽然两回归采用的时期相同，还是有稍许差别。首先，彭博资讯在估计贝塔时使用股票和市场指数的价格变化作为收益而没有包含股利。[①] 这种收益计算的差别不会使迪士尼公司的估计有很大差别，但是对于那些要么不派发股利要么派发相当高股利的公司而言，这两种计算收益的方法会导致很大的差别。其次，彭博资讯按如下公式计算出调整后的贝塔值：

$$\text{调整后的贝塔} = \text{原始贝塔} \times 0.67 + 1 \times 0.33$$

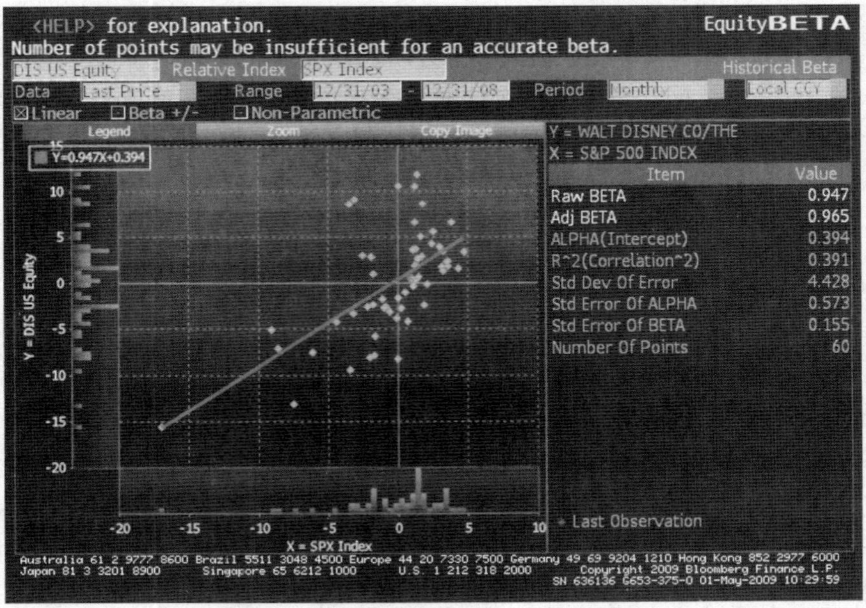

资料来源：**Bloomberg.**

---

① 这就是为什么在图中彭博资讯估计的截距（0.39%）与上一节中我们自己估计的截距（0.47%）有稍许差别，而贝塔值和 R^2 是相等的。

式子中的权重在股票之间没有变化，并且这种方法使得所有估计的贝塔都趋向于 1。大多数服务机构都会使用类似的步骤将贝塔调整为 1。它们这样做的原因是，实证研究表明，大多数公司的贝塔值随着时间的推移趋向于平均贝塔，也就是 1。这也可由以下事实来说明，即随着公司规模的增大，它们的产品组合和客户越来越多元化。

总的来说，不同机构对同一家公司的估计的贝塔值可能差异很大，因为它们使用了不同的估计期间（有的用两年而有的用五年）、不同的收益期间（日的、周的或者月的）、不同的市场指数以及回归后不同的调整。虽然这些贝塔的差异会给人带来麻烦，但每个机构估计的贝塔值都有一个标准误。很可能所有机构报告的贝塔值都落在标准误的区间里。

【例 4—4】　估计鹦鹉纸浆公司、塔塔化学公司和德意志银行的历史贝塔

鹦鹉纸浆是巴西的一家公司，我们可以用股票收益率对巴西指数收益率进行回归，从而得到风险参数。该公司同时也有在美国交易所上市的 ADR，并且我们可以用 ADR 的收益率对美国的指数收益率进行回归从而得到相应的参数。图 4—4 显示了从 2004 年 1 月到 2008 年 12 月期间用这两种数据回归的图。

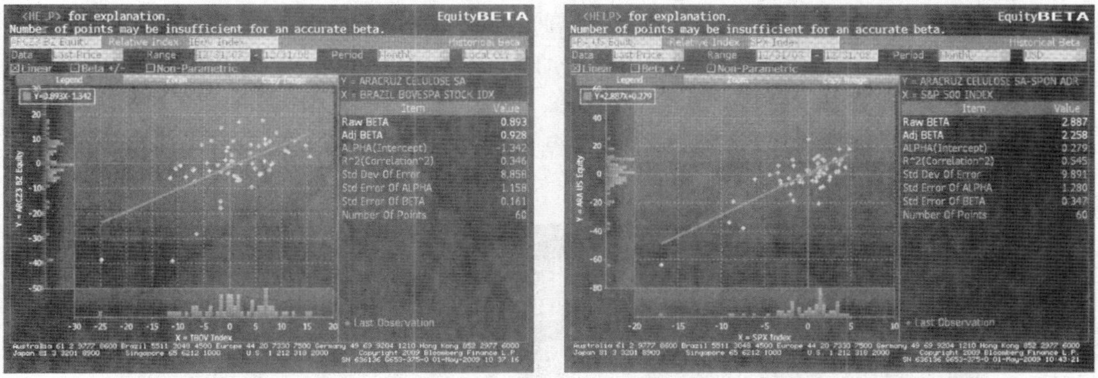

图4—4　估计鹦鹉纸浆的贝塔：指数的选择

资料来源：**Bloomberg.**

以上两个回归得出的风险参数有什么差别？用该公司的 ADR 对标准普尔 500 指数进行回归得到的贝塔值为 2.89，用当地上市股票对巴西的股票指数进行回归得到的贝塔值为 0.89。① 每种估计方法都有自身的问题。巴西的股票指数包含的公司较少，指数范围较窄，不能代表巴西所有公司。虽然标准普尔 500 指数的范围较广，但 ADR 的收益与大多数购买这只巴西本国上市股票的非美国投资者关系不大。虽然从直观上来说新兴市场的股票应当有更大的贝塔以反映其风险，但有些结果是我们没预期到的，即很多新兴市场公司 ADR 的贝塔值都比该公司在本国上市股票的贝塔值要小。

德意志银行没有在美国上市的 ADR，但是我们可以用该银行的收益率对一系列指数

① 这个回归的收益是用当地的货币来对股票和市场指数进行衡量的。

收益率进行回归。表 4—9 显示了德意志银行的收益率对三种指数的回归结果。这三种指数包括德国权益指数（DAX）、由大型欧洲公司所构成的指数（FTSE Euro 300）以及一种世界权益指数（摩根士丹利资本指数，MSCI）。

表4—9　　德意志银行的风险参数：指数的影响

	DAX	FTSE Euro 300	MSCI
截距	－1.63％	－1.05％	－0.48％
贝塔	1.40	1.52	1.99
贝塔的标准误	0.14	0.19	0.21
R^2	62％	54％	50％

这里我们也可以看到，德意志银行的风险参数是回归中所使用指数的函数。当对 DAX 进行回归时，标准误最小（R^2 最大），因为德意志银行在 DAX 中占有相当大的比例。当使用的指数扩展到包含其他欧洲股票时，标准误变大，R^2 变小。当使用的指数扩展到包含全球的股票时，标准误进一步增大，R^2 进一步变小。

对于塔塔化学公司而言，我们用股票的收益对 Sensex 指数的收益进行回归。Sensex 是引用最广泛的印度股票市场指数。我们使用的是从 2004 年 1 月到 2008 年 12 月的数据。图 4—5 显示了这一回归结果。

就像德意志银行的股票对 DAX 的回归结果一样，更高的 R^2 表明指数所包含的股票范围很窄而不是表明回归的质量很高。

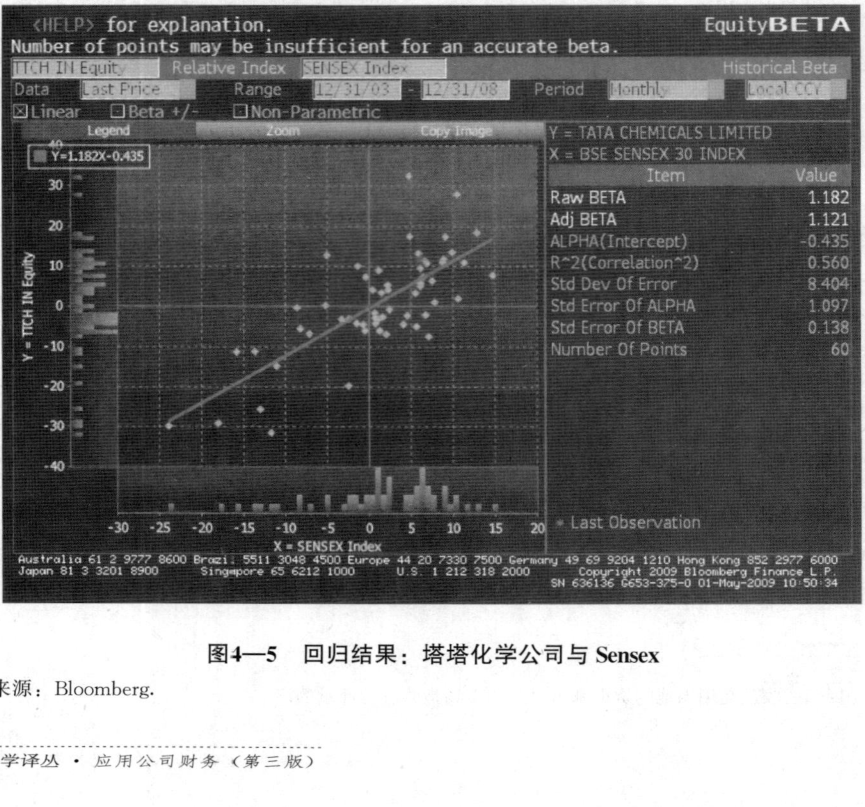

图4—5　回归结果：塔塔化学公司与 Sensex

资料来源：Bloomberg.

表 4—10 对以上几个回归的主要参数进行了描述。这些参数给我们提供了有关风险和业绩的一些信息。从表 4—10 可以看出，这三家公司在调整了风险与市场业绩后，业绩表现都不如它们国内的市场指数。尽管鹦鹉纸浆 ADR 相对于标准普尔 500 指数来说有正的詹森 α，但是这些收益的大部分在 2008 年的最后几个月都消失了。

表4—10　　詹森 α、贝塔与 R^2

	贝塔(标准误)	詹森 α(年化值)	R^2
鹦鹉纸浆 ADR	2.89(0.35)	9.97%	55%
鹦鹉纸浆	0.89(0.16)	−15.51%	35%
德意志银行	1.40(0.14)	−16.89%	62%
塔塔化学公司	1.18(0.14)	−4.29%	56%

实践：我们应当使用哪种指数来估计贝塔？

在大多数情况下，分析师在估计贝塔时要在大量指数中进行选择。在美国就有 20 多种被广泛使用的权益指数，从道琼斯 30 指数到威尔逊 5000 指数（Wilshire 5000）。一种方法是使用投资者在考察股票时最常用的股票指数。因此，如果是针对美国投资者的分析，就应当使用标准普尔 500 指数。

在分析中使用的合适指数应当由被分析公司的边际投资者持股情况来决定。回想一下我们在前面对鹦鹉纸浆公司、塔塔化学公司和德意志银行的分析。如果这些公司的边际投资者仅仅持有国内的股票——在鹦鹉纸浆公司的例子里是仅持有巴西的股票，在塔塔化学公司的例子里是仅持有印度的股票，在德意志银行的例子里是仅持有德国的股票——我们就对本国的指数进行回归。如果边际投资者是全球投资者，与风险更相关的衡量方式是使用全球性的指数。随着时间的推移，可以预期到全球性的投资者将取代本国的投资者成为边际投资者，因为他们将更少的风险看作是市场风险，于是就会对同样的证券付出更高的价格。所以，有一种观点是，鹦鹉纸浆公司对于拥有全球性组合的国外投资者的风险较小，而对于仅投资于巴西的本国投资者的风险较大。

对 APM 和多因子模型的风险参数进行估计的标准步骤

APM 和 CAPM 一样将风险定义为不可分散的风险，但是与 CAPM 不同的是，APM 用多种经济因子来衡量这种风险。虽然在 APM 中估计风险参数的过程是不一样的，但是很多与 CAPM 中风险决定因素有关的问题在 APM 中会继续存在。

可以通过对历史数据的因子分析估计出 APM 中的参数，得到决定收益的共同经济因子的数量、与每种因子相关的风险溢价和各公司的因子特有的贝塔。

一旦将因子特有的贝塔和因子风险溢价衡量出来，就可以用 APM 来估计股票的预期收益。

$$权益成本 = R_f + \sum_{j=1}^{j=k} \beta_j [E(R_j) - R_f]$$

其中，

R_f = 无风险收益率

β_j = 因子 j 特有的贝塔

$E(R_j) - R_f$ = 每单位因子 j 的风险溢价

k = 因子的个数

在多因子模型中，通过每家公司的历史数据估计出与特有因子相关的贝塔。

B. 基本面的贝塔

一家公司的贝塔可以通过回归估计出来，但它其实是由公司所作的一些基本决策所决定的。这些基本决策包括：公司所从事的业务类型、业务中所使用的经营杠杆大小，以及财务杠杆大小。在这一部分，我们用另一种方法来估计贝塔，考虑更多的是直观上决定贝塔的基本面而不是依赖历史数据。

贝塔的决定因素

企业的贝塔由三个变量决定：（1）业务类型或者企业所处的行业；（2）经营杠杆的大小；（3）财务杠杆的大小。本章更多地是讨论 CAPM 中的贝塔，但是也可以对 APM 和多因子模型中的贝塔进行相同的分析。

业务类型

因为贝塔衡量的是企业相对于市场指数的风险，那么某种业务相对于市场环境越敏感，企业的贝塔越高。由此，在其他条件相同的情况下，与经济周期相一致的企业比与周期不一致的企业有更大的贝塔。房地产和汽车行业是对经济形势非常敏感的行业，而食品加工和烟草行业是对经济形势不那么敏感的行业，因此，在其他条件相同的情况下，前两个行业的公司比后两个行业的公司有更大的贝塔。

另外，我们也可以认为，对某种产品购买的弹性也会影响到生产该产品的企业的贝塔。一些低端的零售商，比如沃尔玛，要比一些高端的特别定制的零售商，比如蒂芙尼（Tiffany's）和古弛（Gucci），有更小的贝塔，因为消费者在经济糟糕的时期会推迟对后一类产品的购买。

企业对于消费者购买其产品和服务的弹性仅有有限的控制力。然而，有些公司也会充分利用这种有限的控制力使得消费者的弹性变小一些，从而降低它们的业务风险。有一种方法是，使提供的产品和服务成为日常生活必不可少的必需品。还有一种方法是，有效地利用广告和营销建立品牌忠诚度。广告的目标是使那些可有可无的产品和服务成为目标客户的必需品。所以，公司战略、广告以及营销的敏锐度都可以改变企业的风险和贝塔。

4.6 贝塔和企业风险

拉夫·劳伦，一家高级时尚设计公司，1997 年上市。假定你要对该公司的贝塔进行估计。根据你对该公司产品的了解，你预计贝塔的值将

a. 大于 1。
b. 约等于 1。
c. 小于 1。
为什么？

经营杠杆的大小

经营杠杆的大小是公司成本结构的函数，可以用固定成本与总成本的关系来表示。一家经营杠杆较高的企业比经营杠杆较低的同类企业的营业利润的波动更大。[①] 同时，在其他条件相同的情况下，营业利润的波动越大，高经营杠杆公司的贝塔值也越大。

虽然经营杠杆影响贝塔，但是很难衡量出一家公司的经营杠杆，至少从外部来看是如此，因为利润表中固定成本和可变成本是加在一起的。可以对企业的经营杠杆进行大致的估计，即将营业利润的变动看做是销售收入变动的函数。

经营杠杆 = 营业利润的变动百分比 / 销售收入的变动百分比

对于那些有高经营杠杆的公司来说，营业利润变动通常比销售收入的变动大，即当销售收入增大时营业利润增大得更多，但当销售收入减少时收入降低得更多。

企业可以改变它们的经营杠杆吗？虽然企业的成本结构是由所处行业决定的（一个能源公共企业必须建立昂贵的发电站，航空公司必须租赁昂贵的飞机），美国的企业在降低总成本中固定成本部分上变得更有创意。劳动合同中的灵活性让企业的劳动力成本对于企业的盈亏更加敏感，合资协议中规定由另外一方来承担固定成本，制造分包合同减少了对于昂贵的机器和设备的需求。以上这些只是在这方面创新的少数几个例子。有人认为这些行为带来了竞争优势和成本灵活性，但是这些行为的的确确减少了企业的经营杠杆和面临的市场风险。

【例 4—5】 衡量迪士尼的经营杠杆

在表 4—11 中，我们估计了迪士尼从 1987 年到 2008 年的经营杠杆。我们使用息税前利润（earnings before interest and taxes，EBIT）来衡量营业利润。经营杠杆在不同年份变动剧烈，因为营业利润在不同年份变动很大。我们通过该期间销售额的平均变化与营业利润的平均变化计算出经营杠杆。

---

① 关于原因，请比较都有 1 亿美元销售收入和 0.1 亿美元经营收入的两家企业。假定第一家企业的成本全部是固定成本，第二家企业的固定成本只占总成本的一半。如果两家企业的销售收入都增加 0.1 亿美元，第一家公司报告的经营收入翻了一番（从 0.1 亿美元变成 0.2 亿美元），而第二家企业报告的经营收入增长了 55%（因为成本增加了 0.045 亿美元，是收入增长的 45%）。

表4—11　经营杠杆大小——迪士尼公司

年份	销售净额（百万美元）	销售收入变动百分比（%）	息税前利润（百万美元）	息税前利润变动百分比（%）
1987	2 877		756	
1988	3 438	19.50	848	12.17
1989	4 594	33.62	1 177	38.80
1990	5 844	27.21	1 368	16.23
1991	6 182	5.78	1 124	−17.84
1992	7 504	21.38	1 287	14.50
1993	8 529	13.66	1 560	21.21
1994	10 055	17.89	1 804	15.64
1995	12 112	20.46	2 262	25.39
1996	18 739	54.71	3 024	33.69
1997	22 473	19.93	3 945	30.46
1998	22 976	2.24	3 843	−2.59
1999	23 435	2.00	3 580	−6.84
2000	25 418	8.46	2 525	−29.47
2001	25 172	−0.97	2 832	12.16
2002	25 329	0.62	2 384	−15.82
2003	27 061	6.84	2 713	13.80
2004	30 752	13.64	4 048	49.21
2005	31 944	3.88	4 107	1.46
2006	33 747	5.64	5 355	30.39
2007	35 510	5.22	6 829	27.53
2008	37 843	6.57	7 404	8.42
平均：1987—2008		13.73		13.26
平均：1996—2008		9.91		11.72

资料来源：Bloomberg.

经营杠杆＝息税前利润的变动百分比/销售收入的变动百分比

＝13.26%/13.73%＝0.97

有两点值得注意。第一，我们计算出来的其他娱乐公司的经营杠杆是1.15，迪士尼的经营杠杆比这个值略低。[①] 这表明迪士尼比其竞争对手的固定成本更低，贝塔值更小。第二，迪士尼在1996年对大都会公司（Capital Cities）的收购可能影响了经营杠杆。使用1996年之后的数据来计算，我们可以得到更高的经营杠杆：

$$经营杠杆_{1996\text{—}2008}=11.72\%/9.91\%=1.18$$

我们不用过分关注这些数字，因为迪士尼经营的业务范围相当广。我们会假定迪士

① 我们使用1997—2008年行业加总的销售收入与营业利润来计算其他娱乐公司的经营杠杆值。

尼的主题公园比其电影公司有着更高的固定成本（和经营杠杆）。

4.7 社会政策与经营杠杆

假定你在比较欧洲的汽车制造企业与美国的汽车制造企业。通常来说，欧洲的企业在陷入财务困境时解聘雇员有着更大的约束。如果在贝塔的估计中都使用同类的指数，这种社会政策对于贝塔意味着什么？

a. 欧洲企业比美国企业有更大的贝塔值。

b. 欧洲企业与美国企业的贝塔值差不多。

c. 欧洲企业比美国企业有更小的贝塔值。

实践：小规模的公司或高成长性的公司比大规模的公司或成熟的公司有着更高的贝塔值吗？

一眼看上去答案很明显——小型高成长性的公司比大型成熟公司风险要大，但实际上这是个不容易回答的问题。如果问题是针对总风险，小型高成长性的公司自然风险更大，因为这些公司盈利的波动性更大（从而反映在市场价格里）。当问题是针对贝塔或者市场风险时，只有在小型高成长性的公司提供的产品或服务使消费者的自由选择度较大时，或者在这些公司有着更高的经营杠杆时，它们才有更高的贝塔值。小公司很有可能在小众市场（niche market）中经营并且相应的消费者能够推迟购买该产品，同时缺乏规模经济也可能使这些公司的固定成本很高。因此这些公司应当比大型同类公司有更高的贝塔。但也有可能以上两种情形都不符合某个特定的小公司。因此，答案取决于考察的公司和其所在的行业。

实际上，分析师通常在计算小公司的权益成本时加上所谓的小公司溢价。小公司溢价通常是通过历史数据估计出来的，就是小市值的股票与市场中其余股票的平均年收益率之差。我们发现 1926—2008 年间小公司的溢价为 3%～3.4%。有三个原因可表明这种方法是很危险的。第一个原因是，小公司溢价的波动很大，在 20 世纪 80 年代的一段期间内小公司的溢价甚至消失了。第二个原因是，小市值股票的定义可能会随时间的推移而变化，历史上小市值股票的溢价大部分归因于那些（小市值股票中）最小的股票。第三个原因是，如果使用固定的小股票溢价来做调整，就会使得分析师缺少动力去更仔细地考察小市值公司的产品特征和经营杠杆。

财务杠杆的大小

在其他条件不变的情况下，财务杠杆的增加也会增大企业的贝塔值。从直觉上来说，我们认为负债所导致的固定利息支付在经营好的时期会增大每股盈利，在经营差的时期会降低每股盈利。[①] 更高的财务杠杆会增加每股盈利的方差，使得权益投资的风险增大。如果公司的所有风险都由股东来承担（相当于债务的贝塔为 0）[②]，负债给公司创造了税收上的好处，则

$$\beta_L = \beta_u[1 + (1 - t)(D/E)]$$

其中，

β_L = 企业的有杠杆权益贝塔

β_u = 企业的无杠杆贝塔(也就是,企业资产的贝塔)

t = 企业的边际税率

D/E = 负债权益比(以市场价值的形式)

边际税率是对于企业赚取的最后一美元征收的税率。边际税率通常与有效税率或平均税率不相等。使用边际税率是因为利息费用节约了边际收益所交的税。我们从直观上认为，当财务杠杆增加时（用负债权益比来衡量财务杠杆），股东要承担更多的市场风险，从而导致更高的贝塔。等式中的税收因素体现了利息的抵税所带来的好处。

企业的无杠杆贝塔是由企业经营的业务和企业的经营杠杆所决定的。无杠杆贝塔又被称为资产贝塔，因为它的值由企业所拥有的资产（或业务）决定。而一家公司的权益（有杠杆）贝塔是由企业的经营风险与财务杠杆的风险所共同决定的。因为财务杠杆放大了企业基本的风险，所以业务风险更大的企业将不愿意利用财务杠杆，业务相对稳定的企业将会更愿意利用财务杠杆。例如，公共事业行业一直都有着较高的债务比例但是其贝塔值都不高，基本上是因为公共事业行业的业务比较稳定并且比较容易预测。

将风险分成经营杠杆所导致的风险和财务杠杆所导致的风险两部分，这也能让我们更清楚地了解为什么公司会有高的贝塔值。有两种情况可能导致高的贝塔值，可能因为这些公司在高风险行业经营，也可能因为公司在相对稳定的行业里经营但是有更高的财务杠杆。

【例 4—6】　财务杠杆对贝塔的影响——迪士尼公司

从 2004—2008 年的回归可以得到迪士尼的贝塔值为 0.95。为了考察迪士尼公司的财务杠杆效应，我们首先利用债务和权益的市场价值来估计 2004—2008 年平均的负债权益比率。

2004—2008 年平均的市场负债权益比 = 24.64

已知公司的边际税率为 38%，就可以估计出无杠杆贝塔[③]：

---

① 利息费用总是会使净利润减少，但是公司使用债务融资而不是股权融资时也会使得股份数减少。因此，债务的影响体现在每股收益中。

② 如果我们忽略税收效应，那么有杠杆贝塔可以计算如下：$\beta_L = \beta_u(1 + D/E)$。如果债务有市场风险（也就是说，债务的贝塔值大于 0），那么需要对上面的式子进行修改。如果债务的贝塔为 β_D，则权益的贝塔可以写成 $\beta_L = \beta_u[1 + (1 - t)(D/E)] - \beta_D(1 - t)D/E$。

③ 2008 年美国的边际联邦公司税率为 35%。迪士尼在年报中披露的边际州税率和边际地区税率要再加上 3%。迪士尼在报告中也提到 2008 年的一些抵税优惠，这使得有效税率减小为 36.1%。我们假定这种有抵税作用的税收收益是暂时的。

$$\text{无杠杆贝塔} = \text{当前贝塔} / [1 + (1 - \text{税率}) \times \text{市场平均的负债权益比}]$$
$$= 0.95/[1 + (1 - 0.38) \times 0.2464] = 0.8241$$

在不同的债务水平下，有杠杆贝塔可估计如下：

$$\text{有杠杆贝塔} = \text{无杠杆贝塔} \times [1 + (1 - \text{税率}) \times \text{负债权益比}]$$

例如，如果迪士尼将其负债权益比提高到10%，其权益贝塔则为：

$$\text{有杠杆贝塔}(@10\%\ \text{负债权益比}) = 0.8241 \times [1 + (1 - 0.38) \times 0.10] = 0.88$$

如果将负债权益比提高到25%，相应的权益贝塔则为：

$$\text{有杠杆贝塔}(@25\%\ \text{负债权益比}) = 0.8241 \times [1 + (1 - 0.38) \times 0.25] = 0.95$$

表4—12总结了当负债权益比从0%变化到90%时不同财务杠杆下的贝塔值。

表4—12　　财务杠杆与贝塔

资产负债率（%）	负债权益比（%）	贝塔	杠杆的作用
0.00	0.00	0.82	0.00
10.00	11.11	0.88	0.06
20.00	25.00	0.95	0.13
30.00	42.86	1.04	0.22
40.00	66.67	1.16	0.34
50.00	100.00	1.34	0.51
60.00	150.00	1.59	0.77
70.00	233.33	2.02	1.19
80.00	400.00	2.87	2.04
90.00	900.00	5.42	4.60

随着迪士尼公司财务杠杆的增加，贝塔值也增大了。

levbeta. xls：这个扩展的表格可用于计算无杠杆贝塔，同时也可用于计算有杠杆贝塔。

ctrytaxrate. xls：网上的数据集包含了不同国家的边际税率。

实践：双重税率

边际税率指的是针对边际收入（或者收入的最后一美元）的税率。边际税率既是计算有杠杆贝塔的重要变量，也是我们在后面章节中计算税后债务资本成本的变量。在对边际税率的估计中可能会存在一些问题，因为企业并不在财务报告中对边际税率进行披露。大多数公司在年报和给 SEC 的文件中披露应税收入的有效税率。有效税率可以通过用财务报告中支付的所得税除以净的应税收入得到。有效税率与边际税率是不同的，有以下几点原因。

● 如果是一个小企业，对于更高的收入部分的税率也更高，那么所有收入的平均税率将低于最后一美元的税率。对更大的企业而言，其大部分收入都属于征收最高税率的收入，那么平均税率就与最后一美元的边际税率更加接近。

● 上市公司，至少美国的上市公司，通常都有两个账册。一个是税收账册，还有一个是报告的账册。这两个账册通常使用不同的会计准则，通常对税务机构报告较低的收入而在年报中报告较高的收入。因为支付的税收通常是基于税务的账册，所以有效税率往往低于边际税率。

● 递延或推迟税收也会造成边际税率与有效税率的差异。在税收被递延的期间，有效税率滞后于边际税率。在递延的部分被支付期间，有效税率又比边际税率要高一些。

边际税率的最好来源是公司营业利润所在国家的税法。如果存在州的或地方的税收，也将这些税收包含在边际税率的计算中。对于一家跨了多个税收区域的公司而言，边际税率可以取以各区域的营业收入为权数对各区域的边际税率进行加权平均的值。

由下而上估算贝塔值

将贝塔分成有关业务、经营杠杆和财务杠杆几部分，这样可以得到另一种估计贝塔的方法，由此我们就不需要根据公司过去的股价来估计了。

为了采用这种新的方法，我们需要介绍贝塔所具有的一个非常好的性质。将两个资产组合在一起后得到的新资产的贝塔等于这两个资产的贝塔的加权平均，其中权数是各个资产的市场价值比例。因此，一家企业的贝塔是其所有业务贝塔的加权平均值。因此，一家企业、一项资产或一个项目的由下而上贝塔值可以估计如下：

● 确定出构成企业的各种业务，相应估计出各种业务的贝塔。大多数企业在年报和财务文件中提供了各种业务的收入和营业利润。

● 根据企业所从事的业务，每种业务相应找到一些主要从事该业务的上市公司，然后估计出这些上市公司的无杠杆贝塔并计算出平均值。在估计中，我们需要注意以下事项：

一是可比企业。对大多数行业来说，至少有几个可比企业。而在一些行业中，有几百个可比企业。对可比企业的定义要窄一些，但如果符合条件的可比企业的数量太少，则要扩大对可比企业的定义。

二是贝塔的估计。在找出相应的可比企业后，我们就需要估计出每家企业的贝塔。最好是用可比企业对同一个指数进行回归。如果行不通，再用可比企业对不同的指数进行回归。

三是先估计无杠杆贝塔或者后估计无杠杆贝塔。一种方法是，我们先利用每家公司的负债权益比和税率估计出每家可比企业的无杠杆贝塔。另一种方法是，我们先计算出各个行业的平均贝塔、平均负债权益比和平均税率，然后再得到行业的无杠杆贝塔。给定回归中贝塔估计的标准误，我们建议采用后一种方法。

四是平均的方法。所有可比企业的贝塔的平均值可以采用简单平均或者加权平均。如果采用加权平均，权重为各企业的市场价值份额。从统计上来说，如果使用的是简单平均法，标准误会降低得更多。

五是由现金引发的调整。如果投资是现金或可交易证券，那么这些投资的贝塔值接近于0。因此，可比企业的贝塔可能会受到这些企业持有现金的影响。对持有现金加以修正之后的贝塔为：

$$\text{经过现金修正之后的无杠杆贝塔} = \frac{\text{无杠杆贝塔}}{(1-\text{现金}/\text{企业价值})}$$

得到的结果有时被称为纯粹的贝塔，表明该贝塔值衡量的只是业务风险而不是其他风险。

- 我们对各业务的无杠杆贝塔进行加权平均就可以得到企业的无杠杆贝塔，其中使用的权重是各种业务在企业价值中的比重。我们需要对各部分的价值进行估计，因为通常不能得到各部分的市场价值。[①] 如果不能估计出各部分的价值，我们就用经营收入或者总收入来作为权重。最后得到的加权平均值被称为由下而上无杠杆贝塔。通常来说，最好是估计出企业两部分的无杠杆贝塔：一个是企业经营资产的贝塔，另一个是企业的现金和可交易证券的贝塔，其中现金和市场化证券的贝塔为0。
- 计算出企业当前的负债权益比，如果可能的话使用负债和权益的市场价值。另一种方法是，使用企业的管理层确定的目标负债权益比或者行业典型的负债比率。
- 使用第三步中得到的无杠杆贝塔和第四步中得到的负债权益比，估计出企业权益的有杠杆贝塔（和每种业务的有杠杆贝塔）。

显然，这个过程的关键在于确定各种业务的无杠杆贝塔。

使用由下而上贝塔有三种显著的优势：

（1）我们可以估计出那些没有历史价格的企业的贝塔，只确定出企业经营的各种业务。也就是说，我们可以估计出以下企业的贝塔，包括首次发行股票的企业、私有企业和公司的各种分支机构。

（2）因为某种业务的贝塔是很多回归得到的贝塔的加权平均，比仅对单个公司进行回归得到的贝塔要准确些。贝塔估计的平均值的标准误可以写成可比企业数量的函数，如下：

$$\sigma_{\text{贝塔的均值}} = \frac{\sigma_{\text{贝塔}}\ \text{的均值}}{\sqrt{\text{可比企业的数量}}}$$

① 例外情形是恰好该公司的各个分部在金融市场上都有各自交易的股票。

其中，$\sigma_{贝塔}$是每个回归得出的贝塔的标准误，$\sigma_{贝塔的均值}$是对这些企业的贝塔进行平均后得到的平均值的标准误。如果每个公司贝塔的标准误为 0.25，那么最后得到贝塔的均值的标准误为 0.025（$=0.25/\sqrt{100}$）。

（3）由下而上贝塔可以反映企业当前甚至将来的业务组合和财务杠杆，因为我们在估计中可以改变企业每种业务的权重。

Betas. xls：网上的数据集包含了四个地区各行业最新的贝塔值。这四个地区是美国、欧洲、新兴市场和日本。

【例 4—7】　迪士尼公司的由下而上贝塔

迪士尼是一家多元化的娱乐企业，它除了主题公园外，在广播行业和电影行业也有大量投资。为了估计迪士尼公司的贝塔，我们首先将迪士尼的业务分成四块：

（1）电视电影娱乐。该业务包括在剧场、电视和家庭影音市场中分销的电影制作和发布，以及在网络上和同步市场上的电视节目的制作。在这个部门，除了迪士尼工作室制作电视电影外，还包括皮克斯工作室和米拉麦克斯工作室。其中迪士尼工作室专门制作电脑动画电影，而米拉麦克斯工作室制作适合成人的电影。

（2）网络传媒。该业务包含美国广播公司的电视和播音网。美国广播公司是在 1995 年被迪士尼收购的。另外，迪士尼还通过迪士尼频道、A&E 和 ESPN 在有线市场上占有大量份额。

（3）公园、旅游胜地。这部分包括迪士尼世界（位于佛罗里达州的奥兰多）、迪士尼乐园（位于加利福尼亚州的阿纳海姆）以及最近新开的香港迪士尼。同时，迪士尼也持有东京迪士尼乐园和欧洲迪士尼的部分股份。公园里的酒店也是主题公园的一部分，因为酒店的收入几乎全部来自公园的游客。

（4）消费品。该部分包括迪士尼的零售经销店、专利权收入、互动产品和出版物。

这种业务的划分方法体现在迪士尼的年报中。实际上，迪士尼还有一些更小的业务，这些业务包含在以上四种业务里，包括：

- **海上航线。**迪士尼经营两艘游船——迪士尼魔幻号（Disney Magic）和迪士尼精彩号（Disney Wonder），这两艘游船的航线是从佛罗里达出发到达加勒比海岸。
- **网络经营。**迪士尼对 GO 网络和其他在线经营进行了大量投资。这些投资的一部分已经在 2002 年被注销了，但余下的投资仍是未来收入的潜在来源。最近几年里，迪士尼又进行了一些网络的风险投资。这部分业务虽然很小，但在不断增长。
- **体育特许经营权。**迪士尼拥有全国曲棍球联会大力鸭的特许经营权，2002 年，它就卖掉了美国职业棒球队天使队。

由于没有以上三种业务的详细信息，我们假定这三种业务在迪士尼的整个收入中占有非常小的份额以至于对迪士尼风险的估计影响不大。对于以上有详细信息的四种主要业务，我们通过每种业务的可比企业估计出无杠杆贝塔。[①] 表 4—13 对可比企业和每种业

① 我们在可比企业的贝塔估计中使用 40%的边际税率。

务的无杠杆贝塔进行了描述。

表 4—13　　估计迪士尼各业务的无杠杆贝塔

业务	可比企业	企业数	有杠杆贝塔的中位数	负债权益比的中位数	无杠杆贝塔	现金比例	修正后的贝塔
网络传媒	无线电广播和电视广播公司——美国	19	0.83	38.71%	0.673 5	4.54%	0.705 6
公园、旅游胜地	主题公园和旅游胜地公司——全球	26	0.80	65.10%	0.575 3	1.64%	0.584 9
电视电影娱乐	电影公司——美国	19	1.57	53.89%	1.186 4	8.93%	1.302 7
消费品	玩具公司——美国	12	0.83	27.21%	0.709 2	33.66%	1.690

我们首先确定出可比企业中有代表性的收入乘数，然后用收入乘数与迪士尼 2008 年报告的相关分部的收入相乘，从而得到各种业务分部的价值。[①] 这样就可以计算出各种业务在整个迪士尼中的比重。迪士尼 2008 年的无杠杆贝塔就是对各种业务贝塔的加权平均值。表 4—14 展示了这一计算过程。

权益贝塔可以通过迪士尼公司现有的财务杠杆计算出来。已知迪士尼权益的市场价值是 451.93 亿美元，其负债的市场价值是 166.82 亿美元[②]，可以得到迪士尼经营资产的有杠杆（权益）贝塔：

$$\text{迪士尼的负债权益比} = \frac{166.82}{451.93} = 36.91\%$$

$$\text{迪士尼经营资产的权益贝塔} = 0.733\,3 \times [1 + (1 - 0.38) \times 0.369\,1] = 0.901\,1$$

在本书的其他部分，我们在分析经营资产时，就用此时计算出来的无杠杆贝塔值和权益贝塔值。

我们也可以将现金考虑在内，计算出迪士尼所有资产的无杠杆贝塔：

$$\beta_{\text{迪士尼}} = \beta_{\text{经营资产}} \frac{\text{价值}_{\text{经营资产}}}{(\text{价值}_{\text{经营资产}} + \text{价值}_{\text{现金}})} + \beta_{\text{现金}} \frac{\text{价值}_{\text{现金}}}{(\text{价值}_{\text{经营资产}} + \text{价值}_{\text{现金}})}$$

① 我们首先估计出每家企业的价值。估计方法如下：企业价值＝权益的市场价值＋负债的账面价值－现金。我们用企业价值除以销售收入，得到企业价值/销售乘数。然后，从所有可比企业的企业价值/销售乘数中找到中位数来作为有代表性的收入乘数。我们没有使用可比企业收益乘数的平均值，因为一些极端值会导致有偏的结果。

② 计算的详细部分将在后面章节再介绍。

$$= 0.7333 \times \frac{585.25}{585.25 + 37.95} + 0 \times \frac{37.95}{585.25 + 37.95} = 0.6885$$

$$\text{权益贝塔}_{\text{迪士尼}} = 0.6885 \times [1 + (1 - 0.38) \times 0.3691)] = 0.8460$$

我们之前通过回归得出的贝塔为 0.95。通过比较可以看出，现在这种方法估计的贝塔值比较小，但是这个贝塔更加准确（因为是通过平均的方法），并且反映了迪士尼当前的业务组合。分析中较少需要使用经过现金调整后的贝塔值。[①]

这种方法的灵活性可以从以下例子中看出。迪士尼宣布用大于 40 亿美元的价格来收购漫威漫画公司（Marvel）。在需要时，我们可以将漫威包含在企业的业务组合里，就像表 4—14 展现的那样。由此，我们可以重新估计迪士尼的贝塔。

表 4—14　　估计迪士尼的无杠杆贝塔

	2008 年的收入（百万美元）	企业价值/销售收入	估计的价值（百万美元）	占企业价值的比重（%）	无杠杆贝塔
网络传媒	16 116	2.13	34 328	58.92	0.705 6
公园、旅游胜地	11 504	1.51	17 408	29.88	0.584 9
电视电影娱乐	7 348	0.78	5 755	9.88	1.302 7
消费品	2 875	0.27	768	1.32	1.069 0
迪士尼的总业务	37 843		58 259	100.00	0.733 3

实践：不能找到可比企业?

分析师在用由下而上方法对一些公司的贝塔进行估计时碰到的一个问题是缺乏可比企业，可能是因为公司提供的产品很特殊，也可能是因为该行业的公司大多都是私有企业。我们还是不使用回归的方法，因为这种方法很可能使贝塔的值落在很大范围之内。我们建议采用以下方法来扩大可比企业的样本。

● **在地理上扩展。**当分析来自像希腊和巴西这样的小市场的企业时，如果我们将目光锁定在该市场，可比企业的数量是很少的。扩大样本的一种方法是将处在相同行业但在其他市场交易的企业作为可比企业，比如对于希腊的企业考虑欧洲市场，对于巴西的企业考虑拉丁美洲市场。随着纸张和石油企业这种商品公司在全球市场的交易，我们可以考虑全球样本。

● **产业链。**扩展样本的另一种方法是，将公司的上游企业和下游企业作为可比企业。

① 使用现金调整后的贝塔值的唯一情形是，根据净收益的现金流（包含现金形式的利息收入）直接对迪士尼的权益进行估值。如果你计算的资本成本是用于对企业经营资产的估值，那么你应当仍然使用经营资产的贝塔。

例如，如果分析的企业是图书零售商，我们可以将图书出版企业作为可比企业，因为这两组企业的命运是绑在一起的。不可能出现其中一组企业的业绩很好而另一组企业的业绩不佳的现象。

- **消费者专业化。**如果企业的大量收入都来自另一个行业，那么可以使用这个行业的公司来估计企业的贝塔。因此，如果一个律师事务所的收入全部来自投资银行，那么可以通过考察投资银行的贝塔来估计该律师事务所的贝塔。

【例 4—8】　书景书店的由下而上贝塔

我们不能利用回归的方法估计出书景书店的贝塔，因为该书店是一个私有企业，没有历史股价。但是，我们可以采用由下而上的方法来估计。我们只能在美国找到三家图书零售商的上市公司，所以将样本扩展到包含图书出版公司。我们将这些公司的贝塔、负债、现金和权益列示在表 4—15 中。

表 4—15　　图书零售和出版的上市公司的贝塔和杠杆

	行业	贝塔	负债权益比(%)	无杠杆贝塔	现金/企业价值(%)	经过现金修正后的无杠杆贝塔
Courier Corp.	出版业	0.98	12.33	0.91	0.46	0.92
Educational Devel.	出版业	0.57	0.00	0.57	15.38	0.67
McGraw-Hill Ryerson Ltd.	出版业	0.26	0.00	0.26	46.97	0.49
Meredith Corp.	出版业	1.37	66.85	0.98	3.11	1.01
Fresstek Inc.	出版业	1.68	41.09	1.35	10.83	1.51
FRIMEDIA Inc.	出版业	1.65	340.84	0.54	9.20	0.60
Scholastic Corp.	出版业	1.13	84.49	0.75	13.36	0.87
Torstar'B'	出版业	0.48	54.21	0.36	4.93	0.38
Wiley(John)& Sons	出版业	1.03	52.73	0.78	1.93	0.80
Barnes & Noble	零售业(特殊的)	1.34	0.00	1.34	48.46	2.60
Books-A-Million	零售业(特殊的)	1.98	97.49	1.25	7.90	1.36
Borders Group	零售业(特殊的)	2.44	240.87	1.00	7.78	1.08
中位数		**1.235**	**53.47**	**0.94**	**8.55**	**1.02**

尽管样本中企业的市场价值差别很大，但是它们的贝塔是一致的。我们首先估计出每家企业的无杠杆贝塔，然后根据各企业的现金持有情况再得到修正后的无杠杆贝塔，

再得到整个行业的无杠杆贝著。经过现金修正后的无杠杆贝塔的中位数为 1.02。[①]

在计算有杠杆贝塔时所使用的权益负债比应当为负债与权益的市场价值之比，而我们计算的书景书店的负债权益比用的是负债与权益的账面价值之比，所以我们假定书景书店的负债权益比与行业中负债权益比的中位数 53.47%接近。另外已知书景书店的边际税率是 40%，我们得到有杠杆贝塔为 1.35。

$$\text{书景书店的有杠杆贝塔} = 1.02 \times [1 + (1 - 0.40) \times 0.534\,7]$$
$$= 1.35$$

【例 4—9】 鹦鹉纸浆公司和塔塔化学公司的由下而上贝塔

我们将鹦鹉纸浆公司放在其本国市场（巴西）的背景中来对贝塔进行估计是有困难的。这有以下两点原因：首先，巴西市场中与鹦鹉纸浆公司经营的是同一业务（也就是，纸和纸浆的生产）的只有两家上市公司。其次，所有巴西企业的贝塔都是不可靠的，因为用于估计贝塔的巴西市场指数范围很窄，在该指数中少数几家大公司起主导作用。我们在估计由下而上贝塔时有三组公司可以作为可比企业：

（1）新兴市场的纸和纸浆公司。这个样本的公司数稍微大一些。虽然单个公司的贝塔可能因为使用本国指数的局限而有偏，但是这些误差可以在样本中被平均化。

（2）美国的纸和纸浆公司。无论是在公司数量上还是在估计贝塔的可靠程度上，使用美国市场都是有优势的。缺点是，由于管制的差异，美国公司的风险与巴西公司的风险可能是不一样的。[②]

（3）全球的纸和纸浆公司。这个样本最大，包含了新兴市场和发达市场的公司。因为贝塔是对于相对风险的衡量，我们认为，除了各市场间存在显著的管制和垄断差异之外，比较不同市场间的贝塔是合理的。

表 4—16 展示了分别利用三组公司估计的贝塔。

每组公司所使用的税率取的是组内公司的边际税率的平均值，从而得到对新兴市场公司使用的税率是 32%，对美国公司使用的税率是 40%，对全球公司使用的税率是 35%。新兴市场公司的无杠杆贝塔要高于美国公司和全球公司。美国公司的平均贝塔要高于其他样本，原因可能在于美国公司有较高的负债权益比。我们使用新兴市场的无杠杆贝塔 1.01 来作为鹦鹉纸浆所在行业的贝塔。

在计算鹦鹉纸浆的纸和纸浆业务的有杠杆贝塔时，我们使用流通在外的总债务 98.05 亿雷亚尔、权益的市场价值 89.07 亿雷亚尔和巴西的边际税率 34%：

$$\text{总的负债权益比} = \text{负债} / \text{权益} = 98.05/89.07 = 110.08\%$$
$$\text{鹦鹉纸浆纸张业务的有杠杆贝塔} = 1.01 \times [1 + (1 - 0.34)(1.100\,8)]$$
$$= 1.74$$

---

① 利用另外一些方法来估计贝塔也会得到类似的结果。比如，利用整个部门的负债总值、权益总值和现金总值计算出整个行业的无杠杆贝塔为 1.00。先计算出整个部门的贝塔、负债权益比和现金与公司价值比的均值，然后得到贝塔的值为 0.97。

② 纸和纸浆公司是商品公司，都会受到纸和纸浆的价格的影响。也就是说，认为全球的纸和纸浆公司都受到同样的风险因素的影响这一看法是有道理的。

我们再计算鹦鹉纸浆公司的贝塔，要将公司的现金包含在内。在2008年年底，该公司的现金持有量为0.2亿雷亚尔，因此在贝塔估计中是否考虑现金影响不大。

表4—16　　　　由下而上贝塔——纸和纸浆业务

可比企业	公司数	贝塔的中位数	负债权益比的中位数（%）	无杠杆贝塔的中位数	现金/价值（%）	经过现金修正后的无杠杆贝塔
新兴市场	46	1.03	4.47	1.00	0.74	1.01
美国	13	1.16	92.29	0.75	2.87	0.77
全球	111	0.91	9.82	0.86	1.24	0.87

塔塔化学公司主要有两种业务——化学制品和肥料。为了估计塔塔化学公司的由下而上贝塔，我们在可比企业的选择上面临着同样的问题，是选择印度公司、新兴市场公司还是全球市场公司。对于鹦鹉纸浆公司，我们决定使用新兴市场公司作为可比企业。表4—17显示了塔塔化学公司中两种业务产生的收入、两种业务的价值（是基于可比企业的收入乘数）、每种业务的无杠杆贝塔和塔塔化学公司经营资产的无杠杆贝塔。

我们在计算杠杆贝塔时使用的边际税率是33.99%。

表4—17　　　　塔塔化学公司的贝塔:公司的各分部

业务类别（可比企业的数量）	收入（百万雷亚尔）	企业价值/销售收入（来自可比企业）	估计的价值（百万雷亚尔）	权重（%）	无杠杆贝塔	负债权益比（%）	杠杆贝塔
肥料(105)	2 506	1.28	3 208	62.18	0.72	51.56	0.965
化学制品(31)	1 586	1.23	1 951	37.82	0.68	51.56	0.911
塔塔化学公司			5 158		0.70	51.56	0.945

实践：总负债和净负债

很多欧洲和拉丁美洲的分析师都会从总负债中减去现金得到净负债，然后在计算有杠杆的贝塔和资本成本时使用净负债的值。

净负债 = 总负债 − 现金和市场化证券

这样做是因为现金可以减少公司实际的债务负担。

我们对于这个逻辑是没有异议的。实际上，有两种方法可以在公司的权益杠杆贝塔中反映现金的存在。在使用总负债的方法中，企业的无杠杆贝塔（而不是企业经营资产的贝塔）是企业经营资产的无杠杆贝塔和持有现金的无杠杆贝塔的加权平均。如果我们假定现金的贝塔为0，那么企业的无杠杆贝塔就是：

$$无杠杆贝塔_{企业}=0\times(现金/企业价值)+无杠杆贝塔_{经营资产}(1-现金/企业价值)$$

接着我们再利用企业的负债权益比就可以计算出权益的杠杆贝塔。在使用净负债的方法中，我们在计算企业的无杠杆贝塔时，先从总负债中减去现金，再利用企业的净负债与权益的比值计算出杠杆贝塔。

考虑一个化学公司的简单例子。该公司的经营资产为2 000万美元，权益为6 000万美元，负债为4 000万美元。假定化学业务的无杠杆贝塔是1.20，边际税率是40%。首先，我们利用总负债的方法计算出贝塔值：

$$无杠杆贝塔_{公司}=0\times(20/100)+1.20\times(80/100)=0.96$$
$$总负债权益比=40/60=0.666\ 7$$
$$有杠杆贝塔=0.96\times[1+(1-0.4)\times0.666\ 7]=1.344$$

接着，我们使用净负债的方法：

$$无杠杆贝塔_{公司}=1.20$$
$$净负债权益比=(负债-现金)/权益=(40-20)/60=0.333\ 3$$
$$有杠杆贝塔=1.20\times[1+(1-0.40)(0.333\ 3)]=1.44$$

请注意，使用总负债权益比与使用净负债权益比计算出的贝塔值是不同的。原因在于我们从总负债中减去现金所做出的隐含假设。我们假设，负债和现金都是无风险的，并且负债的税收好处在于用现金支付的利息可以起到抵税的作用。如果负债的风险很大或者现金收益率明显低于负债支付的利息，利用负债来避税就不是一个好的想法了。在使用净负债权益比的时候，还有一个潜在问题。如果某个公司的现金余额超过其负债，那么该公司净负债为负，使用负的负债权益比计算的无杠杆贝塔就会超过有杠杆贝塔。虽然这会让一些人感到困惑，但这是有道理的，因为无杠杆贝塔反映的是公司经营业务的贝塔。如果公司有大量的现金余额，并且该余额已经超过它们的借款额，那么该公司的有杠杆贝塔就会小于其经营业务的无杠杆贝塔。

【例4—10】　德意志银行的由下而上贝塔

在德国有几家银行可以视为德意志银行的竞争对手，虽然没有一家银行有德意志银行那么大的规模，也不像德意志银行那样拥有投资银行的股份。美国有关银行的法律和监管条例与欧洲的不一样，所以使用欧洲的多元化银行的贝塔来估计德意志银行商业银行部门的贝塔。我们使用在美国上市的投资银行和经纪公司的贝塔来估计德意志银行投资银行部门的贝塔。[①] 表4—18展示了估计的结果。

① 在世界上的大多数国家，投资银行业务是商业银行业务的一部分而不是独立存在的。

表 4—18　　德意志银行的贝塔

业务	可比企业	数量	平均的贝塔	权重（%）
商业银行业务	多元化的欧洲银行	90	1.05	65
投资银行业务	美国的投资银行	32	1.37	35
德意志银行			1.162	

请注意，我们并没有对财务杠杆进行调整，因为管制条例使得大多数商业银行的财务杠杆水平相差不多。[①] 德意志银行作为一家企业的贝塔可以用商业银行业务和投资银行业务两个贝塔的加权平均得到。其中商业银行业务的价值权重是 65%，投资银行业务的权重是 35%。权重是基于德意志银行两个部门在最近几年的收入来确定的。

计算一个重大重组后的贝塔

估计贝塔的由下而上过程可以帮助我们计算企业在经历重大重组之后的贝塔。在重组过程中，企业的业务组合和财务杠杆都会发生变化。对于这类情况，用回归方法计算的贝塔就是具有误导性的，因为这样得到的贝塔值并不能反映出重组的变化影响。给定迪士尼在最近几年改变了业务组合并且提高了它的财务杠杆，使用由下而上的方法估计出的贝塔比利用回归方法得到的贝塔更加准确。事实上，使用这种方法估计重组前企业的贝塔是更有效的。例如，在下面的例子中，我们估计了迪士尼 1995 年在对大都会/美国广播公司（Capital Cities/ABC）收购前后的贝塔，在估计过程中考虑到业务组合和杠杆的变化。

【例 4—11】　企业在并购之后的贝塔——迪士尼/大都会

大都会公司拥有美国广播公司的电视和无线电广播网络。1995 年，迪士尼宣布以大约每股 120 美元的价格收购大都会公司，并且宣称通过发行 100 亿美元的债务来完成收购。在收购期，迪士尼的权益市场价值为 311 亿美元，应偿付债务为 31.86 亿美元，杠杆贝塔为 1.15。根据每股 120 美元的要约价格可以计算出大都会的权益市场价值为 185 亿美元，另外，大都会的应偿付债务为 6.15 亿美元，有杠杆贝塔为 0.95。

为了考察收购对于迪士尼贝塔的影响，我们将分两部分进行分析。首先，我们估计出两家公司的无杠杆贝塔，计算出合并后公司的无杠杆贝塔（两家公司的边际税率都使用 36%），以此来考察合并对公司业务风险的影响。

$$\text{迪士尼的无杠杆贝塔} = 1.15/[1+(1-0.36)\times(31.86/311)] = 1.08$$

$$\text{大都会的无杠杆贝塔} = 0.95/[1+(1-0.36)\times(6.15/185)] = 0.93$$

① 管制部门通常明确指出资本比率，该比率是以银行负债的账面值和银行经营必须达到的权益值来确定的。大多数银行的资本比率接近于管制比率，也有一些银行的资本化程度要更好一些。

合并后公司的无杠杆贝塔可以由两家公司的无杠杆贝塔加权平均得到。其中，权数是基于两家公司的市场价值得到的。[①]

迪士尼的价值 = 311 + 31.86 = 342.86 亿美元

大都会的价值 = 185 + 6.15 = 191.15 亿美元

合并后公司的无杠杆贝塔 = 1.08 × (342.86/534.01) + 0.93 × (191.15/534.01)
= 1.026

我们通过计算合并后公司的负债权益比来考察合并中融资对于贝塔的影响。因为迪士尼继承了大都会旧的债务，我们用迪士尼的负债加上大都会现有的负债，然后再加上另外为合并筹集的 100 亿美元的负债[②]：

合并后的负债 = 大都会旧的负债 + 迪士尼旧的负债 + 新的负债
= 6.15 + 31.86 + 100 = 138.01 亿美元

合并后的权益 = 迪士尼旧的权益 + 用于并购的新权益
= 311 + 85 = 396 亿美元

其中，

用于并购的新权益 = 并购的总成本 − 发行的新负债
= 185 − 100 = 85 亿美元

请注意，在并购后大都会的权益 185 亿美元就消失了，被替换为 100 亿美元的新债务和 85 亿美元迪士尼的新权益。负债权益比可计算如下：

负债权益比 = 138.01/396 = 34.82%

通过负债权益比和新的无杠杆贝塔就可以计算出新的贝塔为：

新贝塔 = 1.026 × [1 + (1 − 0.36)(0.348 2)] = 1.25

根据计算，我们预期迪士尼的贝塔在收购后会从 1.15 上升到 1.25。

C. 会计贝塔

第三种方法是利用会计盈利而不是交易的股价来估计企业的贝塔或权益的贝塔。可以用某企业或某部门的季度盈利或年度盈利的变化对同时期市场盈利的变化进行回归，得到 CAPM 中的“市场贝塔”。这种方法直观上是有吸引力的，但是有三点缺陷：第一，会计盈利相对于公司的基本价值会趋于平滑，导致估计的贝塔“向下偏”或者“向上偏”，尤其对于高风险的公司是“向下偏”的，对于低风险的公司是“向上偏”的。换句话说，如果使用会计贝塔，所有公司的贝塔很可能接近 1。第二，会计盈利会受到非经营因素的影响，例如折旧方法和存货方法的改变，也会受到公司的费用如何在不同部门摊销的影响。第三，会计盈利通常每月衡量一次或者每年衡量一次，这样就导致回归中

① 无杠杆贝塔计算的权数总是基于企业价值，而有杠杆贝塔计算的权数是基于权益价值。

② 如果迪士尼将大都会的负债偿还完毕而不是继承它的负债，那么我们在计算负债时就可以不考虑这一部分负债。但是这样的话，迪士尼就必须另外筹集 6.15 亿美元来为并购融资。

的观测点较少，解释力很小。

【例 4—12】 估计会计贝塔：书景书店

书景书店是一家私有企业，于 1980 年开始经营。所以该企业有从 1980 年开始的会计盈利。表 4—19 展示了从 1980 年开始书景书店和标准普尔 500 指数企业每年的会计盈利变化。

表 4—19 净收益的变化：书景书店和标准普尔 500 指数企业（%）

年份	标准普尔 500 指数企业（%）	书景书店	年份	标准普尔 500 指数企业	书景书店
1980	3.01	3.55	1995	18.74	11.55
1981	1.31	4.05	1996	7.77	19.88
1982	−8.95	−14.33	1997	8.52	16.55
1983	−3.84	47.55	1998	0.41	7.10
1984	26.69	65.00	1999	16.74	14.40
1985	−6.91	5.05	2000	8.61	10.50
1986	−7.93	8.50	2001	−30.79	−8.15
1987	11.10	37.00	2002	18.51	4.05
1988	50.42	45.17	2003	18.79	12.56
1989	0.83	3.50	2004	23.75	14.50
1990	−6.87	−10.50	2005	12.96	8.35
1991	−14.79	−32.00	2006	14.74	16.74
1992	8.13	55.00	2007	−5.91	2.50
1993	28.89	31.00	2008	−20.78	−12.20
1994	18.03	21.06			

用书景书店的利润变化对标准普尔 500 指数企业的利润变化进行回归，得到如下结果：

$$\text{书景书店的盈利变化} = 0.08 + 0.821\,1 \times \text{标准普尔 500 的盈利变化}$$

从回归中可以看出，书景书店的贝塔为 0.82。我们使用净收入得到权益贝塔。另外使用企业和标准普尔 500 企业的营业利润可以得到无杠杆贝塔的值。

从技术上而言，我们可以计算出迪士尼公司、鹦鹉纸浆公司、塔塔化学公司和德意志银行的会计贝塔。事实上，我们可以得到迪士尼每个季度的净利润数据。由于企业报告了每个部门的收入，这样也可以计算出每个部门的贝塔。但是，我们不对会计贝塔进行估计，有以下原因：

- 为了保证回归中有足够的观测点，我们至少要有 10 年的数据。而公司在 10 年期间可能发生很大的变化。
- 上市公司中平滑会计盈利的现象可能比私有企业更严重。这会导致贝塔的估计向下偏。

spearn. xls：网上的数据集包含了标准普尔 500 指数公司从 1960 年开始每年的会计盈利变化值。

市场贝塔、基本面贝塔和会计贝塔：我们应当使用哪一个？

对于大多数上市公司而言，我们可以使用会计数据、市场数据或者基本面方法来估计贝塔。以上三种方法计算出来的贝塔不可能总是一样的，那么应当从中挑选出一个贝塔。一般都不使用会计贝塔，原因已经说得很清楚了。我们也不大愿意使用市场贝塔，原因如下：贝塔估计中有较大的标准误，使用本国的指数可能是不恰当的，并且这种回归不能反映出公司业务风险和财务风险的较大变化。在我们看来，基本面贝塔是对贝塔的最佳估计，因为基本面贝塔不仅准确（因为是平均值）而且反映出公司业务和财务的变化。总而言之，我们将使用以经营资产为基础的基本面权益贝塔，得到迪士尼公司的贝塔为 0.90，塔塔化学公司的贝塔为 0.94，书景书店的贝塔为 1.35，鹦鹉纸浆公司的贝塔为 1.74，以及德意志银行的贝塔为 1.16。

Ⅳ. 估计权益成本

在对无风险收益率、风险溢价和贝塔进行估计后，我们现在可以对公司权益投资的预期收益进行估计了。在 CAPM 中，预期收益可以写成如下式子：

$$\text{预期收益} = \text{无风险收益率} + \text{贝塔} \times \text{预期风险溢价}$$

其中，无风险收益率是政府长期债券的收益率；贝塔可以取历史贝塔、基本面贝塔和会计贝塔；风险溢价可以取历史风险溢价或者隐含风险溢价。

在 APM 和多因子模型中，预期收益率可以写成如下式子：

$$\text{预期收益} = \text{无风险收益率} + \sum_{j=1}^{j=n} \beta_j \times \text{风险溢价}_j$$

其中，无风险收益率是政府长期债券的收益率，是与因子 j 有关的贝塔，可以通过历史数据或者基本面的数据估计出，风险溢价 j 是与因子 j 相关的风险溢价，可以通过历史数据估计出。

在给定风险的情况下，企业权益投资的预期收益率对于企业的权益投资者和经理人来说都有重要的意义。对于权益投资者来说，预期收益率是他们要求的对投资权益遭受的风险的必要补偿率。在进行分析后，他们发现自己不能够获取这么大的收益，就不会购买这只股票；反之，如果他们能够获得超过预期收益率的收益，就会购买。对于经理人来说，投资者要求的盈亏平衡点的收益率成为他们努力达到的目标，以防止投资者变得不安。因此，预期收益率也是权益对每个项目投资必须超过的收益率。换句话说，预期收益率就是企业的权益成本。

【例 4—13】 估计权益成本

在例 4—7 中，我们估计了迪士尼及其分部的由下而上无杠杆贝塔。我们根据权益的市场价值（451.93亿美元）和负债的市场价值（166.82亿美元）得到企业的负债权益比为 36.91%。为了估计出每个分部的有杠杆贝塔，我们需要确定出每个分部的负债权益比。这是有困难的，因为没有各分部权益的市场价值，对于各分部的借款情况也没有详细数据。此时，我们有两个选择，第一个是假定迪士尼的负债权益比也适用于其所有的分部。第二个选择是根据可以得到的信息，尽可能估计出每个分部的负债权益比。在表 4—20 中，我们展示了第二种方法。

我们首先列示出在表 4—14 中得到的企业价值，也就是用各个分部的收入乘以各分部可比企业的企业价值与销售收入比值的中位数。接着我们使用分部可比企业的负债权益比来估计出各分部的负债，然后得出各分部的负债占总负债（166.82亿美元）的比例。① 最后，我们从估计的企业价值中减去负债，从而得到每个分部的权益值。

表 4—20 将负债和权益在各部门之间分配

业务	估计的企业价值（百万美元）	分配的负债（百万美元）	估计的权益（百万美元）	负债权益比（%）	分部的负债权益比（%）	估计的负债（百万美元）	比例（%）
网络传媒	34 328	8 582	25 746	33.33	38.71	9 581	51.44
公园、旅游胜地	17 408	6 148	11 260	54.61	65.10	6 864	36.86
电视电影娱乐	5 755	1 805	3 950	45.70	53.89	2 015	10.82
消费品	768	147	621	23.70	27.21	164	0.88
						18 624	100.00

我们使用美元的无风险收益率（来自例 4—1）和成熟市场的权益风险溢价（来自例 4—2），就可以估计出迪士尼的经营资产和各分部的权益成本，如表 4—21 所示。

各分部的权益成本是不一样的，其中电视电影娱乐部门有最高的贝塔值（和权益成本），而公园、旅游胜地部门有最低的贝塔值（和权益成本）。

① 有一些分析师使用行业平均的负债权益比来估计每个分部的有杠杆贝塔。这样做存在的问题是，他们所估计出的各个分部的负债加起来可能不等于公司的实际负债。例如，在迪士尼的例子中，我们用这种方法得到的负债为186.24亿美元，比公司实际负债额166.82亿美元要大。

表 4—21　　有杠杆贝塔和权益成本——迪士尼公司

业务	无杠杆贝塔	负债权益比（%）	有杠杆贝塔	权益成本（%）
网络传媒	0.705 6	33.33	0.851 4	8.61
公园、旅游胜地	0.584 9	54.61	0.782 9	8.20
电视电影娱乐	1.302 7	45.70	1.671 8	13.53
消费品	1.069 0	23.70	1.226 1	10.86
迪士尼公司	0.733 3	36.91	0.901 1	8.91

在估计德意志银行的权益成本时，我们也使用美国的风险溢价（6%），因为德意志银行的业务主要集中于欧洲和美国这样的成熟市场。使用德国欧元的债券收益率 3.6% 作为欧元的无风险收益率（来自例 4—1）以及德意志银行的由下而上贝塔 1.16，可以得到德意志银行的权益成本，如表 4—22 所示。

请注意，投资银行业务的权益成本显著高于商业银行业务的权益成本，反映出投资银行业务的高风险。

对于鹦鹉纸浆公司，我们用成熟市场的溢价 6%加上在前面章节估计的巴西国家风险溢价 3.95%，得到总的风险溢价 9.95%（见例 4—2）。另外，已知例 4—9 中估计的由下而上贝塔和美国的长期国库券收益率 3.5%，可以计算出对于鹦鹉纸浆公司用美元表示的权益成本。

$$\begin{aligned}\text{权益成本}_{\text{美元}} &= \text{无风险收益率}_{\text{美元}} + \text{贝塔} \times \text{风险溢价} \\ &= 3.5\% + 1.74 \times 9.95\% = 20.82\%\end{aligned}$$

请注意，我们可以用两种方法计算出对于鹦鹉纸浆公司以名义的巴西雷亚尔表示的权益成本。第一个方法是将美元的无风险收益率换成巴西雷亚尔的无风险收益率（例 4—1 估计出来为 8.5%）：

$$\begin{aligned}\text{权益成本}_{\text{名义雷亚尔}} &= \text{无风险收益率}_{\text{雷亚尔}} + \text{贝塔} \times \text{风险溢价} \\ &= 8.5\% + 1.74 \times 9.95\% = 25.82\%\end{aligned}$$

表 4—22　　德意志银行的权益成本

业务	贝塔	权益成本
商业银行业务	1.05	3.6%＋1.05×6%＝9.90%
投资银行业务	1.37	3.6%＋1.37×6%＝11.82%
德意志银行	1.162	3.6%＋1.162×6%＝10.55%

这种方法假定，当我们转化为以具有更高通货膨胀率的货币来衡量时，以美元证券

为基础计算的权益风险溢价是保持不变的。第二种方法，同样也是更准确的方法是，当我们用具有更高通胀率的货币来衡量时，同时提高权益风险溢价。如果我们假定预期的通胀率以名义的雷亚尔来衡量是 7%，以美元来衡量是 2%，我们可以得到：

$$\text{权益成本}_{\text{名义雷亚尔}} = (1+\text{权益成本}_{\text{美元}})\frac{(1+\text{预期通胀率}_{\text{雷亚尔}})}{(1+\text{预期通胀率}_{\text{美元}})}-1$$

$$=1.208\,2\times\frac{1.07}{1.02}-1=26.75\%$$

鹦鹉纸浆公司是新兴市场公司，并且有着较高的负债权益比，因此，该公司显然比其发达市场的竞争者们有着更高的权益成本。

我们以印度卢比为单位来估计塔塔化学公司的权益成本。其中，卢比的无风险收益率为 4%（在例 4—1 中估计的），印度的权益风险溢价为 10.51%（在例 4—2 中估计的）。表 4—23 包括了塔塔化学公司肥料和化学制品两种业务以及整个公司的权益成本。

表 4—23　　各部门的权益成本：塔塔化学公司

业务	贝塔	权益成本
肥料	0.965	4%+0.965×10.51%=14.14%
化学制品	0.911	4%+0.911×10.51%=13.58%
塔塔化学公司	0.945	4%+0.945×10.51%=13.93%

最后，我们利用例 4—8 得到的书景书店的贝塔 1.35 以及美国的无风险收益率和溢价，得到书景书店的权益成本：

$$\text{权益成本}=3.5\%+1.35\times6\%=11.60\%$$

用贝塔衡量风险隐含的前提假设是，权益的边际投资者已经是多元化的投资者。这对于上市公司而言是很合理的假设，但对于私有企业而言则不那么合理了。私有企业的所有者通常会将其大量的财富都投资到企业所经营的业务上。因此，他在意的是业务的所有风险而不仅仅是市场风险。那么，对于书景书店这样的企业，我们估计的贝塔为 1.35（导致权益成本为 11.60%），低估了所有者面临的风险。这个问题有三种解决办法：

（1）假定公司业务的近期目标是出售给大的上市公司。在这种情况下，使用市场贝塔以及相应的权益成本就是合理的。

（2）在权益成本上加上溢价，以反映投资者无力多元化而面临的更高风险。这就解释了为什么风险资本家对于新业务的权益投资要求高额的回报。

（3）调整贝塔，使得贝塔反映出全部的风险而不仅仅是市场风险。这种调整相对而言是很简单的，因为回归的 R^2 衡量了由市场风险所解释的方差。用市场贝塔除以 R^2 的平方根（得到相关系数）就可以得出总的贝塔。以书景书店为例，用其可比企业对市场指数回归，得到与市场的平均相关性为 46.45%（R^2 的平均值为 21.58%）。书景书店的总贝塔可以计算如下：

$$总贝塔 = 市场贝塔 / 与市场的相关性 = 1.35/0.4645 = 2.91$$

使用总的贝塔就可以得到更高并且更符合实际的权益成本：

$$权益成本 = 3.5\% + 2.91 \times 6\% = 20.94\%$$

因此，私有企业比其同类的上市公司有着更高的权益成本。有些私有企业最终被上市公司收购或者自己变成了上市公司，但也有些私有企业仍然维持其私有状态并且做得很好。如果私有企业想要保持兴隆，它们必须自己进行多元化（就像很多亚洲和拉丁美洲的家族企业那样），或者接受更低的估值，因为保持控制权是有代价的。

实践：公司面临的国家风险

在计算公司权益成本的过程中，我们在鹦鹉纸浆公司（巴西）和塔塔化学公司（印度）的计算中加上了权益风险溢价，而在迪士尼和德意志银行的计算中仅用了成熟市场的风险溢价。虽然我们是基于公司所在地用传统的方法估计国家风险溢价，但是这也会对一些公司价值的估计造成偏误。比如说位于新兴市场但在发达国家拥有大量业务的公司，或者位于发达国家而在新兴市场拥有大量业务的公司。我们曾经分析过一家巴西的航空公司 Embraer，该公司来自巴西的收入不到 10%，余下的收入都来自发达国家。还有一家印度的科技公司 Infosys，该公司超过一半的收入都来自美国。

有一种简单的方法（可能是最简单的方法）可用于调整经营风险。[①] 我们不用公司所在国的风险溢价，而是用公司业务所在国的风险溢价的加权平均值。其中，用收入比重来作为权数。因此，一家公司如果有一半的收入来自印度，一半的收入来自美国，则该公司的风险溢价为：

$$权益风险溢价 = 0.5 \times 6\% + 0.5 \times 10.51\% = 8.26\%$$

因此，像雀巢和可口可乐这类公司，它们在新兴市场有着相当大的业务份额，这些公司的权益成本就会上升。我们从地理上来分解迪士尼的收入，可以看到，虽然迪士尼在美国以外的市场有很大的业务份额，然而其中大部分都集中于西欧和日本，因此不会影响风险溢价。但是，如果中国香港的主题公园收入增加了，我们可能要对风险溢价加以调整以反映新兴市场更高的风险。塔塔化学公司 90%的收入都来自印度，所以采用印度的风险溢价是合适的。我们对德意志银行（我们认为该公司面临着更大的新兴市场风险）和鹦鹉纸浆公司（该公司有大量的业务来自巴西以外的国家）的风险溢价估计有一些担忧。但是，我们也不对这两家公司的风险溢价做出调整，因为对前者的新兴市场的业务缺乏清晰的估量，而对后者来说，自然资源类公司需要额外的风险弥补。[②]

---

① 如果想了解对公司面临的国家风险进行估计的更为复杂的方法，请见我的网页上的工作论文：A. Damodaran, “Estimating Company Risk Exposure to Country Risk,” 2003.

② 自然资源公司尤其可能遭受国家风险，因为当所在资源国陷入麻烦时，这些公司不能够转移其经营地。很多制造型企业将工厂转移到政治更加稳定的地方，但是石油、采矿和林业公司不能做到这一点。

从权益成本到资本成本

对任何一个企业来说，权益都是融资组合中重要且必不可少的组成部分，但也仅仅是组成部分之一。大多数企业都会使用债务或者混合证券来为其经营的业务融资。负债的成本与权益的成本是不一样的，一个项目的最低可接受的必要收益率也反映了负债的成本，大小取决于融资组合中的负债比例。直观上来说，资本成本是公司筹集到的不同资金成本的加权平均——包括负债、权益以及混合证券。

4.8 利率与债务和权益的相对成本

人们通常认为，当利率降低时，负债是比权益更具吸引力的融资模式，而当利率升高时，负债就不如权益具有吸引力。这种观点正确吗？

a. 正确。

b. 不正确。

为什么？

非权益融资的成本

我们在估计公司的融资成本之前，必须要估计出公司的所有非权益部分的成本。在这一部分，我们首先考虑负债成本，然后再考虑像优先股和可转换债券这样的混合证券。

债务资本成本

债务资本成本衡量了企业为项目筹资所借入资金的成本。一般而言，债务资本成本由以下几个变量决定：

- **当前的利率水平。**当市场利率上升时，所有企业的债务资本成本都会增加。
- **企业的违约风险。**当企业的违约风险增加时，债权人会要求收取更高的利率（违约价差）来补充额外的风险。
- **与负债相关的税收好处。**因为利息是可以抵税的，所以负债的税后成本是税率的函数。由支付利息带来的税收优惠使得负债的税后成本低于税前成本。更进一步来说，这种税收的好处随着税率的增大而增大。

$$负债的税后成本 = (无风险收益率 + 违约价差)(1 - 边际税率)$$

对债务资本成本进行估计的难处在于估计出公司真正的违约价差。

4.9 债务资本成本与权益成本

在企业生命的某个阶段，权益成本可能比债务资本成本更低吗？

- 是的。
- 不是。

估计企业的违约风险和违约价差

对债务资本成本进行估计的一种最简单的情形是，企业发行了可以广泛交易的债券，并且这些债券没有一些导致利率有偏的特殊性质，比如债券是可转换的，或者债券对资产有优先的索取权。我们可以通过债券的市场价格、票面利率和期限计算出债务资本成本。这种方法适用于发行了多种流通债券的企业。

很多公司发行的债券都是不能定期交易的。这些公司往往都有评级，所以我们可以通过与这些公司的评级相关的违约价差来对债务资本成本进行估计。例如，迪士尼的评级为A，我们可以预期迪士尼的负债成本比2009年5月的长期国库券的收益率高2.5%，因为评级为A的公司在该段期间支付的价差一般为2.5%。

一些公司选择不接受评级。很多小企业和大部分私有企业都属于这类公司。评级机构在新兴市场迅速发展起来，但是还有一些市场中的公司没有以违约风险为基础的评级。当不能利用评级来估计债务资本成本时，还有两种替代方法：

(1) 最近的资金借入情况。很多没有经过评级的企业还是能够从银行及其他金融机构借到资金。我们可以通过考察企业最近的借款来对企业的违约价差有所了解，然后利用违约价差估计出企业的债务资本成本。

(2) 人为估计出评级和违约价差。另一种方法是，我们自己发挥评级机构的作用，根据财务比率对企业做出评级；这种评级被称为人为评级。我们先考察一些已经评级的企业，看同一评级的企业有什么共同的财务特征。比如，我们来计算一下各种评级类别公司营业利润与利息的比值，即利息保障倍数。表4—24列出落在标准普尔每个评级的制造业企业所具有的利息保障倍数的范围，根据企业的市场价值划分为两组，一组是大企业（市场价值>50亿美元），一组是小企业（市场价值<50亿美元）。[①] 我们在表4—24中同时报告了2009年年初每种类别的债券典型的违约价差。[②]

假设一家私有企业的息税前收益为1 000万美元，利息费用为300万美元，这家企业的利息保障倍数为3.33。我们将这个比率与小企业的利息保障倍数相对照，可以对这家企业做出人为的评级BB，从而可以得到违约价差为5%，那么在计算税前的负债成本时就在无风险收益率上加上5%。对于拥有同样利息保障倍数的大企业而言，给出的评级应当为A－，从而可以得到违约价差为3.00%。

---

① 这张表格最早是由2000年年初的所有上市公司组成，表格的形式与表4—24相似。其中，利息保障倍数的范围删除了极端值和重叠的部分。从那以后该表格每两年更新一次。

② 这些违约价差可以在www.bondsonline.com找到。你还可以找到工业企业和金融服务业企业的违约价差。表4—24中列示的是工业企业的违约价差。

表 4—24　　　　　　　　　　　　　　利息保障倍数与评级

利息保障倍数：小企业（＜50 亿美元）	利息保障倍数：大企业（＞50 亿美元）	评级	典型的违约价差（%）
＞12.5	＞8.5	AAA	1.25
9.50～12.50	6.5～8.5	AA	1.75
7.50～9.50	5.5～6.5	A＋	2.25
6.00～7.50	4.25～5.5	A	2.50
4.50～6.00	3～4.25	A～	3.00
4.00～4.50	2.5～3.0	BBB	3.50
3.50～4.00	2.0～2.25	BB＋	4.25
3.00～3.50	2.0～2.25	BB	5.00
2.50～3.00	1.75～2.0	B＋	6.00
2.00～2.50	1.5～1.75	B	7.25
1.50～2.00	1.25～1.5	B－	8.50
1.25～1.50	0.8～1.25	CCC	10.00
0.80～1.25	0.65～0.8	CC	12.00
0.50～0.80	0.2～0.65	C	15.00
＜0.65	＜0.2	D	20.00

资料来源：Compustat and Bondsonline. com.

我们只根据利息保障倍数做出人为评级可能会有两种风险。第一个风险是，如果我们使用上一年的营业利润作为评级的基础可能会对企业做出过低或者过高的评级，因为企业的上一年恰好有着比一般更好或更差的盈利情况。我们可以利用一段期间，比如五年平均的营业利润来计算利息保障倍数。另一种风险是，我们可能会忽视其他财务比率中的可用信息以及评级机构所用的定性信息。相应的解决方法是，将现有的方法加以扩展以包含其他比率。例如，Altman z-score 是一种违约风险的替代变量，它是五种财务比率与其权数的函数。其中，使用的比率与其权数都是根据违约企业的历史来确定的。接着，将 z-score 与债券评级关联起来，就像我们在表 4—24 中将利息保障倍数与债券评级关联起来一样。然而，方法变得复杂同时也会带来成本。实际上，同利息保障倍数相比，z-score 可以得到对人为评级的更好估计，但由 z-score 所带来的评级变化比利息保障倍数所带来的评级变化看起来更加模糊。这就是为什么我们宁愿根据利息保障倍数得到一个有瑕疵但更加透明的评级。

ratings. xls：这个表格可以用于计算企业的人为评级。

实践：债务贝塔与债务资本成本

我们使用权益贝塔来估计权益成本，你可能会想，为什么我们不能用债务贝塔来估计负债的税前成本呢。换句话说，为什么我们不用负债的收益对市场指数进行回归来估计出债务贝塔，然后再利用这个资本资产定价模型中的贝塔估计出债务资本成本呢？有两点原因说明了为什么我们不采取这种方法：

（1）不交易的负债。即使在大型上市公司中，很大一部分负债是不能交易的，这就导致用负债的收益来对市场指数进行回归是不可能的。

（2）不对称的回报。利用贝塔来衡量风险是以均值—方差的框架为基础，而均值—方差框架又假定收益是大致对称的，也就是向上的风险与向下的风险相抵消。当你将资金借给一家企业时，你所面临的风险是不对称的。最好的情形是得到企业承诺的利息和本金，而在最差的情形下结果糟糕得多。这就是为什么我们在评价企业的债务资本成本时关注向下的风险（即违约风险）。

我们可以想到，当负债的风险变得更大时，负债开始有更对称的回报，此时使用负债贝塔可能是有道理的。比如那些评级较低的公司就是如此。但是对于大多数公司而言，不可能利用负债贝塔来估计债务资本成本。

短期和长期的负债

大多数上市公司有多种负债——不同期限不同利率的债券和银行借款。一些分析师将负债分成几种类别，并且对每种类别的债务赋予不同的成本，然而这种方法冗长且不可靠。使用这种方法，我们会得出结论：短期负债比长期负债更便宜，并且担保负债比无担保负债更便宜。

问题的解决很简单。将所有的负债合并起来——短期负债和长期负债、银行借款和债券——并用长期负债的成本来衡量。也就是说，用长期的无风险收益率加上违约价差，再用这个新的收益率作为税前的负债成本。企业会抱怨说，它们利用短期负债的成本要更低。从技术上而言，这是正确的，很大程度上是因为在大部分发达国家短期收益率要比长期收益率低，但是这种看法忽视了计算负债和权益成本时关键的一点。如果这是我们长期投资想超越的基准收益率，我们就希望收益率能够反映出长期负债的成本，而不是用短期负债。毕竟，如果一家企业利用短期负债来为长期项目筹集资金，那么该企业最终要回到资本市场上重新借债。

经营租赁与其他固定的支付义务

债务的基本特征是，无论企业的经营状况如何，都必须履行相应的义务，而这种义务是可以抵税的，如果不能履行这种义务则会导致企业破产或者权益控制权的丧失。如果我们使用这种负债的定义，就可以清楚地知道资产负债表上的负债不一定反映出企业真实的负债情况。具体而言，如果一家企业租赁了大量资产并将租赁归类为经营租赁，那么企业实际上的负债比财务报表上报告的负债要多。[①] 毕竟，在签订租赁合同时，企业就有了在未来期间支付费用的义务，并且在不能履行义务时要承担资产损失的风险。

在公司财务分析中，我们应当将所有租赁的费用作为融资费用，并且将这种未来的租赁承诺折现为负债。可以将得到的现值作为经营租赁的负债价值，并且用原来的负债加上经营租赁的负债得到总的负债额。同时，也必须对企业的营业利润进行重述。

调整后的营业利润＝报表中的营业利润＋当年的经营租赁费用－经营租赁资产的折旧

因为估计经营资产的折旧比较冗繁，所以可以使用一个近似的公式：

调整后的营业利润＝报表中的营业利润＋租赁承诺的现值×税前的负债成本

我们将计算出的租赁负债的利息费再加回到报表的营业利润中，因为这一营业利润就是息前利润。实际上，这种方法可以将任何形式的财务承诺转化为负债。

为了将租赁转化为负债，我们需要列出已经做出的未来所有的租赁支付义务。这在美国是有要求的，也适用于越来越多的非美国企业。我们也需要对税前负债成本进行折现。如果企业是有债券评级的，那么就很简单，但如果企业没有评级，那么就变得困难了。我们可以尽力估计出一个人为的评级，但是这样会使我们陷入循环中。我们需要利息费用来计算评级，但是又需要评级来计算负债的现值和利息费用。有三种解决方法：第一种方法是，以报表中的营业利润和利息费用为基础计算出调整前的利息保障倍数，然后使用这个比率，但是这样做会高估企业的评级。第二种方法是，将当前所有的租赁费用作为利息费用，并且在报表的营业利润和利息费用上加上这笔费用再计算出利息保障倍数。这通常会导致对企业的评级过低，得到的企业的债务资本成本过高。第三种方法也是我们偏好的方法，是利用我们同时对人为评级和债务现值进行计算的迭代过程。[②]

oplease. xls：你可以利用这张表将经营租赁承诺转化为负债，并且对营业利润和利息费用做出相应的调整。

账面利率和市场利率

企业通常以固定利率借入资金。当企业向投资者发行债券时，发行期间的固定利率被称为票面利率。负债的成本并不是发行债券的票面利率，也不是企业过去借入资金的利率。虽然这些因素有助于确定公司当年需支付的利息，但它们却不能反映资本成本计算中的税前负债成本。因此，如果企业在利率较低时借入某种负债，并不能说明企业有

---

① 在经营租赁中，出租人（资产的所有者）仅仅转让给承租人资产的使用权。在租赁期满时，承租人要将资产归还给出租人。因为承租人并不承担与所有权相关的风险，租赁费用被确认为经营费用，在利润表中列示出来，并且这种租赁不会影响到资产负债表。在融资租赁中，承租人承担了与所有权相关的风险，同时也享有与所有权相关的收益。因此，在签订租赁合约时，租赁的资产被同时确认为资产负债表上的资产和负债（与租赁相关的支付）。公司必须每年对租赁的资产进行折旧并且将租赁的费用确认为利息费用。通常而言，融资租赁比经营租赁确认费用更及时。

② 这可以通过Excel中的迭代工具盒（iteration box）完成。我们在前面提到的工作表可以完成这个过程。

较低的债务资本成本。

为了弄清楚原因，我们来考察以下例子。一家企业账面的负债为 20 亿美元，该负债的利息为 0.8 亿美元，负债的票面利率为 4%。假定当前的无风险收益率为 6%。如果我们在计算资本成本时使用 4%的利率，并且在投资项目上筹集的资金能够赚取 4%的收益率，我们就认为这是个好项目。而我们可以将资金投资于长期国库券并且可以获得 6%的收益率，同时不用承担任何风险，所以用 4%作为负债的必要收益率显然不够高。为了确保该项目能够比拥有同样风险的其他项目获得更高的收益，债务的成本必须以市场利率为基础而不是以账面利率为基础。

评估负债的税盾效益

利息是可以抵税的，而税收的节约可以减少企业借入资金的成本。我们在对税盾效益做出评估时需要注意以下几点：

● 利息费用抵消的是边际收入，因此税盾效益应当使用边际税率来计算。

$$税后的负债成本 = 税前的负债成本 \times (1 - 边际税率)$$

● 公司必须盈利才能得到负债的税盾效益。换句话说，亏损的公司不能从利息支付中获得税盾效益。企业的确可以往以后期间递延亏损从而与未来的盈利相抵消。但是，公司在亏损期间不能享有税收上的好处，只有企业预期到未来盈利时才能对税盾效益做出调整。

$$如果经营收益 < 0,税后的负债成本 = 税前的负债成本$$
$$如果经营收益 > 0,税后的负债成本 = 税前的负债成本 \times (1 - t)$$

【例 4—14】 估计负债成本

迪士尼、德意志银行和鹦鹉纸浆公司都是经过评级的公司，我们根据它们的评级估计出税前的负债成本。为了对比，我们同时对迪士尼和鹦鹉纸浆公司的评级做出人为的估计。对于塔塔化学公司和书景书店，我们必须利用人为的评级来估计负债成本。

● 债券评级。在五家评级公司中，标准普尔、穆迪和惠誉是其中的三家，它们的评级都是一致的。我们使用标准普尔的评级和相关的违约价差（来自表 4—24）来估计表 4—25 中的债务资本成本。

我们使用美国（迪士尼）、巴西（鹦鹉纸浆公司）和德国（德意志银行）的边际税率来估计税后的债务资本成本。我们假定迪士尼的所有分部拥有与母公司相同的负债成本和边际税率。为了估计出鹦鹉纸浆以名义雷亚尔衡量的负债成本，我们对以美元衡量的税前负债成本进行通货膨胀的调整。我们在权益成本的计算中也进行过这种调整。

$$负债成本_{雷亚尔} = (1 + 负债成本_{美元})\frac{(1 + 预期通胀率_{雷亚尔})}{1 + 预期通胀率_{美元}} - 1$$

$$= 1.085 \times \frac{1.07}{1.02} - 1 = 13.82\%$$

● 人为评级。可以利用利息保障倍数与表 4—26 中展示的数据对四家非金融服务公司的评级做出估计。

表 4—25 债务资本成本（基于实际评级）

	标准普尔的评级	无风险收益率（%）	违约价差（%）	债务资本成本（%）	税率（%）	税后的债务资本成本（%）
迪士尼公司	A	3.50（美元）	2.50	6.00	38	3.72
德意志银行	A+	3.60（欧元）	2.25	5.85	29.50	4.12
鹦鹉纸浆公司	BB	3.50（美元）	5	8.50	34	5.61

表 4—26 利息保障倍数和人为评级

	营业利润	利息费用	利息保障倍数	人为评级
迪士尼公司	6 819（百万美元）	821（百万美元）	8.31	AA
鹦鹉纸浆公司	574（百万雷亚尔）	155（百万雷亚尔）	3.70	BB+
塔塔化学公司	6 263（百万卢比）	1 215（百万卢比）	5.15	A−
书景书店	3 575（百万美元）	575（百万美元）	6.22	A

书景书店的评级为 A，相应的违约价差为 2.50%，然后用美元的无风险收益率 3.5%加上 2.50%就可以得到税前的负债成本为 6%。在考虑税收上的好处后，我们估计出书景书店税后的负债成本为 3.60%。

$$税后的负债成本 = 6.0\% \times (1-0.40) = 3.60\%$$

塔塔化学公司的情况有一些复杂。虽然公司的评级为 A−，但相应的违约价差为 3%。如果直接在印度卢比的无风险收益率 4%的基础上加上 3%，则会遗漏掉一个关键部分。我们认为印度政府是存在违约风险的，所以有相应的违约价差 3%。因此，我们在估计公司的税前负债成本时，要在无风险收益率上同时加上国家的违约价差和公司的违约价差：

$$负债成本_{塔塔化学公司} = 无风险收益率_{卢比} + 违约价差_{印度} + 违约价差_{塔塔化学公司}$$
$$= 4.00\% + 3.00\% + 3.00\% = 10.00\%$$

对于迪士尼，我们参照大市场价值的公司，可以得到该公司的评级为 AA，比实际评级要高。

实践：实际评级与人为评级

通常来说，如果企业有债券评级，那么很容易对企业的负债成本做出评估。但是在实务中有时也存在一些问题。

- **不同评级机构给出的评级不一致。**虽然对很多企业而言得到的评级都是一致的，但是评级机构对少数企业的评级意见不一致，可能有一个机构比其他机构给出的评级高很多或者低很多。
- **同一个公司有多个债券评级。**因为评级机构是对债券做出评级，如果一个企业发行了多种债券，那么评级机构就会根据不同债券的结构及其担保情况做出不同的评级。
- **评级过程滞后或存在偏差。**评级机构会犯错误，并且有证据表明，只有在债券市场已经意识到违约风险变化时，评级机构才会对发布的评级做出调整。

当评级机构的意见存在分歧或者企业有多个债券评级时，对于这些企业再做出人为评级是一个好方法。如果实际评级与人为评级之间存在显著的差异，并且不能明确指出差异存在的基本原因，那么可能是评级机构错了。此时可以通过人为评级来判断。

我们来看看上一个例子中对迪士尼和鹦鹉纸浆的人为评级与实际评级。我们对迪士尼估计的人为评级为 AA，而评级机构给出的评级为 A。这种差异的原因可能在于，我们使用 2008 年的营业利润来作为人为评级估计的基础，而评级机构考虑到迪士尼盈利波动的历史情况从而得出一个较为保守的结论。我们对鹦鹉纸浆公司的评级为 BB+，而评级机构给出的评级为 BB，因为评级机构做出的是一个综合评级，其中包含了公司的风险和国家的风险。评级机构对鹦鹉纸浆公司给出一个更低的评级，就是因为鹦鹉纸浆公司是一家巴西的企业。[①] 对于这两家公司而言，我们都认为实际评级更好地衡量了违约风险，因为机构的评级比我们的人为评级利用了更多的信息。

计算优先股的成本

优先股同时具有一些负债的特征（优先股股利是在优先股发行之前就确定好的，并且该股利在普通股股利之前发放）和一些权益的特征（优先股股利的支付是不可以抵税的）。如果我们认为优先股是永续存在的，那么优先股的成本可以写成下式：

$$K_{ps} = \text{每股优先股股利} / \text{每股优先股的市场价格}$$

这种方法假定股利永远是一个常数，并且优先股没有任何特殊性质（可转换性、可赎回性等）。如果优先股存在这些特殊的性质，那么要对这些性质一一定价，才能对优先股的成本做好估计。就风险而言，优先股的风险比股票的风险小一些，比负债的风险大一些。因此，从税前成本来说，优先股的成本比权益成本低一些，比负债成本高一些。

【例 4—15】 计算优先股的成本——迪士尼和德意志银行

在 2009 年，我们分析的企业没有一家拥有优先股。在 2004 年，迪士尼和德意志银行都有优先股。2004 年 3 月优先股收益率的计算如表 4—27 所示。

---

① 评级机构过去对这种联系表述得更加清楚。实际上，对于长期位于某个国家的企业而言，评级机构会将该企业的评级设定为小于或等于所处国家的评级。

表 4—27　　优先股的成本

	优先股股价	每年发放的股利/股	股利收益率
迪士尼	26.74（美元）	1.75（美元）	1.75/26.74=6.54%
德意志银行	103.75（欧元）	6.60（欧元）	6.6/103.75=6.36%

值得注意的是，迪士尼的优先股成本比当时税前的负债成本 5.25%要高，比当时的权益成本 10%要低。德意志银行也是如此，它的优先股成本比当时税前的负债成本 5.05%要高，比当时的权益成本 8.76%要低。对于这两个企业而言，优先股的市场价值相对于负债和权益的市场价值非常低，以至于优先股对于总的资本成本几乎没有影响。

4.10　公司为什么要发行优先股？

下面哪一项是公司发行优先股的最好原因？

a. 发行优先股比普通股便宜。

b. 发行优先股被评级机构和监管方视为权益。

c. 发行优先股比负债便宜。

d. 其他原因。

请解释。

计算其他混合证券的成本

通常来说，混合证券具有一些债券的特征和一些权益的特征。可转换债券就是一个很好的例子，它可以被视为一个纯粹债券（负债）和一个可转换期权（权益）的组合。我们并不是直接估计出混合证券的成本，而是将混合证券分拆成负债和权益两部分来分别估计。

将上市交易的混合证券（拥有市场价格）分拆成负债和权益部分通常来说是不难的。以可转换债券为例，有以下两种方法：

（1）可以用期权定价模型估计出可转换期权的价值，余下债券的价值就是负债。

（2）先假定可转换债券是一个纯粹的债券，在给定违约风险（税前的负债成本）的情况下，将违约风险以债券利率的形式表示出来，可以利用企业在市场上借款的利率对可转换债券进行估值。可转换债券的实际价值与纯粹债券价值之间的差异被认为是可转换期权的价值。

如果可转换债券是不可交易的，我们必须对纯粹债券和可转换期权的价值分别进行估计。

【例 4—16】　将可转换债券分解成负债部分和权益部分——迪士尼

虽然迪士尼在 2008 年没有发行在外的可转换债券，但是在 2004 年 3 月，迪士尼有发行在外的可转换债券，该债券距到期日还有19年，票面利率为2.215%，每一份债券的交易价格为1 064美元。债权人拥有在债券存续期的任何时点将每一份债券转换成33.944 4份股票的权利。① 我们将可转换债券拆分成纯粹债券和可转换期权两部分，然后用2004年税前的负债成本5.25%来计算债券的价值②：

纯粹债券部分＝票面利率为2.125%、市场利率为5.25%、19年后到期的债券价值

＝19年间每年利息21.25美元的现值之和③＋19年后本金1 000美元的现值

$$=21.25\times\left[\frac{1-(1.0525)^{-19}}{0.0525}\right]+\frac{1000}{(1.0525)^{19}}$$

＝629.91美元

可转换期权部分＝可转换债券的市场价值－纯粹债券的价值

＝1 064－629.91＝434.09美元

其中，价值630美元的纯粹债券部分可以被视为债务，而价值434美元的可转换期权部分可以被视为权益。迪士尼在2006年赎回了这只债券，在2008年的计算中转换债券已经不存在了。

4.11 股票价格上涨与可转换债券

当股价上涨时，可转换债券最可能发生以下哪种情况（你可以选择多项）？

a. 可转换债券的价值上升。

b. 可转换债券的纯粹债券部分的价值下降。

c. 可转换债券的权益部分在整个债券价值中的百分比上升。

d. 可转换债券的纯粹债券部分在整个债券价值中的百分比上升。

请解释。

计算负债部分和权益部分的权重

一旦有了融资的不同组成部分的成本，我们就可以对各部分成本进行加权平均从而得到资本成本。在这一部分，我们考虑以下问题：关于权重的选择，对市场价值权重的观点，以及权重是否可以随着时间改变。

① 按照转换比率，投资者对每股迪士尼股票支付的价格为29.46美元，比当时的股价20.46美元高出许多。

② 这个收益率是以10年期的国库券为基础得来的。如果5年期的国库券利率与10年期的国库券利率显著不一样，那么我们可以用5年期的收益率再加上违约价差得到税前的负债成本。

③ 我们假定利息是按年支付的。如果利息是按半年支付的，你可以将年利率除以2，然后利用半年期的利率计算出现值。

选择权重

关于计算中债务、权益和优先股的权重，我们有两种选择。我们可以从资产负债表中得到各种资金来源的会计数值，然后计算出账面价值的权重。另一种方法是，我们可以使用各部分的市场价值，然后计算出相对市场价值的权重。一个基本的准则是，资本成本计算中使用的权重应当以市场价值为基础，这是因为资本成本是基于未来的衡量指标，衡量未来筹集新资金的成本。因为新的债务和权益必须以当前价格从市场上取得，所以市场基础的权重更相关。

也有一些分析师坚持使用账面价值权重，他们的原因有三个，但是没有一个是令人信服的：

（1）账面价值比市场价值更可信，因为账面价值没有市场价值波动大。账面价值的变化的确没有市场价值的变化那么大，但是这既是优势也是劣势，因为有关企业或整个经济的信息出现时企业的真实价值就会发生变化。我们认为，市场价值正是由于其波动才比账面价值更好地反映了企业的真实价值。①

（2）在估计负债比率时，使用账面价值比使用市场价值更加保守。在大多数发达市场里，权益的账面价值都小于其市场价值，而负债的账面价值与其市场价值差不多。因为权益成本要大于负债成本，所以使用账面价值比率计算出来的资本成本小于使用市场价值比率计算出来的资本成本，这就导致使用账面价值的估计更加不保守，而不是更加保守。②

（3）会计收益是以账面价值为基础计算的，为了保持一致性，应当使用账面价值来计算资本成本。虽然会计收益和资本成本的计算中都使用账面价值看上去保持了一致性，但是从经济上来说是没有道理的。我们既可以将资金投资在这些项目上，也可以投资到其他能获得市场收益的地方，因此资金的成本应当以市场收益率来计算，并且使用市场价值的权重。

估计市场价值

假如所有的资金都可以从金融市场上筹集，所有的证券都在不断交易，就很容易得到债务和权益的市场价值。实际上，有一部分融资没有可以参考的市场价格，即使对大型上市公司来说也是如此，并且私有企业中的融资都不可交易。

权益的市场价值

权益的市场价值通常是发行的股数与当前股价的乘积。因为股价衡量了现在筹集资金的成本，所以使用一段时间的股价平均值或者标准化后的股价并不合适。

---

① 也有人认为股价比真实价值波动得更加厉害。即使这个说法是合理的（还没有得到最终的证明），市场价值与真实价值之间的差异也比账面价值与真实价值之间的差异小得多。

② 为了对这一点做出解释，假定按市场价值计算的负债比率为10%，按账面价值计算的负债比率为30%，企业的权益成本为15%，税后的负债成本为5%。该企业的资本成本可以计算如下：

使用以市场价值为基础的负债比率：$15\% \times 0.9 + 5\% \times 0.1 = 14\%$

使用以账面价值为基础的负债比率：$15\% \times 0.7 + 5\% \times 0.3 = 12\%$

● **多种形式的股份。**如果发行在外的股份有多种形式，应当将各种形式股份的市场价值全部加总起来作为权益的价值。即使有一些形式的股权是不可交易的，也必须估计出这些不可交易股份的市场价值，然后加到权益的总价值中。

● **权益期权**。如果企业中存在其他权益形式——权证和其他证券中的可转换期权，也必须对这些权益进行估值并且加到企业的权益价值中。在过去十年里，管理层薪酬中使用了大量期权，对这些期权价值的估计使得计算更加复杂。

我们怎样来衡量私有企业的权益价值呢？有两种方法：第一种方法是，参照那些同类上市企业的收入乘数与净收益估计出权益的市场价值。第二种方法是，绕过估计的过程，直接使用同行业上市企业按市场价值计算的负债比率来作为该私有企业的负债比率。这也是我们在书景书店中所作的假设。我们用图书出版行业企业债务权益比率的平均值作为书景书店债务权益比的平均值。

债务的市场价值

债务的市场价值更难直接估计，因为有很少企业的债务是发行在外并在市场上交易的债券。许多企业都有非交易型债务，比如银行借款，这些债务都表示为账面价值形式而不是市场价值形式。为了解决这个问题，很多分析师做出了简化的假设，他们假定债务的账面价值等于其市场价值。虽然这对于发达市场上成熟的公司而言不是一个差的假设，当市场利率和违约价差变动很大的时候，该假设就不对了。

将账面价值形式的债务转换为市场价值形式的债务的一个简单方式是，将账面上所有的债务都视为一种带息债券。其中，票面利息等于所有债务的利息费用，期限等于各个债务按照账面价值加权平均的期限值。接着用公司当前的负债成本对这个带息债券进行定价。例如，债务的账面价值为 10 亿美元，每年的利息费用为 6 000 万美元，期限为 6 年，当前的负债成本为 7.5%，那么债务的市场价值可计算如下：

$$\text{债务的市场价值} = 60 \times \left[\frac{1-\frac{1}{(1.075)^6}}{0.075}\right] + \frac{1\,000}{(1.075)^6} = 930\ \text{美元}$$

这是一种近似的估计。如果想要得到更加准确的结果，就必须对发行的债务分别用该过程进行估计。最后，还需要在这个值上再加上经营租赁债务的价值从而得到债务的总价值，然后利用债务的总价值计算出资本成本。

实践：资本组合的权重会随着时间变化吗？

用当前市场价值的权重计算出当前的资本成本。但是，债务和权益的权重以及相应得到的资本成本会随着时间的推移而发生变化吗？绝对会，尤其是在以下情景下：

● **年轻的企业。**年轻的企业基本上全部融资都来自权益，因为它们还不能产生维持债务的现金流（或盈利）。当这些企业慢慢变大时，它们就有足够的盈利和现金流来借入更多的资金。在分析处在生命周期初始阶段的企业时，我们需要考虑到，这些企业的负债比率可能会随着时间的推移而上升，并且趋向于行业的平均水平。

● **目标负债比率和变化的资产组合。**成熟的企业有时决定改变它们的融资策略，希望目标负债比率高于或者低于当前水平。我们在分析这些企业时，应当考虑到企业从当前的负债比率移动到目标负债比率的变化。

一条基本的法则是，我们应当将资本成本视为每年特有的数字，每年得到一个新的数值。不仅要随着时间的推移更新债务和权益的权重，还要更新贝塔和负债成本。实际上，使用由下而上贝塔的一个好处在于，每年估计的贝塔是当年预期债务权益比的一个函数。

【例 4—17】 用市场价值计算的负债比率和用账面价值计算的负债比率——迪士尼和鹦鹉纸浆

迪士尼的账面上有多种债务，它们的利率有所不同，期限也有所不同。表 4—28 对迪士尼发行的债务进行了描述，其中根据债务的期限进行了分类；将在 2009 年到期的债务归类到 1 年期，将 2010 年到期的债务归类到 2 年期，依此类推。我们在对迪士尼长期债务的实际到期日进行了仔细研究之后，将 2013 年以后到期的债务归类到 10 年期。

表 4—28　　迪士尼的债务：2009 年 5 月

到期时间	期限（年）	到期价值（百万美元）	到期价值百分比（%）
2009	1	3 513	24.33
2010	2	1 074	7.44
2011	3	1 205	8.35
2012	4	1 479	10.24
2013	5	1 842	12.76
之后	10	5 324	36.88
加权平均	5.38	14 437	

我们利用例 4—14 估计的迪士尼当前的负债成本 6%作为折现率将迪士尼债务的账面价值转换为市场价值。2009 年 5 月，迪士尼债务的账面价值为 1 600 300 万美元，当年的利息为 72 800 万美元，得到迪士尼债务的市场价值为：

$$\text{迪士尼债务的市场价值} = 72\,800 \times \left[\frac{1-\dfrac{1}{(1.06)^{5.38}}}{0.06}\right] + \frac{1\,600\,300}{(1.06)^{5.38}}$$
$$= 1\,496\,200 \text{ 万美元}$$

我们在该数值上加上迪士尼经营租赁债务的折现值。其中，我们通过对经营租赁每年的支付义务按照迪士尼税前的负债成本 6%进行折现得到经营租赁债务的折现值，如表 4—29 所示。①

① 迪士尼报告的超过 6 年的总支付义务为 7.19 亿美元。我们参考从第 1 年到第 5 年的平均支付义务的值，假定超过 6 年的总支付义务是采取在第 6 年和第 7 年分别支付 3.095 亿美元的形式。

表 4—29 迪士尼经营租赁的现值

年份	债务（百万美元）	现值（百万美元）
1	392.00	369.81
2	351.00	312.39
3	305.00	256.08
4	265.00	209.90
5	198.00	147.96
6～7	309.50	424.02
租赁的债务价值＝		1 720.17

用上式中计算的债务价值 149.62 亿美元，加上经营租赁的债务价值 17.201 7 亿美元，就可得到迪士尼债务总的市场价值为 166.82 亿美元。

对于鹦鹉纸浆公司和塔塔化学公司，我们用负债的账面价值来代替负债的市场价值。因为鹦鹉纸浆公司大量的负债都是最近才有的，因此这些负债的账面价值应当反映了当前的利率和价格；而塔塔化学公司大量的负债都是短期负债，也就保证了该公司负债的账面价值和市场价值是趋同的。在表 4—30 中，我们比较了迪士尼公司、鹦鹉纸浆公司和塔塔化学公司用账面价值计算的资产负债率和用市场价值计算的资产负债率。其中，权益的市场价值是利用当前的股价和在外流通的股数计算的。

表 4—30 账面价值与市场价值：负债比率（%）

	以账面价值计算的负债权益比	以账面价值计算的资产负债率	以市场价值计算的负债权益比	以市场价值计算的资产负债率
迪士尼公司	49.01	32.89	36.91	26.96
鹦鹉纸浆公司	1 012.22	91.01	110.41	52.47
塔塔化学公司	75.83	43.13	51.56	34.02

在迪士尼中，用市场价值计算的资产负债率为 26.96%，比用账面价值计算的资产负债率 32.89%要低。在鹦鹉纸浆公司和塔塔化学公司中也是如此。其中，塔塔化学公司中以两种方式计算的资产负债率的差距最大，原因在于，塔塔化学公司（由于在金融衍生品上的交易损失）在 2008 年对权益的账面价值进行了较大的减值。

关于资本成本的估计和使用

通过债务、权益和优先股（如果有的话）的成本以及各部分按照市场价值计算的比重就可以计算出资本成本。如果 E、D 和 PS 分别代表权益、债务和优先股的市场价值，k_E、k_D 和 k_{PS} 分别代表权益、债务和优先股的成本，那么资本成本可以写成如下等式：

$$\text{资本成本} = k_E[E/(D+E+PS)] + k_D[D/(D+E+PS)] + k_{PS}[PS/(D+E+PS)]$$

资本成本是公司在筹集资金时面临的综合成本。资本成本通常比权益成本要低，而权益成本就是筹集权益资金的成本。

我们既可以使用权益成本也可以使用资本成本来作为投资分析中的必要收益率，这使很多分析师感到困惑。关键是我们要弄清楚何时使用权益成本何时使用资本成本。

● 如果我们想从权益投资者的角度出发衡量企业或项目赚取的收益率，那么就应当将权益成本作为必要收益率。在衡量权益投资者获得的收益时，我们必须使用满足了其他求偿者的需要（例如，负债利息和优先股股利）之后剩下的收益或者现金流。

● 如果我们衡量的收益是所有求偿者的综合回报，也就是以利息和优先股股利支付前的盈利为基础，那么就将资本成本作为必要收益率。

这些准则似乎很抽象，但是我们将在下一章通过一些例子来考察这些准则的详细使用。

wacc. xls：网上的数据集包含了美国各行业的加权平均资本成本。

必要收益率：一个行为学视角

我们对于权益成本和资本成本进行讨论的关键前提在于，正确的必要收益率应当反映出企业现在筹集资金成本的加权平均值。因此，我们使用当前的债务资本和权益资本以反映现在的无风险收益率和风险溢价，以市场价值为权重对这两部分成本进行加权平均。但是经理人会赞同这种方法吗？大量证据表明有一些经理人并不赞同这种方法，大多都出于行为上的考虑而不是财务上的考虑。有一些问卷对企业如何设定投资的必要收益率进行了调查，得到如下结论：

● **账面价值与市场价值。**很多企业依然用债务和权益的账面价值来计算权重，而不是利用它们的市场价值。一个原因是，用账面价值计算的负债比率要比用市场价值计算的负债比率更稳定。这几乎就是给定的，因为市场价值（至少是权益的市场价值）会持续变动但是账面价值要等到下期的财务报告出来时才会改变。我们认为，负债比率的稳定性只是一种幻觉，但是人类的本性是偏好稳定厌恶波动。

● **外购风险溢价和贝塔值。**在这一章的前面，我们指出企业通常会从外部机构购买权益风险溢价和贝塔的估计值。它们通常从伊博森咨询公司购买权益风险溢价，从巴拉购买贝塔。虽然我们认为从外部机构购买这些资本成本计算中的关键变量是有风险的，但是从行为学上来说这样做却是有道理的。当事情出错时，使用外部数据使得经理人可以将责任推给其他人，避免自己在做出坏的决策时遭受批评。

- **必要收益率不等于资本成本。**在很多企业中，用于对投资进行评估的必要收益率不等于资本成本。企业设定的必要收益率会高于或者低于资本成本，通常反映了企业在过去的项目中所赚取的收益率。[①] 如果一家企业过去投资的资本收益率是 15%，那么这家企业在未来的投资中就会使用 15%的必要收益率而不使用计算出来的资本成本。从行为金融学的角度看，这样做的确是有道理的，这正好反映了锚定效应（经理人总是用他们熟悉的收益率即过去收益率作为参照点）和可获得性偏差（经理人将过去项目的收益情况看得过重）。

那么，经理人应当如何在一个由非理性投资者组成的世界里设定必要收益率呢？斯坦（Stein）在一篇研究该问题的文章中指出，如果给定贝塔反映的是企业真实的经济风险而不是短期的收益，那么关注长期价值最大化的企业还是应当使用传统的资本成本来作为必要收益率。但是，如果企业的目标是最大化当前的股价，那么必要收益率就不应当是资本成本，而是应当根据投资者在评估股价时所犯的错误加以调整；他建议用市场价值与账面价值的比来进行调整。这样就会导致一些企业的必要收益率小于其资本成本，而另一些企业的必要收益率大于其资本成本。[②]

【例 4—18】　估计资本成本

我们来对迪士尼各个分部的资本成本进行估计。我们使用例 4—13 得到的各分部的权益成本和例 4—14 得到的各分部的负债成本来对资本成本进行估计。另外，我们还用到例 4—13 估计的各分部的负债比率。表 4—31 显示了对资本成本的估计结果。

表 4—31　迪士尼各部门的资本成本（%）

	权益成本	税前的负债成本	权益/（负债＋权益）	负债/（负债＋权益）	资本成本
网络传媒	8.61	3.72	75.00	25.00	7.39
公园、旅游胜地	8.20	3.72	64.68	35.32	6.62
电视电影娱乐	13.53	3.72	68.64	31.36	10.45
消费品	10.86	3.72	80.84	19.16	9.49
迪士尼公司	8.91	3.72	73.04	26.96	7.51

① C. Driver and P. Temple，2009，"Why Do Hurdle Rates Differ from the Cost of Capital?" *Cambridge Journal of Economics*，*Advance Access* 1－23. 他们对 PIMS 数据库中 450 家公司的3 000个业务单位的资本成本与必要收益率进行了比较，发现1 425个业务单位使用的必要收益率与资本成本大致相等，505 个业务单位的必要收益率小于其资本成本，452 个业务单位的必要收益率高于其资本成本。

② J. Stein，"Rational Capital Budgeting in an Irrational World，" *Journal of Business* 69：429－455.

迪士尼经营资产的资本成本是7.51%，但是各部门之间的资本成本相差很大，其中公园、旅游胜地部门的资本成本最低，为6.62%，电视电影娱乐部门的资本成本最高，为10.45%。

鹦鹉纸浆公司的权益成本为20.82%（来自例4—13），税后的负债成本为5.61%（来自例4—14），资产负债率为52.47%（用当前债务和权益的市场价值估计得到），因此，我们可以估计出鹦鹉纸浆以美元衡量的资本成本，如下所示：

$$\begin{aligned}资本成本_{美元} &= 20.82\% \times (1-0.524\,7) + 5.61\% \times 0.524\,7 \\ &= 12.84\%\end{aligned}$$

利用通货膨胀率加以调整，我们可以将以美元衡量的资本成本转换为以名义雷亚尔衡量的资本成本或者实际资本成本。

$$\begin{aligned}资本成本_{雷亚尔} &= (1+资本成本_{美元})\frac{(1+预期通胀率_{雷亚尔})}{(1+预期通胀率_{美元})}-1 \\ &= 1.128\,4 \times \frac{1.07}{1.02} - 1 = 18.37\%\end{aligned}$$

$$\begin{aligned}资本成本_{实际值} &= (1+资本成本_{美元})\frac{1}{(1+预期通胀率_{美元})}-1 \\ &= 1.128\,4 \times \frac{1}{1.02} - 1 = 10.63\%\end{aligned}$$

请注意，以上估计的三种资本成本不同的唯一原因是对通货膨胀率的预期不同：对实际值的通胀率预期是0%，对美元的通胀率预期是2%，对雷亚尔的通胀率预期是7%。

我们通过考察塔塔化学公司的两个部门——肥料部门和化学制品部门，并且使用前面例子中得出的负债资本成本和权益成本，对其资本成本进行估计。表4—32总结了这些估计。

表4—32　　资本成本——塔塔化学公司（%）

	权益成本	税前的负债成本	税后的负债成本	负债/（负债+权益）	资本成本
肥料	14.14	10.0	6.60	34.02	11.58
化学制品	13.58	10.0	6.60	34.02	11.21
塔塔化学公司	13.93	10.0	6.60	34.02	11.44

我们依然采用同前面部分一样的假设，即两部门的负债比率相等，且等于整个公司的负债比率。

在估计书景书店的权益成本时，我们采用与图书出版行业相同的市场负债权益比。现在，为了保持一致性，我们仍然用行业的市场资产负债率来计算企业的资本成本。我们在表4—33中展示了两种资本成本的估计——一种是使用市场贝塔，另一种是使用总贝塔。

表 4—33　　　　书景书店的资本成本——使用市场贝塔以及总贝塔（%）

	权益资本成本	税前的负债成本	税后的负债成本	负债/（负债＋权益）	资本成本
市场贝塔	11.60	6.00	3.60	34.84	8.81
总贝塔	20.94	6.00	3.60	34.84	14.90

在书景书店是私有企业的前提下，我们使用总贝塔来对资本成本进行估计是更符合现实的。我们在下一章还会使用估计出来的资本成本。

实践：银行的权益、债务和资本成本

请注意，即使我们对德意志银行的权益成本和债务资本成本进行了估计，我们也没有估计出德意志银行的资本成本。原因很简单，关键在于企业如何看待负债。对于非金融服务行业的企业而言，债务是资本的来源，用于投资新项目，比如新建一个工厂或者制作一部电影。对于银行来说，债务是产生利润的原材料。归根结底，银行的工作就是以低的利率借入资金（债务），以高的利率贷出资金。所以当银行及其监管者论及资本时，他们指的是权益资本。[①]

在计算银行的资本成本时还存在一个实际的问题。如果我们将债务定义为任何固定的支付义务，不履行这些义务就会导致权益控制权的丧失，那么客户在银行的存款也符合这种定义，银行的负债比率就会迅速趋近 100%。如果将负债定义得更窄一些，我们还是面临着债务界限的选择。一个实用的折中方法是，仅仅将企业发行的长期债券视为债务，但这依然是一种武断的划分。例如，德意志银行在 2008 年 12 月拥有价值为1 430亿欧元的长期负债和市场价值为 300 亿欧元的普通股权益。我们使用权益成本 10.55%（来自例 4—13）和负债成本 3.13%（来自例 4—14），可以得到资本成本为：

$$\begin{aligned}\text{资本成本} &= 10.55\% \times (300/1\ 730) + 4.12\% \times (1\ 430/1\ 730) \\ &= 5.23\%\end{aligned}$$

然而，得出的数字不够准确，因为我们对于债务的定义是武断的，这里仅仅将长期负债定义为债务。在德意志银行中，我们所有的分析都是以权益的形式展开，使用的是权益成本而不是资本成本。

① 所有有关银行的资本比率都使用的是权益的账面价值，尽管权益的广义定义包括优先股。

结　论

本章将折现率与前面章节所学的风险收益模型相联系，解释了折现率的估计过程。

● 权益成本可以用风险收益模型来估计。在 CAPM 中，风险是相对于单个市场因素来衡量的；在 APM 中，权益成本取决于收益对于各种经济因素的敏感性；而在多因子模型中，利用宏观经济变量的敏感性来衡量风险。

（1）在以上模型中，关键变量都是无风险收益率、风险溢价和贝塔。其中，贝塔通常利用股价的历史数据来估计。

（2）虽然贝塔是用历史数据来估计的，但是贝塔是由公司在业务组合、经营杠杆和财务杠杆上所作的基本决策来确定的。因此，我们通过考察部门的平均贝塔并且根据公司间的差异做出修正，就可以估计出更好的贝塔。

● 资本成本是对于不同形式资本的成本的加权平均，其中，权重是用各部分的市场价值比重计算的。债务的成本是公司在借入长期负债后经过税率调整的市场收益率。而优先股的成本就是优先股的股利。

● 加权资本成本是最小可接受的必要收益率，我们用这个必要收益率来决定是否对项目进行投资。

虽然在接下来的两章里，我们在进行项目评估时使用资本成本作为必要收益率，但是我们要知道很多公司使用的必要收益率都不等于它们的资本成本。

真实案例研究

风险和收益：对企业的分析

目标：为了了解你所在公司的风险状况，请估计出企业的风险参数，然后用这些风险参数估计出权益成本和企业资本成本。

关键问题

● 你所在公司的风险状况如何？［企业的总风险有多大？这些风险来自哪里（市场、企业、行业还是货币）？企业的风险状况如何变化？］

● 该公司的投资业绩如何？你对该公司的股票进行投资获得了哪些收益？收益表现是超过整个市场的收益，还是不如整个市场的收益？业绩中有多少是由管理层的决策所导致的？

● 该公司的权益风险有多大？为什么？权益成本是多少？

● 该公司的负债风险有多大？负债资本成本是多少？

● 公司为投资筹集资金的负债和权益组合是怎么样的？

● 公司当前的资本成本有多大？

分析框架

1. 估计历史风险参数（由上而下贝塔）

● 用你公司的股票收益率对市场收益率进行回归，最好使用五年的月收益率数据。

● 回归的截距是多少？有关公司股票在回归期间的业绩表现，该截距告诉了你什么？

● 回归的斜率是多少？

（1）有关股票的风险，该斜率告诉你什么？

（2）这种风险估计的准确性如何？（请给出估计值的范围。）

● 企业的风险中有多大部分可归因于市场因素？有多大部分可归因于企业特有的因素？为什么这种划分是重要的？

● 该企业有多少“风险”是由经营业务造成的？有多少是由财务杠杆造成的？

2. 与行业的贝塔做比较（由下而上贝塔）

● 将企业按照业务进行划分，估计出每一部分业务的贝塔。

● 请给出每一部分的合理权重，并估计出业务的无杠杆贝塔。

● 使用公司当前的杠杆估计出每一部分的杠杆贝塔。

3. 在贝塔间做出选择

● 你估计出企业的哪种贝塔（由上而下还是由下而上）？你认为这种估计可靠吗？为什么？

● 请使用你选择的贝塔估计出权益投资的预期收益。

● 作为这家企业的经理，你会如何使用该预期收益？

4. 估计违约风险和负债成本

● 如果你的公司是有评级的，

（1）公司最近的评级是什么？

（2）与该评级相关的违约价差和利率是多少？

（3）如果你的公司有发行在外的债券，请估计出长期债券的到期收益率。为什么得到的这个收益率可能不等于上一步中的利率？

（4）公司的边际税率是多少？

● 如果你的公司没有评级，

（1）公司最近有负债吗？如果有的话，公司对于这些负债支付的利率是多少？

（2）你能为公司给出一个人为评级吗？如果你已做出人为评级，那么与该评级相关的利率是多少？

5. 估计资本成本

● 负债和权益的权重：

（1）权益的市场价值是多少？

（2）请估计出负债的市场价值。（你需要知道负债的平均期限、最近时间的利息费用，以及负债的账目价值。）

（3）负债和权益的权重分别是多少？

● 资本成本：

（1）企业的资本成本是多少？

获取风险和收益的有关信息

如果你想用股票收益率对市场收益率进行回归从而估计出贝塔，需要对股票和指数的过去收益率进行估计。有几个数据服务机构提供了这些数据。如果你想得到企业的贝塔，可以在网上直接找到或者通过数据库找到。如果你想根据可比企业估计出由下而上贝塔，必须首先确定出企业经营的业务（这些可以在企业的10－K文件中找到），找到每种业务的可比企业，然后估计这些贝塔和负债权益比的平均值。

标准普尔和穆迪的出版物中列出了交易的债券以及相关评级。你可以从这些出版物中找到公司的评级。你也可以估计出企业的利息保障倍数，然后做出人为评级。

网上信息来源

www.stern.nyu.edu/～adamodar/cfin2E/project/data.htm

练习题

（如果题目中没有给出，就使用5.5％的长期权益风险溢价，使用8.5％的短期权益风险溢价。）

1. 1995年12月，Boise Cascade股票的贝塔为0.95。当时短期国库券的收益率为5.8％，长期国库券的收益率为6.4％。企业发行在外的负债为17亿美元，权益的市场价值为15亿美元，企业的边际税率为36％。

a. 请估计出该公司股票短期投资者的期望收益率。

b. 请估计出该公司股票长期投资者的期望收益率。

c. 请估计出公司的权益成本。

2. Boise Cascade发行在外的负债为17亿美元，权益的市场价值为15亿美元，企业的边际税率为36％。

a. 假定股票的贝塔0.95是一个合理的数字，请估计出公司的无杠杆贝塔。

b. 公司中有多少风险可归因于业务风险，有多少风险可归因于财务杠杆风险？

3. Biogen是一家生物科技公司。该公司1995年的贝塔为1.70，在同年年底没有发行在外的债务。

a. 如果长期国库券的收益率为6.4％，请估计出Biogen的权益成本。

b. 如果长期债券的收益率上升到7.5％，这对Biogen的权益成本有什么影响？

c. Biogen中有多少风险可归因于业务风险？

4. Genting Berhad是马来西亚的一家企业集团，对种植业和旅游业都有持股。该公司与马来西亚股票交易所指数相关的贝塔是1.15，马来西亚政府长期借款的利率为11.5％。

a. 请估计出该股票的期望收益率。

b. 如果你是一个国际投资者，用马来西亚指数估计出该公司的贝塔，你对此感到担心吗？如果是的话，有什么样的担心？你会怎样对贝塔加以修正？

5. HeavyTech 是一家重型机器制造公司。你用这家公司股票的月收益率对市场的月收益率进行回归，得到如下回归公式：

$$R_{HeavyTech} = 0.5\% + 1.2R_M$$

其中，股票的方差为 50%，市场的方差为 20%。当前的短期国库券收益率为 3%（一年前为 5%）。股票现在的价格为 50 美元，在过去一年内下降了 4 美元，过去一年支付了每股 2 美元的股利，预期下一年将支付每股 2.5 美元的股利。纽约证券交易所的指数在过去一年里下降了 8%，股利收益率为 3%。HeavyTech 的税率为 40%。

a. HeavyTech 下一年的预期收益率是多少？

b. 你估计 HeavyTech 在一年前的今天的股价是多少？

c. 你预期 HeavyTech 的股票收益率会超过上一年的收益吗？

d. HeavyTech 过去一年实际的股票收益率是多少？

e. HeavyTech 的权益为 10 000 万美元，负债为 5 000 万美元。该公司计划发行价值为 5 000万美元的新权益，并赎回价值为 5 000 万美元的新负债。请估计出新的贝塔。

6. Safecorp 公司拥有并且经营业务遍及美国的杂货店。该公司当前的负债有5 000万美元，发行在外的权益有 1 亿美元。该公司股票的贝塔值为 1.2。它准备进行一场杠杆收购，这将使得它的负债权益比上升到 8。如果税率是 40%，该公司在杠杆收购之后权益的贝塔是多少？

7. Novell 公司的权益市场价值为 20 亿美元，贝塔为 1.50。WordPerfect 公司的权益市场价值为 10 亿美元，贝塔为 1.30。Novell 公司宣布收购 Wordperfect 公司。在宣布收购时，两家公司都没有负债。公司的税率为 40%。

a. 假定所有的收购资金都来自权益，请估计出收购之后 Novell 公司的贝塔。

b. 假定 Novell 公司需要借入 10 亿美元资金来收购 WordPerfect 公司。请估计出收购之后的贝塔。

8. 你正在分析惠普公司的贝塔，将惠普公司划分成四个业务部门。以下表格中列示出每个部门的市场价值和贝塔。

业务部门	权益的市场价值（亿美元）	贝塔
主机	20	1.10
个人电脑	20	1.50
软件	10	2.00
打印机	30	1.00

a. 请估计出惠普公司的贝塔。得到的这个贝塔与用股票的历史收益率对市场指数的历史收益率回归出来的贝塔相等吗？为什么？

b. 如果长期国库券的收益率为 7.5%，请估计出惠普公司的权益成本。估计出每个分支部门的权益成本。你会使用哪种权益成本来对打印机部门进行估值？

c. 假定惠普公司剥离了主机业务，将现金用股利的形式发放给投资者。请估计惠普公司在剥离之后的贝塔（惠普公司有10亿美元流通在外的债券）。

9. 下表列示了四家制药公司的收入变化百分比、营业利润变化百分比和贝塔值。

公司	收入变化百分比（%）	营业利润变化百分比（%）	贝塔
PharmaCorp	27	25	1.00
SynerCorp	25	32	1.15
BioMed	23	36	1.30
Safemed	21	40	1.40

a. 计算出每家公司的经营杠杆。

b. 用经营杠杆来解释为什么这些公司有不同的贝塔值。

10. 一家主要的衡量贝塔的服务机构报道了大型有线电视运营商康卡斯特公司的贝塔为1.45。该机构声称，该贝塔是用过去五年股票的周收益率对纽约证券交易所成分指数进行回归得到的。你也用同一期间的周收益率数据复制了该回归，得到的贝塔值为1.60。你怎样对这两个结果进行协调？

11. Battle Mountain 是 一家采矿公司。该公司在南美洲、非洲和澳大利亚进行金、银和铜的开采业务。该公司股票的贝塔为0.3。给定这些商品价格的波动性，你如何解释低的贝塔值？

12. 你搜集了过去五年里一家多元化的制造业企业 AnaDone 如下表所示的收益率以及纽交所指数。

年份	AnaDone的收益率（%）	纽交所指数的收益率（%）
1981	10	5
1982	5	15
1983	−5	8
1984	20	12
1985	−5	−5

a. 估计出回归的截距（阿尔法）和斜率（贝塔）。

b. 如果你今天购买了 AnaDone 的股票，你预期在下一年能获得多大的收益？（六个月期国库券的收益率为6%。）

c. 你如何评价过去五年里 AnaDone 相对于市场的业绩？

d. 假定你是一个非多元化的投资者，并且将所有的资金都投入到 AnaDone。用什么指标能很好地衡量出你所承担的风险？如果你进行多元化，有多少风险可以被分散？

e. AnaDone 计划出售它的一个分部。计划出售的分部的账面价值是 AnaDone 的一半，市场价值是 AnaDone 的20%，并且贝塔是 AnaDone 贝塔（在剥离该业务前）的两倍。在 Ana-

Done剥离该分部后，其贝塔是多少？

13. 你用1991—1995年一家生产石油与天然气的公司Mapco的月收益率对标准普尔500指数进行回归，得到如下回归变量。

回归的截距 = 0.06%

回归的系数 = 0.46

回归系数的标准差 = 0.20

R^2 = 5%

该公司有2 000万股发行在外的股份，当前股价为2美元，并且有2 000万美元的负债。(公司的税率是36%。)

a. 如果长期国库券的收益率为6%，投资者对Mapco股票所要求的收益率是多少？

b. 该公司有多少风险可以被分散化？

c. 假定Mapco有同等规模（用市场价值来衡量）的3个分部。该公司计划剥离其中一个分部，可以获得2 000万美元现金，然后花费5 000万美元并购另一个分部（该公司需要借入3 000万美元完成并购）。计划剥离的分部所在行业的平均无杠杆贝塔是0.20，计划并购的分部所在行业的平均无杠杆贝塔是0.80。在完成了剥离和并购之后，Mapco的贝塔是多少？

14. 你用过去五年美国航空公司（AMR）股票的月收益率对标准普尔500指数的月收益率进行回归。你忘记了回归结果，试图从已有的信息得到相应的回归结果。

a. 你知道回归的R^2是0.36，该股票的方差是67%，市场的方差是12%。AMR的贝塔是多少？

b. 你还记得，AMR在回归期间并不是一个非常好的投资，在过去五年里AMR股票的月收益率比预期（在调整风险之后）要低0.39%。在这一期间，平均的无风险收益率为4.84%，请问该回归的截距是多少？

c. 你将AMR与另一家R^2同样为0.36的公司相比较。这两家公司会有同样的贝塔吗？如果不会，为什么？

15. 你用大型生物科技公司安进的股票月收益率对标准普尔500指数的月收益率进行回归，得到如下结果：

$$R_{stock} = 3.28\% + 1.65 R_{market} R^2 = 0.20$$

当前的一年期国库券的收益率为4.8%，三年期国库券的收益率为6.4%。企业在外发行了2.65亿股股票，每股30美元。

a. 该股在下一年的预期收益是多少？

b. 如果目的是为了得到三年期的资本预算项目的折现率，你估计的预期收益率会改变吗？

c. 有个分析师估计，该股票在回归期间年化的收益率比预期的要好51.1%。你能估计出她使用的年化无风险收益率吗？

d. 该公司的负债权益比为3%，税率为40%。该公司计划发行20亿美元的新负债来并购价值为20亿美元且风险水平与公司所处行业相同的一个新的业务部门。该公司并购以后的贝塔是多少？

16. 你用一家报纸和杂志出版公司MAD的股票月收益率对标准普尔500指数企业的月收益率进行回归，得到如下结果：

$$R_{MAD} = -0.05\% + 1.20R_{S\&P}$$

回归的 R^2 为 22%，当前的短期国库券的收益率为 5.5%，长期国库券的收益率为 6.5%。回归期间无风险收益率为 6%。请回答以下与回归有关的问题。

a. 根据回归的截距，你可以得出结论：

ⅰ. 在回归期间该股票的月收益率比预期要低 0.05%。

ⅱ. 在回归期间该股票的月收益率比预期要高 0.05%。

ⅲ. 在回归期间该股票的月收益率比预期要高 1.25%。

ⅳ. 在回归期间该股票的月收益率比预期要低 1.25%。

ⅴ. 以上都不对。

b. 你现在意识到，MAD 在回归期间的最后一个月进行了重大重组并做出如下改变：

● 该企业出售了其杂志分部。其中，该杂志分部的无杠杆贝塔为 0.6，价值为2 000万美元。

● 该企业又借入 2 000 万美元资金，购回价值为 4 000 万美元的股票。

在出售了杂志分部并且进行股票回购后，MAD 的负债为 4 000 万美元，发行在外的权益为 1.2 亿美元。如果企业的税率为 40%，请重新估计 MAD 在经历了这些变化之后的贝塔。

17. 时代华纳是娱乐业的大型集团，贝塔为 1.61。该企业贝塔很高的部分原因是，该企业在 1989 年进行了杠杆收购后遗留下来大量债务，导致 1995 年的负债为 100 亿美元。该企业 1995 年发行在外的权益为 100 亿美元。边际税率为 40%。

a. 请估计出时代华纳的无杠杆贝塔。

b. 如果并购后两年每年将负债比率降低 10%，这对于股票的贝塔有什么影响？

18. 克莱斯勒公司是一家汽车制造企业。该企业在 1995 年的贝塔为 1.05。该企业 1995 年发行在外的负债为 130 亿美元，有 3.55 亿股股票，每股股价为 50 美元。在 1995 年年底该企业的现金余额为 80 亿美元。边际税率为 36%。

a. 请估计出企业的无杠杆贝塔。

b. 如果企业派发了价值为 50 亿美元的股利，这对于企业的无杠杆贝塔有什么影响？

c. 请估计出该企业在派发股利之后的贝塔。

19. 你在估计一家私有的家用设备制造企业的贝塔，于是对同行业上市公司的贝塔进行了考察。考察结果如下表所示。

	贝塔	负债（百万美元）	权益的市场价值（百万美元）
Black & Decker	1.40	2 500	3 000
Fedders Corp.	1.20	5	200
Maytag Corp.	1.20	540	2 250
National Presto	0.70	8	300
Whirlpool	1.50	2 900	4 000

该私有企业的负债权益比为 25%，税率为 40%。上市公司的税率也为 40%。

a. 请估计出该私有企业的贝塔。

b. 你在使用这些可比企业的贝塔时有什么担心的地方？

20. 在股东的压力下，RJR Nabisco 考虑分拆其食品部门。已知食品行业可比上市企业的平均贝塔为 0.95，平均的负债权益比为 35%。该公司的食品分部的负债比率估计为 25%。公司的边际税率为 36%。

a. 分部的贝塔是多少？

b. 如果你知道 RJR Nabisco 成本结构中的固定成本比可比企业更高，这会导致估计的结果有什么不同吗？

21. Western Telecom 是一家电话公司，该公司正在打算将业务扩张到媒体行业。该公司在最近年底的贝塔为 0.90，负债权益比为 1。预计在未来五年内企业的媒体业务会占到企业总价值的 30%。另外，该行业可比企业平均的负债权益比为 50%。公司的边际税率为 36%。

a. 假定公司维持现在的负债权益比，请估计出该公司未来五年的贝塔。

b. 假定公司决定为媒体业务进行融资，导致负债权益比变成 50%，请估计出该公司未来五年的贝塔。

22. Adobe System 是一家软件制造企业。该企业的首席财务官向你咨询一些有关公司贝塔的问题。他请一家服务机构来估计 Adobe System 每年的贝塔，注意到贝塔的估计值每年都在下降，从 1991 年的 2.35 下降到 1995 年的 1.40。他希望知道以下问题的答案：

a. 这种贝塔的下降对于成长性公司而言不寻常吗？

b. 为什么贝塔会随着时间的推移下降？

c. 贝塔还可能会继续下降吗？

23. 你正在对一个高端零售商蒂芙尼公司进行分析，发现回归得到的贝塔为 0.75，贝塔的标准误为 0.50。你还注意到同行业的可比企业平均的无杠杆贝塔为 1.15。

a. 如果蒂芙尼的负债权益比为 20%，请以可比企业为基础估计出该企业的贝塔。（税率为 40%。）

b. 请估计出回归得到的贝塔的范围。

c. 你怎样协调以上两个结果？在分析中你会使用哪个结果？

第 5 章　衡量投资收益率

我们在第 4 章介绍了如何估计权益成本、债务资本成本和企业资本成本。我们认为，资本成本是考虑新的投资时最低可接受的必要收益率，只有获得大于必要收益率的投资项目才能为企业的所有者创造价值。在这一章，我们来考察如何最好地衡量出一个项目的收益率。在此过程中，我们将回答以下问题：

- 什么是项目？具体来说，投资的定义有多广？企业的投资决策有哪些不同的类型？
- 在衡量项目的收益率时，我们是应当考察项目产生的现金流还是会计收益？
- 如果一个项目的收益在时间分布上是不均衡的，我们如何考虑（或者我们是否不应当考虑）不同时间段收益率的差异？

我们通过四个假设的项目来介绍有关投资分析的基本方法。这四个项目是：书景书店网上书籍订购服务；迪士尼在巴西新建一个主题公园；鹦鹉纸浆公司新建的一个生产箱纸板的工厂；塔塔化学公司对一家美国公司进行并购。

什么是投资项目

投资分析与接受和否决一个项目相关。因此，什么构成了一个项目或投资，对于以

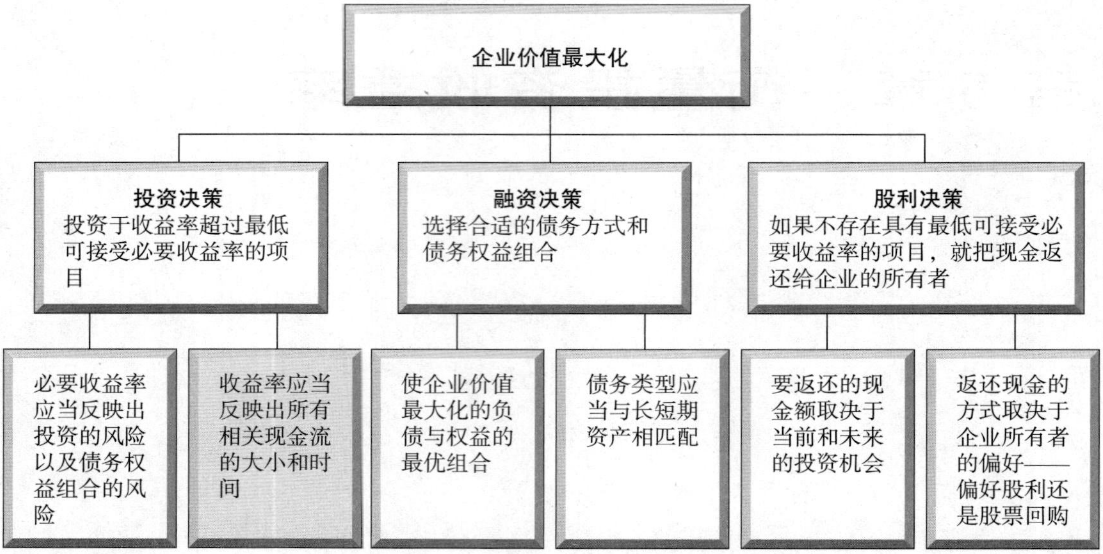

上问题以及接下来的章节是非常重要的。在资本预算中的传统投资项目分析有三个标准：(1) 大量的初始成本；(2) 特定期间内的现金流；(3) 期末的残值，也就是项目结束时的资产价值。虽然达到这三个标准的项目无疑构成了投资决策的重要部分，对于制造业企业来说尤其如此，但是如果将投资分析仅限于此就是一个错误了。如果将项目定义得更广些，使之包含与企业稀缺资源的使用有关的任何决策，那么无论是战略决策和并购还是外包，这些相关的决策都属于项目内的范围。

如果定义得更广些，下列任何一种决策都符合项目的定义：

● 开展新业务（例如迪士尼进入到房地产行业，或者德意志银行进行投资银行业务）或者进入新市场（例如迪士尼电视分支机构扩张到拉丁美洲）的重大战略决策。

● 尽管有很多限制并购的条例，对其他公司的并购也是项目的内容。因此，迪士尼公司在 2009 年对漫威娱乐公司的计划并购可以被视为一个非常大的项目。

● 对现有行业或市场的新投资决策，例如，迪士尼对其位于奥兰多的主题公园进行扩张，或者制作一部新的动画电影等等。

● 可能改变现有风险投资和项目运行方式的决策，比如，对迪士尼频道的节目重新编制，或者改变书景书店的存货政策的决策。

● 关于怎样提供一种服务，使得企业的经营更加顺畅的决策。一个很好的例子就是，德意志银行选择何种金融信息系统，使交易者和投资银行人员能够做好他们的工作。虽然信息系统本身可能不产生收入和利润，但它是其他能够产生收入的项目必不可少的一部分。

可以将投资决策按照不同的维度来进行分类。第一种分类是关于项目如何影响企业正在考虑的其他项目。有些项目与其他项目之间相互独立，可以对这些项目分别进行分析。有些项目之间是相互排斥的，也就是说，接受其中一个项目就必须拒绝另外一个项目。另一个极端是，有些项目是后续项目的前提条件，有些项目之间是相互补充的。总之，项目可以被归类在图 5—1 中的前提项目和互斥项目之间的某个位置上。

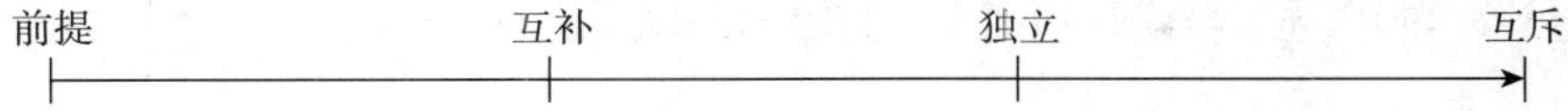

图 5—1 项目的连续分类

第二种划分项目的标准是项目产生收入或降低成本的能力。分析产生收入项目的决策原则是评价该项目产生的盈利或现金流能否使得该项目值得投资。分析降低成本项目的决策原则是考察该项目降低的成本是否能证明为该项目投入的期初投资是必要的。

【例 5—1】 对项目进行描述

在本章以及下一章的部分内容里，我们将使用四个假设的项目来介绍投资分析的基本方法。

（1）我们要考察的第一个项目是书景书店增加一项网上书籍订购和信息服务的计划。虽然这个计划起源于亚马逊公司之类的网上零售商的成功，但是书景书店的服务更加关注于帮助顾客寻找到自己想要的书籍而不是关注于价格。如果书景书店决定增加这项服务，那么该企业除了对服务所需要的电脑设备和电话线进行投资外，还需要雇用一部分符合条件的人员，并对他们进行培训，使得他们能够解答顾客的疑问。对该项目的分析有助于我们了解私有企业在考察投资时所碰到的一些基本问题，以及企业在投资风险状况与现有项目不同的项目时所碰到的问题。

（2）我们要分析的第二个项目是迪士尼计划在巴西的里约热内卢新建一个主题公园。里约热内卢的迪士尼世界是仿照巴黎和佛罗里达的迪士尼世界而修建的，需要对基础设施进行巨大的投资，并且需要好几年的时间才能完成。该项目分析一开始就遇到很多问题，包括：当现金流是以外国货币的形式获得时，应当如何处理这类项目；当项目的周期很长时要怎么做。

（3）我们要考察的第三个项目是鹦鹉纸浆公司在巴西新建一个生产箱纸板的工厂。箱纸板是一种能够转变成纸板箱的加强纸制品。该项目是较为传统的项目，有初始投资、固定的期限以及期末残值。我们将从股权的角度来分析该项目，得出有关投资分析的一般通则。另外，考虑到巴西的通货膨胀，我们在整个分析中都使用真实货币。

（4）我们要考察的最后一个项目是塔塔化学公司对 Sensient 科技公司的收购。Sensient 科技是一家生产颜料、香料和食品的香味添加剂的美国上市公司。我们将使用同样的内部投资估值准则来分析塔塔化学公司需要支付多少资金来购买该美国企业，以及并购中潜在协同效应的价值是多少。

虽然这些项目都是假定的，但是它们都是以这些企业在过去的真实投资为基础。

企业的必要收益率和项目的必要收益率

在上一章中，我们估计了权益成本和企业资本成本。在这一章，我们在新项目或个别项目的背景下来讨论必要收益率。

用企业的必要收益率作为个别项目的必要收益率

我们能使用企业的权益成本和资本成本来估计投资项目吗？在某些情况下可以，这些情况仅限于企业进行的所有投资从风险上来讲都是差不多的。当企业的投资变得越来越多元化时，就不能用企业的权益成本和资本成本来对这些项目进行评价了。风险更大的项目比风险更小的项目有更高的权益成本和资本成本。在这一章，我们将介绍如何估计出项目的权益成本和资本成本。

项目的权益成本

我们在估计项目的贝塔时，需要考虑三种可能的情况。第一种情况是，企业做出的所有投资都有差不多的风险；这种同质性简化了风险评估。第二种情况是，企业投资了多种具有不同风险的业务，但是每种业务下的项目都有同样的风险。第三种情况也是最为复杂的情况是，企业考虑的每个项目都有不同的风险。

1. 单一业务：业务的项目风险都是相似的

当企业只经营一种业务并且有关业务的所有项目都具有同样的风险时，可以使用总的权益成本作为每个项目的权益成本。因为我们在第 4 章中用企业的贝塔来计算权益成本，这就意味着我们也使用同样的贝塔来估计每个项目的权益成本。这种方法的优点在于不需要对每个项目都进行风险估计，为经理人提供了项目投资的固定标准。然而，该方法是有约束的，因为它只适用于那些只从事一种业务且项目均为同质项目的企业。

2. 多种不同风险的业务：每种业务的项目风险都是相似的

当企业经营多种业务时，不同业务的风险状况就可能不一样了。如果我们假定同一业务下的项目有着同样的风险状况，可以分别估计出每种业务的权益成本并且用该权益成本作为该业务下所有项目的权益成本。风险更高的业务比风险更低的业务有更高的权益成本，高风险业务下的项目需要对更高的成本进行弥补。如果将企业整体的权益成本用于所有业务的项目，那么就会导致对高风险业务的过度投资（因为权益成本设定得过低）以及对低风险业务的投资不足（因为权益成本设定得过高）。

我们怎样来估计各种业务的权益成本呢？这种方法需要使用到权益贝塔，但我们不能依靠传统的回归方法（CAPM）和因子分析（APM）来得到，因为这些方法都要求存在历史的价格。因此，我们必须使用上一章讲到的两种方法的其中一种来估计贝塔：一种是以同行业其他上市公司为基础的由下而上贝塔，还有一种是以分部的会计盈利为基础估计的会计贝塔。

3. 不同项目有不同的风险

作为一个完美主义者，你可能会认为，每个项目都有其特有的风险状况，使用企业的权益成本或者分部的权益成本来对项目进行评价是不恰当的。虽然这可能是正确的，我们也必须做出一番权衡。给定权益成本的较小差异不会造成投资决策的重大差别，我们就必须考虑分析每个项目所增加的收益是否超过了这样做的成本。

什么时候单独估计项目的风险是合理的？如果项目相对于企业的投资需要是很大的，并且该项目与企业的其他投资有非常不同的风险状况，那么对该项目的权益成本进行单独估计就是合理的。对单个项目的贝塔和权益成本进行估计的唯一实用的方法就是由下而上贝塔的方法。

项目的负债成本

我们在前面的章节提到，企业的负债成本应当反映它的违约成本。对于单个项目而言，违约风险的估计变得更加困难，因为项目基本上不会自己借款；大多数企业为其所有的项目借款。有三种方法可用来估计项目的负债成本：

（1）第一种方法是，因为通常是由企业来借款而不是由各个项目来借款，所以项目的负债成本应当是企业的负债成本。这种方法在如下情况下是最合理的，即评估的项目相对于企业而言很小，对企业的违约风险没有较大影响。

（2）第二种方法是，通过考察项目产生相对于其融资成本的现金流的能力，估计出项目的违约风险和负债成本。这种方法在如下情况下通常是合理的，即项目需要的资本相对于企业而言很大，有不同于其他投资的现金流特征（无论是幅度还是波动性），并且能够用自己产生的现金流来借入资金。

（3）第三种方法适用于如下情况，即项目自己借入资金，而且项目违约时，债权人对母公司没有追索权。这种情况不常见，但是当投资项目自己有相当多的无形资产，项目规模相对企业而言非常大时，这种情况就会发生。此时，债务的成本可以用其自身产生相对于融资义务的现金流的能力来估计。在上一章中，我们使用企业的债券评级得到企业的负债成本。虽然项目并没有评级，我们还是可以根据项目的债务比例人为地估计出一个评级，然后估计出违约风险和负债成本。

项目的融资组合和资本成本

如果想要根据负债成本和权益成本得到资本成本，我们必须要知道两者的权重。这对企业来说要容易得多，我们使用企业负债和权益的当前市场价值得到这些权重。我们在为项目借入资金时，通常不清楚凭借的是项目的负债能力还是企业的负债能力。这个问题的解决方法又取决于我们面临的情景。

● 如果我们估计的小型项目的融资比重不会影响企业负债能力，我们就用实施项目之前企业的融资比重，即企业负债和权益的市场价值比重。

● 如果我们估计的是大型项目的融资比重，并且该项目的风险状况与企业的风险状况不相同，那么我们必须更加谨慎。此时使用企业的融资组合来计算这些项目的资本成本就是具有误导性的，因为项目的风险可能比企业整体的风险更大以至于该项目无法承担企业的负债比率。在这种情况下，我们应当使用同种业务的其他企业的平均负债比率来估计项目的资本成本。

● 如果独立的项目已经大到可以自己发行负债，那么就应当使用该项目实际的借款额来估计融资的权重。对于有这种项目的企业而言，融资的权重可能随着项目的不同而不同，负债成本也会随着项目的不同而不同。

总的来说，项目的负债成本和负债比率都要反映出项目相对于企业的规模以及企业风险的状况。表5—1对我们的分析进行了总结。

表5—1　　负债成本和负债比率：项目分析

项目的特征	负债成本	负债比率
项目很小，现金流特征与企业相似	企业的负债成本	企业的负债比率（实际比率或者目标比率）
项目很大，现金流特征与企业不同	可比企业的负债成本（当负债没有追索权时）或企业的负债成本（如果有企业的信用支持）	可比企业的平均负债比率
项目独立	项目的负债成本（以实际的评级或人为评级为基础）	项目的负债比率

对于独立的项目，还有一点值得注意。随着项目年限的增长，项目的负债逐步偿还，因此要随着时间的推移降低负债比率。虽然可以计算出每年的负债比率和资本成本，但是计算出项目年限内的平均负债比率并且根据该比率估计出资本成本会更合理。

【例5—2】　估计单个项目的必要收益率

根据已经列示出来的估计原则，我们可以估计出本章要分析的各项目的必要收益率。

● **书景书店网上信息和订购服务。**我们为书景书店估计的贝塔和权益成本反映的是该企业作为一个书店的状况，所以我们通过考察上市的网上零售企业以及对该行业的非多元化投资者的风险来估计出书景书店网上项目的贝塔。互联网零售商的无杠杆贝塔是4.25[①]，并且我们假定该项目利用与书景书店其他业务相同的负债权益组合（负债/权

① 互联网零售商在2009年年初的无杠杆市场贝塔是1.70，这些股票的平均相关系数是0.4。因此，无杠杆的总贝塔是1.7/0.4=4.25。

益＝53.47%，负债/资本＝34.84%）来筹集资金。我们假定书景书店的税率（40%）和税前负债成本（6%）也适用于该项目。因为该项目的规模相对较小，我们使用公司的负债成本和负债比率而不使用行业的平均值。

$$有杠杆贝塔_{网上服务}=4.25\times[1+(1-0.4)\times0.5357]=5.61$$
$$权益成本_{网上服务}=3.5\%+5.61\times6\%=37.18\%$$
$$资本成本_{网上服务}=37.18\%\times0.6516+6\%\times(1-0.4)\times0.3484=25.48\%$$

这比第4章中计算出的书景书店的资本成本要大，但计算的结果反映了网上零售行业的高风险。

● **里约热内卢迪士尼。**我们在上一章中已经估计出迪士尼主题公园业务的由下而上的杠杆贝塔0.782 9，该业务的权益成本为8.20%。如果我们将这个权益成本值用于该项目，唯一令人担忧的是，这可能并不能反映出在一个新兴市场（巴西）新开主题公园的额外风险。为了将这种额外风险包含在内，我们使用包含巴西国家风险溢价的风险溢价来计算主题公园以美元衡量的权益成本①：

$$以美元衡量的权益成本=3.5\%+0.7829\times(6\%+3.95\%)=11.29\%$$

使用估计出来的权益成本、迪士尼主题公园的负债比率35.32%，以及其税后的负债成本3.72%（见第4章），我们可以估计出项目的资本成本：

$$以美元衡量的资本成本=11.29\%\times0.6468+3.72\%\times0.3532=8.62\%$$

● 鹦鹉纸浆造纸厂。我们在第4章分别估计出以实际值、美元和雷亚尔衡量的鹦鹉纸浆造纸厂的权益成本和资本成本。我们在表5—2中重新展示了这些估计结果。

表5—2　　权益成本和资本成本：鹦鹉纸浆造纸厂（%）

	权益成本	资本成本
美元	20.82	12.84
雷亚尔	26.75	18.37
实际值	18.45	10.63

我们在分析项目时要选择合适的折现率。选择的依据是：我们考察的项目现金流是负债支付前的现金流（资本成本）还是负债支付后的现金流（权益成本），以及估计现金

① 我们在第4章计算鹦鹉纸浆公司的资本成本时，计算出巴西的国家风险溢价。我们用巴西的违约价差（2.50%）乘以巴西的权益指数相对于其政府债券的波动率（34%/21.5%），得到巴西的国家风险溢价［2.50%×(34/21.5)＝3.95%］。

流时使用的是哪种货币。

● **Sensient Technologies 的并购。**我们不能用第 4 章中估计的塔塔化学公司及其业务部门的资本成本来估计 Sensient Technologies 的价值，原因有以下四点：

(1) 货币。我们前面用卢比来估计塔塔化学公司的资本成本，而现在要用美元对 Sensient 进行估计。

(2) 国家风险。我们在计算塔塔化学公司的资本成本时，将印度的国家风险溢价考虑在内以反映企业所有的经营业务都在印度的事实。Sensient Technologies 主要在美国经营，不会遭受到来自新兴国家的风险。因此，我们应当用成熟市场的溢价（6%）来估计 Sensient 的权益成本。

(3) 业务风险。为了估计塔塔化学公司的贝塔，我们考察了新兴市场化学制品和肥料行业上市公司的贝塔值。虽然 Sensient Technologies 属于专业的化学公司，但它的收入几乎全部来自食品加工行业。因此，我们认为用美国食品加工企业的无杠杆贝塔能更好地衡量出 Sensient 的风险；我们估计出该部门在 2009 年 1 月的无杠杆贝塔为 0.65。

(4) 负债成本和负债比率。在此次收购中，塔塔化学公司打算承担 Sensient 现有的负债，并且保持 Sensient 现存的负债比率。Sensient 当前的负债比率为 28.57%（转化为负债权益比 40%），税前的负债成本为 5.5%。

另外，已知美国的公司税率为 37%（反映了 Sensient 的收入主要在美国纳税），我们计算出 Sensient 以美元衡量的资本成本为：

$$\text{有杠杆贝塔} = 0.65 \times [1 + (1 - 0.37) \times 0.40] = 0.8138$$

$$\text{权益成本} = 3.5\% + 0.8138 \times 6\% = 8.38\%$$

$$\begin{aligned}\text{资本成本} &= 8.38\% \times (1 - 0.2857) + 5.5\% \times (1 - 0.37) \times 0.2857 \\ &= 6.98\%\end{aligned}$$

实践：汇率风险、政治风险和国外项目

我们在计算里约热内卢迪士尼项目的资本成本时，对资本成本进行了调整以反映投资巴西的额外风险。虽然迪士尼在巴西的投资比在美国的投资有更大的风险，但是否应当用国家风险溢价来对折现率进行调整不是一个容易回答的问题。在巴西的投资比在美国的投资风险要大，无论是因为汇率风险（现金流是以巴西雷亚尔的形式存在的而不是以美元的形式存在）还是因为政治风险（巴西是一个新兴市场国家），这都是正确的。然而，仅当迪士尼的边际投资者不能用多元化来对这种风险进行分散时，才会对折现率造成影响。

为了分析巴西的风险对迪士尼而言是否已经被分散，我们回到第 3 章对于公司边际投资者的评估中。在第 3 章，我们指出，迪士尼的边际投资者主要是多元化的机构投资者。汇率风险会对这些机构投资者的投资组合中的不同公司造成不同的影响，有些人可能因为强势美元而受损，其他人可能因此而获益。但是这些投资者都可以对冲汇率的风险。如果项目唯一的风险来源就是汇率风险，我们可能会将这种风险视为可分散的风险，并且不对资本成本进行调整。政治风险是更加令人讨厌的风险：一方面是难以对政治风

险进行对冲，另外政治风险中更可能包含不可分散的部分，尤其我们考虑的是风险更高的新兴市场，所以应当对资本成本加以调整以反映出这种风险。

总之，我们是否调整外国项目的资本成本，与该项目的企业以及项目所在国家有关。如果企业的边际投资者已经做好多元化，并且项目位于政治风险较小的国家，我们就倾向于不在资本成本上加上风险溢价。如果企业的边际投资者做好多元化但是项目所在国有相当大的政治风险，那么我们应当在资本成本上加上政治风险溢价。如果企业的边际投资者没有做好多元化，那么我们要对折现率进行汇率和政治风险的调整。

衡量收益：选择

在上述所有投资决策中，我们必须在衡量投资收益率的多种方法中做出选择。我们将分三步提出我们关于收益衡量的观点。第一，我们将会计盈余与现金流作比较，认为现金流能够更好地衡量出投资的真实收益。第二，我们会指出总的现金流与增量现金流的差别，并且指出在衡量收益时使用增量现金流的情形。第三，我们认为，在项目期内较早产生的收益的权重比在项目期内较迟产生的收益要大，投资收益率应当用时间加权的收益率来衡量。

A. 会计盈余与现金流

当谈到收益的衡量时，我们做出的首要选择是项目产生的会计收入和现金流之间的选择。其中，对于项目收入的会计衡量是利用会计准则在会计报表中的衡量。而现金流衡量的是项目各个期间内现金流入与现金流出之间的差异。

为什么会计盈余不同于现金流？

会计师投入了大量的时间和资源来提出衡量投资收入的几种方法。他们在衡量收入时遵守了一些基本的会计准则。大多数市场的公认会计准则要求，只有当企业的服务被完全提供或者大部分完成并且已经收到可观察和可计量的现金或应收账款时，才能确认相关的收入。相应的费用是与收入的产生直接相关的费用（比如人工费和原材料），并且这些费用在收入确认的期间内同时加以确认。任何与收入的产生不直接相关的费用在企业的费用发生时进行确认。虽然应当将收入和费用在不同的时间进行分摊，但是权责发生制下任何期间的盈余数字都可能与项目产生的现金流差异非常大。有三个重大的因素导致了这种差异。

1. 经营支出与资本支出

会计师们对只在当期获益的支出（例如制造业企业的人工和原材料）和在多个期间

获益的支出（例如土地、建筑和长期设备）做出了明确的划分。前者被称为经营支出，通过在收入中减去这些支出得到会计收入。后者被称为资本支出，并不是在这些支出发生的期间内从收入中扣除。资本支出分布在多个期间，在相应的每个期间内作为费用来扣除。资本支出包括折旧（如果资产是有形资产，比如建筑）或待摊费用（如果资产是无形资产，比如专利权或商标）。

虽然在项目期初的资本支出是投资中最大的一部分，但很多项目需要在整个生命期内都有资本支出。这些资本支出将减少每一期可获得的现金流。

5.1 什么是研究与开发费用?

研究与开发（R&D）费用通常被会计师视为一项经营费用。根据我们对经营支出与资本支出的划分，你认为研发费用是：

a. 经营费用。

b. 资本费用。

c. 经营或资本费用，取决于所做研究的类型。

为什么?

2. 非现金支出

会计师对于经营支出与资本支出的划分导致很多会计费用都不是现金支出。这些非现金的费用，虽然减少了会计收入，却不会减少现金流。事实上，如果这些费用减少了企业所支付的所得税，对于现金流反而有正面的作用，因为一些非现金支出减少了应税收入从而减少了企业支付的所得税。这些支出中最重要的一项是折旧，折旧会减少应税收入和净收入，但是不会造成现金的流出。实际上，可以在净收入上加回折旧额和摊销额，从而得到项目的现金流。

有一些项目产生了大量的折旧费用，那么现金流的很大一部分可以归因于折旧产生的税收收益。这可以写成以下公式：

$$折旧的税收收益 = 折旧 \times 边际所得税税率$$

虽然折旧同其他可抵税的费用一样都可以产生税收收益，但是折旧的作用更大，因为折旧当时不会产生现金流出。

待摊费用也是一种非现金费用，但它的税收效应会因为摊销性质的不同而不同。一些摊销费用，比如对专利权或商标的支付价的摊销，是可抵税的并且同时减少了会计收入和税收。因此这些摊销费用提供的税收收益与折旧相类似。其他的摊销费用，比如对于并购溢价（称为商誉）的摊销，减少了会计收入但是不会减少应税收入。这种摊销就没有税收收益。

企业有多种不同的折旧方法可用，总的来说，可以将这些方法归为两类。第一类是直线折旧法，按照该方法在项目生命期内的每期计提等额的折旧。第二类是加速折旧法，比如双倍余额递减法，按照这类方法在项目生命期的前期计提较多的折旧而在后期计提较少的折旧。

3. 权责发生制与现金收支

会计的权责发生制使得收入在销售完成的时候确认，而不是在消费者付款的时候确认。因此，权责发生制下应计的收入可能与现金收入差别非常大，有三方面的原因。第一，有一些顾客可能在前期购买了货物或服务，在本期再付款；第二，一些消费者在本期购买了货物或服务（因此显示在本期的收入上），到以后再付款；第三，有一些消费者购买了货物或服务，可能就不付款了（坏账）。还有一些情况是，消费者提前付款，在以后期间再得到货物或者服务。

在费用方面也有类似的说法。与第三方有关的应计费用与现金费用也很不一样，因为前期购买的材料和服务可能本期才支付，本期购买的材料和服务可能在以后期间再付款。同样的原因导致权责发生制下的应计税收与现金税收之间存在差别。

在使用材料生产产品或提供服务时，还有一点需要考虑。有一些材料可能在前期就已经获得，在本期才被确认为存货；还有一些材料在本期获得，但是到下期才被确认为存货。

会计师将营运资本定义为流动资产（例如存货和应收账款）与流动负债（例如应付账款和应交税金）之间的差额。我们稍做一点变形，将非现金营运资本定义为非现金流动资产与非负债性质的流动负债之间的差额；我们不将负债作为营运资本的一部分，因为负债是一种资本的来源。在营运资本的计算中排除现金还有另一个原因，在大多数情况下，我们将现金视为非损耗性资产，也就是企业要在现金上获得公平的收益率。换句话说，投入到商业票据、短期国库券或者其他流动性的低风险金融资产中的现金不再是损耗性资产，也就不应当被视为营运资本的一部分，即使这些现金是经营过程中不可或缺的一部分。应计盈利和现金盈利之间的差异在不考虑非现金支出的情况下，就是非现金营运资本的变化。非现金营运资本的减少会导致现金流的增加，而非现金营运资本的增加会导致现金流的减少。

实践：管理营运资本的回报

那些能更有效地管理其营运资本的企业就会看到在现金流上的直接回报。有效的营运资本管理意味着，企业减少了净营运资本而不对收入和盈利的预期增长造成任何影响。更广泛来说，有三种方式可以减少净营运资本。

（1）企业需要在生产过程中保持一定的存货和产成品以满足顾客的需求，但是在满足需求的同时减少这些存货就可以减少净营运资本。事实上，近年来的技术进步如使用即时生产的信息系统就帮助美国企业显著减少其存货。

（2）有些企业会以赊销的方式销售其货物和服务，如果这些企业能够使顾客更快付款并且改进它们的收款程序，就能减少其净营运资本。

（3）企业还可以寻找到那些能够提供更大信用额度的供货商，因为可以用应付账款为存货和应收账款融资。

虽然减少用于营运资本的资金可以增加现金流，但是也必须在正面效应和潜在的负面效应之间做出权衡。其中，负面效应包括损失的销售额（因为存货不充足或者信用条款更加苛刻）和更高的成本（因为如果你延期支付的话，供货商可能要求收取更高的价格）。

从会计盈余到现金流

上面列出了使得会计盈余与现金流严重偏离的三个因素。要从税后经营收益推导出企业所有投资者得到的现金流，我们必须：

- 在经营收入上加回所有的非现金支出，比如折旧和摊销。
- 减去所有现金的资本支出。
- 减去非现金营运资本的变化——也就是，应收账款、存货和应付账款的变化。如果非现金营运资本增加，那么现金流就会相应减少；如果非现金营运资本减少，现金流就会相应增加。

前面的两项调整是在经营支出与资本支出加以区分的基础上对经营收益加以调整，而后一项调整是将应计的收入和费用转化为现金的收入和费用。

$$企业的现金流 = 息税前收入(1-t) + 折旧和摊销 - 非现金营运资本的变化 - 资本支出$$

企业的现金流是息前税后的现金流，衡量的是满足再投资需要之后归属于所有求偿者的现金。该现金流包含了与折旧相关的税收收益，但是不包含与利息费用相关的税收收益。

要从权益投资者的会计净利润中推导出权益投资者所要求的现金流还需要另外一步，即考虑到归还旧的负债并且发行新负债之后的净现金流。发行的新债和偿还的旧债之间的差额被称为净负债，我们需要将净负债加回以得到权益的现金流。另外，其他非权益持有者的现金流，比如优先股股利，也必须从中扣除。

$$权益现金流 = 净收入 + 折旧和摊销 - 非现金营运资本的变化 - 资本支出 + (发行的新负债 - 偿还的负债) - 优先股股利$$

权益现金流衡量了项目在满足税收、债务支付和再投资需要之后为企业的权益投资者创造的现金流。与企业的现金流不同的是，权益现金流包含了利息费用的现金收益。

5.2 盈利与现金流

如果企业的盈利是正的，则现金流也是正的。

a. 正确。

b. 错误。

为什么？

会计准则允许企业在会计盈余上有一些灵活性，它们可以通过延迟收入或费用的方式或者选择不同的会计方法来确认费用在不同期间平滑盈余。上市公司不仅努力降低证券分析师的预期，而且利用在不同期间平滑盈余导致的成长性和会计上的灵活性来超出这些预期从而平滑利润。我们对于像微软和英特尔这样的公司能持续超出分析师的盈利预期的现象似乎不感到奇怪。研究指出，会计盈余管理的工具范围很广，包含以下决策：何时确认收入，怎样对存货计价，怎样处理租赁费用和期权费用，如何估计出资产的公允价值，何时进行研发，怎样并购等等。

财务会计准则委员会（FASB）对盈余管理的现象做出回应，制定了更加严格的规则。然而为什么公司要进行盈余管理可能有行为上的根源。例如，有研究发现，更频繁的内部审计造成的业绩担忧将导致更多的盈余管理。因此，更多的规章条例可能会达到反效果，反而可能会增加盈余管理。

另外，调查问卷表明，管理人员对于个人声誉的担忧可能使他们努力达到外界（例如证券分析师）设定的盈利目标。最后，还有证据指出，短视的经理人为了愚弄投资者更可能去进行盈余管理。

盈余管理对于企业所采取的一系列行为都有重要的意义，比如企业如何销售其货物和服务，企业投资何种类型的项目或并购何种类型的公司，它们如何对这些投资进行记账等等。一项对首席财务官的问卷调查揭示了一个令人苦恼的发现，即如果某项目能够为企业创造价值但会导致报告的盈利低于分析师的预测，超过40%的CFO会拒绝该项目。

使用现金流的情形

当盈余和现金流不同时，我们必须考察出哪一种是对业务更为可靠的计量方式。可以通过创新性的会计技术对会计盈余在个别期间进行操纵，尤其是对于权益层面的会计盈利（净利润）。一本名为《增长会计》（*Accounting for Growth*）的书占据了英国报纸的头版头条。该书作者为特里·史密斯（Terry Smith），他是UBS Phillips & Drew的分析师。史密斯在这本书中考察了12种法定的会计方法，企业通常用这些方法来使投资者对企业的盈利状况产生误解。为了展示出这些会计方法在增大报告的利润上多么具有创造性，他特别强调了马克斯韦尔通信公司（Maxwell Communications）和宝丽碧公司（Polly Peck），这两家公司最终都破产了。

使用现金流还有一个更直接的原因。没有任何公司会认为发出了货物或者提供了服务就有了盈利；所有的公司都要求收到现金。因此，如果一个项目有正的盈利和负的现金流，那么该企业的业务最终会耗费所有的现金。反之，如果一个项目有负的盈利和正的现金流，那么该企业的会计盈利可能看上去很糟糕但是企业的业务能够产生现金。

B. 总现金流和增量现金流

分析项目的目的是找到以下问题的答案：投资该项目会增加企业的价值吗？因此，我们在投资分析中考察的现金流是所考虑项目产生的现金流。我们将这些现金流称为增量现金流。

增量现金流与总现金流之间的差别

一个项目产生的总现金流与增量现金流是有差别的，有以下两点原因。第一，有一些有关投资的现金流已经发生了，因此，无论我们是否采纳该项投资都不会对这些现金流产生影响。这些现金流被称为沉没成本（sunk cost），在分析中无需考虑这些成本。第二，无论该项目是被接受还是被拒绝，有一些与投资相关的现金都会产生。像对管理费用这种固定费用的分摊就属于这种范畴。这些现金流不是增量现金流，在分析中无需考虑它们的影响。

1. 沉没成本

有一些与项目有关的费用在项目分析前就已经发生。一个例子是，我们在进行深入的投资分析之前会对潜在的产品市场进行测试，相应也会产生一些费用。这些费用被称为沉没成本。因为如果拒绝了该项目，这些费用也不会回来，所以沉没成本并不是增量的成本，不用作为投资分析的一部分。这与会计上的处理是不一样的。会计并不对已经发生的费用与将要发生的费用加以区分。

研发费用一直都是项目中的沉没成本，这些费用在产品生产很早之前已发生。企业在研发上花费了大量的资金，于是很难面对如下事实：对于研发费用的分析通常发生在研发之后，而此时已经无法做出任何改变了。

虽然在分析投资时不需要考虑沉没成本，但企业在长时间内必须对这些成本进行补偿，否则企业很快就会倒闭。比如，像麦当劳这样的企业，在引入产品之前花费了大量资源来测试如何推销产品。假定麦当劳在测试 McLean Deluxe（1990 年推出的一款低脂汉堡）的市场时花费了总计 3 000 万美元，而在市场测试后分析该项目的净现值为2 000 万美元，那么还是应当采纳该项目。但是，如果麦当劳采纳的每个项目都是这样的，那么它会被大量的测试营销费用给压垮。如果要成功，该企业所有成功产品的累积净现值必须超过所有成功和失败产品的累积测试营销费用。

沉没成本的心理学

虽然沉没成本不应当改变决策，但是有研究指出经理人并不是那么容易忽略沉没成本。在一个试验中，亚科斯（Arkes）和布卢默（Blumer）将 48 个人置于一个假设的情境中：假定你投资了 1 000 万美元在一个研究项目中，该项目致力于开发出一种不会被雷达侦察到的飞机。当研究项目完成了 90%时（花去了 900 万美元），另一家企业已经开始推销不能被雷达侦察到的飞机了，他们推出的飞机比我们正在研究的飞机速度更快并且价格更便宜。你会投资另外的10%来完成该项目吗？在这一组中，有40个人说他们会继续生产。另外一组的60个人被询问同样的问题，也是有关竞争公司和飞机，只是成本方面有些不同。在这一组里不提企业已经花费了900万美元，只询问这些人他们是否会花费额外的资金继续进行投资。结果这组几乎没有人赞成投资。[①] 其他研究也证实了被称为康科德谬误的这一发现。

我们并不认为这种行为是不理性的，但是我们应当认识到，虽然根据书本知识，管理人员应当在决策中忽略沉没成本，但是实际中他们并不能做到。这些研究的发现指出协调这种差异的一个途径，如果我们在投资分析时只强调增量的盈利和现金流而不强调过去的成本和决策，那么就更有可能做出好的决策，更不可能将资金投入到差的项目中。我们可以认为，将沉没成本与增量成本相混淆的传统会计阻碍了这一过程。

2. 分配的成本

有一种会计方法可用来确保业务的各部分都公平地承担了其成本。这种方法就是成本分配。如果成本不能直接追溯到某个产品或部门产生的收入，那么就必须根据收入、利润或资产将该成本在各单位之间进行分配。虽然分配的目的是为了公平，但是我们在考虑分配对投资项目的影响时考察的是分配有没有产生增量现金流。无论分析的项目是否存在，分配的成本都会存在，那么这些成本就不属于投资分析的范围。

如果管理费用和员工成本的增加能够追溯到项目中，那么这些就是增量成本，应当在分析中加以考虑。估计增量成本的一个方法就是将这些成本分解为固定成本和可变成本。可变成本就是某个变量的函数。比如，一些管理费用可能与收入有关，那么我们可以根据项目的预期收入估计出分配到该项目中的管理成本。

【例5—3】　处理分配成本

例1　假定你正在分析一家企业的管理费用，大约为60万美元一年。企业现在有5个分店，必须将管理费用在这5个分店之间平均分配，那么每家分店的管理费用为12万美元。该企业计划新开一个分店，那么此时有6个分店，分摊到每个分店的管理费用就为10万美元。

在本例中，假定新开分店分配的管理费用为10万美元是错误的，因为这不是一个增量费用——无论是否采纳新的项目，总的管理费用都是60万美元。

例2　假定前面分析中的条件都没变，只有一个例外。如果新开一家分店，预计总的管理费用会从60万美元增加到66万美元。每个分店仍然分配同样的数额；新的分店也会分摊到总成本的六分之一，也就是11万美元。

在本例中，新开张的分店分配到的成本不应当是11万美元，而是增量成本6万美元（＝66万美元－60万美元）。

---

① H. R. Arkes and C. Blumer, "The Psychology of Sunk Cost." *Organizational Behavior and Human Decision Processes* 35: 124－140.

实践：谁来支付总部的费用？

就像在沉没成本中所分析的，在项目分析中只考虑直接的增量成本并不适用于一个财务状况良好的公司。如果像迪士尼这样的公司不要求每部电影分摊电影部门的管理费用，那么就很难看到这些成本如何在公司层面得到补偿。

2008 年，迪士尼公司共同分担的成本为 4.71 亿美元。假定这些管理成本都为电影部门服务，这些成本与收入之间应当有一种正相关的关系，因此将这些成本固定的一部分由新的投资来分担就是合理的，即使该成本并不是当时发生的或者并不是新投资的直接结果。

支持增量现金流的论点

在分析投资项目时，很容易产生狭隘的看法，仅关注即将投资的项目，仿佛目的是最大化个别项目的价值。也有一种趋向是，事后要求项目必须弥补与项目有关的所有成本，即使在该阶段拒绝了该项目，这些成本也不能避免。而投资分析的目的是最大化投资该项目的企业的价值。因此，投资项目能在将来增加企业的现金流（即增量现金流），这才是我们应当关注的。

【例 5—4】 估计网上书籍订购业务的现金流：书景书店

与例 5—1 中描述的一样，书景书店正在考虑网上的图书订购和信息服务业务。该业务需要两名全职员工。以下是与开展该服务的初始成本和该业务产生的后续收入有关的预测。

（1）该服务所需要的初始投资，包括安装电话线和电脑设备，为 100 万美元。预计这些投资的期限是四年，到第 4 年年末这些设备的残值为 0。用直线折旧法对这些投资在四年内进行折旧。

（2）预计第 1 年的收入是 150 万美元，第 2 年增长 20%，后两年都以 10%的速度增长。

（3）员工的工资及其他福利预计第 1 年为 15 万美元，后面三年每年增长 10%。

（4）预计四年里图书的成本是收入的 60%。

（5）营运成本包括服务中所需要的图书存货和应收账款（与信用销售有关），预期营运成本占到收入的 10%；必须在每年年初对营运资本进行投资。在第 4 年年末，所有的营运资本都被收回。

（6）预计所得税税率为 40%，这也是书景书店的边际税率。

根据以上所给的信息，我们估计出书景书店网上业务的经营收入，如表 5—3 所示。

为了从经营收入推导出现金流，我们在经营收入上加回折旧费用再减去所需要的营运资本（每年营运资本的变化），如表 5—4 所示。我们在表 5—4 中也展示了期初的投资 100 万美元，将期初投资作为现在（第 0 年）现金流的流出，同时展示了营运资本投资在第 4 年的残值。

表 5—3　　书景书店网上业务的预期营业收入（美元）

	第 1 年	第 2 年	第 3 年	第 4 年
收入	1 500 000	1 800 000	1 980 000	2 178 000
经营费用				
人工	150 000	165 000	181 500	199 650
原材料	900 000	1 080 000	1 188 000	1 306 800
折旧	250 000	250 000	250 000	250 000
经营收入	200 000	305 000	360 500	421 550
税收	80 000	122 000	144 200	168 620
税后经营收入	120 000	183 000	216 300	252 930

表 5—4　　从经营收入到税后现金流（美元）

	第 0 年	第 1 年	第 2 年	第 3 年	第 4 年
税后经营收入		120 000	183 000	216 300	252 930
＋折旧		250 000	250 000	250 000	250 000
－营运资本的变化	150 000	30 000	18 000	19 800	0
－资本支出	1 000 000				
＋残值					217 800
税后的现金流	－1 150 000	340 000	415 000	446 500	720 730

请注意，对营运资本的初始投资，也就是第一年收入的 10%，发生在第一年年初。后续每年营运资本的变化就是每年收入变化的 10%。在第四年，四年里对营运资本的累积投资（217 800 美元）被收回。①

5.3　营运资本的影响

在分析中，我们假定书景书店必须对网上的图书业务保持额外的存货。如果没有多余存货，假定书景书店可以使用现有的存货（也就是，来自普通书店的存货），则该项目的现金流会：

a. 增加。

b. 减少。

c. 保持不变。

请解释。

① 残余的营运资本等于业务结束后的销售，即所有的存货都以成本出售，所有的应收账款都收回来。

【例 5—5】 估计盈利、增量盈利和增量现金流：迪士尼主题公园

在里约热内卢附近修建的主题公园仿照的是巴黎的迪士尼世界。该主题公园包括了魔幻王国和类似于奥兰多的未来世界的第二个主题公园。魔幻王国在一开始就可以修建起来，在第 2 年年初开始运营，而未来世界的第二个主题公园将在第 2 年和第 3 年修建，在第 4 年年初开始运营。下面是投资分析中的一系列相关假设。

● 尽管实际现金流的单位是巴西雷亚尔，但是现金流还是用名义的美元来估计。

● 魔幻王国的修建成本是 30 亿美元，其中 20 亿美元立即支付，10 亿美元在一年之后支出。迪士尼已经花费了 5 亿美元来对提案进行研究并获得公园的相关执照；如果不修建公园，这些投资都不能收回。这些投资都资本化了，并且在未来的 10 年内用直线法计提折旧，残值为 0。

● 未来世界第二个主题公园的建造成本是 15 亿美元，其中 10 亿美元在第 2 年年末支出，5 亿美元在第 3 年年末支出。

● 根据预期的 10 年里参观人数和预期的 2%的通货膨胀率（以美元的形式），对两座公园以及公园里相关名胜的收入估计如下。从第 10 年开始，预期收入按通货膨胀率增长。表 5—5 是对收入的预计。其中相关名胜的收入占到了主题公园收入的 25%。

表 5—5　　收入预计——里约热内卢迪士尼（百万美元）

年份	魔幻王国	未来世界二	名胜	加总
1	0	0	0	0
2	1 000	0	250	1 250
3	1 400	0	350	1 750
4	1 700	300	500	2 500
5	2 000	500	625	3 125
6	2 200	550	688	3 438
7	2 420	605	756	3 781
8	2 662	666	832	4 159
9	2 928	732	915	4 575
10	2 987	747	933	4 667
之后	收入按照 2%的比率永续增长			

● 假定直接的经营费用为公园收入的 60%和名胜收入的 75%。

● 固定资产的折旧为上一年度年末资产账面价值的一个百分比。另外，公园每年需要资本维护费用，这一费用为当年折旧费用的一个百分比。表 5—6 列出了这两种百分比。[①]

① 资本维护费用是资本支出，目的是置换那些破坏或者过时的固定资产。这是为了保证公园正常运行的经常性维修以外的维修。经常性维修的费用包含在经营费用里。

表 5—6　**折旧百分比和资本维护费用百分比（%）**

年份	折旧占账面价值的百分比	资本维护费用占折旧的百分比
1	0.00	0.00
2	12.50	50.00
3	11.00	60.00
4	9.50	70.00
5	8.00	80.00
6	8.00	90.00
7	8.00	100.00
8	8.00	105.00
9	8.00	110.00
10	8.00	110.00

资本维护费用在前面几年比较低，因为那时公园还是新的，但是随着公园的年限变长就必须增加资本维护费用，因为要么对旧的设施进行改造，要么用新的设施来替换旧的设施。在第 10 年之后，折旧费用和资本维护费用都以 2%的通胀率增长。请注意，在第 10 年后资本支出超过了折旧，反映了通货膨胀将使置换的成本超过原始的成本。

- 迪士尼也会将管理成本在该项目上分配。分配的依据是收入，即每年的管理费用为收入的 15%。最近对这项费用的分析表明，该费用的 1/3 为可变成本（总收入的函数），2/3 为固定成本。同样假定这些费用在第 10 年之后按照通胀率 2%增长。
- 迪士尼要保证非现金营运资本（主要由主题公园和名胜的存货构成，再减去应付账款）为收入的 5%，并且对于非现金营运资本的投资必须在每年年底完成。
- 投资的收入按照迪士尼的边际税率 38%来征税。

附表 5—1 中列示出主题公园从运营第 1 年（也就是项目第 2 年）开始的预计收入。请注意，主题公园项目第 2 年才开始运营，因此到第 2 年才有收入，并且预计该项目在第 2 年的经营损失为 1.5 亿美元。我们假定迪士尼在同一年的其他业务中有足够的收入来确保可以享受到这些损失带来的税收好处（损失的 38%）。如果这是一个独立的项目，我们就会将损失向未来期间递延，从而减少未来期间的税金。

附表 5—1 中估计的经营收益已经被扭曲了，因为这些收益将增量费用与非增量费用混合在一起。具体来说，有两个有争议之处。

（1）项目前的投资。我们将项目前投资的折旧 5 亿美元包含在项目总的折旧费用里。但是，无论是否进行主题公园的投资，该折旧已经发生。

（2）分配的管理费用。虽然我们在计算盈利时考虑到所有的分配费用，但是这些费用中只有 1/3 是增量费用。也就是说，我们低估了该项目的盈利。

在附表 5—2a 中，我们只用增量的折旧和管理费用计算出里约热内卢迪士尼的增量盈利。请注意，增量的盈利比附表 5—2a 中的未调整盈利要大。在附表 5—2a 中，我们还计算出迪士尼在债务支付前增量的税后现金流，方法如下：

附表 5—1　　对里约热内卢迪士尼经营收益的估计（百万美元）

	第 0 年	第 1 年	第 2 年	第 3 年	第 4 年	第 5 年	第 6 年	第 7 年	第 8 年	第 9 年	第 10 年
魔幻王国：收入		0	1 000	1 400	1 700	2 000	2 200	2 420	2 662	2 928	2 987
未来世界：收入		0	0	0	300	500	550	605	666	732	747
名胜：收入		0	250	350	500	625	688	756	832	915	933
总收入			1 250	1 750	2 500	3 125	3 438	3 781	4 159	4 575	4 667
魔幻王国：直接费用		0	600	840	1 020	1 200	1 320	1 452	1 597	1 757	1 792
未来世界：直接费用		0	0	0	180	300	330	363	399	439	448
名胜：直接费用		0	188	263	375	469	516	567	624	686	700
总的直接费用			788	1 103	1 575	1 969	2 166	2 382	2 620	2 882	2 940
折旧和摊销		50	425	469	444	372	367	364	364	366	368
分配的管理成本		0	188	263	375	469	516	567	624	686	700
经营收入		−50	−150	−84	106	315	389	467	551	641	658
税收		−19	−57	−32	40	120	148	178	209	244	250
税后经营收入		−31	−93	−52	66	196	241	290	341	397	408
资本支出											
项目前投资	500										
折旧：项目前		50	50	50	50	50	50	50	50	50	50
魔幻王国：建筑花费	2 000	1 000	0	0	0	0	0	0	0	0	0
未来世界：建筑花费	0	0	1 000	500	0	0	0	0	0	0	0
资本维护费用		0	188	252	276	258	285	314	330	347	350
固定资产上的折旧		0	375	419	394	322	317	314	314	316	318
新的固定资产的账面价值	2 000	3 000	3 813	4 145	4 027	3 962	3 931	3 931	3 946	3 978	4 010
营运资本的账面价值			63	88	125	156	172	189	208	229	233

固定资产账面价值$_t$ = 固定资产账面价值$_{t-1}$ + 新的投资$_t$ + 资本维护费用$_t$ − 折旧$_t$

固定资产折旧$_t$ = 固定资产账面价值$_{t-1}$ × 折旧占上一年固定资产账面价值的百分比

折旧和摊销$_t$ = 项目投资前的折旧$_t$ + 固定资产折旧$_t$

附表 5—2a **里约热内卢迪士尼的增量现金流（百万美元）**

	第0年	第1年	第2年	第3年	第4年	第5年	第6年	第7年	第8年	第9年	第10年
收入		0	1 250	1 750	2 500	3 125	3 438	3 781	4 159	4 575	4 667
—直接费用		0	788	1 103	1 575	1 969	2 166	2 382	2 620	2 882	2 940
—增量的折旧费用		0	375	419	394	322	317	314	314	316	318
—增量的管理费用		0	63	88	125	156	172	189	208	229	233
增量的经营收入		0	25	141	406	678	783	896	1 017	1 148	1 175
—税收		0	10	53	154	258	298	340	386	436	447
增量的税后经营收入		0	16	87	252	420	485	555	630	712	729
＋增量的折旧费用		0	375	419	394	322	317	314	314	316	318
—资本支出	2 000	1 000	1 188	752	276	258	285	314	330	347	350
—非现金的营运资本的变化		0	63	25	38	31	16	17	19	21	5
现金流	—2 000	—1 000	—860	—270	332	453	502	538	596	660	692

● 加回每年的增量折旧，因为这是非现金支出。

● 减去资本维护费用，因为这是现金流出。

● 减去每年在营运资本上的增量投资，这代表了前一年在营运资本上的支出。在这种情况下，我们假定营运资本投资是在每年年末进行的。

对里约热内卢魔幻王国的总投资为 30 亿美元，其中在第 1 年年初投入了 20 亿美元，在第 2 年年初投入了 10 亿美元。项目前的投资有 5 亿美元，在这里不予考虑，因为这是沉没成本。我们也可以从未调整的经营收入开始，对非增量的项目进行调整（加回管理费用的固定部分，再减去非增量折旧上获得的税收收益），然后估计出增量的现金流。附表 5—2b 展示了这个过程。

5.4 针对税务目的和报告目的而使用的不同的折旧方法

我们假定该项目针对税务目的和报告目的使用不同的折旧方法。假定现在迪士尼针对税务目的使用加速折旧法，针对报告目的使用直线折旧法，我们应当使用来自哪里的折旧额来估计现金流？

a. 税务账簿。

b. 报告账簿。

请解释。

Capbudg. xls：可以利用这张表格来估计企业的投资项目现金流。

【例 5—6】 估计新工厂的权益现金流：鹦鹉纸浆公司

鹦鹉纸浆公司计划新建一个最先进的生产箱纸板的工厂。预期新厂的生产能力为 750 000 吨，并且项目有以下特征：

● 该工厂的初始投资为 2.5 亿雷亚尔。在第 5 年年末，还需要额外投资5 000万雷亚尔用来更新工厂的设备。

● 鹦鹉纸浆公司计划借入 1 亿雷亚尔的 10 年期借款（借款将在每年等额偿还），实际利率为6.372 5%。

● 工厂的寿命为 10 年。在这 10 年内，采用双倍余额递减法对工厂进行折旧。[①] 在第 10 年年末，预计工厂将以残值 7 500 万雷亚尔出售。

● 在前 3 年，生产能力的利用率为 90%，以后的利用率上升到 95%。

● 工厂在几个月内将有部分可投入使用，但第 1 年只有 650 000 吨的产能，第 2 年只有 700 000 吨的产能，第 3 年才能达到充分产能 750 000 吨。

● 当前每吨箱纸板的价格为 400 美元，预计该价格在工厂的寿命期内将与通货膨胀

① 在双倍余额递减法下，折现率等于直线折旧法折现率的 2 倍，我们用该折现率乘以剩余的账面价值得出当年的折旧额。我们在前 5 年使用该折现率，到第 6 年转换为直线折旧法。

附表 5—2b　对里约热内卢迪士尼的增量现金流进行估计的另一种方法（百万美元）

	第0年	第1年	第2年	第3年	第4年	第5年	第6年	第7年	第8年	第9年	第10年
经营收入（来自附表5—1）		−50	−150	−84	106	315	389	467	551	641	658
−税收		−19	−57	−32	40	120	148	178	209	244	250
税后经营收入		−31	−93	−52	66	196	241	290	341	397	408
＋折旧和摊销		50	425	469	444	372	367	364	364	366	368
−项目前的折旧×税率		19	19	19	19	19	19	19	19	19	19
−资本支出	2 000	1 000	1 188	752	276	258	285	314	330	347	350
−营运资本的变化	0	0	63	25	38	31	16	17	19	21	5
＋非增量的分配费用（$1-t$）		0	78	109	155	194	213	234	258	284	289
现金流	−2 000	−1 000	−860	−270	332	453	502	538	596	660	692

率保持同步。

● 生产的变动成本主要为人工成本和材料成本，预计变动成本是总收入的45%；固定成本为5 000万雷亚尔，并且按照膨胀率增长。

● 预期营运资本为总收入的15%，并且该投资必须在每年年初完成。在第10年年末，预期所有的营运资本都被收回。

● 鹦鹉纸浆公司的所得税税率为34%，该项目也采用这一税率。

在估计项目的净收入前，我们先考察一下每年的债务偿还情况，并将之分成利息偿还和本金偿还两部分。表5—7列示了结果。

表5—7　　债务偿还：鹦鹉纸浆公司的造纸厂（千雷亚尔）

年份	负债的期初余额	利息费用[a]	本金偿还	总的偿还额	负债的期末余额
1	100 000	6 373	7 455	13 828	92 545
2	92 545	5 897	7 930	13 828	84 615
3	84 615	5 392	8 436	13 828	76 179
4	76 179	4 855	8 973	13 828	67 206
5	67 206	4 283	9 545	13 828	57 661
6	57 661	3 674	10 153	13 828	47 508
7	47 508	3 027	10 800	13 828	36 708
8	36 708	2 339	11 488	13 828	25 220
9	25 220	1 607	12 220	13 828	12 999
10	12 999	828	12 999	13 828	0

a. 利息费用＝负债的期初余额×税前的利率。

请注意：每年的偿还总额是相等的，但是每年偿还的利息和本金却不一样。

附表5—3对鹦鹉纸浆公司每年来自新工厂投资的净收入进行了描述。请注意，所有的预测都是用实际的现金流来表示。因此，纸张的实际价格（名义价格按照通胀率增长）保持不变。

在附表5—4中，我们估计了鹦鹉纸浆公司新建厂房的权益现金流。为了估计出现金流，我们进行了以下操作：

● 减去初始资本支出中来自权益的部分。其中，初始资本投资为250 000千雷亚尔，只有150 000千雷亚尔来自权益。在第5年，另外进行权益投资50 000千雷亚尔。

● 加回折旧和摊销，因为这些是非现金支出。

● 减去营运资本的变化，因为对营运资本的投资是在每期期初进行的。其中营运资本的初始投资是在时点0做出的，投资的数额是第1年收入的15%，也就是35 100千雷亚尔。后来期间的营运资本的变化也就是下一期间收入变化的15%。在第10年年末，收回所有的营运资本投资。

附表 5—3　　**估计来自新工厂投资的净收入：鹦鹉纸浆公司**

	第 1 年	第 2 年	第 3 年	第 4 年	第 5 年	第 6 年	第 7 年	第 8 年	第 9 年	第 10 年
生产能力（千）	650	700	750	750	750	750	750	750	750	750
利用率（%）	90	90	90	95	95	95	95	95	95	95
生产量（千）	585	630	675	713	713	713	713	713	713	713
每吨价格（美元）	400	400	400	400	400	400	400	400	400	400
收入（千雷亚尔）	234 000	252 000	270 000	285 000	285 000	285 000	285 000	285 000	285 000	285 000
一直接费用（千雷亚尔）	155 300	163 400	171 500	178 250	178 250	178 250	178 250	178 250	178 250	178 250
一折旧（千雷亚尔）	35 000	28 000	22 400	17 920	14 336	21 469	21 469	21 469	21 469	21 469
营业收入（千雷亚尔）	43 700	60 600	76 100	88 830	92 414	85 281	85 281	85 281	85 281	85 281
一利息费用（千雷亚尔）	6 373	5 897	5 392	4 855	4 283	3，674	3 027	2 339	1 607	828
应税收入（千雷亚尔）	37 327	54 703	70 708	83 975	88 131	81 607	82 254	82 942	83 674	84 453
一税收（千雷亚尔）	12 691	18 599	24 041	28 552	29 965	27 746	27 966	28 200	28 449	28 714
净收入（千雷亚尔）	24 636	36 104	46 667	55 424	58 167	53 860	54 287	54 742	55 225	55 739
期初账面价值：固定资产（千雷亚尔）	250 000	215 000	187 000	164 600	146 680	182 344	160 875	139 406	117 938	96 469
一折旧（千雷亚尔）	35 000	28 000	22 400	17 920	14 336	21 469	21 469	21 469	21 469	21 469
＋资本支出（千雷亚尔）	0	0	0	0	50 000	0	0	0	0	0
期末账面价值：固定资产（千雷亚尔）	215 000	187 000	164 600	146 680	182 344	160 875	139 406	117 938	96 469	75 000

折旧$_t$=20%×（期初的账面价值$_t$－残值）和（期初的账面价值$_t$－残值）/余下年限中较高者。例如，在第 1 年，20%×(250 000－75 000)＝35 000 千雷亚尔，而(250 000－75 000)/10＝17 500 千雷亚尔，我们就使用前者即 35 000 千雷亚尔。我们在第 6 年转换成直线折旧法，时间正好是在进行 5 000 万雷亚尔的新增投资后。

附表 5—4　　新工厂的权益现金流：鹦鹉纸浆公司（千雷亚尔）

	第 0 年	第 1 年	第 2 年	第 3 年	第 4 年	第 5 年	第 6 年	第 7 年	第 8 年	第 9 年	第 10 年
净收入		24 636	36 104	46 667	55 424	58 167	53 860	54 287	54 742	55 225	55 739
＋折旧和摊销		35 000	28 000	22 400	17 920	14 336	21 469	21 469	21 469	21 469	21 469
－资本支出	150 000	0	0	0	0	50 000	0	0	0	0	0
－营运资本的变化	35 100	2 700	2 700	2 250	0	0	0	0	0	0	－42 750
－本金的偿还		7 455	7 930	8 436	8 973	9 545	10 153	10 800	11 488	12 220	12 999
＋厂房的残值											75 000
权益现金流	－185 100	49 481	53 474	58 382	64 371	12 958	65 176	64 956	64 722	64 473	106 958

● 减去每期归还给银行的本金，因为这是企业支付给非权益的其他求偿者的现金流。

● 加上第 10 年厂房的残值，因为这对权益投资者是现金流入。

权益投资者的现金流衡量了鹦鹉纸浆公司的权益投资者期待从新厂的投资中收到的现金流。

5.5 负债融资对于权益现金流的影响

在分析中，我们假定第 5 年额外的资本支出为 5 000 万雷亚尔，全部来自权益投资；第 5 年的权益现金流为 1 295 万雷亚尔。如果我们假定这 5 000 万雷亚尔都来自新的借款，第 5 年的权益现金流会：

a. 增加 5 000 万雷亚尔。

b. 减少 5 000 万雷亚尔。

c. 保持不变。

请解释。

Capbudgeq. xls：可以利用这个表格来估计项目的权益现金流。

【例 5—7】 估计来自并购的现金流：Sensient Technologies

为了知道塔塔化学公司并购 Sensient Technologies 应该支付的价格，我们估计出 Sensient 整个企业的现金流。我们利用跟迪士尼分析中同样的步骤估计了债务支付前企业的现金流。我们以税后的经营收入为起点，加回折旧和其他非现金支出，减去非现金营运资本的变化。企业估值和项目估值有两个关键的差异。第一，至少从理论上而言，上市公司有无限的寿命。虽然我们认为像主题公园这样的项目的寿命很长以至于可以认为这些项目有无限的寿命，然而大多数项目的寿命都是有限的。第二，可以将企业视为当前项目和未来项目的组合。因此，我们在为企业估值时必须对未来项目的数量和质量做出评估。

对于 Sensient Technologies 而言，我们从 2008 年的财务报表开始，得到以下与现金流有关的变量：

● **经营收入。**在财务报告中，企业当年的收入为 12.3 亿美元，经营收入为 1.62 亿美元。企业在 2008 年的所得税为收入的 37%。我们将 37%既作为有效税率又作为边际税率。

● **资本支出和折旧。**2008 年的折旧为4 400万美元，当年的资本支出为5 400万美元。非现金营运资本大约增加了1 600万美元。

Sensient Technologies 在 2008 年的现金流可以估计如下：

$$\begin{aligned}\text{企业的现金流} &= \text{税后的经营收入} + \text{折旧} - \text{资本支出} - \text{非现金营运资本的变化}\\ &= 162 \times (1-0.37) + 44 - 54 - 16 = 76.06\ \text{百万美元}\end{aligned}$$

我们假定，该企业已经成熟，上述计算中所有的变量都以每年 2%的速度一直增长下去。[1]

实践：估计预期的收入和现金流

我们怎样估计一个项目的预期收入和现金流呢？这个问题的关键词是估计。无论一个人有多么高的预测技巧，无论他准备得有多充分，都不能确定一个风险项目究竟表现如何。我们通常可以利用三种方法来做出这些预测。

（1）经验和历史。如果考察的项目都是同样类型的项目，那么估计这些项目的收入和费用的过程就很简单。这些企业可以利用已经运营的类似项目上的经验来对新项目的预期价值进行估计。例如，迪士尼可以利用其现存的主题公园来对里约热内卢迪士尼的相关项目做出估计。

（2）市场测试。如果正在评估的项目与以往的项目有所不同，那么我们在新项目投资前可能需要进行初始的市场评估。在市场的问卷调查中，询问潜在消费者有多大兴趣购买新的产品或服务。问卷的结果通常是质化的，以表明消费者的购买兴趣是强是弱，使得企业对收入做出乐观估计（如果兴趣很强）或悲观估计（如果兴趣很弱）。如果公司需要更多的信息，通常都会在大规模推出产品之前在更小的市场上做市场测试。市场测试不仅使企业直接检验了新的产品或服务，而且得到有关市场潜在规模的更加详细的信息。

（3）情景分析。有一些情况是，企业考虑将已经熟知的产品推广到市场，但是也存在一些外界因素的不确定性。在这种情况下，公司可能要考虑一些不同的情景以及相应情景下项目的收入和费用等等。我们将在本章的后面部分介绍这种方法。

我们已经列出三种用来估计项目的收入和费用的方法，但是没有一种方法能得到完美的估计。有一些项目风险可能来自估计误差，但大部分的项目风险都来自对未来估计的不确定性。提高估计的技术、采取更多的市场测试以及展开情景分析都可能会减少估计误差，但是不能够消除现实的不确定性。这也是我们将风险溢价包含在折现率中的原因。

C. 按时间加权的现金流与名义现金流

生命周期很长的项目基本上不会在生命期外还产生盈余或现金流。在那些对基础设施进行巨大投资的行业里，比如电信行业，盈余和现金流在很长一段时间内（例如，10～12年）都是负的。在其他行业里，项目初期现金流很大，然后随着时间的推移逐渐减少。不管是什么原因导致现金流的不均匀，衡量收益时的一个基本问题是，衡量的收

① 该假设似乎很随意。当然，我们需要思考的更多，比如，企业合理的增长率是多少，什么会导致企业增长率的改变。我们将在第 12 章中更深入地讨论这个问题，在本章中就用这个简化的例子。

益是否应当反映出盈余或现金流的发生时间。我们认为，答案是肯定的，在计算收益的时候，应当给早期的盈余和现金流赋予更大的权重，而对后期的盈余和现金流则赋予较小的权重。

为什么不同时期的现金流不可比

有三个原因使得不同时期的现金流不可比，而且，未来的现金流比现在的等额大小的现金流价值要小。

(1) 人们更偏好现在的消费而不是未来的消费。因此必须给人们更多的补偿才能使他们放弃现在的消费——这也被称为真实的收益率。真实的收益率越高，今天的现金流价值与未来等额现金流价值的差异就越大。

(2) 当存在货币通胀时，货币的价值就随着时间的推移而减小。通货膨胀越大，今天的现金流价值与未来等额现金流价值的差异就越大。

(3) 任何与未来现金流有关的不确定性（风险）都会降低现金流的价值。与现金流相关的不确定性越大，今天收到的现金流与未来收到的等额现金流的差别就越大。

将未来的现金流加以调整以反映上述因素的过程被称为折现，折现率反映了这些因素的大小。因此，如果折现率为 r，在未来时点 t 的现金流(CF_t) 的现值为：

$$\text{现金流的现值} = CF_t \frac{1}{(1+r)^t}$$

请注意在括号中的第二项 $[1/(1+r)^t]$ 被称为折现因子，当现金流发生时，赋予了现金流权重。不同时间的权重差异完全取决于折现率的大小。实际利率越高，通货膨胀率越高，或者不确定性越高，折现率就会越高。而折现率越高，未来收益的权重就越小。附录 3 对现值方法进行了更全面的讨论。

时间加权收益的例子

如果我们认为用现金流比用盈利来衡量收益更加准确，并且用增量现金流比用总的现金流估计收益更加准确，那么就会使用折现现金流而不是名义现金流，有以下两点原因：

(1) 不同时点的名义现金流是不可比的，不能直接将名义现金流加总得到收益。而折现现金流将项目的所有现金流转换为今天的现金流，使我们能够在计算收益时保持一致。

(2) 如果投资分析的目标是最大化采纳项目的企业价值，我们应当给早期的现金流赋予更大的权重，对后期的现金流赋予更小的权重，因为企业的投资者也将会这样做。

5.6 时间期限和时间权重

在计算现金流的现值时，会给发生较早的现金流赋予较高的权重，给发生较迟的现金流赋予较低的权重。那么这会不会使得经理人在使用现值（而不是名义价值）时更可能采取短期项目而不是长期项目？

a. 会。

b. 不会。

为什么？

有大量证据表明，经理人在对投资进行评估时会过于乐观，系统性地高估投资产生的现金流。对于资本预算项目，预算的收入会高于实际收入，预算的成本会低于实际成本；对于并购，对目标公司现金流的估计要远远高于其实际现金流。所以说，“乐观偏差”使得企业接受了很多不应当接受的项目。①

有关管理者乐观表现的文献有两个关键的发现。第一个发现是，人们对于他们自认为能够控制的结果表现得更加乐观。经理人在面临竞争时通常会高估自己提高市场份额和利润率的能力。第二个发现是，乐观性会随着经理人的投入表现得更加强烈；经理人对投资更尽心尽力些，那么他更可能高估来自投资的现金流。

这些研究也给出两个解决乐观偏差的方法。第一个解决方法是，不让项目支持者来进行项目分析。也就是说，不应当让提出项目的经理人来进行项目预期现金流的估计。同样地，对于那些赞成收购目标公司的银行家，不应当让他们对被收购公司的现金流进行估计。第二个解决方法是，不管投资一开始是由谁提出的，必须改变投资的关键性假设从而对投资进行压力测试。

有人认为，如果聘请更有经验或者更睿智的经理人就能解决这些问题，而大量证据表明，乐观偏差在更有经验或者更睿智的经理人中表现得更强烈。事实上，为了抵消这种偏差，企业会将必要收益率设在资本成本之上或者只有在项目的净现值远大于零时才接受该项目。

投资决策法则

我们在对会计盈余、现金流和以时间加权的投资现金流进行估计后，还面临一个关键问题——我们是否应当接受这项投资。在此部分，我们将对不同的投资决策法则一一进行考察，并且对这些准则进行检验。

什么是投资的决策法则

在面对新的项目时，企业必须决定投资还是不投资。我们在前几章里曾经讲到决策的法则，而投资决策的法则能让决策的过程正规化，并且明确界定出接受某个项目需要

① J. B. Heaton, 2002, “Managerial Optimism and Corporate Finance.” *Financial Management* v31: 33-45.

满足什么条件。我们将在这部分考察几种投资决策法则，但是首先必须了解好的投资法则所具备的性质。

● 好的投资决策法则必须在以下两个方面保持平衡：一方面，经理人在分析项目时引入自己的主观评价；另一方面，要保证不同项目都能得到一致的评价。因此，如果投资决策法则太生硬（不允许有主观的成分）或者太灵活（经理人让法则来配合自己的偏见），都不是好的法则。

● 好的投资决策法则有利于促进公司财务的目标，也就是最大化企业的价值。如果依据投资法则接受了该项目，那么该项目应当能够增加企业的价值，如果项目不满足要求的条件，则会损毁企业的价值。

● 好的投资决策法则能够用于判断各种投资。投资可能是增加收入的投资（比如家得宝公司开张一家新店），也可能是节约成本的投资（比如波音公司采用了一个管理存货的新系统）。有一些项目有巨大的前期投入成本（例如巨型喷气式飞机），而其他一些项目的成本可能分散于整个期间。好的投资决策法则可以判断出各种各样的项目是否是可接受的。

必须采用一种投资决策法则吗？虽然很多企业利用好几种不同的投资决策法则来分析项目，但是必须有一种主要的法则。换句话说，不同的投资决策法则在判断是否应当接受某个项目上可能有不同的结论，此时就需要有一个法则起到决定性的作用——该法则就是主要的法则。

以会计收入为基础的决策法则

很多最古老、最传统的投资决策法则都是从会计报表中得到的，具体而言，是从收入的会计计量中得到的。在这些法则中，有一些是以权益投资者的收入（即净利润）为基础，其他的是以经营收入为基础。

资本收益率

项目的资本收益率衡量了企业在项目总投资上获得的收益。因此，这是所有求偿者对于他们在项目上的共同投资的收益。一般定义如下，

$$\text{资本收益率(税前)} = \frac{\text{息税前利润}}{\text{项目总投资的平均账面价值}}$$

$$\text{资本收益率(税后)} = \frac{\text{息税前利润} \times (1 - \text{税率})}{\text{项目总投资的平均账面价值}}$$

我们用例子来解释一下。有一个 1 年期的项目，初始投资为 1 000 000 美元，息税前利润为 300 000 美元，项目期末残值为 800 000 美元，税率为 40%。该项目在时间轴上有如下参数：

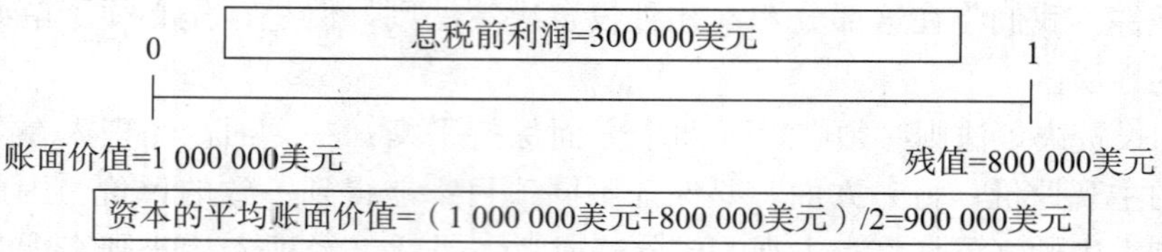

税前的资本收益率和税后的资本收益率可计算如下：

$$资本收益率(税前)=\frac{300\ 000}{900\ 000}=33.33\%$$

$$资本收益率(税后)=\frac{300\ 000\times(1-0.40)}{900\ 000}=20\%$$

虽然这种计算在1年期的项目中是非常直观的，但是在多年期的项目中就会变得复杂，因为在多年期项目中经营收入和资本的账面价值都会随着时间的推移而变化。在这种情况下，可以估计出每年的资本收益率，然后在项目的期间里进行平均。或者，可以先计算出项目期内平均的经营收入和平均的投资额，然后再估计出平均的资本收益率。

然后将税后的资本收益率跟定义一致的必要收益率作比较。估计的资本收益率使用的是偿还债务之前的收益以及投入项目的总资本。因此，得到的资本收益率是企业的回报，而不是权益投资者的回报。同时，用资本成本来作为必要收益率。

如果税后的资本收益率 > 资本成本 ⟶ 接受该项目

如果税后的资本收益率 < 资本成本 ⟶ 拒绝该项目

假如考虑该项目的公司的资本成本为10%，那么该公司就会认为新项目的投资是好的投资。

【例5—8】 在决策中估计和使用资本收益率——迪士尼公司和书景书店

在例5—4和例5—5中，我们估计了两个项目的经营收入——书景书店的网上图书订购服务和迪士尼在巴西的投资主题公园。我们将用前面估计的经营收入来计算两个项目各自的资本收益率。表5—8包含了对书景书店的经营收入和资本账面价值的估计。

表5—8　　书景书店网上投资的资本收益率（美元）

	第1年	第2年	第3年	第4年	平均
税后经营收入	120 000	183 000	216 300	252 930	193 058
资本的账面价值：期初	1 150 000	930 000	698 000	467 800	
资本的账面价值：期末	930 000	698 000	467 800	0	
资本的平均账面价值	1 040 000	814 000	582 900	233 900	667 700
资本收益率	11.54%	22.48%	37.11%	108.14%	28.91%

资本的账面价值包括了固定资产和非现金营运资本的有关投资。如果将每年得到的

资本收益率进行平均，得到平均的资本收益率为44.82%，但是该数值被第4年的高收益拉高了。对资本收益率的更好估计是，用4年平均的税后经营收入（193 058美元）除以该期间的平均资本（667 700美元），得到资本收益率为28.91%。该数值超过了我们在例5—2中估计出的该项目的资本成本25.42%，所以采用资本收益率的方法表明这是一个好的项目。

在表5—9中，我们对里约热内卢迪士尼项目的经营收入、资本的账面价值以及资本收益率进行了估计。其中，营业收入的估计值来自附表5—1。

表5—9　里约热内卢迪士尼的资本收益率（百万美元）

年份	税后经营收入	账面价值				资本的平均账面价值	资本收益率（%）(a)	资本收益率（%）(b)
		项目前的投资	固定资产	营运资本	总资本			
0		500	2 000	0	2 500		N/A	NA
1	−31	450	3 000	0	3 450	2 975	−1.04	−1.24
2	−93	400	3 813	63	4 275	3 863	−2.41	−2.70
3	−52	350	4 145	88	4 582	4 429	−1.18	−1.22
4	66	300	4 027	125	4 452	4 517	1.46	1.44
5	196	250	3 962	156	4 368	4 410	4.43	4.39
6	241	200	3 931	172	4 302	4 335	5.57	5.52
7	290	150	3 931	189	S4 270	4 286	6.76	6.74
8	341	100	3 946	208	4 254	4 262	8.01	8.00
9	397	50	3 978	229	4 257	4 255	9.34	9.34
10	408	0	4 010	233	4 243	4 250	9.61	9.59
平均							4.05	3.99

资本的平均账面价值$_t$ =（资本$_{t-1}$ + 资本$_t$）/2

资本收益率（a）=税后的经营收入/资本的平均账面价值

资本收益率（b）=税后的经营收入/上一年年底的资本账面价值

资本的账面价值包括减去折旧的固定资产投资和当年的营运资本投资，也包括项目前的投资。每年的资本收益率是以当年资本的平均账面价值为基础的。使用10年间投入的平均资本计算的平均税后资本收益率是4.05%；如果我们使用上一年的资本来计算，得到的数值会稍稍小一些。这里得到的资本收益率比我们在例5—2中估计的资本成本8.62%要小，那么这就表明迪士尼不应当投资该项目。

权益收益率

权益收益率使用净利润作为衡量，考察的是权益投资者的收益。一般定义如下：

$$权益收益率 = \frac{净利润}{项目权益投资的平均账面价值}$$

我们用一个例子来解释一下。有一个 4 年期的项目，初始的权益投资为 800 美元，每年的净利润如下图所示：

净利润		140美元	170美元	210美元	250美元
权益的账面价值	800美元	700美元	600美元	500美元	400美元

权益收益率（%）	18.67	26.15	38.18	55.56

同资本收益率一样，权益收益率也会随着时间的推移而增长，因为项目权益的账面价值会随着时间的推移不断减少。

我们用资本收益率同资本成本作比较，类似地，我们用权益收益率同权益成本作比较。权益成本就是权益投资者所要求的回报。

在独立项目中利用权益收益率的决策法则

如果权益收益率＞权益成本⟶接受该项目

如果权益收益率＜权益成本⟶拒绝该项目

权益资本应当反映出项目的风险和财务杠杆的风险。在风险相同的互斥项目中进行选择时，权益收益率更高的项目更好。

【例 5—9】　估计权益收益率：鹦鹉纸浆公司

回想一下我们在例 5—6 中对鹦鹉纸浆造纸厂项目的分析。表 5—10 包含了权益的账面价值和接下来 10 年里每年的净利润，单位是千雷亚尔。

我们用固定资产（厂房和设备）的账面价值加上当年营运资本的账面价值，再减去发行在外的债务，得到权益的账面价值。用当年的净利润除以当年投资工厂权益的平均账面价值，得到当年的权益收益率。权益收益率随着时间的推移而增加，因为净利润在不断增加并且权益的账面价值在不断减小。将造纸厂项目的实际权益收益率 36.19％与工厂的实际权益成本 18.45％作比较，结论是该项目是一个好的投资项目。

对会计收益方法进行评价

会计收益的方法是否符合我们在前面列出的三条好项目的标准呢？从经理人引入自己的判断与保持分析的一致性的平衡来说，会计收益的方法不合格，因为会计收益很容易受到会计准则的影响。例如，如果从直线折旧法转换为加速折旧法，将会对以后的盈利和账面价值造成很大的影响，也会相应改变会计收益的值。除非这些决策是不受评估项目经理的控制的，否则对于不同项目收益的衡量就没有一致性可言。

如果一个项目的会计收益超过了必要收益率，那么该项目会使企业价值增加吗？企业价值是企业生命期内预期现金流的折现。因为会计收益是以盈利而不是以现金流为基础的，并且忽视了货币的时间价值，所以即使从会计上计量该项目的收益超过了必要收益

表 5—10　　权益收益率：鹦鹉纸浆造纸厂（千雷亚尔）

年份	净收入	资产的期初账面价值	折旧	资本支出	资产的期末账面价值	营运资本的账面价值	负债	权益的账面价值	权益的平均账面价值	权益收益率（%）
0		0	0	250 000	250 000	35 100	100 000	185 100		
1	24 636	250 000	35 000	0	215 000	37 800	92 545	160 255	172 678	14.27
2	36 104	215 000	28 000	0	187 000	40 500	84 615	142 885	151 570	23.82
3	46 667	187 000	22 400	0	164 600	42 750	76 179	131 171	137 028	34.06
4	55 424	164 600	17 920	0	146 680	42 750	67 206	122 224	126 697	43.75
5	58 167	146 680	14 336	50 000	182 344	42 750	57 661	167 433	144 828	40.16
6	53 860	182 344	21 469	0	160 875	42 750	47 508	156 117	161 775	33.29
7	54 287	160 875	21 469	0	139 406	42 750	36 708	145 448	150 783	36.00
8	54 742	139 406	21 469	0	117 938	42 750	25 220	135 468	140 458	38.97
9	55 225	117 938	21 469	0	96 469	42 750	12 999	126 220	130 844	42.21
10	55 739	96 469	21 469	0	75 000	0	0	75 000	100 610	55.40
								平均权益收益率＝		36.19

期末的账面价值＝期初的账面价值＋资本支出－折旧

率，也不一定使企业的价值增加。相反，有一些项目因为会计收益小于必要收益率而被拒绝，但这些项目可能会增加企业的价值。另外，收益的计算是以投资的账面价值为基础，而不是以投入到资产的现金为基础，这就使以上问题变得更加复杂。

最后，有的项目期初投入非常巨大并且在生命周期内产生的利润比较平稳，那么对于这些项目而言，会计收益的方法表现得更好。而对于那些期初不需要大量投资的项目，资本收益率和权益收益率的意义就不大了。例如，一个零售业企业为了一家新店的开张租赁了店面，那么该项目并没有很大的期初投资，可能因此产生相当高的资本收益率。

请注意，所有关于会计收益衡量的局限性在上面两个例子中都可以非常明显地看出：第一，迪士尼的例子没有对已经花掉的现金和还未花掉的现金进行区分，而是将 5 亿美元的沉没成本包含在 35 亿美元的初始投资里。第二，在对书景书店和鹦鹉纸浆公司的分析里，资产的账面价值都因为折旧的作用随着时间的推移而减少，经营收入上升，从而导致资本收益率的上升。在迪士尼的分析中，最后一个也是非常重要的问题是：估计的是 10 年期的资本收益率，但是项目的期限可能比 10 年长得多。毕竟，迪士尼在纽约的主题公园已经存在了 30 多年，到现在依然为企业创造大量的现金流。如果将期限延长可能会使得资本收益率上升，从而使得该项目是可行的。

尽管存在以上问题，但是以会计为基础的收益衡量指标在投资分析中的应用也有很长时间了。这可能是因为经理人不愿意放弃熟悉的衡量指标，同时也反映出这些衡量指标的简洁性和直观性。更重要的是，只要投资者和证券分析师采用会计收益的指标来评估企业的总体业绩，我们同样也可以在项目分析中采用这些指标。

以现金流为基础的决策法则

以会计收益为基础的衡量方法存在很多问题。最简单的修正方法是用现金流来替代会计盈余。在此部分，我们将考虑两个简单的变量：(1) 回收期，也就是要花多长时间才能收回在项目上投入的资金；(2) 资本的现金流收益，也就是在传统的资本收益率的计算中将盈利替换为现金流。

回收期

项目的**回收期**（payback）衡量的是项目产生的现金流多快能够弥补初始的投资。例如，一个项目有如下的初始投资和现金流。

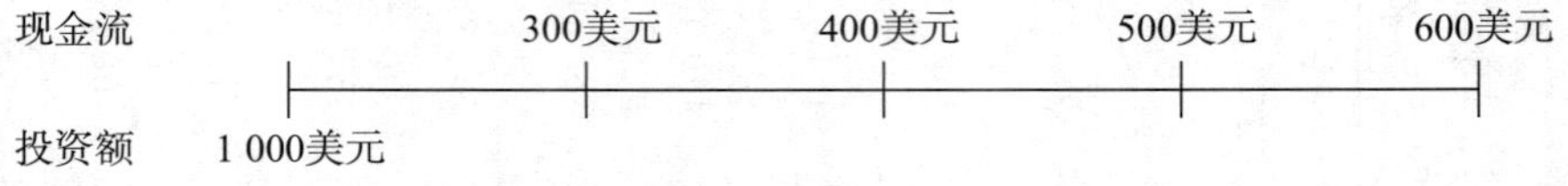

项目的回收期在两到三年之间，根据现金流的情况可以估计出大约为 2.6 年。与其他指标一样，既可以计算出整个企业的回收期，也可以计算出权益投资者的回收期。如果要计算整个企业的回收期，就必须考虑弥补初始投资的企业所有的现金流。如果估计的仅仅是权益投资者的回收期，就只用考虑弥补初始的权益投资的所有权益的现金流。

【例 5—10】 估计书景书店网上服务的回收期

该例使用例 5—4 中得到的书景书店网上服务的现金流从企业整体的角度来估计项目的回收期。表 5—11 对每年的现金流与其累计价值进行了描述。

表 5—11　　书景书店网上服务项目的回收期（美元）

年份	当年的现金流	累积的现金流
0	−1 150 000	
1	340 000	−810 000
2	415 000	−395 000
3	446 500	51 500
4	720 730	772 230

初始投资 115 万美元可以在第 3 年的某个时点被弥补完，那么回收期就在两到三年之间。如果我们假定现金流在一年里是均匀流入的，那么：

$$\text{项目的回收期} = 2 + 395\ 000/446\ 500 = 2.88\ \text{年}$$

在决策中使用回收期指标

虽然企业通常在投资决策中不会只使用到回收期，但是问卷调查表明，一些企业确实将回收期作为它们主要的决策判断标准。如果企业利用回收期来判断是接受还是拒绝某项目，一般会设定出可接受的最大回收期。如果项目的回收期小于设定的最大回收期，那么就接受该项目，反之则拒绝该项目。

企业更多地是将回收期作为次要的投资决策法则，将回收期作为决策制定中的一个约束条件（例如，项目的资本收益率至少为 15%，回收期至多为 10 年），或者在主要指标结果一样的情况下利用回收期作为筛选的标准（例如，两个互斥项目的权益收益率一样，选择回收期短的项目）。

偏差、局限性和注意事项

回收期法则是一个简单而且直观上很有吸引力的决策法则，但是它没有充分利用项目信息。

● 回收期回答的问题是“项目何时能够弥补初始投资”，而不考虑初始投资被补偿后的现金流状况。这是从互斥项目中做出选择的重大缺陷。为了说明该方法可能导致的不合理性，我们来看一个例子。假定你在两个互斥项目中做出选择。图 5—2 展示了这两个项目的现金流。

以回收期为依据，项目 B 比项目 A 更好，因为项目 B 的回收期更短。但是，大多数决策者会认为项目 A 更好，因为项目 A 在弥补初始投资之后有更高的现金流。

● 回收期法则是用于那些初始投资很大并且接下来有正的现金流的传统项目。但是，如果投资在整个期间内很分散或者项目不存在初始投资，该法则就失效了。

● 回收期法则使用的是名义现金流，此法则将早期现金流与后期现金流视为同等重要。但是，货币是有时间价值的，即使收到与初始投资相等的现金流也不能对企业再进

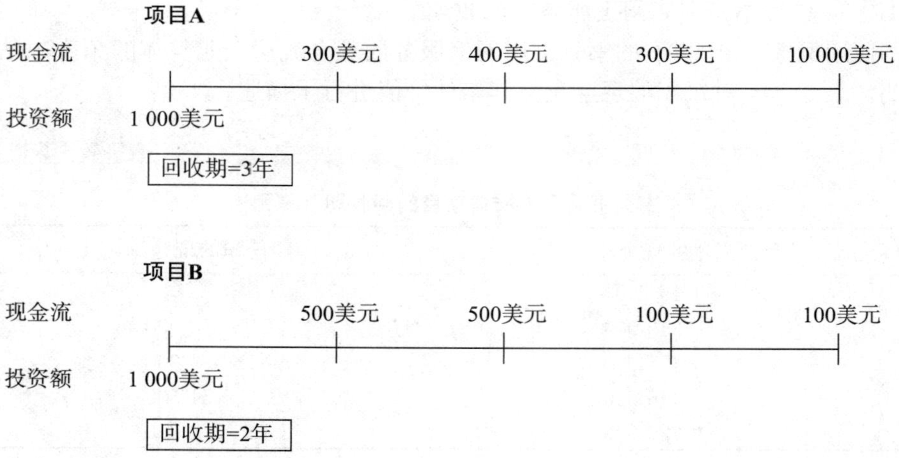

图 5—2　在互斥项目中使用回收期

行一次同样的投资，因为同样的金额可以投资到其他地方，并且获得一个显著的收益。

现金流收益

如果传统的资本收益率和权益收益率的问题是有关会计收益的独立性，那么有一种简单的修正方法。如果我们用现金流来替代盈余，估计的收益应当为现金收益。虽然这些修正有一些技巧，但是很多现存的变量都不具备一致性了。表 5—12 对使用的现金收益变量以及衡量过程中产生的相关问题进行了描述。

在本章的前面部分提到，对现金的衡量需要减去资本支出和非现金营运资本的变化，但是因此得到的现金波动性会很大以至于不能对每年的权益收益率或资本收益率进行可靠的估计。

表 5—12　衡量现金流收益

衡量	衡量问题/偏差
$\frac{EBITDA}{投入资本的账面价值}$	加回折旧并且不减去资本支出和营运资本的变化，这会高估收益，同时也忽略了税收
$\frac{EBIT_{(1-t)}+折旧}{投入资本的账面价值}$ 和 $\frac{净利润+折旧}{权益的账面价值}$	面临加回折旧并且不扣除资本支出而导致的同样问题
$\frac{EBIT_{1-t}+折旧}{总的资本投资}$	总的资本投资是在账面价值上加回了累积折旧。对加回资本支出的问题做了部分修正

EBITDA：利息、税收、折旧和摊销前利润

EBIT：息税前利润

折现现金流的衡量

以折现现金流为基础的投资决策法则，不仅用现金流代替了会计收入，并且考虑到货币的时间价值。最常使用的两种折现现金流的法则是净现值和内部收益率。

净现值

项目的净现值（NPV）是项目生命期内所有现金流的现值的总和——无论是正是负。通常来说，净现值的计算公式如下：

$$项目的净现值=\sum_{t=1}^{t=N}\frac{CF_t}{(1+r)^t}-初始投资$$

其中，

$CF_t = t$ 期的现金流
$r =$ 折现率
$N =$ 项目的生命期

我们来看一个简单的例子。某项目的初始投资为 10 亿美元，第一年的预期现金流为 3 亿美元，第二年为 4 亿美元，第三年为 5 亿美元，第四年为 6 亿美元。假定折现率为 12%，该项目的净现值如图 5—3 所示。

一旦将净现值计算出来，决策法则就变得非常简单，因为我们在净现值的计算中考虑了必要收益率。

针对独立项目的净现值法则
如果净现值 ＞0 ⟶ 接受该项目
如果净现值 ＜0 ⟶ 拒绝该项目

请注意，净现值大于 0，就意味着该项目能获得超过必要收益率的收益。

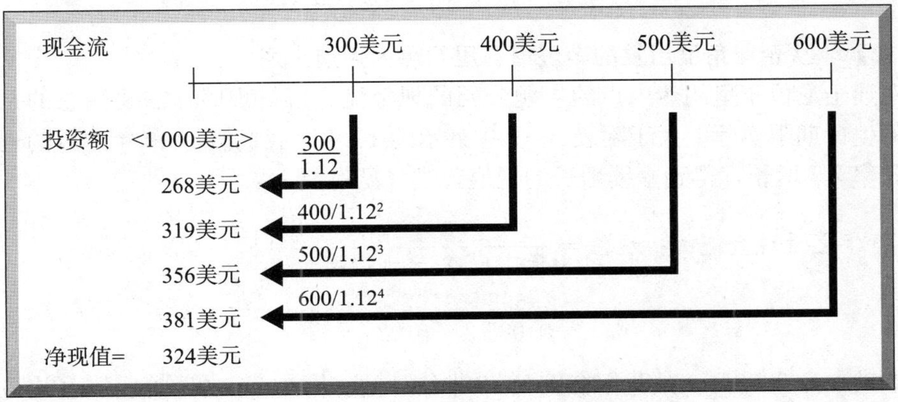

图 5—3 项目的净现值

5.7 净现值为正的含义

假定你正在分析一个价值1亿美元的项目，使用15%的资本成本得到该项目的净现值为100万美元。做决策的经理认为，得出的净现值相对于项目的规模而言太小了，因此这是一个糟糕的项目。这种看法正确吗？

a. 正确。净现值只有初始投资的1%。

b. 错误。净现值为正，就意味着这是一个好项目。

请解释。

【例5—11】 从企业角度出发的净现值：书景书店的网上服务项目

表5—13计算出书景书店的网上图书订购服务项目现金流的现值，其中用资本成本25.48%作为现金流的折现率。（现金流是在例5—4中估计的，资本成本是在例5—2中估计的。）

得到该项目的净现值为－98 775美元，这表明，根据预计的现金流和资本成本，我们不应当接受该项目。

表5—13 书景书店网上服务项目的现金流（美元）

年份	现金流	现金流的现值@25.48%
0	－1 150 000	－1 150 000
1	340 000	270 957
2	415 000	263 568
3	446 500	225 989
4	720 730	290 710
净现值		－98 775

【例5—12】 从企业角度出发的净现值：里约热内卢迪士尼

在对迪士尼位于里约热内卢的主题公园的现金流进行折现时，需要注意的是，该主题公园的生命期限实际上大于附表5—2中列示的10年。我们假定10年之后的现金流一直按通胀率2%增长，得到永续增长的现值公式（见附录3）：

$$第10年之后现金流的折现值=\frac{现金流_{11}}{资本成本-永续增长率}$$

$$=\frac{692\times1.02}{0.0862-0.02}=10\ 669\ 百万美元$$

资本成本为8.62%，是我们在例5—2中估计的。第10年之后的现值也就是发生在第10年年末的终值。

利用附表 5—2 估计的主题公园的现金流与资本成本 8.62%，得到了主题公园的净现值，如表 5—14 所示。

该项目的净现值是正的，表明这是一个好的项目，并且该项目会给迪士尼创造28.77亿美元的价值。

净现值与货币选择

在项目分析中，现金流和折现率通常用同一种货币来估计。就拿迪士尼主题公园的项目来说，通常会选用项目所在地的货币（巴西雷亚尔）和公司所在地的货币（美元）来估计，但实际上我们可以使用任何货币来对项目进行评价。

表 5—14　　里约热内卢迪士尼的净现值（百万美元）

年份	年现金流	终值	现值
0	−2 000		−2 000
1	−1 000		−921
2	−860		−729
3	−270		−211
4	332		239
5	453		300
6	502		305
7	538		302
8	596		307
9	660		313
10	692	10 669	4 970
净现值＝			2 877

如果想从一种货币转换为另一种货币，我们需要经过一些步骤：

(1) 为分析的每一期间的货币估计一个预期汇率。对于一些货币（欧元、日元或英镑）而言，我们可以从远期汇率的金融市场上估计出预期汇率。对于另一些货币而言，我们可以使用预期通胀率估计出汇率。例如，我们可以估计出 n 年后雷亚尔/美元的汇率：

$$\text{预期汇率(雷亚尔 / 美元)} = \text{雷亚尔 / 美元(今天)} \times \left[\frac{(1+\text{预期通胀率}_{\text{巴西}})}{(1+\text{预期通胀率}_{\text{美国}})}\right]^n$$

我们假定通胀率的差异最终会导致汇率的差异——这被称为购买力平价。

(2) 用这些汇率将未来一种货币形式的现金流转换为另一种货币形式的现金流。用这种货币形式的现金流乘以该货币与另一种货币之间的汇率就可以得到。

(3) 将一种货币形式的折现率转换为另一种货币形式的折现率。我们不能用不同货币形式的折现率对现金流进行折现。为了将一种货币形式的折现率转换为另一种货币形式的折现率，我们又要使用两种货币之间的预期汇率。以美元衡量的资本成本可以按如下公式转换为以巴西雷亚尔衡量的资本成本：

$$资本成本(雷亚尔)=[1+资本成本(美元)]\times\frac{(1+预期通胀率_{巴西})}{(1+预期通胀率_{美国})}-1$$

用第3步得到的折现率对第2步得到的现金流进行折现，就可以得到净现值。两种货币得到的净现值应当完全相等，因为使用了预期通胀率来估计汇率。如果预期的汇率与购买力平价不一致，那么我们就可能得到不同的净现值，我们对货币的看法会影响到对项目的分析。

【例5—13】　以巴西雷亚尔估计里约热内卢迪士尼的现金流

在例5—12中，我们估计出里约热内卢迪士尼的净现值为28.77亿美元。整个分析过程也可以以雷亚尔为单位进行。首先，必须将以美元为单位的现金流转换为以雷亚尔为单位的现金流，并且折现率也必须为以雷亚尔为单位的折现率。为了估计出预期汇率，我们假定巴西的预期通胀率为7%，美国的预期通胀率为2%，并且用2009年5月的汇率——1美元兑2.04雷亚尔——作为当期的汇率。一年后的预期汇率为：

$$1年后的预期汇率=2.04雷亚尔\times1.07/1.02=2.14雷亚尔/美元$$

未来10年的汇率都可以通过同样的分析得出。

利用预期通胀率，可将例5—1中估计的美元的资本成本，转换为雷亚尔的资本成本：

$$资本成本(雷亚尔)=[1+资本成本(美元)]\times\frac{1+预期通胀率_{巴西}}{1+预期通胀率_{美元}}-1$$
$$=1.086\,2\times1.07/1.02-1=13.94\%$$

表5—15对汇率、迪士尼主题公园的现金流和现值进行了描述。其中，全部分析都是以雷亚尔为单位。

表5—15　以雷亚尔为单位的里约热内卢迪士尼主题公园的预期现金流

年份	现金流（百万美元）	汇率（雷亚尔/美元）	现金流（百万雷亚尔）	现值（百万雷亚尔）
0	−2 000.00	2.04	−4 080.00	−4 080.00
1	−1 000.00	2.14	−2 140.00	−1 878.14
2	−859.50	2.24	−1 929.49	−1 486.19
3	−270.06	2.35	−635.98	−429.92
4	332.50	2.47	821.40	487.32

续前表

年份	现金流（百万美元）	汇率（雷亚尔/美元）	现金流（百万雷亚尔）	现值（百万雷亚尔）
5	453.46	2.59	1 175.12	611.87
6	501.55	2.72	1 363.46	623.06
7	538.06	2.85	1 534.43	615.39
8	595.64	2.99	1 781.89	627.19
9	659.64	3.14	2 070.10	639.48
10	11 360.86	3.29	37 400.49	10 139.72
				5 869.78

请注意，表 5—15 中得到的 58.70 亿雷亚尔净现值就相当于例 5—12 中得到的 28.77 亿美元，利用 1 美元兑换 2.04 雷亚尔的汇率就可以换算得到。

$$以美元为单位的净现值=以雷亚尔为单位的净现值/当期的汇率$$

$$=\frac{5\ 870}{2.04}=2\ 877\ 百万美元$$

实践：终值、残值与净现值

在对项目的现金流进行估计时，由于现实的约束，我们要估计出一个有限期的现金流，例如，3 年、5 年或 10 年。在项目期的期末，我们需要做出以下三个假设中的一个。

（1）最谨慎的假设是，项目终止且残值为 0。在这种情况下，运营的最后年度只需反映出当年的营运现金流。

（2）我们可以假定项目在期末结束并且资产以残值出售。虽然我们可以直接估计出残值，但是一个通常的假设是资产期末的残值等于其账面价值。对固定资产而言，残值等于初始投资的未减值部分，而对营运资本而言，残值等于在项目生命期内对营运资本所有投资的总和。

（3）我们也可以假定项目在分析期期末不会结束，然后在持续的基础上估计出项目的价值——这就是终值。例如，在对迪士尼主题公园的分析中，我们假定现金流会永远持续下去并且每年以通胀率增长。如果这看上去过于乐观，我们可以假定未来现金流的增长率为 0，甚至现金流每年按某个速度下降。

合适的方法取决于所分析的项目。对于预计不会持续太久的项目，我们可以使用前两种方法中的任何一种；如果项目的资产到项目期期末很可能已过时（例如，电脑的硬件），那么就假定残值为 0，如果资产到期末还可能有相当的价值（例如，建筑），那么就将残值设定为账面价值。

对那些生命期很长的项目而言，采用终值的方法得到的结果可能更合理但是也有一个缺陷。分析中有关投资和维护的假设必须反映出项目的期限。具体而言，对那些资产有残值的项目而言，资本维护费用要高一些，因为资产要保持其盈利能力。就迪士尼主题公园而言，资本维护费用会随着时间的推移而升高，并且到终值年份资本维护费用会大于折旧费用。

5.8 货币选择与净现值

一家位于高通胀经济体中的公司向你咨询有关投资分析中使用何种货币的问题。他们认为用当地的货币估计的净现值会过低，因为当地的利率非常高——这会使折现率也很高。这种看法正确吗？

a. 正确。高的折现率会导致低的净现值。

b. 不正确。

请对你选择的答案做出解释。

净现值：基于企业整体的分析与基于权益的分析

在前面的分析中，我们使用的现金流是支付利息与本金之前的现金流，使用的折现率是加权平均资本成本。为了得到净现值，我们将整个企业的现金流进行折现，其中折现率反映了企业不同求偿者的成本。还有另外一种方法。我们可以对偿还了债务之后的权益投资者的现金流进行折现，此时的折现率用权益成本，得到权益投资者的净现值。

这两种方法会产生相等的净现值吗？作为一条基本法则，它们会产生相等的净现值，但是必须持有以下前提假设：

● 给定企业的违约风险，负债被正确定价，并且用来计算资本成本的市场利率是正确的。如果不是这样，权益投资者就会从债券持有人那里获得好处（如果利率设定得过低）或者遭受损失（如果利率设定得过高）。这就会导致权益现金流与企业现金流不一致。

● 在用两种方法计算的融资组合中也必须使用同样的假设。请注意，融资组合的假设会影响到企业方法的折现率（资本成本）和权益方法的现金流（通过利息和本金支付）。

如果两种方法产生同样的净现值，我们应当选择哪种方法呢？很多实务工作者都喜欢用资本成本对企业的现金流进行折现；这种方法要简单一些，因为所用现金流是偿还债务前的现金流，我们不需要对偿还的利息和本金做出明确的估计。然而，采用权益现金流会更加直观，因为大部分人将支付了利息和本金之后的现金流视为剩余现金流。

【例 5—14】 从权益投资者角度出发的现金流：鹦鹉纸浆造纸厂

我们从权益投资者的角度用流向权益的实际现金流折现得到鹦鹉纸浆箱纸板工厂的现值，如附表 5—4 所示。其中用到的实际权益成本为 18.45%（在例 5—2 中得到）。表 5—16 对现金流和现值进行了描述。

表 5—16　　箱纸板工厂的权益现金流（千雷亚尔）

年份	权益的现金流	现金流的现值@18.45%
0	−185 100	−185 100
1	49 481	41 773
2	53 474	38 110
3	58 382	35 126
4	64 371	32 696
5	12 958	5 556
6	65 176	23 594
7	64 956	19 851
8	64 722	16 698
9	64 473	14 043
10	181 958	33 458
净现值=		75 806

得到的净现值为 7 580.6 万雷亚尔，表明这是一个好项目。全部分析都以实际值的形式完成，但采用名义的现金流和折现值来估计对于现值没有什么影响。如果采用名义值，由于预期通货膨胀的影响，现金流会高一些，折现值也会同比例升高，最终得到的现金流会与采用实际值形式计算的现金流完全一样。那么究竟是选择用实际值还是用名义值来估计，取决于哪一种估计方法更为方便。如果通胀率很低，最好是采用名义值来估计，因为税收是针对名义值的税收。当通胀率很高且波动性很大时，用实际值或者另一种预期低通胀的货币来估计要简单一些。

5.9　权益、负债与净现值

在上面描述的项目中，假定鹦鹉纸浆公司全部用权益来为项目筹资而不是使用负债和权益的组合。下列有关净现值的哪一项会发生？

a. 净现值会上升，因为权益现金流会变得更高；每年都无需偿还利息和本金了。

b. 净现值会下降，因为项目的初始投资更高了。

c. 净现值会保持不变，因为融资组合不会影响净现值。

d. 净现值可能会上升，也可能会下降，取决于某些因素。

请解释你的答案。

【例 5—15】　对并购进行估值：Sensient Technologies

将现值法则扩展到整个公司并不复杂。我们来考虑一下塔塔化学公司对 Sensient Technologies 的收购。

● 在例 5—2 中，我们估计出资本成本为 6.98%，将该值作为对 Sensient Technologies 进行估值的折现率。该资本成本是以美元估计的，反映出该公司处在成熟市场中。

● 在例 5—7 中，我们估计出 Sensient Technologies 2008 年的企业现金流为7 606万美元。我们假定现金流将会以每年 2%的速度永续增长。

我们可以根据这些变量计算出企业的价值：

$$经营资产的价值=\frac{企业下一年的预期现金流}{资本成本-稳定的增长率}$$
$$=\frac{76.06\times 1.02}{0.069\ 8-0.02}=1\ 559\ 百万美元$$

在经营资产上加上现金（8 百万美元），减去现存的负债（460 百万美元），就可以得到企业的权益价值：

$$权益价值=经营资产+现金-负债$$
$$=1\ 559+8-460=1\ 107\ 百万美元$$

Sensient Technologies 在 2009 年 5 月的权益市场价值为 11.5 亿美元。考虑到塔塔化学公司支付了超过该市场价格的溢价，该公司必须从并购中获得其他好处才能弥补这两者的差异。

净现值法则的性质

净现值有一些重要的性质使得净现值法则成为最具吸引力的决策法则，至少公司财务的理论研究者这样认为。

(1) 净现值是可以相加的。将单个项目的净现值加总后就得到一个企业或者一个分部的累积净现值。其他的投资法则都不具备这个性质。该性质本身有很多意义。

● 企业的价值可以用该企业已经采纳的项目现金流的现值与其预期未来项目的折现值得到：

$$企业的价值=\sum 当前项目的现值+\sum 未来项目的净现值$$

等式的第一项衡量了当前资产的价值，而第二项衡量了预期未来增长的价值。请注意，当前项目的现值是以这些项目期望的未来现金流为基础的。

● 当企业根据预期未来的现金流终止了净现值为负的项目时，企业的价值就会增加同样的数额。同样地，当企业投资预期净现值为负的项目时，企业的价值就会减少同样的数额。

● 当企业剥离某些现有资产时，出售的价格会影响到企业的价值。如果价格超过该项目的预期现金流的现值，企业的价值就会因为资产剥离而增加；反之，企业的价值会减少。

● 当企业投资于净现值为正的一个新项目时，企业价值会受到影响，如何影响取决于净现值是否达到了预期。例如，我们预期微软会采纳净现值为正的项目，此时的预期成为价值的一部分。即使微软采取的新项目产生了正的现金流，如果净现值不满足金融市场较高的预期，微软的价值也会下降。

● 当企业在进行收购时，会支付给目标企业超过该企业预期现金流现值的价格，这就相当于采纳了一个净现值为负的项目，就会导致企业价值的下降。

5.10 企业价值与并购的过度支付

Megatech 公司是一家股票市场价值为 1 亿美元的大型软件企业。该公司宣布收购一家名为 FastMail 的较小的软件企业，支付价格为 1 500 万美元。在宣告日，Megatech 股票的价格下跌了 3%。请你根据以上描述估计出 Megatech 应当为 FastMail 支付的对价是

a. 1 500 万美元。

b. 300 万美元。

c. 1 200 万美元。

你如何在答案中考虑净现值？

(2) 现金流是按照必要收益率来投资的。所有现值的计算中都假定了当期现金流投资的收益率。净现值法则假定，投资于项目的即期现金流——也就是，从项目开始到项目结束时产生的现金流——都以**必要收益率**（hurdle rate）进行再投资。如果考虑的是企业的现金流，必要收益率就是资本成本；如果考虑的是归属权益投资者的现金流，必要收益率就是权益成本。给定权益成本和资本成本都是进行同等风险的其他投资的收益率，这个假设就是合理的。

(3) 净现值的计算考虑到预期期限结构和利率的变化。在本章所有的例子中，我们假定折现率保持不变。但是，事实并不总是如此，净现值可能是根据变动的折现率计算出来的。净现值法则的一般公式如下：

$$项目的净现值=\sum_{t=1}^{t=N}\frac{CF_t}{(1+r)^t}-初始投资$$

其中，

CF_t = 第 t 期的现金流

r_t = 第 t 期的一个期间的折现率

N = 项目的生命期

折现率可能因为三个原因而发生变化：

(1) 利率可能随着时间的推移而变化，期限结构有助于我们看清未来的预期利率。

(2) 项目的风险特征会随着时间的推移发生变动，导致折现率也发生变化。

(3) 项目的融资组合可能随着时间的推移而变动，导致权益成本和资本成本发生变化。

【例 5—16】 折现率随时间变化时的净现值计算

假定你在分析一个 4 年期的项目，该项目投资于电脑软件开发。同时，假定与该软件行业相关的技术不确定性会导致未来有更高的折现率。

现金流		300美元	400美元	500美元	600美元
折现率	10%	11%	12%	13%
投资额	<1 000美元>			

每笔现金流的现值可以计算如下：

第 1 年现金流的现值 = 300/1.10 = 272.72 美元

第 2 年现金流的现值 = 400/(1.10×1.11) = 327.60 美元

第 3 年现金流的现值 = 500/(1.10×1.11×1.12) = 365.63 美元

第 4 年现金流的现值 = 600/(1.10×1.11×1.12×1.13)
= 388.27 美元

项目净现值 = 272.72 + 327.60 + 365.63 + 388.27 − 1 000.00 = 354.23 美元

5.11 变化的折现率与净现值

在上述分析中，假设有人要求你对所有的现金流使用同一个折现率。是否存在一个折现率使得上述项目产生同样的净现值？

a. 存在。

b. 不存在。

如果存在，你认为这个折现率的含义是什么？

偏差、局限性和注意事项

尽管净现值法则有其优势并且与价值最大化的目标相联系，但是有人对该法则提出批评。他们指出以下局限：

- 净现值是绝对值而不是相对值，因此没有考虑到项目的规模影响因素。比如，项目 A 的净现值为 200 美元，项目 B 的净现值为 100 美元，但是项目 A 需要的初始投资比项目 B 大 10 倍甚至 100 倍。而净现值法则的倡导者认为，这是超过必要收益率的剩余价值，无论原本的投资额是多少。
- 净现值法则没有控制项目的期限。因此，在对期限不同的互斥项目进行比较时，净现值法则可能会偏向那些期限较长的项目。

内部收益率

内部收益率（internal rate of return，IRR）是以折现现金流为基础得到的。与净现值法则不同的是，内部收益率考虑到项目的规模。我们利用内部收益率来对现金流折现，内部收益率相当于会计收益率。一般而言，内部收益率是使项目的净现值等于 0 的折现率。例如，我们再来考虑一下在对净现值的讨论中提及的一个项目。

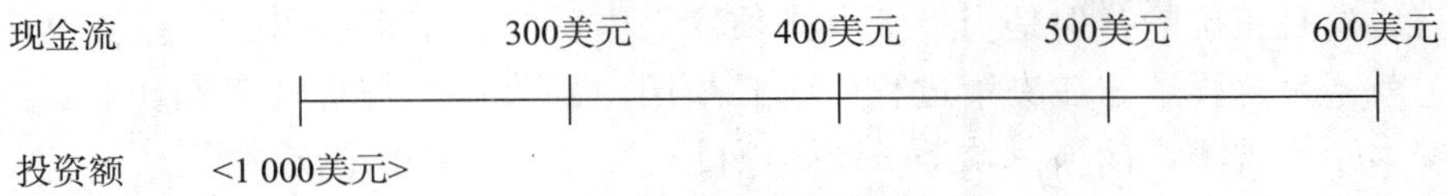

内部收益率=24.89%

该项目通过内部收益率进行折现后，得到的净现值为 0。如果我们在**净现值图**（net present value profile）中将净现值表示为折现率的函数，那么就能清楚地看到净现值与内部收益率之间的联系。图 5—4 就是例中项目的净现值图。

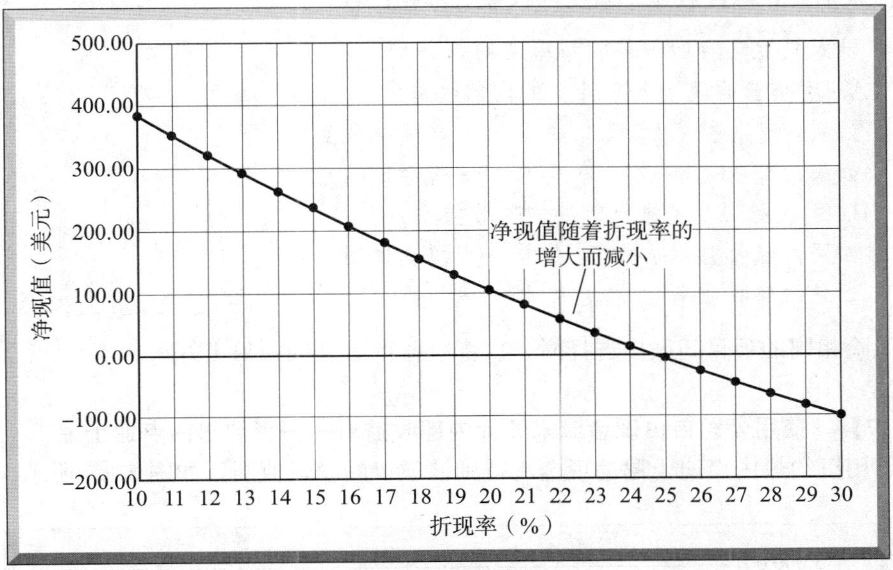

图 5—4　净现值图

净现值图让我们看到项目的几个方面。第一，内部收益率在图中非常清楚——也就是，净现值的直线与 x 轴的交点。第二，该图衡量了净现值对于折现率变动的敏感性，或者说项目决策对于折现率变动的敏感性。净现值直线的斜率就是对于该敏感性的衡量。第三，在分析互斥项目时，同时画出两个项目的净现值图可以得到无差异的折现率——决策者无论选择这两个项目中的哪一个都是无差异的。

5.12　折现率与净现值

在以上描述的项目中，净现值随着折现率的增大而减小。情况一直如此吗？

a. 是的。

b. 不是。

如果不是，什么时候净现值会随着折现率的增大而增大？

使用内部收益率

内部收益率的一个优势是，可以将它使用在折现率未知的项目上，就内部收益率的计算而言，这是正确的；但是当决策者必须依靠内部收益率来做出是否投资某个项目的决定时，就不是这样了。在决策过程中，必须用内部收益率与折现率作比较——如果内部收益率大于折现率，该项目就是一个好项目；反之，应当拒绝该项目。

同净现值一样，内部收益率可以用两种方式来计算：

（1）内部收益率可以以企业的现金流与项目的总投资为基础来计算。这样做的话，内部收益率就要与企业的资本成本作比较。

（2）内部收益率也可以以权益现金流和项目的权益投资为基础来计算。如果使用这些现金流来估计，内部收益率就要与权益成本相比较。

针对独立项目的内部收益率法则

A. 用企业的现金流来计算的内部收益率

如果内部收益率 ＞ 资本成本——→ 接受该项目

如果内部收益率 ＜ 资本成本——→ 拒绝该项目

B. 用权益现金流来计算的内部收益率

如果内部收益率 ＞ 权益成本——→ 接受该项目

如果内部收益率 ＜ 权益成本——→ 拒绝该项目

在风险相同的项目间做出选择时，内部收益率更高的项目更好。

【例 5—17】 使用公司自由现金流来估计内部收益率——里约热内卢迪士尼

我们用里约热内卢迪士尼的现金流得到该项目的净现值图，如图 5—5 所示。

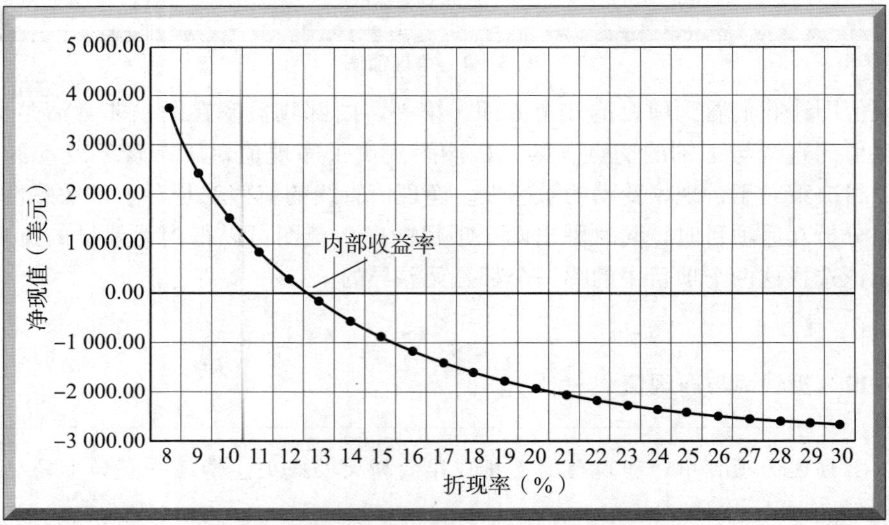

图 5—5 迪士尼主题公园的净现值图

该项目以美元衡量的内部收益率为 12.35%，比资本成本 8.62%要高。这个结果与采用净现值法则得到的结果相同，这两个法则都认为应当对主题公园进行投资。[1]

【例 5—18】　使用自由现金流来估计内部收益率——鹦鹉纸浆公司

图 5—6 中描述的净现值图是基于鹦鹉纸浆造纸厂的权益投资和权益的自由现金流得到的。

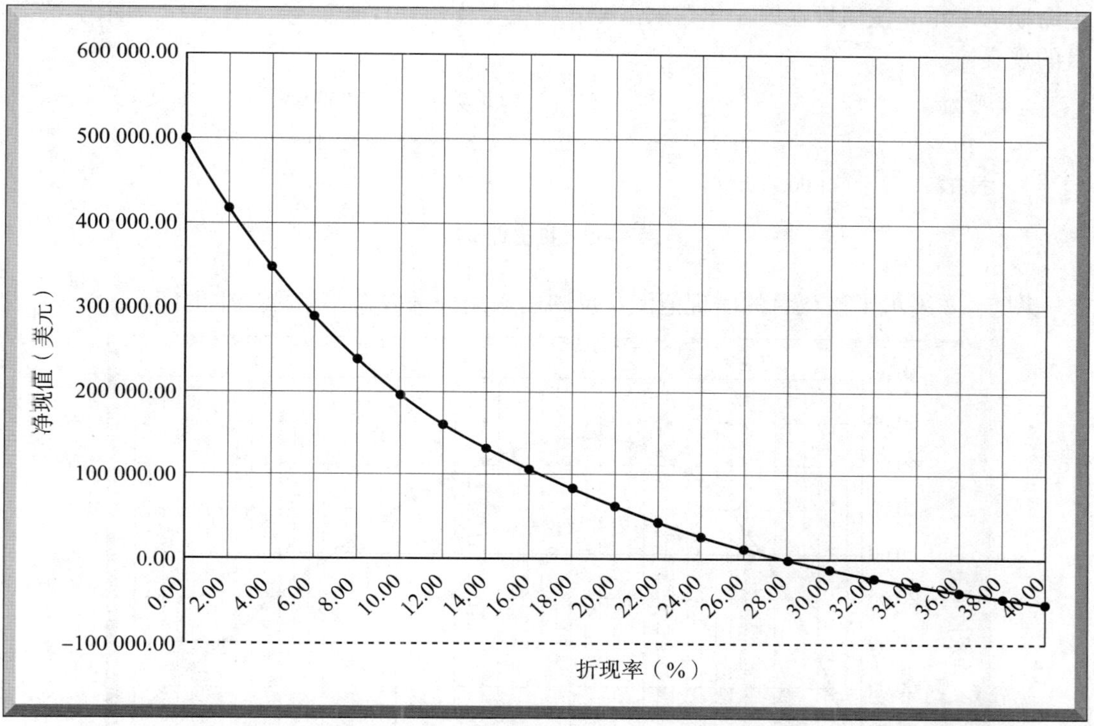

图 5—6　造纸厂权益投资的净现值图：鹦鹉纸浆公司

该项目的内部收益率（以实际值的形式表示）为 27.92%，比实际的权益成本 18.45%要高。结果与采用净现值法则得到的结果相同，这两种方法都认为应当接受该投资项目。

偏差、局限性和注意事项

内部收益率是投资分析中使用最广泛的折现现金流法则，但是该法则的确有一些严重的局限性。

- 因为内部收益率是一种百分比衡量指标，该法则会使决策者更偏向于那些规模更小的项目，因为较小的项目更可能产生高的百分比收益。
- 在某些情况下能够计算出内部收益率，或者内部收益率此时作为决策工具是无意义的。第一种情况是初始投资很小并且投资分散于整个期间。在这种情况下，可能无法计算

① 项目的终值是所使用折现率的函数。这就是电子表格中的内部收益率函数不能得到正确答案的原因。净现值必须依据每个折现率重新计算，而内部收益率仅仅是使净现值等于 0 的折现率。

出内部收益率；即使能够计算出来，得到的内部收益率也可能是无意义的。第二种情况是一个项目可能有不止一个内部收益率，以至于决策制定者不清楚应当使用哪个内部收益率。

【例 5—19】　拥有多个内部收益率的项目

举例来说，有一个生产并且销售产品的项目，该项目的必要收益率是 12%，项目的生命期为 4 年。该项目在第 4 年年末需要花费大量支出来注册商标。图 5—7 展示了该项目的现金流。

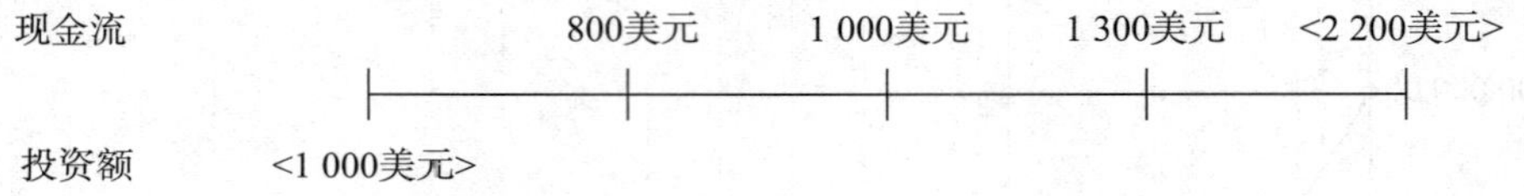

图 5—7　投资现金流

图 5—8 展示了该项目的净现值图，反映出采用内部收益率指标产生的问题。

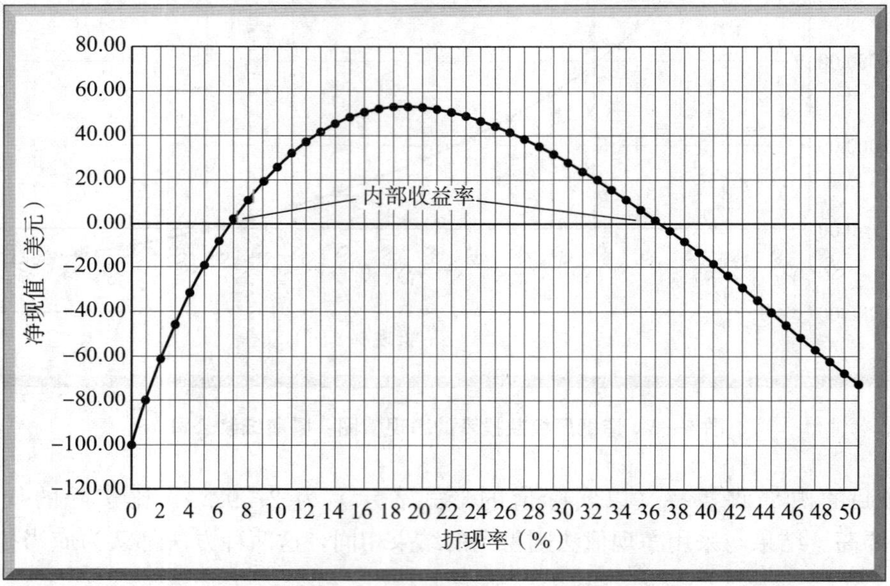

图 5—8　多个内部收益率项目的净现值图

你可以看到，该项目有两个内部收益率，一个是 6.60%，另一个是 36.55%。因为必要收益率位于两个内部收益率之间，是否应当采纳该项目取决于使用的是哪个内部收益率。为了做出正确的决策，决策制定者必须再考察一下净现值图。在净现值图上，如果必要收益率对应的净现值是正的，就应当接受该项目；如果必要收益率对应的净现值是负的，就应当拒绝该项目。

实践：为什么会存在多个内部收益率？应该拿它们怎么办？

可以将内部收益率视为现金流现值等式的根。对于传统的项目来说，都有一笔初始投资并且以后的现金流都是正的，当现金流的符号只变换一次时，也就只有一个解——唯一的内部收益率。当现金流的符号出现多次变换时，就会产生多个内部收益率。[1]例如，在图 5—7 中，现金流是负的，在第 1 年变成正的，到第 4 年又变成负的，从而产生了两个内部收益率。

尽管这被认为不可能在现实世界发生，但事实上有很多长期项目都需要在项目中期进行大量的投资，这些再投资就会使再投资当年的现金流变成负的。如果发生了这种情况，使用内部收益率的方法就会陷入麻烦。

对于使用内部收益率引发的问题有多种解决方法。一种方法是，使用必要收益率将中期的负现金流移到现在。另一种方法是画出净现值图。无论是采用哪种方法都可能比估计和使用净现值的方法更加简单。

投资分析中的概率方法

在我们之前介绍的所有方法中——会计收益、回收期、净现值和内部收益率——我们使用的是预计项目未来期间的盈余或现金流。虽然我们用了收入、利润以及其他关键变量的预期值，但是未来是不确定的并且预期值要反映这种不确定性。虽然不能完全消除不确定性，但是可以采用一些方法更好地处理以下情况，即当变量发生变化时，项目的价值将发生什么变化。在这部分，我们考察用来处理不确定性的四种方法。第一种也是最简单的一种方法是敏感性分析，我们考虑关键变量变化的一些情形，然后估计出每个变量上的误差空间。第二种方法是情景分析，即我们考虑到一些可能的情形，从最好的情形到最差的情形，然后计算出每种情形下项目的价值。第三种方法是决策树法，该方法是针对多阶段的投资决策。具体而言，我们在每个阶段评估成功与失败的可能性以及对最终价值的影响。最后一种方法是模拟法，在此方法中我们估计出每个变量的概率分布而不是期望值。然后，我们将得到项目价值的分布而不是一个单一的数字。

敏感性分析

处理不确定性的最简便方法就是对分析的关键变量询问“如果……怎样……”的问题，并且脑中要有两个目的，一个是当你改变关键假设时了解项目的价值变化多少以及你的决策会怎样变化，另一个是度量一下你所得到的估计数字的误差范围。换句话说，如果不改变接受或拒绝项目的决策，你可以采用敏感性分析方法得到收入增长和利润估

---

① 虽然内部收益率的个数等于符号变换的次数，但得到的一些内部收益率会远超出正常的范围（比如，10 000%），那么也就不会出现以上描述的问题。

计值变动的空间有多大。敏感性分析方法也有一些风险。

● **过度使用"如果……怎样……"分析。**一个项目分析中通常有几十个变量，我们要对每一个变量进行敏感性分析。在分析中，我们将那些重要的变量与不重要的变量相混淆，就有可能忽略了前者的重要性。

● **失去目标。**询问"如果……怎样……"的最终目的不是为了得到更多的表格、图形和数字，而是为了在面对不确定性时做出更好的决策。为了有助于制定决策，我们应当在敏感性分析中关注那些关键的变量，分析的结果应当使决策者更好地把握结果如何随着假设的变化而变化。

● **没有考虑变量一起变动的情况。**在大多数敏感性分析中，我们一次只改变一个变量而保持其他变量不变，这会使得计算简便些，但是也可能是不现实的，因为变量通常会一起变动。因此，假定收入增长不变的情况下利润增长，或者假定通胀率依然很高的情况下利率降低，都会导致项目有更高的现值，但是以上两种情况实际上都不常发生。

● **重复计算的风险。**在任何敏感性分析中，即使好的项目（有正的净现值和高的内部收益率）在关键变量变得更加不利时也会产生负的净现值。由于这一点，决策制定者可能会拒绝一些潜在有重复计算风险的项目，因为现金流是按照风险调整的折现率来折现从而估计出净现值。

一般来说，敏感性分析有两个好的用途。第一个是，如果两个项目基本情况的净现值或者内部收益率相等，就可以使用敏感性分析来判断应当选择哪个项目：应当选择对于关键变量不那么敏感的项目。第二个是，使用敏感性分析对企业的经营活动和投资风险进行更好的管理。比如，如果投资的净现值对劳动力成本很敏感，就签订一些劳务合约以控制成本。类似地，如果发现项目的价值随着汇率而波动，企业就应当使用汇率期权和期货来对冲风险。

【例 5—20】 鹦鹉纸浆造纸厂：敏感性分析和盈亏平衡

我们在例 5—14 中估计出鹦鹉纸浆造纸厂项目的净现值为 7 580 万雷亚尔。虽然净现值为正表明该造纸厂是一个好的投资，但是净现值的大小强烈依赖于两个变量——纸张和纸浆的价格以及雷亚尔/美元的汇率。纸浆的价格直接影响了收入，纸张价格的下降会使项目不那么具有吸引力。如果改变每吨纸张的价格维持在 400 美元的假设，项目的价值也会受到影响。汇率之所以重要是因为鹦鹉纸浆将很大一部分产品销售到以美元为基础的市场上而其大部分成本是以雷亚尔来衡量的。如果巴西雷亚尔相对于美元变得更加坚挺，鹦鹉纸浆将会发现自己的境况变得更加糟糕，因为在面对更高成本的同时却不能提高价格。

在敏感性分析的第一部分，我们改变了用实际值表示的每吨纸张的价格，然后在图上画出了对投资的净现值与内部收益率的影响。图 5—9 展示了相关的结果。

如果纸张的价格低于每吨 325 美元，那么项目的净现值就会小于 0 且内部收益率就会小于实际的权益成本 18.45%。在计算中，我们保持固定成本不变并且将变动成本设定为收入的 45%。

在敏感性分析的第二部分，我们对于汇率的未预期变动的影响做出评估。虽然我们预计巴西货币雷亚尔会出现贬值，因为巴西的通胀率为 7%而美国的通胀率为 2%，但是雷亚尔很可能变得更强或更弱。雷亚尔/美元的价值每上升 1%，就会使得变动成本上升 1%。如果雷亚尔比预期上升 5%，变动成本就增大为收入的 50%（而不是我们初始假设的 45%）。图 5—10 描述了汇率的变动对净现值与内部收益率的影响。

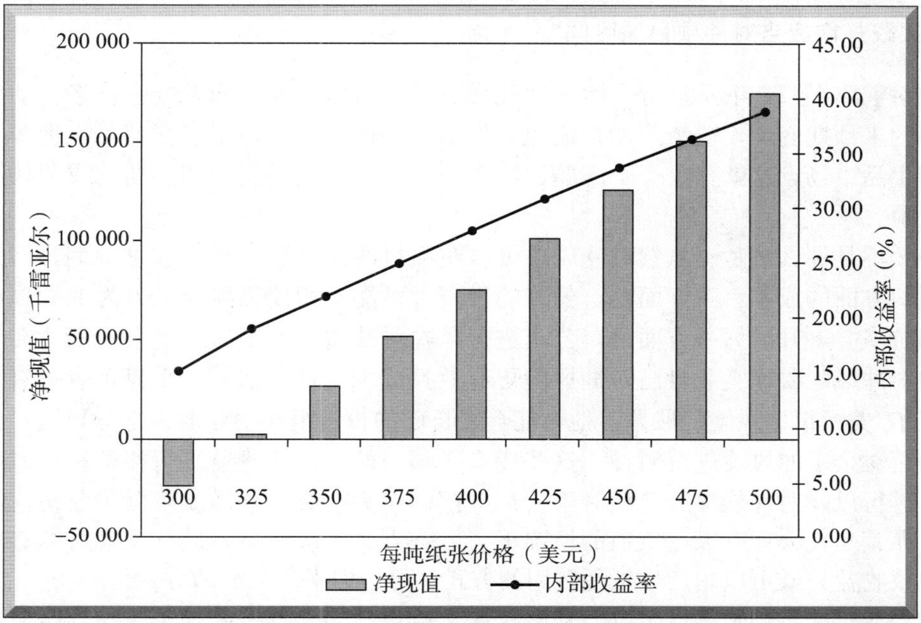

图 5—9　鹦鹉纸浆造纸厂：纸张价格变动的影响

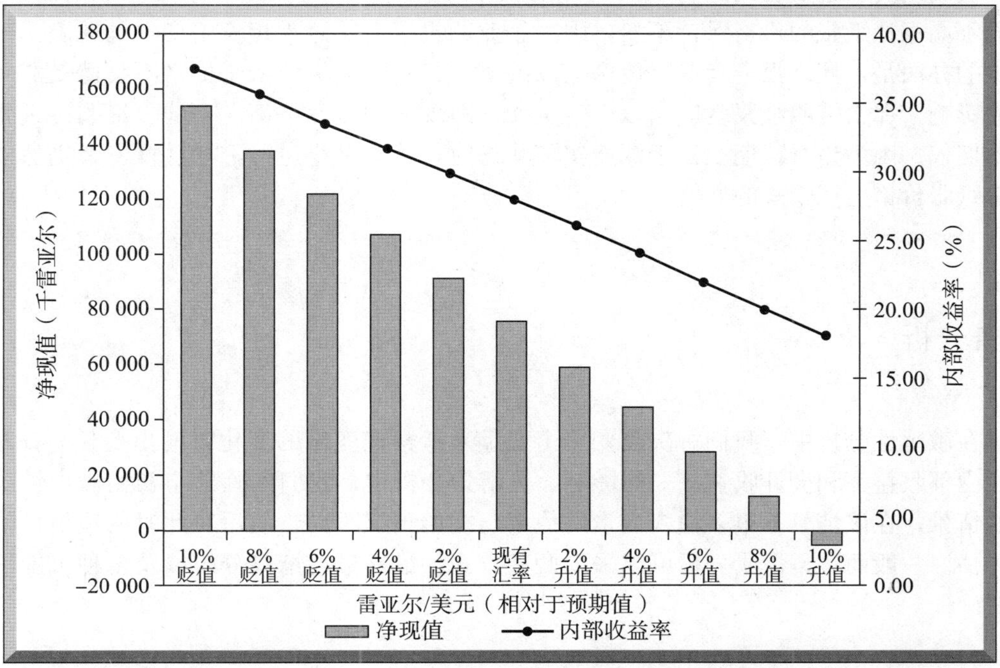

图 5—10　鹦鹉纸浆造纸厂：汇率变动的影响

如果巴西雷亚尔升值了10%，由此引起的变动成本上升就会使我们对项目的估计值从正变成负。

实践：你应当对冲项目风险吗？

在对鹦鹉纸浆造纸厂进行了敏感性分析后就能清楚看到，如果纸张价格变动或者出现汇率的未预期变动，造纸厂的价值也会发生剧烈的变动。由于存在商品（纸张）和汇率的衍生品市场，这就存在一个问题，鹦鹉纸浆是否应当利用远期、期货或期权来对冲这些风险。

答案不是那么清楚。虽然对冲风险可以使项目的现金流变得更加可预期，但是还需要考虑两方面的成本：一方面是，公司的投资者可能希望面临风险，因为他们预期这些商品的价格会上升。另一方面是，公司进行风险对冲的成本很高，个人投资者在其投资组合中对冲风险要比企业自己对冲风险更有效且成本更低。如果一个投资者持有大量面临雷亚尔/美元汇率风险的股票，他可能会在自己的投资组合中分散一部分风险，然后再决定是否对余下的风险进行对冲。这些成本必须与两方面的收益进行权衡。一方面的收益是，进行风险对冲能够避免相对于公司规模的巨大损失，这样就降低了公司违约的可能性，尤其是在公司有大量负债的情况下。另一方面的收益是，进行风险对冲有时能够产生税收收益，既可以用产生抵税费用的方式又可以用平滑利润的方式。

我们在对鹦鹉纸浆进行了以上利弊权衡之后得到一个混合的结论。如果企业有大量的负债则不能够承受巨大损失的风险。因此，我们认为公司最好还是进行风险对冲，尤其当利用期货和远期合约进行风险对冲的成本不大时。给定鹦鹉纸浆是一家商品企业，我们不愿意让纸张的价格保持不变，因为企业的投资者愿意承担价格变动的风险。一个折中的办法是，允许投资者保留价格上涨的空间，同时又保证纸张价格不会遭受非常不利的影响。那么鹦鹉纸浆就应当以325美元（净现值的盈亏平衡点）的价格购进纸张的看跌期权。因为当看跌期权处于深度实值状态时，成本是稳定的，并且投资者仍然能够获得纸张价格上涨带来的好处。

情景分析

在敏感性分析中，我们每次改变一个变量来考察该变量的变化对输出变量——净现值、内部收益率和会计收益——的影响。在情景分析中，我们刻画出与初始假设情况不同的情景，在该情景下很多输入变量的值都与初始情况不同，然后对此时的项目价值进行评估。一般而言，情景分析可以采取两种方式：最好最差情景分析以及多种可能情景分析。

最好最差情景分析

对于风险项目而言，实际的现金流可能与预期现金流完全不相等。至少我们可以计算出所有变量都处于完美情况下的现金流（最好的情况）与没有一个变量称心如意情况下的现金流（最差的情况）。实际上，分析可以按照两种方式进行。第一种方式是，将项目中所有输入变量的值都设定为最好，然后估计出相应的现金流。比如，在对一个项目进行分析时，你可以将收入增长率和利润率设定为最高点并且将折现率设定为最低点，由此计算出来的项目价值就是最好情况下的价值。问题是，该方法可能是不可行的；毕竟，如果企业想达到高的收入增长，那么可能要有较低的价格或者接受较低的利润率。第二种方式是，可能的最好情形是在满足各输入变量之间关系条件下的结果。例如，我们不假定收入增长与利润率会同时达到最大化，而是选择一组增长率和利润率的可行组合使得项目的价值达到最高。这种方法更加符合现实，但是也需要我们在实务中投入更多的精力。

这种分析的结果可以从两个方面来帮助决策制定者。第一，最好情形的价值与最差情形的价值之间的差异可以作为对资产风险的衡量；差异值相对于企业的规模越大，该投资的风险就越大。第二，一些企业可能会担心某一项投资变糟之后的潜在溢出效应，那么这些企业可以通过考察最差情景来判断这些溢出效应。比如，一家企业有大量的负债，该企业可以使用最差情景下的结果来判断该投资是否有可能使企业破产。但是，一般而言，最好最差情景分析不可能具有很多信息。毕竟，企业在最好情景下会表现很好，而在最差情景下会表现很差，这是毋庸置疑的。

多种情景分析

无需将情景分析仅限于最好和最差情景的分析。最常见的是，一个有风险的投资的价值可以在很多情景下计算得到，可以对宏观经济变量和企业特有变量的假设做出变动。虽然情景分析的概念很简单，但是它有四个关键组成部分：

（1）第一，确定构成情景分析的因素。对于一个考虑新建厂的汽车企业而言，情景因素是经济状况；对于一个引入新产品的消费品企业而言，情景因素是竞争对手的反应；对于一个考虑增加新的电话服务的电话公司而言，情景因素是监管者的行为。

（2）第二，确定要分析的情景个数。虽然情景多比情景少更符合现实，这也使我们更难以收集信息，并且难以区分不同情景下资产的现金流。需要考虑多少个情景，取决于情景之间的差异有多大以及分析师在预测每种情景下的现金流时做得有多好。

（3）第三，对每种情景下的现金流做出估计。如果只关注两三个关键因素并且针对每个因素设置较少的情景，那么就很容易完成这部分的估计。

（4）第四，对每种情景分配概率。有一些情景包含了很多宏观经济变量，比如汇率、利率和经济的总体增长等。在这些情景下，我们可以利用对这些变量进行预测的专业机构的专业看法。对于那些包含了部门和竞争对手的情景而言，我们必须利用行业的有关知识。

可以得到每种情景下的相关价值以及考虑到所有情景的期望价值（如果在第 4 步中能够估计出每种情景发生的概率）。

一般而言，情景分析最适合风险是离散的或可以被分成离散组合的情形。比如，有一种情况的风险是竞争对手可能推出与你的企业的产品相似的产品（竞争对手可能推出也可能不推出），另一种情况是未来期间利率变动的风险，那么情景分析更适用于前一种情况。

决策树

在一些项目中，风险不仅是离散的并且是有次序的。换句话说，一个成功的项目需要通过重重考验，在任何点上失败都可能导致前功尽弃。例如，有一些药物要在人体上进行试验。要通过美国食品及药物管理局的三个阶段的审查才能在市场上出售该药物，任何一个阶段的失败都会导致推出该药物的机会丧失。决策树不仅可以帮助我们考虑到各个阶段的风险，并且可以让我们对每个结果做出正确的回应。

决策树分析的步骤

第一步是区分根节点、事件节点、决策节点和结束节点。

● 根节点代表决策树的开端，也就是决策者面临决策的选择或者不确定结果的地方。使用根节点的目的是对该节点上项目风险的价值做出评估。

● 事件节点代表一次有风险赌注的可能结果；药物是否能通过食品及药物管理局第一阶段的审查就是一个很好的例子。我们要根据所能得到的信息确定出可能发生的结果以及每个结果发生的概率。

● 决策节点代表决策制定者能够做出的决策——在了解测试性市场的结果后，将产品从测试性市场推广到全国市场。

● 结束节点通常代表对较早的风险产出和相应决策的最终结果。

考虑一个相当简单的例子。给你机会参与一场赌博活动，你有一半的机会赢得 50 美元，有一半的机会赢得 10 美元。这场赌博的决策树如图 5—11 所示。

请注意该决策树上的关键部分。第一，只有事件节点代表了不确定的结果以及各种结果对应的概率。第二，决策节点代表了一种选择。从纯预期的观点来看，赌博（预期收益是 30 美元）比拿到确定的 20 美元要好；双斜线标记的最下面的分支表示该分支不会被选择。虽然这个例子是一个简化的例子，但是建立决策树的因素都包含在其中。

第一步：将分析分成各个风险阶段。建立决策树的关键在于勾画出未来可能面临的

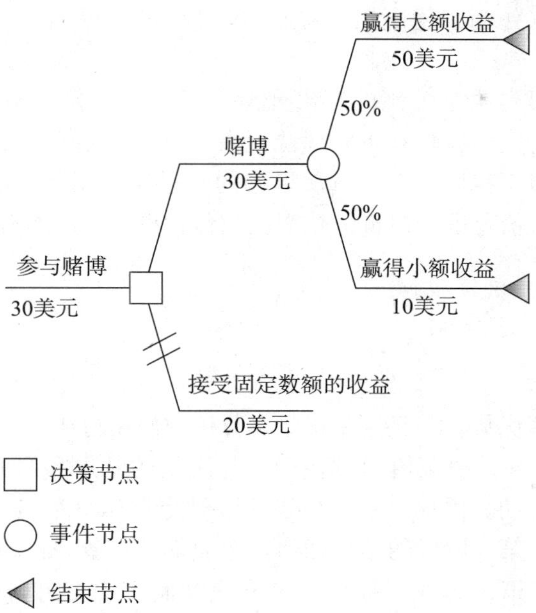

图 5—11　简单的决策树

各种风险阶段。在一些情况下，就如食品及药物管理局的审批过程，只有两个结果——药物审查通过并进入下一阶段，或者药物在本阶段就没有通过。其他的情况更加复杂。例如，一个新的消费品在测试市场中会产生成百上千种潜在结果，这时，你必须对测试市场的成功范围进行划分。

第二步：在每个阶段，估计出各种结果的概率。一旦确定出各风险阶段以及每个阶段的结果，就必须计算出每种结果的概率。除了要求各个结果的概率之和等于 1 外，分析师必须考虑到某一阶段某个结果发生的概率是否会受到早前阶段结果的影响。例如，如果测试市场的结果一般，那么在国内市场成功推广的概率会怎样变化。

第三步：定义出决策节点。你要确定的决策节点位于决策树的中间，并且是根据较早时期观察到的结果、对未来事件的预期以及你能做出的最佳反应，确定出相应的决策节点。例如，就拿测试市场的例子来说，你需要在市场测试结束后做出以下决定，即是要进行下一阶段的市场测试，还是放弃该产品在新市场的发展或者直接在国内市场上引入该产品。

第四步：计算结束节点的现金流/价值。决策树分析过程接下来的一步是，估计出每个结束节点的最终现金流和价值。在某些情况下，例如放弃一个市场测试产品，很容易计算出结束节点的现金流及价值，也就是花费在产品测试上的费用。在另一些情况下，比如在国内市场推介同一个产品，就很难计算出结束节点的现金流及价值，因为你必须估计出产品整个生命期内的现金流并将这些现金流折现为价值。

第五步：逆向推导。决策树分析的最后一步被称为逆向计算决策树值；也就是，从决策树中倒过来计算出预期价值。如果节点是一个机会点，那么预期价值就是各种可能结果的概率加权平均值。如果是一个决策节点，就计算出每个分支的预期价值，然后挑选出最高的那个价值（作为最优决策）。通过该过程最终得到目前资产或者投资的期望价值。①

从决策树中可以得到两个关键的产出变量。第一个是目前整个决策树的预期价值。该预期价值包括潜在的上升风险和下降风险以及你在对这些风险进行回应时所采取的行动。事实上，这就类似于我们在上一章所讲到的经过风险调整后的价值。第二个关键产出变量是结束节点的价值范围，该价值范围应当包含投资中的所有潜在风险。

在决策制定中使用决策树

使用决策树有很多优势，并且这些优势在分析中使用得相当频繁。

● 对风险的动态反应。决策树通过将行动与决策的结果相联系，使企业明确在不同的情形下应当采取的行动。因此，企业应当为各种情况做好准备。例如，在上一部分的最后一个例子中，无论第三阶段的结果如何，企业都应准备好行动的计划。

● 信息的价值。决策树为我们提供了考察决策制定中信息价值的一个有用的视角。尽管这在药品开发的例子中是不明显的，但在企业对药品进行商业开发前考虑是否进行市场测试时就很明显了。通过对产品的测试，你掌握了有关事件成功性的更多信息。我们能够衡量出在决策树中改善信息的预期价值，并且将改善信息的价值与市场测试的成本加以比较。

● 风险管理。正因为决策树为我们描述出随时间变化的现金流是什么样的，这就使我们能确定哪些风险是应当被保留的以及这样做的好处。考虑某个资产的决策树，最糟的情况是如果美元相对于欧元贬值，那么我们能够对冲这些风险，可以将对冲风险的成本与最糟情况下的损失进行比较。

总之，决策树为我们提供了处理各阶段风险的一个灵活而强有力的方法，其中每个阶段的决策取决于上一阶段的结果。决策树除了有助于我们衡量风险外，还迫使我们思考在各阶段出现负面或正面结果时应当如何反应。

问　题

有一些风险可以在决策树中进行处理，但是也有一些风险是无法在决策树中处理的。具体来说，决策树最适合于处理那些相继发生的风险。食品及药物管理局的分阶段审批过程就是一个很好的例子。② 同情景分析一样，决策树通常以离散的结果来考察风险。对

① 有大量的文献检验了从前往后分析的过程能够产生一致性价值的假设。如果用决策树来刻画同时存在的风险，那么这些风险应当是相互独立的。请见 R. Sarin and P. Wakker，"Folding Back in Decision Tree Analysis，" *Management Science* 40：625－628。

② 如果我们在决策树中考察这些风险，这些风险必须是彼此相互独立的。换句话说，风险的相继发生是不重要的。

于食品及药物管理局的审批来说，这不算一个问题，因为审批过程只存在两个结果——成功或失败。而对于其他风险而言，有范围更广的结果，那么我们自己必须将结果划分成离散的情况从而可以在决策树的框架中进行分析。例如，在考察市场测试时，我们可以将在测试市场上售出超过 100 000 单位产品视为成功，将售出个数在60 000到 100 000 之间视为平均结果，将售出个数小于 60 000 视为失败。

假定风险是有顺序的并且能够划分到离散的范围，我们面临的估计问题就没有一个简单的答案。具体而言，我们估计出每种情况下的现金流以及相关的概率。以开发药品为例，我们必须估计出每个阶段的成本以及成功的概率。在估计时所具有的优势是，可以利用每一阶段的药品进入下一阶段有多频繁的实证数据以及与药品测试相关的成本。但是药品的第一阶段成功有很广的范围——有一些药品可能比其他药品药效更加持久——那么决策树的估计就会产生一些误差。

决策树的期望价值严重依赖于我们严格遵从树中决策节点这一假设。换句话说，如果在测试市场失败，最优的决策是放弃，此时可以计算出预期的价值。但是如果经理人决定忽略市场测试的失败，仍然开始推广产品，那么以上述假设为基础的整个过程的完整性和预期价值立即全部崩溃。

模　　拟

如果说情景分析和决策树有助于我们评估离散风险的效果，那么模拟则为我们考察连续风险的后果提供了一种方式。我们在现实世界中面临的风险可能产生成百上千种结果，此时模拟就能够为我们提供一幅有关资产或投资风险的全景图。

模拟的步骤

我们在情景分析中考察了各种离散情景下的值。与此不同的是，模拟给予我们处理不确定性更多的灵活性。价值的分布是以价值估计中的各种参数（成长性、市场份额、经营利润和贝塔等）为基础的。在每次模拟中，我们在每个分布点上画出一个结果点从而产生一套特定的现金流和价值。通过大量的模拟，可以得到投资或资产的价值分布，而这些价值分布反映了我们在估计投入变量时所面临的潜在不确定性。进行模拟的相关步骤如下：

（1）决定不确定性的变量。在任何分析中都有几十个投入变量，其中有一些变量是可预期的，有一些变量是不可预期的。在情景分析和决策树分析中，发生变化的变量和潜在结果的个数是很少的。与此不同的是，在模拟中对于多少个变量可以改变是没有限制的。至少我们从理论上能够定义出每个变量的概率分布。而实际上，这是一个耗费时间的过程，可能也不会有多少回报，对于那些只对价值有一点点影响的投入变量尤其如此。因此，关注那些对价值有相当大影响的投入变量是合理的。

（2）定义这些变量的概率分布。这是整个分析中的关键步骤，也是最难的步骤。一般来说，我们可以用三种方法来确定概率分布。第一种是使用历史数据，尤其是针对那些在过去有较长时间的可靠数据的变量。对于宏观经济变量使用这种方法的效果最好，比如确定利率和通胀率的概率分布。第二种方法是利用横截面的数据，通过分析相似的投资确定出概率分布。比如，像 Target 这样的零售店在考察新店的利润时可以参考现存零售店的利润分布。第三种方法是以参数的形式假定出变量合理的统计分布。[①] 例如，我们可以认为经营利润符合均匀分布，其中最小值为 4%，最大值为 8%；收入的增长符合正态分布，其中期望值为 8%，标准差为 6%。有一些投入变量的概率分布可能是离散的，而另一些投入变量的概率分布可能是连续的；有一些变量的分布是根据历史数据得到，而另一些变量的分布是根据统计分布得到。

（3）检查变量之间的相关性。我们在进行模拟前必须检查变量之间的相关性。例如，假定你要确定利率和通胀率的概率分布。这两个变量在确定价值中都是非常重要的，但是这两个变量很可能是相互联系的，高的通胀率往往伴随着高的利率。当投入变量之间存在强烈的相关性时，不管是正相关还是负相关，你都有两种选择：一种是从中挑选出一个变量，对这个变量做出改变，关注对价值影响更大的变量是合理的。另一种选择是在模拟中考虑到这种相关性，这需要更加复杂的模拟软件，并且在估计过程中要考虑到更多的细节。

（4）进行模拟。第一次模拟根据每种分布得到一个结果，然后以这些结果为基础计算出价值。该过程可以重复很多次，尽管随着模拟次数的增加，每种模拟产生的边际贡献减少了很多。进行模拟的次数应当由以下几点决定：

● 不确定性变量的个数。存在概率分布的不确定性变量的个数越多，要求模拟的次数越多。

● 概率分布的特征。分析中变量的分布越多样化，需要的模拟次数越多。例如，一种情况是所有的变量都符合正态分布；另一种情况是，有一些变量符合整体分布，有一些变量是以历史数据的分布为基础，还有一些变量是离散的。那么前一种情况所需要模拟的次数就小于后一种情况所需要模拟的次数。

● 结果的范围。根据每个变量得到的结果范围越广，模拟的次数就越多。

大多数模拟软件允许使用者进行上万次模拟，而相应增加模拟的次数基本上不需要什么成本。给定这种情况，最好是谨慎地进行更多次的模拟而不是进行较少次数的模拟。

进行好的模拟通常有两方面的阻碍。第一个是信息方面的阻碍：估计出每个投入变量的分布是很难的。换句话说，估计出以后五年里收入的预期增长率为 8%，比确定出预期增长率的分布情况要容易得多，因为估计收入的增长率分布需要知道分布的类型和分布的参数。第二个是有关计算方面的。在个人计算机出现之前，模拟对于一个典型分析师而言是非常耗费时间和资源的。这些约束在近年来都有所缓解，于是模拟变得更具有可行性。

---

① 针对统计分布的选择以及如何从中挑选出适合某个变量的分布，我在有关统计分布和模拟的文章中进行了详细表述，请见 www.damodaran.com/research/papers。

在决策制定中的使用

一个好的模拟为我们提供的不仅仅是一项资产或者投资的预期值。

● 对投入变量进行更好的估计。在一个理想的模拟中，分析师在判断使用的分布以及相应分布的参数前会检验每种投入变量的历史数据和截面数据。在此过程中，分析师可能会避免与点估计有关的马虎；很多折现现金流的价值估计都是以从 Zack's 或 IBES 服务机构获得的预期增长率为基础，这些服务机构报告了分析师的一致预期。

● 可以通过模拟得到预期价值的分布情况而不是一个点估计。考虑一下我们在上一部分完成的估值例子。除了报告店面的预期价值为 1 167 万美元外，我们还统计出账面价值的标准差为 596 万美元以及用百分比表示的价值的分项数值。分布突出强化的重要一点是风险资产估值模型的精确性，同时估值模型解释了为什么对同一资产进行估值的分析师会得到不同的价值估计。

请注意，我们不会做出如下与模拟相关的两点声明。第一个是模拟的方法会比传统的分析调整模型对预期价值得出更好的估计。事实上，从模拟中得到的预期价值应当与根据每种投入变量预期值得到的预期价值接近。第二个是，模拟通过提供预期价值的估计以及相应价值的分布情况能够导致更好的决策。然而情况并不总是如此，因为决策制定者从风险资产价值的不确定性全景中得到的好处可能会与风险衡量的错误使用相抵消。我们在本章的后面部分会提到，很有可能在模拟中对风险进行重复计算，并且很有可能以错误类型的风险为基础来制定决策。

【例 5—21】 里约热内卢迪士尼——模拟

在例 5—12 中，我们估计出里约热内卢迪士尼主题公园的净现值为 28.77 亿美元，表明迪士尼应当进行这项投资。但是，该分析是以一些有关收入、费用和汇率的关键性假设为基础的，而这些假设可能增加了测试的价值。我们将注意力放在四个不确定性最大的变量上：

(1) 收入。在我们的例子中，里约热内卢迪士尼魔幻王国在第 2 年开始产生收入 10 亿美元，到第 10 年公园的收入增长到大约 30 亿美元。预计未来世界可以在第 4 年产生收入 3 亿美元，并且到第 10 年增长到 7.5 亿美元。我们假定实际收入落在预期值 20%左右的范围内，并且服从均匀分布（如图 5—12 所示）。

(2) 直接费用。在基础例子的分析中，我们假定直接费用是收入的 60%，而这些估计是以迪士尼现存的主题公园为基础的。考虑到我们进入的是一个新的市场（拉丁美洲）并且可能面临未预期的情况，我们假定直接费用将服从正态分布，预期值是收入的 60%，标准差是收入的 6%（如图 5—13 所示）。

(3) 国家风险溢价。在基础例子的分析中，我们使用的巴西国家风险溢价为 3.95%，然后用成熟市场溢价 6%加上国家的风险溢价 3.95%得到总的风险溢价为 9.95%。给定巴西波动性的历史，我们检验了风险溢价发生变动后的影响，假定总的权

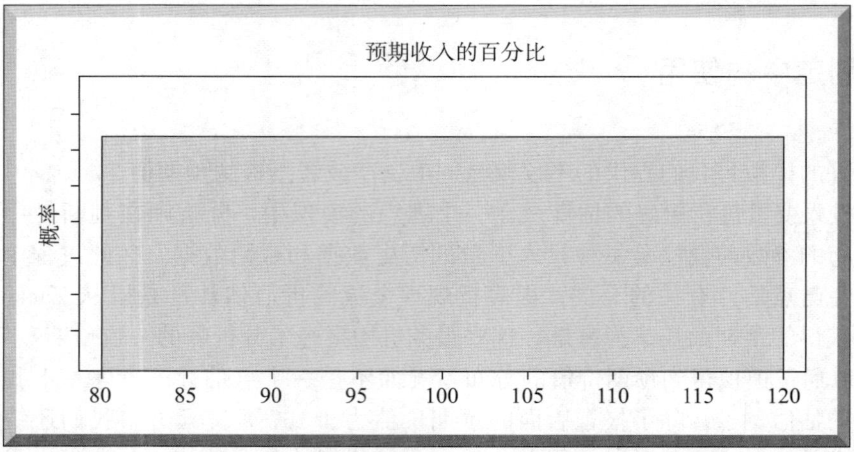

图 5—12　预期收入的百分比：里约热内卢迪士尼（%）

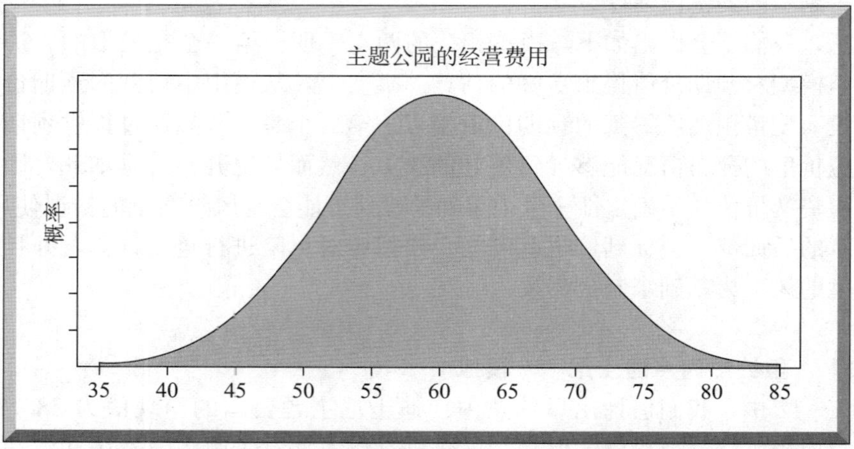

图 5—13　经营费用占收入的百分比：里约热内卢迪士尼（%）

益风险溢价符合预期值为 9.95%、标准差为 1%的正态分布（如图 5—14 所示）。

(4) 假设之间的相关性。我们也认识到，对于收入的估计是与对国家风险的评估相联系的。换句话说，如果巴西的风险增加了，很可能吓走潜在的游客。考虑到这种联系之后，我们假定收入与风险溢价的相关系数为−0.4；当国家风险溢价高时收入很低，而当国家风险溢价低时收入很高。

(5) 在考虑了这些假设后，我们进行了10 000次模拟；得到的净现值如图 5—15 所示。

有用的产出结果有三块。第一块是，10 000次模拟净现值的平均值为 29.5 亿美元，中位数为 27.3 亿美元，与我们在基础例子中的估计 28.77 亿美元接近。第二块是，净现值在所有模拟中有 12%为负，表明为什么最赚钱的项目都伴随着风险溢价。第三块是，净现值最糟时为−40 亿美元，最好时为 146 亿美元。

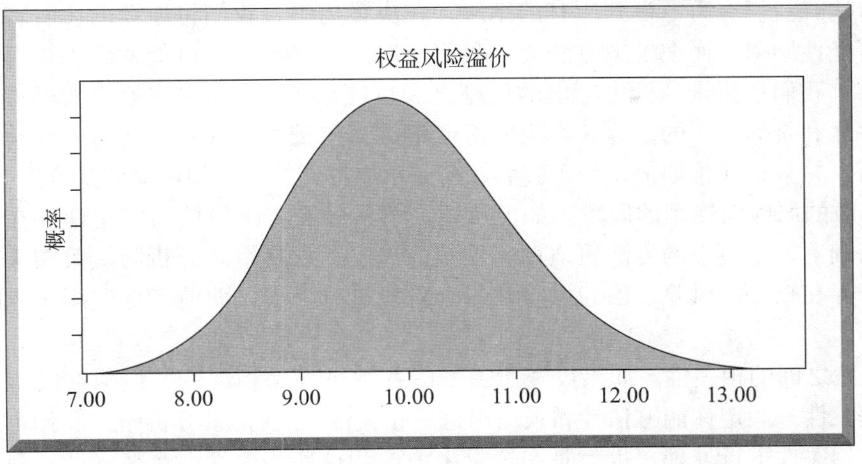

图 5—14　权益风险溢价：里约热内卢迪士尼（%）

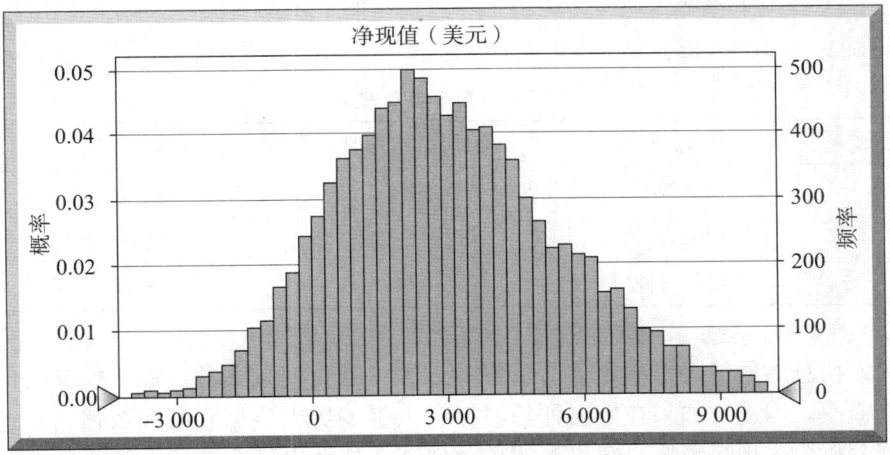

图 5—15　里约热内卢迪士尼：模拟的结果

虽然模拟不会使我们改变对项目的总体判断，但是模拟使得像迪士尼这样的决策者能够对新的主题公园为企业产生的价值有更全面的了解。

对于概率风险评估方法的总体评价

假定我们决定使用概率的方法对风险进行评估，从情景分析、决策树与模拟方法中选出一种，我们会选择哪种方法？答案取决于如何使用投入变量以及所面对的风险类型：

- **选择性的风险分析与全面的风险分析。**在最好最差情形的情景分析中，我们只考察了三个情景（最好的情况、最可能发生的情况以及最差的情况）。即使要对更多的情景进行考虑，也不用对有风险的投资或资产的所有可能结果进行全面的评估。利用决策树与模拟方法，我们努力考虑到所有的结果。在决策树中，我们将连续的风险转化为能够描述的可能性结果。而在模拟方法中，我们使用分布来对所有可能的结果进行描述。就概率而言，我们在情景分析中考虑的概率之和可能小于 1，而在决策树和模拟中各种结果的概率之和是等于 1 的。因此，我们将概率作为权重可以计算出在后一种情况下结果的预期值，并且这些预期值相当于我们在前一章中得到的单一的风险调整价值。

- **离散的风险与连续的风险。**如上所述，情景分析与决策树通常是建立在离散风险事件的基础上，而模拟的方法更适用于连续的风险。只拿情景分析与决策树来说，后者更适用于存在顺序的风险，因为风险在每个阶段进行考虑，而前者更适用于风险同时发生的情形。

- **风险之间的相关性。**如果投资所遭受的各种风险是相关的，模拟在模型中会考虑到这些相关性（假定你能够估计和预测出这些相关性）。在情景分析中，我们可以在主观上对这些相关性进行处理，也就是在情景中考虑到这些相关性；在高（低）利率的情景下同时存在更缓慢（更高速）的经济增长。在决策树中很难将相关的风险考虑进来。

表 5—17 总结了风险类型与使用的概率方法之间的关系。

表 5—17　　风险类型与概率方法

离散/连续	相关/独立	有顺序的/同时存在的	风险方法
离散的	独立的	有顺序的	决策树
离散的	相关的	同时存在的	情景分析
连续的	任何一种	任何一种	模拟

最后，信息的质量会影响到你所选择的方法。因为模拟非常依赖于能够估计出分布和参数的概率，因此，如果在做出评估时存在大量的历史数据和截面数据，在这种情况下，模拟分析会表现得最好。在决策树中，你需要估计出每个节点上结果的概率，使得决策树的方法最适合于如下情形，即可以通过历史的数据或者总体的特征来估计出相关的风险。当碰到新的或无法预测的风险时，分析师还是会依赖于情景分析，尽管这是处理风险的一种主观而粗略的方法。

结　论

投资分析是公司财务分析中最重要的内容。在本章中，我们定义了投资分析的范围，并考察了一系列的投资分析工具，从会计收益率指标，如权益收益率和资产收益率，到折现现金流，如净现值和内部收益率。总的来说，可以认为：

- 任何需要使用资源的决策都是投资决策。所以，投资决策覆盖的范围很广，涵盖了从宏观战略决策到关于诸如保持多少存货的经营决策。

● 在投资分析中有两种基本的分析方法：在权益法中，项目中归属于权益投资者的收益必须与权益成本相权衡，从而确定是否采纳该项目；在企业法中，归属于企业所有投资者的收益必须与资本成本相比较，从而做出同样的判断。

● 诸如权益收益率和资本收益率等对收益的会计衡量一般来说在以下情况下使用的效果更好，即项目有大量的期初投资、会计盈余几乎等于现金流并且各期间盈余的大小差不多。对大多数项目而言，会计收益率会随着时间的推移而提高，因为资产的账面价值在不断减小。

● 回收期用名义现金流的形式衡量了一个项目多久能收到初始投资。这是第二种有用的评估项目业绩或者衡量风险的方法，然而这并不是一种非常有效的方法，因为它并没有考虑到收回初始投资之后的现金流状况。

● 折现现金流法为项目的真实收益提供了最好的衡量，因为该方法以现金流为基础并且考虑到货币的时间价值。在所有的折现现金流法中，净现值法是一个未考虑规模的衡量指标，而内部收益率是考虑规模之后的衡量指标。这两种方法都需要同样的信息，在多数情况下，这两种方法在分析独立的项目时会得到相同的结论。

● 我们可以使用几种方法来评估项目分析中不确定性的后果。敏感性分析在假定其他变量保持不变的情形下考察某个投入变量发生变化对价值的影响。在情景分析中，我们考察了最好和最差情景下投资的回报，同时也可以考察其他特定情景下投资的回报。在决策树法中，风险是有顺序的，其中一个阶段的结果会影响到下一阶段的价值。最后，在模拟分析中，我们不是利用预期价值，而是利用投入变量的概率分布得到净现值和内部收益率的概率分布（不是一个净现值和内部收益率）。

真实案例研究

估计盈余和现金流

目标：估计企业经典项目的盈利和现金流。

关键问题

1. 你的企业有经典的投资项目吗？
2. 如果有的话，你能估计出一个经典项目的盈余和现金流吗？

分析框架

1. 经典投资

1.1　你的企业每年都会进行一些投资吗？

1.2　这些投资有很多共同之处吗？

1.3　如果是的话，它们都有哪些相同之处和不同之处？

2. 盈余和现金流

2.1　你的企业的一个投资项目的生命期一般是多长？

2.2　此投资的盈余是什么样的形式？

2.3　此投资的现金流是什么样的形式？

2.4　根据企业加总的数字，你能估计出一个假设项目的盈余和现金流吗？

获取有关项目的信息

企业在年报中会对其项目进行描述，虽然没有详细描述，现金流量表与财务报表附注都为我们提供了一些分类的明细数据。

网上信息来源

www.stern.nyu.edu/～adamodar/cfin2E/project/data.htm

练习题

1. 给你以下有关项目的信息：

● 该项目有 5 年的生命期。

● 项目的初始投资为 2 500 万美元，该项目按照直线法进行折旧，第 5 年年底的残值为 1 000万美元。

● 次年的预期收入为 2 000 万美元，之后每年收入的增长率为 10%。

● 预计销售成本（不包括折旧）为收入的 50%。

● 税率为 40%。

a. 估计出项目每年的税前资本收益和平均的税前资本收益。

b. 估计出项目每年的税后资本收益和平均的税后资本收益。

c. 如果企业的资本成本为 12%，企业应当接受该项目吗？

2. 假定第 1 题中的条件都没变，除了将折旧方法改成根据以下表格的加速折旧法：

年份	折旧后资产的百分比（%）
1	40
2	24
3	14.40
4	13.30
5	13.30

a. 估计出项目每年的税前资本收益和平均的税前资本收益。

b. 估计出项目每年的税后资本收益和平均的税后资本收益。

c. 如果企业的资本成本为 12%，企业应当接受该项目吗？

3. 再考虑一下第 1 题（假定折旧法还是转换为直线折旧法）。假定项目的初始投资资金的 40%来源于负债，每年的利率为 10%，本金在第 5 年年末偿还。

a. 估计出项目每年的权益收益率和平均的权益收益率。

b. 如果企业的权益成本为 15%，企业应当接受该项目吗？

4. 对以下表述做出判断：

a. 项目的权益收益率总是高于其资本收益率。

b. 如果项目的资本收益率小于其权益收益率，那么就应当拒绝该项目。

c. 与财务杠杆较低的企业相比，财务杠杆较高的企业有着更高的利息费用和更低的净利润，所以也会有较低的权益收益率。

d. 提高对资产的折旧会提高估计项目的资本收益率和权益收益率。

e. 如果我们从直线折旧法转换为双倍余额递减法，项目生命期内的平均权益收益率将会增加。

5. 如果对同一个项目归属于权益投资者的现金流进行估计，在什么情况下项目的权益收益率等于其内部收益率？

6. 下表是某项目的预计利润表（单位：美元）：

年份	1	2	3	4
收入	10 000	11 000	12 000	13 000
—销售成本	4 000	4 400	4 800	5 200
—折旧	4 000	3 000	2 000	1 000
=息税前利润	2 000	3 600	5 200	6 800

- 税率是 40%。
- 项目所需的初始投资为 15 000 美元，第 2 年年末增加的投资为 2 000 美元。
- 预计营运资本为收入的 10%，必须在期初对营运资本进行投资。

a. 估计出企业每年的自由现金流。

b. 估计出项目的回收期。

c. 估计出对企业投资者而言的净现值。假定资本成本为 12%。你会接受该项目吗？

d. 估计出对企业投资者而言的内部收益率。你会接受该项目吗？

7. 考虑第 6 题中描述的项目。假设企业计划以负债的形式为新的资本支出与营运资本筹集 40%的资金。

a. 估计出 4 年里每年权益的自由现金流。

b. 估计出针对权益投资者的回收期。

c. 如果权益成本为 16%，估计出对企业权益投资者而言的净现值。你会接受该项目吗？

d. 估计出企业权益投资者的内部收益率。你会接受该项目吗？

8. 下表提供了某项目的现金流信息：

年份	企业的现金流（美元）
0	10 000 000
1	4 000 000
2	5 000 000
3	6 000 000

画出此项目的净现值图。项目的内部收益率是多少？如果企业的资本成本为10%，权益成本为15%，你会接受该项目吗？

9. 你估计出某项目的现金流，如下表所示：

年份	企业的现金流（美元）
0	−5 000 000
1	4 000 000
2	4 000 000
3	−3 000 000

画出此项目的净现值图。项目的内部收益率是多少？如果企业的权益成本为16%，你会接受该项目吗？

10. 估计出第8题中修正的内部收益率（见第6章内容）。这会改变你对于是否接受项目的决定吗？

11. 两个互斥项目有下表所示的现金流（单位：美元）：

年份	A	B
0	−4 000 000	−4 000 000
1	2 000 000	1 000 000
2	1 500 000	1 500 000
3	1 250 000	1 700 000
4	1 000 000	2 400 000

a. 假定资本成本为10%，估计出每个项目的净现值。哪个项目更好？

b. 估计出每个项目的内部收益率。哪个项目更好？

c. 在不同的法则下有什么样的再投资收益率假设？你能指出这些假设对于未来现金流的影响吗？

d. 各项目修正的内部收益率（见第6章内容）分别是多少？

12. 有一个项目不需要初始投资，项目的支出分布在项目的整个生命期内。你能估计出该项目的内部收益率吗？为什么？

13. 有严重资本配给约束的企业应当使用内部收益率而不是净现值——你同意吗？请解释。

14. 你需要在两个互斥项目中做出选择，互斥项目有下表所示的现金流（单位：美元）。

年份	项目 A	项目 B	项目 C
0	−10 000	5 000	−15 000
1	8 000	5 000	10 000
2	7 000	−8 000	10 000

资本成本为 12%。

a. 使用净现值法则，你会选择哪个项目？

b. 使用内部收益率法则，你会选择哪个项目？

c. 你怎样解释这两种法则的差异？你会根据哪种法则来做出决策？

15. 你在对一投资决策进行分析。该项目的初始投资为 1 000 万美元，第 1 年产生的现金流为 200 万美元，以后每年增长 5%。

a. 已知资本成本为 10%，估计出该项目的净现值。

b. 估计出该项目的内部收益率。

16. 你正在对一个 3 年期的项目进行分析，该项目有如下特征：

- 该项目需要初始投资 2 000 万美元，在第 10 年还需要额外投资 500 万美元，在第 20 年还需要额外投资 500 万美元。
- 该项目每年产生的息税前利润为 300 万美元（税率为 40%）。
- 每年的折旧为 50 万美元，在第 30 年年末设备的残值等于设备余下的账面价值。
- 资本成本为 12.5%。

a. 请估计出项目的净现值。

b. 请估计出项目的内部收益率。在估计该项目的内部收益率时可能会产生什么样的问题？

17. 你在估计一个 3 年期项目的净现值。该项目的现金流与折现率如下表所示。

年份	企业的现金流（美元）	折现率（%）
0	15 000	9.5
1	5 000	10.5
2	5 000	11.5
3	10 000	12.5

a. 请估计出项目的净现值。你会采纳该项目吗？

b. 请估计出项目的内部收益率。你怎样利用净现值来做出是否采纳该项目的决策？

18. 除了存在多个内部收益率的情形外，有没有可能项目的净现值为正的同时内部收益率小于折现率？请解释。

19. 你在帮助一个制造业企业做出是否投资新厂的决策。预计初始投资为 5 000 万美元，新厂在以后的 20 年里每年产生的税后现金流为 500 万美元。在 10 年后需要对新厂进行额外的投资 2 000 万美元从而对厂房进行升级。假定折现率为 10%。

a. 请估计出项目的现金流。

b. 请画出该项目的净现值图。

c. 请估计出项目的内部收益率。有关该项目现金流的什么方法会给计算内部收益率带来问题？

20. 请你分析一个项目。其中，分析师预计该项目 10 年生命期内的资本收益率为 37%，资本成本只有 12%，但是你对使用资本收益率作为投资决策法则感到担心。如果你知道该项目采用加速折旧法来计算折旧，这会有所不同吗？为什么？

21. 会计收益率是以会计收入和投资的账面价值为基础的，而内部收益率是以现金流为基础的，并且考虑到货币的时间价值。在什么样的条件下，两种方法会使你得到相似的估计值？

第 6 章　项目之间的相互作用、附带成本与附带收益

到现在为止，我们对企业相互独立的项目进行了评估。例如，迪士尼公司可以对里约热内卢的迪士尼项目进行单独的考察，分析该项目是否为一个好项目。在现实中，大多数企业的项目都是相互依赖的，一些项目对其他项目有影响。迪士尼在巴西新开的主题公园也许能够带来电影与产品的收入，但是对拉丁美洲市场的扩张也可能使其面临更高的广告费用。

在本章中，我们将考察一些项目对其他项目造成影响的情况。首先，我们分析的是面临资本约束的新项目。接受该项目就会减少公司以后其他项目可用的资本，这样就会影响到是否接受其他项目的决策；这就是资本约束的情形。接着，我们转到更加极端的情形，即对一个项目的投资会导致拒绝一个甚至多个其他项目；在这种情况下，企业必须在这些互斥项目中做出选择。

在本章的第三节中，我们分析一个项目可能给企业带来的附带成本与附带收益。毕竟，项目可以通过使用共同的资源与过度的生产能力给现存的投资带来成本，我们将一一考察这些成本。在某些情况下，项目能给其他项目带来收益，我们也将介绍如何将这些收益纳入分析中。另外，项目通常具有嵌入期权，如果忽视这些期权就会导致糟糕的项目决策。

在本章的最后一节，我们将目光从新的投资项目转到公司的现有投资。我们考虑如

何对新的投资分析技术加以扩展，以对现有的投资项目做出检查，决定是停止现有投资还是继续现有投资。另外，我们还将考察如何使用现金流与会计盈余对公司账面上现存投资的组合做出最好的估计。最后，我们将投资和资本预算的技术撇在一边，询问一个更基本的问题：好的投资来自哪里？换句话说，如果一个企业想从它的投资中获得价值，该企业需要具备什么条件？

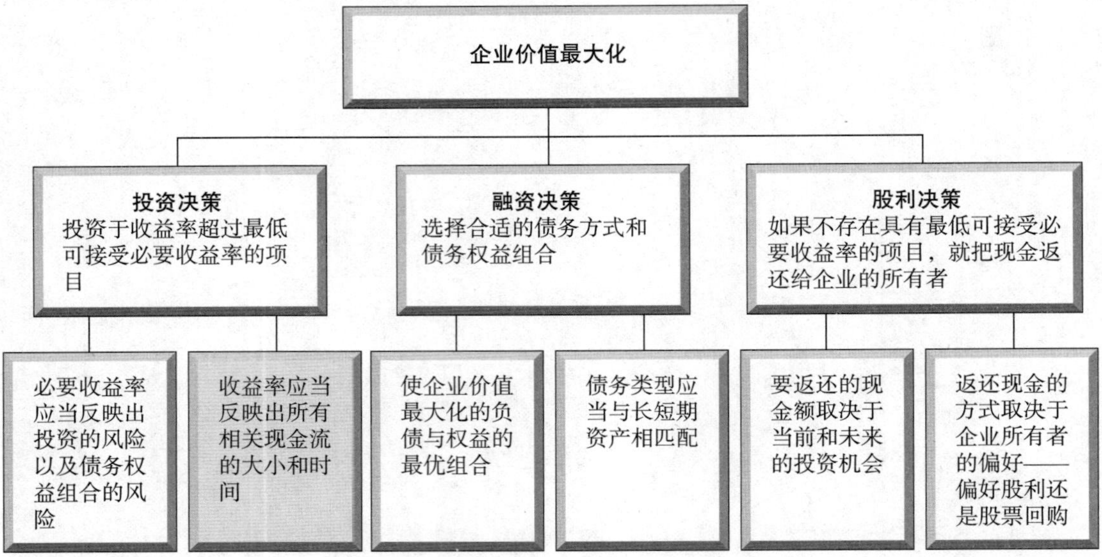

互斥项目

如果接受一个项目就意味着拒绝另外一个项目，即使单独来看另一个项目属于好的投资项目——也就是说，该项目有正的净现值和高的内部收益率，那么这两个项目就是互斥项目。以下两个原因会导致项目失去其独立性。首先，企业可能面临资本约束，在这种约束下，并非所有好的项目都能够被接受，需要在好项目之间做出选择。其次，由于项目可能服务于同样的目的，选择其中一个项目就会使另一个项目显得多余。比如，一个商业建筑的所有者需要在不同的空调系统或暖气系统中做出选择。企业在选择未来的发展方式时也是这种情形：企业可以选择“高毛利、低销量”的产品战略，也可以选择“低毛利、高销量”的产品战略，但是只能从中选出一种发展战略。我们首先来考察如下问题：企业为什么会面临资本约束问题？当企业面临这种资本约束时如何在投资间做出选择？接着，我们再来考察那些因为服务于同一目的而相互排斥的项目。

由于资本约束导致的项目之间的不独立

我们在第 5 章对独立项目的分析中，假定将资本投资在一个好的项目对于企业可能同时考虑或者以后考虑的项目没有影响。隐含的假设是，未来拥有好的投资项目（正的净现值）的企业可以（从金融市场、银行或者私人的渠道）以公允的价格筹集资本，不需要付出任何交易成本。事实上，经理可能由于某一项目所需要的资本而拒绝其他好的项目，因为企业只能获得有限的资本。当企业不能（或不愿）为超过必要收益率的项目筹集资金时，资本约束就发生了。[①] 企业可能面临资本约束，可能因为它们手中没有资本，也可能因为它们没有筹集项目所需资本的能力和意愿。因此，企业不得不拒绝一些净现值为正的项目，需要一种机制来对这些项目进行筛选。

资本约束的原因

理论上，只要企业按照下列步骤来确定投资并且进行相应的融资，就不会存在资本约束。

（1）企业发现一个具有吸引力的投资机会。

（2）企业向资本的供给者（金融市场或金融机构）描述这一项目，希望为项目融资。

（3）资本供给者相信企业对该项目的描述。

（4）企业通过以公允的市场价格发行证券——也就是股票和债券——来为项目融资。这里隐含的假设是，市场是有效的，市场价格中包含了对未来盈利和增长的预期。

（5）证券发行成本可以忽略不计。

如果情况是这样的话，每一个好的项目都可以得到资金，没有一个项目会因为资金不够而被拒绝，即不存在资本约束。

以上所述的步骤取决于几个假设，其中有一些假设对于某些公司而言是不现实的。让我们再对每一个步骤进行更仔细的考察。

（1）发掘项目。有一个隐含的假设是，企业知道它们手中有好的项目，该假设低估了与项目分析有关的不确定性和误差。企业很少能够完全确定某个项目是好项目。因此，企业对于项目的评估（得到正的净现值）可能不是很确定，于是选择不投资。

（2）可信度。当企业声称它们有好的项目或投资时，金融市场或者金融机构会表示怀疑。因为任何一家企业都很容易声称自己未来的项目是好项目，无论是否真的如此，因此一般需要更多有关项目可行性的证据。如果企业不能够提供这些证据，就不能使资本供给者相信企业所考虑的项目会创造价值。

（3）市场有效性。如果企业发行的证券被市场低估，它们就不愿意以如此低的价格发行股票和债券来为项目进行融资。具体而言，现有项目为股东带来的收益可能会小于所发行证券价格被低估的损失。举例来说，企业正在考虑一个项目，该项目的初始投资为1亿美元，净现值为1 000万美元。假定管理层认为企业当前的股票应当为每股100美元，但是现在股票实际的交易价格为每股80美元。如果公司为新项目发行了1亿美元的股票，现存的股东可以从手中的股票获得1 000万美元的净现值，但是另外却损失了

① 如果想了解资本约束对于投资决策的影响，请看 J. H. Lorie and L. J. Savage，“Three Problems in Rationing Capital,” *Journal of Business* 28：229－239；H. M. Weingartner，“Capital Rationing：*n* Authors in Search of a Plot,” *Journal of Finance* 32：1403－1432。

2 000万美元（=1 亿美元−8 000 万美元），并且这笔钱转移到公司新投资者的手中。相反的情况是，如果证券的价格被高估，企业会有过度投资的倾向，因为现有股东从发行新股的过程中获得收益。

（4）发行成本。在金融市场上筹集资金存在一些成本，并且这些成本是相当大的。如果这些成本超过了项目的净现值，那么为项目筹集资金就不合理了。

资本约束的来源

资本约束源自何处？通过表 6—1 中描述的过程，我们可以看到资本约束在融资的每个步骤可能出现的原因。我们可以看到，资本约束的三个主要来源是企业缺乏可信度、市场对证券发行价格的低估以及高额的发行成本。

表 6—1　　资本约束：理论与实践

	理论上	现实中	资本约束的来源
1. 发现项目	企业发现一个好的投资机会	给定潜在的不确定性，企业相信这是一个好项目	对于项目真实价值的不确定性可能会导致资本约束
2. 信息披露	企业向金融市场传递有关项目的信息	企业努力将信息传递到金融市场	向金融市场传递信息的难度可能会导致资本约束
3. 市场回应	金融市场相信企业所说的——也就是，信息被可信地传递	金融市场可能不相信企业的声明	可信度之间的差距越大，资本约束的问题越大
4. 市场有效性	企业发行的证券（股票和债券）被公允定价	企业发行的证券可能不被正确定价	当证券的价格被低估时，企业就不愿意为项目融资
5. 交易成本	为项目筹集资金不存在成本	为项目筹集资金有相当大的成本	交易成本越大，资本约束问题越大

研究者通过问卷调查来确定企业是否面临资本约束，如果是的话，确定出这种约束的来源。斯科特（Scott）和马丁（Martin）曾进行过一次这样的问卷调查，结果见表 6—2。[①]

这份调查表明，一些企业面临的资本约束是由于很大程度上不能控制的外部因素导致的，比如发行成本和可信度问题。然而也有很多企业是自己施加的约束。有一些情况是，经理人不愿意发行额外的股票，因为他们害怕这样做会稀释自己对公司的控制权。还有一些情况是，企业自己踌躇不前，因为它们不想过度扩张（人员、基础设施）。

---

① J. D. Martin and D. F. Scott, "Debt Capacity and the Capital Budgeting Decision," *Financial Management* 5, no. 2: 7 - 14.

表 6—2　　资本约束的原因

原因	企业的数目	百分比（%）
外部协议对负债的限制	10	10.7
企业外部管理层对负债的限制	3	3.2
内部管理层对借款的限制	65	69.1
在留存收益上的限制性政策	1	2.1
为了保持目标每股收益或者市盈率	14	14.9

资料来源：Martin and Scott（1976）.

我们在考察了资本约束的来源之后可以清楚地看到，小规模的企业进入资本市场融资的渠道更窄，因此比大规模的企业可能面临更大的融资约束。同理，私有公司和新兴市场的公司比上市公司和发达市场的公司更可能存在资本约束问题。

资本约束下的项目选择

有着资本约束的企业在投资上的资金有限。因此，用净现值为正作为投资的判断标准就不可行了，因为只有一部分的好项目能够获得资金。换句话说，我们需要为好的投资设计出好的排序方法，使资源被分配到产生最大回报的地方。我们首先来考察如下问题：为什么在第 5 章介绍的两种折现现金流的方法——净现值法和内部收益率法——会产生不同的项目排序，然后考察在面临资本约束时如何对这两种方法做出修正。

项目的排序：净现值与内部收益率

净现值与内部收益率都是对投资回报的衡量指标，并且都是以时间加权的现金流为基础的。对独立项目采用这两种指标可以得到相同的结论——接受或者拒绝该项目。但是，在项目之间做出比较时，这两种方法可以得到不同的项目排序，可能是因为规模的影响，也可能是因为对再投资收益率假设的不同。

规模差异

项目净现值的单位是美元，并且没有考虑到项目规模因素。而内部收益率以百分比的方式衡量收益，是经过规模标准化之后的结果。毫无疑问，按照净现值的标准很可能使得规模最大的项目（有着最多的现金流）排名最靠前，而按照内部收益率的标准，排名会向着规模较小的项目倾斜。

举一个简单的例子。假如你有一家企业，需要对两个项目进行比较。第一个项目需要的初始投资为 100 万美元，产生的现金流如图 6—1 所示。第二个项目需要的初始投资为 1 000万美元，可能产生更高的现金流（如图 6—1 所示)。两个项目的资本成本都为 15%。

两个项目净现值都为正且内部收益率都很高，但是根据这两种标准，两个项目的优劣顺序会有所不同。净现值法则是以现金流大小为基础，根据该法则可以得到项目 B（有更大的初始投资与更大的现金流）更好，而内部收益率衡量的是进行了规模标准化后的收益，根据该法则可以得到项目 A 更好，因为项目 A 的初始投资较小。

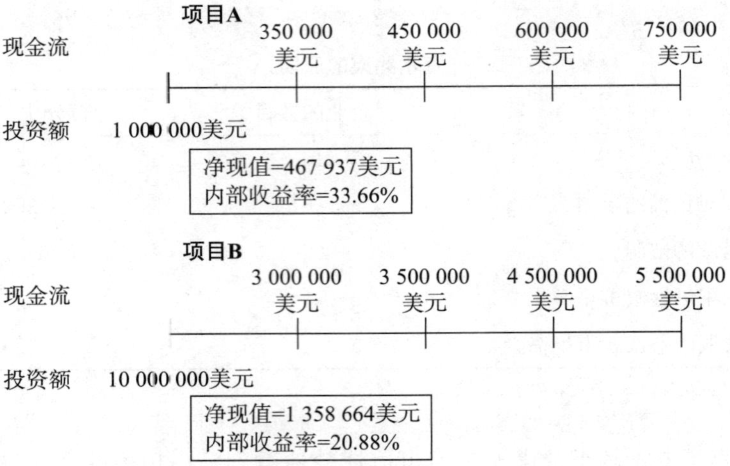

图 6—1　净现值与内部收益率——不同规模的项目

如果企业很容易从资本市场获取资金，那么它可以对两个项目进行投资。但是，如果企业的资本有限且需要在一系列好项目中对这些资本进行分配，那么投资于项目 B 就会拒绝以后的好项目。如果目的是最大化有限的资本所能创造的价值，项目 A 是更好的选择，因为该项目的初始投资所需的资金相对较少。因此，在严重的资本约束情况下，采用内部收益率法则可以得到更好的结果。

再投资收益率假设差异

在利用净现值法则与内部收益率法则时由于规模所导致的差异是非常明显的，但这两个法则还有一个不太明显却更加重要的差异，该差异与项目期间现金流的再投资有关。净现值法则假定项目期间的现金流以折现率来进行再投资，而内部收益率法则假定项目期间的现金流以内部收益率来进行再投资。因此，即使对于同样规模的项目而言，两种法则也会产生不同的排序结果，如图 6—2 所示。

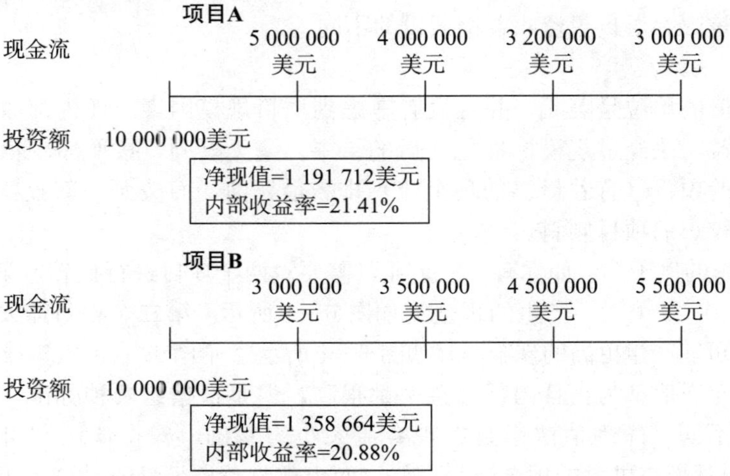

图 6—2　净现值与内部收益率——再投资假设

在这个例子中，净现值法则认为第二个项目更好，而内部收益率法则认为第一个项目更好。差异产生的原因在于，净现值法则假定项目期间的现金流以必要收益率15%进行再投资，而内部收益率法则假定项目期间的现金流以项目的内部收益率进行再投资。虽然两个项目都受到再投资收益率假设的影响，但是项目A受到的影响更大，因为该项目早期有着更高的现金流。估计出每种法则下的期末余额，可以更清楚地看到再投资假设的差异。

内部收益率为21.41%的投资项目A的期末余额

$= 10\ 000\ 000 \times 1.214\ 1^{4}$

$= 21\ 730\ 887$ 美元

内部收益率为20.88%的投资项目B的期末余额

$= 10\ 000\ 000 \times 1.208\ 8^{4}$

$= 21\ 353\ 673$ 美元

为了得到这些期末余额，第1年、第2年和第3年的现金流必须以内部收益率进行再投资。如果再投资的收益率比内部收益率低一些，那么项目的期末余额就会减小，实际赚取的收益也会较低。

如果项目的期限越长，内部收益率越高，那么在内部收益率法则下有关再投资回报的假设就会有更大的影响，因为隐含的假设是，企业已经拥有并将继续拥有能够赚取与所考虑项目收益率相当的一系列项目。

项目排序：修正法则

当存在资本约束时，根据净现值和内部收益率这样传统的折现现金流法则为项目排序将存在局限性。净现值法则偏向于规模较大的项目，不能对有限的资本进行最佳使用。内部收益率法则通常更适用于存在资本约束的企业，但是假设再投资收益率为内部收益率也可能产生有偏的投资决策。我们对传统的投资法则从三方面进行修正，使得修正后的投资法则比传统的投资法则能够产生更好的结果：净现值经过规模标准化的结果被称为盈利指数，修正的内部收益率关于再投资的假设更合理，另外还有一种对多期间（而不是当前单个期间）的资本约束进行考虑的更复杂的线性规划方法。

盈利指数

盈利指数是将资本约束纳入投资分析中的最简单方法。对于仅在当前受到资本约束并且只有少数几个项目存在的企业，该方法特别有用。盈利指数是一种经过规模标准化的净现值版本，可以用项目的净现值除以项目的初始投资得到。①

$$\text{盈利指数} = \frac{\text{投资的净现值}}{\text{项目所需要的初始投资}}$$

盈利指数衡量了企业从其投资的每一美元中获得的净现值。在将盈利指数用于投资分析的过程中，我们首先计算出所有项目的盈利指数，然后根据盈利指数对这些项目进

① 盈利指数还有另一个版本的计算方法，即用所有现金流的现值除以现金流流出的现值，得到的结果与本章定义的盈利指数得到的结果完全相同。

行排序。首先是盈利指数最高的项目价值，然后继续排下去直到我们消耗掉所有可用的资本。当资本有限且企业不可能接受所有净现值为正的项目时，通过盈利指数可以确定出产生最高累计净现值的项目。

虽然盈利指数从直观上来看很吸引人，但它也存在一些缺陷。第一，盈利指数假定资本约束只适用于当期而不考虑未来期间的投资需求。当企业在选择项目时，选择出来的这些项目的初始投资的总和可能没有超过总的资本约束，但这些项目在未来期间有支出以后可能还是会面临资本约束问题，所以必须对初始投资的现金流与未来发生的经营现金流进行划分。如果项目在整个项目期间内有投资及相关的现金支出，那么用盈利指数来衡量项目的价值贡献就可能是错误的。另外，利用盈利指数并不能保证项目投资的总和等于有限的资本。如果事实真的如此，那么我们必须考虑能够产生更高净现值的项目组合。虽然这种方法对于项目较少的企业是可行的，然而随着项目个数的增加，这种方法就变得越来越难以起作用。

【例 6—1】 使用盈利指数来挑选项目

因为书景书店是一家私有企业，所以我们假定它的资本是有限的，该企业现期的资本预算是 100 000 美元。公司考虑的项目列示在表 6—3 中。

表 6—3 可选项目

项目	初始投资（千美元）	净现值（千美元）
A	25	10
B	40	20
C	5	5
D	100	25
E	50	15
F	70	20
G	35	20

请注意，所有项目的净现值都为正。如果不存在资本约束，企业会接受所有的项目。

为了在这些项目之间做出选择，我们计算出每个项目的盈利指数，如表 6—4 所示，然后根据盈利指数对项目进行排序。

项目 A 的盈利指数是 0.40，意味着该项目每一美元的初始投资可以赚得 40 美分的净现值。根据盈利指数的大小，我们应当接受项目 B、C 和 G。这几个项目之和会花费掉 100 000 美元的资本预算，并且能够最大化可接受项目的累积净现值。这种分析同时强调资本约束给企业带来的成本，由于资本约束的原因，净现值为 7 000 万美元的项目被拒绝。

表 6—4　　项目的盈利指数

项目	初始投资（千美元）	净现值（千美元）	盈利指数	排序
C	5	5	1.00	1
G	35	20	0.57	2
B	60	30	0.50	3
A	25	10	0.40	4
E	50	15	0.30	5
F	70	20	0.29	6
D	100	25	0.25	7

6.1　不同风险水平的互斥项目

假定刚才的例子中项目 B 所需要的初始投资为 40 000 美元。如果给定你的资本约束是 100 000 美元，下列哪一项是最好的项目组合？

a. B、C 和 G。

b. A、B、C 和 G。

c. A、B 和 G。

d. 其他。

修正的内部收益率

在前面对于内部收益率的计算中，我们假定项目期间产生的现金流以计算出来的内部收益率进行再投资。一个解决的方法是，假定项目期间产生的现金流以必要收益率进行再投资——对于权益投资者而言，就是权益成本；对于企业而言，就是资本成本——然后根据项目的初始投资额和终值计算出项目的内部收益率。利用这种方法得到的内部收益率被称为**修正的内部收益率**（modified internal rate of return，MIRR）。

请看以下的例子。有一个四年期的项目，初始投资为 10 亿美元，第 1 年的预期现金流为 3 亿美元，第 2 年的预期现金流为 4 亿美元，第 3 年的预期现金流为 5 亿美元，第 4 年的预期现金流为 6 亿美元。可以计算出该项目传统的内部收益率为 24.89%，但是该数值的假设是第 1 年、第 2 年和第 3 年的现金流都是以计算出来的内部收益率来进行再投资的。如果我们假定资本成本为 15%，修正的内部收益率的计算如图 6—3 所示。

$$MIRR = (2\ 160/1\ 000)^{\frac{1}{4}} - 1 = 21.23\%$$

也就是说，第 1 年产生的现金流 3 亿美元以 15%的再投资收益率来计算，经过三年之后在第 4 年年末为 4.56 亿美元。我们可以通过中期现金流的累积终值（21.6 亿美元）与初始投资（10 亿美元）计算得到修正的内部收益率为 21.23%。修正的收益率比传统的收益率要低一些，因为项目期间产生的现金流是以 15%的必要收益率而不是 24.89%的内部收益率在进行投资。

很多人都认为修正的内部收益率有点不伦不类，因为它是净现值法则和内部收益率法则的混合体。实际上，修正的内部收益率是对个别项目产生的收益率与企业的必要收益率之间的加权平均，其中，各自的权数取决于各现金流的大小和产生的时间——项目的现金流越大且产生的时间越早，必要收益率的权重就会越大。进一步而言，修正的内部收益率方法产生的结果与净现值法则产生的结果相同。

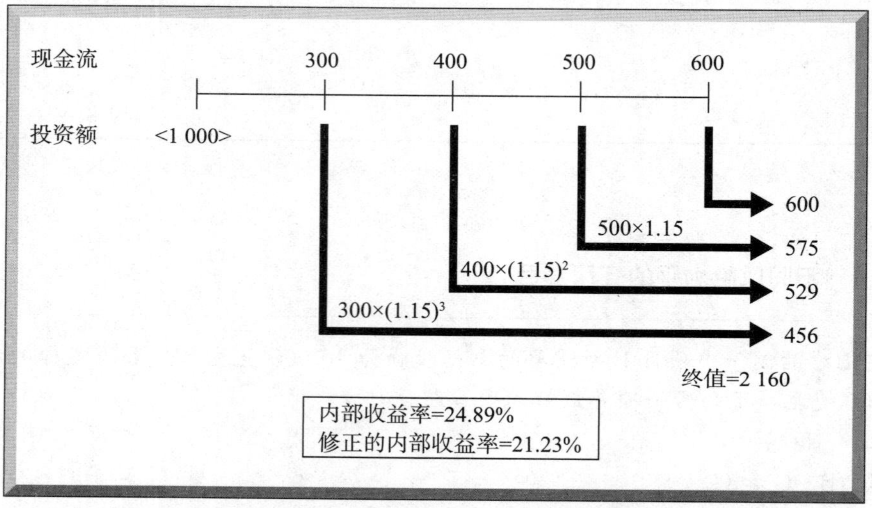

图 6—3　传统的内部收益率与修正的内部收益率（百万美元）

跨期的资本约束

到现在为止我们描述的方法都是针对当期资本约束的方法。在大多数情况下，资本约束不仅仅出现在当期，也会一直延伸到未来期间，而且可以利用的资本总额会随时间的推移而变化。如果将这种跨期的资本约束与各个期间（而不仅仅是当期）需要资本的项目结合起来，那么资本约束的问题就变得更加复杂，并且以当期投资为基础的项目排序方法就不能为我们提供最优解。

有一个解决的办法就是利用运筹学中的线性规划方法，在线性规划中，我们先明确描述出目标以及所受到的约束。在存在资本约束时，目标就是在各期的资本约束下最大化新项目增加的价值。比如，我们为一个企业进行线性规划。当期的资本为 10 亿美元，下一年的资本为 12 亿美元，第三年的资本为 15 亿美元，要在 K 个投资项目中做出选择，可以写成如下形式：

$$\text{Max}\sum_{j=1}^{j=k} X_j NPV_j$$

其中，如果采取了项目 j，$X_j=1$；否则为 0。

约束为：

$$\sum_{j=1}^{j=k} X_j Inv_{j,1} < 1\ 000$$

$$\sum_{j=1}^{j=k} X_j Inv_{j,2} < 1\ 200$$

$$\sum_{j=1}^{j=k} X_j Inv_{j,3} < 1\ 500$$

其中，

$Inv_{j,t}$ = 第 t 期项目 j 所需要的投资(百万美元)

如果存在其他约束（人力资本），可以对这种方法进行修正。

实践：使用更高的内部收益率

很多企业在面临资本约束时，使用更加方便的项目选择方法，即它们会提高必要收益率以反映出约束的严重性。如果资本约束的定义是企业不能够接受所有净现值为正的项目，那么可以将必要收益率提高到足以确保避免资本约束的问题。比如，假定一家企业真实的资本成本为 12%[①]，资本为 1 亿美元，净现值为正的所有项目所需要的初始投资为 2.5 亿美元。如果资本成本高一些，那么较少的项目会有正的净现值。如果将资本成本设定为某个数值，比如 18%，余下的净现值为正的项目所需要的初始投资总和恰好为 1 亿美元或者更少。

将资本约束转换为对应资本成本的设定会导致一些问题的产生。首先，一旦进行了某种调整，当企业在不同程度的约束下进行转换时可能不会对资本成本做出正确的修正。例如，一家小企业可能将资本成本从 12%调整到 18%以反映其面临着严重的资本约束。当企业变得越来越大时，约束可能就不那么严重了，但是企业可能不会再降低资本成本。第二个问题是，将折现率提高后计算出的净现值可能不像按正确的折现率计算的净现值那样能够传递出同样的信息。用正确的必要收益率估计出来的项目净现值是该企业因为投资该项目而增加的价值；而用调整后的折现率估计出来的现值却不能这样解释。最后，调整必要收益率使所有的项目同样恶化了，而不管该项目是否为资本密集型项目。

我们建议，企业应当跳出传统的分析方法来考虑存在资本约束的投资问题，这样企业才能看清楚这些约束带来的成本。资本约束所带来的成本就是由于缺乏资本而拒绝的所有好项目的净现值之和，并且此时的净现值要用正确的必要收益率（而不是人为的更高的必要收益率）计算出来。为什么要知道资本约束造成的成本呢？有如下两点原因：第一，当企业面临放松这些约束的机会时，了解现有资本约束的成本是很重要的。比如，

① 所谓真实的资本成本，我们指的是能够反映出企业的风险程度与其融资组合的资本成本。

一家企业可能与另一家有充足资金且规模更大的企业结成战略伙伴关系，然后就能实施那些原本被拒绝的好项目，从而获得这些项目的净现值。第二，如果资本约束是自己强加的，企业的经理人被迫面对这些约束的成本。在一些情况下，这些成本是如此之大以至于经理人应当放松这些约束。

由于经营上的原因导致项目间的依赖

即使不存在资本约束问题，选择一个项目也可能意味着必须拒绝其他项目。比如，当企业需要一种分销服务或者信息技术的服务时，它可以考虑多种有着不同的成本与现金流的方法。在互斥项目之间进行选择时，我们使用的是与独立项目分析中相同的法则。企业应当选择那些能够产生最大价值增量的项目。对于在相同的项目期限内产生现金流的企业而言，这种方法是非常直观的，但是当项目有着不同的期限时，这种方法就变得更加复杂。

期限相同的项目

企业在对拥有相同期限的不同项目进行比较时，可以用两种方法来做出决定。第一，可以计算出每种项目的净现值，然后挑选出正的净现值（如果项目产生收入）最高的那个项目或者负的净现值（如果项目减少成本）最低的那个项目。第二，可以计算出两个项目的差额现金流，然后以差额现金流得到的净现值或者内部收益率作为判断的标准。

比较净现值

在不同期限的互斥项目之间做出选择的最简便方法就是，计算出所有项目的净现值，挑选出净现值最大的项目。这种决策法则与企业的价值最大化是保持一致的。如果投资会产生成本（也就会造成现金流流出），通常的情形是提供了某种服务，我们就选择那个产生负的现金流最小的方法。

举例来说，假定书景书店要在两个提供电信系统的供应商之间做出选择。两个系统的期限都是五年，适用的资本成本都是10%。其中有一个系统的初始购买价格比较高，但是以后每年的成本较低，而另一个系统的初始购买价格比较低，但是以后每年的成本较高。图6—4对这两种投资的预计现金流出进行了描述。

两个系统的净现值可以计算如下：

$$\text{初始价格较低的系统的净现值}=-20\,000-8\,000\times\frac{1-(1.10)^{-5}}{0.10}$$
$$=-50\,326\text{美元}$$

$$\text{初始价格较高的系统的净现值}=-30\,000-3\,000\times\frac{1-(1.10)^{-5}}{0.10}$$
$$=-41\,372\text{美元}$$

第二个系统所有成本的净现值较小，所以，第二个项目是更好的选择。

实践：负的现金流与折现率

我们在第 5 章指出，当面临不确定性更大的现金流时，应当增大使用的折现率。但是如果整个投资期间的现金流为负数（见图 6—4）或者在很长一段时间都是负的（比如，在很多对基础设施的投资中，很长一段时间的现金流都为负数），又应当怎样做呢？使用更高的折现率会让负的现金流的现值更小，这对公司是有利的，却与我们的直觉相反。毕竟，风险的增大应当会减小价值，而不是增大价值。

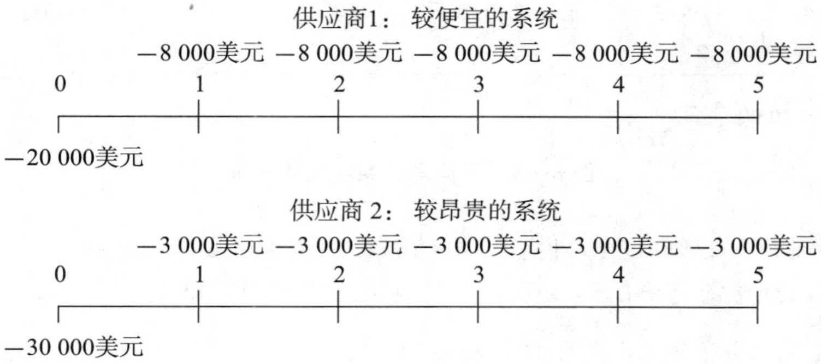

图 6—4　电信系统的现金流

我们不要因为现金流为负数就放弃基本的准则——折现率必须反映出现金流的不确定性。但是有两点因素可以让分析师感到更加放心。

（1）如果负的现金流比项目其余部分的现金流更加确定（更能被预期），那就应当使用更小的折现率对这些现金流进行折现。举例来说，假定你在考察一个大型的基础设施项目，已经签订合同——在未来五年建筑期内每年要花费上千万美元的资金，然后再开始运营。因为唯一不确定的部分是企业可能会违约，所以使用税后的负债成本作为这些现金的折现率。而建好之后产生的现金流就转换为营运的资本成本来折现。

（2）如果开始几年负的现金流是与经营的不确定性相关的——收入较低而营运成本较高，我们就应当使用营运的资本成本作为折现率。较高的资本成本会减少头几年里负的现金流的现值，但该资本成本也会减少以后期间正的现金流的现值。

总之，仅仅因为得到的价值似乎是违反直觉的就放弃有关风险的第一准则，这是很危险的。项目最终是成功还是失败，取决于所有现金流的累积现值。

差额现金流

在互斥项目之间做出选择的另一种方法是计算出两个投资项目各期的差额现金流。就拿上一部分电信系统的例子来说，我们可以计算出较便宜系统与较昂贵系统之间的现金流差额，如图 6—5 所示。

在计算时，将初始投资更大的项目作为对比项目。实际上，差额现金流如下：较昂

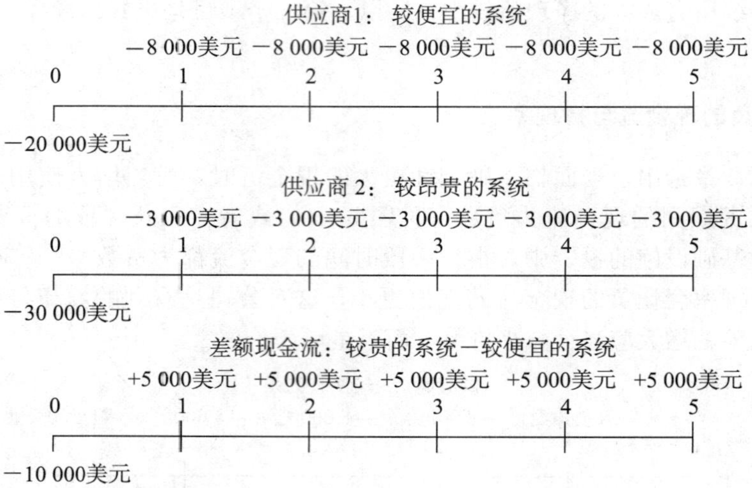

图 6—5 不同电信系统的现金流

贵项目开始会多花 10 000美元，但在以后的五年里每年可以节省 5 000 美元。

可以计算出现金流差额的净现值，并且决策法则可以归纳如下：

如果 $NPV_{B-A} > 0$：项目 B 比项目 A 更好

如果 $NPV_{B-A} < 0$：项目 A 比项目 B 更好

有两点需要注意。第一点是，如果先计算出单个项目的净现值再得出两者现金流的差额，得到的结果是一样的。

$$NPV_{B-A} = NPV_B - NPV_A$$

第二点是，差额现金流方法只能用于有同样风险水平和折现率的两个项目，因为只存在一种折现率。而单独项目净现值的计算可以对每个项目使用不同的折现率。我们还可以计算出现金流差额的内部收益率，相应的决策法则如下：

如果 $IRR_{B-A} >$ 必要收益率：项目 B 比项目 A 更好

如果 $IRR_{B-A} <$ 必要收益率：项目 A 比项目 B 更好

这种方法也只能适用于相同风险项目的比较。就拿图 6—5 中的电信系统的例子来说，我们可以估计出两个项目的差额现金流，如下所示：

$$\text{差额现金流的现值} = -10\ 000 + 5\ 000 \times \frac{1-(1.10)^{-5}}{0.10} = +8\ 954\ \text{美元}$$

该值等于我们已经计算出来的两个项目的净现值之差。结果表明，从净现值的角度来说，有较高初始成本的电信系统是更好的系统。差额现金流的内部收益率为 41.04%，这个值比折现率 10%要高。这再次表明，从财务角度来看，较昂贵的那个系统是更好的系统。

6.2 不同风险水平的互斥项目

在对不同风险水平和折现率的互斥项目进行比较时，应当使用哪种折现率对差额现金流进行折现？

a. 两项目折现率中较高者。

b. 两项目折现率中较低者。

c. 两项目折现率的平均值。

d. 以上都不是。

请做出解释。

不同期限的项目

在很多情况下，企业必须在不同期限的项目间做出选择。[①] 此时，不能仅仅以净现值来作为判断标准。因为净现值不是经过规模标准化之后的数值，很可能是期限更长的项目会产生更高的净现值。比如，一个 2 年期的项目产生的净现值很可能比一个 30 年期的项目产生的净现值要小。

假如你要在以下两个项目之间做出选择：一个项目的期限为 5 年，初始投资为 10 亿美元，以后的 5 年间每年产生的现金流为 4 亿美元；另一个项目的期限为 10 年，初始投资为 15 亿美元，以后的 10 年间每年产生的现金流为 3.5 亿美元。图 6—6 对这两个项目的现金流进行了描述。其中，两个项目的折现率都为 12%。

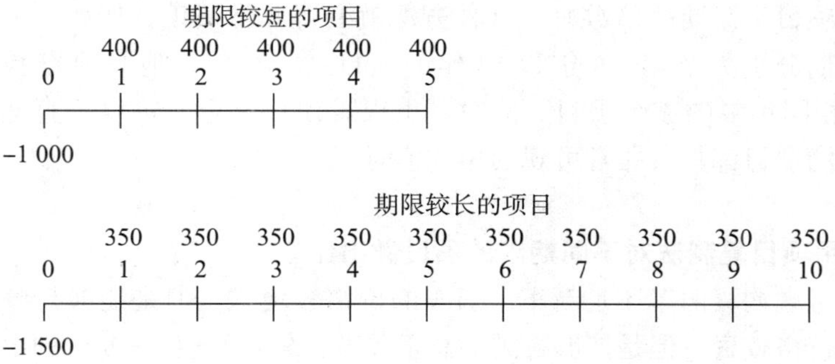

图 6—6　不同期限项目的现金流（百万美元）

第一个项目的净现值为 4.42 亿美元，第二个项目的净现值为 4.78 亿美元。如果仅仅以净现值为基础，第二个项目更好，但是这样的分析并没有将 5 年期项目能够为企业从第 6 年到第 10 年产生的增量现金流考虑在内。

将一个期限较短的项目与期限较长的项目做对比，企业应当考虑到它还可以对期限较短的项目进行再投资。解决该问题的两种传统的方法是项目复制法和等价年金法。这

① G. W. Emery, "Some Guidelines for Evaluating Capital Investment Alternatives with Unequal Lives," *Financial Management* 11: 14 - 19.

两种方法都假定，当目前的项目结束时，企业能够对同一个项目进行再投资。

项目复制法

解决不同期限项目的一种方法是，假定两项目可以被复制，直到两项目的总投资期限相同。例如，我们不能对一个 5 年期项目与一个 10 年期项目直接进行比较，而是计算出对 5 年期项目先后投资两次的净现值与一个 10 年期项目的净现值。图 6—7 中展示了这种情况的现金流。

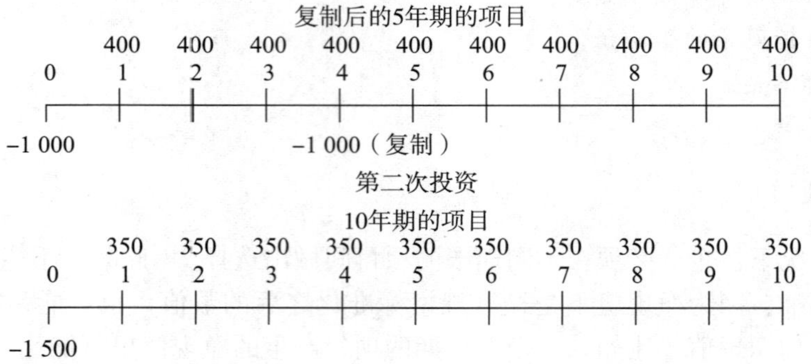

图 6—7　不同期限项目的现金流：对期限较短的项目进行复制（百万美元）

对 5 年期的项目投资两次，可以得到净现值为 6.93 亿美元，而 10 年期项目的净现值为 4.78 亿美元。可以对这两个净现值做比较，因为这两个值对应的投资有着同样的期限。

这种方法也有局限性。在实际运用层面，随着项目数目的增加并且一个项目的生命期不是另一个项目生命期的倍数时，这种方法就变得非常烦琐。例如，一个分析师用这种方法对生命期分别为 7 年、9 年和 13 年的项目进行比较，他必须将所有的项目复制 819 年才得到相同年限的三个项目。同时，也很难说一家企业可以一直选择该项目，尤其是进行比较的项目都具有非常可观的净现值时。

【例 6—2】　用项目复制法对不同期限的项目做出比较

假设你在考虑购买旧车还是新车。旧车的价格较便宜，但是能够行驶的总里程数比较少；新车的价格较贵，但是能够行驶的总里程数比较长。表 6—5 中列出了两种选择。

假定每年行驶 5 000 英里，资本成本为 15%。可以按如下复制方法对两种方案做出选择。

表 6—5　新车与旧车的预期现金流

	旧车	新车
初始成本（美元）	3 000	8 000
每年的维护成本（美元）	1 500	1 000
每英里的耗油成本（美元）	0.20	0.05
寿命（年）	4	5

第一步：对项目进行复制，直到所有的项目有着同样的期限。这意味着，连续购买5次旧车并且连续购买4次新车。

a. 在20年里，每4年买一部旧车：

年份	0	4	8	12	16	20
投资额	−3 000美元	−3 000美元	−3 000美元	−3 000美元	−3 000美元	

维护成本：20年里每年1 500美元。

耗油成本：20年里每年1 000美元（每年行驶5 000英里，每英里耗费0.2美元）。

b. 在20年里，每5年买一部新车：

年份	0	5	10	15	20
投资额	−8 000美元	−8 000美元	−8 000美元	−8 000美元	

维护成本：20年里每年1 000美元。

耗油成本：20年里每年250美元（每年行驶5 000英里，每英里耗费0.05美元）。

第二步：计算出每组现金流的净现值。

复制旧车项目20年的净现值＝−22 225.61美元

复制新车项目20年的净现值＝−22 762.21美元

给定每辆车每年行驶5 000英里的路程，每4年购买一辆旧车比每5年购买一辆新车的成本要小。然而，随着汽车行驶英里数的增加，拥有并驾驶一辆新车的相对收益就会增加。

等价年金法

我们在对不同年限的项目进行比较时，可以将这些项目的净现值转化为等价（约当）年金。可以对不同年限项目的年金进行比较。任何一种项目的净现值可以按照如下公式转化为该项目的等价年金。

$$\text{等价年金} = \text{净现值} \times \frac{r}{1-(1+r)^{-n}}$$

其中，

r ＝ 项目的折现率

n ＝ 项目的期限

使用项目的年限和折现率将其净现值转化为年金形式，并且上述公式中的第二项就是年金因子（参考附录3）。[1] 因此，这种方法对于不同年限和不同折现率的项目分析都是非常灵活的。再考虑一下上一部分5年期和10年期项目的例子。这两个项目的净现值可以按如下方式转化为等价年金：

$$5\text{年期项目的等价年金} = 422 \times \frac{0.12}{1-(1.12)^{-5}} = 122.62\text{美元}$$

① 该值也可以通过财务计算器中的现值公式或者净现值因素表得到。

$$10\text{ 年期项目的等价年金} = 478 \times \frac{0.12}{1-(1.12)^{-10}} = 84.60\text{ 美元}$$

5 年期项目的净现值比 10 年期项目的净现值要低，但是使用等价年金的方法后，5 年期项目的年金比 10 年期项目的年金高 37.98 美元。

虽然等价年金法并没有明确做出项目复制的假设，但是该方法也隐含了该假设。因此，等价年金法下的结果与项目复制法下的结果保持一致。但等价年金法的优势是，该方法没那么烦琐，即使当项目有着无限的生命期时，该方法依然有效。

eqann. xls：该电子表格能让你使用等价年金法对不同年限的项目进行比较。

【例 6—3】　使用等价年金法在不同年限的项目之间做出选择

再次考虑例 6—2 中的新车与旧车的例子。两种选择的年金可以计算如下：

第一步：分别计算出每个项目的净现值（不需要复制）：

$$\text{购买一辆旧车的净现值} = -3\,000 - 2\,500 \times \frac{1-(1.15)^{-4}}{0.15} = -10\,137\text{ 美元}$$

$$\text{购买一辆新车的净现值} = -8\,000 - 1\,250 \times \frac{1-(1.15)^{-5}}{0.15} = -12\,190\text{ 美元}$$

第二步：将每个项目的净现值转化为等价的年金：

$$\text{购买一辆旧车的等价年金} = -10\,137 \times \frac{0.15}{1-(1.15)^{-4}} = -3\,551\text{ 美元}$$

$$\text{购买一辆新车的等价年金} = -12\,190 \times \frac{0.15}{1-(1.15)^{-5}} = 3\,637\text{ 美元}$$

从两种选择的等价年金来看，购买旧车比购买新车是更经济的一种选择。

计算平衡点

有以下两个投资项目，一个投资项目的初始成本较高但以后每年花费的成本较低，另一个投资项目的初始成本较低但以后每年花费的成本较高。在这两个项目之间的选择取决于该投资项目的使用量。比如，在例 6—4 中，如果汽车每年行驶的路程少于5 000 英里，那么旧车就是更节约的选择。如果汽车每年行驶的路程大于 5 000 英里，那么新车就是更好的选择。平衡点就是使得两个项目有着相等的等价年金的英里数，如图 6—8 所示。

平衡点大约等于 5 500 英里；如果某些原因导致行驶的英里数超过 5 500 英里，那么新车就成为更好的选择。

【例 6—4】　将等价年金法作为在多个项目间选择的一般法则

可以用等价年金法对多个不同年限的项目进行比较。例如，假定迪士尼正在考虑消费品部门的存储方法：

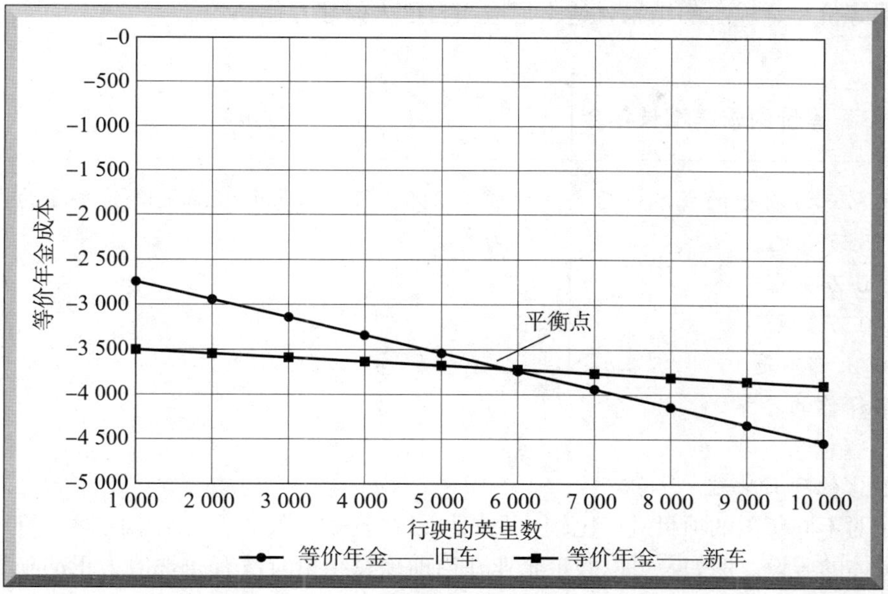

图 6—8　以行驶的英里数为自变量的等价年金函数

备选项目	初始投资（百万美元）	年成本（百万美元）	项目生命期（年）
自己修建存储系统	10	0.5	无限
租用存储系统	2	1.5	12
利用第三方的存储系统	—	2.0	1

这三种项目有不同的期限，可以计算出每个项目的等价年成本，然后再进行比较。第 4 章已经计算出消费品业务的资本成本为 9.49%，所以每个项目的等价年金成本可以计算如下①：

备选项目	净现值成本（百万美元）	等价年金成本（百万美元）
自己修建存储系统	15.27	1.45
租用存储系统	12.48	1.79
利用第三方的存储系统	2.00	2.00

① 第一个项目每年还需要花费的成本是 50 万美元。净现值可以计算如下：

净现值 = 10 + 0.5/0.094 9 = 15.27 百万美元

然后将净现值转换为年金形式，你需要做的是用净现值乘以折现率：

等价年金 = 15.27 × 0.094 9 = 1.45 百万美元

根据等价年金成本的结果，迪士尼应当自己来修建存储系统。

6.3 等价的永续增长年金

假定第三方存储的成本以后每年增长 2.5%。那么采取该项目的等价年金为：

a. 205 万美元。

b. 250 万美元。

c. 200 万美元。

d. 以上都不是。

请解释你的答案。

一般化的项目比较

为了对不同年限的项目进行比较，我们可以在较短期限的项目结束时对项目的类型做出一些具体的假设。例如，可以假定企业在当前项目结束时没有净现值为正的项目；这样的话，即使面临的项目有不同的期限，也可以对这些项目进行比较。或者，我们也可以对未来项目的可用性和优势方面做出特定的假设。这些假设会影响到项目现金流的估计和现值的计算。还是回到 5 年期与 10 年期的项目，假定未来的项目可能不如当前的项目具有吸引力。更具体来说，假定第二个 5 年期项目的年现金流不是 4 亿美元而是 3.2 亿美元。这两个投资项目的现金流情况如图 6—9 所示。

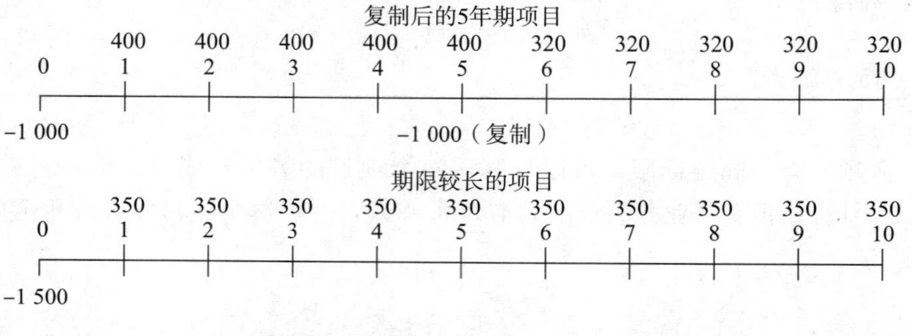

图 6—9 不同期限项目的现金流：对期限较短的项目进行复制（百万美元）

第一个项目已经复制为 10 年，该项目的净现值为 5.29 亿美元。而第二个期限较长的项目的净现值为 4.78 亿美元。所以，第一个项目仍然比第二个项目的净现值要高。即使第一个项目的净现值随着时间的推移在减小，但企业还是应当选择第一个项目即期限较短的那个项目。

在使用内部收益率法的时候也可能碰到这类问题。在将短期项目的内部收益率与长期项目的内部收益率做比较时，隐含的假设是未来的项目仍然具有与当前项目相似的内部收益率。

在更新决策中，对于新投资对现有投资的替代，我们需要进行评价，之所以要替代，是因为现有投资已经比较旧了，并且变得不那么有效率。在一个典型的更新决策中：

● 用新设备更新旧设备，一开始需要现金的流出，因为花费在新设备上的现金将超过出售旧设备带来的收入。

● 采用新的投资后就会有现金的节约（现金流入），可能因为更新投资节约了经营成本，也可能因为可以从新投资中获得更高的收入。另外，可以从新投资更大的折旧中获得税收优惠。这些税收优惠可以增大现金流入。

● 新设备的期末残值就是差额残值。也就是，如果不换掉旧设备，旧设备也有相应的残值，而新设备的残值超过旧设备残值的部分就是差额残值。

如果旧设备余下的寿命比新设备的寿命要短得多，那么就要对这种方法进行修正。

replace. xls：该电子表格有助于你分析更新决策。

【例 6—5】 分析更新决策

书景书店想将过时的包装系统换成新的。旧系统的账面价值为 50 000 美元，余下的年限为 10 年。如果将旧的系统售出，减去资本利得税之后可以得到 15 000 美元。新设备的价格为 150 000 美元，折旧期限为 10 年。如果更新的话，每年的营运成本会比旧设备的营运成本低 40 000 美元。假定对旧的包装系统和新的包装系统都采用直线折旧法进行折旧，税率为 40%，10 年后两个设备的残值都为 0，更新决策的现金流可以估计如下：

$$\begin{aligned}\text{新机器的净初始投资} &= -150\,000+15\,000\\ &= -135\,000\text{ 美元}\end{aligned}$$

旧系统的折旧 = 5 000 美元

新系统的折旧 = 15 000 美元

从新系统的额外折旧中得到的税收节约

= (旧设备的折旧 − 新设备的折旧) × 税率

= (15 000 − 5 000) × 0.4 = 4 000 美元

每年税后经营成本的节约额 = 40 000 × (1 − 0.4) = 24 000 美元

公司的资本成本为 14.90%，得到更新决策的净现值为：

$$\begin{aligned}\text{更新决策的净现值} &= -135\,000+28\,000\times\frac{1-(1.149)^{-10}}{0.149}\\ &= 6\,063\text{ 美元}\end{aligned}$$

结果表明，如果用新系统来替换旧系统，会使企业的价值增加 6 063 美元。所以替换是明智的举动。

项目的附带成本

在本章的很多项目分析中，我们都假定，项目所需要的资源是最近才取得的；这不仅包括厂房和机器，而且包括维持项目所需要的人员。然而，对于大多数企业来说，这是一个不现实的假设，因为项目所需的大多数资源已经是企业的一部分，只是在项目实施时转移到所需项目。当企业使用已有资源的时候，就产生了**机会成本**（opportunity cost）——因为采取该项目而对企业其他的业务造成的成本。机会成本可能是一个项目所需要的总投资中相对大的一部分。如果忽略这些成本，会造成坏的投资决策。另外，企业提供的某种新的产品或服务可能会降低企业其他产品或服务的利润率；这通常被称为**产品冲突**（product cannibalization）。我们接下来将考察如何将这些相关成本纳入投资分析中。

使用现有资源的机会成本

如果资源当前存在其他的用途，那么很容易估计出该资源的机会成本。我们可以估计出因为当前项目使用了该资源而导致的其他现金流损失。如果资源没有当前用途但是有潜在的未来用途，那么估计机会成本的过程就会变得复杂些。在这种情况下，我们必须估计出放弃未来用途产生的现金流。

当前存在其他用途的资源

在对机会成本进行分析的一般框架中，首先要看该资源目前是否存在其他用途。换句话说，如果不存在使用该资源的这个项目，这些资源将被用在何处，有什么样的用途，这种用途产生的现金流是多少。

● 出租。此时，因使用资源而损失的租金收入就是该资源的机会成本。举例来说，如果一个项目要使用企业已经拥有的一幢空的建筑，出租该建筑得到的潜在收入就是机会成本。

● 出售。此时，售价减去纳税义务，再减去折旧带来的税收收益，得到的就是资源的机会成本。

● 用于其他地方。此时，换掉该资源的成本就是机会成本。比如，将有经验的员工从老部门调到新项目，就会给这些老部门带来相应的成本。必须在决策制定中对这些成本加以考虑。

有时，决策制定者必须确定机会成本是损失的租金收入、是放弃的销售价格还是重置成本。应当将这三者中的最高者——放弃的最好选择——视为机会成本。

6.4 沉没成本与机会成本

有同事认为，那些企业已经拥有的资源不应当在投资分析中加以考虑，因为这些成本是沉没成本。你认为这种观点对吗？

a. 对的。

b. 不对。

你怎样平息这种沉没成本与机会成本之间的争论？

【例 6—6】 估计存在当前用途资源的机会成本

还是考虑书景书店网上业务的例子。假定提供如下额外的信息：

● 虽然书景书店网上业务只雇用两名全职的职工，但我们可以估计出，与网上订购有关的其他业务与服务本身的管理将会增加当前书店总经理的工作量。因此，从下一年开始，总经理的薪水将从 100 000 美元上涨到 120 000 美元；在余下的三年里预计每年增长 5%。在第 4 年，对网上业务的风险投资结束，经理的工资又转变为原来的水平。

● 我们还估计，网上业务会使用一间原本用于保存财务记录的办公室。这些财务记录将被转移到银行保险库，而每年需要花费 1 000 美元来租用该保险库。

增加总经理的工作量的机会成本取决于由此增加的薪水支出。使用例 5—2 中估计出来的资本成本 25.48%，可以计算出以后 4 年里的税后成本（使用 40%的税率）的现值，如表 6—6 所示。

表 6—6　新增的薪水支出的现值（美元）

	第 1 年	第 2 年	第 3 年	第 4 年
增加的工资	20 000	21 000	22 050	23 153
税后费用	12 000	12 600	13 230	13 892
现值@25.48%	9 563	8 002	6 696	5 603

这些成本的累积现值是29 865美元。

如果采纳该项目，就必须占用原本用于保存财务记录的办公室，那么租用保险库的成本就是使用该办公室的机会成本。

$$\text{每年增加的存储费用} = 1\,000 \text{ 美元}$$

$$\text{每年增加的税后存储费用支出} = 1\,000 \times (1 - 0.40) = 600 \text{ 美元}$$

$$\text{4 年里税后存储费用的现值} = 600 \times \frac{1 - (1.254\,8)^{-4}}{0.254\,8} = 1\,404.92 \text{ 美元}$$

总经理新增的工作量与存储空间的使用所造成的机会成本都是用现值表示的。用在例 5—11 中计算的书景书店网上业务的净现值－98 775美元减去以上机会成本，可以得到，项目净现值的负值变得更大。

$$\text{考虑了机会成本的净现值} = \text{不考虑机会成本的净现值} + \text{机会成本的现值}$$
$$= -98\,775 - 29\,865 - 1\,405$$
$$= -130\,045 \text{ 美元}$$

与机会成本相关的现金流也可以反映在这些现金流发生的年份里。因此，可以将增加的工资与存储费用加到书店每年的经营费用里。如表 6—7 所示，采用这种方法可以得到相等的净现值。也可以通过这种方法计算出内部收益率。

表 6—7　　考虑了机会成本的净现值：另一种方法（美元）

年份	网上投资业务的现金流	机会成本	考虑了机会成本的现金流	现值@25.48%
0	−1 150 000		−1 150 000	−1 150 000
1	340 000	12 600	327 400	260 916
2	415 000	13 200	401 800	255 184
3	446 500	13 830	432 670	218 989
4	720 730	14 492	706 238	284 865
				−130 045

请注意，得到的净现值与我们之前计算的结果相等——不应当采纳该项目。

当前无其他用途资源的使用

在一些情况下，一个项目考虑使用的资源当前没有其他的用途，但是在未来有潜在的用途。剩余生产能力闲置的机器和电脑就是这样的例子。大多数企业都不会租用或者销售剩余的生产能力，但是新项目会让企业更早地消耗掉剩余的生产能力，导致以下两种结果之一：

（1）认为剩余的生产能力是免费的，因为在大多数情况下，该生产能力既不在当前被使用，也不能被出售或出租。

（2）将厂房或资源的账面价值的一部分分摊到项目上。比如，如果厂房的账面价值是 1 亿美元，新项目使用了该厂房的 40%，那么就应当将4 000万美元分摊到项目上。

以上两种方法都没有考虑到使用剩余生产能力的机会成本，因为机会成本通常来自如下方面，即企业如果现在使用完这些剩余生产能力在未来所面临的成本。如果一个新的项目使用了剩余的生产能力，此时该企业就会比不采纳新项目时更早地消耗掉生产能力。当生产能力被用完时，企业不得不采取以下两种方法之一：

（1）购买或建造新的生产能力。在这种情况下，机会成本就是因为必须提早购买或建造新的生产能力所导致的更高的现值成本。

（2）削减某些生产线的产量，从而丧失了这些销售带来的现金流。

这种决策并不是随机的，要选择现值成本较低的方法。因此，如果失去的销售额比建造新的生产能力成本要低，那么项目的机会成本就是失去的销售额。

以投资分析为目的，对剩余生产能力进行定价的投资分析框架需要回答以下三个问题：

（1）如果不采纳新的项目，企业何时会用完这些设备的生产能力？

（2）如果采纳了新的项目，企业何时会用完这些设备的生产能力？假定在新的项目用了部分剩余生产能力后，企业将会更早使用完生产能力。

（3）当企业用完生产能力后会怎样做呢？有如下两种选择：它可以停止利润率最小的产品线，那么此时获得的利润就比不存在生产能力约束下的利润要小。在这种情况下，机会成本就是由此失去的现金流的现值。或者，企业可以购买或建造新的生产能力，在这种情况下，机会成本就是对生产能力早些投资与晚些投资之间现值的差额。

产品冲突

产品冲突指的是如下现象，即企业在引入新产品后导致了现有产品的销售额减少。在某种程度上可以说，这是新产品负的增量效应，并且可以将现有产品上失去的现金流或利润作为引入新产品的成本。如果考虑到这些成本的话可能会拒绝新产品。但如果因此拒绝新产品，企业的竞争对手也会引入新产品，使得企业现有产品的销量减少。这就是最差的情形——企业将销售额给了竞争者而不是输给自己。

因此，是否要考虑产品冲突造成的销售额的损失，取决于潜在的投资者引入的产品是否为与企业的新产品相似的替代品。存在两种极端的情况：第一种是竞争者会同时提供相似的替代品；第二种是新产品不存在相似的替代品。

（1）如果企业经营的业务竞争非常激烈，没有进入壁垒，那么可以假定产品冲突的现象总是会发生，不需要在增量现金流分析中考虑产品冲突所引起的成本。举例来说，家乐氏公司在考虑是否推广一种新品牌的谷类食品时，可以不考虑预期的产品冲突，因为谷类食品行业的竞争非常激烈，Post 或通用磨坊公司都很容易引入类似的替代产品。同理，康柏公司也无需考虑推出更先进的笔记本电脑造成的产品冲突，因为它可以假定，即使自己不推出新的产品，其竞争者，比如联想或戴尔，也会推出同样的产品，从而导致康柏公司失去其现有产品的销量。

（2）比如，如果由于有关专利权的法律约束导致竞争者不能推出替代产品，那么至少在专利权受到保护阶段的投资分析中要考虑到由于产品冲突造成的现金流损失。举例来说，某制药公司拥有治疗溃疡的唯一专利权药品，那么该公司可能会因为害怕产品冲突而暂时不推出更好的药品。①

在大多数情况下，还存在一些进入壁垒。这些进入壁垒可能让竞争者推出一些不完全替代的产品，那么只会对现有产品的销量造成很小的影响；也可能使竞争者在一段时间内都不推出替代产品，那么企业自己推出新产品就会使现有产品销量减少。在这种情况下，考虑到产品冲突的成本是合理的。请注意，品牌忠诚度也是一种潜在的进入壁垒。如果一家企业拥有消费者更强的品牌忠诚度，该企业应当在分析中更多考虑引入新产品导致现有产品销量减少带来的成本。

① 即使专利权系统也不能对竞争进行完全的保护。很可能有另外一家企业将其治疗溃疡的药物推向市场，这还是会导致企业失去一些销售额。

6.5 迪士尼的产品冲突

在对位于巴西的主题公园的项目收入进行评估时，估计该公园15%的收入来自那些原本会去加利福尼亚州的迪士尼世界游玩的人。在对巴西的项目进行分析时，你会使用以下哪一项来计算投资的净现值?

a. 预计公园的总收入。

b. 85%的收入，因为迪士尼总能收到15%的收入。

c. 以上两个数值中的折中估计值。

请解释。

项目的附带收益

一个正在考虑的项目也可能使公司已有的其他投资获益。在对投资进行评估时，我们应当考虑到这些外部收益。在这一节，我们首先考虑项目间的协同效应，然后再将分析扩展到并购。其中，协同效应通常被作为高并购溢价的原因。

项目的协同效应

当正在考虑的项目会对其他项目（以现金流的形式）带来正面的影响时，**协同效应**(project synergies) 就产生了。例如，假设你是一个成衣零售商。你已经拥有一个符合成年人顾客偏好的商店，然后准备在同样的购物中心新开张一个销售高级童装的商店。那么，该童装商店除了本身会创造收入和现金流之外，还可能为成人服装店带来客户流从而提高了成衣商店的利润。所以，在对童装店的分析中，就应当考虑到给成人服装店增加的利润以及现金流。

有时，新项目带来的协同效应并不是体现在对已有项目的影响上，而是体现在同时考虑的其他项目上。在这种情况下，分析项目的最好方法就是对这些项目一起进行分析，因为分开分析会低估净现值。因此，如果在一个购物中心同时开张一家童装店和一家成人服装店，应对两个商店项目进行联合投资分析，计算出两个商店合起来的净现值。净现值为正，意味着应同时开两个商店；净现值为负，意味着一个商店也不开。

【例 6—7】 给现有项目带来的协同效应

假定书景书店正考虑在书店中开一个咖啡馆，希望为书店吸引更多的潜在顾客。以下是该项目的有关信息：

- 开设咖啡馆需要对书店的一部分进行重新布局并且需要购买相关设备。预计这些初始投资成本为150 000美元。该投资的生命期为 5 年，在这期间用直线法计提折旧。第 5 年年末残值为零。

● 预计第 1 年的收入为60 000美元，以后 4 年里每年以 10%递增。

● 咖啡馆需要雇用一名雇员，预期该雇员第 1 年的总成本为30 000美元，以后 4 年里每年以 5%递增。

● 预计 5 年里每年经营咖啡馆所需要的材料（例如食品和饮料等）的成本为收入的 40%。

● 存货必须维持在收入的 5%；在每年年初进行对存货的投资。

● 税率为 40%。

根据这些信息，估计出咖啡馆的预期现金流，如表 6—8 所示。

表 6—8　　估计书景书店开张咖啡馆带来的现金流（美元）

年份	0	1	2	3	4	5
投资	−150 000					
收入		60 000	66 000	72 600	79 860	87 846
人工成本		30 000	31 500	33 075	34 729	36 465
材料成本		24 000	26 400	29 040	31 944	35 138
折旧		30 000	30 000	30 000	30 000	30 000
经营利润		−24 000	−21 900	−19 515	−16 813	−13 758
税收		−9 600	−8 760	−7 806	−6 725	−5 503
税后经营利润		−14 400	−13 140	−11 709	−10 088	−8 255
+折旧		30 000	30 000	30 000	30 000	30 000
−营运资本的变化	3 000	300	330	363	399	−4 392
企业的现金流	−153 000	15 300	16 530	17 928	19 513	26 138
以 14.90%作为折现率的现值	−153 000	13 316	12 521	1 819	1 195	13 052
总的营运资本		3 000	3 300	3 630	3 993	4 392

请注意，营运资本在第 5 年年末全部被收回，导致第 5 年的现金流为4 392美元。

我们用 14.90%的资本成本（从第 4 章中得到）来计算净现值。在计算过程中，我们注意到，这是书店的资本成本，而我们分析的是咖啡馆的投资。但是，咖啡馆的收入完全依赖于书店的经营情况，因此咖啡馆的风险是与书店的风险联系在一起的。初始投资为150 000美元，导致最终的净现值为−91 097美元。这表明，根据现金流来看，该项目不是一个好项目。

然而，请注意，刚才的分析是将咖啡馆作为一个独立实体来分析；而新开咖啡馆的一个好处就在于它能为书店吸引到更多的顾客从而使图书的销量增加。所以，我们假定咖啡馆会使得书店在第 1 年的收入增加500 000美元，以后 4 年里的收入每年增长 10%。另外，假定这些销售的税前经营利润率为 10%。由协同效应所带来的增量现金流如表 6—9 所示。

表 6—9　　协同效应带来的增量现金流

年份	1	2	3	4	5
增加的收入（美元）	500 000	550 000	605 000	665 500	732 050
经营利润率（%）	10.00	10.00	10.00	10.00	10.00
经营利润（美元）	50 000	55 000	60 500	66 550	73 205
税后经营利润（美元）	29 000	31 900	35 090	38 599	42 459
以 14.90%作为折现率的现金流的现值（美元）	25 239	24 163	23 132	22 146	21 201

咖啡馆的开张为书店带来的现金流的现值为115 822美元。在原先得到的咖啡馆的现值上加上这一数值，得到咖啡馆最终的净现值，如下所示：

咖啡馆的净现值 =－91 097＋115 882 = 24 785 美元

在考虑了协同效应带来的现金流后，我们可以得到，书景书店的咖啡馆项目是一个好项目。

6.6　协同效应

在分析中，咖啡馆和书店的资本成本都为 14.90%。假定咖啡馆的资本成本为 18%，而书店的资本成本还是保持在 14.90%。在计算协同效应带来的现值时，你会使用哪种折现率？

a. 18%。

b. 14.90%。

c. 以上两个折现率的平均值。

d. 14.90%或者 18%，取决于……

请解释。

实践：协同效应的价值：迪士尼的动画片

迪士尼在电影的运作上有良好的声誉，尤其是在动画片上。例如，电影带来的相关产品或业务有：

● 在电影发布的同时，生产并销售塑料的活动人偶与填充玩具。这些为迪士尼自己的商店创造了利润，也可以许可其他商店销售产品从而收取特许权使用费。

● 与快餐店联合推广。比如，麦当劳和汉堡王等快餐店在给小孩的用餐中赠送电影产品，减少了迪士尼自己推广电影的广告成本。

● 迪士尼通过对大都会公司的收购拥有了以一些成功电影（《阿拉丁》、《狮子王》和《小美人鱼》）为基础的卡通广播渠道。这些渠道为迪士尼带来了产品制作收入和广告收入。

● 迪士尼也为其卖座的电影，比如《美女与野兽》、《小美人鱼》以及《狮子王》，成功制作了百老汇的音乐剧。另外，迪士尼还计划使用它在百老汇拥有的剧院上演这些音乐剧。

● 由于电影吸引了越来越多的人到迪士尼的主题公园游玩，也使得主题公园获得了间接收益。

● 迪士尼生产了以动画片角色为基础的电脑软件和电子游戏。

● 最后，迪士尼还成功推销了其影音产品，使得电影的 DVD 成为影音收藏者的必备项目。

事实上，迪士尼根据经典童话《白雪公主》制作的电影最初在 1937 年发布，在 1985 年的影音产品推出之前，该电影在影院里播放了几十次，每次都为迪士尼带来了相当丰厚的利润。最近，迪士尼发布了这本童话名著的 DVD 版本，在该版本中增加了一些特殊的资料，并带来了较好的收益。

并购中的协同效应

协同效应通常是并购的一个动机，但协同效应同时也被当作巨大溢价的合理原因却很少被客观分析。我们为项目间协同效应的估值建立一个框架，然后将该框架应用到对并购的估值中。协同效应存在的关键是，目标企业掌握了某种特殊的资源，一旦该资源与并购方的资源相结合，其价值就会变得更高。目标公司的特殊资源会存在差别，完全取决于收购方。横向并购是处于同一行业的两家企业合并在一起。在这种情况下，协同效应一定来自某种形式的规模经济。这种规模经济可能会减少成本，也可能会提高市场势力并相应提高毛利率和销售额。纵向并购是一个企业并购了其产品原料的供应商或者其产品的分销商或零售商。在这种情况下，协同效应的主要来源是对生产链的完全控制。这种好处必须超过由此带来的效率损失，因为某个供应商一旦被控制，就没有任何动机去降低成本及与其他供应商竞争。

当在某领域有优势的企业并购了在另一领域有优势的企业时，可以整合这些领域以获得协同效应。比如，当一个拥有优良的分销网络的企业并购了一个拥有优势产品线的企业时，企业可以从两种优势的结合中获得价值。

大多数人都认同，很多收购中都可能存在某种形式的经营协同效应，但也存在一些反对的声音。协同效应是否能被定价？如果能的话，相应的价值是多少？有一些学派认为，协同效应太小了而不必对其定价，并且任何努力定价的行为都需要很多不切实际的假设。我们不同意这种看法。对协同效应定价的确需要很多有关未来现金流与成长性的假设，然而即使该过程是不精确的，也并不意味着不能对协同效应的价值做出客观估计。因此，我们认为可以通过回答以下两个问题来对协同效应进行定价：

（1）预期协同效应以什么样的形式存在？协同收益体现在计算价值的几个投入变量之一中：更高的收入、更健康的经营利润率、更多的投资机会，或者未来更高的成长性。为了对协同效应进行定价，我们需要确定，哪一种投入变量最可能受到影响以及受影响的大小是多少。

（2）预期协同效应何时开始影响现金流？即使有很好的理由说明协同效应存在于某些具体的收购中，这些好处也不可能在收购完成时马上就体现出来。通常需要花费一些时间对两家企业的经营进行整合，并且整合的难度随着企业规模的增大而增大。如果我们对协同效应带来的现金流需要等待较长时间，那么协同效应的价值也会减小。

一旦回答了这两个问题，就可以利用投资分析技术对协同效应进行估值。第一，用参与并购企业的加权平均资本成本对企业的预期现金流分别进行折现。第二，如果不考虑协同效应，合并后企业的价值就是第一步中两企业的价值之和。第三，协同效应建立在预期增长率和现金流的基础上，并且在考虑协同效应后，对合并后企业重新进行估值。考虑了协同效应的合并后企业价值与不考虑协同效应的合并后企业价值之差，就是协同效应的价值。

【例 6—8】　对塔塔化学公司并购 Sensient 公司的协同效应进行估值

在第 5 章，我们对塔塔化学公司并购 Sensient 公司进行了估值，得到该公司的经营资产为 15.59 亿美元，权益为 11.07 亿美元。在该估值中，我们将 Sensient 公司作为一个独立的企业。假定塔塔化学公司预先意识到两个企业合并存在潜在的协同效应，这些协同效应主要来自将 Sensient 位于印度的食品添加剂的分销设施应用在印度迅速成长的食品加工行业中。在对协同效应进行估值前，我们先做出如下假设：

- 塔塔化学公司大概需要花费三年时间使 Sensient 的产品符合印度加工产品行业的需要，即添加更多的香料与更少的色素。
- 由于 Sensient 在印度的销售，塔塔化学公司在第 4 年能够产生 15 亿卢比的税后经营利润，并且以后每年以 4%的速率永续增长。

为了对协同效应进行定价，我们首先估计出计算中所需要的资本成本。在本例的协同效应估值中，有两方面需要注意。第一个方面是所有的协同效应来自 Sensient 的产品以及与产品相关的风险；我们用在第 5 章得到的 Sensient 的有杠杆贝塔0.813 8估计出权益成本。第二个方面是这些协同效应都来自印度；我们将在权益风险溢价上加上第 4 章估计的印度国家风险溢价 4.51%。最后，我们假设 Sensient 将会保持其负债资本比率 28.57%，负债的美元成本为 5.5%，边际税率为 37%。

$$\text{以美元衡量的权益成本} = 3.5\% + 0.813\,8 \times (6\% + 4.51\%)$$
$$= 12.05\%$$

$$以美元衡量的负债成本 = 5.5\% \times (1-0.37) = 3.47\%$$

$$\begin{aligned}以美元衡量的资本成本 &= 12.05\% \times (1-0.285\,7) + 5.5\% \times (1-0.37) \\ &\quad \times 0.285\,7 \\ &= 9.60\%\end{aligned}$$

因为现金流是以卢比的形式表示的，所以我们通过预期印度的通胀率3%和美国的通胀率2%，将以美元衡量的资本成本转化为以卢比衡量的资本成本。

$$\begin{aligned}以卢比衡量的资本成本 &= (1+资本成本_{美元}) \times \frac{(1+通胀率_{卢比})}{(1+通胀率_{美元})} - 1 \\ &= 1.096 \times \frac{1.03}{1.02} - 1 = 10.67\%\end{aligned}$$

我们可以用这个资本成本对协同效应的现金流进行折现。其中，协同效应的现金流是从第4年开始的。

$$\begin{aligned}协同效应的价值_{第3年} &= \frac{预期的现金流_{第4年}}{资本成本 - 增长率} \\ &= \frac{1\,500}{0.106\,7 - 0.04} = 22\,476\ 百万卢比\end{aligned}$$

$$\begin{aligned}今天协同效应的价值 &= \frac{协同效应的价值_{第3年}}{(1+资本成本)^3} \\ &= \frac{22\,476}{(1.106\,7)^3} = 16\,580\ 百万卢比\end{aligned}$$

在例5—15中，我们估计出不考虑协同效应时Sensient技术公司的权益价值为11.07亿美元。用汇率47.5卢布/美元，我们将协同效应的价值转化为美元的形式，由此估计出塔塔化学公司支付给Sensient权益的总价值为：

$$以美元衡量的协同效应价值 = 16\,580/47.50 = 349\ 百万美元$$

$$\begin{aligned}\text{Sensient}\ 技术公司的价值 &= 1\,107 + 349 \\ &= 1\,456\ 百万美元\end{aligned}$$

由于Sensient的权益的交易价格为11.5亿美元，所以塔塔化学公司可以为Sensient的权益支付高达3.06亿美元的溢价并且还能从并购中获得价值的增加。

为什么收购方支付过多？一个行为学视角

有大量证据表明，收购方对目标公司的支付价过高，并且该过程中的协同效应被高估。对于并购的学术研究表明，在所有的并购中，收购公司的股价在并购公告时下降。另外，毕马威公司和麦肯锡公司都对并购进行了研究，结果发现在并购后的年份里几乎不存在协同效应。

过度支付现象的普遍存在以及过度支付的大额幅度表明了两个问题。第一个问题，并购分析的过程是有缺陷的，那些从交易中获得巨大收益的人（投资银行家）应当对是否应当进行收购的分析负责。但是，这也不能减少并购公司经理的责任。这些经理似乎漫不经心地花费着股东的钱，但这也不足以解释他们的行为。有三个原因可对该现象做出解释：

（1）狂妄自大。罗尔（1986）认为，管理者的狂妄自大解释了并购中的过度支付行为。并购企业的经理人在对目标公司的估值中犯错，而他们傲慢的态度又使他们不承认这些错误。[①]

（2）过度自信。过度自信也会让经理人高估并购中产生的现金流，并且该影响可能更为严重。[②] 研究表明，并购方的经理似乎是经理人群体中最过度自信的。

（3）锚定效应与参照物效应。并购方的经理与目标企业的股东在对目标企业的价格进行谈判时，会将并购方提出的价格与所谓的“参照点”作比较，而这个“参照点”通常与目标企业的内在价值毫无关联。沃格勒、潘和贝克（Wurgler，Pan，and Baker 2008）指出，当前目标企业的股价是参考点之一，而过去52周股价的最高点是更常用的参考点。[③] 事实上，他们的证据表明，并购的支付价与公允价值相关性不高，而与过去52周的最高价更相关。

我们怎样才能减少并购中支付价过高的问题呢？首先，我们需要对并购的程序进行改革，将交易制定实施与交易分析分开。其次，我们必须在并购过程中给股东更大的话语权。如果董事会不能完成其监督的责任，那么应当允许并购企业的最大股东参与议价过程，并且赋予这些股东代表提出关键假设和预测的责任。最后，对于那些努力通过并购的经理，他们有责任努力完成产生预计现金流的任务。

隐含在项目中的期权

我们在第5章中考察了项目分析以及决定是否接受该项目的过程。具体而言，我们指出，只有在项目的收益率超过必要收益率时，才应当接受该项目；如果给定了现金流与折现率，这个原则就变成，由此计算出的项目的净现值必须为正。传统的投资分析是以项目的预期现金流与折现率作为考察基础的，不会考虑到项目中通常包含的期权。

在这一节，我们首先介绍什么是期权，为什么期权很重要。接着，对隐含在资本预算项目中的三种期权进行分析。第一种是推迟项目的期权，尤其当企业对该项目拥有专有权时。第二种是对某项目进行扩张以便在未来包含新产品与占据新市场的期权。第三种是在现金流不符合预期时放弃项目的期权。这些一般被称为实物期权，因为这些期权的标的资产为实物资产（项目）而不是金融资产。对于三种期权的每一种，我们都会在期权的估值过程中以及如何使用期权定价模型对它们进行估值的具体细节上给出一些直

① Richard Roll，“The Hubris Hypothesis of Corporate Takeovers，” *Journal of Business* 59：197－216.

② J. Graham，C. Harvey，and M. Puri，“ Managerial Attitudes and Corporate Actions，” Duke University working paper，2008.

③ M. Baker，X. Pan，and J. Wurgler，“The Psychology of Pricing in Mergers and Acquisitions，” working paper，ssrn. com，2009.

观的解释。附录 4 包含了与这些模型有关的更多细节。

期权的描述及价值决定因素

期权是价值派生于另一种资产的资产。其中，被依赖的资产被称为标的资产，而期权的现金流回报视标的资产的价值情况而定。期权可以被划分为两种：看涨期权与看跌期权。如果你持有看涨期权，你就拥有以固定的价格购买标的资产的权利，其中该固定价格被称为执行价格。如果你持有看跌期权，你就拥有以固定的价格出售标的资产的权利。作为期权的持有者，你拥有的是购进或售出某种标的资产的权利（而不是义务），所以只有行权对你有利时，你才会执行该权利。在看涨期权中，只有当标的资产的价格比执行价格高时，你才会行权；而在看跌期权中，只有当标的资产的价格比执行价格低时，你才会行权。

就如同附录 4 中所解释的，期权的价值最终依赖于六个变量：标的资产价值、标的资产波动性、标的资产预期股利、执行价格、期权期限与利率水平。就算不对期权定价模型进行仔细的研究，我们还是要注意到传统资产或项目的定价与期权定价的差别。差别的第一个方面是，传统上可以通过按风险调整后的折现率对资产预期现金流进行折现从而得到资产的价值，而期权是以超过执行价的溢价来进行定价的。溢价的多少取决于期权持有者是否行权以及何时行权的选择。差别的第二个方面是，增大的风险与不确定性会减少传统资产的价值却会增大期权的价值。这是因为期权的持有者并不会被强制行权，他们保存了价格上升的潜力却不会遭受价格下降的风险。

这两方面的差别使得介绍期权这部分内容是必不可少的。如果某投资包含有期权，传统的净现值方法就会忽略期权溢价的部分，从而低估投资的价值。另外，随着投资项目风险的增大，即使投资的其他部分价值在减小，投资的期权部分也可能会受益。

推迟项目的期权

典型的方法是，根据项目的预期现金流与分析期间的折现率对项目进行分析；以此为基础计算的净现值衡量了项目的价值，以及在当时来说是否应当接受该项目。但是，预期的现金流与折现率会随着时间的推移而变化，净现值也会随着时间的推移而变化。因此，一个净现值为负的项目在未来可能产生正的净现值。在充满竞争性的环境中，个别企业在项目上相比其竞争对手没有特别的优势，这可能并不那么重要。在一个某项目只由一家企业运营的环境中（由于对竞争对手的法律限制以及其他的进入壁垒），项目价值随着时间变化的过程使得项目拥有了看涨期权的特征。

推迟项目的期权描述

抽象来说，假定某项目需要的初始投资为 X，现在计算出来预期现金流的现值为 V。该项目的净现值是 X 与 V 之间的差额：

$$NPV = V - X$$

现在假定，企业在未来 n 年里对该项目拥有专有权，由于现金流与折现率的变动，项目现金流的现值也可能随时间而发生变动。因此，项目可能现在有着负的净现值，但是如果企业继续等待的话，该项目也可能变成一个好的项目。将 V 定义为现金流的净现值，企业在该项目上的决策准则可以总结如下：

如果 $V>X$，项目有着正的净现值

如果 $V<X$，项目有着负的净现值

这种关系可以在项目的现金流图中展示出来，如图 6—10 所示。其中，假定企业一直将项目推迟，直到企业拥有了对该项目的专有权时，才开始对项目进行投产。

请注意，图 6—10 是看涨期权的回报图——标的资产是该项目，期权的执行价格是该项目所需的投资额，期权的期限是企业对该项目拥有权利的期限。项目所产生的现金流的现值与该现值的预期方差代表了标的资产的价值与方差。

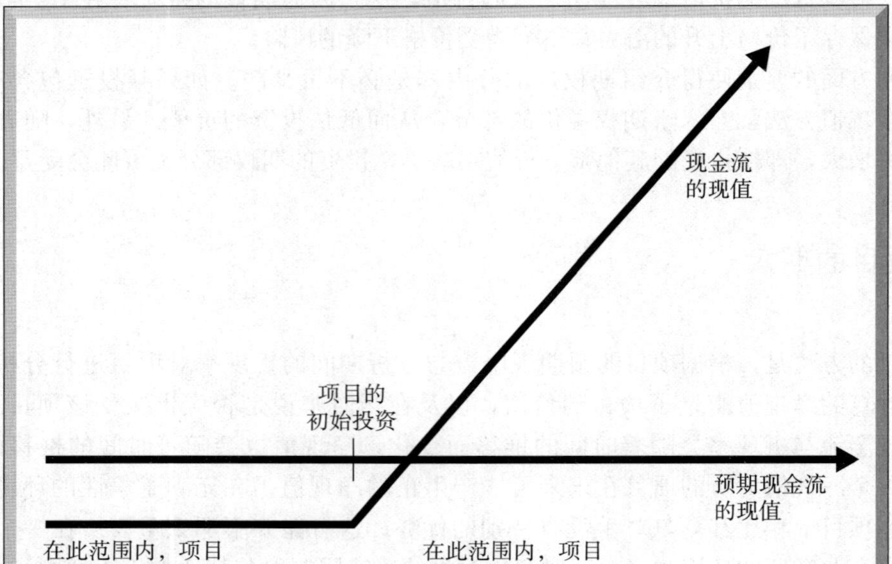

图 6—10 推迟项目的期权

推迟项目的期权定价

从表面上看，利用期权定价模型对推迟项目的期权进行定价所需要的投入变量与其他任何应用中的期权定价所需要的变量是一样的：标的资产的价值、价值的方差、期权的到期日、执行价格、无风险收益率，以及等价的股利收益率。然而，实际上很难在实物期权定价中估计出各种投入变量。

标的资产的价值

在实物期权的例子中，标的资产就是项目本身。该资产的当前价值是从现在开始该项目预期现金流的现值，这个数值可以通过标准的资本预算分析得到。但是，在现金流和现值的估计中可能存在大量的估计误差。与其将这种不确定性视为一个问题，倒不如将它视为推迟项目的期权之所以存在价值的原因。如果确定地知道项目的现金流，那么就没有必要采用期权定价了，因为此时不存在期权的价值。

资产价值的方差

就如上一部分所示，在对现金流的估计中以及用现值衡量资产价值时可能存在大量的不确定性，部分原因是产品潜在的市场规模可能是未知的，部分原因是技术变化可能会改变产品的成本结构与利润率。来自项目的现金流现值的方差可以用如下三种方法中的一种来估计。第一种方法是，如果过去存在类似的项目，就用类似项目的现金流方差作为当前项目现金流的方差。第二种方法是，可以对各种市场情景赋予相应的概率，估计出每种情景下的现金流，然后估计出现值之间存在的方差。最后一种方法是，可以利用项目所在行业上市公司的企业价值的平均方差。因此，对于一个推迟生物技术项目的期权来说，可以将生物技术公司的企业价值的平均方差作为该期权的方差。

期权的价值很大程度上来源于现金流的方差——方差越大，项目推迟的期权价值越大。因此，稳定行业的项目的期权价值比那些技术、竞争以及市场变化很快的环境下的项目的期权价值要小。

网上的数据集包含了按照行业划分的美国公司的价值与股票价格的方差。

期权的执行价格

当拥有项目权利的企业决定对项目进行投资时，推迟项目的期权就被执行了。进行投资的成本也就是期权的执行价格。为了简化，最好假定该成本保持不变，即是一常数（以美元现值的形式），并且任何与产品有关的不确定性都反映在产品现金流的现值里。

期权的到期日与无风险收益率

当企业失去了对项目的权利时，推迟项目的期权就到期了。假定在项目权利到期后的投资产生的净现值为 0，因为竞争使得收益率降到必要收益率的水平。期权定价中的无风险收益率应当为期权到期时对应的无风险收益率。

股利率

一旦净现值变成正的，如果再推迟项目的投资就会产生成本。因为在一个固定期间后项目的权利到期，假定超额利润在到期时由于新的竞争对手的出现而消失，每推迟一年也就是减少了一年创造价值的现金流。① 如果现金流是分布在各期间的，且期权的期限是 n 年，可以将推迟的成本写成：

$$\text{推迟的年成本} = \frac{1}{n}$$

因此，如果企业对项目的权利为 20 年，那么可以计算出每年推迟的成本为 5%。

6.7 推迟与提前行权的成本

对于一个典型的金融资产来说，可以认为，更早行权几乎不可能是最优行为。对于实物期权也是如此吗？请解释。

a. 是的。

b. 不是。

【例 6—9】 对专利权进行定价

假设一家医药公司正与一个拥有一种治疗溃疡药品专利权的企业家进行接触。该企业家已经得到了食品及药物管理局的批准，拥有了对该药品此后 17 年的专利权。虽然这种药品充满前景，但是生产药品的成本还是很高，并且市场份额相对也比较小。假定生产该药品的初始成本为 5 亿美元，现在推广该药品产生的现金流的现值为 3.5 亿美元。这种药物的技术与市场的波动性都很大，从模拟中估计出年现值标准差为 25%。②

尽管推广该药品的净现值为负数，但是这种药品的专利权可能还是有价值的，因为现金流的现值存在波动。换句话说，完全可能发生以下情况，即该药品不但可行，并且从现在开始的一两年里会获得相当大的利润。为了对这种权利进行定价，我们首先确定出期权定价模型中的投入变量：

标的资产的价值(S) = 如果现在实施该项目可以得到的现金流的现值
= 3.5 亿美元

执行价格(K) = 推广产品所需要的初始投资 = 5 亿美元

标的资产价值的方差 = $(0.25)^2 = 0.0625$

距离到期日的时间 = 专利权的期限 = 17 年

推迟的成本(期权模型中的股利率) = 1/ 专利权的期限 = 1/17
= 5.88%

① 创造价值的现金流是增加净现值的现金流，因为它是对等风险投资的超额回报。

② 通过这种模拟方法得到项目的预期价值为 3.5 亿美元，标准差为 25%。

假定 17 年期的无风险收益率为 4%。期权的价值可以估计如下：

$$\begin{aligned}看涨期权的价值 &= 350\exp^{(-0.0588)\times 17}\times 0.5285-500\exp^{(-0.04)\times 17}\times 0.1219\\ &= 3\,712 万美元\end{aligned}$$

因此，虽然现在推广这种治疗溃疡的药物的净现值为负，但是该药品对其所有者而言还是有价值的。

6.8 你会为这种期权支付多高的价格？

假定你正在为医药公司就购买这种专利权的事项进行谈判。你会支付多少价格？

a. 3 712万美元。

b. 多于3 712万美元。

c. 少于3 712万美元。

请解释。

直觉上的意义

从对推迟项目的期权的分析中，可以得到很多有趣的推论。第一，一个项目以当前预期的现金流为依据可能得到负的净现值，然而，由于期权的特征，拥有该项目的权利可能还是有价值的。因此，虽然在净现值为负时应当鼓励企业拒绝该投资或者该技术，但是不应当得出拥有该项目的权利是无价值的这一结论。第二，一个项目可能有正的净现值，但是还是不应当立即接受该项目，因为企业也许能通过等待并且在未来接受该项目的方式获得更多的收益。出于同样的原因，投资者不应当因为手上正好有资金就总是行权。这种情况很容易发生在企业在很长一段时间内拥有该项目的权利并且项目现金流的方差很高时。比如，假定企业拥有生产一种新型电脑系统的磁盘驱动器，并且建立新的厂房可以立即产生正的净现值。然而，如果生产磁盘驱动器的技术在不断变化，企业应当推迟该项目同时希望不断改进的技术可以提高预期的现金流以及项目的价值。

扩张项目的期权

在一些情况下，企业对项目进行投资的原因是，只有在投资之后才能在未来进行其他的投资或者进入其他的市场。在这种情况下，可以认为初始投资包含了企业进行扩张的期权，因此企业愿意为这样的期权支付价格。如果你能按先后顺序考虑项目，就最容易理解这种期权的含义。初始投资不是一个期权，并且很可能产生负的净现值。但是，进行了初始投资后，企业就有了进行第二步投资的机会——扩张到新的市场或者引进新的产品。企业可以选择利用这种机会，也可以选择忽视这种机会，但是拥有的选择却赋予第二次投资期权的特征。

对扩张期权进行描述

为了采用统一的框架来考察扩张期权，我们假定扩张到新的市场或者采纳新的项目的预期现金流的现值为 V，进入新市场或者采纳新项目所需要的总投资为 X。另外，我们假定企业有固定的时间期限，到期末企业必须做出是否进行扩张投资的最终决策。最后，假定企业如果不进行初始项目的投资就不会拥有这个机会。这种情景下的回报情况如图 6—11 所示。

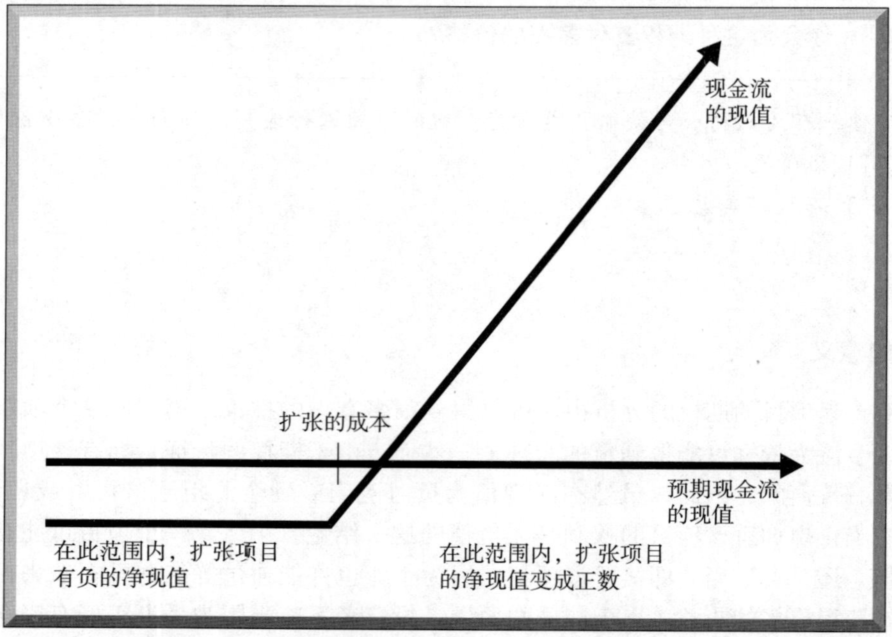

图 6—11　扩张项目的期权

从图 6—11 中可以看到，到固定时间期限的期末时，如果在该点预期现金流的现值超过了进入市场的成本，企业将会扩张到新市场或者采纳新的项目。

对扩张期权进行定价

为了了解如何估计出扩张项目的价值，让我们先来看看通常有这种期权的两个项目。第一个项目通常有负的净现值并且被视为糟糕的投资。第二个项目有机会对第一个项目加以扩张。第二个项目就是这种权利的标的资产。期权价值估计中的投入变量确定如下。

如果你现在对第二个项目进行投资，得到的现金流的现值就是标的资产的价值——在期权定价模型中用 S 表示。

● 如果扩张项目存在大量的不确定性，那么现值的波动性就更大，并且现值随着环境的变化而变化。可以使用这种现值的方差对扩张期权进行估值。因为项目没有在市场上交易，所以必须通过模拟的方法或者利用同行业上市公司的企业价值的方差对项目的方差进行估计。

● 如果现在开始扩张项目，你预先花费的成本就是执行价格。

● 很难对期权的期限进行估计，因为通常不存在外界规定的执行期限。在对扩张期权进行估值时，期权的期限是由企业自己内部确定的。例如，一家企业在中国进行了一个小规模的投资，该企业可能自己设定的约束是，要么在五年内进行扩张，要么就退出市场。为什么这样设定呢？可能因为企业考虑到维持小规模市场的成本，也可能因为企业必须将稀有资源分配到其他地方。

与其他的实物期权一样，一旦扩展是可行的，也可能存在等待的成本。该成本可能是由于没有采纳扩张项目所失去的现金流，也可能是企业在做最终决策时被施加的成本。例如，企业在做出最终的决策前可能每年不得不支付一定的费用。

【例 6—10】　扩张期权的估值——迪士尼娱乐部门

假定迪士尼正在考虑投资 1 亿美元来开通迪士尼的一个西班牙语频道从而满足不断增长的墨西哥市场的需求。假定对该投资的现金流的分析表明，来自该投资的现金流的现值只有8 000万美元。因此，就这个项目本身而言，新频道有负的净现值——2 000万美元。

在这个分析中必须考虑的一个因素是，如果墨西哥市场变得比当前的预期更加有利可图，迪士尼可以将该频道扩展到整个拉丁美洲，并且在未来十年内的任何时点进行投资需要增加的投资为 1.5 亿美元。虽然当前在拉丁美洲的预期是迪士尼频道只会产生 1 亿美元的净现值，但是在频道以及市场本身的形态上有相当大的不确定性，这就导致估计中存在相当大的方差。

现在可以估计出扩张项目的价值了。期权定价模型的投入变量如下所示：

标的资产的价值(S) = 如果现在向拉美市场扩张所能得到的净现值
= 1 亿美元

执行价格(K) = 向拉美市场进行扩张的成本 = 1.5 亿美元

我们将拉美市场上娱乐行业上市公司的企业价值年化的标准差作为该项目价值的标准差，大约为 30%。

标的资产的方差 = $0.30^2 = 0.09$
距离到期的时间 = 扩张项目适用的期限 = 10 年

假定无风险收益率为 4%。扩张期权的价值可以估计如下：

$$看涨期权的价值 = 100 \times 0.6803 - 150\exp^{(-0.04)\times 10} \times 0.3156$$
$$= 3\,630 万美元$$

换句话说，即使扩张机会在今天的净现值只有−5 000万美元，但是进行扩张的期权价值却有3 630万美元。因为这种期权的存在依赖于对西班牙语频道的初始投资，可以在初始投资的净现值−2 000万美元上加上期权的价值。

$$位于墨西哥的迪士尼频道的净现值 = 80 百万美元 - 100 百万美元$$
$$= -20 百万美元$$

扩张期权的价值 = 36.30 百万美元

包含扩张期权的该项目的净现值=−20 百万美元+36.3 百万美元

= 16.3 百万美元

所以，迪士尼应当对墨西哥的项目进行投资，因为扩张到拉美市场的期权价值对位于墨西哥的项目的净现值进行补偿之后还有剩余。

测试扩张期权是否有价值

并非所有的项目都隐含期权，即使一些项目存在期权，也不是所有的期权都具有价值。为了评估投资是否能创造有价值的期权，我们需要理解以下三个关键问题。

(1) 初始投资是否是后来投资/扩张的前提? 如果不是，初始投资对于后来的投资/扩张的必要性如何？考虑一下我们之前对专利权和未开发的石油资源期权价值进行的分析。如果企业不进行研发投资或者不向其他企业购买专利权，就不可能产生专利权。另外，企业如果不在政府拍卖上进行投标或者从其他石油公司中购买开采权，就不会对未开发的石油储备享有权利。显然，企业必须进行初始投资之后（将资金投入到研发活动中，在拍卖中竞标）才能进行第二步的投资。现在考虑一下迪士尼对西班牙语频道的投资，假定没有该投资，迪士尼不可能向更大的拉美市场进行扩张。与专利权及未开发资源的案例不同的是，该初始投资并非第二步投资的前提条件，尽管管理层认为初始投资是第二步投资的先决条件。当我们在考察某企业并购其他企业并且希望拥有进入一个大规模市场的期权时，这种联系越弱，期权的价值就越低。收购一家互联网服务的提供商以在网上零售市场上占有一席之地，或者购买中国的啤酒厂以便拥有进入中国啤酒市场的选择权，这些例子中的期权的价值都比较低。

(2) 企业对后来的投资/扩张是否拥有专有权? 如果没有，初始投资为企业后续投资提供了显著的竞争优势吗？期权的价值最终不是来源于后续项目产生的现金流，而是来自这些现金流带来的超额收益。第二次投资产生超额收益的可能性越大，扩张期权的价值就越大。产生超额收益的潜力与第一次投资为企业在后续投资中带来的竞争优势密切相关。考虑一个极端情况，在研发活动中进行投资以掌握专利权。专利权给了企业生产产品的专属权，并且如果市场的潜力很大，专利权还给了企业从项目中获得超额收益的权利。另一个极端是，企业在后续投资中没有任何竞争优势。在这种情况下，这些投资中是否存在超额收益就值得怀疑了。实际上，大多数投资落在这两种极端情况之间。其中，竞争优势越大，超额收益越大，期权价值也越大。

(3) 竞争优势能维持多久? 在竞争性的市场中，超额收益吸引了竞争者的到来，并且竞争使得超额收益渐渐消失。企业占有的竞争优势越持久，初始投资隐含的期权价值就越大。竞争优势的持久性是两种力量的函数：第一种是竞争的性质。在其他条件保持相同的情况下，竞争优势在存在攻击性很强的竞争对手的行业里消失得更快。第二种是竞争优势的性质。如果企业控制的资源是有限的和稀有的（如同自然资源储藏与空置土地的例子），竞争优势可能会更持久。另外，如果竞争优势来自成为市场先行者或者来自专门的技术，很快就会遭到攻击。在期权价值中反映这一竞争优势的最为直接的方法是期权的期限。可以将期权的期限设定为竞争优势的期间，只有在这段期间内产生的超额收益才会计入期权的价值中。

实际情况的考虑

在对扩张期权的价值进行估计时考虑的实际问题与在对推迟期权的价值进行估计时考虑的实际问题相似。在大多数情况下，有扩张期权的企业在做出扩张决策时没有特定的时间界限，使这些期权成为开放式的期权，至多是有任意期限的期权。即使在一些情况下，可以估计出期权的期限，但是不知道产品的规模，也不知道其产品的潜在市场。无论是对产品的规模进行估计还是对其潜在市场进行估计都是存在问题的。为了对此解释清楚，我们来看看迪士尼扩张的例子。我们采用的期限是 10 年，在第 10 年年末迪士尼必须决定向拉丁美洲扩张的方式，但是这个时间完全可能不是新店开张的具体时间。进一步地，我们假定在最初就知道扩张项目的成本与现值。事实上，企业在开始设立西班牙的有线频道前对扩张项目的成本与现值都不能做出好的估计，因为企业并没有关于潜在市场的太多信息。

直觉上的意义

扩张期权被企业用于证明采纳某些净现值为负的项目是合理的，因为这些项目能给企业带来很大的进入新市场或者销售新产品的机会。虽然期权定价的方法通过估计出期权的价值使得这一论断更加严密，但是这也让我们了解到最有价值的一些情况。那些项目收益较高、行业波动较大（例如生物技术或计算机软件行业）的扩张期权比那些项目收益较低、行业波动较小（例如房地产、化学或汽车行业）的扩张期权的价值要高。

可以说研究开发是这一方法的典型应用。对研发活动的投资是合理的，因为研发活动为未来出现的新产品提供了基础。但是，更多的企业拒绝为这种研发活动花费更多资金的理由是，它们希望投资项目能获得更高的回报。

企业在研发活动市场上花费了大量的资金，当它们对这些费用进行评估时，通常会感到存在问题，因为这些费用的回报通常体现在未来的项目里。同时，很有可能在花费了这些资金之后，产品或项目被证明不可行；结果，这些支出将被视为沉没成本。事实上，可以认为，那些从研发活动中产生的专利权或专业技术都有看涨期权的特征，在研发活动上的花费就是看涨期权的成本，并且由此产生的专利权就提供了这种期权。

这种对研发活动的观点具有丰富的逻辑意义。第一，如果企业拥有波动较大的技术或者处在波动性较大的行业中，研发活动的支出会为企业带来更高的价值，因为产品或项目中更大的现金流方差使得看涨期权的价值更高。因此，医药企业应当将其研发活动放在那些未知性与不确定性更大的领域，比如基因治疗领域，而不应该放在更稳定的领域。第二，研发的价值与花费在研发活动上的最优资金量会随着行业性质的变化而变化。一个最好的例子就是医药行业。在 20 世纪 80 年代，随着医疗保健行业的扩张，医药公司在研发上花费了大量的资金并且在新产品上获得了高额的回报。但是到了 20 世纪 90 年代，随着医疗保健的成本趋于平稳以及行业的成熟，很多医药公司发现它们不能在研发上获得与之前同样的回报，于是开始削减研发支出。

6.9 研发支出与期权定价

如果我们将研发支出作为获得期权的成本（如产品专利），那么在以下何种领域进行研发活动产生的价值最大？

a. 那些技术稳定并且成功的可能性更高的领域。

b. 那些技术波动大并且成功的可能性更低的领域。

c. 以上都不是。

请解释。

实践：战略上的考虑是期权吗？

很多企业会碰到一些不能达到它们财务标准的项目，但是这些企业会说，出于战略上的考虑，无论如何都要采纳该项目。换句话说，它们认为，这些项目将会有助于完成企业的其他目标或者可以让企业进入其他市场。虽然我们对于这些项目是合理的论断已经听腻了，但是在一些情况下，这些战略上的考虑确实指的是隐含在项目中的期权——生产新产品与开拓新市场的机会。

以迪士尼频道扩展到墨西哥以及拉美市场的项目为例，根据传统的资本预算分析，该项目的净现值为负，但是还是应当采纳该项目，因为它给了迪士尼进入潜在有利市场一个期权。迪士尼也会用出于战略考虑的论断来为接受该项目进行辩护。

使用期权定价与出于战略考虑的主张的差异如下：

● 期权定价只会让企业的一部分出于战略考虑的主张有价值。例如，进入拉美市场的期权存在价值，因为进入该市场的价值方差较大，并且迪士尼必须在获得该期权之前采纳一个较小的项目（对墨西哥市场的风险投资）。但是，出于战略上的考虑定义得不清晰，并且没有什么专属性，比如战略上的考虑会提到“公司愿景”或“增长潜力”等，而这些从期权定价的角度来看可能并没有什么价值。

● 期权定价尽量使战略上的考虑存在价值。因此，存在战略上的考虑并不意味着就应当采纳该项目。在迪士尼的这个例子中，如果进入拉美市场的期权价值小于2 000万美元，就不应当采纳该项目。

放弃项目的期权

考虑的最后一个期权是当项目的现金流不能达到预期时放弃该项目的期权。通常而言，可以选择在以后放弃项目的期权会使该项目对于投资者更有吸引力。

放弃期权描述

为了对放弃期权进行解释，假定你已经投资了一个项目，如果使该项目持续到最后，项目的价值是V。现在，假定你今天可以放弃该项目，清算价值也就是放弃该项目的价值为L。如果项目的生命期为n年，可以将继续该项目的价值与放弃该项目的价值进行比较。如果继续项目的价值较高，就应当继续该项目；如果继续项目的价值较低，投资者就应当考虑放弃该项目。

如果$V>L$，拥有放弃期权的回报＝0

如果$V\leqslant L$，拥有放弃期权的回报＝$L-V$

拥有放弃期权的回报已经在图 6—12 中表示为预期股价的函数。

与之前的两个例子不同的是，放弃期权具有看跌期权的特征。

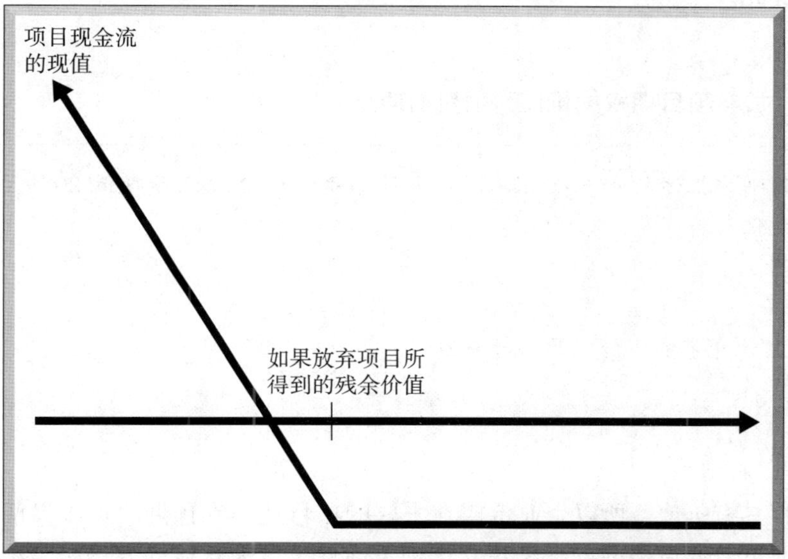

图 6—12　放弃项目的期权

【例 6—11】　对迪士尼的放弃期权进行估值：一项房地产的投资

假定迪士尼正在考虑一个 25 年期的项目，该项目需要的初始投资为 2.5 亿美元，目的是与佛罗里达的房地产开发商建立一种发展分时度假房产的合伙关系，预期项目的现值为 2.54 亿美元。400 万美元的净现值对于这种规模的项目来说小了些，假定迪士尼拥有在任何时候放弃该项目的权利，即将股票在接下的 5 年里以 1.5 亿美元的价格出售给开发商的权利。对这种分阶段投资项目现金流的模拟得到，成为合伙人得到的现金流现值的标准差为 20%。

放弃期权的价值可以通过确定看跌期权的性质估计出来。

标的资产的价值(S) = 项目现金流的现值 = 254 百万美元

执行价格(K) = 放弃项目所获得的残值 = 150 百万美元

标的资产价值的方差 $= 0.20^2 = 0.04$

距离到期日的期限 = 项目的生命期 = 5 年

股利率 = 1/ 项目的生命期 = 1/25

= 0.04（我们假定项目的现值每年下降 $1/n$）

假定 5 年的无风险收益率为 4%。看跌期权的价值可以估计如下：

$$看涨期权的价值 = 254\exp^{(0.04)\times5} \times 0.9194 - 150\exp^{(-0.04)\times5} \times 0.8300$$
$$= 89.27 \text{ 百万美元}$$

$$看跌期权的价值 = 89.27 - 254\exp^{(0.04)\times5} + 150\exp^{(-0.04)\times5}$$
$$= 4.13 \text{ 百万美元}$$

将放弃期权的价值加上项目净现值 400 万美元，得到考虑了放弃期权后的总的净现值为 813 万美元。

6.10 放弃项目期权的价值和项目的期限

考虑一下刚才描述的那个项目，假定项目三年的现金流比预期低 20%。放弃期权的价值会怎样变化？

a. 会上升。

b. 会下降。

c. 可能上升也可能下降，取决于……

请解释。

直觉上的意义

放弃期权具有价值，所以企业希望在采取的项目达不到预期时可以灵活地缩小或终止项目。企业可以通过很多方法来建立这种灵活性。最为直接的方法是与项目的其他参与方签订期权合同。比如，与供应商的合同可以以年为基础而不是以更长的期限为基础。可以雇用一些临时性的员工而不是长期员工。可以采取一些短期租赁的方式租赁项目所用的厂房而不是用购买的方式获得。可以分步完成财务投资而不是一开始就投进大量数额。虽然建立灵活性是有成本的，但是由此得到的好处会更多，尤其是在波动性较大的行业里。放弃期权对于那种投资于大型项目的小规模企业是非常有价值的，在这种情况下，对于项目的投资可能占企业资本相当大的比例。

评估现有项目的质量

企业是由当前资产（也就是已经做出的投资）与增长性资产（也就是新的投资）组

成。本书最后两章的内容将会讨论增长性资产，但是我们也可以用分析新投资的技术来对现有投资做出评价。但是有一个地方需要注意。在现有项目中，有一些现金流是在过去发生的，有一些现金流将会在未来发生。我们可以利用过去的现金流了解这些投资，但这些都是沉没成本，不应当影响到未来是放弃还是继续该项目的决策。在这一部分，我们首先考察用来评估现有投资的现金流技术，然后再考察诸如权益收益与资本收益等会计收益如何也能发挥作用。最后，我们将投资收益率与企业的竞争优势与管理质量联系起来。

分析过去的项目

我们可以考察企业投资产生的实际现金流并且衡量出相对于项目初始投资的收益率，以此对过去项目的业绩进行分析。可以衡量出项目的会计收益，也可以衡量出项目的净现值和内部收益率。

虽然对这些指标进行估计的方法与我们在新项目中所用的方法一样，但是得到的数值有不同的含义。首先，新项目的净现值衡量的是企业今天进行该投资能为企业增加的价值，与此不同的是，旧项目的净现值是历史的数字。从某种意义上来说，这是一种事后检查。如果计算的净现值为负，企业也不能让该项目的投资退回去，但是能够从这种错误中学习。如果净现值是正的，该项目对于企业价值的影响也已经过去了。其次，新项目的净现值是以预期为基础的，与此不同的是，现有项目的净现值是以过去的数值为基础的。

分析进行中的项目

正在进行中的投资指的是，投资中的部分现金流已经发生，部分现金流将在未来发生。对于过去投资的评估是一种事后检查，而对于正在进行的项目的评估能够帮助我们回答是应当继续投资还是应当终止的问题。在此过程中，必须估计出现有项目的增量现金流。因此，如果企业正在考虑终止该项目，增量现金流就是企业预期继续该项目得到的现金流与终止该项目失去的现金流的差额。如果企业已经对项目投入了一些资金，由于合同上或法律上的原因，终止项目可能节省不了多少资金。

如果能估计项目的增量现金流并且按适当的折现率进行折现，企业就能做出是应当继续该项目、清算该项目还是剥离该项目的决策。举例来说，假定你正在分析一个 10 年期的项目，该项目还有 2 年就到期，现金流如图 6—13 所示。

具体来说，以下的一般决策原则应当适用于以下情况：

- 如果预期未来现金流的现值为负，并且也不存在第三方收购项目的要约，就应当对该项目进行清算。

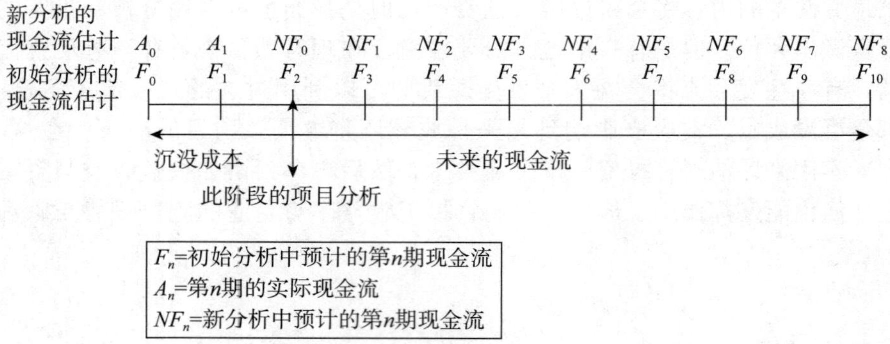

图 6—13　对现有项目的分析

$$\sum_{t=0}^{t=n}\frac{NF_n}{(1+r)^n}<0 \quad \text{对项目进行清算}$$

其中，r 是折现率，根据分析期间的风险得到。

● 如果预期未来现金流的现值为正但是小于对项目清算得到的残值，就应当对该项目进行清算。

$$\sum_{t=0}^{t=n}\frac{NF_n}{(1+r)^n}<\text{残值} \quad \text{终止该项目}$$

其中，r 是折现率，根据分析期间的风险得到。

● 如果预期未来现金流的现值为正而且有第三方想购买该项目并提出一个更高的价格，就应当剥离该项目。

$$\sum_{t=0}^{t=n}\frac{NF_n}{(1+r)^n}<\text{剥离的价值} \quad \text{对该项目进行剥离}$$

● 如果预期未来现金流的现值为正（即使该现值比预期的现值以及初始投资都要低很多），并且不存在报出更好价格的第三方，就应该继续该项目。

$$\sum_{t=0}^{t=n}\frac{NF_n}{(1+r)^n}>0>\text{剥离的价值} \quad \text{继续该项目}$$

企业不应当仅仅因为项目的实际收益达不到预计值或者达不到初始投资就对项目进行清算或剥离。当且仅当预期继续该项目的增量现金流的现值小于项目的残值或者剥离价值时，才应当对项目进行清算或剥离。

【例 6—12】　迪士尼的加州冒险公园：终止，继续，还是扩张？

迪士尼在 2001 年新开了迪士尼加州冒险公园，位于阿纳海姆的迪士尼乐园旁边。迪士尼花费了大约 15 亿美元来建造这个公园，该公园混合了云霄飞车、加州历史与电影的怀旧之情。迪士尼最初预计迪士尼乐园中 60%的游客会到冒险公园来玩，那么就会每年创造 1 亿美元的税后现金流。

到 2008 年年底，很明显，冒险公园的经营表现达不到预期。在 2007 年有1 500万人参观了迪士尼乐园，其中只有 600 万人（约为 40%）到冒险公园游玩，并且从 2001 年到 2007 年平均的增量税后现金流只有 0.5 亿美元。在 2008 年年初，迪士尼面临三个选择。

（1）关闭迪士尼冒险乐园并且尽量收回其初始投资。估计迪士尼至多可以收回初始投资 5 亿美元（可以出售公园，也可以将公园关闭）。

（2）继续运营，认识到未来的现金流实际更接近于 0.5 亿美元而不是初始的预计值。

（3）对公园进行扩张和改造，希望改造后的公园对迪士尼乐园的游客来说更有吸引力。另外投资 6 亿美元，希望之后能够增大对有小孩家庭的吸引力，预计可以吸引过来的迪士尼乐园游客由 40%上升到 60%（也就是从 0.5 亿美元上升到 0.8 亿美元）。

对该投资进行评价的第一步是估计出如果继续冒险公园项目所带来的现金流。我们假定当前的税后现金流 0.5 亿美元将是永续的，每年以通胀率 2%增长。用主题公园的资本成本 6.62%（来自第 4 章）来折现，得到按现状继续该项目的价值。

$$\text{冒险公园的价值} = \frac{\text{下一年的预期现金流}}{\text{资本成本} - \text{增长率}} = \frac{0.5 \times 1.02}{0.0662 - 0.02}$$
$$= 11.03 \text{ 亿美元}$$

请注意，维持现状的价值远远低于该项目的初始投资 15 亿美元，表明迪士尼完全不应该修建这个公园，至少从事后来看是这样的。现在放弃该项目对错误的修补也无济于事，因为放弃后，迪士尼只能从初始投资中收回 5 亿美元。现金流的价值虽然低于预期，但还是比剥离价值或残值要高，所以继续该项目比结束该项目能带来更多的价值。

我们来考虑迪士尼公司是否应该对冒险公园扩大投资，在前期投资的基础上再投资 6 亿美元将带来更多的参观者，同时现金流将由 0.5 亿美元增加到 0.8 亿美元。采用统一的通胀率和资本成本，我们得到对该项目扩张的现值：

$$\text{扩张的价值} = \frac{\text{下一年的增量现金流}}{\text{资本成本} - \text{增长率}} = \frac{0.3 \times 1.02}{0.0662 - 0.02}$$
$$= 6.62 \text{ 亿美元}$$

因为现金流的现值超过了扩张的成本，我们建议迪士尼不仅应当继续对于冒险公园的投资，并且应当对公园进行扩张。

难以放弃：一个行为学视角

什么时候继续项目、什么时候扩展项目以及什么时候结束项目，其判断准则都是相当简单的，其中所有的决策都是以增量现金流为基础。然而，实际上，企业让糟糕的项目持续的时间太长了，并且通常进行更多投资来使这些项目得以继续，这些行为都有人类心理上的根源。为什么放弃差的项目是如此困难？斯塔特曼（Statman）和考德威尔（Caldwell）提供了三个行为学上的原因来解释。

（1）心理账户与经济核算。在经济核算中，我们只需要考虑增量的盈利和现金流并且按照传统财务书中的准则来做就行。在心理上，我们会关注沉没成本和已经做出的投资，对于那些花费了大量时间与资源的投资，就很难放手。

（2）后悔厌恶。人们对于未实现的损失与已经实现的损失做出明确区分，并且会更加避免后者。如果结束一个坏的项目就意味着认识到过去的投资是个错误，那么与这种认识相关的后悔心理太大，以至于经理人不去终止该项目。事实上，当经理人感觉到对该投资所具有的个人责任越大、工作越不具稳定性时，这种抵触的心理也越强。

(3) 拖延症。在面对不好的决策时，很自然会拖延，希望有时间和机会让问题消失。

如果不愿意接受错误是人性的表现，那么至少我们可以做三件事来缓解这种趋势。第一，要求对所有的投资定期做出重新评估，比如每两年进行一次。第二，对于何时终止项目的决策做出硬性规定，当项目满足事先确定的某种标准时（比如，低于预期的70%，连续三年损失等）就自动关闭项目。第三，不让那些启动项目或者现在管理项目的人来对该项目进行评估。

分析企业的项目组合

当企业有几十个甚至几百个项目时，对每个项目单独进行分析就变得不现实了。我们认为应当考虑企业当前已经形成的项目组合是否能获得超过必要收益率的收益。在这一节，我们来考察一下分析项目组合的两种方法：一种是以现金流为基础的方法，即我们根据现金流衡量出收益；另一种是以盈利为基础的方法，即我们考察的是会计收益。

现金流分析

我们可以看看企业所有现有投资的组合，计算出这些投资消耗的资金以及它们产生的现金流。这种方法的问题是，不同的项目在不同的时点进行投资，考虑到货币的时间价值，这些现金流不能简单加总。于是，我们要考虑兼顾项目的投资额以及项目投资时间来计算出现金流的收益。

投资现金流收益率（CFROI）衡量的是企业现有项目赚取的内部收益率。可以通过四个变量计算出该指标。第一个变量是企业拥有的资产总投资（GI）。在资产的账面价值上加回折旧就可得到对资产的初始投资。将总的资产转化为以当前的货币衡量的形式，以反映出自购入资产后发生的通货膨胀。

$$\text{总投资} = \text{净资产价值} + \text{资产的累计折旧} + \text{转化为当前货币所做的调整}$$

第二个投入变量是资产在当年所创造的总的现金流（GCF）。这通常被定义为，企业的税后经营利润加上非现金支出。其中非现金支出包括折旧与摊销。经营利润要经过经营租赁以及任何非常性支出或者一次性费用的调整。

$$\text{总的现金流} = \text{调整后的}\, EBIT(1-t) + \text{当年的折旧与摊销}$$

第三个投入变量是在初始投资时对当前资产预期的期限（n），该变量会随着行业的不同而不同，并且反映出资产的盈利年限。到资产生命期期末的预期资产价值（SV），以当前的货币表示，就是最终产出。这通常被认定为初始投资的一部分，比如土地或建筑。通常都不对这些资产进行折旧，仅仅将资产的价值用当前的货币表示出来。

以这些投入变量为基础，可以将资产现金流的时间轴表示为如下形式：

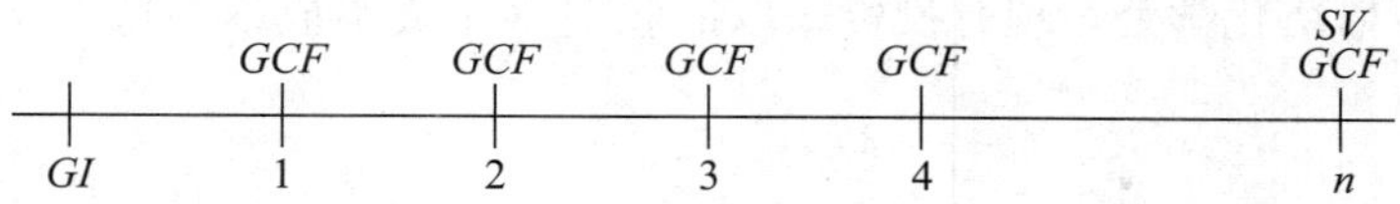

可以将资产的总投资作为初始投资，将总的现金流作为资产所在年限的年金，将资产生命期期末的预期价值作为残值。投资现金流收益率就是这些现金流的内部收益率——也就是让总的现金流与残值的净现值等于总投资的折现率。因此，可以将 CFROI 视为以当前的货币形式表示的内部收益率。将这个内部收益率与企业的真实资本成本作比较，然后判断当前资产在创造价值还是在损毁价值。

【例 6—13】　估计塔塔化学公司的投资现金流收益率

在 2009 年年初，塔塔化学公司资产的账面价值是25 149百万卢比，包括固定资产净值15 126百万卢比和非现金营运资本10 023百万卢比。固定资产的累计折旧为18 424百万卢比。企业赚取的税前经营利润为5 359百万卢比①，并且最近一个财政年度的折旧支出是1 488百万卢比。构成塔塔化学公司现有资产的投资的平均年限为 8 年，估计这 8 年期的通胀率大约为 3%。预期经营资产的剩余年限为 12 年，并且期末的残余价值为当前资产价值的 20%。企业的边际税率为 33.99%。

为了估计出投资现金流的收益率，我们对固定资产作通货膨胀的调整从而估计出总投资，并假定非现金营运资本与融资性租赁已经以现值表示出来。

$$总投资 = (15\,126 + 18\,424) \times (1.03)^8 + 10\,023$$
$$= 52\,523 \text{ 百万卢比}$$

我们在税后经营利润上加回非现金支出，从而估计出总的现金流。

$$总的现金流 = 5\,359 \times (1 - 0.339\,9) + 1\,488 = 5\,025 \text{ 百万卢比}$$

假定残值为总投资价值的 20%：

$$预期残值 = 总投资 \times 0.2 = 52\,523 \times 0.2 = 10\,505 \text{ 百万卢比}$$

我们在资产的现有年限上加上剩余年限，得到资产的总年限。根据这些变量得到内部收益率为 7.78%，这就是投资的现金流收益率。

$$52\,523 = 5\,025\ (\text{年金现值，20 年，}CFROI) + 10\,505/(1+CFROI)^{20}$$

将投资的现金收益率与真实的资本成本作比较，从而对企业的资产是否在创造价值做出评估。塔塔化学公司当前的名义资本成本为 11.44%。已知预期的通货膨胀率为 3%，从而得到真实的资本成本为 8.19%。

$$真实的资本成本 = (1 + 以卢比表示的名义成本)/(1 + 预期卢比的通胀率) - 1$$
$$= 1.114\,4/1.03 - 1 = 0.081\,9 \text{ 或者 } 8.19\%$$

① 我们将经营租赁作为资产的一部分，为了保持一致，我们估算出这些租赁产生的利息费用并以此对经营利润进行调整。

分析得到，塔塔化学公司现有投资赚取的收益率比资本成本要低 0.41%（=7.78%−8.19%）。

cfroi.xls：你可以使用该电子表格估计出企业的投资现金流收益率。

会计盈余分析

在第 5 章，我们介绍了两种衡量投资的会计收益方法：资本收益率和权益收益率。然而，我们的整个分析都是围绕着如何对个别项目进行分析，也可以根据当前的盈利与账面价值计算出整个企业的权益收益率或资本收益率。

$$资本收益率=\frac{EBIT(1-t)}{负债的账面价值+权益的账面价值-现金}$$

$$权益收益率=\frac{净利润}{权益的账面价值}$$

我们在计算时使用的是账面价值而不是市场价值，因为账面价值代表了在现有投资上的资本额。我们在计算资本收益率时从资本中减去现金是因为从现金余额上赚取的收益不应当包含在经营利润中。① 为了保持一致性，使用的账面价值应当反映期初的账面价值或者投资期间的平均投资。可以使用这个收益率来衡量企业在现有投资或资产上获得的收益率，前提是有以下假设条件：

- 使用的利润（经营利润或净利润）是现有项目获得的收益而不因一些用于表现未来增长的费用（例如研发支出）或者暂时性利得或损失而造成偏误。
- 更重要的是，其中资本的账面价值是企业在这些资产上所作的实际投资。而股票回购、一次性支出以及商誉的摊销都可能对账面价值造成严重的扭曲。②
- 折旧以及其他的非现金支出通常会使利润降低，进行折旧以及其他的非现金支出是为了产生保持现有资产盈利能力的资本支出。

如果有了以上这些假设条件，资本收益率就成为衡量企业从现有投资或项目中创造价值的合理指标，而权益收益率就成为衡量权益投资者从他们的投资中获得价值的合理指标。

由此，如果一个企业的资本收益率超过了其资本成本，那么可以认为，平均来看，账面上的这些项目是好项目。反之，如果一个企业的资本收益率小于其资本成本，那么可以认为，平均来看，账面上的这些项目都是糟糕的项目。从权益的角度来看，如果企

---

① 在计算权益收益率时采取同样的准则，我们通常不会从权益的账面价值里减去现金，因为净利润包含了持有现金带来的收益。然而，我们可以计算出剔除了现金的权益收益率：

$$非现金的权益收益率=[净利润-现金带来的利息收入\times(1-t)]/(权益的账面价值-现金)$$

② 股票回购和大量的注销会降低资本的账面价值，使得会计收益被高估。收购会创造数额很大的商誉，从而扩大了资本的账面价值，使得会计收益被低估。对这类行为导致的资本进行调整可能会存在问题。如果想查看更多的细节，请参考 A. Damodaran，“Return on Capital，Return on Invested Capital and Return on Equity：Measurement and Implications，”2008，在 www.damodaran.com 中以论文形式列示。

业的权益收益率超过了其权益成本，那么可以认为，企业为股东赚取了超额收益。反之，如果权益收益率小于权益成本，那么该企业采取的项目将会损毁股东的价值。

【例 6—14】　对当前投资做出评价

在表 6—10 中，我们总结了迪士尼公司、鹦鹉纸浆公司、塔塔化学公司和书景书店当前的资本收益率和资本成本。其中，用上一年（2007 年）年底的负债、权益及现金的账面价值计算出企业在 2008 年年初资本的账面价值。用最近一个财务年度（2008 年）的经营利润以及资本的账面价值计算出资本收益率。[①] 考虑到衡量金融服务行业的负债与资本成本需要注意的一些事项，我们就没有计算出德意志银行的相关值。

表 6—10　资本收益率与资本成本之间的比较

	EBIT (1−*t*)（百万）	负债的账面价值（百万）	权益的账面价值（百万）	现金（百万）	资本的账面价值（百万）	资本收益率	资本成本	资本收益率—资本成本
迪士尼公司	$4 359	$16 892	$30 753	$3 670	$43 975	9.91%	7.51%	2.40%
鹦鹉纸浆公司	R$379	R$3 090	R$5 361	R$22	R$8 430	4.49%	10.63%	−6.14%
书景书店	2.15	9.59	6.00	0.40	15.59	13.76%	14.90%	−1.14%
塔塔化学公司	Rs4 134	Rs12 614	Rs23 928	Rs725	Rs36 542	11.31%	11.44%	−0.12%

我们在此使用的是第 4 章的边际税率。分析表明，迪士尼是唯一一家在 2008 年获得超额收益的公司。书景书店和塔塔化学公司都接近于盈亏平衡点，而鹦鹉纸浆公司表现不佳。其中有几点要说明：

● 资本的账面价值受到会计决策的严重影响。当年选择的折旧方法和注销方法可以影响到账面价值与衡量的收益率。

● 无论利润的波动如何，我们使用的都是最近年度的经营利润。为了对这种波动性进行平滑，我们可以计算出过去三年平均的经营利润，然后使用这种平均利润来计算资本收益率；使用这种方法可以得到迪士尼的“标准化”的资本收益率为 8.39%，鹦鹉纸浆公司的“标准化”的资本收益率为 7.68%。

● 我们的原则是将经营租赁作为负债，所以将迪士尼与书景书店上一年经营租赁的现值归为负债，然后对经营利润进行调整。

● 对于鹦鹉纸浆公司，因为对账面价值进行了通货膨胀的调整，所以得到的资本收益率是真实的资本收益率，可以用该资本收益率与真实的资本成本作比较。[②]

以上分析也可以纯粹用权益的方式进行。如果这样做的话，首先要计算出每家公司

① 有一些分析师使用的是全年的平均资本，也就是当年年初与年末资本账面价值的平均值。使用年初的资本来计算，我们假定的是在当年投资的资本不可能在当年创造经营利润。

② 巴西的会计准则允许对账面价值进行通货膨胀的调整。

的权益收益率，即用近年的净利润除以年初权益的账面价值，然后用得到的权益收益率与权益成本作比较。表6—11对该结果进行了描述。

迪士尼的超额权益收益与我们用资本收益率减去资本成本得到的超额资本收益是一致的。鹦鹉纸浆公司和德意志银行在2008年有巨大的损失，导致权益收益率为负，超额权益收益率也为负。在鹦鹉纸浆公司的例子中，虽然经营利润为正，但是权益收益率为负，这是因为该公司在金融衍生品上损失了数十亿雷亚尔，而这些损失被划分为非常性支出。虽然书景书店在资本收益率上处于保本点，但是该公司就权益而言获得了超额收益，我们认为原因在于该企业当前拥有经营租赁。对塔塔化学公司来说，超额收益非常突出，其中超额权益收益（26.37%）比超额资本收益高很多。然而，几乎所有的超额收益都可以归因于该企业2008年60.77亿卢比的非经常性收益。如果我们将这种超额收益剔除掉，那么权益收益率就降低为15.46%，仅仅比权益成本高1.53%。

表6—11　　权益收益率与权益成本之间的比较

	净利润（百万）	权益的账面价值（百万）	权益收益率	权益成本	权益收益率－权益成本
迪士尼公司	$4 427	$30 753	14.40%	8.91%	5.49%
鹦鹉纸浆公司	－R$4 213	R$5 361	－78.59%	18.45%	－97.05%
书景书店	$1.50	$6.00	25.00%	20.94%	4.06%
德意志银行	－€3 835.00	€38 466.00	－9.97%	10.72%	－20.69%
塔塔化学公司	Rs9 644	Rs23 928	40.30%	13.93%	26.37%
塔塔化学公司(剔除了非正常项目)	Rs3 700	Rs23 928	15.46%	13.93%	1.53%

该例清楚地说明了，为什么当我们从有关资本的衡量指标转移到有关权益的衡量指标时超额收益会发生变化。首先，净利润包含了非经营资产的收益（和损失），这与经营资产所带来的利润就会有差别。其次，企业能够以优惠的条件锁定负债（利率低于根据违约风险应当支付的利率），因此这些企业的超额权益收益率应当大于其超额资本收益率。总的来说，我们认为计算出的超额资本收益率比超额权益收益率更可靠。

www 网上的数据集包含了分行业的权益收益率与资本收益率，以及权益成本与资本成本。

实践：经济利润或经济增加值

经济增加值（EVA）是一个价值增值概念，这一概念已经引起许多有志于提高价值的企业与试图找到好投资的证券组合经理的关注。经济利润或经济增加值衡量了企业或项目创造的剩余价值，可以衡量如下：

经济增加值(*EVA*)＝(资本收益率－资本成本)×投入的资本

资本收益率的衡量使用的是"经过调整"的经营利润，其中调整就是剔除了那些与现有投资无关的项目。[①] 其中的资本投资是以资本的账面价值为基础，但是用来衡量现有资产中投入的资本。如果企业的 EVA 为正，就说明该企业创造了剩余价值，如果企业的 EVA 为负，就说明该企业正在损毁价值。

虽然 EVA 是使用总资本计算的，但是可以很容易将 EVA 修正为权益的指标：

权益 *EVA* ＝(权益收益率－权益成本)×项目或企业中投入的权益

同理，如果企业的权益 EVA 为正，意味着企业正在为股东创造价值，如果企业的权益 EVA 为负，就意味着企业正在损毁股东的价值。

我们在前面计算出超额收益，很容易将超额收益加以修正得到相应的 EVA：

公司	资本收益率－资本成本	资本的账面价值（百万）	EVA（百万）	权益收益率－权益成本	权益的账面价值（百万）	权益 EVA（百万）
迪士尼公司	2.40%	$43 975	$1 057	5.49%	$30 753	$1 688
鹦鹉纸浆公司	－6.14%	R$8 430	－R$517	－97.05%	R$5 361	－5 203
书景书店	－1.14%	$15.59	－$0.18	4.06%	$6.00	$0.24
德意志银行	无	无	无	－20.69%	€38 466	－€7 959
塔塔化学公司	－0.12%	Rs36 542	－Rs45	1.53%	Rs23 928	Rs367

对于塔塔化学公司而言，我们使用的是不包含非常性损益的净利润。这里没有什么令人感到意外的地方，因为如果超额收益为正（负），经济利润或 EVA 也为正（负）。请注意，虽然 EVA 将以百分数表示的超额收益率转化为以绝对数表示的超额收益，该指标还是会受到有关利润以及账面价值衡量的影响。最后，EVA 只具有与经营利润以及资本的账面价值差不多的效果。

6.11 股票回购、资本收益率和 EVA

当企业回购股票时，企业就可以在其权益账面价值上减去回购股票的市场价值。当

① 斯特恩·斯图尔特（Stern Stewart）是 EVA 方法的主要倡导者，他指出要对经营利润进行 168 项调整才能得到真实的资本收益率。

权益的市场价值超过了权益的账面价值时，一般来说，回购股票将

a. 增大资本收益率而对 EVA 没有影响。

b. 增大资本收益率，也增大 EVA。

c. 对资本收益率没有影响，但是增大 EVA。

d. 以上选项都不对。

请解释。

网上的数据集汇总了分行业的 EVA 和权益 EVA。

evacalc. xls：你可以利用该电子表格估计出企业的经济增加值。

好项目来自哪里

在上一章对新项目的分析中，我们说，好项目的净现值为正，并且其内部收益率要大于必要收益率。虽然这些标准从衡量的角度来说是非常有道理的，但是我们通过这些标准无法了解有关好项目更深层问题的答案，比如好项目需要什么样的条件，为什么有的企业的好项目多于其他企业。

竞争优势

好项目的定义中隐含着企业能通过该项目获得超额收益。在实际投资的竞争性市场中，这些超额收益的存在发挥着磁铁一样的作用，吸引着投资者采纳这些类似的项目。通过这个过程，超额收益最终会消失，消失的速度取决于什么样的竞争对手能进入市场提供相似的替代品，也取决于拥有好项目的企业所具有的独特优势的大小。考虑一种极端的情形，即一个企业拥有好项目但是在成本及产品质量上没有超过其竞争者的独特优势，新的竞争者可以轻易地进入市场并且以低的成本生产出替代品。在这种情况下，这些项目的超额收益就会迅速消失。

好项目存在的基础是给新的竞争者或者现有竞争者采纳相同或类似项目制造出障碍。这些障碍以不同的形式存在，包括：

● **规模经济。**对有的项目来说，只有进行大规模的投资从而限制来自小公司的竞争时，这些项目才会获得高收益。在这种情况下，在这些行业的大公司也许能够从项目中持续获得超过一般的收益，因为那些小的竞争者不能够复制大公司的投资。

● **成本优势。**企业也可以建立超过其竞争者的成本优势，可以通过提高效率，也可以通过采取一些分工安排的优势。例如，在 20 世纪 80 年代，西南航空公司能够建立相对于其竞争对手的成本优势，这些竞争对手包括美国航空以及联合航空等等。西南航空公司通过利用这种成本优势获得了更高的回报。

● **资本要求。**如果想进入某些行业，可能需要相当大的投资。即使这些行业的项目能够获得超过市场收益的回报，这些巨大投资的存在也使竞争者无法进入。例如，假定波音公司在航空业务里面临着大量高收益的项目。虽然这种情况通常会吸引到竞争者，但是进入该行业所需要的巨大的初始投资使得波音公司持续获得这些高额收益。

● **产品差异化。**一些企业生产与其竞争对手有别的产品，从而持续获得超额收益，导致了高的利润率或者高的销售额。可以通过几种方式来创造这种差异化——通过有效的广告推销（可口可乐）、专业技术（索尼）、更好的服务（诺德斯特龙），以及对消费者需求的满足。

● **分销渠道。**如果企业拥有比其竞争对手更好的分销渠道，那么这些企业能更好地获得超额收益。在一些情况下，传统或者对于现有竞争者的忠诚度会限制外部竞争对手的进入。在另一些情况下，企业可能拥有分销渠道，而企业的竞争对手因为成本太大不能够建立起分销渠道。

● **法律和政府的障碍。**在一些情况下，企业也许能够利用投资机会而无需考虑竞争，因为企业拥有的产品专利权限制了竞争者，或者政府限制了竞争对手的进入。例如，允许企业拥有专利产品或服务，并且企业因此能够在专利年限内获得产品的专有权。

管理质量与项目质量

在前面的章节里，我们考察了一些影响项目吸引力的因素。有一些因素，诸如政府对市场进入的限制，可能完全不是管理层所能控制的，但是一些其他的因素明确受到管理层的影响。① 考虑一下我们前面列出来的这些因素，我们可以认为，管理层团队能够增大可利用的项目数量，也能够增大从项目中获得的超额收益。可以通过如下方法来完成：

● 对具有规模经济的项目进行投资。另外，企业可以在现有的运营中寻找一些方法来创造规模经济。

● 建立超越竞争对手的成本优势。有一些成本优势来源于劳动力的谈判，还有一些来源于企业所作的长期战略决策。

● 采取一些行动提高行业新进入者的初始成本。微软在20世纪90年代初期主导计算机软件市场的一个主要原因是，该企业能够提高研发及销售新软件项目的投资额。

● 创造一些市场使得企业的差异化优势达到最大，这种差异化优势可以体现在配送成本上，也可以体现在品牌价值上。在一些情况下，这需要将业务扩展到国外市场，比如李维斯与麦当劳在20世纪80年代让它们企业的品牌为国外市场所知悉。在另外一些情况下，可能需要关注现有的细分市场，就像盖普开展老海军商店以迎合那些有讨价还价能力的消费者。

● 提高企业在客户服务与产品配送上的声誉。这会给企业带来利润和收益。克莱斯勒公司的财务境况能够在20世纪80年代好转的一个主要原因是，该企业能够在高质量的小汽车以及小型货车的生产上建立起声誉。

① 如果政府制定的政策会受到企业游说的影响，那么也可以说，有关政府的这些因素也能够受到企业管理层的影响。

● 开发一些特别的竞争者不容易做到的分销渠道。例如，雅芳雇用了大批销售人员上门向一些消费者推销产品，而通过其他的渠道是不可能接触到这类消费者的。

● 获得产品上或技术上的专利权，从而避免竞争并且获得高回报。如果要做到这一点，需要随着时间的推移在研发活动上进行大量的投资。可以认为，医药公司的成功，无论这些公司的规模大小，都是由于这些公司能够创造一些拳头药品的专利。

【例 6—15】　超额收益与竞争优势：一种评估

在例 6—14 中，我们估计出每个企业的超额收益。在其中的四家上市公司中，只有迪士尼的资本收益率（权益收益率）超过了其资本成本（权益成本）。鹦鹉纸浆公司和德意志银行的超额收益都为负，而塔塔化学公司基本处在保本点上。

● **迪士尼公司。**大部分分析师将迪士尼的超额收益归因于迪士尼在过去几十年所建立的品牌，但是值得注意的是，迪士尼的超额收益在 1966 年沃特·迪士尼逝世后曾波动很大。迪士尼在 20 世纪 70 年代至 80 年代初期经历了长时间的收益下滑，直到 1986—1995 年由于其热门的动画电影，迪士尼才重新发展起来。这些热门电影包括《小美人鱼》、《美女与野兽》、《狮子王》，动画片为迪士尼创造了新的特许权并且也创造了新一代的年轻粉丝。1996 年迪士尼对于大都会公司的收购使得这种收益又处在危险境地，在接下来的十年里，迪士尼的超额收益消失了。在 2004 年，迪士尼的资本收益率比资本成本要低 4%。当鲍勃·伊格尔掌权时，该企业获得了重生，其超额收益又变成正数。有一些人将迪士尼的这种起起落落视为运气，而我们的看法则有所不同。迪士尼拥有其他企业不可能复制的核心优势，当迪士尼关注具有这些优势的业务时，它就能做到最好。按照这种说法，迪士尼对于皮克斯的收购以及在航海线业务上进行的投资（该业务利用了迪士尼的动画角色来吸引家庭来游玩）就是合理的。当迪士尼偏离其核心优势时，它就会失败。比如，迪士尼早期对于互联网业务的投资（Go.com）、对体育事业的投资（对一个主要的棒球联队加州天使队进行投资），以及为了进入广播行业花费的大量资金（大都会/美国广播公司），都以失败告终。

● **鹦鹉纸浆公司。**它的关键优势在于拥有巴西雨林中充足的木材。虽然公司对商品价格的依赖导致了每年利润的波动，但是该公司至少能够利用成本优势创造出超额收益。尽管鹦鹉纸浆公司已经在很长时间内按照该模式行事，然而，由于公司很容易将资金花费在对汇率的投机上，虽然公司业务 2005—2007 年获得了大量盈利，但公司整体业绩却下滑。由于鹦鹉纸浆公司在汇率预计上的确没有核心优势，几乎可以预见该企业在 2008 年对汇率的投机会遭受损失。如今，鹦鹉纸浆公司已经将注意力放在纸张业务上，并且认识到没有获利的捷径。

● **塔塔化学公司。**塔塔化学公司看上去是一个位于成熟行业并有超额收益的成熟企业。尽管经理人应当在这个市场发掘小竞争优势，这些优势可能来自印度较低的生产成本，也可能来自该公司能够进入大而活跃的经济市场，但该企业应当表现出耐心并且不要急于求成。具体来说，不要为了成长性去并购或者通过并购进入其他市场。

● **德意志银行。**德意志银行在 2008 年有负的超额收益，这并不让人感到惊讶，因为 2008 年发生了金融危机。在此之前，商业银行与投资银行经历了相当长时间的盈利。向前看，无论是从监管的角度（资本比率和信贷控制）来看，还是从业务的结构方式（风险控制和薪酬）来看，我们都不知道银行业还会出现什么样的变化。尽管这些变化可能会影响利润率，但是至少有一个因素有利于德意志银行。作为一个金融危机后如此多牺牲者之中的幸存者来说，德意志银行面临的竞争更少，也许可以利用这个因素产生更高的利润。

结　论

项目通常存在附带成本与附带收益，这些成本与收益通常都没有包含在项目现金流的初始分析中。在本章中，我们考察了这些间接的成本与收益。

- 如果项目之间相互排斥，对其中一个项目的投资可能会使企业放弃对其他项目的投资。如果这些项目拥有相同的期限且不存在资本约束，那么我们应当选择净现值更大的投资。如果情况不是这样，我们必须找到考虑项目期限差异（可以通过计算出等价年金的方法）与规模差异（可以通过计算盈利指数的方法）的方法。
- 机会成本衡量的是企业已经拥有的资源可能用于新项目而发生的成本。虽然企业可以不用花钱就获得这些资源，但是会对现金流产生影响，并最终反映到收益中。
- 项目也会为企业的其他项目带来协同效应。这种效应也以现金流的形式反映到收益中。
- 项目可能会产生有价值的期权——扩展到新市场与生产新产品的期权。当存在这些期权时，传统的现金流模型将会低估投资项目的价值。

总之，项目的收益应当反映所有的附带成本与收益。

在本章的最后部分，我们将关注的焦点从企业的新投资转移到企业的现有投资上。我们首先考察了如何对投资分析的传统工具进行扩展（包括净现值与内部收益率），然后对过去的项目进行了分析，并且做出是否扩展现有项目或者终止现有项目的决策。最后，我们计算了对企业项目进行投资的总的资本收益率，并将资本收益率与资本成本作比较，从而对企业现有的项目组合进行评价。

真实案例研究

估计盈余与现金流

目标：分析企业现有的投资，识别用以解释现有投资获得的超额收益的差异化优势。

关键问题

- 什么是企业的竞争优势和差异化优势？
- 企业在现有项目上能获得超额收益吗？如果能的话，企业存在获得这些超额收益的竞争优势吗？如果不能的话，企业首先应当做什么来开始获得超额收益？

● 企业有糟糕的投资项目吗？如果有的话，这些项目收益很差的原因在哪？

分析框架

1. 分析现有投资

企业在现有项目上赚取的会计收益是多少？如何拿会计收益与权益成本以及资本成本作比较？

企业在最近财务年度的经济附加值是多少？与以前年度相比如何？

有关企业现有投资的质量，会计收益与经济增加值告诉了你什么？

2. 评估竞争优势

该企业的主要竞争对手是谁？企业与其竞争对手在一些量上（规模、利润率和风险）和质上（管理质量、服务）的指标比较结果怎样？

该企业有其他企业所没有的行业上的专有优势吗？

企业在某一指标上会落后于其他企业吗？

3. 评估竞争优势的可持续性

企业的竞争者会赶上该企业的优势吗？

该企业在市场上存在新的竞争者吗？在过去有没有可以相竞争的企业？

练习题

（如果没有给出税率，那么税率为40%。）

1. 一家小的制造业企业因为仅有有限的资本而面临1.5亿美元的成本约束，该企业面临以下投资项目（单位：百万美元）：

项目	初始投资	净现值
A	25	10
B	30	25
C	40	20
D	10	10
E	15	10
F	60	20
G	20	10
H	25	20
I	35	10
J	15	5

a. 你会接受哪些项目？为什么？

b. 资本约束的成本是什么？

2. 一个被集中持股的上市公司在这段期间面临的资本约束为 1 亿美元，在下个期间面临的资本约束为7 500万美元。该企业需要在如下项目中做出选择（单位：百万美元）：

项目	当期	下期	净现值
A	20	10	20
B	25	15	20
C	30	30	15
D	15	15	20
E	40	25	30
F	10	10	10
G	20	15	20
H	30	25	35
I	35	25	25
J	25	15	10

建立线性规划问题，假定不可以部分采纳某项目。

3. 你拥有一幢可以出租的建筑，并且你想重新设置加热系统。你面临着如下几种选择：

a. 太阳能加热系统的安装成本为12 000美元，每年需要花费的成本为 500 美元，可以永久使用。

b. 天然气加热系统的安装成本为5 000美元，每年需要花费的成本为1 000美元，使用期限为 20 年。

c. 石油加热系统的安装成本为3 500美元，每年需要花费的成本为1 200美元，使用期限为 15 年。

如果你的机会成本为 10%，以上哪种加热系统是你的最优选择？

4. 你在为你的房子挑选一种壁板。一个销售人员为你提供以下两种选择：

a. 木制壁板，使用期限是 10 年，安装成本为5 000美元，每年的维护成本为1 000美元。

b. 铝制壁板，可以永久使用，安装成本为15 000美元，每年的维护成本比较低。

如果你的折现率为 10%，当铝制壁板的维护成本为多低时，你会选择铝制壁板？

5. 有杂志请你更新你的订阅。订一年需要花费 20 美元，订两年需要花费 36 美元，订三年需要花费 45 美元。假定你的机会成本为 20%，你的选择将会是哪种？

6. 有一家体育用品企业聘请你做公司的资本预算分析师。该企业生产运动鞋并且占领了 10%的市场份额（一年里总的市场销售额为 1 亿美元）。制鞋的固定成本为一年 200 万美元，可变成本为销售收入的 40%。企业相信通过投资1 000万美元到新的分销渠道上（该固定投资的折旧期限为 10 年，残值为 0）以及另外进行 100 万美元的广告投资可以将市场份额提高到 20%。该公司为了保持营运资本需要花费年收入的 10%。该项目使用的折现率为 8%。

a. 该项目的初始成本为多少？

b. 从该项目可以获得的年经营现金流是多少？

c. 项目的净现值为多少？

d. 当企业的市场份额提高到多少时，你接受该项目与拒绝该项目是无差异的？

7. 你正在考虑将现有的机器换掉，该机器的账面价值为500 000美元，余下的使用期限为5年，现在的残值为300 000美元。新换的机器需要花费的成本为200万美元，使用期限为10年。假定你使用直线折旧法进行折旧，并且在10年后两种机器的残值都为0，你每年需要省下多少钱才会进行更换（税率为40%）？

8. 你正在为书店决定何时应当新开一个咖啡店的决策。投资的细节如下：

● 咖啡店的开张成本为50 000美元；期限为5年，残值为10 000美元，按照直线法进行折旧。

● 预计咖啡店第一年的销售额为15 000美元，余下的四年里每年增长5%。

● 经营费用为收入的50%。

● 税率为40%。

● 预计第一年咖啡店会给书店带来20 000美元的额外收入，余下的四年里每年增长10%。

a. 不考虑额外的书店收入，估计出咖啡店的净现值。

b. 由额外的书店收入带来的现金流现值。

c. 你会开这家新的咖啡店吗？

9. 每三年需要换一次电镀槽，成本大约为2 000美元。一种可以抗腐蚀的新的电镀槽材料大概需要花费4 000美元。如果必要收益率为20%，每年的财产税以及保险费用为初始投资的4%，新的电镀槽的使用期限为多久时才比现有的电镀槽使用起来更经济？

10. 假定你是一家小企业的老板，正在考虑从如下两种电话系统中做出选择：

	机会A	机会B
初始成本	50 000美元	120 000美元
每年的维护成本	9 000美元	6 000美元
残值	10 000美元	20 000美元
使用期限	20年	40年

11. 请你在以下三种投资中做出选择。

● 项目A的初始投资为500万美元，以后五年里每年税后的现金流为250万美元。

● 项目B的初始投资为0，以后十年里每年税后的现金流为100万美元，残值为200万美元（来自营运资本）。

● 项目C的初始投资为1 000万美元，在十年之后还需要投资500万美元，可以永远使用下去，以后每年的税后现金流为250万美元。

三个项目的折现率为10%，你会选择哪个项目？为什么？

12. 你是一家医药公司的经理。你正在考虑为销售人员配置什么样的笔记本电脑。

● 你可以购买比较便宜的旧电脑，每台电脑的价格为2 000美元。这些机器3年后就过时，预计这些电脑每年的维护成本为150美元。

● 你可以购买较新的电脑，每台电脑的价格为4 000美元。这些机器的使用期限为5年，预计这些电脑每年的维护成本为50美元。

如果资本成本为12%，你会选择哪种电脑？为什么？

13. 你是一个小镇的监管者，该小镇的公路需要维修。你的预算有限，正在考虑以下两种选择：

● 你可以对道路进行修补，成本为100 000美元，但是以后每年需要修补一次。

● 你可以花费400 000美元来重新铺路，在这种情况下，每年的维护成本就会下降。

如果你的折现率为 10%，当第二种选择的年维护费用降到多少时，你会选择第二种方式？

14. 你是一个专用品零售企业的经理，正在考虑进入马来西亚零售市场的两种策略。第一种策略是，企业需要进行的初始投资为1 000万美元，预计可以获得 5%的市场份额。第二种策略是，企业因为广告和推销需要花费4 000万美元，预计可以获得 10%的市场份额。如果市场的总规模为 2 亿美元，企业的资本成本为 12%，公司一个项目的期限一般为 15 年，公司如果采用第二种策略所需要的营业利润率为多少？（你可以假定公司租赁商铺，在资本支出上没有折旧。）

15. 你所工作的企业进入资本市场的渠道有限，因此，该企业可用的新投资额只有2 000万美元。而企业拥有大量的好项目，你将所有项目列示如下：

项目	初始投资 （百万美元）	净现值 （百万美元）	内部收益率 （%）
Ⅰ	10	3.0	21
Ⅱ	5	2.5	28
Ⅲ	15	4.0	19
Ⅳ	10	4.0	24
Ⅴ	5	2.0	20

a. 根据盈利指数，你会采纳以上哪个项目？

b. 根据内部收益率，你会采纳以上哪个项目？

c. 为什么根据两种方法得到的答案不同？

16. 你拥有一家小型五金商店，现在考虑在五金商店后面的空地上新开一家园艺商店。你估计了一下，开张新店需要花费的成本为50 000美元，在新店的期限内（预计是 10 年）每年可以产生税后现金流10 000美元。唯一令人担心的是，店铺的停车位有限；如果开张园艺商店，可能会让五金商店的顾客没有足够的停车位。你估计由此产生的损失可能达到每年3 000美元，五金商店税后的经营利润率为 40%。如果你的折现率为 14%，你会新开张这个园艺商店吗？

17. 你是一家杂货店的经理。你正在考虑为客户提供照顾小孩的服务。你预计，初始成本为150 000美元，以后每年需要花费60 000美元来提供这项服务。由于这项服务，你估计商店的收入会增长 20%，其中目前的收入为 500 万美元；你税后的经营利润为 10%。如果资本成本为 12%，并且你预计商店还有 10 年的期限，你会提供这项服务吗？

18. 你在经营一家金融服务企业，在该企业你需要每三年更新一次雇员的电脑。你有5 000名员工，当前每台电脑的成本为2 500美元，其中旧电脑可以以每台 500 美元售出。新电脑通常用直线折旧法进行折旧，使用期为三年，三年后的残值为 500 美元。有一个电脑服务公司可以为你提供电脑的租赁业务，可以帮助你免费更新电脑，你每年需要支付的租金为 500 万美元。如果税率为 40%，你愿意接受电脑租赁服务吗？

19. 你正在考察你企业感兴趣的一个资本投资项目的可行性。该项目所需的初始投资为500 000美元，以后五年里每年的预计收入为400 000美元。初始投资主要是对机器设备的投资，这些固定投资按照直线法计提折旧，期限为五年，五年后的残值为 0。该项目要使用到该企业已有的其他资源：

● 企业的两名员工，每个员工每年的工资为40 000美元，这些员工原本在另外一个部门工作，将会被调到该部门工作。他们在原先的部门也没有什么用处，只是有一个劳工合同保证他们在三年之内不会被解雇并且给他们支付正常的工资。

● 该项目使用到当前包装设备的超额生产能力。虽然这种超额生产能力目前也没有其他的用处，但是预计由于企业使用完生产能力后在第 4 年必须投资250 000美元对新的包装设备进行投资（原本计划在第 8 年进行再投资）。

● 项目经常会使用到公司已拥有的一辆货车。虽然货车目前没有被使用，但是在以后五年里可以将货车租出去，每年的租金为3 000美元。货车的账面价值为10 000美元，按照直线折旧法进行折旧，其中折旧期限为五年。

● 该项目使用的折现率为 10%。

a. 使用原本在其他部门的两名员工的机会成本是什么？

b. 使用包装设备超额生产能力的机会成本是什么？

c. 使用货车的机会成本是什么？

d. 该项目每年的税后经营现金流是多少？

e. 该项目的净现值是多少？

20. 你的公司正在考虑生产一种新的产品。生产设备当前只用了 50%的生产能力，计划新产品会占用一些生产能力。五年前生产设备建立时的成本为5 000万美元，该设备按照直线法计提折旧，年限为 25 年（用实际值来表示，假定该成本随着时间的推移保持不变）。

新产品的年限为 10 年，税率为 40%，合适的折现率（实际值）为 10%。

a. 如果你采纳了该项目，何时会用完生产能力？

b. 当你使用完生产能力后，如果你选择减少生产会失去什么（用税后现值来表示）？（你必须决定对何种产品进行减产。）

c. 如果你在设备的生产能力用完后选择建立新的设备而不是减产，那么与新产品生产相关的机会成本是什么？

	已使用生产能力（%）	增长率（%）	当前的收入（百万美元）	每年的固定成本（百万美元）	每年的可变成本（百万美元）
旧产品	50	5	100	25	50
新产品	30	10	80	20	40

21. 假定你是某体育用品公司的分析师，该公司正在考虑利用现有设备的超额生产能力

开展一个新的项目。该设备有能力生产50 000只网球球拍，目前只生产了25 000只球拍，而网球球拍的销售额每年增长 10%。你想使用一些剩余的生产能力在以后十年里每年生产20 000只壁球球拍（这将消耗掉 40%的生产能力），并且假定该市场保持稳定（没有增长）。平均一个网球球拍的售价为 100 美元，成本为 40 美元。公司的税率为 40%，折现率为 10%。这里存在机会成本吗？如果存在的话，机会成本是多少？

第 7 章　资本结构：融资决策综述

在前面几章里，我们考察了投资准则并指出，只有获得超过最低可接受必要收益率的项目才是好项目。接下来在谈到资本成本时，我们将其定义为最低可接受必要收益率，并且使用企业现有的负债与权益组合计算得到。

在这一章里，我们将考察有关企业负债与权益的决策以及这些决策如何随着企业生命周期的变化而变化。具体来说，我们考察了一个企业从小的私有企业发展为大的上市公司时它的决策是如何变化的。接着通过考虑借贷的收益与成本考察了在负债与权益之间的权衡。在本章的结尾，我们考察了何时负债的成本会与负债的好处完全抵消，使负债无关的条件是什么，以及负债无关性对于公司财务的意义。

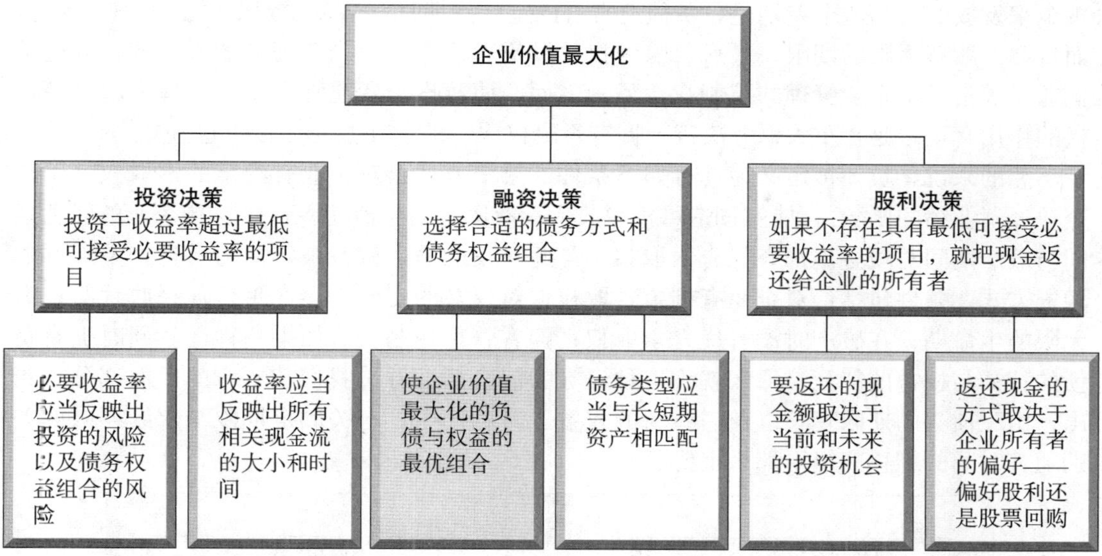

选择融资方式

任何企业只有通过两种方式来筹集资金——负债或权益。从企业所拥有的各种融资手段来看，这种划分方式看上去可能太简单了。我们首先讨论一下负债与权益的特征，然后再分别考察一系列可用的融资手段。接着，我们考察一下那些同时拥有负债特征与权益特征的证券，也就是**混合型证券**（hybrid securities）。

负债与权益的选择

虽然可以从债券与股票上看出负债与权益的明显差别，但是两者差别的根本原因在于不同融资方式下现金索取权的性质不同。第一个差别是，负债索取权给予了债权人如下权利，即债权人有权获得合同约定的现金流（通常表现为利息与本金的方式），而权益索取权给予了股东如下权利，即股东能获得满足了其他所有索取权之后的剩余现金流。这就是负债与权益的最基本差别，同时也存在其他的差别，这些差别可能是由税法导致的，也可能是由法律的发展导致的。

第二个差别是现金流索取权性质（合同上的现金流与剩余的现金流）逻辑上发展的结果，即负债对于企业每个期间的现金流（从利息与本金上获得）与企业的资产（在企业清算时）拥有优先索取权。第三个差别是，税法对利息与股利以及其他与权益相关的现金流的处理不同，通常来说前者比后者更有利。例如，在美国，利息在企业实际支付给债权人时是可以抵税的，从而可以起到节约税收的作用，而股利是用支付税收之后的现金来发放的。第四个差别是，负债通常有固定的到期日，当负债到期时必须归还本金，而权益一般有无限的期限。最后，因为权益投资者拥有企业剩余现金的索取权，因此他们通常被给予了企业管理的控制权。另一方面，债券投资者通常在企业管理上起到更消极的作用，至多是在重大财务决策上拥有否决权。① 图 7—1 总结了以上这些差别。

总的来说，负债被定义为具有如下条件的融资方式：对企业有约定的索取权（不是企业经营业绩的函数）；能够创造可抵税收入；有固定的生命期限；并且在企业的经营期间与破产期间对现金流都有优先索取权。与此相反的是，权益被定义为具有如下条件的融资方式，条件包括：对企业有剩余索取权；对权益的支付不会产生任何税收优势；有无限的生命期；在破产时没有优先索取权；拥有管理控制权。如果一种证券同时拥有负债的特征与权益的特征，那么就称这种证券为混合型证券。我们在本章的后面部分会指出，由于债券的期限变长以及一些新的权益工具的产生，有关固定期限与永续期限的差别随着时间的推移变得不那么重要了。

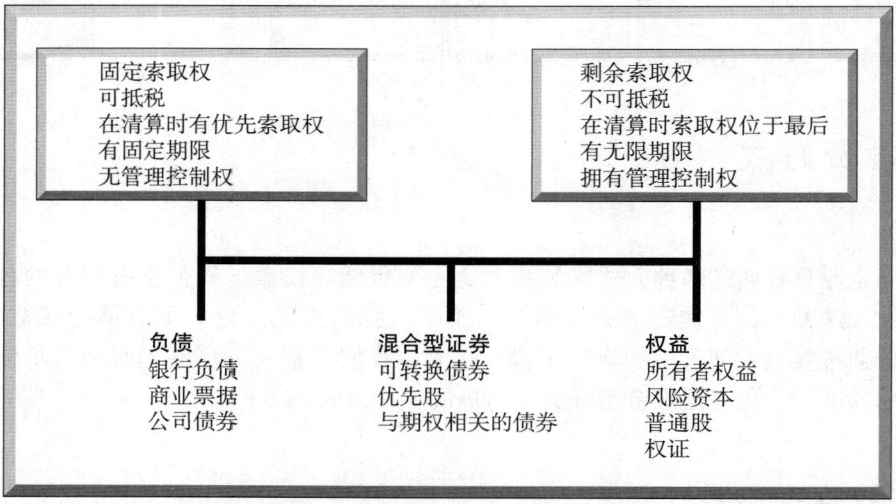

图 7—1 负债与权益

实践：从财务上划分证券的类型

有一些新的证券，一开始很难将它们划分为负债还是权益。为了考察这些债券落在从纯粹负债到纯粹权益之间的具体哪一点，需要回答以下问题：

1. 对于该证券的支付是按照合同来支付的还是支付的是剩余现金流？

- 如果是按合同支付的，则该证券接近于负债。
- 如果支付的是剩余现金流，则该证券接近于权益。

2. 支付可以抵税吗？

- 如果可以，则该证券接近于负债。

① 否决权经常是通过写在债券合同中的条款或限制来实施的。

- 如果不可以，则该证券接近于权益。

3. 如果企业陷于财务困境，该证券附带的现金流有较高的优先权还是较低的优先权？

- 如果有较高的优先权，则该证券接近于负债。
- 如果有较低的优先权，则该证券接近于权益。

4. 该证券有固定的期限吗？

- 如果有，则该证券接近于负债。
- 如果没有，则该证券接近于权益。

5. 证券的所有者能够在企业的管理控制中占有一席之地吗？

- 如果能，则该证券接近于负债。
- 如果不能，则该证券接近于权益。

7.1 这是负债，还是权益？

请你将下列债券划分为负债或权益。其中该债券的特征如下：该证券每月有固定的支付，并且这些支付是可抵税的；该证券有无限的生命期。在企业经营期间，该证券对企业的现金流有索取权，当企业破产时，该证券对资产的索取权在所有债权人的索取权之后（包括未担保的索取权）。

a. 这是负债。

b. 这是权益。

c. 这是一种混合型债券。

A. 权益

虽然很多人认为权益就是普通股，但是一个企业的权益可以采取多种形式。究竟采用何种形式可能取决于该企业是私有企业还是上市公司，也可能取决于企业的成长性与风险特征。私有企业比上市公司的选择要少一些，因为私有企业不能通过发行证券来筹集资金。因此，私有企业依靠其所有者或者私有权益获取权益资金从而保持企业的运营与扩展。其中，私募股本通常由风险投资者所拥有。上市公司能够进入资本市场中融资，于是有了更多的选择。

1. 所有者权益

大多数公司，包括现在非常成功的公司，例如微软与沃尔玛，都是从小企业开始做起，这些小企业可能由一个人或几个人提供种子资金，然后再将企业的盈利投入到企业中。如果这些资金是由公司的所有者提供的，我们就将其称为所有者权益（owner's equity），这些资金为企业的成长以及最终的成功奠定了基础。

2. 风险资本与私有权益

随着小企业的不断成长与成功，它们通常会碰到资金约束的问题，它们所拥有的资金无法满足企业投资与增长的需要。**风险资本家**（venture capitalist）或者私有权益的所有者为小规模且通常有高风险的行业提供权益融资，从而取得该企业的部分权益。

一般来说，从备选渠道进行融资或者上市都会增大企业的规模，并且会降低有关未来预期的不确定性。因此，较小规模而风险较大的企业更加可能寻求风险资本投资，在接受风险资本时，也更愿意放弃企业的更多权益。

7.2 多元化对风险投资者的影响

有两个投资者都对同一个软件企业感兴趣，一个风险投资者将其所有的资本都投进该企业中，而另一个风险投资者将其资本投进各种行业的小企业里。对这两个风险投资者来说，哪个会要求更高的收益率？

a. 将其资本完全投入到唯一软件公司的风险投资者。

b. 将其资本投入到各个行业的风险投资者。

c. 还需要更多的信息才能判断。

如果两个风险投资者对该企业的预期现金流估计相同，并且他们对该企业进行同样的资本投资，哪个会要求更多的权益？

a. 必要收益率更高的风险投资者。

b. 必要收益率更低的风险投资者。

3. 普通股

上市公司筹集权益资金的传统方式是以市场愿意支付的价格发行普通股。对于一个新上市的公司而言，该价格是由发行方（比如投资银行家）来估计的，通常称为要价。对于已上市的公司而言，再发行股票的价格通常以现有股票的市场价格为基础而制定。在一些情况下，公司发行的普通股是统一的，即每股股票享有等比例的现金流（例如股利）与投票权。在另一些情况下，不同种类的普通股拥有不同的股利与投票权。

普通股是一种简单的证券，而且也相对比较容易理解与定价。事实上，有人认为，普通股使得企业可以发行所有其他证券，因为如果企业没有股份，该企业就无法发行负债或混合型证券。对于普通股的会计处理按照已有的先例来进行，在传统形式的财务报表中很容易展示出来。

4. 权证

最近，企业开始寻找一些替代普通股的权益融资工具。日本公司在 20 世纪 80 年代末期成功使用的一种权益工具就是**权证**（warrants）。其中，权证的持有者在未来的某时能够以固定的价格购买公司的股票，条件是在最初先购买权证。因为权证的价值是以标的股票的价格为基础，所以权证就被视为另一种形式的权益。

为什么企业会用权证而不是普通股来筹集资金呢？我们能想到如下几点原因。第一，权证是根据股票的波动性来定价的；波动性越大，权证的价值就越大。如果市场高估了企业所拥有的风险，企业就可以使用权证或者期权之类的证券来获利。第二，权证在发行时并没有给自身造成任何财务负担。因此，发行权证是高成长性的企业筹集资金的一种好的方式，尤其是在企业当前的现金流很低或者为负的时候。第三，财务主管通常会对由发行普通股造成的股份稀释非常敏感，那么权证就是一举两得的选择——权证既不会给现在带来新的股份，同时也能筹集到现在所需的资金。

7.3 股价波动与权证的使用

与那些股价波动较小的公司相比，股价波动较大的公司更应当使用权证，因为权证的价格随着股价波动的增大而增大。

a. 正确。

b. 错误。

请解释。

实践：权证定价

权证是长期的看涨期权，但是标准的期权定价模型的假设是行使期权不会影响标的资产的价值。对于股票的上市期权来说，这可能是正确的，但是对于权证来说，这就不对了。因为当对权证进行行权时，会增加流通在外的股数，同时为企业带来新的资金，这两者都会影响到股票的价格。权证行权时预期的负面影响（稀释）将会使权证比同类的看涨期权价值更低。我们在传统期权定价中使用的投入变量（参考附录 4 中的期权定价模型）与进行稀释调整的期权定价中使用的投入变量有两点显著的差异。

股价要承受由行使权证所导致的权益稀释的调整。

$$\text{经过稀释调整的 } S=(Sn_s+Wn_w)/(n_s+n_w)$$

其中，

$S=$ 股票的当前价值

$n_w=$ 发行在外的权证数

$W=$ 发行在外权证的市场价值

$n_s=$ 发行在外的股份数

当权证被行权时，发行在外的股份数就会上升，从而股票的价格就会下降。上述式子中的分子反映了权益的市场价值，包括发行在外的股票与权证的价值。在进行调整后就会降低模型中使用的股票价格，同时权证的价值也会降低。

5. 或有价值权

或有价值权（contingent value rights）为投资者提供了以固定价格出售股票的权利，

其价值来自股票的波动与部分投资者想进行风险对冲的意图。在期权市场上的看跌期权给予其持有者类似的权利，即以固定的价格出售标的股票的权利。或有价值权与看跌期权有两个重要的差别。第一个差别是，出售或有价值权的收入归企业所有，而出售看跌期权的收入归私人所有。第二个差别是，或有价值权的期限比一般的看跌期权更长。

公司要发行或有价值权有以下几点原因。最明显的一点是，企业认为其价值严重被市场低估了。在这种情况下，企业可能会提供或有价值权来向市场发出信号表明自己被低估了。如果市场高估企业股票的波动性，或有价值权也是有用的。该期权的价格就反映了对波动性的错误估计。最后，或有价值权的存在可以用来作为吸引新投资者购买普通股的保证。

B. 负债

除了权益之外的另一种融资方式就是负债。这种选择使得企业具备了定期支付现金流的义务，并且在企业陷于财务困境时为债权人提供了优先索取权。

1. 银行借款

从历史上来看，对所有私有企业和很多上市公司来说，负债的主要来源是银行，并且负债的利率是以对借入方的风险估计为基础。银行借款为借入者提供了几点好处。第一点是，可以借入相对较少的资金；与之相反的是，债券发行具有规模经济效应，发行的规模越大，相应的成本就越小。第二点是，如果企业既不为人所知又未被广泛关注，那么银行借款为借入者提供了一个传递信息的方便机制，这就有助于对长期借款进行定价和评估。换句话说，借入者可以提供有关项目与企业的内部信息给借款的银行。在债券发行中存在着成百上千名投资者，如果将负债作为主要的融资手段，传递信息的成本就太高以至于该方式是不可行的。最后，为了发行债券，企业必须经过评级机构的评级，并且为评级提供足够的信息。对许多公司而言，与评级机构打交道可能会比与借款银行打交道要困难得多，并且成本相当大，对小企业尤其如此。

除了成为公司长期借款与短期借款的主要来源，银行通常还会向公司提供一些灵活的权利来满足未预期的或者增发的融资需要。这种选择权被称为信用额度。只有当企业需要融资时才可以利用信用额度。在大多数情况下，信用额度明确指明了企业可以借入的金额并且将借款的利率与诸如优惠利率和国库券利率等市场利率联系。拥有信用额度的好处是，使企业有了获得资金的渠道，并且在资金未被使用时不需要支付利息。因此，如果企业营运资本需求的波动性很大，信用额度就是一种有用的融资方式。但是，在很多情况下，企业被要求保持一定的补偿最低存款余额。企业既不可以从这些余额中获得利息，也不会因此获得低于市场的利率。例如，一个企业想要从银行获得 2 000 万美元的信用额度，银行可能就要求该企业保持 200 万美元的补偿余额，并且这些补偿余额是没有利息的。因此必须权衡补偿余额的机会成本与另外借款来满足营运资本需要的更高利息成本。

7.4 公司债券与银行借款

如果企业可以发行公司债券，它就不会使用银行借款。

a. 正确。

b. 错误。

请解释。

2. 债券

对于大型上市公司而言，银行借款的一种替代手段是发行债券。一般来说，债券的发行对于这些企业有以下几点好处。第一点是，债券同数额相等的银行借款相比有更好的融资条款，很大程度上是因为债券的风险是由更多金融市场的投资者来分担的。第二点是，债券的发行为发行方提供了一些银行借款不具备的特有性质。比如，债券可以转换为普通股，或者债券的价格可以与商品的价格捆绑在一起（例如商品债券）。在借入资金时，企业不得不面临一系列选择，包括借款期限（短期或长期），对负债支付固定的利息还是将利率与市场利率挂钩（固定利率或浮动利率），为债券持有者提供的担保性质（担保或不担保），以及如何随着时间的推移对负债进行偿还。在第9章，我们将考察如何做出最好的决策。

3. 租赁

一个企业可以借入资金购买经营中所需的资产。另一种完成相同目的的替代方法是租赁该资产。在租赁中，企业答应给资产的所有者进行固定的支付，其目的是获取资产的使用权。这些固定的支付可能完全抵税，也可能部分抵税，取决于这些租赁在会计上被划分为何种目的。不能完成这些支付首先会导致租赁资产的损失。尽管出租人的索取权有时次于企业的其他债权人的索取权，不能完成租赁的支付义务也可能导致企业破产。

租赁通常被划分为经营租赁或者融资租赁。对于经营租赁来说，租赁的期限比资产的生命期要短，租赁支付义务的现值通常比资产的实际价值要低。在租赁到期日，要将资产归还给出租人，而出租人可以将资产出售给承租人，也可以将资产再出租给其他人。承租人通常有取消租赁并且将资产归还给出租人的权利。因此，资产的所有权在经营租赁期间都属于出租人，如果资产变得过时了，承租人不承担任何风险。经营租赁一般包括将卖场出租给特定商品的零售企业，例如盖普公司以及安泰莱公司（Ann Taylor）的租赁。

融资租赁的期限通常是资产的整个生命期，而租赁支付额的现值差不多就是资产的价值。融资租赁通常不可以被取消，融资租赁在到期时可以以较低的价格再重新订立租赁合同，承租人也可以通过较优惠的价格购买该资产。在很多情况下，出租人没有为资产支付保险与税金的义务，而是将这些义务留给承租人，因此，承租人会减少租赁支付额，也就是所谓的净租赁。如果资产有价值损失或者变得过时，融资租赁的承租人就要承担大部分风险。虽然经营租赁与融资租赁的区别是很明显的，但是一些有关租赁的约定并不是明确的经营租赁或融资租赁，而是同时拥有两种类型租赁的某些性质。我们将这种租赁称为混合型租赁。

7.5 负债的期限与利率

假定长期利率比短期利率要高很多（一条陡峭的向上倾斜的收益率曲线），你的投资银行家建议你发行短期债券，因为短期债券比长期债券要便宜些。这种看法正确吗？

a. 正确。

b. 错误。

为什么？

实践：租赁与借款

如果借钱来购买一项资产与租赁资产只是不同的负债形式，那么为什么企业要在这两者之间做出选择呢？我们可以提出如下几点影响企业选择的因素：

- **服务。**在一些情况下，资产的出租人会在租赁协议中绑定一些服务协议，在租赁期间为承租人提供相关的服务。如果这种服务比较特殊——可能是因为出租人的声誉，也可能是因为出租人同时也是资产的生产商，并且如果另外获得这种服务的成本很高，那么企业就会选择租赁而不是购买该资产。例如，IBM 就有出租电脑的传统业务。其中，在该业务中，IBM 会提供所需要的服务。
- **灵活性。**一些租赁协议为承租人提供在租赁期间更换另一种资产或者升级资产的版本的选择权。当企业不确定其需求并且技术的变换很快时，这种灵活性尤其具有价值。当需要使用资产的期间比资产的生命期远远要短时，这种灵活性也是很有用的，因为购买资产并且再次出售资产无论是在交易时间还是在交易成本上的代价都是相当高的。
- **税收的原因。**租赁产生的一个传统原因是不同企业面临不同的税率。如果一个面临较高税率的企业购买了一项资产，并且将资产出租给另一个面临较低税率的企业，出租人就会享受到一些较高的税收优惠，因为它面临的税率较高。而承租人在使用资产的时候也能同时享受到一些税收上的好处。

另外，如果一项租赁符合经营租赁的条件，这项租赁基本上属于资产负债表以外的负债。在那些比较粗心的分析师看来，这使得使用该资产的企业看上去风险更小。如果企业将租赁作为借款的替代方式，这种选择就变成主要的融资方式。经营租赁给企业带来一些租赁的义务，而这些有关租赁的支付义务是可以抵税的。必须将这些税后租赁支付额的现值与如果企业借入资金购入资产产生的税后现金流的现值进行比较。借入资金购入资产的税后现金流不仅包括支付有关负债的本金与利息，而且包括对该资产进行折旧获得的税收上的好处以及预期资产在期末的价值。

C. 混合型证券

我们对到现在为止的分析做一下总结，权益代表了对于企业的现金流与资产的剩余索取权，并且权益通常伴有对企业的管理控制权。另一方面，负债代表了对于企业的现金流与资产的固定索取权，并且负债通常没有对企业的管理控制权。有一些证券不能被明确归类为权益或负债，它们同时享有权益的一些特征与负债的一些特征。这些证券被称为混合型证券。

1. 可转换债券

可转换债券（convertible bond）是能够按照债券持有者的意愿转换为事先确定数目的股份数的债券。在该债券发行时不需要为转换权支付成本，当股价上涨时转换权就成为更具吸引力的选择。企业通常在债券上加上转换权，从而可以降低支付债券的利率。

就一个典型的可转换债券而言，债券持有者拥有将债券转换为特定数量股票的选择权。转换比率衡量了每份债券可以转换的股票数目。换句话说，市场转换价值就是如果将该债券转换为股票这些股票的当前价值。转换溢价是债券的价值超过债券转换后价值的部分。

例如，一种可转换债券的面值为 1 000 美元，一份债券可以转换为 50 份股票，也就是转换比率为 50。可以使用转换比率计算出转换权的价格——用面值除以转换比率——就可以得到转换价格为 20 美元。如果当前的股价为 25 美元，那么市场的转换价值就为 1 250美元（=50×25 美元）。如果该可转换债券的交易价格为 1 300 美元，那么转换溢价就为 50 美元。

实践：分解负债与权益的一种简单方法

可转换债券的价值可以用简单的方法分为纯粹债券部分与权益部分的价值。因为可转换债券的价值是纯粹债券部分与权益部分价值之和，所以使用纯粹债券部分的价值与可转换债券的市场价值就可以计算出可转换权的价值，也就是权益部分的价值：

$$\text{权益部分的价值} = \text{可转换债券的价值} - \text{纯粹债券部分的价值}$$

纯粹债券部分的价值可以用可转换债券支付的利息、债券的期限以及公司在市场上发行同等条件的纯粹债券所支付的市场利率计算得到。其中最后一个投入变量可以直接根据在市场上交易的企业的纯粹债券得到，也可以根据企业的债券评级得到。

例如，假定你拥有一个 10 年期的可转换债券，利息率为 5%，交易价格为 1 050 美元。同时，该公司拥有的债券评级为 BBB（对应的市场利率为 8%）。纯粹债券的价值可以计算如下：

$$\begin{aligned}\text{纯粹债券的价值} &= 50(PVA,10\text{ 年},8\%) + 1\,000/1.08^{10}\\ &= 799\text{ 美元}\end{aligned}$$

$$\text{权益部分的价值} = 1\,050 - 799 = 251\text{ 美元}$$

7.6 可转换债券与收益率

可转换债券的收益率通常比纯粹债券的收益率要低。因此，可转换债券比纯粹债券要便宜。

a. 正确。

b. 错误。

请解释。

2. 优先股

优先股是另一种同时具有一些负债与权益特征的证券。与负债相同的是，优先股拥有固定的股利；如果企业没有现金来支付优先股股利，这种股利就会不断积累下去直到企业有足够的盈利来支付这些股利。另外，优先股股东不享有对企业的控制权，他们的投票权被严格限定于一些会影响他们对企业现金流与资产索取权的发行事项上。与权益相同的是，对优先股股东支付的股利不可以抵税，都是来自税后的现金。另外，优先股没有到期日。当公司破产时，优先股股东要在满足了债权人的需求之后才能享有对企业资产的索取权。

虽然会计师与评级机构将优先股作为权益来处理，也可以认为优先股所带来的固定支付义务更像负债义务，也可以将优先股作为负债来处理。然而，与优先股相关的固定支付义务通常比负债带来的法律义务要小一些，因为有关优先股的股利支付可以累积下去，不会导致企业违约，并且在破产情况下求偿顺序要低于负债。

与可转换债券不同的是，可转换债券可以分拆为纯粹债券部分与权益部分，而优先股不那么容易被分解为两部分。的确不能将优先股作为负债来处理，因为优先股股利是不可抵税的。也不能将优先股作为权益来处理，因为优先股在现金流索取权与对企业的控制权上与股权是有差别的。因此，在资本结构分析中以及在估计资本成本时，优先股被视为除了负债与权益之外的第三种形式的资本。

7.7 优先股与股权

许多评级机构与监管者在计算负债比率时都将优先股视为权益，因为优先股没有固定的期限，并且当企业无法支付优先股时不会陷于破产。你同意这种划分方法吗?

a. 同意。

b. 不同意。

请解释。

3. 与期权联系的债券

最近几年，企业发现将期权与纯粹债券相结合可以创造出符合企业特定需求的债券。我们考虑除可转换债券以外的一些债券，考虑另外两个例子。第一个例子是，商品公司发行了一些债券，将这些债券的本金与利息的支付与商品的价格相联系。如果商品的价格上升，利息的支付也会增加，反之亦然。这种债券对于该企业的好处在于，它将债券的现金流与企业的现金流相匹配从而降低了违约可能性。这种**与商品联系的债券**

（commodity-linked bonds）可以被视为纯粹债券与以商品为标的资产的看涨期权的结合。第二个例子是，保险公司发行了一些债券。这些债券在特定灾难发生时会降低对债券的本金支付，而在其他情况下不受影响。例如，一个保险公司的大量收入都来自位于加利福尼亚州的房产业主的保险，该公司可能在保险上加上该条款，即在发生严重地震时减少本金与利息的支付。原因是，重大的灾难给企业造成巨大的现金流出，而该条款就让企业在最需要时拥有喘气的机会。

【例 7—1】 2008 年的融资选择——迪士尼公司、鹦鹉纸浆公司与塔塔化学公司

迪士尼公司、鹦鹉纸浆公司与塔塔化学公司在 2008 年的账面上都有负债。我们在表 7—1 中考察了这些负债的金额与组成部分。

表 7—1 对迪士尼公司、鹦鹉纸浆公司与塔塔化学公司的负债进行分解

	迪士尼公司	鹦鹉纸浆公司	塔塔化学公司
未到期负债	132.7 亿美元	242 亿雷亚尔	422.2 亿卢比
长期借款与债券	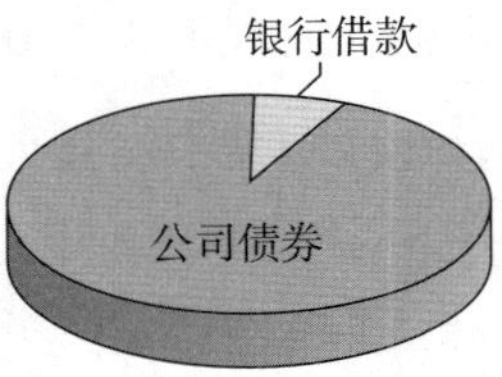		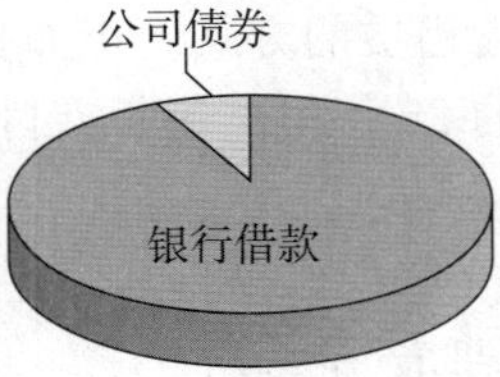
债务期限	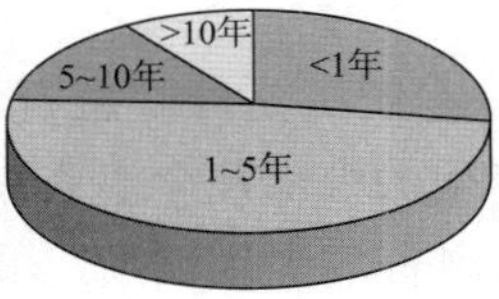	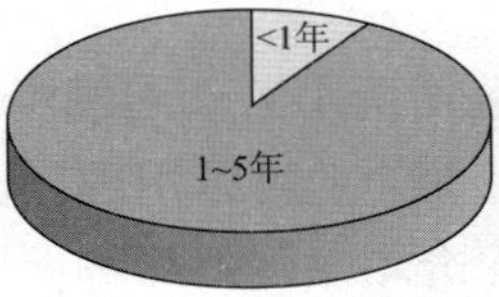	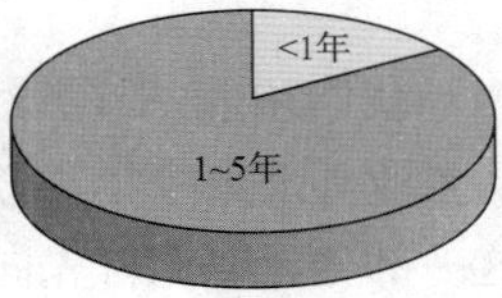
租赁	经营租赁的负债价值为 17.2 亿美元（见第 4 章）	没有租赁协议	有数额较小的租赁协议
固定利率与浮动利率	76%固定利率，24%浮动利率	100%固定利率	100%固定利率
货币	90%美元，10%日元	100%巴西雷亚尔	97%卢比，3%美元
其他	43%的债券是企业可以赎回的，10%的债券是投资者可以退回的	小部分的负债是可转换性的，银行负债是定期贷款	银行负债是定期贷款

在对这些负债进行分析之后，我们得出如下初步结论：

● 在 2008 年，与鹦鹉纸浆公司及塔塔化学公司相比，迪士尼对债券的使用更加广泛。其中，迪士尼 92%的负债采用债券的形式，反映该公司拥有大量的市场资产，并且能够从市场上筹集资金。

● 在这三个公司中，迪士尼的短期负债比例最高，同时，迪士尼也是三个公司中唯一一个负债期限超过 10 年的公司。这可能反映出迪士尼对于债券市场的使用，因为银行可能不愿意提供如此长期限的借款，新兴市场中的银行尤其如此。

● 在这三个公司中，只有迪士尼拥有大量具有浮动利率的负债。这些利率随着时间的推移而变化并且是一些利率指数的函数（在迪士尼中，利率指数是伦敦银行同业拆借利率）。

● 三个公司都借入了以其本国货币结算的负债。迪士尼有一些以日元结算的负债，而塔塔化学公司发行了两只以美元计算的债券。

● 迪士尼的公司债券采取的是传统方式，在负债的持续期内支付利息，到负债的到期日才支付本金。而与此相对的是，鹦鹉纸浆公司与塔塔化学公司使用的银行借款要求必须在负债期限之内偿还本金。

● 大部分迪士尼债券可以被企业赎回，如果利率下降的幅度很大，企业通常会赎回债券。其中小部分债券可以由债券持有者赎回，这可以作为当迪士尼采取一些降低债券的行动时保护债券投资者的手段。

我们没有在表 7—1 中对书景书店的负债进行分析，该公司拥有的唯一负债是采用经营租赁的方式。正如我们在第 4 章中所指出的，这些租赁的现值为 960 万美元（在以后的 25 年里，每年支付 750 000 美元）。

融资行为

我们在上一节考察了公司所用的不同融资决策。它们都是外部融资方式，也就是说，从企业外部来筹集资金。很多企业可以用现有资产产生的内部现金流来满足资金需求。在这一部分，我们首先向大家介绍一下内部融资与外部融资的区别以及影响公司分别从这两种资金来源筹集资金的数量的因素。接着，我们将注意力放在外部融资上。我们来思考一下，随着企业经过其生命周期的不同阶段，企业的融资决策会怎么变化，以及为什么会发生这些变化。其中，企业的生命周期包括初创期、扩张期、高成长期、成熟期以及衰退期。我们接下来考虑，为什么有一些决策主要在某些阶段被采用而在其他阶段不会被采用。

内部融资与外部融资

由企业现有资产产生的现金流可以被归类为内部资金。因为这些现金流属于企业的权益所有者，所以也被称为内部权益（internal equity）。无论是来自私有渠道的现金流还是来自金融市场的企业外部现金流，都被归类为外部资金。外部融资可以采取新的负债、新的权益或者混合型证券的形式。

企业因为一些原因可能会偏好内部融资或者外部融资。对于私有企业来说，一般很难获得外部融资，并且即使外部融资是可能的（比如，来自风险资本家的投资），也相应伴随着控制权的丧失（风险资本家会要求一部分控制权）。对于上市公司而言，更容易获得外部融资，但是就发行成本（尤其是发行新的权益）来说，外部融资还是代价很高的。在另一方面，内部产生的现金流可以用于日常融资而不会产生大量的交易成本及导致控制权丧失。

尽管有这些好处，为项目进行内部融资也存在一些局限。第一，企业必须认识到，如果不考虑交易成本的差别，内部权益与外部权益有着同等的成本。权益成本通常用风险与收益模型，比如 CAPM 与 APM，计算出来。这种计算既适用于内部权益也适用于外部权益。比如，迪士尼的权益成本为 8.91%，这是第 4 章中估计出来的权益成本。我们将该成本同时应用于内部权益（或留存收益）与外部权益（新的股票或股票期权的发行）。在考虑了交易成本后，外部权益的成本会高一些。这种等价关系意味着，用内部权益融资的项目也应通过用外部权益融资的项目通过的测试。例如，迪士尼无论用外部权益融资还是用留存收益融资，其项目的收益率必须超过 8.91%。第二，内部权益被明确限定为企业经营活动中产生的现金流。即使企业不派发股利，这些现金流也可能不足以满足企业的融资需要。因此，完全依赖内部权益融资会导致项目的延迟或者使得项目的部分收益转移到竞争对手手里。第三，经理不应当错误地认为既然他们使用内部权益来为项目融资，股价就是无关的。如果股价下跌，那么股东很可能不再相信经理人，于是不再将他们的现金流投入到企业中。

成长性、风险与融资

随着企业不断成长与成熟，企业的现金流与风险逐渐可以被预测。相对于企业的价值，现金流变得越来越多，并且企业的风险也趋于所有企业的平均风险。企业所作的融资决策将反映出这些变化。为了理解这些决策，我们先来考虑企业生命周期的五个阶段：

（1）初创期。这是企业形成后的最初阶段。一般而言，该企业是一个私有企业，由所有者的权益来提供资金，也可能包括银行借款。当该企业试图去吸引顾客并且站稳脚跟时，会因为融资需求而受到约束。

（2）扩张期。一旦企业成功地吸引了顾客并且在市场上占有一席之地，它将准备扩张，此时其融资需求增加。因为该企业在此阶段不可能从其内部产生高额的现金流而投资需求又很大，企业的所有者一般会寻求私有权益或者风险资本来满足这种融资需求。一些处于该阶段的企业也会转变为上市企业，通过发行普通股来满足其资金需求。

（3）高成长期。在转变为上市公司的过程中，企业的融资选择也增加了。虽然企业的收入高速增长，但是盈利很可能滞后于收入并且内部现金流滞后于投资需求。一般来说，处于该阶段的上市公司会发行更多的权益，可能以普通股、权证以及其他股票期权的形式发行。如果它们使用的是负债，很可能使用可转换债券来筹集资金。

（4）成熟期。随着企业的成长性逐渐趋于平稳，企业一般会出现两个现象。第一，盈利与现金流会持续快速增长，这些反映了过去的投资；第二，对新项目进行投资的需求会减小。净效应就是，一部分资金需求可以由内部融资满足，并且使用的外部融资方式会发生变化。这些企业更可能采用银行借款或者公司债券的负债方式来满足它们的投资需求。

（5）衰退期。企业生命周期的最后一个阶段是衰退期。处于该阶段的企业会发现，随着它们业务的成熟以及新的竞争对手的超越，其收入与盈利都开始下滑。现有的投资还可能持续产生现金流，尽管产生现金流的速度在下降，而公司已经没有什么新的投资需求。因此，内部融资很可能超过再投资的需求。企业不大可能发行新的股票或者债券，而更可能收回现有的负债或者回购股票。从某种意义上来说，企业正在自我清算。

图 7—2 对企业在生命周期不同阶段的内部融资能力与外部融资选择进行了描述。

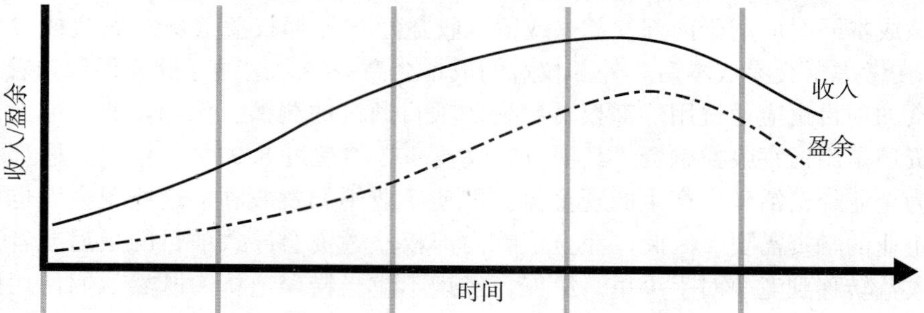

成长阶段	阶段一 初创期	阶段二 扩张期	阶段三 高成长期	阶段四 成熟期	阶段五 衰退期
外部融资需求	高，但是受到基础设施的约束	相对于企业价值而言很高	相对于企业价值而言中等	占企业价值的百分比逐渐下滑	低，因为项目在减少
内部融资	负的或很小	负的或很小	相对于资金需求量而言很小	相对于资金需求量而言很大	内部资金多于资金需求
外部融资	所有者权益，银行借款	风险资本，普通股	普通股，权证，可转换债券	负债	赎回负债，回购股票
融资过渡	获得私有权益	首次公开上市（IPO）	增发	发行债券	

图 7—2　融资的生命周期分析

并非所有企业都经过这五个阶段，也并非所有的企业都会做出相同的决策。第一，很多企业没有经过初创期。每年企业家们成立了数万家企业，其中，很多企业都不能幸存下来。即使是那些得以幸存的企业通常一直都是小企业而没有扩张的潜力。第二，并非所有成功的私有企业都会转变为上市公司。一些企业，诸如嘉吉公司（Cargill）与科氏工业集团（Koch Industries），一直保持私有并且努力做到筹集足够的资金以保证企业长期健康增长。第三，有些企业即使在高成长期也不需要进行外部融资，因为利用内部资金来为这种增长融资已经完全足够了。也有高成长性的企业发行债券，也有低成长性的企业发行股票。简而言之，有无数的例外情况，但是生命周期的框架还是有助于我们解释为什么不同企业的选择不同以及是什么使企业偏离了一般的财务决策。

请注意，当我们考察位于不同生命周期的企业对于负债与权益的融资选择时，有两件事我们没有考虑。第一件事是，我们没有详细解释为什么处于不同生命周期阶段的企业选择它们所选的融资手段。第二件事是，我们并没有考虑什么样的负债最适合企业——是短期还是长期，是以美元结算还是以外币结算，是固定利率还是浮动利率等等。原因是，这些决策更多地与企业拥有的资产类型以及这些资产所产生的现金流的性质有关，与企业所处生命周期阶段的相关性更少。我们在第 9 章会更加详细地考察这些问题。

企业如何筹集资金

在本章的第一节，我们考察了企业用权益筹资和用负债筹资的选择范围。在考察企业应当使用哪种筹资决策之前，值得注意的是企业曾经如何为经营活动筹集资金。企业使用负债、权益和混合型证券来筹集资金，但是企业在不同的阶段依赖不同的融资方式。例如，在美国，企业通常采用负债的外部融资方式而不是权益的外部融资方式，并且主要使用经营产生的内部权益资金。图 7—3 对 1975—2007 年美国公司的新负债、新权益以及内部资金的比例进行了描述。

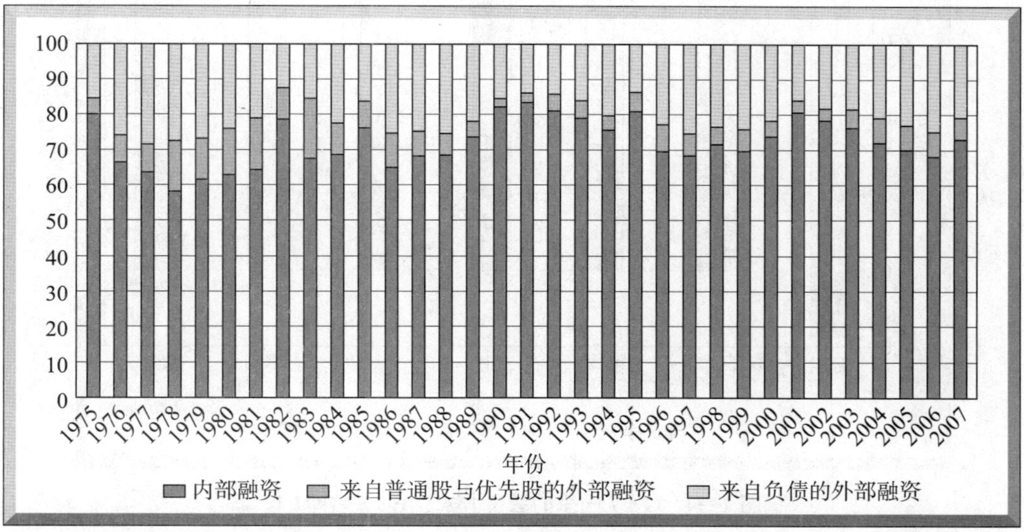

图 7—3　美国企业的内部融资与外部融资（%）

每年，企业都更多地依靠内部资金而不是外部资金来满足资本需求。更进一步来讲，当使用外部融资时，企业更多地采用负债的方式而不是采用发行新的普通股或优先股的方式。

就外部融资的数量与类型而言，美国的公司存在着广泛的差别，从图 7—2 中位于不同生命周期阶段公司的融资情况就可以看出。Fluck、Holtz-Eakin 和 Rosen 对位于威斯康星州的几千家公司进行了考察，其中，大多数企业是小型私有企业。[1] 作者发现，这些企业几乎完全依靠内部融资、所有者权益以及银行借款来满足资本需求。随着企业经营年限的增长，由内部融资提供的资金比例也在增长。小部分私有企业能够从风险投资家与私有权益投资者那里筹集到资金。很多企业最终会计划上市，并且私有权益投资者的收益来自企业的上市阶段。布拉德福德（Bradford）和史密斯（Smith）考察了上市前与计算机有关的 60 家企业，发现这些企业中有 41 家在上市之前有私有权益注入。[2] 这些企业中私有权益投资者个数的中位数为 2 到 3 之间，这类投资者所拥有的企业股份比例的中位数为 43.8%；从企业接受私有权益投资到 IPO 之间的期限为 3.2 年。虽然这是一个行业的较小部分的样本，但是这确实表明了私有权益在企业从小型的私有企业到成为上市企业的过程中发挥了重要的作用。

当我们将美国公司的融资方式与其他国家公司的融资方式作比较时会发现，美国公司会更多地进行负债方式的外部融资而不是权益方式的外部融资。图 7—4 对 1984—1991 年 G—7 国家的新发行证券情况进行了描述。[3]

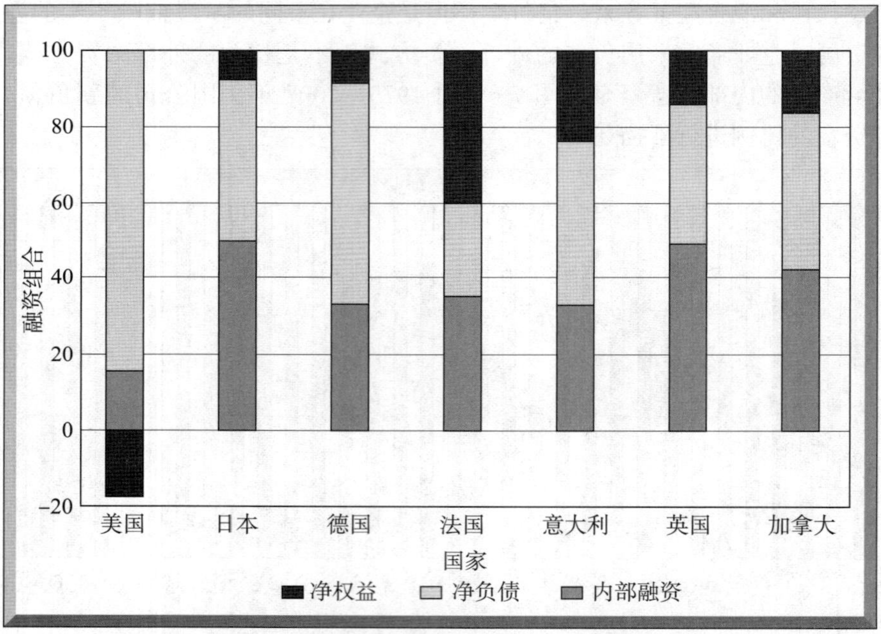

图 7—4　G—7 国家的融资方式：1984—1991 年

---

① Z. Fluck，D. Holtz-Eakin，and H. S. Rosen，"Where Does the Money Come From? The Financing of Small Entrepreneurial Enterprises," working paper，NYU Salomon Center，1998. 本文中的数据是一份特殊的数据，因为该信息通常不能通过手工收集到，研究者也不能看到。

② T. Bradford and R. C. Smith，"Private Equity：Sources and Uses," *Journal of Applied Corporate Finance* 10，no. 1：89 - 97.

③ 请见 Raghuram G. Rajan and Luigi Zingales，"What Do We Know About Capital Structure? Some Evidence From International Data," *Journal of Finance* 50，no. 5：1421 - 1460。该数据来自经济合作与发展组织（OECD）的数据，在 OECD 的刊物 *Financial Statements of Non-Financial Enterprises* 中有描述。G—7 国家代表了世界上最大的七个经济体。这些国家的领导人每年开会讨论经济政策。

图 7—4 中的净权益指的是新发行的股票与回购股票之间的差额。在这段期间，美国的企业回购的股票多于发行的股票，从而导致净权益为负。另外，从美国、德国与日本之间融资类型的比较可以看出，德国与日本的企业更依赖于银行借款，而美国企业更可能发行债券。① 图 7—5 比较了这三个国家的负债来源，即来自银行借款还是来自公司债券。②

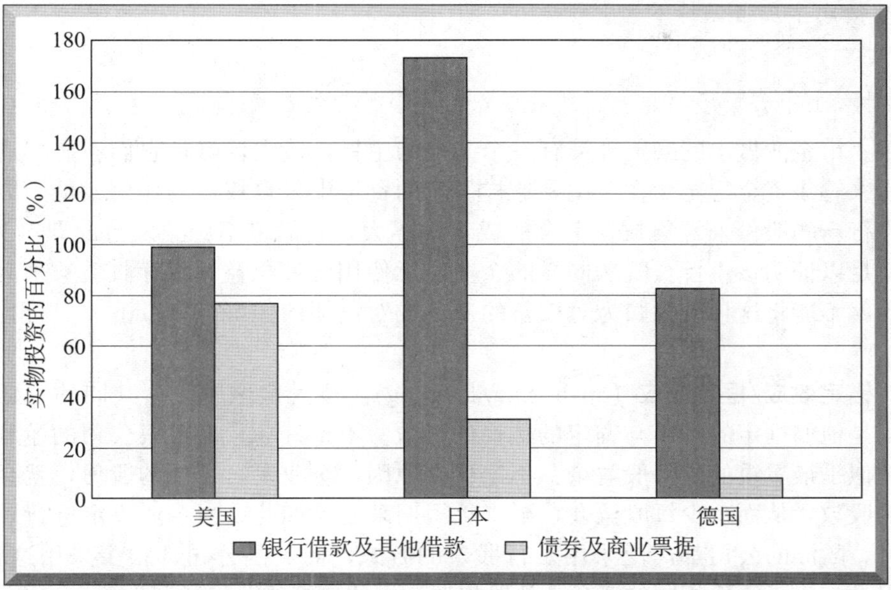

图 7—5　债券与银行借款：1990—1996 年

有一些证据表明，一些新兴市场国家，例如巴西和印度，在为经营活动进行融资时更多使用的是权益（内部和外部）而不是负债。这种对权益的依赖性可以归因于政府的管制，因为政府不鼓励负债，其直接方式就是要求企业的负债比率必须低于某个限额，间接的方式就是限制利息费用的可抵税程度。美国更多地依靠发行债券来融资，其中一个解释就是，美国企业在生命周期内所处的阶段与新兴国家的那些公司所处的阶段是不同的，美国企业更可能处于生命周期的成熟阶段。因此，美国企业较少依靠外部权益融资。另一个原因是，与其他市场相比，美国的企业更能够到公司债券市场去融资。比如，欧洲的企业通常需要从银行那里而不是从债券市场获得新的负债。这也可能限制了它们使用新的负债。

7.8　公司债券市场与负债的使用

从历史上来看，欧洲市场与新兴市场的企业依靠银行借入资金而较少进入公司债券

① A. Hackethal and R. H. Schmidt，"Financing Patterns：Measurement Concepts and Empirical Results，" working paper，University of Frankfurt，1999. 他们比较了这三个国家的融资类型。

② A. Hackethal and R. H. Schmidt，"Financing Patterns：Measurement Concepts and Empirical Results，" working paper，University of Frankfurt，1999.

市场。在最近几年里，它们已经更多地进入公司债券市场，无论是就国内市场而言还是就国际市场而言。因此，你预期这些国家的负债比率会发生以下哪种情况？

a. 负债比率应当上升。

b. 负债比率应当下降。

c. 负债比率应当保持不变。

为什么上市公司不愿意发行新的股份：一个行为学视角

如果上市企业做出的融资决策有一个共同的主旨，该主旨就是它们不愿意通过发行新的股份来筹集资金，至少在美国是这样。新的资金中来自权益的比例较低，即使以当前价格发行新的股份来筹集权益资金的成本并不大，它们也不愿意发行股票（见图 7—3），这就足以证明该主旨。既然同样的企业愿意使用内部权益（留存收益）来为项目融资，我们就不能将这种行为归为对权益的避免或对负债的偏好。有以下两点行为学上的解释。

（1）锚定效应/框定效应（anchoring/framing）。行为金融中一个共同的主题是人们怎么决策是他们框定的产出与锚定的选择的函数。不论好坏，在考察公司的盈利时，股票分析师似乎最看重的是每股盈余。不论什么原因，企业发行了新的股份，就会增加发行在外的股数，从而减少每股盈余，至少从短期来看是如此。当企业决定进行外部的权益融资时，欧洲的公司都广泛采用发行股票的方式，而美国公司却很少采用这种方式，主要原因是，为了筹集相同的资金，认股权证会导致更多的股份数产生。

（2）过度自信。Malmendier、Tate 和 Yan（2007）指出，过度自信会使经理人高估投资中产生的现金流，同时也会使他们相信企业的股票被市场低估。由此经理人不大可能按照现在的价格发行股票。①

有趣的是，避免减少每股盈余和发行新的股票是有选择性的。一些企业不愿意发行股票，但它们更愿意拆分股票，当它们发行可转换债券和优先股时，又完全舍弃了不愿意发行新的普通股的想法。换句话说，经理人似乎要避免的是今天增加股份数，而对于那些可能潜在增加未来股份数的行为却不那么在意。

融资过程

我们再看看图 7—2，其中有四个融资过渡阶段，企业的资金来源被新的融资决策所改变。第一次融资过渡是私有企业从私有权益投资者与风险资本家那里获得新的融资。第二次融资过渡是私有企业决定在金融市场上出售其权益从而成为一个上市公司。第三次融资过渡是上市企业决定再次进入权益市场以筹集更多的权益资金。第四次融资过渡

① Malmendier, U., G. Tate and J. Yan, 2007, "Corporate Finance Policies with Overconfident Managers," NBER working paper 13570.

是上市企业决定通过发行债券在金融市场上筹集债务资金。在这一部分，我们考察每次过渡的过程。因为增发股票与发行债券的过程非常相似，所以我们将两种方式放在一起考虑。

私有企业的扩张：从私有权益投资者那里筹集资金

如果私有企业需要的权益资本比其所有者能够提供的更多，它们可以从私有权益投资者与风险资本家那里寻求资金。风险资本在私有企业的不同阶段都能发挥作用。例如，种子风险资本基金是提供给初创企业以便企业测试新的概念以及发展新产品的资金，而创业风险资本是让那些已经发展好产品与建立起产品概念的企业来生产并且推广产品的资金。新一轮的风险资本使得已经拥有产品与市场的私有企业能够进行进一步的扩张。关于风险资本如何进入企业以及风险资本家最终如何从这些投资中获得利润，总共有五个步骤。

(1) 激发权益投资者的兴趣。想筹集权益资金的私有企业采取的第一步是让私有权益投资者对其将要进行的投资项目产生兴趣。在此阶段，有很多有助于私有企业的因素。其中一个是私有企业所在的行业类型以及该行业对于私有权益投资者来说具有多大的吸引力。第二个因素是有关该企业高级经理人的业绩记录，其中记录了有关该经理人将私有企业转变为上市公司的例子以及他们曾经轻易地筹集到私有权益的事实。

(2) 估值与收益评价。一旦私有权益投资者对该企业产生了兴趣，那么必须从当前与未来的角度对私有企业的价值进行评估。一般使用风险资本方法来完成这一过程。在此过程中预计出私有企业上市后（或出售给一个上市公司）的盈余。了解了这些盈余后，再估计出同一行业上市公司的市盈率，然后计算出企业在上市时的价值，这被称为退出价值。

例如，假定书景书店预期在三年后进行 IPO，该企业三年后的净利润预计为 400 万美元。如果零售行业上市公司的收益率为 25，就可以得到退出价值为 1 亿美元。用风险资本家的目标收益率作为折现率对该退出价值进行折现。其中，目标收益率衡量了风险资本家眼中的合理收益率，给定了风险资本家所面临的风险。目标收益率通常设定得比企业的权益成本要高一些。[①]

$$折现的退出价值 = 预期的退出价值 /(1 + 目标收益率)^n$$

我们再来看一下书景书店的例子。如果风险资本家要求的目标收益率为 30%，那么书景书店折现的退出价值则为

$$书景书店折现后的退出价值 = 1 亿美元 /1.30^3 = 4\ 552 万美元$$

(3) 构造协议。在构造将私有权益引入到企业的协议时，私有权益投资者与企业

---

① 例如，私有权益投资者所要求的目标收益率在较迟融资阶段为 30%，在初始融资阶段为 50%～60%。这些收益的部分要用来弥补生存风险（survival risk），也就是很多小企业将不会持续到私有权益投资者退出企业的时刻。

必须对以下两个因素进行磋商。第一，投资者必须确定他所享有的企业权益比例以作为私有权益投资的回报。另一方面，企业的所有者必须确定为获得资本而放弃的权益比例。在这些评估中，引入的新资本的数额必须以估计的企业价值来进行相应的衡量。以书景书店为例，假定风险资本家考虑投资 1 200 万美元，他至少要拥有企业的 20.86%。①

权益比例= 提供的资本 / 预期的价值

= 1 200 万美元 /(4 552 万美元 +1 200 万美元)

= 20.86%

第二，私有权益投资者会在企业经理进行的新的投资或者新的融资过程中附加一些约束性条款。这是为了确保私有权益投资者受到保护以及他们在公司的日常经营决策中有发言权。

(4) 事后的管理。一旦私有权益投资者将资金投入到企业中，投资者通常在企业的管理中起到积极的作用。私有权益投资者与风险资本家不仅为企业带来了丰富的管理经验，同时还有一些有助于企业筹集更多资金以及进行新业务的合同。

(5) 退出。私有权益投资者与风险资本家对私有企业进行投资，原因是他们希望从这些投资中获取高额回报。这些回报如何实现？私有权益投资者有三种方法可以从该投资中获利。第一种方式，同时也是产生最高利润的方式，就是让私有企业进行 IPO。虽然风险资本家通常不会在 IPO 时就清算其投资，他们至少在可以交易时出售一部分股份。② 第二种方式是将私有企业的股份出售给另一家企业，购买方可能由于战略上或者财务上的原因要对该企业进行并购。第三种方式是，从企业里抽出资金并且对企业进行清算。这种策略对于高成长性的企业是不合适的，但是，如果对企业的投资不能获得超额收益，那么对该企业进行清算是合理的。

虽然有很多私有企业走向繁荣的故事，现实却冷酷得多。大多数私有企业都不能做到。有很多研究都得到了同样的结论，尽管它们发现的失败率是有差异的。有一篇对澳大利亚 5 196 家新创企业的研究发现，每年的失败率超过 9%，并且在 10 年内 64%的企业会失败。③ Knaup 和 Piazza（2005，2008）使用来自劳工部劳动统计局的数据计算出企业的生存情况。④ 该统计包括了来自美国公共部门与私有部门的超过 890 万个企业的信息。作者通过 1998—2005 年七年的数据得出结论：在 1998 年成立的所有企业中，只有

---

① 很多私有权益投资者对于企业引入资金前的估值与引入资金后的估值会做出明确区分。其中，引入资金前的估值是不考虑私有权益投资者带来的现金流入时企业的价值（4 552 万美元），而引入资金后的估值是考虑了私有权益投资者带来的现金流入后企业的价值（5 752 万美元）。

② B. S. Black and R. J. Gilson, "Venture Capital and the Structure of Capital Markets: Banks versus Stock Markets," *Journal of Financial Economics* 47: 243 - 277. 他们认为，风险资本在美国比在日本与德国更加活跃的一个原因是，在美国上市更容易。

③ John Watson and Jim Everett, "Do Small Businesses Have High Failure Rates?" *Journal of Small Business Management* 34: 45 - 63.

④ Amy E. Knaup, "Survival and Longevity in the Business Employment Dynamics Data," *Monthly Labor Review* (May 2005): 50 - 56; Amy E. Knaup and M. C. Piazza, "Business Employment Dynamics Data: Survival and Logevity," *Monthly Labor Review* (September 2007): 3 - 10.

44%的企业生存超过了四年，31%的企业生存超过七年。

从私有企业到上市企业：首次公开上市

私有企业的外部融资途径有限，无论是负债融资还是权益融资都是如此。在前面对于权益融资选择的讨论中，我们指出，风险资本家在对私有企业进行权益投资时开出的条件是非常苛刻的。随着企业规模的变大及其资本需求的增加，一些企业决定转变为上市企业，通过向金融市场发行股份来筹集资金。

保持私有与上市

当私有企业转变为上市公司时，主要的好处在于可以进入金融市场融资并且能够为项目筹集到更多的资金。这种获得新资本的渠道对处于高成长性行业并且拥有大量高盈利的投资机会的企业有相当大的好处。第二个好处在于，私有企业的所有者能对其持有的股份赋予市场价值从而将他们的成功变现为现金流。必须在上市后的收益与潜在成本之间做出权衡。其中，最大的成本是成为上市企业后控制权的丧失。随着企业规模的变大，企业的所有者愿意出售一部分股票，所有者手中的流通股数量一般会减少。如果企业的股东相信所有者与企业的联系是在给企业带来坏处而不是好处，他们就会给所有者施压让其离开。

成为上市企业的其他成本还来自一些信息披露的要求与法律的要求。[①] 私有企业在经历富有挑战性的市场条件（下降的销售量和更高的成本）时，也许能够在竞争对手面前隐藏这些问题，而上市企业没有选择，只能将信息披露。另外的成本是，企业必须在投资者关系上花费大量的时间，在该过程中培养出跟踪企业的股权分析师，同时这些分析师会提供有关企业前景的信息。[②]

总的来说，对于那些高成长性且资金需求量大的企业来说，上市的收益大于其成本。如果企业的成长机会很小，内部的现金流很充分，并且投资者很看重企业的控制权，那么企业上市的好处就小一些。

IPO 的步骤

假定上市的收益大于成本，IPO 需要完成五个步骤。

第一步：根据投资银行的声誉与营销能力选择一个投资银行。在大多数 IPO 中，投资银行对发行的股票进行包销，保证股票的价格保持在特定的水平上。该投资银行家会将

① 成本是两方面的。一方面是生产以及公开信息本身是有成本的，另一方面是对于何时对外披露信息以及披露多少信息失去了控制权。

② “培养”这个词听起来有点奇怪，但事实就是如此。如果跟踪企业的权益分析师出具买入意见（buy recommendations），这会激发投资者的兴趣并且对于股票价格会造成显著的影响；而另一方面，如果分析师出具的是卖出意见（sell recommendations），这会使企业的股价下降。这对于那些小型的较少分析师跟踪的企业尤其如此。

几个银行集中到一起（称为辛迪加）来为股票承销，从而分散风险并且扩展市场。[①] 私有企业倾向于根据银行的声誉与专业技术而不是支付的代价来挑选投资银行家。良好的声誉为购买企业股票的投资者提供了信用，让投资者放心。专业技术不仅用在发行价格的确定和上市的过程中，也用在上市之后可能要做出的其他财务决策中。投资银行协议是商讨出来的，而不是通过公开竞争制定的。

第二步：给公司估值并确定发行细节。估值由主要的投资银行根据发行企业提供的大量信息来做出。公司的价值有时是按照折现现金流模型估计出来的。而更经常使用的估值方法是通过估计一个乘数以及可比上市企业定价的方法得到发行企业的价值。乘数包括市盈率等。不管采用什么方法，由于缺乏大量的历史信息，再加上这些都是未来成长性很高的小型企业，所以估计出来的企业价值也是不确定的。一旦估计出企业的价值，用企业价值除以股份数就可以得到每股的价值，我们可以利用发行者希望得到的股价范围反过来确定应当发行多少股份。如果企业的权益价值为 5 000 万美元，目标股价为 10 美元，则发行的股份数就为 500 万股；如果目标价格为 50 美元，则发行的股份数就为 100 万股。该过程的最后一步就是确定每股报价。大多数投资银行将报价设定得低于预期的每股价值有以下两点原因：第一，较低的报价降低了投资银行的风险。如果报价设定得过高，当投资银行无法售出所有的股份，那么它们就必须用自己的资金以报出的股价来购买余下的股份。第二，投资者与投资银行将发行后的股价上涨视为一个好的信号。对于投资银行的客户来说，如果他们能以发行价获得股份，那么就可以立即获得回报，而对于发行公司来说，可以为未来的股份发行奠定基础。

第三步：以发行价来估计投资者的需求。通过设定报价，投资银行家可以首先了解投资者的需求。该过程被称为询价，包括在定价与估计对股票的需求之前对机构投资者进行探询。同时，投资银行家与发行企业要在一系列的报告中向未来的投资者展示信息，该过程被称为路演。在此过程中，如果需求看起来很强，就提高发行价；反之，如果需求看上去很弱，则相应地调低发行价。在一些情况下，如果投资者对该企业发行的股票没有兴趣，该企业会在该阶段退出 IPO。[②]

第四步：提交证监会要求的文件并且发布招股说明书。企业如果想在美国公开上市，必须要完成以下要求。第一，首先要向证监会提交登记表与招股说明书，说明有关企业财务的历史信息、对于未来的预期以及计划如何使用从 IPO 中筹集的资金。招股说明书向潜在的股票投资者提供了有关企业风险与前景的信息。证监会将对这些信息进行审核，可能会同意登记，也可能会向企业发放一个有缺陷的备忘录并希望企业提供更多的信息。在审核期间，企业不能销售股票，但是可以发布一个初步的招股说明书，目的仅仅是提供更多的信息。一旦证监会通过了登记，企业就可以向公众进行招股广告。这通常是采用墓碑式广告的形式，从中列出参与的投资银行。

第五步：按照发行价将股票分配给申请购买的人。如果对股票的需求量超过了供给

① 2004 年，谷歌开创先河，决定不靠银行辛迪加的支持而是自己公开上市。谷歌利用拍卖过程来确定股票价格，为自己节省了发行成本。谷歌究竟是别树一帜还是引领了新的潮流，还有待观察。

② 一项对 1979—1982 年间 IPO 的研究发现，有 29%的企业在这一阶段结束了它们的 IPO。

量（如果发行价过低，就会发生这种情况），你就必须进行股票配给。如果股票的供给量超过了需求量，投资银行家必须尽到其包销的担保责任，以发行价买下余下的股票。

在发行日，也就是股票交易的第一天，股票的市场价格是由供求决定的。如果发行价定得过高，按发行企业与投资银行订立的协议，投资银行家将对股份折价发行出售并且自己补齐差额。如果发行价定得过低，而通常情况就是如此，那么发行日的交易价就会比发行价高出许多，那些在 IPO 中分配到股份的人就能因此受益。

上市的成本

上市的成本有以下三项。第一，企业必须考虑到与上市相关的法律成本与管理成本，包括准备登记表格与相关文件的成本。第二，企业必须考察一下承销费用，也就是股票的发行价与企业实际收到的每股价格之差，这些价差就是花费在股票发行上的承销费用、管理费用与销售费用。承销费的金额相当大，并且随着发行规模的增大而减小。图 7—6 对不同规模的股票发行所花费的平均发行费用与承销费用进行了统计。这是里特（Ritter）在其文章中所报告的。[①]

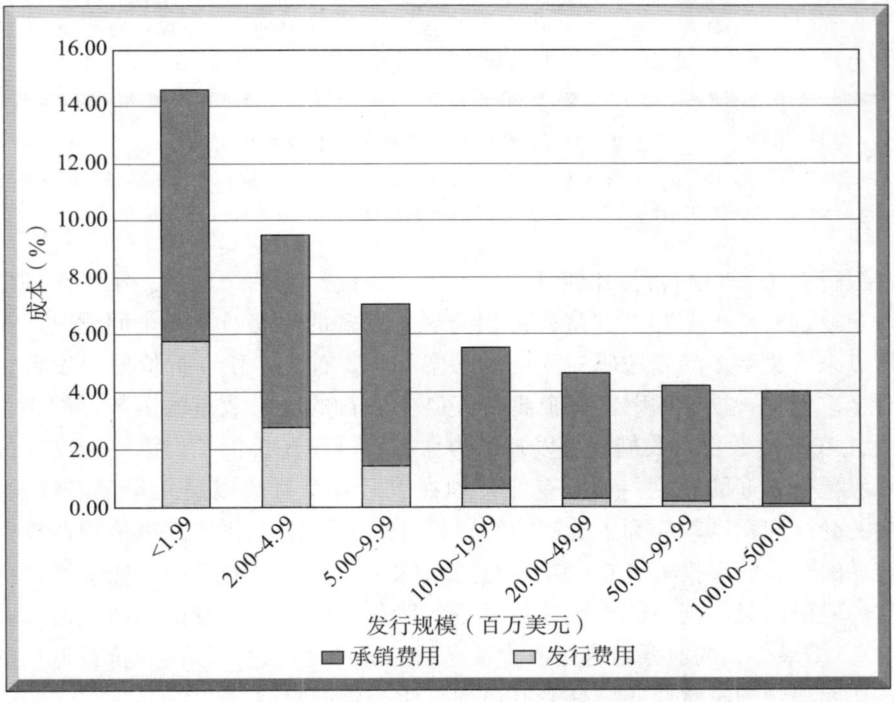

图 7—6　按照发行规模划分的发行成本

第三项成本是发行折价。其中，有一些投资者以发行价获得股票然后以更高的市场价格将股票出售，由此他们得到一笔意外收入。虽然有关折价的准确估计值每年都在变化，但平均而言，IPO 的折价为 10%～15%。伊博森、辛德拉和里特（Ibbotson，

① J. Ritter, "Initial Public Offerings," *Contemporary Finance Digest* 2: 5 - 30.

Sindelar, and Ritter）在一篇有关影响IPO折价的因素的研究文章中估计了折价与发行规模之间的函数关系。[①] 图7—7描述了不同发行规模的IPO折价。

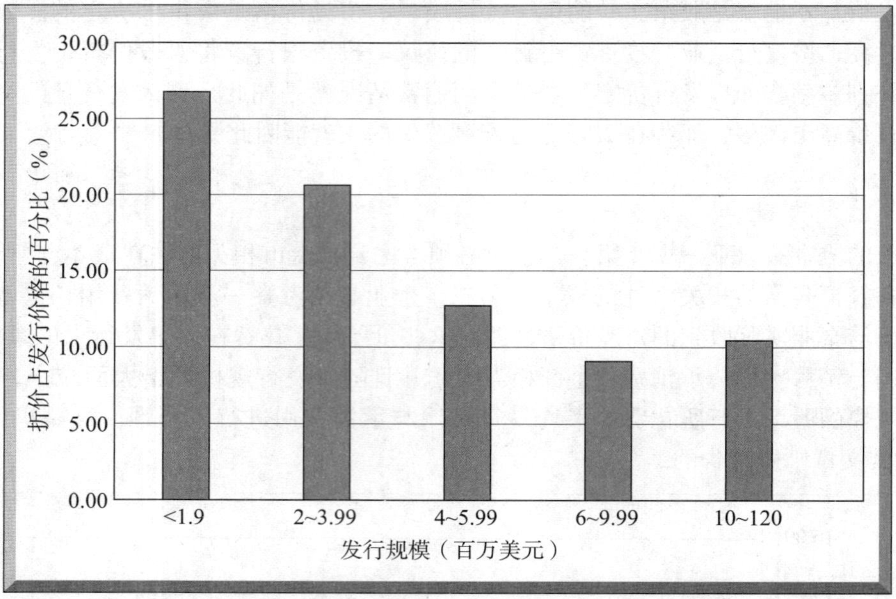

图7—7　按照发行规模划分的IPO折价

资料来源：Roger G. Ibbotson, Jody L. Sindelar, and Jay R. Ritter, 1994, "The Market's Problems with the Pricing of Initial Public Offerings," *Journal of Applied Corporate Finance* 7, no. 1: 66-74.

投资银行对于IPO折价持比较开放的态度。由此产生两个问题。第一个问题是，为什么发行企业没有对由IPO折价导致的损失表示更多的愤怒？第二个问题是，投资者可以利用这点来购买更多的新股吗？问题的答案如下。首先，IPO折价使得发行企业收到更少的资金。但是，损失的财富是企业在IPO中发行的股份数量的函数。如果首次公开上市的只有10%的股份，我们就可以知道为什么发行存在折价了。第一天交易的活跃程度意味着股票受欢迎的程度，如果企业计划在以后几个月或以后几年里继续发行股票，那么首次的受欢迎程度就起到了推销的作用。其次，要想利用IPO折价构造投资策略不是那么容易的事。如果投资者在股票发行时认购了一定数量的股份，他也许得到所有股价被高估的股份而只得到一部分股价被低估的股份（因为存在股份的超额需求，所以存在着配给）。结果得到的股票组合是股价被高估的股份比例过大，而股价被低估的股份比例过小，从而得到的收益并非如有关IPO研究中报告的收益。

IPO折价：一个行为学视角

虽然传统的财务学将首次公开上市的折价视为一个不解之谜，而行为金融对此有以

① Roger G. Ibbotson, Jody L. Sindelar, and Jay R. Ritter, "The Market's Problems with the Pricing of Initial Public Offerings," *Journal of Applied Corporate Finance* 7, no. 1: 66-74.

下两种解释。

（1）稳定的购买者。那些在首次公开上市中报价的投资者对发行的股票报出了一个稳定的价格，这样做可以减少其他投资者在对一个年轻企业进行投资时的恐惧心理。初始的折价是投资银行支付给愿意限制销售股份的初始投资者的价格。[①]

（2）主办者假设。投资者在企业公开上市的首日获得的收益有助于在总体上创造或维持这种对 IPO 的热情。因为 IPO 是一阵一阵发生的并且某段时间集中在某些特定行业里（如 20 世纪 90 年代的科技股），进行定价的投资银行家必须要通过折价保持住这种热情。隐含在这里的假设是，新的股票发行必须利用这些行业或市场中的折价，并且这种折价相应地带来了后面的幻觉。

最后，IPO 折价还有另外两个特征。第一个特征是，那些“避免损失”的投资银行家会将首次公开上市的价格定得过低。第二个特征是，折价是对于公开上市中遭受赢家诅咒的投资者的补偿，也就是说，那些信息相对较少的人会过多申购那些定价过高的股票，因此必须以折价将股票出售给这些投资者以免他们离开市场。因此，IPO 中具有信息优势的投资者就轻易获得了这些超额收益。

【例 7—2】 统一包裹服务公司的 IPO

1999 年 7 月 21 日，全球最大的私有包裹企业——统一包裹服务公司（UPS）宣布将股票公开发行。该企业的股票原本全部被经理人与职工所持有，在当天宣布将上市筹集资金并在以后进行并购活动。UPS 在 1998 年的收入为 248 亿美元，净利润为 17 亿美元，并且当年雇用的职工数为 330 000 人。

UPS 在将招股说明书提交给证监会的同一天就发布了初始公告，宣告其将计划发行两类股票。A 类股票是每股 10 份投票权，将由 UPS 当时的股东所持有，而 B 类股票是每股 1 份投票权，将由公众所持有。

该企业最终选定摩根士丹利作为其主要的投资银行，而摩根士丹利召集了一个包括高盛、美林作为高级共同管理人的辛迪加。其他的共同管理人包括瑞士信贷、所罗门美邦与华宝德威（Warburg Dillon Read）。1999 年 10 月 20 日，UPS 向证监会提交了相关文件（被称为 S-1 登记表），同时宣布以 36 美元到 42 美元的每股价格发行 1.094 亿股股票（大约为 11 亿股流通股的 10%），然后将在 11 月进行 IPO。[②]

1999 年 11 月 8 日，投资银行辛迪加在询价中看出机构投资者的需求比较强烈，于是将发行价提高到每股 50 美元，然后将首发日设定在 1999 年 11 月 10 日。这成为当时美国公司中最大的 IPO。

1999 年 11 月 10 日，UPS 的股票上市。股价从发行价每股 50 美元上涨到每股 70.132 5 美元。在当天交易结束时，UPS 的股价为 67.25 美元。根据这个股价以及流通股的总数，我们可以估计出 UPS 的市值为 809 亿美元。

---

① 因为限制是自愿的，如果投资者违反君子协定，他们日后将不被分配新股。

② 在此过程中，发行股价的范围是不公开的。我们做出此假设，其部分根据是另外两个上市的竞争对手的市场情况，这两个竞争对手是联邦快递（FedEx）与航空货运（Airborne Freight）。

7.9 折价的成本

假定市场对于UPS的估值是正确的，而投资银行对发行价定得过低。折价给UPS的所有者带来的成本是多少？

a. 大约为220亿美元。

b. 大约为500亿美元。

c. 大约为22亿美元。

d. 以上都不对。

上市企业的选择

企业一旦上市，就可以通过发行更多的普通股、股票期权以及公司债券来筹集资金。已经上市的企业另外发行股份被称为股票增发。在发行股票和债券时，上市企业有多种选择。企业可以通过一般认购过程来销售这些证券，以发行价将股票和债券发行给公众，其中发行价由投资银行担保。企业也可以私下将债券和股票分配给机构投资者，或者在没有中间商的情况下将股票与债券直接发行给投资者。

一般认购

在一般认购过程中，发行是面向所有公众的。从这个意义上来说，这与IPO非常相似。但是一般认购与IPO也存在一些基本差别：

- **承销协议。**IPO的承销协议几乎都需要企业的保证，并且是与投资银行磋商出来的，而股票增发中的承销协议采用的形式更加广泛。首先，股票增发中可以存在竞标，因为投资银行已经可以利用信息来允诺一个固定的价格。[①] 有证据表明，竞标可以降低承销价差，但是再融资的企业还是愿意通过磋商的方式来发行股份。第二，再融资发行中必须提供更多的承销保证。有一些发行是通过尽全力保证来支持的，这并不保证以固定的价格销售；还有一些发行是通过备用保证来支持的，在这种保证中，投资银行要给予支持以防止实际价格下降到发行价以下。放松保证的回报在于，承销费会相应降低。
- **发行定价。**企业在给IPO的发行定价前必须估计出企业的价值以及每股价值，而股票增发的定价以当前的市场价格为基础，从而简化了发行定价的过程。通常来说，股票增发的发行价格设定得比当前市场价格要低。

总体的证据表明，发行股票的费用还是比发行债券要大，并且发行的成本随着发行规模的增大而减小。

① 该信息有两种形式。一种是每个上市企业都必须上交给证监会的相关文件，另一种，也是更重要的信息，是当前的股价。

私　募

一般认购之外的另一种方式是私募，即在此过程中直接将证券销售给一个或者几个投资者。有关证券的条款是双方之间协商出来的。相对于一般认购，私募的主要优势在于其成本较低，因为私募不需要中介的参与并且不需要承销保证和推销。同时可以节约大量的时间成本和管理成本，因为可以绕过证监会的登记要求。另外的优势在于，可以将债券条款设计得满足购买者的特定需求，并且企业可以向潜在投资者传递其独有的信息（假定是正面的）。

私募的主要劣势在于，潜在投资者的数量相对较少，而大规模的私募可能让投资者来承担企业的特定风险。这就是有关公司债券的私募比公司权益的私募更加普遍的原因。在典型的私募中，证券购买者通常为长期的机构投资者，比如人身保险公司或养老金等。这些投资者倾向于持有这些债券并且一直持有到债券到期日。私募的规模通常为 2 500 万美元～2.5 亿美元，并且私募债券的发行比一般公司债券的发行有更多的限制性条款。

配　股

增发的第三种选择就是配股。在这种情况下，企业并不是以当前价格将新的股份出售给所有的投资者，而是按照投资者所持有股份的比例给予他们购买另外一些股份的权利，这一权利使得投资者可以通过比当前市价更低的价格购买到股份。

如果企业使用配股方法来融资，一般来说，对每一股份发行一个配股权，让企业所有的股东拥有按照认购价格购买额外股份的权利，而认购价格通常比市场价格要低。理性的投资者要么会行使配股权，要么就将配股权出售。如果投资者让配股权过期而没有行使相应的权利，就会发现他们持有的股份价值在缩水——当配股权被行使时，市场价格几乎都会下降，因为认购价格设定得通常比市场价格要低得多。一般而言，配股权的价值等于附带配股权的股票价值与没有配股权的股票价值之差。道理很简单。如果以上关系式不成立，部分投资者就很容易套利并且由此产生的价格也是不稳定的。例如，如果配股权的价格高于附带配股权的股价与不附带配股权的股价之差，每个投资者将配股权出售而不是执行配股权就会获得更大的收益。而这相应会拉低配股权的均衡价格。如果配股权的价格低于附带配股权的股价与不附带配股权的股价之差，那么大家都会去购买并行使配股权。这又会相应地导致配股权的均衡价格上升。配股权的价值可以写成如下等式：

$$\text{配股权的价格} = (\text{附带配股权的价格} - \text{认购价格})/(n+1)$$

其中，n 表示每一新股所需要的配股权数。

配股融资方式比公开发行这种筹集资本的方式的成本要低得多，原因有以下两点。第一，承销费要低得多，因为如果认购股票的价格设定得比市场价格低得多，大家几乎都会认购，认股权就没有什么风险。第二，其他的交易成本与管理成本也比较低，因为进行推销的需求要小得多。

配股的缺点是什么？主要保留之处在于，与以当前股票价格来进行一般认购相比，配股会大幅度增加流通股的股数。例如，一家企业发行配股权，每一份配股权是 5 美元，当前的股价为 10 美元。该企业必须发行 1 000 万份配股权才能筹集到 5 000 万美元资金。与此相对的是，如果该企业以当前的股票价格 10 美元来发行新的股份，只需要发行 500 万股就可以筹集到同等数额的资金。一些财务经理认为，配股融资稀释了持有的权益并且降低了市场价格。虽然这从技术层面来说是正确的，但现有的股东也不应当因此持反对意见，因为他们是唯一能获得配股权的人。换句话说，股价将会下降，但是每个股东按照持股比例获得了更多的权益。一般而言，美国的企业比欧洲的企业更不愿意使用配股权这种融资方法，无论通过这种方式融资可以节约多少成本，部分原因在于它们害怕权益被稀释。

【例 7—3】 对配股权进行估值：Tech Temp

Tech Temp 拥有 1 000 万股流通在外的股票，股价为每股 25 美元。该企业需要筹集 2 500 万美元新的权益资金，决定采用配股的方式。给予每个股东每股股票一份配股权，并且五份配股权就可以用 12.5 美元的价格购买一股股票。配股权的价值可以计算如下：

	在配股权行使前	在配股权行使后
股份数	1 000 万	1 200 万
权益价值	2.5 亿美元	2.75 亿美元
每股价格	25 美元	22.92 美元

附带配股权的股价为 25 美元，不附带配股权的股价为 22.92 美元，那么就可以得到每份配股权的价值为 2.08 美元。可以用之前所述等式计算出来加以验证。

$$\begin{aligned}\text{每份配股权的价值} &= (\text{附带配股权的股价} - \text{认购价格})/(n+1)\\ &= (25-12.5)/(5+1)\\ &= 12.50/6 = 2.08\ \text{美元}\end{aligned}$$

如果配股权的价格比这个价格要高，投资者就会出售他们的配股权。如果能够用低于 2.08 美元的价格买到配股权，那么以更低的价格购买配股权然后再行权就有套利机会。

rights. xls：你可以使用该电子表格估计出不附带配股权的价格与每份配股权的价格。

7.10 发行配股权与现有股东

假定你拥有 Tech Temp 的 1 000 股股票，股价为每股 25 美元。并且你收到了在上面的例子中所述的配股权。假定由于疏忽，你没有行使配股权也没有将配股权出售。你预计这种疏忽会给你带来多少损失？

a. 没有损失；你还是拥有股份。

b. 416 美元。

c. 2 080 美元。

d. 12 500 美元。

上架注册

如果企业想要进行外部融资，那么该企业在发行证券前必须向证监会披露信息并提交符合要求的文件。这种注册过程的成本相当高并且很耗费时间，这也是一些企业依靠内部融资的原因之一。针对这种指责，证监会简化了相关条例，让企业在外部融资时的灵活性更大。1982 年发布的《条例 415》就允许企业进行上架注册（shelf registrations），在此过程中，企业对以后两年陆续进行的一系列证券发行只需要提交一份招股说明书。

上架注册不仅让进行外部融资的过程变得不那么冗长，还使企业在融资的时间选择上拥有了更大的灵活性，因为当机会窗口打开的时候就可以在此时发行股票或债券。因此，企业可能对发行 2 亿美元的债券进行上架注册，当利率在较低点的时候，就发行债券。这种时间选择的灵活性使得投资银行的竞标更加激烈，而企业可以大幅度地降低交易成本。而一些企业选择自己发行证券而不是通过投资银行发行证券，是因为自己发行证券的过程更加简单快捷。

总的来说，新的证券发行的价差，尤其是发行债券的价差，在上架发行的条例通过后被压得低一些。尽管上架注册有以上种种好处，但是上架注册更多地是在大企业发行债券时使用而较少在小企业发行股票时使用。

负债权衡

既然我们已经对负债下了定义，并且考察了企业的融资决策是如何随着其生命周期不同阶段的变化而变化的，我们就可以考察另一个基本的问题——为什么使用负债而不使用权益？在这一节，我们将首次考察以负债来代替权益的优点与缺点。

负债的好处

从最广泛的意义上来说，与权益相比，负债能提供如下两个好处。第一个好处是税收上的好处：与债务相关的利息支付是可以抵税的，而与权益相关的现金流支付是不可以抵税的。第二个好处是通过对与债务相关的本金与利息的支付给予了管理者更多的约束与监督。如果企业想对其负债能力做出合理的判断，可以对这两个负债的好处加以量化。

1. 负债的税收优势

负债相对于权益的主要优势是给借款人带来的税收优势。在美国，负债利息是可以抵税的，而权益的现金流（比如股利）要用税后的现金流进行支付。对大多数国家来说，情况都如此，但是有一些国家为了避免对股利的双重征税采取了一些保护性的措施。比如英国，对投资者派发交了公司税的股利，就会给这些投资者一些税收减免；在德国，对留存收益的税率比股利的税率要高一些。

来自负债的税收优惠可以用以下三种方式表示出来。前两种方式使用绝对值来表示，第三种方式使用百分比来表示。

（1）第一种方式，在任何财务年度由利息费用所带来的税收优惠等于利息费用与企业边际税率的乘积。假定一个企业借入负债 B 美元，利率为 r，该企业收入的边际税率为 t。由于利息税收递减带来的税收节约可以计算如下：

$$\text{每年来自负债的利息费用} = rB$$

$$\text{每年由利息支付带来的税收节约} = trB$$

（2）第二种方式，我们可以计算出由利息支付带来的税收节约的现值。首先，要做出三个假设。假设 1，负债是永续的，也就是说，由负债所导致的税收节约额是永续的。假设 2，对于该现金流的适当折现率是负债的利率，因为该利率反映了负债的风险。假设 3，企业的预期税率一直保持不变且企业一直有应税收入。有了这三条假设后，税收节约的现值就可以计算如下：

$$\text{来自负债的税收节约现值} = trB/r = tB = \text{边际税率} \times \text{负债}$$

虽然传统的观点是将税收的节约视为永续的，但是也可以使用这种方法计算出较短时间（比如，10 年）的税收节约。比如，某企业以 8%的利率借入 10 年期的借款 1 亿美元，企业的税率为 40%，该企业税收节约的现值可以计算如下：

$$\begin{aligned}\text{利息税收节约的现值} &= \text{每年的税收节约} \times \text{年金现值}\\ &= (0.08 \times 0.4 \times 1\text{ 亿})(\text{年金现值},8\%,10\text{ 年})\\ &= 0.214\,7\text{ 亿美元}\end{aligned}$$

一些分析师在估计负债对企业带来的价值增加时，就使用了快捷方法，直接将来自负债的税收好处加在无负债的企业价值上。

$$\text{拥有负债 } B \text{ 的杠杆企业的价值} = \text{无杠杆企业的价值} + tB$$

这种方法的缺陷是，仅仅考虑了负债带来的税收好处，而并没有考虑负债的其他成本。于是，通过该方法得到一个不切实际的结论，只要企业能借到更多的钱，企业的价值总是随着负债的增加而增加。

（3）在第三种方式中，来自负债的税收好处是用负债的税前成本与税后成本的差异来表示的。用一个例子来解释一下，如果负债的利率为 r，边际税率为 t，税后的负债成本（k_d）可以表示如下：

$$税后的负债成本(k_d) = r(1-t)$$

这是我们在资本成本的计算中用来计算负债成本的很熟悉的公式。在这个式子中，税后的负债成本是税率的递减函数。如果一个企业的税率为40%，负债利率为8%，那么该企业税后的负债成本为4.8%。另一个企业的税率为70%，负债利率为8%，那么这个企业税后的负债成本为2.4%。

在其他条件一定的情况下，税率越高，负债的好处就越大。因此，对于公司之间的负债比率与时间上的负债比率有如下两点预测。

（1）税率较高的企业比税率较低的同类企业的负债比率要低。在其他条件保持不变的情况下，你可以预计，边际税率为30%的德国企业比边际税率为12.5%的爱尔兰企业能借入更多的资金。

（2）如果在给定的市场，税率随着时间的推移而增加，可以预期负债比率也随着时间的推移而增长，这反映出税率越高从负债中获得的税收好处也越多。

网上的数据集按部门描述了美国企业的有效税率。

7.11 营业亏损抵免与税收利益

某企业有20亿美元的净营业亏损抵免，另外，当年的经营利润大约为20亿美元。如果企业以8%的利率借债，边际公司税率为40%，那么这一年税后的负债成本为：

a. 8%。

b. 4.8%。

下一年税后的负债成本又是多少？

2. 负债使经理人更具有自律性

在20世纪80年代的杠杆收购热潮中，一群由哈佛大学的迈克尔·詹森（Michael Jensen）所领导的实务工作者与学术研究者为负债的选择提供了新的解释，即负债可以提供企业所利用的**自由现金流**（free cash flow）。自由现金流代表的是经理人有自由裁量权的现金流——他们可以将这些现金流用在项目中，可以将这些现金流发放给股东，也可以持有这些现金流作为闲置资金。这些学者认为，如果企业的经理人有大量的自由现金流并且没有或者只有少量负债，那么他们就有一个巨大的现金缓冲器，于是经理人没有动机在项目选择与项目管理中做到有效率。在此过程中引入自我监督的一种方式是迫使企业去借款，因为借款使得企业具有了偿还本金与利息的义务，从而增加了那些项目的违约风险。正是权益义务的宽松性与负债义务的固定性使得一些人将权益称为缓冲器而将负债称为利剑。

以上论断的潜在假设是，经理人与股东之间存在着利益冲突，并且无负债企业的经理人不会最大化股东的财富。从我们在第 2 章中的讨论可以看出，该假设是有事实基础的。大部分大型美国企业雇用的经理只拥有企业非常少的流通在外的股票；他们大部分的收入来自经理人身份的收入而不是作为股东的收入。进一步而言，有证据表明，经理人有时将自己的利益置于股东利益之上。

如果认为负债增加了监督与自律性，这就是从管理层的角度来看待负债的一个有趣的想法。完全以管理层的偏好为基础的最优负债水平应当比以股东财富最大化为目的的最优负债水平要低得多。既然经理人完全知道在负债后他们要变得更加富有效率并且要为自己所犯的错误付出更高的代价，那么为什么他们还要进行更多的负债呢？该想法的推论就是，如果股东对经理人的影响力或者置换经理的权力很小，那么在此情况下的负债比率比最优水平下的负债比率要小得多，因为经理人如果只持有少量负债会轻松很多。反之，如果股东拥有更多的权力，他们会促使企业借入更多的资金，在此过程中也可以提高他们的股价。

负债的增加会带来效率的提高与更高的投资收益率吗？该问题的答案能让我们了解负债能增加自律性的说法是否正确。有一系列的研究试图回答这个问题，尽管有些证据是非常间接的。

● 就那些在敌意收购中被收购的企业而言，它们在会计盈利与股票收益上都比收购前表现要差。例如，拜德（Bhide）指出，这些企业的权益收益率比其同类企业要低 2.2%，而股票收益比同类企业要低 4%。[①] 虽然这种差的业绩本身不足以支持自由现金流假设，但是帕利普（Palepu）展示的证据表明，并购中的目标企业比类似的其他企业拥有更少的负债。[②]

● 有证据表明，杠杆增加后接着就是经营效率的提高，其中，经营效率是用经营毛利率与资本收益率来衡量的。帕利普展示的证据表明，参与杠杆收购的企业的经营效率会有少许提高。[③]卡普兰（Kaplan）和史密斯（Smith）在其各自的研究中发现，企业在进行杠杆收购后能获得更高的资本收益率。[④]戴维·丹尼斯（David Denis）和黛安娜·丹尼斯（Diane Denis）展示了更直接的证据，即企业在进行杠杆再融资后其经营业绩提高。[⑤] 他们对 26 家负债显著提高的企业进行了研究，得到资产收益率增长的中位数为 21.5%。大部分收益似乎都来自削减了无产出的资本投资，因为这些企业资本支出的降低比率的中位数为 35.5%。

当然，我们也会想到，这些证据也支持了另外一些不同的假设。例如，很可能是这

---

① A. Bhide, "Reversing Corporate Diversification," in D. H. Chew Jr., ed., *The New Corporate Finance: Where Theory Meets Practice*, McGraw-Hill, New York, 1993, 526–537.

② Krishna G. Palepu, "Predicting Takeover Targets: A Methodological and Empirical Analysis," *Journal of Accounting and Economics* 8, no. 1: 3–35.

③ K. G. Palepu, "Consequences of Leveraged Buyouts," *Journal of Financial Economics* 26: 247–262.

④ S. N. Kaplan, "Campeau's Acquisition of Federated: Value Destroyed or Value Added?" *Journal of Financial Economics* 25: 191–212; A. J. Smith, "Corporate Ownership Structure and Performance: The Case of Management Buyouts," *Journal of Financial Economics* 27: 143–164.

⑤ David J. Denis and Diane K. Denis, "Leveraged Recaps in the Curbing of Corporate Overinvestment," *Journal of Applied Corporate Finance* 6, no. 1: 60–71.

些企业的管理发生的变化而不是负债的增加导致了更高的投资收益率。

7.12 作为约束机制的负债

假定你认同有关负债增加了管理层的约束这一说法。以下哪种类型的企业能从这种增加约束的负债中获益最大？

a. 拥有保守财务结构的私有企业。

b. 拥有保守财务结构的、有广泛多样的持股权的上市公司。

c. 拥有保守财务结构的、主要由积极的股东与机构投资者持股的上市公司。

（“保守的财务结构”是指资产的主要来源是权益。）

负债的成本

每个借款者都会指出：负债也有其不利之处。具体来说，借入资金会使企业面临违约风险，最后可能会被清算，也会增加由于权益投资者与债权人的冲突所带来的问题，并且也减少了企业现在或未来采取行动的灵活性。

1. 负债增加了预期的破产成本

借入资金主要值得担忧的地方在于增加了预期的破产成本。预期的破产成本可以写成破产的概率与破产所带来的直接成本、间接成本的乘积。

破产概率

破产概率是指企业产生的现金流不足以满足企业有关的负债义务（利息或本金）的可能性。虽然这不会自动导致企业的破产，但是却触发了违约条例，接着就产生一系列的负面后果。根据该定义，破产的可能性应当为企业的经营现金流的规模（现金流的数额较大会减小违约的可能性）与这些现金流的波动性（现金流的波动会提高违约的可能性）的函数。

相应地，无论企业的现金流的数额有多大，当企业借入更多的资金时，其破产的可能性都会增加，并且对于那些处在高风险行业的企业而言，这种增加的幅度会更大。

破产成本

破产成本不那么显而易见，也不容易量化。破产对于企业所有的参与方而言都是一个灾难——债权人通常只能得到原本所有的一部分，而权益投资者将一分钱都拿不到——但是破产的总成本也包括因为觉察到更高的违约风险而给企业经营带来的间接成本。

直接成本。破产的直接成本是在破产时所导致的现金流出。这些成本包括破产的法律成本与管理成本，也包括由于拖延这些现金的支付所造成的现值效应。在 20 世纪 90 年代广泛引用的铁路破产的案例中，沃纳（Warner）估计出 11 家铁路企业在破产期间的法律成本与管理成本平均为资产价值的 5.3%。他还估计出，平均而言，在这些铁路公司重组前需要花费 13 年的时间将这些破产成本支付完毕。[①] 虽然这些成本不是不可忽视的，但也不是很大，尤其根据另外两个因素来看。第一，如果资产的价值是以破产前 5 年来计算的话，直接成本占资产价值的百分比降到 1.4%。第二，一般而言，铁路企业由于其资产性质（房地产与固定资产）而比其他企业有更高的破产成本。

间接成本。如果破产的成本只有直接成本，很多企业还保持低的杠杆比率就成为一个谜团了。实际上，借入负债以及在违约前增大违约风险带来的成本要大得多，这很大程度上是由于察觉到企业处在财务困境中可能导致的后果。第一项间接成本是由于客户察觉到企业处在困境中所造成的成本。当这种情况发生时，客户可能会由于害怕企业停止营业而停止购买其产品或服务。例如，在 20 世纪 80 年代，当汽车购买者认为克莱斯勒处于破产边缘时，他们转而选择从福特或通用汽车购买产品，很大程度上是因为这些客户担心在购买了产品之后不能得到相关汽车的服务与配件。类似的例子是，在 20 世纪 80 年代末期，当大陆航空公司处于财务困境时，商务旅行人士开始转向其他航空公司，因为他们不确定是否还能够累积并使用完他们的常客优惠里程。第二项间接成本是，供应商为了保护自己不受破产风险的影响从而要求更严厉的供货条款，导致了企业营运资本的上升与现金流的下降。第三项间接成本是，企业在努力为其项目融资时遇到了困难——债务投资者与权益投资者都不愿意承担企业的风险，导致资本约束以及好项目被拒绝。

给定这些理由，破产的间接成本在以下类型的企业中很可能会更高。[②]

- 第一类企业，这些企业销售寿命较长的耐用品，并且这些产品需要一些置换的配件。比如，与一家杂货店相比，一家汽车生产商在破产中会有更高的间接成本。
- 第二类企业，这些企业提供的有关商品与服务的重要性质在事前很难确定。因为不容易在事前确定出产品的质量，企业的声誉在消费者的购买上起到了很大的作用。
- 第三类企业，该类企业生产的产品对消费者而言的价值取决于另一家独立企业提供的互补的产品或服务。回到个人电脑的例子，一个电脑系统是有价值的，当且仅当该电脑有相配套的软件。如果大家察觉到生产电脑的这家企业处于困境，非常有可能生产配套软件的独立供应商停止生产相应的软件。例如，如果苹果电脑陷入财务危机，很多软件生产商都会停止生产苹果电脑所使用的软件，从而导致苹果潜在市场的萎缩。
- 第四类企业，该类企业销售的产品需要厂商的后续服务和支持。例如，对于复印机的生产商而言，持续的服务就是其经营特征。所以，与家具生产商相比，复印机生产商受到觉察到的违约风险的负面影响更大。

对最优资本结构的意义

如果说预期的破产成本确实是破产概率与直接、间接破产成本的乘积，那么就会产

① J. N. Warner, "Bankruptcy Costs: Some Evidence," *Journal of Finance* 32: 337 - 347.

② See A. Shapiro, *Modern Corporate Finance* (New York: Macmillan, 1989); also, S. Titman, "The Effect of Capital Structure on a Firm's Liquidation Decisions," *Journal of Financial Economics* 13: 1371-1351.

生一些资本结构决策上的有趣的可检验结论。

- 盈利及现金流波动很大的企业应当比有着稳定现金流的企业使用较少的负债。例如，美国的受管制公共企业有着很高的财务杠杆，因为管制以及业务的垄断性质导致了稳定的盈利与现金流。而在另一个极端，对于技术公司或商品公司而言，上一年的利润与下一年的利润可能相差很大。[①] 这些企业为了满足其资金需求使用的财务杠杆要小得多。
- 如果企业能在规划债务结构时，使得用于债务支付的现金流随着经营现金流的增减而增减，那么它们就能够借入更多的资金。对商品企业而言，其经营现金流都随着商品价格的升降而升降，如果这些企业负债的支付与商品价格挂钩，那么它们就可以借到更多资金。同样地，一个企业的经营现金流可能随着利率的升高而升高。如果该企业使用的是浮动利率，那么它可能会借入更多的负债。我们将在第 9 章中对此进行更详细的讨论。
- 如果外部权益通过保险与紧急救助提供了破产保护，企业就会倾向于借得更多。举例来说，由联邦储蓄贷款保险公司与联邦存款保险公司为储蓄与贷款提供了相应的保险，使得银行能够保持更高的财务杠杆。虽然大家可以认为，这种保险是以财务系统的完整性为基础，但是对这种保险的收费过低会诱使企业负债过多，从而让纳税人来承担成本。类似地，政府出于社会方面的考虑会参与进来并救助这些企业，这就会鼓励企业过多地使用债务。
- 当企业的资产更难以分割与销售时，企业破产的直接成本会更高，因此那些资产更容易分割与销售的企业会比其他企业借入更多的负债。例如，如果一个企业的价值来自对房地产的持股，另一个企业的价值很大程度上来自企业的品牌，那么前者就能够比后者借入更多的资金。
- 如果企业提供的产品需要很长期限的服务与支持，那么该企业比产品不具备这些性质的企业有着更低的财务杠杆。

7.13　负债与破产

对以下公司从最大的破产成本到最小的破产成本进行排序，要考虑到所有隐性成本与显性成本。

a. 杂货店。

b. 飞机制造商。

c. 高科技公司。

请解释。

① 这些企业经营利润的波动性有一些不同的来源。对于技术类公司而言，风险来自市场与竞争性质的转换。对于商品公司而言，风险来自商品价格的波动性。

网上的数据集描述了各行业经营利润的方差。

2. 负债带来了代理成本

权益投资者享有对现金流的剩余索取权，他们倾向于能够提高他们持股价值的行动，即使这些行动可能提高债权人（他们对现金流有固定的索取权）收不到承诺的支付款的风险。另一方面，债权人希望保持并且提高其索取权的安全性。因为一般来说权益投资者控制了企业的管理权与决策制定权，因此，如果债权人不采取一些保护性的行动，权益投资者的利益就会凌驾于债权人的利益之上。企业一旦负债，就将自己置于这种冲突之中并且因此产生负面的后果。后果是，企业要为此付出代价，即会面临更高的利率与决策制定中灵活性的损失。

债权人与股东的冲突表现在公司财务的所有方面：(1) 决定采取什么样的项目（投资决策)；(2) 如何为项目融资；(3) 决定支付多少股利。

(1) 有风险的项目。在投资分析的部分，我们指出，只有项目的收益率超过反映项目风险的必要收益率，我们才能接受该项目并且该项目才能为企业创造价值。但是，不足之处在于，企业在接受其中一些项目时会损害债权人的利益。债权人将资金借给企业，是希望接受的项目能够保持在一定的风险水平之下，并且他们因此给债券设定相应的利率。如果企业选择的项目比债权人预期的风险水平要高，债权人就会遭受损失。

(2) 随后的融资。股东与债权人之间利益的冲突还发生在对新项目的融资过程中。企业的权益投资者可能偏好新的负债，他们使用企业的资产作为抵押品，并且给予新的债权人优先于现有债权人的索取权。而企业现有的债权人显然不想给新的债权人更优先的索取权，因为这使得现有负债的风险更高（并且价值更低）。

(3) 股利与股票回购。股东与债权人在股利发放与股票回购上也存在分歧。例如，某企业有巨额的现金储存量，但是好项目很少。如果将这些现金以股利的形式发放或者用于股票回购，就会使企业股东获益。而另一方面，债权人希望企业能保留这些现金，因为这些现金可用于偿还负债从而减少违约风险。因此，如果没有约束，股东一定会发放股利或回购股票而不考虑债权人的利益。在一些情况下，这种现金的支付是相当大的，会显著增加企业的违约风险。

股东与债权人之间潜在的分歧导致了两种形式的真实成本：

(1) 如果债权人认为股东的行为可能使他们的境况变坏，他们就会将这种预期反映到债券价格中，即要求高出许多的利率。

(2) 如果债权人通过一些约束性条款保护自己不受股东的这些行动的影响，就会产生以下两种成本：

a. 监督条款的直接成本。随着条款变得更加详细与具有约束性，该成本会相应增加。

b. 失去投资的间接成本，因为企业不能够采纳某些特定的项目，不能使用某些特定的融资方式，也不能改变股利政策（随着条款变得更具有约束性，该成本也随之增加）。

当企业借入的资金更多并且让自己面临更大的代理成本时，这些成本也会增加。

因为代理成本是相当大的，于是可以得到两个关于最优资本结构的结论。第一，对于那些投资不能够被轻易观察到或者监督的企业，由**风险转移**（risk shifting）产生的代理成本最大。例如，有一个企业是投资在房地产上，另一个企业是投资在人力资本（例如，咨询）与无形资产（就像高科技企业那样）上，那么，前者的债权人比后者的债权人面临的代理成本要小。因此，投资于房地产的制造业企业与铁路公司比那些服务类企业的负债比率要高得多。第二，如果企业的项目期限较长、不确定因素较多，并且可能要花费很多年才能收回成本，那么这类企业中监督管理层的行动与对投资决策进行事后批评的代理成本最大。例如，美国的医药公司通常可能经过好几年的研究之后才能制造出商业产品，这些企业通常保持着较低的负债比率，即使它们的现金可以支持更多的负债。

7.14 风险转移与债权人

通常会认为，对于那些计划将债券持有至到期并且收取票面利息与本金的债权人来说，他们不会受到购买债券之后发生的风险转移的影响，因为这只会影响到市场价值。你同意这种说法吗?

a. 同意。

b. 不同意。

请解释。

3. 使用完余下的负债能力会减少财务的灵活性

就像前面所讲的，有关股东与债权人之间冲突的一个副产品是引入了严厉的债券条款，这些条款会减少企业在投资、融资与股利决策中的灵活性。可以认为，这只是进行负债后灵活性丧失的一部分。企业未使用完它们的负债能力的一个原因是，它们希望为一些糟糕的时期保持这种负债能力，在这些时期它们需要使用负债来满足资金的需要或者特定应急需要。如果企业已经使用完所有的负债能力，就会失去这种灵活性，在企业陷入困境的时候没有可依靠的资金。

企业对**财务灵活性**（financial flexibility）如此重视，有以下两个原因。第一，为未来的项目而保持一些灵活性可能会使企业的价值最大化。第二，灵活性让经理人有了更大的呼吸空间与更多的权力，这就保护他们不受来自负债的监督。虽然保持灵活性是为了企业的利益，这听起来不错，但是这有时用来作为经理人谋取私利的幌子。同时不要保持太大的灵活性（企业有了过多的负债）与保持较大的灵活性（没有借入过多资金）之间存在权衡。

因此，我们怎样能最好地对财务灵活性进行估值？如果灵活性的用处在于让企业能够把握住那些未预见的投资机会，那么灵活性的价值最终决定于两个变量。第一个变量是对资本市场的进入门槛。毕竟，大规模的企业和发达国家的企业能够更自由地进入到资本市场融资，所以它们不需要保持剩余的负债能力，因为它们可以筹集到新的投资所需要的资金。而在另一方面，小规模的企业和新兴市场的企业会将财务灵活性看得更有价值。第二个变量是新的投资获得超额收益的能力。如果企业所在的行业是成熟行业，其中新的投资虽然不可预期，但是只能获得与资本成本相等的收益率，那么保持灵活性就没有什么价值。如果企业所在的行业是可以获得超额收益的波动性很大的行业，那么它们应当给财务灵活性赋予更大的价值。

7.15 灵活性的价值与企业特征

福特与微软都有现金余额（以企业价值的百分比来表示）。假定你是这两家公司的股东。两企业的经理人都声称，持有现金是因为他们需要灵活性。你认为哪家企业的管理层更能接受这种说法？

a. 微软的管理层。

b. 福特的管理层。

请解释。

对于负债的权衡

我们对负债的收益与成本做个总结，在表 7—2 中以资产负债表的形式展示了对负债的权衡。

表 7—2　　负债与权益之间的权衡

负债的优点	负债的缺点
1. 税收优惠：税率越高⟶税收优惠越多⟶负债比率越高	1. 破产成本：业务风险与破产成本越高⟶成本越高⟶负债比率越低
2. 增加的监督：经理人与股东之间的分离越大⟶收益越大	2. 代理成本：资产越难以监督⟶股东与债权人的分离越大⟶成本越高⟶负债比率越低
	3. 未来融资灵活性的丧失：对未来融资需求的不确定性越大⟶成本越高⟶负债比率越低

总的来说，如果借入资金的边际收益超过了其边际成本，企业就应当借入资金。否则，就应当使用权益资金。

当企业在做出资本结构的决策时，它们考虑的是什么？为了回答这个问题，皮尼格（*Pinegar*）和威尔布里特（*Wilbricht*）对美国 176 家企业的财务经理进行了问卷调查。① 他们得出结论，一些财务准则决定了资本结构的决策。其中，这些财务准则在表 7—3 中依重要性的顺序列出。

表 7—3　　决定资本结构决策的财务准则

根据重要性的顺序列出的财务准则	问卷回复中每种排序的比例						
	不重要	2	3	4	重要	没有排序	均值
1. 保持财务的灵活性	0.6	0.0	4.5	33.0	61.4	0.6	4.55
2. 确保能够长期生存下去	4.0	1.7	6.8	10.8	76.7	0.0	4.55
3. 保持可预期的资金来源	1.7	2.8	20.5	39.2	35.8	0.0	4.05
4. 最大化证券价格	3.4	4.5	19.3	33.5	37.5	1.7	3.00
5. 保持财务的独立性	3.4	4.5	22.2	27.3	40.9	1.7	3.99
6. 保持高的负债评级	2.3	9.1	32.4	43.2	13.1	0.0	3.56
7. 保持与行业内其他企业的可比性	15.9	36.9	33.0	10.8	2.8	0.6	2.47

问卷的参与者确定的最重要的准则是保持财务的灵活性与确保企业长期能够生存下去（也就是避免破产）。令人惊讶的是，很少的经理人认为保持与行业内其他企业的可比性与保持高的负债评级是重要的。

【例 7—4】　对于负债的权衡——迪士尼公司、鹦鹉纸浆公司、塔塔化学公司与书景书店

在表 7—4 中，我们分别总结了迪士尼公司、鹦鹉纸浆公司与塔塔化学公司用负债而不是权益融资的潜在收益与成本。

表 7—4　　对于负债与权益的权衡——迪士尼公司、鹦鹉纸浆公司与塔塔化学公司

	迪士尼公司	鹦鹉纸浆公司	塔塔化学公司
税收好处	显著。该企业的边际税率为 38%。该企业还有巨大的折旧税盾效应	显著。该企业的边际税率为 34%。该企业没有很多非利息的税盾	显著。该企业的税率为 33.99%。该企业有着巨大的以折旧形式存在的非利息税盾
增加的监督	收益将会很高，因为经理人不是大股东	收益较小，因为投票权都被内部人所持有	自从塔塔家族控制了该企业后，由增加的监督带来的收益很小
破产成本	电影与广播业务盈利的波动性很大。破产的直接成本很小，但间接成本很大	纸张价格的波动会导致盈利的波动。由于资产是可交易的（木材、房地产），破产的直接成本与间接成本相差不多	这是一个成熟的企业，化学制品与肥料业务有着相当稳定的盈利与现金流。由于企业的实物资产是可交易的，所以破产的间接成本会比较低

① J. Michael Pinegar and Lisa Wilbricht, "What Managers Think of Capital Structure Theory: A Survey," *Financial Management* 18, no. 4: 82 - 91.

续前表

	迪士尼公司	鹦鹉纸浆公司	塔塔化学公司
代理成本	高。虽然主题公园的资产是有形资产并且也具有相当的流动性，但是很难对电影与广播业务进行监督	低。资产是有形的且具有流动性	最大的担忧是企业的资金可能被用于塔塔集团的其他（风险更高的）公司中
对灵活性的需求	主题公园业务对灵活性的要求很低，但是传媒业务对灵活性的要求很高，因为科技的变化使得未来的投资充满着不确定性	低。业务比较成熟，并且投资需求基本上已经确定	低。塔塔化学公司是一个成熟企业，其投资需求已经确定

虽然这份分析是定性分析，但是根据这些分析我们可以看到，只要负债不会使三个企业处于可接受的违约风险门槛以下，三个企业都会从负债中获得收益。对于鹦鹉纸浆公司和塔塔化学公司来说，受到国家风险因素的影响（印度与巴西都是新兴市场国家，具有巨大的增长机会同时也有显著的风险）使得它们不愿进行过多的负债，因为市场的冲击不仅会使资本市场对它们关闭，也会使得企业的盈利具有较大的波动。

对于书景书店来说，权衡更加个人化，因为该企业的所有者将财富全部投资于该企业而并没有分散化。因此，虽然负债的税收好处很多，但是破产成本对是否负债的决策的影响也被扩大。如果企业的负债违约，所有者全部的财富与声誉都处在风险中。虽然这阻止了负债，还是要在负债的减少与缺少其他融资方式之间进行权衡。书景书店作为一个私有企业，不能够从资本市场上获得权益资金，只能完全依赖银行贷款这种外部融资方式。

没有最优资本结构

我们刚刚指出，与权益相比，负债既有优点也有缺点。对负债的收益与成本进行权衡会产生企业的最优负债权益组合吗？在这一节，我们会指出，这是不行的。得到的结论是，不存在最优组合。这种看法最初源自公司财务最具影响力的文章之一，其中包含了一个公司财务的著名定理，莫迪利亚尼-米勒定理（Modigliani-Miller theorem），也就是 MM 定理。①

当他们第一次考察是否存在最优资本结构的问题时，莫迪利亚尼和米勒在一个不存在税收、不存在交易成本并且不存在破产风险的世界里得出了他们的结论。根据这些假

① F. Modigliani and M. Miller, "The Cost of Capital, Corporate Finance and the Theory of Investment," *American Economic Review* 48: 261 - 297.

设，他们得出的结论是，企业的价值不受其杠杆的影响，并且投资决策与融资决策可以分开。他们的结论可以用几种方式来证明，我们在这一节将介绍其中的两种方式。米勒在大约 20 年之后指出，即使在一个存在税收的世界里，也不存在最优的资本结构。我们也会展示出产生这种更为复杂的观点的原因。

在一个没有税收的世界里的负债无关性

莫迪利亚尼和米勒在他们最初的研究中对企业所在的市场做出了三个重要的假设。第一，他们假定不存在税收。第二，他们假定企业既可以获得负债融资也可以获得权益融资，并且不存在发行成本。第三，他们假定不存在破产的直接成本与间接成本。最后，他们假定企业是不存在代理成本的，经理人的行动都是以最大化股东的财富为目的，而债权人不需要担心股东通过投资、融资和股利决策来剥夺其财富。

在这样的环境中，回到我们在表 7—2 中总结的对于负债的权衡，可以清楚地看到，有关负债的优点与缺点都消失了，使得负债既不存在边际收益也不存在边际成本。在表 7—5 中，我们对表 7—2 的内容加以修正以反映所给出的假设。负债既没有收益也没有成本，因此对于价值的影响是中性的。在这样一个环境中，资本结构的决策是无关的。

表 7—5　　对于负债的权衡：不存在税收、违约风险与代理成本

负债的优点	负债的缺点
1. 税收优惠：零，因为不存在税收	1. 破产成本：零，因为不存在破产成本
2. 增加的监督：零，因为经理人总是最大化股东的财富	2. 代理成本：零，因为债权人完全得到保护而不会发生财富转移
	3. 未来融资灵活性的丧失：没有成本，因为企业可以无成本地进行外部融资

在后来的研究中，莫迪利亚尼和米勒依然采用了之前的环境假设，仅仅改变了一个方面，即允许存在负债的税收优惠。在这种情景下，负债还是没有成本，企业最优的负债比率为 100%。事实上，在这样的情况下，企业价值增加的部分为由于支付利息而导致的税收节约的现值。

$$有杠杆企业的价值 = 无杠杆企业的价值 + t_c B$$

其中，t_c 是公司的税率，B 是企业的负债。请注意该价值等式的第二项是由于支付负债利息所带来的税收节约的现值，以永续的形式来表示。图 7—8 描绘出了当企业拥有负债的税收好处时的价值。

莫迪利亚尼和米勒还给出了证明杠杆无关性的其他证据，其基本想法为，在不考虑

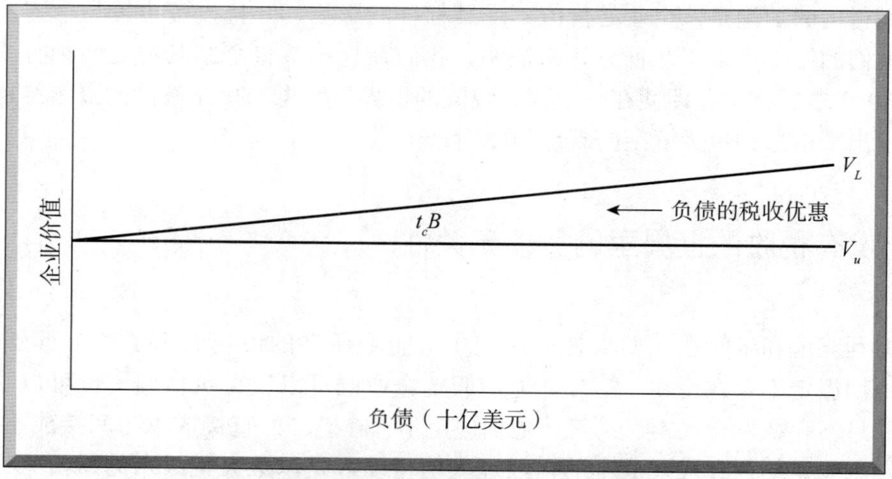

图 7—8　杠杆企业的价值：存在税收情况下的 MM 定理

税收的情况下，负债不会影响到企业基本的经营现金流。例如，两个企业拥有相等的现金流 X。企业 A 是一个只有权益的企业，企业 B 既有权益也有负债。负债的利率为 r。假定你是一个投资者，你购入企业 A 权益的 α，你也购入企业 B 同样的权益与负债部分。表 7—6 总结了你在下期能收到的现金流。

表 7—6　投资者从全权益企业与杠杆企业获得的现金流

	企业 A	企业 B
企业的类型	全权益企业（$V_u=E$）	既有权益也有负债
现在的行动	投资者购买了所有企业的 α 部分（αV_u）	投资者购买了 α 部分的权益与负债；$\alpha E_L+\alpha D_L$
下期	投资者收到现金流（αX）的 α	投资者收到以下部分：$\alpha(X-rD_L)+\alpha rD_L=\alpha X$

由于你从两个企业中收到了相等的现金流，你给两个企业支付的价格会相等。两个企业在价值上相等就意味着杠杆不会影响到企业的价值。请注意，仅当企业不会获得负债的税收优惠时，该证据才成立；如果存在税收优惠，企业 B 的现金流会高于企业 A 的现金流。

考虑税收时的负债无关性

很显然，在 MM 模型中，当引入税收时，负债的确会影响企业价值。事实上，如果在模型中同时考虑税收与破产成本，就会得出一种权衡的局面，那么企业的融资组合就会影响到其价值，并且存在最优的融资组合。但是，米勒在 1979 年的一篇文章中指出，如果在分析中包含针对个人从公司获得的股利和利息收入的税收，该负债无关性依然适用。[①]

为了证明米勒指出的无关性，我们假定投资者利息收入的税率为 t_d，权益收入的税率为 t_e。另外，假定公司负债的利率为 r，公司税率为 t_c。投资者拥有负债的税后收益可以表示如下：

$$拥有负债的税后收益 = r(1-t_d)$$

投资者拥有权益的税后收益也可以估计出来。因为权益的现金流是用税后的现金流来支付的，所以权益收入要征两重税——一重是公司层面的税收，另一重是权益层面的税收：

$$拥有权益的税后收益 = k_e(1-t_c)(1-t_e)$$

有两种形式的权益收益——股利或资本利得；权益的税率是这两者税率的综合。米勒指出，在这种情况下，负债相对于权益的税收好处变得更小，因为此时在个人投资者层面对于负债和权益都要征税。

$$负债相对于权益的税收好处 = [1-(1-t_c)(1-t_e)]/(1-t_d)$$

根据上述相对税收好处，有杠杆的企业价值可以写成：

$$V_L = V_u + [1-(1-t_c)(1-t_e)/(1-t_d)]B$$

其中，

V_L 是有杠杆企业的价值；

V_u 是无杠杆企业的价值；

B 是负债。

这个扩展的等式包含了个人的税率与公司的税率。根据该等式，有以下几种可能的情况：

● 权益与负债收入的个人税率为零。如果我们忽略个人税，该等式就简化为原先有税收但无破产成本的世界里杠杆企业的价值等式：

$$V_L = V_u + t_c B$$

● 权益的个人税率与负债的个人税率相等。如果是这种情况，结果还是最初的等式——企业的价值随着负债的增加而增加。

$$V_L = V_u + t_c B$$

● 负债的个人税率高于权益的个人税率。在这种情况下，权益与负债的个人投资者的税率差异可能已经能够补偿对于权益现金流的双重征税。比如，假定对于普通收入的税率为 70%，对于股票资本利得的税率为 28%，公司的税率为 35%。于是，对于一个不支付股利的企业来说，对于负债与权益的税收负担可以计算如下：

$$负债收入的税率 = 70\%$$

$$权益收入的税率 = 1-(1-0.35)(1-0.28)$$

---

① M. Miller, "Debt and Taxes," *Journal of Finance* 32：261 - 275.

$$= 0.532 \text{ 或 } 53.2\%$$

这是一种可能发生的情形，尤其考虑的是在 20 世纪 80 年代早期之前美国的税法。在这种情况下，负债的税收效应给投资者造成了不利。

● 权益收入的税率非常低以至于能够补偿双重税收。在这种情况下，我们又回到最初的负债无关性定理。

$$(1-t_d)=(1-t_c)(1-t_e)\cdots\cdots \text{负债是无关的}$$

米勒首次在分析中考虑了投资者的税率，并且能够让我们看到投资者的税收偏好对于企业资本结构的影响。但是，正如米勒所指出的，这种分析并没有重述各种情况下的负债无关性定理，但是确实给我们展示了一种可能性，即在存在税收优惠的情况下负债也可能是无关的。

负债无关性的后果

如果融资决策就像莫迪利亚尼和米勒所说的那样是无关的，公司财务分析在许多方面就简单多了。资本成本是负债成本与权益成本的加权平均，它不会受到负债与权益所占比例变化的影响。这似乎看起来没有道理，尤其是负债成本比权益成本要低得多。但是，在莫迪利亚尼-米勒的世界里，任何用低成本的负债来置换高成本的权益所获得的收益都会被两者成本的上升所抵消，如图 7—9 所示。

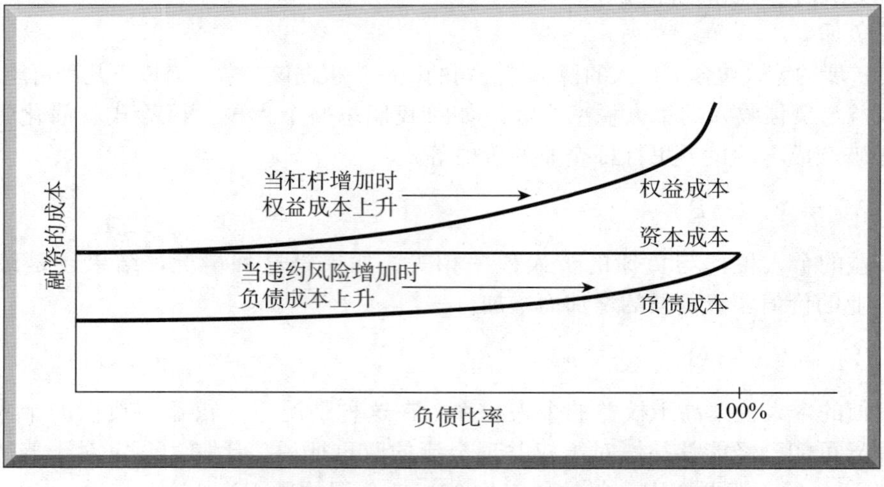

图 7—9　MM 世界里的资本成本

企业的价值也不受其财务杠杆大小的影响。因此，如果某企业是一个全权益实体，该企业拥有任何一种负债比率其价值都是不变的。（资本成本是不受杠杆变化影响的，同时经营现金流是由投资决策而不是融资决策所决定的，根据这两点就可以得到企业价值不受杠杆影响的结论。）

最后，投资决策可以独立于融资决策。换句话说，如果某项目在全部以权益资金来融资的情况下是一个坏项目，那么该项目在使用其他组合来融资的情况下也是坏项目。

MM 定理的贡献

在存在负债的税收优惠与违约风险的情况下，现实世界的资本结构不可能是无关的。即便如此，过去企业根据其可比企业经验与管理层的偏好来确定其负债比率，莫迪利亚尼和米勒首次让企业意识到对于资本结构的相关权衡。他们还指出好的投资决策对企业价值的影响。更准确地说，如果企业投资到一个糟糕的项目上，它不能指望通过更好的融资决策就能够弥补损失；即使一个企业使用了错误的融资组合，但是如果它投资的是好项目，依然还是能够成功地创造价值。最后，虽然一个不存在税收、违约风险与代理问题的世界的概念似乎有些不可靠，但是也存在一些类似的环境。例如，假定美国政府决定鼓励小型企业在偏远地区投资，政府会减少这些企业的税收负担并且为它们提供贷款担保（违约保护）。如果企业对这些措施加以反应，会发现它们的资本结构决策不会影响它们的价值。

最后，对财务经理的问卷调查显示，他们在实务中不会像我们在理论中那样那么注重负债成本与收益的权衡。在皮尼格和威尔布里特的调查中，他们请经理人指出决定他们财务决策的最重要的因素。他们回答的因素按照重要性顺序在表 7—7 中列示出来。

表 7—7　　资本结构决策的投入变量

按照重要性排序的投入变量/假设	问卷中每一等级反应的百分比						
	最不重要			最重要		未评级	均值
	1	2	3	4	5		
1. 预期要融资的资产产生的现金流	1.7%	1.1%	9.7%	29.5%	58.0%	0.0%	4.41
2. 避免普通股的稀释	2.8%	6.3%	18.2%	39.8%	33.0%	0.0%	3.94
3. 需要融资的资产的风险	2.8%	6.3%	20.5%	36.9%	33.0%	0.6%	3.91
4. 对更高级证券的限制性条款	9.1%	9.7%	18.7%	35.2%	27.3%	0.0%	3.62
5. 避免对发行证券的错误定价	3.4%	10.8%	27.3%	39.8%	18.7%	0.0%	3.60
6. 公司的税率	4.0%	9.7%	29.5%	42.6%	13.1%	1.1%	3.52
7. 投票权	17.6%	10.8%	21.0%	31.2%	19.3%	0.0%	3.24
8. 折旧与其他税盾	8.5%	17.6%	40.9%	24.4%	7.4%	1.1%	3.05
9. 修正证券的错误定价	14.8%	27.8%	36.4%	14.2%	5.1%	1.7%	2.66
10. 债权人与股东的个人税率	31.2%	34.1%	25.6%	8.0%	1.1%	0.0%	2.14
11. 破产成本	69.3%	13.1%	6.8%	4.0%	4.5%	2.3%	1.58

在融资结构决策中，与破产成本及税收相比，财务经理似乎更看重财务灵活性与可能造成的权益稀释。

实践：稀释的恐惧

稀释效应指的是，任何使得发行在外的股份增加的行动可能带来的每股盈利的下降。如表 7—7 所指出的，经理人（尤其在美国）在考虑使用哪种融资方式以及如何为项目融资时将这种潜在的稀释效应看得很重。例如，考虑以下两种决策，一种是使用配股来筹集权益资金，即以低于当前市场的价格来发行股票，还有一种是以市场价格来公开发行股票。从投资银行的费用与其他费用来看，后者更加昂贵，然而，即便如此企业也还是选择后一种融资方式，因为筹集相等的资金采用后一种方式只需要发行较少的股份。此时对于稀释的恐惧可能是错误的，有以下几点原因：

- 投资者以总收益的方式而不仅仅以股价的方式来衡量回报。虽然在配股后股价会下降，每个投资者（通过收到更多的股份或者将其配股权出售给其他投资者）得到了相当的补偿。事实上，如果考虑了交易成本，配股比增发使股东的境况变得更好。
- 虽然在新股发行后每股盈余总是会下降，但是权益的市场价值不一定也会下降。具体来说，如果发行的股票是为更好的项目（也就是净现值为正的项目）筹集资金，权益价值的上升幅度会超过股票数量的上升幅度，结果导致股价的上升。

因此，公司是否应当发行新的股份来为项目融资，取决于项目的质量。对于那些为采纳好项目而稀释了权益的企业来说，它们的选择是有利于股东利益的方式。

存在最优的资本结构

与 MM 理论对立的观点是，对负债的权衡可能有利于企业并且负债可能会降低资本成本从而提高企业的价值。我们在下一章会将这种想法应用于实务中。在这里，我们举一个存在最优资本结构的例子，并且考察一些支持以及反对最优资本结构的实证证据。

一个最优资本结构的例子

如果在负债决策中对负债的收益（税收优惠与增加的约束）与成本（破产成本、代理成本与灵活性的丧失）做出权衡，可以认为，只有在例外情况下边际收益才会被边际成本所抵消。实际上，在大多数情况下，边际收益要么大于边际成本（在这种情况下，负债是好的，会增加企业的价值），要么远远小于边际成本（在这种情况下，采用权益融资更好）。因此，对大多数企业来说，存在使得企业价值最大化的最优资本结构。

当然，也很有可能经理人是在一种幻觉下做出决策，即有关资本结构的决策是重要的，而事实上并非如此。因此，我们对一些实证上的证据进行考察，看这些证据是否支持了最优负债与权益组合的理论。

实证证据

是否存在最优资本结构，可以用几种方式来对该问题做出回答。首先考察企业间资本结构的差异是否可以由权衡考虑的变量差异来系统性地解释。在其他条件保持不变的情况下，我们可以看到表 7—8 中所展示的关系。

这看上去是一个比较简单的测试，但是在现实中保持其他条件不变通常是不可能做到的。除了其中的局限性之外，考察这些关系的方向是否与理论相一致，得到一些混合的结论。

表 7—8　　负债率与基本变量

变量	对负债率的影响
边际税率	随着边际税率的上升，负债比率也在增加
所有权与管理权的分离	所有权与管理权的分离程度越大，负债比率越高
经营现金流的波动性	随着经营现金流波动性的变大，破产风险增大，负债比率降低
债权人对企业的行为、投资和业绩进行监督的难度	企业的监督行动越难，最优负债比率越低
对灵活性的需求	未来决策灵活性的需求越大，最优负债比率越低

布拉德利、贾雷尔和金（Bradley，Jarrell and Kim）检验了公司间的负债比率差异是否可以由资本结构权衡中的变量来解释。① 他们指出，负债

- 与每年的经营收益的波动负相关，就如同最优资本结构权衡中的破产成本部分所预测的那样。
- 与非债务税盾水平正相关。这是与税收假设相反的，因为根据税收假设，企业的非债务税盾越高，企业应当更加不倾向于使用负债。
- 与广告费用与研发费用负相关。将广告费用与研发费用作为代理成本的替代，该结果是支持最优资本结构理论的。

还有一些人试图考察资本结构在截面上的差异是否支持最优结构的权衡理论，却得到相对立的结论。

对最优资本结构假设的另一个检验是，考察企业在提高或降低杠杆后股价的反应。在评价这些股价的反应时，我们必须对企业做出这些改变的动机做出一些假设。如果我们假定企业是理性的并且它们进行改变的目的是为了更接近最优资本结构，那么提高杠

① M. Bradley，G. Jarrell，and E. H. Kim，"On the Existence of an Optimal Capital Structure：Theory and Evidence，" *Journal of Finance* 39：857 - 878.

杆或降低杠杆的行动都会伴随着平均为正的超额收益。然而，史密斯指出得到的证据并不总是支持最优资本结构假设，因为杠杆增加的同时似乎都伴随着正的超额收益，而杠杆降低的同时似乎都伴随着负的超额收益。[①] 唯一将该发现与最优资本结构的观点相协调的方法是，假定在大多数企业里管理层的动机总是使杠杆处于最优水平之下，而企业降低杠杆的行动都是为了管理层的私利而不是股东的利益。

负债与权益的权衡：一个行为学视角

对于负债的收益（税收好处与增加的约束）与成本（预期的破产成本与代理成本）的权衡不总是理性的。经理人会将影响其他公司财务决策的行为特征带入这种权衡中。有一些文章指出，如果经理人对于自己产生现金流的能力过度自信（并且会采纳现金流为负的项目），那么他就会倾向于借入更多资金。换句话说，他们低估了负债的破产成本，高估了负债的收益。[②] 但是，同样的过度自信可能会减少代理成本，因为过度自信的经理人不会将资金从设定的投资中转移走。[③]

我们对于乐观并过度自信的经理人负债过多的倾向应当采取一些怎样的措施呢？第一道防线必须是债权人自己。从历史上来看，银行总是扮演着现实主义的悲观者，它们看到了潜在的向下风险，从而限制了借款。但是，从银行借款向公司债券的转变却减弱了这种约束。第二道防线是债券评级机构，尤其是当企业通过发行公司债券来借入资金的时候。债券评级的作用就是透过经理人大肆宣传的言语看到实质的一面并且评估出实际的违约风险。

在历史上一度出现过这两道防线都崩溃的时期，债权人也没有起到约束经理人的作用。在这种情况下，企业利率已不能完全反映其违约风险，致使企业借入过多的资金。但是，最终泡沫还是破灭了，将伤害留给了债券持有者、银行与企业。

网上的数据集总结了按行业划分的负债比率以及决定这些负债比率的基本变量的平均值。

企业如何选择资本结构

我们已经指出，企业应当通过对负债的利弊权衡来决定负债与权益的组合。但是，对于企业如何选择其融资组合，还有另外三种观点。第一种观点是，对于负债与权益的

① C. W. Smith, "Investment Banking and the Capital Acquisition Process," *Journal of Financial Economics* 15: 3-29.

② R. Fairchild, "The Effect of Managerial Overconfidence, Asymmetric Information, and Moral Hazard on Capital Structure Decisions," *ICFAI Journal of Behavioral Finance* 2, no. 4: 46-68.

③ D. Hackbart, "Managerial Trails and Capital Structure Decisions," working paper, ssrn. com, 2007.

选择取决于企业在其生命周期中所处的阶段。与成熟的企业相比，成长性高的企业应当不倾向于使用负债。第二种观点是，企业通过参考同行业的其他企业来选择它们的融资组合。第三种观点是，企业对于它们使用的融资类型有强烈的偏好——融资次序——只有当它们别无选择时才会偏离这种偏好。我们将会指出，尽管每种方法所需的假设是不同的，但是在以上每种方法中，企业还是潜在地进行了成本与收益的权衡。

融资组合与企业生命周期

在这一章的前面部分，我们考察了当企业从刚成立走向成熟再走向衰退时企业的融资决策可能会发生怎样的变化。我们还考察了企业的融资组合在同样的生命周期内会发生怎样的变化。典型的情况是，刚成立的企业与高速扩张的企业都较少使用负债；在有些情况下，它们完全不使用负债。随着增长的放缓以及现有投资的现金流变多并且变得更具有预测性，我们看到企业开始使用负债。当企业处于成熟期时，负债比率达到了顶峰。

对于我们之前对负债的收益与成本进行的讨论，实证上有什么样的观察结果呢？我们认为，企业在其生命周期的每个阶段的行为都在做出这种权衡。在成立与高速增长的阶段，企业使用负债得到的税收优惠很少，甚至不存在，因为现有投资中产生的利润很低甚至为负。这些企业的所有者通常积极参与企业的管理，也不需要负债作为监督机制。另一方面，波动性较大的低盈利增大了破产成本。由于缺乏大型的现有投资或资产，债权人对于给企业的借款变得更加谨慎，从而增大了代理成本。这些成本表现在更严格的债务条款与更高的借款利率上。随着增长的放缓，企业慢慢偏向于负债。随着现有投资的盈利变得更多且更具有预测性，税收优惠增加并且破产成本降低。企业已经有了资产做基础，并且有了关于盈利的记录，这使得债权人在将资金借给企业时有了更多的安全感。随着企业的规模变大，将负债作为监督机制的作用增加。我们在图 7—10 中总结了企业在生命周期的每个阶段进行的权衡。

就如同我们在前面对财务决策的讨论一样，处于生命周期同一阶段的企业也会表现出差异。例如，一个成熟的钢铁公司可能比一个成熟的医药公司使用更多的负债。因为钢铁公司的资产是有形资产并且容易变现，而医药公司的资产是专利以及其他不容易变现的资产，所以债权人对于借款给钢铁公司比借款给医药公司感到更放心。类似地，我们预期在生命周期的同一阶段，像 IBM 这样的企业比像微软这样的企业有着更高的负债比率，因为微软有大量的内部人持股，使得负债的监督收益小了很多。

基于可比企业的融资组合

企业使用的融资组合通常与同一行业的其他企业相类似。书景书店会使用较低的负债—资本比率，因为其他的图书零售商也有着较低的负债比率。另一方面，威瑞森（Ve-

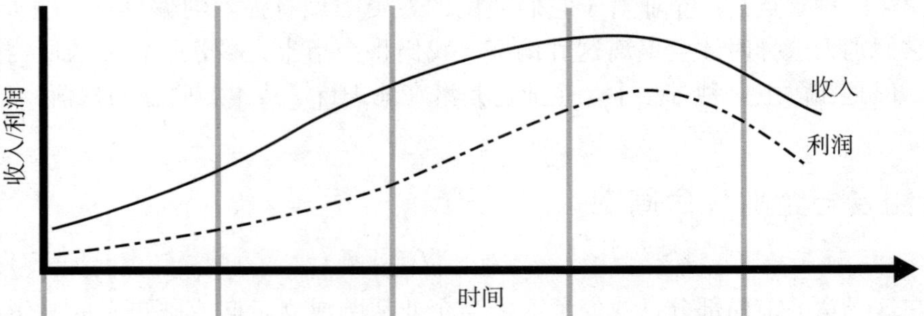

	阶段一 初创期	阶段二 迅速扩张期	阶段三 高成长期	阶段四 成熟期	阶段五 衰退期
税收优惠	如果亏损，就为零	低，因为盈利有限	随着利润的增长而增长	高	高，但是在下降
负债增加的约束	低，因为所有者在管理企业	低，即使企业是上市公司，持股也非常集中	增长，因为管理层只拥有企业的很小一部分	高，经理人与所有者完全分离	下降，因为企业基本没有进行新的投资
破产成本	非常高，因为企业的利润为零甚至为负	非常高，因为利润很低且具有很大的波动性	高。利润在增长但是依然有较大的波动性	在下降，因为来自现有资产的利润在增长	低，但是随着现有项目的结束而增长
代理成本	非常高，因为企业几乎没有资产	高。很难对新的投资进行监督	高。有许多新的投资和不稳定的风险	在下降，因为现有资产变成企业更大的一部分	低。企业基本上没有进行新的投资
对灵活性的需求	非常高，因为企业在寻找各种方式立足	高。扩张的需求是很大的且不可预测	高。扩展的需求依然不可预测	低。企业的投资需求较少并且可以预测	不存在。企业没有新的投资需求
权衡之后的净效应	成本超过收益。最小化负债	成本还是可能超过收益。绝大部分采用权益方式	负债开始给企业带来正的收益。提高负债比率	负债变成一种更具有吸引力的选择。高的负债比率	负债将会带来收益。高的负债比率

图 7—10　对负债与权益的权衡与企业的生命周期

rizon）会使用较高的负债—资本比率，因为其他的通讯公司也有着较高的负债—资本比率。

有关企业选择其负债比率的实证证据强烈支持该假设，即它们不会与同行业的平均值偏离太远。事实上，当我们考察个别企业的负债比率时，一个最重要的决定因子是企业所在行业的平均负债比率。有些人可能会认为，这种选择融资组合的方法与我们将负债的收益与成本进行权衡的方法不一致，但是我们并不这样认为。如果一个行业的企业都具有一些共同的特征，那么它们使用类似的融资组合就毫不奇怪了。例如，软件企业有波动较大的盈利，也有高的增长潜力，会选择较低的负债比率。相对而言，电话公司有较高的资产价值，并且有高而稳定的盈利，所以它们在融资中倾向于使用更多的负债。因此，当同一行业的企业都处于生命周期的相同阶段时，选择与同行业相似的负债比率是合适的，并且从平均来看，选择的是适用于那一阶段的融资组合。

在两种情况下根据可比企业来选择负债比率是危险的。第一种情况是，同一行业里企业的增长潜力与风险差别很大。在这种情况下，我们预期企业之间的负债比率是不同的。第二种情况是，根据企业的特征，这些企业平均来说有过多负债或者过少负债。当整个行业发生变化时，这种情况可能发生。例如，历史上的电话企业都有稳定且数额巨大的盈利，因为它们有垄断的权力。随着科技的发展与管制的放松，这种垄断被打破，企业的盈利很可能变得更具有波动性，从而这些企业应当降低当前的负债比率。

遵守融资次序

有证据表明，企业遵守一种融资次序：留存收益是最受欢迎的融资方式，接着是负债、普通股与优先股；可转换债券是最后的选择。再回到皮尼格和威尔布里特所做的问卷调查（见表 7—9），他们请经理人对六种不同的融资来源从最受欢迎到最不受欢迎进行排序，这些融资来源包括内部权益、外部权益、外部负债、优先股与混合型证券（可转换债券与优先股）。[①]

存在这种融资次序的一个原因是，经理人很看重灵活性与控制力。由于外部融资会减少未来融资的灵活性（至少如果用的是负债会如此）与控制力（债券存在合约；新的权益吸引新的投资者进入公司，可能会减少内部人的持股比例），所以经理人偏好将留存收益作为一种资金的来源。另一个原因是，使用留存收益不存在发行成本，而使用外部负债和外部权益都需要花费相当大的成本。

表 7—9　　对于融资准则的问卷调查结果

排序	来源	引用的准则
1	留存收益	无
2	纯粹负债	最大化证券价格
3	可转换负债	现金流与存活能力
4	普通股	避免稀释
5	纯粹的优先股	可比性
6	可转换优先股	无

该问卷调查也得到一些其他的有趣结论。外部负债是比外部权益更受欢迎的一种筹集资金的方式。图 7—11 为我们展示的美国公司在 1975—2007 年分别来自负债与权益的外部融资比例，支持了以上结论。

给定以上选择，即便可转换负债的利率比较低，但是与可转换负债相比，企业仍然更偏好使用纯粹负债。经理人可能对于可转换期权的价值有更好的认识。

我们可以从企业的融资选择中看出其财务优势。例如，RJR Nabisco 和通用汽车在

① J. Michael Pinegar and Lisa Wilbricht, "What Managers Think of Capital Structure Theory: A Survey," *Financial Management* 18, no. 4: 82 - 91.

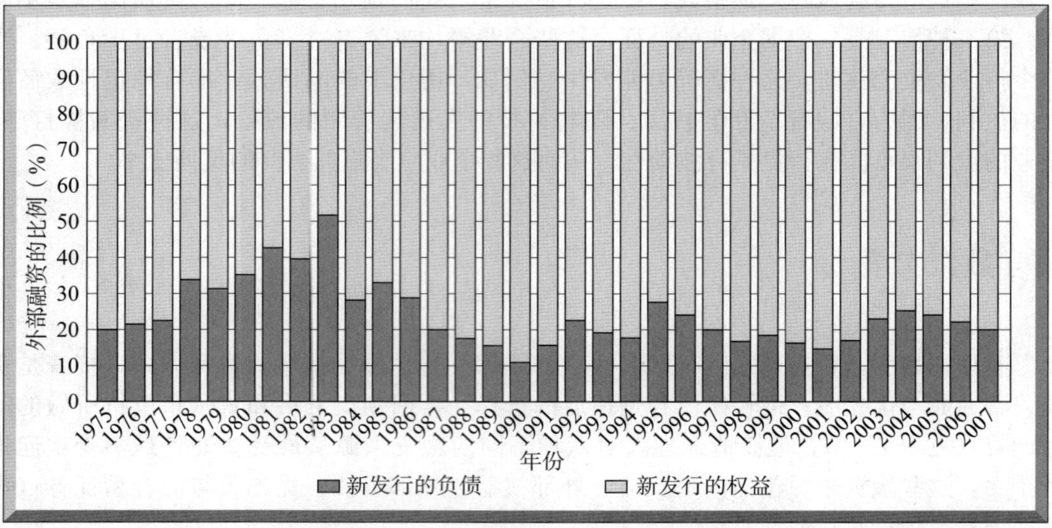

图 7—11　外部融资来源

资料来源：**Compustat.**

1993 年通过可转换优先股来筹集新的资金，市场认为这是它们承认财务状况较弱的结果。金融市场对于表 7—9 中列出的种种证券的反应就表现了这种偏好：对于最底下的证券给予最负面的反应，对于最上面的证券给予最正面（或者说是负面程度最小）的反应。

为什么会存在这种融资次序呢？到现在为止我们在对融资选择的讨论中避开了一些问题，比如企业怎样通过它们的融资选择将信息传递到金融市场里，企业发行的证券如何被很好地定价等。企业比所在的金融市场更了解它们的未来前景，市场可能会高估或者低估企业发行证券的价格。Myers 和 Majluf 指出，在不对称信息存在时，如果企业认为它们的价值被低估了，给定未来的前景，企业就会拒绝好项目而不是进行外部融资。另一方面，如果企业认为它们的价值被高估了，那么，即使它们根本没有什么好项目，企业也会进行外部融资。[①] 在这种环境中，可以得出以下推论：

- 比起外部融资，经理人更偏好留存收益，因为这样可以使得他们能够自己来考虑项目而不是依赖企业是否对项目做出正确的定价。随之，企业为了未来的项目将保存超过当前投资需求的留存收益。
- 当企业发行某种证券时，市场会认为这是该证券价值被高估的信号。这种信号对于像股票这样的证券来说更加负面，因为股票发行中信息不对称的程度更大；这种信号对于像债券这样的证券来说负面效果更小，因为债券发行中信息不对称的程度更小。这就解释了为什么会存在融资次序问题，同时揭示了市场会对不同的证券发行做出不同的反应。

---

① S. C. Myers and N. S. Majluf, "Corporate Financing and Investment Decisions When Firms Have Information That Investors Do Not Have," *Journal of Financial Economics* 13: 187 - 221.

7.16 灵活性的价值与企业特征

你正在阅读《华尔街日报》，你注意到一家公司销售可转换优先股的公告。你会认为这家企业的健康状况如何？

a. 一无所知。

b. 比一般公司要更健康。

c. 比一般公司陷入更大的财务困境。

结　论

在这一章，我们通过列出负债的收益与成本，对分析企业负债与权益的最优组合做了一些基础工作。具体来说，我们得出以下几个结论：

● 我们从本质上区分了负债与权益。其中，如果收到的现金流是合同中约定的，在违约情况下有优先索取权，有固定的期限并且没有投票权，这种融资方式就是负债；如果享有的是剩余现金流，在违约情况下没有优先索取权，有无限期并且具有控制权，这种融资方式就是权益。

● 虽然所有的企业，无论是私有企业还是上市企业，都使用负债与权益融资，但是使用的融资条款与融资类型随着企业所处生命周期阶段的变化而变化。其中，企业成立初期主要使用权益融资，当企业成熟时主要使用负债融资。

● 负债的主要收益是税收优惠：利息费用是可以抵税的，而支付给权益的现金流（股利）是不可以抵税的。这种收益随着企业税率的增长而增长。负债的第二个收益是，负债通过增大失败的成本促使经理人在项目的选择中更加谨慎；一系列的坏项目可能会造成对利息与本金支付的违约。

● 负债的主要成本是预期破产成本的增加——违约概率与破产成本的乘积。如果企业现金流的波动性较大，其违约概率也会增大。破产的成本包括直接成本（法律成本与时间成本）与间接成本（销售额的丧失、更严格的信用，以及更难获得资金）。借入资金使得企业的股东与债权人在投资、融资与股利决策中可能存在分歧。债权人就会在债券契约中写入避免利益被侵占的保护性条款，这给企业带来了监督成本，并且导致企业失去灵活性。如果企业拥有相当多不可预期的投资机会，由于负债导致的灵活性的丧失就更成为一个问题了。

● 在不存在税收利益、违约风险与代理问题的特殊情形下，融资决策与价值是无关的。这就是著名的 MM 定理。但是，在大多数情况下，对于负债收益与成本的权衡还是会得出使得企业价值最大化的最优资本结构。

● 企业通常采取三种方法来选择其资本结构——根据它们所处的生命周期的阶段，通过参考可比企业，或者通过遵循融资次序。其中，在第三种方法中，留存收益是企业最偏好的选择，可转换优先股是企业最后的选择。

真实案例研究

分析企业当前的融资决策

目标：考察企业当前的融资选择，将融资选择划分为负债融资和权益融资，并且考察企业对于负债和权益进行的权衡。

关键问题

- 企业如何及何时获得当前的融资？
- 这些融资决策应当被划分为负债融资、权益融资还是混合型证券融资？
- 分别从定性与定量角度指出该企业使用负债的优点有多大。
- 分别从定性与定量角度指出该企业使用负债的缺点有多大。
- 通过定性的权衡，企业的负债是过多还是过少？

分析框架

1. 评估当前的融资

1.1. 企业怎样筹集权益资金？

a. 如果该企业是一个上市公司，该企业可以从普通股、权证与期权中筹集权益资金。

b. 如果该企业是一个私有企业，该企业可以从私人储蓄与风险资本中筹集权益资金。

1.2. 企业怎样借入资金？

a. 企业使用的是银行借款还是公司债券？

b. 负债的期限结构是怎样的？

c. 企业所拥有的负债类型是怎样的（货币组合、固定利率还是浮动利率）？

1.3. 企业使用了任何同时具有负债与权益的一些性质的混合型证券来融资吗？比如优先股、可转换债券与附带权证的债券。

2. 对当前融资的详细描述

2.1. 如果企业从权证或者可转换债券中筹集权益资金，这些权利的特征是什么（比如，执行价格和期限等）？

2.2. 如果企业已经借入资金，这些负债的特征是什么（到期日、票面利率、是否可以赎回、固定利率还是浮动利率、有无担保、采用的货币形式）？

2.3. 如果企业拥有混合型证券，这些混合型证券的性质是什么？

3. 分解成负债与权益

3.1. 如果企业的融资包含负债与权益两部分（例如可转换债券），其中归属权益的价值有多少？归属负债的价值有多少？

3.2. 给定非交易性负债的票息或票面利率与期限，估计该负债当前的市场价值。

3.3. 企业发行在外的权益的市场价值是多少？

4. 在负债与权益之间的权衡

负债的收益

- 企业面临的边际税率是多少？与其他企业的边际税率相比如何？企业在税收抵扣上有其他的（比如说折旧）抵减项吗？
- 该企业有自由现金流吗（例如，*EBITDA*/企业价值）？企业进行了好的项目投资吗？企业未来还会进行好的项目投资吗？经理人是如何对股东负责的？（企业使用负债来对管理层进行约束具有优势吗，还是存在其他代价更小的约束机制？）

负债的成本

- 企业当前的现金流水平高吗？这些现金流稳定吗？（请查看企业经营利润的波动性。）
- 债权人容易观察到股东的行为吗？资产是有形的还是无形的？如果债权人不容易观察到股东的行为，监督股东的成本或者反映在债券条款上的成本有哪些？
- 企业如何能够很好地预测其投资机会与需求？

获得有关当前融资选择的信息

有关当前融资决策的信息几乎都可从财务报表中提取出来。资产负债表提供了企业进行各种融资的账面价值，但是混合型证券通常被划分为负债（如果这些证券是负债类证券）或权益（如果这些证券是权益类证券）。有关企业发行在外的权证与企业负债的细节可以从财务报表的附注中找到。具体来说，包括不同债务的到期日、票面利率以及其他特殊性质。

网上信息来源

www.stern.nyu.edu/～adamodar/cfin2E/project/data.htm

练习题

1. 如果债权人持有的是与收入有关的债券，那么只有在企业取得利润的时候才能收到利息。如果企业不能在当年支付利息，该利息就会被累积，并且在企业盈利的首个年度被支付。优先股股东只有在企业获得利润时才能收到优先股股利。如果企业在当年没有发放优先股股利，该优先股股利就会不断累积，并且在企业盈利的首个年度被支付。收入债券（income bonds）实际上是优先股吗？两者的差别在哪里？从累积负债的目的来看，你怎样区分收入债券与普通债券？

2. 商品债券（commodity bond）将利息与本金的支付与商品的价格相联系。将商品债券与纯粹债券加以区分，然后再与权益加以区分。对于一个全部发行的是商品债券的企业而言，在企业负债比率的分析中应当如何考虑这些差异？

3. 你在分析一个新的证券，该证券可归类为权益，并具有以下特征：

● 该证券的股利在证券的期限内是固定的，并且该证券的期限是 20 年。

● 股利是不可以抵税的。

● 为了防止违约，该证券所有者在所有有担保负债与无担保负债的债权人之后收到现金。

● 该证券的持有者没有投票权。

根据这一章中对负债与权益的描述，你将怎样对该证券进行归类？如果请你计算该企业的负债比率，你将如何对该证券进行归类？

4. 你正在对某可转换优先股进行分析，该证券具有以下特征：

● 该企业有 50 000 股发行在外的优先股，其中每股优先股的票面价值是 100 美元，优先股股利率为 6%。

● 该企业有发行在外的纯粹优先股，股利率为 9%。

● 优先股的市场价值为 105 美元。

请估计出这种可转换优先股的优先股部分与权益部分。

5. 请你计算出一家企业的负债比率，其中，该企业有如下财务组合：

● 该企业有 100 万股发行在外的股票，交易价是每股 50 美元。

● 该企业拥有 2 500 万美元的纯粹负债，债券的市场利率为 8%。

● 该企业有 20 000 份发行在外的可转换债券，其中，债券的票面价值为 1 000 美元，市场价值为 1 100 美元，票面利率为 5%。

请估计出该企业的负债比率。

6. 请你计算出一家企业的负债比率，其中，该企业有以下详细的财务信息。

该企业发行了两种类型的流通股，其中，A 股票有 50 000 股，每股股票有两份投票权，市场价格为每股 100 美元；B 股票有 100 000 股，每股股票有 1/2 的投票权，市场价格为每股 90 美元。

该企业的银行负债为 500 万美元，并且该负债是最近取得的。

请估计出该企业的负债比率。为什么取得负债的时间是重要的？

7. Zycor 公司一般从内部资金中获得融资。假定该公司股票的贝塔为 1.2，无风险收益率为 6.5%，市场风险溢价为 6%。

a. 请估计出内部权益的成本。

b. 现在假定发行新股票的成本是筹集到的资金的 5%。请估计出外部权益的成本。

8. Office Helpers 是一家生产与销售办公用品的私有企业。该企业拥有的资本有限，预计为 8 000 万美元，并且存在着资本约束。一个风险资本家愿意给企业注入 2 000 万美元的资金以换取企业 30%的股份。有了这些额外的资本之后，企业的价值将为 1.2 亿美元。

a. 该企业会接受该风险资本吗？

b. 在获得风险资本后，你拥有多大比例的股份才是保本的（假定你是该私有企业的所有者）？

9. 假定 Office Helpers 现在决定上市，并且希望股票的目标价格为每股 10 美元。如果 IPO 的折价为 20%，企业应当发行多少股份？

10. 你是一个风险投资家，计划投资 Cirrus Electronics。Cirrus Electronics 是一家私有企

业，没有发行在外的负债，并且现在没有盈利，预期在四年后会有 1 500 万美元的盈利。那时你希望该企业能够上市。同行业其他企业的市盈率为 50。

a. 请估计出 Cirrus Electronics 的退出价值。

b. 如果你的目标收益率是 35%，请估计出 Cirrus Electronics 折现后的退出价值。

c. 如果你至少向 Cirrus Electronics 注入了 7 500 万美元的资金，你要求多少企业股份作为回报？

11. 电子企业的无杠杆贝塔平均来说为 1.1. 无风险收益率为 6.5%，市场溢价为 6%。

a. 使用 CAPM 估计出预期收益率。

b. 如果你是一个风险资本家，为什么你的目标收益率比该预期收益率要高得多？

12. 阳光传媒公司（Sunshine Media）刚完成了首次公开上市，该企业以每股 22 美元的发行价向公众发行了 5 000 万股，其中总的流通股份为 1.25 亿股。在发行日，股票价格飙升到每股 40 美元。谁会从该股股价上升中获益？谁会遭受到损失？损失多少？

13. 很难对企业的首次公开上市估值，因为上市的企业通常很小，并且可利用的信息很少。投资银行必须让 IPO 抑价，因为它们承担了大量定价风险。你同意这种说法吗？怎样做出相关的实证检验？

14. 你是一家小型成功企业的老板，预期该企业的市场价值为 5 000 万美元。你在考虑将这家企业公开上市。

a. 你在挑选投资银行时会有什么样的考虑？

b. 你想筹集 2 000 万美元的资金，并且计划将这些资金用于企业的投资。（企业的市场价值为 5 000 万美元的前提假设是，对企业进行 2 000 万美元的再投资。）在 IPO 中，你需要出售多少份额的股票才能筹集到 2 000 万美元的资金？

c. 如果投资银行家计划使发行时的股票折价 10%，你对于 b 题的答案会发生怎样的变化？

d. 如果你希望股票以 20～25 美元的价格交易，你的股份数必须是多少？你必须发行多少股份？

15. 有一家企业要进行配股。这家企业有 1 000 万股发行在外的股票，每股价格为 50 美元。该企业需要筹集 1 亿美元的新权益资金。假定配股认购的价格为 25 美元，请回答以下问题。

a. 如果以认购价格来购买，每一股需要多少配股权来购买？

b. 假定所有的配股权都被认购了，不附带配股权的股价是多少？

c. 请估计每份配股权的价值。

d. 如果配股权的价值与 c 题中估计的价值不同，可能高于或低于 c 题中的价值，你怎么来利用这种差异？

16. 你是 SmallTech 的一名股东。该企业计划筹集新的资金。该企业的股票以每股 15 美元进行交易，并且有 100 万股发行在外的股票。企业发行了 500 000 份配股权，如果有这些配股权，企业的现有股东可以以每股 10 美元的价格来购买股票。

a. 在配股权执行后，预期的股价为多少？

b. 如果配股权被交易，每份配股权的价格是多少？

c. 作为一名股东，你担心股价降低之后的稀释效应吗？为什么？

17. 假定 SmallTech 的净利润为 100 万美元，并且该企业的盈余会随着另外筹集的资金同比例增长。

a. 如果第 16 题中该企业的配股权被发行，每股盈余将为多少？

b. 假定 SmallTech 将会以市场价格每股 15 美元向公众发行 333 333 股股票（从而使得筹集的权益资金与配股筹集的权益资金数额相等）。如果采取这种方式，请估计 SmallTech 的每股盈余将是多少。

c. 作为一名股东，你会担心配股后的每股盈余比一般认购后的每股盈余更低吗？

18. MVP 是一家制造业企业，该企业没有负债，市场价值为 1 亿美元。另外，该企业正在考虑借入 4 000 万美元的资金并且进行股票回购。假定负债的利率为 9%，企业面临的税率为 35%，请回答如下问题：

a. 请估计每年由负债带来的利息税收节约额。

b. 假定负债的变化是永久性的，请估计一下利息导致的税收节约额的现值。

c. 假定该负债的期限是 10 年，请估计一下利息导致的税收节约额的现值。

d. 如果明年的税率降低为 7%，但是该负债是固定利率的负债，由利息导致的税收节约额的现值会发生怎样的变化？

19. 某企业的税率为 45%，该企业正在考虑以 10%的利率借入资金。

a. 该负债的税后利率是多少？

b. 如果只有一半的利息费用可以抵税，税后利率又是多少？

c. 如果企业现在正在亏损，并且预期未来三年都不会有应税收入，该企业的税后利率又是多少？

20. WestingHome 是一家制造业企业，该企业累积了 20 亿美元的净营业亏损。另外，该企业正在考虑借入 50 亿美元的资金来并购另一家企业。

a. 已知公司税率为 36%，请估计出归属企业的税收节约现值。

b. 营业亏损抵免的存在会影响你的分析吗？(税收好处会因此消失吗？)

21. 以下是有关自由现金流的假设（由詹森提出），请回答是正确还是错误。

a. 如果企业有高的经营利润，该企业就有高的自由现金流。

b. 如果企业相对于盈利来说有很大的资本支出，那么该企业有较低的自由现金流。

c. 如果企业承诺将大部分自由现金流作为股利发放给股东，那么该企业不需要负债来起到监督作用。

d. 对于那些所有权与管理权分离的企业而言，针对负债的自由现金流假设更加合理。

e. 如果企业有高的自由现金流，那么该企业没有有效经营。

22. 请根据你对自由现金流假设的理解评估一下下列企业被并购的可能性。你可以假定盈利与自由现金流是高度相关的。

a. 该企业的成长性高，杠杆低，盈利高，并且有好的项目。

b. 该企业的成长性低，杠杆低，盈利低，并且有差的项目。

c. 该企业的成长性高，杠杆高，盈利低，并且有好的项目。

d. 该企业的成长性低，杠杆高，盈利高，并且有差的项目。

e. 该企业的成长性低，杠杆低，盈利高，并且有差的项目。

23. Nadir 是一家无杠杆企业，预期该企业每年的息税前利润为 200 万美元。Nadir 的税率为 40%，市场价值 $V=E=1\ 200$ 万美元。该股票的贝塔为 1，无风险收益率为 9%。［假定 $E(R_m)-R_f=6\%$。］管理层正在考虑使用负债，并且发行负债用来进行股票回购，企业的规模将保持不变。其中，负债的无风险利率为 12%。因为利息费用可以抵税，进行负债会使得企业的价值上升，但是一部分上升会被破产成本的上升所抵消。分析师估计破产成本的现值为 800 万美元，并且破产概率随着负债净额的上升而上升，具体如下表所示：

负债的价值（美元）	失败的概率（%）
2 500 000	0.00
5 000 000	8.00
7 500 000	20.5
8 000 000	30.0
9 000 000	45.0
10 000 000	52.5
12 500 000	70.0

a. 此时的权益成本与资本成本分别为多少？

b. 在考虑破产成本后，最优资本结构是怎样的？

c. 与最优资本结构对应的企业价值是多少？

24. 一家企业没有负债，市场价值为 1 亿美元，权益成本为 11%。在 MM 的世界中，

a. 当杠杆变化时，企业的价值会怎样变化（假定不存在税收）？

b. 当杠杆变化时，资本成本会怎样变化（假定不存在税收）？

c. 如果存在税收，你对于 a 题和 b 题的答案会发生怎样的变化？

25. 假定个人投资者在利息收入上支付的税率为 40%，在权益收入上支付的税率只有 20%。如果公司税率为 30%，请估计出负债相对于权益所拥有的税收优惠。假定某企业没有负债，市场价值为 1 亿美元，并且该企业在以上所述的环境中借入资金。如果企业借入的资金为 5 000 万美元，请估计出企业此时的价值。

26. 在第 25 题中，当权益收入的税率为多少时，负债对于企业价值是没有影响的？

27. XYZ Pharma 是一家医药公司，该企业没有使用负债来为项目融资。在过去的 10 年里，该公司报告说有高的项目收益与成长性，并且在这段时间花费了大量的研发费用。总体上来看，现在保健行业的增长率在变慢，并且企业目前考虑的项目的预期收益率较低。

a. 你怎样解释过去该公司不使用负债的政策？

b. 你认为该政策现在需要变化吗？为什么？

28. Unitrode 是一家为动力管理制造线性集成电路的企业，该企业没有使用负债来为项目融资。企业经理说，他们之所以没有借入资金是因为他们想保持财务上的灵活性。

a. 借入资金怎样降低了财务的灵活性？

b. 如果你拥有剩余负债能力却因为想要保持财务灵活性而没有进行负债，你做出的权衡是什么？

29. 联合电力（Consolidated Power）是一个被管制的电力公共企业，该企业的权益的市场价值为 15 亿美元，发行在外的负债为 30 亿美元。一顾问指出，该企业的负债比率相对于所有企业的平均数 27%来说较高，这就表明该企业负债过多。

a. 你为什么期望电力公共企业比一般企业保持更高的负债比率？

b. 该企业是被管制的垄断企业这一事实影响了该企业的负债能力吗？

第 8 章　资本结构：最优融资组合

企业负债与权益的最优融资组合是什么？在上一章中，我们对负债与权益进行了定量的权衡，但是我们并没有发展出一套分析工具来指出负债应当为资本的 0%、20%、40%还是 60%。负债成本总是比权益低，但是使用负债会增加借款人的违约风险，并且对于权益投资者而言又导致更高的盈利波动性。因此，对某些企业来说，使用更多的负债会增加企业的价值，而对另一些企业来说，使用更多的负债则会减少企业的价值。甚至对于同一家企业而言，在负债率达到某一点之前更多的负债会让企业获益，而超过了那一点，更多的负债则会损毁价值。我们必须找到一些超越上一章一般结论的具体方法，用这些方法来确定出负债与权益的最优组合。

在这一章，我们会利用四种方法来找到最优融资组合。第一种方法是，首先确定出未来经营收入的分布，然后我们确定出能够承受的违约可能性的最大值，并以此来确定负债的大小。第二种方法是选择最小化资本成本的负债比率。我们回顾了资本成本在定价中的作用，然后讨论了资本成本与最优负债组合的关系。第三种方法与第二种方法相似，目的是希望最大化企业价值，该方法将企业价值表示为：无杠杆企业的价值加上负债带来的税收优惠的现值，再减去预期的破产成本。最后一种方法是以可比企业的融资组合为基础。

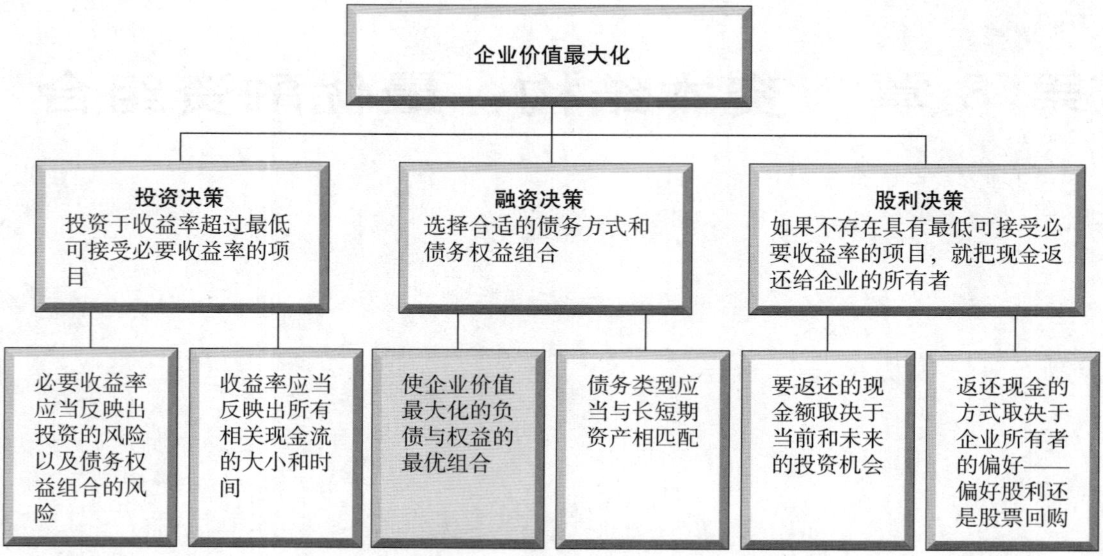

经营利润法

在决定企业的负债时，经营利润的方法是最简单也是最直观的方法之一。我们确定出企业可接受的最大违约概率，然后以经营利润与现金流为基础估计出企业的负债水平。

利用经营利润方法的步骤

我们首先对企业的经营利润与现金流进行分析，然后考虑根据现金流水平确定出能够承担的负债水平。利用经营利润方法的步骤如下：

（1）我们根据企业的当前与历史情况评估出企业产生经营利润的能力。得到的结果是关于预期经营利润的分布情况，其中标示出各利润水平所对应的概率。

（2）对于任何给定的负债水平，我们估计出对应期间要支付的利息与本金。

（3）给定经营利润的概率分布与债务支付情况，我们估计出企业不能完成这些支付义务的概率。

（4）我们对于企业负债违约概率设定一个限制值。显然，企业的管理层越保守，概率设定得越紧。

（5）我们将每种债务水平下的违约概率与概率限制值作比较。如果违约概率高于这个限制值，企业就应当选择更低的负债水平；如果违约概率低于这个限制值，企业就应当选择更高的负债水平。

【例 8—1】　根据经营利润的分布来估计负债能力

在下面的分析中，我们利用经营利润的方法来分析以下问题，即迪士尼是否应当另外发行 100 亿美元的负债。我们假设，迪士尼希望经营利润不能满足偿还负债的概率不要超过 5％。

第一步：我们根据迪士尼的历史盈利情况得到预期经营利润的概率分布，估计出该企业从 1998 年到 2008 年的经营利润差额的百分比。图 8—1 展示了相关结果。

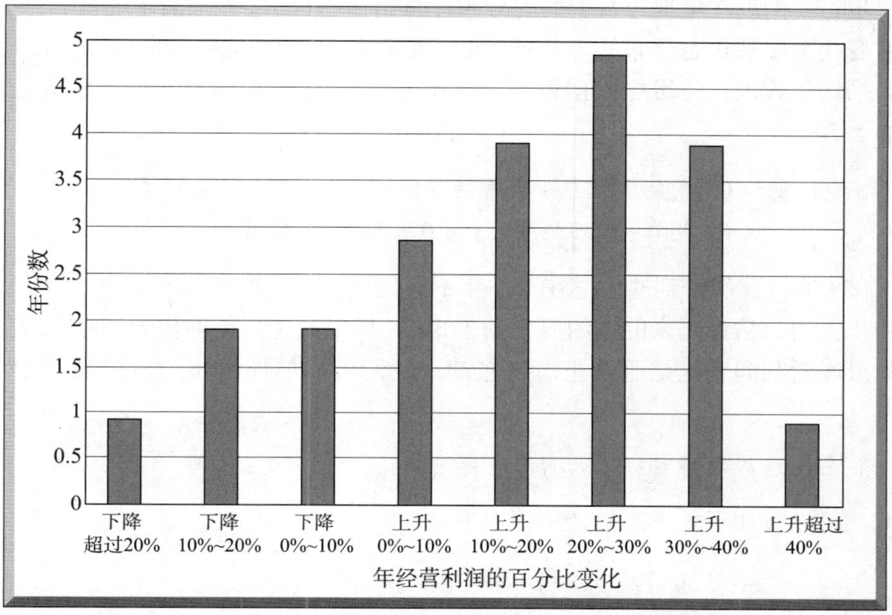

图 8—1　迪士尼经营利润的变化：1988—2008 年

整个期间每年营业利润的平均变化为 13.26％，每年变化的标准差为 19.80％。如果我们假定这些变化是呈正态分布的，这些统计数据足以让我们大致计算出该企业不能完成偿还特定负债的概率。[①]

第二步：假定迪士尼发行的 100 亿美元新的债券将被评为 BBB 级，低于迪士尼当前的负债评级 A。根据该债券评级，我们估计出企业在发行新的债券后所需要支付的利息与本金。根据该评级，我们估计出新的负债的利率为 7％。另外，我们假定预留出来用于偿还负债的偿债基金为债券发行额的 10％。[②] 这就导致每年需偿还的债务为 17 亿美元：

$$
\begin{aligned}
\text{另外增加的负债} &= \text{利息费用} + \text{支付的偿债基金} \\
&= 0.07 \times 10\,000 + 0.10 \times 10\,000 \\
&= 1\,700\ \text{百万美元}
\end{aligned}
$$

① 假定利润的变化呈正态分布是一个一般假设。你可以使用那些能够更加拟合实际数据的分布。

② 偿债基金使得企业能够留出一部分资金用来偿还债务。

总负债就等于现有负债的利息728百万美元，加上经营租赁的费用550百万美元，再加上新负债引起的1 700百万美元。

总的偿债金额＝现有负债利息＋经营租赁的费用＋额外增加的负债
＝728＋550＋1 700
＝2 978百万美元

第三步：我们现在根据经营利润的分布计算出违约概率。① 最简单的计算是，假定经营利润的变化是服从正态分布的，并且将迪士尼在过去四个季度里的经营利润6 726百万美元作为平均年收入，将历史数据得到的标准差19.8%作为预期未来的标准差。得到t统计量为2.81：

t统计量＝(当前的$EBIT$－支付的负债)/σ_{01}(当前的经营利润)
＝(6 726－2 978)/(0.198 0×6 726)＝2.81

根据该t值，我们得到迪士尼在下一年不能偿还负债的概率为0.24%。②

第四步：因为估计出来的违约概率低于5%，所以迪士尼能够借入超过100亿美元的负债。如果经营利润变化是服从正态分布的，我们可以估计出违约概率为5%时对应的负债水平。

5%的违约概率对应的t统计量＝1.645

因此，可以按如下式子来估计负债水平：

(6 726－X)/(0.198 0×6 726)＝1.645

解出X，我们估计出总的负债义务为：

总的负债义务＝4 535百万美元

从总负债中减去现有负债的利息费用与经营租赁的费用，可以得到额外增加的负债为3 257百万美元。

额外的负债＝4 535－728－550＝3 257百万美元

如果我们假定利率保持在7%，偿债基金保持在发行在外负债的10%，可以得到最优的额外负债水平为19 161百万美元。

最优的额外负债水平＝额外负债水平/(利率＋偿债基金率)
＝3 257/(0.07＋0.10)＝19 161百万美元

根据该分析，迪士尼能够将负债扩大为现有负债（166.82亿美元）的两倍，还能使违约概率低于5%。

---

① 这是在某一期间不能完成利息支付义务的概率。随着时间的推移累积违约概率会高出许多。

② 这可能是一个保守的估计，因为这里没有考虑到迪士尼还有37.95亿美元的现金余额。如果经营利润不够，这些现金余额可以用来支付有关的负债义务。

经营利润法的局限性

虽然这种方法可能既简单又直观，但是却有一些严重的缺陷。第一，估计出经营利润的分布并不是想象的那么简单，尤其当企业的业务在不断变化与波动时。企业的经营利润每年会发生很大的变化，具体取决于单个产品的成功或失败。第二，即使我们可以估计出经营利润的分布，但是还有两个问题：一个是该分布可能并不服从正态分布，另一个是每年的经营利润变化也许并不能够反映出那些连续坏的年度的风险。后一个问题可以通过计算出多年度的统计数据加以修正，但是前一个问题在统计上有更严重的后果。就拿迪士尼来说，如果经营利润是用滚动的两年期利润计算出来的[①]，那么标准差就会上升而最优负债比率就会下降。

这种方法也是设定负债政策的一种极端保守的方法，因为该方法假定必须要用企业的经营利润来支付本金，企业不能进入金融市场来融资，之前也没有现金余额。最后，管理层设定的概率约束是主观性的，可能更多反映的是管理层的想法而不是股东的想法。例如，管理层可能不想有任何违约的可能，于是拒绝负债。

对经营利润法的改进

这一部分描述的经营利润方法是最简单的，因为该方法以历史数据为基础并且假定利润变化服从正态分布。我们可以做一些小的变动，将该方法变得更加复杂些，也更稳健些。

- 我们对经营利润的不同可能结果进行模拟，而不是只看历史数据。结果的分布可以以过去的数据与未来的预期为基础。
- 我们不只估计出负债的违约风险，而且要考虑在经营利润低于某特定水平时归属于企业的间接破产成本。
- 我们可以计算出在各种模拟情况下由利息支付带来的税收优惠的现值，然后将破产成本的预期值与负债的税收优惠的预期值进行比较。

通过这些方法，我们可以对企业的不同融资组合进行考察，然后得到能够最大化企业价值的最优负债比率。[②]

---

① 对于滚动的两年期，我们指的是1988—1989年、1989—1990年等等，余下的数据都是采用这种形式。

② T. Opler, M. Saron, and S. Titman, "Designing Capital Structure to Create Stockholder Value," *Journal of Applied Corporate Finance* 10：21 - 32.

资本成本法

在第 4 章，我们估计了可接受的最小必要收益率，对权益投资者来说就是权益成本，对企业来说就是资本成本。我们将资本成本定义为对企业用于投资的不同成分的资金成本的加权平均值。其中资金成分包括负债、权益与混合型证券。通过改变不同成分的权重，企业也许能够改变其资本成本。[①] 在资本成本方法中，我们估计出不同负债比率下的负债成本与权益成本，接着计算出企业的资本成本，然后找到能够产生最低资本成本的负债与权益的融资组合。我们认为，在此资本成本上，企业的价值达到最大化。

资本成本与企业价值最大化

在第 3 章与第 4 章中，我们对估计企业的资本成本做了一些基础工作。我们认为，权益成本应当反映企业的边际投资者的风险。如果边际投资者已经分散化风险，唯一被定价的风险应当是不能被分散的风险，可以用 CAPM 或者多因子模型中的贝塔值来表示。如果边际投资者没有将风险分散化，权益成本还可能反映了部分或者全部的企业特有风险。负债成本是违约风险的函数，反映了企业长期借债的成本。因为利息是可以抵税的，我们使用边际税率将负债成本进行调整，估计出税后的负债成本。总的来说，资本成本是权益成本与负债成本的加权平均，其中各自的权重是用市场价值计算得到的：

$$资本成本 = 权益成本 \times \frac{权益}{负债 + 权益} + 负债成本 \times (1-t) \times \frac{负债}{负债 + 权益}$$

为了理解资本成本与最优资本结构之间的关系，我们首先要明确企业价值与资本结构之间的关系。在第 5 章，我们指出，项目给企业增加的价值就等于预期现金流的折现，折现率反映了现金流的风险，并且该分析过程既可以从权益投资者的角度来进行也可以从企业整体的角度来进行。如果从企业整体的角度来看，我们折现的是项目为企业带来的现金流，即支付负债义务之前的税后现金流，折现率为项目的资本成本。

将该准则进行扩展，整个企业的价值可以通过将预期总的现金流用企业的资本成本折现得到。企业总的现金流可以用支付了经营费用、税收以及资本支出之后但在偿付负债之前的现金流。其中所需的资本投资要满足固定资产与营运资本未来的增长。

$$企业的现金流 = EBIT(1-t) - (资本支出 - 折旧) - 非现金营运资本的变化$$

企业的价值可以被写成：

$$企业的价值 = \sum_{t=1}^{t=\infty} \frac{第\ t\ 期企业的现金流}{(1 + 资本成本)^t}$$

---

① 如果资本结构是无关的，改变资本结构不会使资本成本发生变化。

因此，企业的价值是现金流与资本成本的函数。在企业的现金流为常数并且融资组合保持不变的情形下，企业的价值将会随着资本成本的减小而增大。如果选择融资组合的目标是最大化企业的价值，在这种情况下可以通过最小化资本成本来完成。在更一般的情形下，企业的现金流会随着负债比率的变化而变化，最优的融资组合就是能够最大化企业价值的组合。

资本成本法——基础

在最简化的资本成本法下现金流是固定的，只有资本成本在变化。在这种情况下，我们需要估计出每一个负债比率对应的资本成本。在进行估计的时候，我们不可能在改变负债比率的同时保证负债成本与权益成本不变。另外，根据这种分析可以得到毫不令人惊讶的结论，即当负债比率为 100%时，企业的资本成本最低，因为税后的负债成本总是比权益成本要低。

随着负债比率的增加，资本成本的各个部分也将发生变化。我们首先来看看权益部分。权益投资者拥有企业剩余的盈余与现金流，也就是支付了利息与本金之后的现金流。当企业为给定的资产借入更多资金时，应付债务在上升，权益盈余波动会变得更大。盈余的波动性越大，就会导致权益成本越高。也就是说，在 CAPM 模型与多因子模型中，权益贝塔会随着负债比率的上升而增大。当企业负债增加的时候，债权人也会看到风险的增加。如果企业的经营利润保持为常数，当企业向债权人支付的金额较大时，该企业违约的可能性就变大了，这就导致更高的负债成本。另外，如果这些费用变得比利润更大，利息费用带来的税收优惠可能就实现不了。

使用资本成本法的关键在于，对于不同负债比率对应的权益成本及负债成本做出符合实际的估计。如果知道了如何将权益成本及负债成本与企业的负债组合相互联系的一些方案，就很容易计算出企业的最优融资组合。假定给你一家企业不同负债水平所对应的权益成本与负债成本，并且该企业的税后现金流为 2 亿美元。假设预期现金流将以每年 3%的速度增长，并且不受企业的负债比率的影响。有关资本成本的构成以及各种负债水平对应的企业价值如表 8—1 所示。

表 8—1　　加权资本成本、企业价值与负债比率

负债/(负债+权益)(%)	权益成本(%)	税后的负债成本(%)	资本成本(%)	企业价值(美元)
0	10.50	4.80	10.50	2 747
10	11.00	5.10	10.41	2 780
20	11.60	5.40	10.36	2 799

续前表

负债/(负债+权益)(%)	权益成本(%)	税后的负债成本(%)	资本成本(%)	企业价值(美元)
30	12.30	5.52	10.27	2 835
40	13.10	5.70	10.14	2 885
50	14.00	6.10	10.05	2 922
60	15.00	7.20	10.32	2 814
70	16.10	8.10	10.50	2 747
80	17.20	9.00	10.64	2 696
90	18.40	10.20	11.02	2 569
100	19.70	11.40	11.40	2 452

$$企业价值=\frac{企业下一年的预期现金流}{资本成本-增长率}=\frac{200\times 1.03}{资本成本-0.03}$$

当加权资本成本减少（增加）时，企业的价值会增加（减少），如图 8—2 所示。

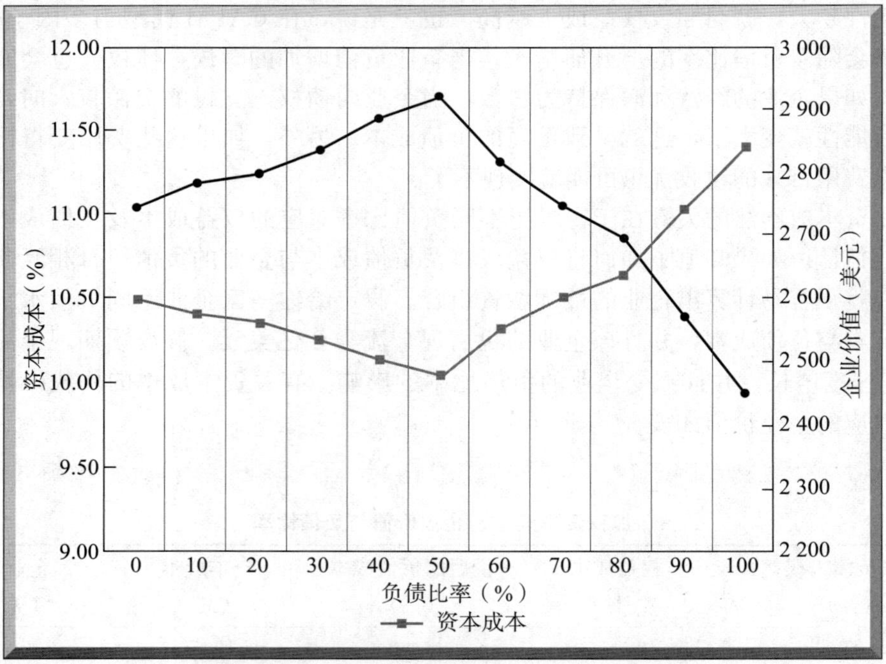

图 8—2　表示为杠杆的函数的资本成本与企业价值

图 8—2 让最优融资组合的选择看上去很简单，但该图忽略了一些应用中可能产生的问题。第一，我们在分析前通常不知道各种融资组合的成本。在大多数情况下，只能确

切知道当前负债水平的融资成本。第二，分析中假定企业的现金流水平是不受企业融资组合的影响的，那么也就不受企业违约风险（债券评级）的影响。例如，某企业生产耐用消费品（例如汽车、电视等），该企业可能会发现，如果违约风险在增加，企业的销售额与经营利润会下降，因为那时投资者将不愿意购买该企业的产品。我们首先用标准的资本成本方法估计出负债成本、权益成本与资本成本，然后再考虑将预期现金流的变化引入到分析中来对资本成本方法进行改进。

8.1 最小化资本成本与最大化企业价值

更低的资本成本会带来更大的企业价值，条件是：

a. 当资本成本下降时，经营利润不发生变化。

b. 当资本成本下降时，经营利润上升。

c. 经营利润的下降都被资本成本的下降所抵消。

标准资本成本法

在标准资本成本法中，我们假定经营利润与现金流保持不变，只改变资本成本。最优负债比率是能够最小化资本成本的负债比率。

计算资本成本的步骤

我们在计算资本成本时需要三个变量——权益成本、税后的负债成本，以及负债与权益的权重。当负债比率变化时，权益成本与负债成本都会发生变化，而该方法主要的难点就在于估计出这三个变量。

我们首先来估计权益成本。在第 4 章中，我们说，当负债比率变化时，权益贝塔也会发生变化。事实上，我们将有杠杆贝塔写成企业负债比率、无杠杆贝塔与边际税率的函数：

$$\beta_{有杠杆} = \beta_{无杠杆}[1+(1-t)\ 负债/权益]$$

如果我们能够估计出企业的无杠杆贝塔，我们就可以使用无杠杆贝塔计算出与每种负债比率相对应的有杠杆贝塔。然后再用有杠杆贝塔计算出对应的权益成本。

$$权益成本 = 无风险收益率 + \beta_{有杠杆} \times 风险溢价$$

企业的负债成本是违约风险的函数。当企业借入更多资金时，违约风险就会增加，相应的负债成本也会增加。如果我们使用债券评级作为违约风险的衡量，可以通过三个步骤估计出企业的负债成本。第一，我们估计出每种负债比率对应的负债额以及利息费用。当企业增大其负债比率时，相应的负债额与利息费用都会增加。第二，在每种负债水平上，我们计算出衡量违约风险性的负债比率，并且使用负债比率估计出企业的评级。

当企业借入的资金更多时，债券评级也会下降。第三，根据债券评级估计出企业的违约价差。用无风险利率加上违约价差就可得到税前的负债成本。然后利用边际税率就可以计算出税后的负债成本。

一旦估计出每种负债水平对应的权益成本与负债成本，我们就可以用权益与负债各自的权数对权益成本与负债成本进行加权平均从而计算出资本成本。虽然我们不能在此过程中考虑优先股的部分，但是我们可以将优先股作为资本的一部分。然而，我们在改变负债与权益的权重时必须保持优先股的比例是固定的。最小化资本成本的负债比率就是最优负债比率。

在这种方法中，通过使经营利润保持固定和仅让资本成本发生变化，改变资本结构对企业价值的影响是独立的。实际上，这需要两个假设。第一个假设是，可以通过筹集新的权益资金赎回负债来降低负债比率；相反的是，可以通过借入资金进行股票回购来提高负债比率。该过程也被称为资本结构调整。第二个假设是，税前的经营利润不受企业融资组合的影响，也就不受债券评级的影响。如果经营利润随着企业违约风险的变化而变化，基本的分析是不变的，但是最小化资本成本不一定是最优行动的目标，因为企业的价值同时由现金流与资本成本决定。必须计算出每种负债水平所对应的企业价值，而企业价值最大时对应的负债比率就是最优负债比率。

【例 8—2】　分析迪士尼的资本结构：2009 年 5 月

可以用资本成本方法确定出企业的最优资本结构。下面我们就用这种方法来对迪士尼进行分析。在 2009 年 5 月，迪士尼的账面上有 160.03 亿美元的带息负债，我们在第 4 章中估计出这些负债的市场价值为 149.62 亿美元。用带息负债的市场价值加上经营租赁的现值 17.20 亿美元，可以得到总负债的市场价值为 166.82 亿美元。同期权益的市场价值为 451.93 亿美元，每股的市场价格为 24.34 美元，发行在外的股份数为18.567 52亿股。可以得到，在总资本中，负债的比例为 26.96%，权益的比例为 73.04%。

在第 4 章中我们估计出迪士尼在 2009 年 5 月的贝塔值为0.901 1。同期的国库券收益率为 3.5%，估计出权益风险溢价为 6%，我们可以得出迪士尼的权益成本为 8.91%

$$
\begin{aligned}
\text{权益成本} &= \text{无风险收益率} + \text{贝塔} \times \text{市场溢价} \\
&= 3.5\% + 0.901\,1 \times 6\% = 8.91\%
\end{aligned}
$$

迪士尼在 2009 年 5 月的债券评级为 A，根据该评级，预计迪士尼的税前资本成本为 6%。已知边际税率为 38%，我们估计出迪士尼税后的负债成本为 3.72%。

$$
\begin{aligned}
\text{税后的负债成本} &= \text{税前利率} \times (1 - \text{税率}) \\
&= 6.00\% \times (1 - 0.38) = 3.72\%
\end{aligned}
$$

资本成本的计算如下：

$$
\begin{aligned}
\text{资本成本} &= \text{权益成本} \times \frac{\text{权益}}{\text{负债} + \text{权益}} + \text{负债成本} \times (1 - t) \times \frac{\text{负债}}{\text{负债} + \text{权益}} \\
&= 8.91\% \times \frac{45\,193}{16\,682 + 45\,193} + 3.72\% \times \frac{16\,682}{16\,682 + 45\,193} = 7.51\%
\end{aligned}
$$

8.2 市场价值、账面价值与资本成本

迪士尼权益的账面价值大约为 327 亿美元，负债的账面价值为 160 亿美元。如果用负债与权益的账面价值计算出各自的权重，负债成本与权益成本保持不变，那么你会得到：

a. 更低的资本成本。

b. 更高的资本成本。

c. 同样的资本成本。

这对于估值有什么意义？

Ⅰ. 迪士尼的权益成本与杠杆

在每种负债水平下，可以使用企业的无杠杆贝塔与负债权益比计算出有杠杆贝塔，然后再用有杠杆贝塔计算出权益成本。第一步是使用市场价值计算的负债权益比与税率计算出企业当前的无杠杆贝塔。

$$\text{无杠杆贝塔}=\frac{\text{有杠杆贝塔}}{1+(1-t)\times\frac{\text{负债}}{\text{权益}}}=\frac{0.901\ 1}{1+(1-0.38)\times\frac{16\ 682}{45\ 193}}$$

$$=0.733\ 3$$

请注意，该无杠杆贝塔是我们在第 4 章中计算出的由下而上无杠杆贝塔。我们再用这个无杠杆贝塔与迪士尼的边际税率 38%计算出每一个负债比率所对应的有杠杆贝塔：

$$\text{有杠杆贝塔}=0.733\ 3\times[1+(1-0.38)\times(\text{负债}/\text{权益})]$$

我们再使用国库券收益率 3.5%与市场溢价 6%计算出每一个负债水平所对应的权益成本。如果我们将税率保持在 38%，我们可以得到迪士尼的有杠杆贝塔，如表 8—2 所示。

表 8—2　迪士尼的有杠杆贝塔与权益成本

负债资本比（%）	负债权益比（%）	有杠杆贝塔	权益成本（%）
0	0.00	0.733 3	7.90
10	11.11	0.783 8	8.20
20	25.00	0.847 0	8.58
30	42.86	0.928 1	9.07
40	66.67	1.036 4	9.72
50	100.00	1.187 9	10.63
60	150.00	1.415 3	11.99
70	233.33	1.794 1	14.26
80	400.00	2.551 9	18.81
90	900.00	4.825 1	32.45

在计算有杠杆贝塔时，我们假定所有的市场风险都由权益投资者来承担（虽然这是不实际的，尤其在较高的负债水平时），并且即使在很高的负债比率下企业也能够充分利用由利息费用带来的税收优惠。我们同时也将考虑另外一种计算有杠杆贝塔的方法，这种方法将部分市场风险分配到负债上。

$$\beta_{有杠杆} = \beta_{无杠杆}[1-(1-t)D/E]-\beta_{负债}(1-t)D/E$$

负债的贝塔可以以债券评级为基础，然后用每个评级对应的债券收益与市场指数的收益回归得到。由此得到的有杠杆贝塔通常比从传统模型中得到的有杠杆贝塔要小。[①] 我们还要考察一下在更高的负债比率下企业是否可以享受到所有利息费用带来的税收优惠。

Ⅱ. 迪士尼的负债成本与杠杆

有很多与债券评级相关的财务比率，并且我们有如下两种选择。第一种是，建立一个包含了多个财务比率的模型，然后以此估计出每个负债比率对应的人为评级。这种方法除了需要更多的精力与数据之外，也使评级的过程变得很不透明且很难辨认。另一种是，用我们在第 4 章中所用的最简单的方法，即将债券评级与利息保障倍数相联系，其中利息保障倍数定义如下：

$$利息保障倍数=\frac{息税前利润}{利息费用}$$

我们坚持用更简单的方法，有如下三个原因。第一，我们的目的并不是得到多么精确的负债成本，而是需要对负债成本做一个大概的估计。虽然通过更复杂的方法也能得到大概估计，但是我们更倾向于使用透明的方法。第二，利息保障倍数与债券评级之间有很显著的相关关系，而且利息保障倍数与分析中的其他比率也有很显著的相关关系，比如债务保障比率与资金流动比率。换句话说，我们如果使用了利息保障倍数来估计债券评级，在此基础上再使用其他比率所增加的作用微乎其微。第三，当企业改变其融资组合时，利息保障倍数会发生改变；利息保障倍数随着负债比率的增加而减小。这是一个关键的要求，因为我们需要负债成本在负债比率变化时做出相应的变化。

为了进行人为评级，我们将使用到第 4 章中所用的对照表格。对于较大市场规模的企业（因为迪士尼的市场规模大于 50 亿美元）来说，我们继续使用在估计税前负债成本的章节中所使用的违约价差，如表 8—3 所示。

从表 8—3 中可以查到，如果某企业的利息保障倍数为 2.75，得到对应的债券评级为 BBB，超过无风险收益率的违约价差为 3.5%。

因为迪士尼的负债能力是由其盈利能力所决定的，我们要考察一下该企业最近年份利润表中的关键数字，如表 8—4 所示。

---

① 例如，负债比率为 40%。在此负债水平上，企业的负债会呈现出一些权益特征。假定 40%的负债比率对应的负债贝塔为 0.1，那么与此负债比率对应的权益贝塔可以计算如下：

有杠杆贝塔＝0.733 3×［1＋（1－0.38）×40/60－0.10×(1－0.38)×40/60］＝0.99

在未调整的方法中，有杠杆贝塔为1.036 4。

表 8—3　　利息保障倍数、评级与违约价差

利息保障倍数	评级	典型的违约价差（%）
>8.5	AAA	1.25
6.5～8.5	AA	1.75
5.5～6.5	A+	2.25
4.25～5.5	A	2.50
3.0～4.25	A−	3.00
2.5～3.0	BBB	3.50
2.25～2.5	BB+	4.25
2.0～2.25	BB	5.00
1.75～2.0	B+	6.00
1.5～1.75	B	7.25
1.25～1.5	B−	8.50
0.8～1.25	CCC	10.00
0.65～0.8	CC	12.00
0.2～0.65	C	15.00
<0.2	D	20.00

表 8—4　　迪士尼的关键运营数字（百万美元）

	最近的财政年度	过去 12 个月
收入	37 843	36 990
EBITDA	8 986	8 319
折旧与摊销	1 582	1 593
EBIT	7 404	6 726
利息费用	712	728
EBITDA（经过租赁调整）	9 989	8 422
EBIT（经过租赁调整）	7 708	6 829
利息费用（经过租赁调整）	815	831

资料来源：Capital IQ and Bondsonline. com.

请注意，将租赁转换为负债同时影响了经营利润与利息费用。租赁中包含的利息费用要同时加到经营利润与利息费用上。① 因为过去12个月的数字代表了距离当前最近的信息，我们在估计迪士尼的最优负债比率时就使用这些数字。根据经过租赁调整的息税前利润6 829百万美元与利息费用831百万美元，可以得到迪士尼的利息保障倍数为8.22，对应的评级为AA，比迪士尼的实际评级A要高。

为了计算出迪士尼不同负债水平对应的评级，我们估计出为达到某一特定负债比率该企业需要发行的负债。可以用企业当前总的市场价值乘以期望的负债资本比率得到。比如，如果迪士尼的负债比率为10%，对应的负债为6 188百万美元，计算如下：

迪士尼的价值＝当前权益的市场价值＋当前负债的市场价值

＝45 193＋16 682＝61 875百万美元

负债资本比率为10%所对应的负债＝10%×61 875＝6 188百万美元

该过程的第二步是计算出迪士尼在此负债水平上的利息费用，可以用负债额乘以对应的税前负债成本得到。然后用利息费用计算出利息保障倍数以得到人为的评级。根据表8—3，找到与评级对应的违约价差，用该违约价差加上无风险收益率就可得到税前的负债成本。表8—5估计出在现行经营收入水平下迪士尼的负债比率为0%与10%时的利息费用、利息保障倍数与负债评级。

表8—5　　向更高负债比率移动的效果——迪士尼

负债/(负债＋权益)	0.00%	10.00%
负债/权益（%）	0.00	11.11
负债（百万美元）	0	6 188
EBITDA（百万美元）	8 422	8 422
折旧（百万美元）	1 593	1 593
EBIT（百万美元）	6 829	6 829
利息（百万美元）	0	294
税前的利息保障倍数	∞	23.24
评级	AAA	AAA
税前的负债成本（%）	4.75	4.75

请注意，当负债比率发生变化时，*EBITDA*与*EBIT*是保持不变的。我们使用来自负债的资金进行股票回购，然后保持经营资本不变，从而独立出改变负债比率的影响。

在估计利息费用时会碰到循环的问题。要用利息费用来计算利息保障倍数，然后用利息保障倍数来估计利率。为了避免该问题，我们首先假定迪士尼可以以AAA级的利

① 经营租赁的现值为17.2亿美元乘以税前的负债成本6%，就可以得出利息费用为1.03亿美元。然后将该利息费用同时加到经营利润与利息费用上。用税前的负债成本乘以经营租赁的现值得到的利息费用是一个大概的估计。完整的调整是加回所有的经营租赁费用，再减去租赁资产的折旧。

率 4.75%借入资金6 188百万美元，然后使用该利率计算出利息费用以及利息保障倍数。当负债比率为 10%时，评级保持在 AAA 级，使得该过程简化。为了说明更复杂的情形，我们考虑一下当负债比率从 20%提高到 30%的情形。

		迭代 1（负债@AAA 级）	迭代 2（负债@AA 级）
负债/(负债+权益)（%）	20.00	30.00	30.00
负债/权益（%）	25.00	42.86	42.86
负债（百万美元）	12 375	18 563	18 563
EBITDA（百万美元）	8 422	8 422	8 422
折旧（百万美元）	1 593	1 593	1 593
EBIT（百万美元）	6 829	6 829	6 829
利息（百万美元）	588	18 563×0.047 5=881	18 563×0.052 5=974
税前的利息保障倍数	11.62	7.74	7.01
评级	AAA	AA	AA
税前的负债成本（%）	4.75	5.25	5.25

当企业的负债比率为 20%时，我们得到评级为 AAA 级，利率为 4.75%。然后根据这些条件计算出负债比率为 30%时企业的利息费用，得到企业的利息保障倍数为 7.74，这样就使得企业的债券评级降为 AA 级，从而得到利率为 5.25%。因此，我们必须在更高的利率水平上重新计算一次利息费用（在第二次迭代中），然后到达稳定的状态：使用的利率与估计的利率相匹配。[①] 在负债比率从 10%不断上升到 90%的过程中一直重复该过程，可以得到每种负债水平下通过迭代计算的税后负债成本，如表 8—6 所示。

表 8—6　　迪士尼：负债成本与负债比率

负债比率（%）	负债（百万美元）	利息费用（百万美元）	利息保障倍数	债券评级	利率（%）	税率（%）	税后的负债成本（%）
0	0	0	∞	AAA	4.75	38.00	2.95
10	6 188	294	23.24	AAA	4.75	38.00	2.95
20	12 375	588	11.62	AAA	4.75	38.00	2.95

① 因为利息费用在增加，评级可能再下降一次。因此在一些情况下可能需要进行第三次迭代。

续前表

负债比率（%）	负债（百万美元）	利息费用（百万美元）	利息保障倍数	债券评级	利率（%）	税率（%）	税后的负债成本（%）
30	18 563	975	7.01	AA	5.25	38.00	3.26
40	24 750	1 485	4.60	A	6.00	38.00	3.72
50	30 938	2 011	3.40	A－	6.50	38.00	4.03
60	37 125	2 599	2.63	BBB	7.00	38.00	4.34
70	43 313	5 198	1.31	B－	12.00	38.00	7.44
80	49 500	6 683	1.02	CCC	13.50	38.00	8.37
90	55 688	7 518	0.91	CCC	13.50	34.52	8.84

请注意，利息费用的上升幅度比负债的上升幅度要大，因为负债成本也会随着负债比率的上升而上升。在这些计算中有三点需要注意。

（1）在每一个负债比率上，我们用负债比率乘以企业现有的市场价值（61 875百万美元）得出负债的价值。实际上，当资本成本变化时，企业的价值也会发生变化，那么与特定负债比率对应的实际负债价值与我们的估计值是不同的。我们没有考虑这种影响的原因是，这将会给我们的计算带来更多的循环，因为每一个负债比率的价值是该利息费用导致的税收节约的函数，而利息费用导致的税收节约额反过来又与企业的价值相关。

（2）我们假定在每一个负债比率上，所有现有的负债都可以以新的利率来借入，该利率值在资本结构发生变化时将保持不变。例如，迪士尼的现有负债评级为A，假定当迪士尼将负债比率移动到50%时，企业还可以以评级A对应的利率来借入资金。原因有以下两点。第一点是，现有的债权人可能有一些保护性的出售权利，即他们可以将债券卖回给企业并获得债券的面值。① 第二点是，再融资排除了“财富掠夺”效应，即当负债水平上升时股东会掠夺一部分债权人的财富，当负债下降时则发生相反的情况。如果企业能在低利率水平上维持旧的负债同时借入新的资金，其风险会变得更大，旧负债的债权人就会损失一些债权价值。如果我们锁定当前负债的利率并重新计算最优负债比率，就要考虑到这种财富转移的效应。②

（3）虽然当负债比率上升时传统的做法是保持边际税率不变，但是我们这里将税率进行调整以反映出在更高的负债比率上可能损失的税收优惠额。为了说明这一点，请注意迪士尼的息税前利润为6 829百万美元，当利息费用小于6 829百万美元时，利息费用可以完全抵税，也就是获得38%的税收优惠。例如，如果负债比率达到了80%，利息费用为6 683百万美元，相应的税收优惠也为该利息费用与38%的乘积。但是，当负债比率为90%时，利息费用增大到7 518百万美元，该值比息税前利润6 829百万美元要大。我们可

① 如果他们没有保护性的出售权利，当负债比率上升时，最有利于股东的行动是不再为负债融资。

② 当负债上升时，这会导致利息成本的降低，同时造成利息保障倍数的升高。折旧导致更高的负债评级，至少在短期内是这样，也会导致更高的最优负债比率。

以估计出利息费用带来的税收优惠的上限：

$$\text{税收优惠的最大值} = EBIT \times \text{边际税率} = 6\ 829 \times 0.38$$
$$= 2\ 595 \text{百万美元}$$

此时可以计算出税收优惠的比率为：

$$\text{调整的边际税率} = \frac{\text{税收优惠的最大值}}{\text{利息费用}} = \frac{2\ 595}{7\ 518} = 34.52\%$$

这就增大了税后的负债成本。这是一种保守的估计方法，因为损失可以被结转。如果这种杠杆的变化是永久性的，那么保守估计就是合理的。我们使用该税率重新计算出负债比率为90%时对应的有杠杆贝塔。

Ⅲ. 杠杆与资本成本

既然我们已经估计出每种负债水平所对应的权益成本与负债成本，我们就可以计算出迪士尼的资本成本。结果如表8—7所示。当企业没有负债时，资本成本为7.90%。接着，资本成本随着企业负债的增加而减小，当负债比率为40%时，资本成本最低为7.32%，接着资本成本又随着企业负债的增加而增加。（可以从表8—10中看到这张表的数字细节。）

当负债比率每增加10%时，负债比率从30%增加到50%资本成本几乎没有变化。在负债比率从30%增大到50%时，我们可以每次移动更小的幅度，从而得到更精确的最优结果。如果每一步变动1%，我们可以计算出迪士尼的最优负债比率为43%，此时对应的资本成本为7.28%。最优资本成本在图8—3中以图形表示出来。我们在本章接下来的部分还是用粗略估计的40%作为迪士尼的最优负债比率。

为了说明用不同的方法衡量有杠杆贝塔时所得到的解是稳健的，我们假定负债承担了部分市场风险，在此情况下对负债成本、权益成本与资本成本进行了重新估计。结果如表8—8所示。

表8—7　　权益成本、负债成本与资本成本——迪士尼

负债比率（%）	贝塔	权益成本（%）	负债成本（税后,%）	资本成本（%）
0	0.73	7.90	2.95	7.90
10	0.78	8.20	2.95	7.68
20	0.85	8.58	2.95	7.45
30	0.93	9.07	3.26	7.32
40	1.04	9.72	3.72	7.32
50	1.19	10.63	4.03	7.33
60	1.42	11.99	4.34	7.40
70	1.79	14.26	7.44	9.49
80	2.55	18.81	8.37	10.46
90	5.05	33.83	8.84	11.34

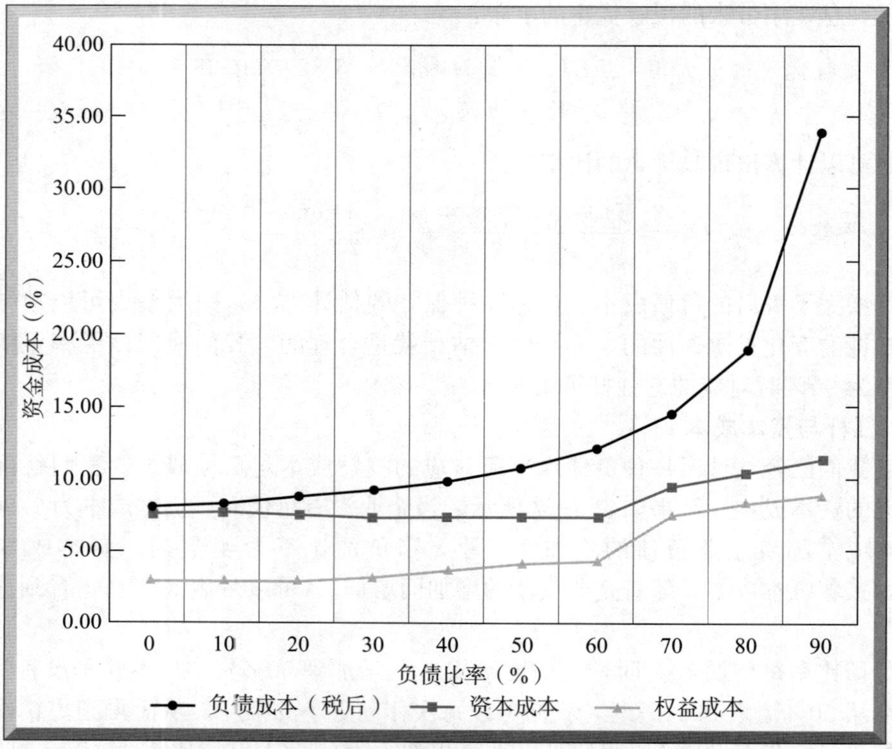

图 8—3 迪士尼的负债成本、权益成本与资本成本

如果债权人承担了一些市场风险，负债水平越高，权益成本越低。我们可以得到迪士尼的最优负债比率为 60%，比我们用传统的贝塔衡量方法计算出来的最优负债比率 40%要高。[①]

表 8—8 当负债承担了市场风险时的权益成本、负债成本和资本成本——迪士尼

负债比率（%）	权益贝塔	负债贝塔	权益成本（%）	负债成本（税后，%）	资本成本（%）
0	0.73	0.05	7.90	2.95	7.90
10	0.78	0.05	8.18	2.95	7.66
20	0.84	0.05	8.53	2.95	7.42
30	0.91	0.07	8.95	3.26	7.24
40	0.99	0.10	9.46	3.72	7.16
50	1.11	0.13	10.16	4.03	7.10

① 我们使用每个负债水平对应的违约价差估计出负债的贝塔值，并且假定 25%的违约风险为市场风险。因此，当评级为 A 时，违约风险为 3%。已知市场风险溢价为 6%，我们可以估计出 A 评级对应的贝塔为：

A 评级对应的负债贝塔 = (3%/6%) × 0.25 = 0.125

续前表

负债比率（%）	权益贝塔	负债贝塔	权益成本（%）	负债成本（税后，%）	资本成本（%）
60	1.28	0.00	11.18	4.34	7.08
70	1.28	0.35	11.19	7.44	8.57
80	1.52	0.42	12.61	8.37	9.22
90	2.60	0.42	19.10	8.84	9.87

Ⅳ. 企业价值与资本成本

最小化资本成本的原因是最小化资本成本可以最大化企业价值。在迪士尼的例子中，我们用一个简单的估值模型来加以说明，该模型假定企业会稳定增长。

$$企业价值=\frac{预期企业的现金流_{下一年}}{资本成本-g}$$

其中，g 是企业现金流的增长率（以永续增长的形式）。我们首先使用息税前利润6 829百万美元、税率38%与企业在2008年对长期资产的再投资（忽略运营成本）计算出迪士尼当前的自由现金流。[①]

单位：百万美元

EBIT（1－税率）＝6 829×（1－0.38）＝	4 234
－折旧与摊销	1 593
－资本支出	1 628
－非现金营运资本的变化	0
企业的自由现金流＝	4 199

此时企业的市场价值可以用权益的市场价值加上负债的市场价值得到：

单位：百万美元

权益的市场价值＝	45 193
＋负债的市场价值＝	16 682
＝企业的价值	61 875

如果假定市场对企业的定价是正确的，我们可以根据市场价值与当前的资本成本

① 我们在第12章中会进行更仔细的计算。在本章中，我们只是得到对价值的大致估计。

7.51%推断出企业的增长率：

$$企业价值 = 61\ 875\ 百万美元 = \frac{FCFF_0(1+g)}{(资本成本-g)} = \frac{4\ 199\times(1+g)}{0.075\ 1-g}$$

$$\begin{aligned}增长率 &= (企业价值\times资本成本-归属企业的现金流)/(企业价值\\&\quad +归属企业的现金流)\\&= (61\ 875\times0.075\ 1-4\ 199)/(61\ 875+4\ 199)\\&= 0.006\ 8\ 或\ 0.68\%\end{aligned}$$

现在假定迪士尼的负债比率变为40%，资本成本为7.32%（见表8—9）。可以用下面的参数计算出该企业的价值：

企业的现金流 = 4 199 百万美元

$WACC = 7.32\%$

企业现金流的增长率 = 0.68%

$$\begin{aligned}企业价值 &= \frac{FCFF_0(1+g)}{资本成本-g} = \frac{4\ 199\times1.006\ 8}{0.073\ 2-0.006\ 8}\\&= 63\ 665\ 百万美元\end{aligned}$$

当企业从现在的负债比率移动到最优负债比率时，企业价值从61 875百万美元上升到63 665百万美元。

$$\begin{aligned}增加的企业价值 &= 63\ 665-61\ 875\\&= 1\ 790\ 百万美元\end{aligned}$$

这种方法的局限在于，增长率严重依赖于我们对最近期间现金流的估计以及企业稳定增长的假设。[1] 我们可以用另外的方法估计出企业价值的变化。首先考虑资本成本的变化，当资本成本从7.51%下降到7.32%时，下降了0.19%。资本成本的下降会导致企业每年融资成本的减少：

$$\begin{aligned}在现有负债比率上迪士尼的融资成本 &= 61\ 875\times0.075\ 1\\&= 4\ 646.82\ 百万美元\\在最优负债比率上迪士尼的融资成本 &= 61\ 875\times0.073\ 2\\&= 4\ 529.68\ 百万美元\\每年融资成本的节约额 &= 4\ 646.82-4\ 529.68\\&= 117.14\ 百万美元\end{aligned}$$

请注意，这些节约额都是隐性的，代表了下一年的节约成本。[2] 可以利用新的资本成本7.32%与增长率0.68%计算出这些节约额的现值：

---

① 没有企业能够以高于经济的长期名义增长率的比率增长。无风险收益率是对经济长期名义增长率的替代变量，因为无风险收益率由两部分组成——预期通货增长率与预期的实际收益率。其中，后者等于长期的实际增长率。

② 权益成本是隐性成本，不会显示在企业的利润表上。因此，资本成本的节约额不可能以更高的盈利水平体现出来。实际上，当企业的负债比率上升时，其盈利会下降，但是每股盈利会上升。

表 8—9　　迪士尼的资本成本计算表

负债/(负债+权益)	0.00 (%)	10.00 (%)	20.00 (%)	30.00 (%)	40.00 (%)	50.00 (%)	60.00 (%)	70.00 (%)	80.00 (%)	90.00 (%)
负债/权益（%）	0.00	11.11	25.00	42.86	66.67	100.00	150.00	233.33	400.00	900.00
负债（百万美元）	0	6 188	12 375	18 563	24 750	30 938	37 125	43 313	49 500	55 688
贝塔	0.73	0.78	0.85	0.93	1.04	1.19	1.42	1.79	2.55	5.05
权益成本（%）	7.90	8.20	8.58	9.07	9.72	10.63	11.99	14.26	18.81	33.83
EBITDA（百万美元）	8 422	8 422	8 422	8 422	8 422	8 422	8 422	8 422	8 422	8 422
折旧（百万美元）	1 593	1 593	1 593	1 593	1 593	1 593	1 593	1 593	1 593	1 593
EBIT（百万美元）	6 829	6 829	6 829	6 829	6 829	6 829	6 829	6 829	6 829	6 829
利息（百万美元）	0	294	588	975	1 485	2 011	2 599	5 198	6 683	7 518
利息保障倍数	∞	23.24	11.62	7.01	4.60	3.40	2.63	1.31	1.02	0.91
可能的评级	AAA	AAA	AAA	AA	A	A−	BBB	B−	CCC	CCC
税前负债成本（%）	4.75	4.75	4.75	5.25	6.00	6.50	7.00	12.00	13.50	13.50
有效税率（%）	38.00	38.00	38.00	38.00	38.00	38.00	38.00	38.00	38.00	34.52
资本成本的计算										
负债/(负债+权益)（%）	0.00	10.00	20.00	30.00	40.00	50.00	60.00	70.00	80.00	90.00
负债/权益（%）	0.00	11.11	25.00	42.86	66.67	100.00	150.00	233.33	400.00	900.00
负债（百万美元）	0	6 188	12 375	18 563	24 750	30 938	37 125	43 313	49 500	55 688
权益成本（%）	7.90	8.20	8.58	9.07	9.72	10.63	11.99	14.26	18.81	33.83
负债成本（%）	2.95	2.95	2.95	3.26	3.72	4.03	4.34	7.44	8.37	8.84
资本成本（%）	7.90	7.68	7.45	7.32	7.32	7.33	7.40	9.49	10.46	11.34

$$节约额的现值 = \frac{下一年的节约额}{资本成本 - g} = \frac{117.14}{0.073\,2 - 0.006\,8} = 1\,763 \text{ 百万美元}$$

$$\begin{aligned}对杠杆重新调整之后的企业价值 &= 现有的企业价值 + 节约额的现值 \\ &= 61\,875 + 1\,763 \\ &= 63\,638 \text{ 百万美元}\end{aligned}$$

使用该方法，我们可以估计出不同负债比率下的企业价值，如图 8—4 所示。

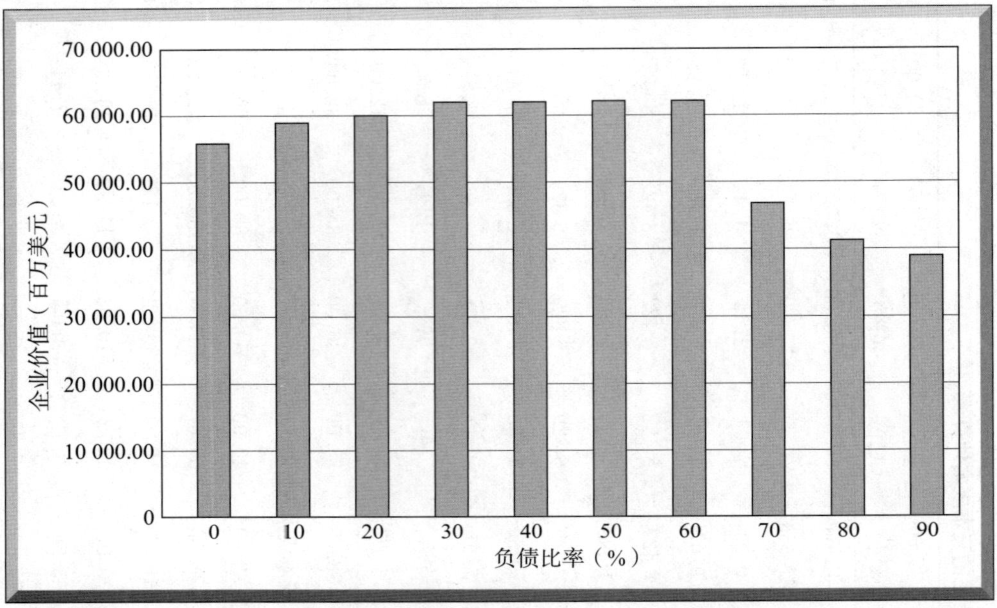

图 8—4　企业价值与负债比率

有两种方法可以从企业价值计算出每股价值。因为价值的增加全部归属股东，我们可以用增加的价值除以发行在外的股份总数，得到每股价值。

$$每股价值的增加 = 1\,763/1\,856.732 = 0.95 \text{ 美元}$$

$$新的股价 = 24.34 + 0.95 = 25.29 \text{ 美元}$$

因为通过借入资金 8 068 百万美元（用最优点的负债 24 750 百万美元减去现有负债 16 682 百万美元）进行股票回购就可以改变资本成本，所以我们用回购的股份数来计算每股价值增加似乎太出人意料了。实际上计算中所隐含的假设是，企业价值的增加将分布到将股票出售给企业的股东与没有将股票出售给企业的股东手中，我们称这个解为“理性”解，因为这样计算使得投资者是否出售股票都是无差异的。另一种估计每股价值的方法是使用股票回购后的股份数来计算。

$$\begin{aligned}进行股票回购后的股份数 &= 之前的股份数 - \frac{负债的增加额}{股价} \\ &= 1\,856.732 - \frac{8\,068}{25.29} = 1\,537.713 \text{ 百万股}\end{aligned}$$

$$经过杠杆调整后的企业价值 = 63\,638 \text{ 百万美元}$$

$$\text{经过杠杆调整后的负债价值} = 24\,750\text{ 百万美元}$$
$$\text{经过杠杆调整后的权益价值} = 38\,888\text{ 百万美元}$$
$$\text{经过杠杆调整后的股票价值} = \frac{38\,888}{1\,537.713} = 25.29\text{ 美元}$$

以当前价格 24.34 美元或者低于 25.29 美元的价格回购股票，现有股东就会享受到价值的增加。例如，如果迪士尼可以以现有价格 24.34 美元进行股票回购，每股价值的增加就是 1.16 美元。[①]

$$\text{进行股票回购后的股份数} = \text{回购前的股份数} - \frac{\text{负债的增加额}}{\text{股价}}$$
$$= 1\,856.732 - \frac{8\,068}{24.34} = 1\,525.26\text{ 百万股}$$
$$\text{经过杠杆调整后的企业价值} = 63\,638\text{ 百万美元}$$
$$\text{经过杠杆调整后的负债价值} = 24\,750\text{ 百万美元}$$
$$\text{经过杠杆调整后的权益价值} = 38\,888\text{ 百万美元}$$
$$\text{经过杠杆调整后的股票价值} = \frac{38\,888}{1\,525.26} = 25.50\text{ 美元}$$

如果股票回购的价格高于 25.29 美元，出售股票的投资者就会获利，而企业的剩余股东相应地遭受损失。

8.3 理性与股价效应

假定迪士尼以每股 27 美元的价格进行股票回购。对于那些不出售股票的股东来说，每股价值会发生什么变化？

a. 股价将会下降到收购前的价格 24.34 美元以下。

b. 股价将会处于 24.34 美元到 25.30 美元之间。

c. 股价将会超过 25.30 美元。

capstru. xls：你可以通过该电子表格计算出任何企业的最优负债比率。该表格中有不断更新的利息保障倍数与违约价差值。

资本结构与市场时机选择：一个行为学视角

资本成本方法中隐含的是权衡理念，也就是经理人必须对负债的税收优惠与潜在的破产成本进行比较。但是经理人真的是根据这种权衡做出融资决策的吗？贝克和沃格勒（Baker and Wurgler）认为，经理人是用负债还是用权益进行融资与负债的成本与收益没

① 这显然要求那些将股票出售给企业的股东们对于巨大的股票回购及其对企业价值带来的影响是不在意的。

有什么关系，而是与市场的时机选择有关。[1] 如果经理人认为他们的股票被高估了，他们就更可能使用权益融资；如果他们认为股票被低估了，就更倾向于使用负债融资。因此，企业的负债比率是经理人对权益市场与负债市场的时机进行选择的累积结果。

格雷厄姆和哈维（Graham and Harvey）在10年前所作的问卷调查支持了资本结构“市场时机选择”的观点。他们在报告中指出，在被调查的CFO中，有三分之二的人在发行权益时会考虑股票是被低估还是被高估了，并且当他们感到“利率很低”时就更可能使用负债融资。[2] 也有证据表明，当一个行业的股价很热时，该行业的首次公开上市与权益增发都很多。

虽然行为经济学家提供了很多支持市场时机选择假设的证据，但是这与权衡假设并不矛盾。从最好的方面来说，经理人选择负债比率的长期目标，但是如何达到这种长期目标是一系列时机选择的函数。从最坏的方面来说，市场时机选择可以解释为什么企业最终的实际负债比率与目标的负债比率是不同的。如果在很长一段时间里经理人都认为股价过“低”以及利率过“低”，他们就会推迟权益的发行并且始终用负债融资，最后就会导致实际的负债比率过高。

给定市场时机选择是具有吸引力的，让经理人忽略市场不仅不符合实际，而且从长期来看会消耗股东的资金。一种解决方法就是，企业首先计算出其最优负债比率，然后让经理人根据他们对股票定价与利率的看法来确定发行负债和发行权益的时间。如果市场时机选择不起作用，这种解决方法的成本也很小，因为企业还是会及时在未来某个时点达到最优点。如果市场时机选择起作用，股东就可以从时机选择中获益。

约束的资本成本法

我们刚才介绍的资本成本法是没有约束的，因为我们唯一的目标是最小化资本成本。但是有一些原因会导致企业不会选择分析得到的最优点。首先，企业在资本成本最低点的负债比率可能会使企业的生存岌岌可危。如果用债券评级来表示，企业可能会被给予投资级以下的评级。其次，最优负债比率是使用最近财务年度的经营利润计算出来的。由于经营利润的波动性很大并且可能还会下降，企业可能会限制借款。在这一部分，我们在资本成本分析中考虑到这些情况。

债券评级的约束

在保证企业不会陷入财务危机的情况下使用资本成本的一种方法是，在资本成本分析中施加债券评级的约束。一旦施加了这种约束，最优负债比率是债券评级达到或者超过一定评级的情况下使得资本成本最低的负债比率。

虽然这种方法很简单，但这种方法是主观的并且容易受到操纵。例如，迪士尼的管理层坚持要使评级保持在AA级以上，然后以此说明应当降低负债比率。让企业在这一点上负责的方法是衡量出评级约束带来的成本。

评级约束的成本 = 没有评级约束的企业最大价值 − 评级约束下的企业最大价值

---

① Malcolm Baker and Jeffrey Wurgler, “Market Timing and Capital Structure,” *Journal of Finance* 57: 1-32.

② John R. Graham and Campbell R. Harvey, “The Theory and Practice of Corporate Finance: Evidence from the Field,” *Journal of Financial Economics* 60: 187-243.

如果迪士尼坚持将评级保持在 AA 级以上，那么该企业的最优负债比率将为 30%。所以，存在评级约束的成本就是负债比率为 40%（无约束的最优点）的企业价值与负债比率为 30%（约束下的最优点）的企业价值之差。

有 AA 级约束的成本＝负债比率为 40% 的企业价值－负债比率为 30% 的企业价值
＝63 651－63 596
＝55 百万美元

在这个例子中，评级约束的成本是很小的。这种不切实际的高评级约束所造成的价值损失也可以被视为在负债决策上过于保守造成的损失。如果将迪士尼的债券评级限制在 AAA 级，就会导致最优负债比率变为 20%，由此产生的成本会更高：

有 AAA 级约束的成本＝负债比率为 40% 的企业价值－负债比率为 20% 的企业价值
＝63 651－62 371
＝1 280 百万美元

迪士尼的管理层需要在 AAA 级带来的损失与其收益之间进行权衡。

8.4 代理成本与财务灵活性

在上一章中，我们指出代理成本与丧失的灵活性是负债的潜在成本。在资本成本方法中，我们对这些成本的考虑体现在哪里？

a. 没有在资本成本的方法中对这些成本进行考虑。

b. 资本成本方法已经通过权益成本与负债成本将这些成本全部加以考虑，当负债增加时，权益成本与负债成本都会增加。

c. 资本成本方法已经通过权益成本与负债成本将这些成本部分加以考虑，当负债增加时，权益成本与负债成本都会增加。

敏感性分析

我们估计出的企业最优负债比率是资本成本计算中所有变量的函数，这些变量包括企业的贝塔、无风险收益率、风险溢价和违约价差。最优负债比率间接成为企业经营利润的函数，因为利息保障倍数是根据经营利润得到的，我们要通过利息保障倍数计算出评级与利率。

一个企业最优负债比率的决定因素可以被分为两类变量，一类是企业特定的变量，另一类是宏观经济变量。影响企业最优负债比率的企业特定变量包括税率、企业产生经营利润的能力以及企业的现金流。一般来说，当税率上升时，由负债带来的税收优惠也会增加。用相对值的形式来表示，企业的税率越高，在其他条件一定的情况下，企业的最优负债比率也会越高。也就是，企业的最优负债比率会随着税率的上升而上升。如果企业能够产生相对于其市场价值更高的经营利润与现金流，企业就可以维持更高市场价值比例的负债，因为此时的现金更容易满足负债的支付义务。

最优负债比率的宏观经济因素包括利率水平与违约价差。当利率上升时，负债成本与权益成本都会上升。但是，当利率较高时，最优负债比率会更低，可能是因为利息保障倍数下降得很厉害。在经济萧条时，违约价差会更高；当经济复苏时，违约价差会更低。在其他条件一定的情况下，当违约价差变大时，最优负债比率会下降，原因很简单，因为更大的违约价差导致更高的负债成本。

敏感性分析会让企业怎样选择出最优负债比率呢？用现有的变量计算出最优负债比率之后，企业可能会通过同时改变企业特有的变量（比如经营利润）与宏观经济变量（比如违约价差）来对最优负债比率进行检验。企业选择的最优负债比率就反映了基础变量的波动性以及企业的管理层对于风险的规避态度。

【例 8—3】　对于迪士尼最优负债比率的敏感性分析

在例 8—3 这一基本例子中，我们使用迪士尼在 2008 年的经营利润得出企业的最优负债比率。可以认为，迪士尼的经营利润波动很大，取决于经济走势以及娱乐行业的情况，如表 8—10 所示。

表 8—10　　迪士尼的经营利润情况：1987—2008 年

	息税前利润（百万美元）	息税前利润的变化（%）
1987	756	
1988	848	12.17
1989	1 177	38.80
1990	1 368	16.23
1991	1 124	−17.84
1992	1 287	14.50
1993	1 560	21.21
1994	1 804	15.64
1995	2 262	25.39
1996	3 024	33.69
1997	3 945	30.46
1998	3 843	−2.59
1999	3 580	−6.84
2000	2 525	−29.47
2001	2 832	12.16
2002	2 384	−15.82
2003	2 713	13.80
2004	4 048	49.21
2005	4 107	1.46
2006	5 355	30.39
2007	6 829	27.53
2008	7 404	8.42

有多种使用历史数据信息对分析进行修正的方法。一种方法是，考察企业最近处于低潮时的业绩。迪士尼 2002 年的经营利润下降了 15.82%，因为 2001 年 9 月 11 日爆发了恐怖事件，之后休闲旅行一直处于低谷状态。在 2000 年，迪士尼从自己对网络企业的过度投资与糟糕的电影中尝到了苦果，这使得迪士尼的经营利润下降了 30%左右。第二种方法是，得到衡量经营利润波动性的统计量，由此我们能够更加谨慎地选择出相应的负债水平。在迪士尼的例子中，经营利润百分比变动的标准差为 19.80%。表 8—11 中总结了较低的经营利润对最优负债比率的影响。

最优负债比率一直保持在 40%，直到 *EBITDA* 下降了 20%，下降当年也是迪士尼史上最差的年份。这表明，迪士尼有剩余负债的能力，即使对经营利润做出保守估计也可以得到该结论。

表 8—11　　经营利润对于最优负债比率的影响

EBITDA 的下降（%）	*EBITDA*（百万美元）	最优负债比率（%）
0	8 319	40
5	7 903	40
10	7 487	40
15	7 071	40
20	6 655	30

实践：*EBIT* 与 *EBITDA*

在最近几年里，分析师逐渐转向使用 *EBITDA* 来衡量企业的现金流。因此，如果我们在计算最优资本结构时使用的是经营利润或者 *EBIT* 而不是 *EBITDA* 就有点奇怪了。例如，利息保障倍数使用经营利润而不是使用 *EBITDA* 计算出来。虽然折旧与摊销是非现金支出，应当加回到现金流上，但是如果一个企业持续用这些项目产生的现金流来偿付债务就很危险了。毕竟，折旧与摊销较大的企业通常也有持续性较高的资本支出。如果将来自折旧与摊销的现金流用于偿付债务，那么企业将要做出的再投资可能不足以保证未来的增长或者保持现有的资产规模。

总之，如果某企业有很高的 *EBITDA* 而有较低的 *EBIT*，那么当该企业依靠 *EBITDA* 来借入资金时，就会发现自己最终会陷入困境中。如果该企业使用折旧产生的现金流来支付利息费用而不是用于资本支出，该企业就会需要依靠新的资金来支付其负债成本。

优化的资本成本法

标准资本成本法的一个关键局限在于，该方法让利润在负债评级发生变化时还保持不变。实际上，我们在计算最优负债比率时忽略了间接的破产成本。在优化的资本成本法中，我们将这种间接的破产成本考虑到预期经营利润中。当公司的评级下降时，我们将经营利润进行调整以反映出顾客、供应商与投资者对评级下降做出反应而造成的损失。

为了对这种财务困境成本进行量化，我们建立起经营利润与公司债券评级之间的关系。换句话说，我们必须衡量出当企业的债券评级从 AA 下降到 A 或者从 A 下降到 BBB 时其经营利润会下降多少。显然，对于不同的行业以及在不同时期，该数值是不同的。

● 财务困境对于某个行业经营利润的影响取决于该行业中的顾客、供应商与投资者在觉察到公司的破产风险后所做出的反应。就如同我们在第 7 章中所指出的，如果企业生产的是寿命期较长的资产，那么该企业的破产成本可能最高，因为投资者在资产的配置与相关服务上会非常依赖该企业。

● 从时间上来看，财务困境带来的间接成本大小取决于企业进入金融市场和销售资产的难易程度。在股价上涨时（比如，1999 年和 2006 年）评级下降对于经营利润的影响就可能小一些，而在出现市场危机时，影响就会大一些。

很容易在这些普遍准则上达成一致意见，然而我们还面临着如何最好地衡量出评级下降对经营利润的影响的实际操作问题。我们建议查看一下同行业有关评级下降的其他企业的记录，看评级下降对它们以后几年的经营利润有多大影响。

一旦将债券评级与经营利润联系起来，我们就可以对资本成本方法加以修正从而得到最优负债比率。我们不是要找出能够产生最小资本成本的负债比率（标准方法中的决策法则），而是要找出能够使企业价值最大化的负债比率，也就是找到高的盈利水平与低的资本成本的结合。

【例 8—4】　迪士尼——优化的资本成本法

在例 8—3 中，我们根据标准资本成本法估计出迪士尼的最优负债比率为 40%。在估计的过程中，当迪士尼的评级从 AAA 级（20%的负债比率）逐渐下降到投资级以下的评级时，我们将其经营利润固定在 6 829 百万美元。在表 8—12 中，我们采取了一些更现实的观点：一旦迪士尼的评级下降到 A 以下（也就是投资级以下），破产成本就会产生，这里用经营利润下降的百分比来表示。

这种优化的资本成本法得到的结果如表 8—13 所示。在表 8—13 中，我们计算了不同负债比率所对应的资本成本、经营利润与企业价值。

只要债券评级还在投资级以上，迪士尼的价值就保持原来的数值。实际上，迪士尼的价值在评级为 A+时达到最大，此时的负债比率为 30%。一旦债券评级下降到投资级以下，破产成本就会产生，迪士尼的价值就陡然下降。因此，在标准资本成本法中计算出的最优负债比率 40%现在就显得太不谨慎了。现在的最优负债比率为 30%，这就意味着迪士尼可以另外借入 19 亿美元的资金（用最优负债 185.63 亿美元减去现有负债 166.82 亿美元）。

表 8—12　　经营利润与债券评级

评级	*EBITDA* 的下降（%）
A 或更高评级	没有影响
A—	2.00
BBB	10.00
BB+到 B	20.00
B—	25.00
C 到 CCC	40.00
D	50.00

表 8—13　　企业价值、资本成本与负债比率：优化的资本成本法

负债比率（%）	债券评级	资本成本（%）	企业价值（百万美元）
0	AAA	7.90	58 522
10	AAA	7.68	60 384
20	AAA	7.45	62 368
30	A+	7.42	62 707
40	CCC	9.18	24 987
50	C	12.77	17 569
60	C	14.27	15 630
70	C	15.77	14 077
80	C	17.27	12 804
90	C	18.77	11 743

capstruEnh. xls：你可以利用该电子表格计算出企业的最优负债比率。该表格有最新的利息保障倍数与违约价差。

对资本成本法的扩展

资本成本法在那些制造类上市企业中的应用效果很好，我们也可以将该方法应用于其他企业的最优负债比率计算。这些企业包括周期性企业、家族企业、私有企业以及像银行与保险公司之类的金融服务企业。

周期性企业与商品企业

计算最优资本结构的一个关键变量就是当期的经营利润。如果当期的经营利润处于较低点，可能是因为企业是周期性企业，可能是因为一些企业特有的暂时性因素造成的，那么由此得到的最优负债比率可能比企业真实的最优负债比率要低。例如，如果用 2008 年的经营利润来计算，汽车制造企业的最优负债比率将会很低，因为 2008 年对这些企业来说是萧条的年份，而用 2008 年计算的石油企业的最优负债比率将会很高，因为 2008 年石油价格很高。

如果用受到影响的较低的当前经营利润来对企业做出评估，我们首先要考察一下该利润的下降是暂时性的还是永久性的。如果下降是暂时性的，我们必须估计出企业**标准化的经营利润**（normalized operating income）——例如，使用企业在正常年份产生的利润而不是最近年份产生的利润。大多数分析师通过对一段期间（通常是五年）的利润取平均值从而对利润进行标准化。因为这种做法假定企业的规模保持不变，所以对那些随时间的推移发生变化的企业来说，这种做法就不合适了。对利润进行标准化的方法在不同的企业间有所不同：

● 对于周期性企业来说，它们的当前经营利润可能会被高估（如果处于经济繁荣期）或者低估（如果处于经济衰退期），经营利润可以使用整个经济周期内（通常是 5～10 年）平均的经营利润率来估计得到。

$$\text{标准化的经营利润} = \text{平均的经营利润率(周期)} \times \text{当前的销售收入}$$

● 对于商品企业来说，我们也可以通过对商品的标准价格做出假设，估计出标准化的经营利润。例如，对石油公司来说，就必须对每桶石油的标准价格做出判断。然后将这种标准化的商品价格与生产量结合起来，从而估计出正常的收入与利润。

● 对于那些由于企业特有因素（比如合同的损失）导致经营利润在当年表现较差的企业来说，可以使用该企业所在行业的经营利润率来计算正常的经营利润。

$$\text{标准化的经营利润} = \text{平均的经营利润率(行业)} \times \text{当前的销售收入}$$

也可以利用一个经济周期或者一个行业的资本收益率估计出正常的经营利润，但是资本利润率由于对资本的错误衡量更可能出现偏差。

【例 8—5】 对鹦鹉纸浆公司采用标准化经营利润的资本成本法

鹦鹉纸浆公司是巴西的造纸企业。该企业在 2008 年的经营利润为 574 百万雷亚尔，收入为3 696百万雷亚尔，而企业在 2007 年的经营利润为 1 011 百万雷亚尔，收入为 1 074百万雷亚尔，表明 2008 年的经营利润与收入显著低于 2007 年的值。我们根据以下信息估计出鹦鹉纸浆公司的最优负债比率。

- 在 2008 年，鹦鹉纸浆公司的折旧为 973 百万雷亚尔，资本支出达到 1 502 百万雷亚尔。
- 鹦鹉纸浆公司发行在外的负债有9 834百万雷亚尔，其中，负债成本为 8.50%。
- 巴西的公司税率为 34%。
- 鹦鹉纸浆公司发行在外的股份数为 588.29 百万股，股票的交易价格为每股 15.14 雷亚尔。根据所在行业的贝塔与鹦鹉纸浆公司的负债比率估计出的股票贝塔为 1.74。

在第 4 章，我们使用巴西的权益溢价 9.95% 与鹦鹉纸浆公司当前的负债比率 52.47%，估计出鹦鹉纸浆公司用美元衡量的资本成本为 12.84%：

$$\begin{aligned}\text{当期以美元衡量的权益成本} &= 3.5\% + 1.74 \times 9.95\% \\ &= 20.82\% \\ \text{当期以美元衡量的负债成本} &= 8.5\% \times (1-0.34) = 5.61\% \\ \text{当期以美元衡量的资本成本} &= 20.82\% \times (1-0.524\,7) + 5.61\% \times 0.524\,7 \\ &= 12.84\%\end{aligned}$$

同迪士尼相比，我们在将资本成本法应用于鹦鹉纸浆公司时做出了三个改变。

(1) 鹦鹉纸浆公司的经营利润是全球纸张与纸浆价格的函数。我们计算出鹦鹉纸浆公司在 2004—2008 年间平均的税前经营利润率为 27.24%。用 27.24%乘以 2008 年的收入3 697百万雷亚尔，我们得到该企业标准化的经营利润为 1 007 百万雷亚尔。我们使用该标准化值来计算最优负债比率。

(2) 在第 4 章，我们指出，根据鹦鹉纸浆公司的利息保障倍数得到该企业的人为评级为 BB+，比该企业的实际评级 BB 要高。这种差别可能在于，鹦鹉纸浆公司是巴西公司，可能面临巴西的国家风险。因为我们使用人为评级来计算出每种负债水平对应的负债成本，所以可能会低估该企业的负债成本。为了将巴西的国家风险考虑进来，我们在鹦鹉纸浆公司的违约价差上加上巴西的违约价差（2.5%）。

$$\text{以雷亚尔衡量的负债成本} = \text{美国的国库券收益率} + \text{违约价差}_{\text{国家}} + \text{违约价差}_{\text{公司}}$$

(3) 鹦鹉纸浆公司的权益市场价值为 44 亿美元（89 亿雷亚尔）。我们使用小企业中利息保障倍数与评级之间的关系对各种负债水平的人为评级做出评估。实际上，我们对鹦鹉纸浆公司给定利息保障倍数下的评级要低于对迪士尼的评级。

我们使用这种标准化的经营利润来估计出鹦鹉纸浆公司在不同负债比率下的权益成本、负债成本与资本成本，如表 8—14 所示。

由此我们得到鹦鹉纸浆公司的最优负债比率为 10%，比该企业的负债比率 52.48% 要低。但是，我们发现最优负债比率对应的资本成本比当前的资本成本要低，这是一个令人疑惑的结果。出现这种偏差的原因在于，我们在计算鹦鹉纸浆公司的利息费用时使用的利率比当前的利率要高出许多。例如，在负债比率为 50%时（差不多等于企业当前的负债比率），计算出来的利息费用为 1 968 百万雷亚尔，比当前的利息费用 155 百万雷亚尔要高出 12 倍多，比标准化的经营利润的 2 倍还多。我们对此的唯一解释是，鹦鹉纸浆公司账面上有很大部分的负债都是最近借入的负债，因此利息费用不能反映出账面的负债水平。从鹦鹉纸浆公司现有的负债来看（大约为 100 亿雷亚尔），我们不认为该负债对应的利息费用将会保持在当前的水平。

表 8—14　　资本成本、企业价值与负债比率：鹦鹉纸浆公司

负债比率（%）	贝塔	权益成本（%）	债券评级	负债利率（%）	税率（%）	负债成本（税后，%）	WACC（%）	企业价值（百万雷亚尔）
0	1.01	13.52	AAA	7.25	34.00	4.79	13.52	17 424
10	1.08	14.26	A—	9.00	34.00	5.94	13.42	17 600
20	1.17	15.17	B—	14.50	34.00	9.57	14.05	16 511
30	1.29	16.36	CC	18.00	33.83	11.91	15.03	15 062
40	1.53	18.75	C	21.00	21.75	16.43	17.82	11 994
50	1.87	22.13	D	26.00	14.05	22.35	22.24	9 012
60	2.34	26.79	D	26.00	11.71	22.95	24.49	7 975
70	3.12	34.55	D	26.00	10.04	23.39	26.74	7 140
80	4.68	50.08	D	26.00	8.78	23.72	28.99	6 452
90	9.36	96.66	D	26.00	7.81	23.97	31.24	5 875

因此我们对于鹦鹉纸浆公司的结论是，负债过多是很危险的。当前的负债产生的利息费用将会太高以至于不能由企业的经营利润所满足，即使经营利润会回到正常的水平。如果经营利润没有快速反弹回来，情况将变得更加紧迫。

网上的数据集总结了最近几个季度美国各行业的经营利润率和资本收益率。

集团控股企业

当某公司是一个家族集团的一部分时，最小化资本成本的逻辑没有发生改变，但是方法会因为两个因素而发生偏误。

（1）第一个因素是，负债成本更多反映的是企业所属集团的信用情况，而不是企业自身的财务状况。换句话说，如果一个企业处于困境但该企业所属的家族集团财务很健康，那么该企业可能能够以比同类情况下的独立企业更低的利率借到资金。这可以提高企业的最优负债比率。相反地，如果一个企业财务健康但该企业所属的家族集团处于困境，那么该企业的负债成本与资本成本会受到相应的影响。在这种情况下，最优负债比率将比同类情况下的独立企业要低一些。

(2) 第二个因素是，集团的控制人可能不会将附属企业自身的负债与权益组合最优化作为目标，而是将能够最大化整个集团价值的负债与权益组合作为目标。因此，我们对于附属集团的个别企业的资本结构评估可能完全没有意义。

还有一个要考虑的因素是，整个企业集团的合并经营利润应当比附属集团的个别企业的利润要稳定一些。这反映出集团在不同业务间进行的多元化。因此，为企业集团计算的最优负债比率要比集团各附属企业的最优负债比率的加总要高一些。

【例 8—6】　对塔塔化学公司采用资本成本法

就像我们在前面章节里所指出的，塔塔化学公司是塔塔集团的一部分。其中，塔塔集团是在多种行业中广泛持股的家族控股集团。为了得出塔塔化学公司的最优资本结构，我们首先来看看企业的负债与融资组合与以卢比衡量的资本成本。

权益成本＝无风险收益率＋贝塔(印度的权益风险溢价)

＝4%＋0.945×10.51%＝13.93%

税前的负债成本＝无风险收益率＋违约价差$_{印度}$＋违约价差$_{塔塔化学公司}$

＝4%＋3%＋3%＝10%

企业的负债比率＝34%

边际税率＝33.99%

资本成本＝13.93%×(1－0.34)＋10%×(1－0.339 9)×0.34

＝11.44%

塔塔化学公司 2008 年的 *EBIT* 为 6 268 百万卢比，折旧支出为 1 582 百万卢比。我们估计出负债比率从 0%增长到 90%的权益成本、负债成本与资本成本，如表 8—15 所示。

表 8—15　负债成本、权益成本与资本成本：塔塔化学公司

负债比率（%）	贝塔	权益成本（%）	债券评级	负债利率（%）	税率（%）	负债成本（税后，%）	WACC（%）	企业价值（百万卢比）
0	0.70	11.39	AAA	8.25	33.99	5.45	11.39	79 626
10	0.75	11.93	A+	9.25	33.99	6.11	11.35	80 084
20	0.82	12.61	BB	12.00	33.99	7.92	11.67	76 586
30	0.90	13.48	B−	15.50	33.99	10.23	12.51	68 768
40	1.01	14.64	CC	19.00	33.99	12.54	13.80	59 257
50	1.23	16.98	C	22.00	24.43	16.63	16.80	44 637
60	1.58	20.64	D	27.00	16.59	22.52	21.77	31 272
70	2.11	26.19	D	27.00	14.22	23.16	24.07	27 325
80	3.17	37.28	D	27.00	12.44	23.64	26.37	24 189
90	6.33	70.56	D	27.00	11.06	24.01	28.67	21 638

请注意，我们在计算中考虑到塔塔化学公司是一家印度公司。在计算权益成本时，

我们用成熟市场的溢价加上印度的国家风险溢价，得到总的权益风险溢价为 10.51%。在计算各个负债比率所对应的负债成本时，我们在塔塔化学公司的违约价差上加上印度的违约价差（3%）从而得到总的负债成本。

从计算中得到，最优负债比率为 10%，对应的资本成本为 11.35%。塔塔化学公司现有的负债比率为 34%，因此该企业似乎负债过多了。然而，我们还不清楚，多余的负债中有多少可归因于塔塔集团作为一个受人尊敬的盈利集团的声誉效应。

私有企业

就最优负债比率的分析而言，上市企业与私有企业有三点很大的差异。第一个不同之处是，与上市企业不同的是，我们不能直接估计出私有企业的市场价值。因此，我们在分析中首先要估计出私有企业的市场价值。第二个不同之处与权益成本有关。对于上市企业而言，我们使用贝塔估计出上市企业的权益成本，但是我们在计算私有企业的最优负债比率时采用这种方法可能是不合适的，因为私有企业的所有者可能并没有很好地分散风险。第三，上市企业会根据债券评级与违约价差来考虑其负债成本，而私有企业倾向于从银行借入资金，那么就要由银行来确定私有企业的违约风险与借款利率。

为了分析私有企业的最优负债比率，我们做出如下调整。首先，我们通过考察同行业上市企业的市场价值来确定私有企业的价值。比如，如果同行业上市企业的市场价值大约为其收入的 3 倍，那么我们就用私有企业的收入乘以 3 从而估计出私有企业的价值。其次，我们还是利用人为评级的方法来确定私有企业的负债成本，但是我们对于同样的评级会要求私有企业达到更高的利息保障倍数以反映如下事实，即银行在评估小型私有企业的违约风险时会更加保守。最后，我们使用衡量总风险的贝塔而不是衡量市场风险的贝塔来估计权益成本。

【例 8—7】　例 8—6 对私有企业书景书店采用资本成本法

书景书店是一家私有企业，该企业的权益没有市场价值，负债也没有评级。在第 4 章中，我们估计出书景书店的负债资本比率为 34.84%，与上市的图书公司相似。另外，该企业的税率为 40%。于是我们计算出该企业的资本成本。我们使用总的贝塔 2.91 衡量出书景书店的所有者由于没有进行分散化而面临的其他风险。

权益成本＝无风险收益率＋总的贝塔×风险溢价

＝3.5%＋2.91×6%＝20.94%

税前的负债成本＝6%(根据人为评级 A 得到)

资本成本＝20.94%×0.651 6＋6%×(1－0.40)×0.348 4

＝14.90%

为了估计出书景书店的最优资本结构，我们做出如下假设：

● 虽然书景书店没有传统的发行在外的负债，但该企业有一份很大的经营租赁合约。给定该经营租赁的期限为 25 年，每年约定的租金为750 000美元，我们使用书景书店的税前负债成本 6%可以计算出该经营租赁的支付义务的现值。

经营租赁合约的现值= 750(年金现值,6%,25 年)

= 9 578 千美元

请注意，书景书店的税前负债成本是根据对该企业的人为评级 A 得到的。

● 书景书店在最近财务年度的税前经营利润为 300 万美元，折旧费用为 400 000 美元，经营租赁费用为 750 000 美元。由于我们将经营租赁的现值作为负债，所以将经营租赁现值产生的利息费用加到 *EBIT* 上以得到调整后的 *EBIT*。在接下来的分析过程中，将经营租赁合约视为一项负债，将经营租赁现值产生的利息费用作为负债的利息费用：

$$
\begin{aligned}
\text{调整后的 } EBIT &= EBIT + \text{税前负债成本} \times \text{经营租赁费用的现值} \\
&= 3\,000 + 0.06 \times 9\,587 \\
&= 3\,575 \text{ 千美元}
\end{aligned}
$$

● 为了估计出权益的市场价值，我们考察了上市的图书零售商并且计算出这些企业的价格利润比为 10。我们用 2008 年书景书店的净利润 150 万美元乘以 10，从而估计出书景书店的权益市场价值。

估计的收益市场价值

= 书景书店的净利润×上市的图书零售商的价格利润比

= 1 500×10 = 15 000 千美元

于是计算出负债比率为 38.99%：

$$
\text{负债比率} = \frac{\text{负债}}{\text{负债} + \text{权益}} = \frac{9\,587}{9\,587 + 15\,000} = 38.99\%
$$

● 可以根据人为评级估计出不同负债水平的利率。表 8—16 描述了根据不同小型企业的利息保障倍数得到的债券评级以及典型的违约价差，其中，评级是由标准普尔在 2009 年 1 月做出的。

表 8—16　利息保障倍数、评级与违约价差——小型企业

利息保障倍数：较小的市场价值（<50 亿美元）	评级	典型的违约价差（%）
>12.5	AAA	1.25
9.50～12.50	AA	1.75
7.50～9.50	A+	2.25
6.00～7.50	A	2.50
4.50～6.00	A−	3.00
4.00～4.50	BBB	3.50
3.50～4.00	BB+	4.25
3.00～3.50	BB	5.00

续前表

利息保障倍数：较小的市场价值（<50 亿美元）	评级	典型的违约价差（%）
2.50～3.00	B+	6.00
2.00～2.50	B	7.25
1.50～2.00	B−	8.50
1.25～1.50	CCC	10.00
0.80～1.25	CC	12.00
0.50～0.80	C	15.00
<0.65	D	20.00

● 分析中使用的税率为 40%，分析期间长期的债券利率为 3.5%，权益风险溢价为 6%。

由此，我们估计出书景书店不同负债比率所对应的资本成本与企业价值，如表 8—17 所示。

表 8—17　　书景书店的资本成本与企业价值

负债比率（%）	贝塔	权益成本（%）	债券评级	负债利率（%）	税率（%）	负债成本（税后，%）	资本成本（%）	企业价值（千美元）
0	1.98	15.38	AAA	4.75	40.00	2.85	15.38	20 701.79
10	2.11	16.18	AAA	4.75	40.00	2.85	14.84	21 728.94
20	2.28	17.17	AAA	4.75	40.00	2.85	14.30	22 858.84
30	2.49	18.44	A	6.00	40.00	3.60	13.99	23 572.02
40	2.77	20.14	A−	6.50	40.00	3.90	13.64	24 403.93
50	3.17	22.51	BB	8.50	40.00	5.10	13.81	24 000.23
60	3.76	26.08	B	10.75	40.00	6.45	14.30	22 861.61
70	4.75	32.02	B−	12.00	40.00	7.20	14.65	22 128.00
80	6.73	43.90	CC	15.50	40.00	9.30	16.22	19 282.19
90	13.20	82.73	CC	15.50	37.03	9.76	17.06	18 039.01

当负债比率为 40%时，企业价值达到最大，而书景书店现有的负债比率为 38.99%，差不多位于其最优点。（请注意，我们各种负债比率的间隔为 10%。所以，最优负债比率为 40%，意味着最优负债比率在 35%到 45%之间。）

实践：私有企业的最优负债比率

虽然私有企业与上市企业对于负债的成本收益权衡是相同的，但是两类公司的一些差异使得私有企业负债较少：

● 与大型上市企业相比，当小型私有企业的负债上升提高了违约风险时，其预期破产成本会更大一些。部分原因在于，私有企业的所有者对负债承担无限责任；还有部分原因在于，当顾客与供应商意识到财务危机的问题时会对小型私有企业造成更大的负面影响。

● 在私有企业中，就约束管理层而言，提高负债水平只能产生较少的收益，因为私有企业的所有者很可能就是企业的经理人。

● 提高负债水平会使私有企业更容易受到债务条款的约束，也会带来更大的代理成本。

● 因为私有企业缺乏到公开市场融资的机会，在小型私有企业中，由于使用剩余负债能力导致灵活性丧失会有更严重的后果。

所有这些因素使我们预期小型私有企业有更低的负债比率。

8.5 上市对于最优负债比率的影响

假定书景书店计划在 6 个月之后进行 IPO。该信息会怎样改变你对最优负债比率的评估？

a. 会提高最优负债比率，因为上市企业比私有企业能够借入更多资金。

b. 会降低最优负债比率，因为上市后要考虑市场风险。

c. 可能会提高也可能会降低最优负债比率，取决于哪种影响的效果更大。

金融服务企业

在诸如银行与保险公司之类的金融服务企业中采用资本成本方法会有一些问题。第一个问题是，利息保障倍数在确定债券评级时是很重要的，而我们需要对金融服务企业的利息保障倍数进行单独估计。如果应用制造业的利息保障倍数，则会导致对最安全的银行也会评级过低，从而导致最优负债比率过低。进一步地，对金融服务企业来说，利息保障倍数与债券评级之间的关系比制造业企业中两者的关系要弱得多。第二个问题是，很难根据金融服务企业的资产负债表估计出该企业的负债。给定金融企业资产负债表上的存款、回购协议、短期融资与其他负债，一种解决方法是只关注其中定义严格的长期负债，用该长期负债的利息费用计算出利息保障倍数。第三个问题是，金融服务企业是受管制的，这些企业在账面上必须达到一定的资本比率。如果这些企业在向以市场价值衡量的最优负债比率移动的过程中没有达到规定的资本比率，它们就使自己处于危险的境地。

虽然我们尽力将资本成本方法应用在银行以及其他金融服务企业的最优负债比率的

估计上，但是得到的结果对于我们对负债的定义以及我们对于债券评级与经营利润关系的假设是非常敏感的。另一种有效的方法是，使用管制的资本比率来确定金融服务企业所需要的权益资金，结果既要让企业能够持续经营，又不要让企业处于危险中。举一个简单的例子，某银行发行在外的贷款有1亿美元，权益的市场价值为600万美元。假定监管要求权益资本至少为发行在外贷款的5%。最后，假定该银行想要在原来的基础上增加5 000万美元的贷款并且将权益资本增加到贷款的7%。该银行为了扩展需要筹集的权益资金计算如下：

扩张后发行在外的贷款 = 150 百万美元
合意的权益与贷款的比率 = 7%
扩张后的权益 = 10.5 百万美元
现有权益 = 6 百万美元
需要的新权益 = 4.5 百万美元

当我们对那些经营不同风险水平业务的更加复杂的金融服务企业进行考察时，我们在实务中运用资本成本法时会碰到两个挑战：

（1）不同的业务有不同的资本监管要求。当企业经营多个不同的业务时，不同的业务存在资本监管要求。一般而言，资本监管要求对于那些风险较大的企业会更高一些，对于那些风险较低的企业会更低一些。因此，企业扩展所需的权益资本量取决于大部分资金是用于何种业务的。

（2）监管的资本比率与以风险为基础的资本比率。监管的风险资本比率是对企业进行权益投资的下限，目的是为了保证企业的持续经营而不是上限值。而企业在对所在行业进行风险评估之后，可能会持有比监管方要求的更多的权益资金。

最后值得注意的是，银行的监管方在计算监管比率时将优先股视为权益的一部分。

一般而言，涉及对于杠杆的使用，金融服务企业可以采取三种策略：

（1）监管最小策略。在这个策略中，金融服务企业努力保持与监管比率相对应的最低权益资本。当企业激进地采取该策略时，企业会利用监管框架的漏洞，它们会去投资那些监管比率设得过低的业务（相对于这些业务的风险来说）。该策略有利的一面是，在好的时期权益收益率会非常高，因为权益资本很低。该策略坏的一面是，会放大投资的风险，并且由于缺乏权益来弥补损失，最终会使企业的生存面临风险。

（2）自我监管策略。银行筹集权益资金的目的不是为了达到资本监管的比率要求，而是为了确保来自业务的损失能够被现有权益所弥补。实际上，金融服务企业可以通过对其业务风险与潜在的损失做出评估从而确定所需要的权益资本。这样做可以确保企业满足资本监管比率的要求。该策略的好处是，它迫使企业对自己的业务风险做出评估并且对进入新业务的风险和收益进行权衡。缺点是，该策略需要大量的数据，并且风险评估中的错误会影响到企业的价值。

（3）混合策略。在此策略中，资本监管比率为企业的业务设定了门槛，而企业为了安全原因需要增加一些起到缓冲作用的资金。在新的业务中，企业对风险进行自我评估，而这些评估可能与监管方所做的评估非常不同。

我们认为，维持足够的权益资本的责任最终在企业的管理者身上而不是在监管者身上。如果一个银行将其失败归因于较松的监管政策，那么该银行不是一个管理完善的银行。

【例 8—8】　德意志银行的资本组合

2008 年的金融危机主要发生在金融服务企业身上，该危机的爆发部分可以归因于这些企业没有保持足够的相对于其投资风险的权益资本。投资银行、保险公司与商业银行都持有大量的高风险证券，有一些是以房地产作为标的资产，还有一些是以杠杆化贷款作为标的资产，这些银行与公司的权益太少以至于不能够弥补来自这些投资的损失。

很多美国银行，包括富国银行、JP 摩根与美洲银行，都被贴上了资本不足的标签。这些银行必须筹集几十亿美元新的权益资金来填补这种差额。德意志银行在权益资本的使用上要保守得多。在 2008 年 10 月，德意志银行将其一级资本比率上调到 10%，远远高于《巴塞尔协议》所要求的 6%。尽管德意志银行在 2008 年最后一个季度的 48 亿欧元的损失造成了权益资本的减少，但是该银行对于自己在没有注入新的权益资金与政府支持的情况下存活下来感到信心十足。事实上，德意志银行在 2009 年的第一季度报告了 12 亿欧元的净利润，并且该银行的一级资本比率达到 10.2%。

虽然德意志银行由于拥有足够的权益资本看上去很安全，但是杠杆化贷款和证券商的巨大损失也会造成赤字的产生。在 2009 年，美国银行的监管者对美国银行进行了“压力测试”，该测试假定银行处于严重的经济低迷时期并且房地产市场出现持续的亏损。德意志银行在完成这些压力测试后完好无缺，所以该银行在极度艰难的情况下也不需要额外的权益资金。相对比的是，另一家德国银行——德国商业银行在极度困难的情况下，权益资本出现 42.8 亿欧元的短缺，并且一级资本比率下降到 4%。

实践：风险价值法——风险管理的工具?

用最一般的形式来说，风险价值法衡量了在给定的置信区间下风险资产或组合在确定期间内的潜在损失。如果在 95%的置信区间下一周内资产的风险价值（VaR）是 1 亿美元，那么在一周内该资产的价值只有 5%的可能性下跌幅度超过 1 亿美元。该衡量指标有时被定义为由“正常风险”而不是全部风险导致的可能价值损失。于是我们要对正常风险与全部风险做出区分，同时要对市场风险与非市场风险做出区分。虽然任何企业或部门都能够利用风险价值来衡量其面临的风险，该指标在商业银行与投资银行里使用得最多，这些银行使用风险价值来衡量在一定期间内不利的市场波动给它们的交易组合带来的潜在损失；然后可以将风险价值与银行的可用资本与现金存量进行比较，以确保损失可以被弥补，不会使企业处于危险中。

我们来仔细考察一下风险价值，有关该指标的使用有三个关键之处：

（1）为了估计出一定置信区间所对应的损失概率，我们需要确定出每种风险的概率分布、风险之间的相关性以及这些风险对价值的影响。实际上，模拟的方法被广泛应用于对资产组合的风险价值的衡量上。

(2) 当处于下降风险且存在潜在损失时，对于风险价值的关注更加明显。银行使用风险价值，是因为它们害怕小概率的巨大灾难造成的流动性危机会使得银行损失掉所有的资本，并且使企业的顾客大批离去。

(3) 风险价值有三个关键的部分：价值的损失额、评估风险的特定期间以及置信区间。可以确定出单个资产、单个投资组合或者整个企业的风险价值。

虽然在过去10年里对风险价值的使用增加了很多，但是该指标的缺点是风险价值对历史数据的依赖性以及对收益服从正态分布的假设。因此，有人会认为一些有很大影响的非常事件虽然是银行应当考虑到的，但并没有在资本比率的计算中充分体现出来。

8.6 破产成本与负债比率

通过最小化资本成本得到的最优负债比率太高了，因为没有考虑到破产成本。

a. 正确。

b. 错误。

请解释。

最优负债比率的决定因素

之前的分析强调了一些最优负债比率的决定因素。我们可以将这些因素划分为企业特有因素与宏观经济因素。

企业特有因素

对于不同的企业，我们计算的最优负债比率也有所不同。造成这种差异的三个企业特有的因素是：企业的税率、企业产生满足负债支付义务的现金流的能力，以及有关企业未来收益的不确定性。

企业的税率

一般来说，当企业的税率上升时，来自负债的税收优惠也会上升。以相对的形式来表示，有更高税率的企业也会有更高的最优负债比率。也可以说，企业的最优负债比率随着税率的增加而增加。我们计算出迪士尼公司、鹦鹉纸浆公司、塔塔化学公司以及书景书店在不同税率水平下所对应的最优负债比率，如表8—18所示。

当税率为0时，四个企业的最优负债比率都为0。如果没有来自税收的好处，使用负债的理由也消失了。当税率上升时，三家企业的最优负债比率都以不同的速度上升。对迪士尼来说，当税率上升到50%时，最优负债比率达到最高点，为60%。其中，税率变化的影响对于鹦鹉纸浆公司与塔塔化学公司是比较缓和的。

表 8—18　　税率与最优负债比率（%）

税率	迪士尼公司	鹦鹉纸浆公司	塔塔化学公司	书景书店
0	0	0	0	0
10	0	0	0	20
20	20	0	0	20
30	30	10	0	40
40	50	10	10	40
50	60	20	20	50

企业的税前收益（以现金流的形式表示）

企业负债比率最重要的决定因素是企业的盈利能力。事实上，经营利润与企业市场价值（负债加权益）的百分比通常是最优负债比率很好的指标。当该百分比较高（低）时，最优负债比率通常也较高（低）。如果企业有着相对于市场价值较高的税前盈利，通常也能够维持更多的负债，因为由当前的盈利来完成有关负债的支付义务会更容易。例如，迪士尼的经营利润为6 829百万美元，企业的市场价值为61 875百万美元，经营利润为市场价值的11%，并且企业的最优负债比率为40%。如果将经营利润增加到企业价值的15%，那么该企业的最优负债比率会上升到60%。与之对比的是，鹦鹉纸浆公司标准化的经营利润为1 007百万雷亚尔，企业价值为18 741百万雷亚尔，经营利润为企业价值的5.37%，所以该企业的最优负债比率要低得多，只有10%。

经营利润的波动

经营利润的波动通过两种方式进入到基础分析中。第一，经营利润的波动在决定当前贝塔时发挥了作用：经营利润波动更高（低）的企业也会有更高（低）的贝塔值。第二，经营利润的波动性也是决定债券评级的因素之一：对于波动更高的企业来说，负债水平上升导致的评级下降幅度会更大。所以，经营利润的波动更高（更低）的企业会有更低（更高）的最优负债比率。经营利润的波动在有约束的分析中也会起到作用，因为波动更高的企业更可能经历经营利润的显著下降。因此，对这类企业而言，需要更加谨慎地做出提高负债水平的决策。

宏观经济因素

宏观经济环境会影响最优负债比率吗？从纯技术的角度来说，答案是肯定的。在经济高涨的时期，企业能够产生更高的利润从而就可以负担更多的负债。在经济萧条时期，盈利会下降，企业承担负债的能力也下降。这就是为什么谨慎的企业是根据标准化的利润而不是当前的利润来借债。在经营利润为常数的情况下，宏观经济变量还是会影响负债比率。事实上，无风险收益率的水平与违约价差的大小都会影响到最优负债比率。

利率水平

传统的观点认为，当利率下降时，负债变得更加便宜，于是负债对企业更有吸引力。虽然这种观点看似很直观，但利率下降对负债的影响却没那么大，因为更低的利率也减少了权益成本。实际上，只要无风险利率保持在正常的范围内，无风险利率的变化对最优负债比率的影响就很小。① 当利率超过正常水平时，最优负债比率也下降，部分原因是我们将经营利润保持固定。在不同的负债比率下，更多的利息支付义务会降低债券评级，从而影响到企业的负债能力。

违约价差

在经济萧条时期，不同债券等级的违约价差都会上升；在经济高涨时期，不同债券等级的违约价差都会下降。在其他变量一定的情况下，当违约价差上升（下降）时，最优负债比率会下降（上升），原因很简单：当违约价差更高时，企业借入更多资金所花费的成本会更大，从而评级就会更低。实际上，公司债券的违约价差在2002—2007年间下降，导致所有企业的最优负债比率都上升了。在2008年，当经济放缓并且爆发市场危机时，违约价差又变大了，导致了更低的最优负债比率。

需要考虑另一因素。使得违约价差上升或下降的同样因素也会在权益风险溢价的决定中起到同样的作用。因此，关于违约价差对最优负债比率的影响有多大这一问题只有在考虑了权益风险溢价的变化后才能予以回答。如果权益风险溢价的提高比违约价差大，则负债将成为比权益更有吸引力的选择。

调整现值法

在调整现值法（APV）中，我们首先估计出企业没有负债时的价值。当将负债加入到企业时，我们通过考虑负债的收益与成本得到负债对于企业价值的净影响。可以估计出不同负债水平下杠杆企业的价值，而能最大化企业价值的负债水平就是最优负债水平。

APV法的步骤

在APV方法中，我们假定负债的主要收益是税收优惠，而负债最重要的成本是破产成本。在这些假设下估计出企业的价值需要经过三个步骤。我们首先估计出企业在没有当前负债下的价值。然后，在一个给定的负债量下，估计出相应的利息节约的税收现值。最后，估计出企业破产的概率以及预期的破产成本，得到破产概率与预期破产成本对企业价值的影响。

---

① 美国在过去40年里长期利率的正常范围是4%～8%。其中在1978—1982年之间的一小段时间长期利率要高一些，并且在刚刚过去的几十年里的一小段时间长期利率下降到3%以下。

第一步：估计出企业在没有负债情况下的价值。第一步就是估计出无杠杆企业的价值。如果企业没有负债，直接估计出企业的价值就可以了，也就是，对预期的税后经营现金流进行折现，折现率为无杠杆权益的成本。如果现金流是以固定的速度一直增长下去，

$$无杠杆企业的价值 = FCFF_1/(\rho_u - g)$$

其中，$FCFF_1$ 是预期企业下期的税后经营现金流，是无杠杆权益的成本，g 是预期的增长率。也就是说，该估值的变量包括预期现金流、增长率以及无杠杆的权益成本。为了估计出无杠杆的权益成本，我们利用之前的分析计算出企业的无杠杆贝塔：

$$\beta_{无杠杆} = \frac{\beta_{当前}}{1+(1-t)\dfrac{负债}{权益}}$$

其中，$\beta_{无杠杆}$=企业的无杠杆贝塔，$\beta_{当前}$=企业当前的权益贝塔，t=企业的税率，而 D/E=当前的负债权益比。可以使用无杠杆贝塔计算出无杠杆的权益成本。或者，我们将企业的市场价值作为给定的值，然后减去税收优惠，再加回破产成本，从而估计出无杠杆企业的价值。

$$当前的企业价值 = 无杠杆企业的价值 + 税收优惠的现值 - 预期的破产成本$$
$$无杠杆企业的价值 = 当前的企业价值 - 税收优惠的现值 + 预期的破产成本$$

第二步：根据负债水平估计出相应的税收优惠现值。第二步是要计算出给定负债水平下预期税收优惠的现值。税收优惠是企业税率的函数，并且该现值的折现率是负债成本，以反映出该现金流的风险。如果将这种税收节约视为永久的节约，

$$\begin{aligned}税收优惠的现值 &= (税率 \times 负债成本 \times 负债)/负债成本\\ &= 税率 \times 负债\\ &= t_c D\end{aligned}$$

这里使用的税率是企业的边际税率，并且假定企业的边际税率一直保持不变。如果我们预计税率会随着时间的推移而改变，我们还是可以计算出税收优惠的现值，但是我们不能使用永续增长的公式了。

第三步：估计出预期的破产成本。第三步是估计出给定的负债水平对企业违约风险的影响，以及预期的**破产成本**（bankruptcy costs）。至少从理论上来说，需要估计出破产的概率以及破产的直接成本与间接成本。假设 π_a 为破产概率，BC 为破产成本的现值，那么可以估计出预期破产成本的现值。

$$预期破产成本的现值 = 破产的概率 \times 破产成本的现值 = \pi_a BC$$

在 APV 法中，这一步会出现最严重的估计问题，因为无论是破产概率还是破产成本都不能直接估计出来。有两种估计破产概率的间接方法。一种是估计出每种负债水平所对应的债券评级，就像我们在资本成本方法中所做的，然后使用每个评级所对应的破产概率的实证结果。例如，在奥尔特曼（Altman）每年都会更新的一篇研究文章中，总结

了近10年来与债券评级对应的违约概率[①]，如表8—19所示。

表8—19　与不同债券评级对应的违约概率

评级	违约概率（%）
AAA	0.07
AA	0.51
A+	0.60
A	0.66
A−	2.50
BBB	7.54
BB	16.63
B+	25.00
B	36.80
B−	45.00
CCC	59.01
CC	70.00
C	85.00
D	100.00

另一种是使用统计的方法，比如根据企业在每种负债水平下可观察的特征用probit回归估计出违约概率。

这些研究考察了破产的实际成本，尽管存在一些错误，我们仍然可以通过这些研究估计出破产成本。有些研究对破产成本进行了考察，得到的结论是，破产的直接成本相对于企业价值来说太小了。[②] 破产的间接成本相当大，但是对于不同的企业该成本会有所不同。夏皮罗和蒂特曼（Shapiro and Titman）推测出间接成本可以达到企业价值的25%～30%，但是他们没有提出这些成本的直接证据。[③]

负债的净效应为负债的成本与收益的总和。

$$\text{有杠杆企业的价值} = FCFF_1/(\rho_u - g) + t_c D - \pi_a BC$$

我们计算出与不同负债水平对应的有杠杆企业的价值。最大化有杠杆企业价值的负债比率就是最优负债比率。

① E. I. Altman, "The Default Experience of U. S. Bonds," working paper, Salomon Center, New York University, 2008. 这篇研究论文只估计了近10年来与某些评级对应的违约概率。我们推算出余下评级的违约概率。

② J. N. Warner, "Bankruptcy Costs: Some Evidence," *Journal of Finance* 32: 337–347. 在这篇研究美国铁路企业破产的文章中，破产的直接成本似乎为价值的5%。

③ A. Shapiro, *Modern Corporate Finance* (New York: Macmillan, 1989); S. Titman, "The Effect of Capital Structure on a Firm's Liquidation Decision," *Journal of Financial Economics* 13: 1371–1451.

实践：使用 probit 模型估计破产概率

如果有充分的数据，可以利用统计技术估计出违约概率。例如，如果我们有一个数据库包括了特定期间内所有破产企业的数据，也包括了同一期间内未破产企业的数据，并且还有这些企业的描述性特征数据，那么可以使用 probit 分析估计出破产概率，将破产概率写成这些特征的函数。采用 probit 分析有以下几个步骤：

(1) 确定事件。probit 分析适用于事件发生或者不发生的情况。就拿破产来说，事件可能是申请法律下的破产保护。

(2) 在一个特定的期间内，收集和该事件有关的所有企业的信息。就拿破产来说，收集在特定期间内（比如，五年）所有提交了破产保护申请的企业的信息。

(3) 根据你对该事件的认识以及有关事件的其他研究，确定出能够作为事件预测指标的变量，该变量要求可计量并且可观察。就拿破产来说，预测指标变量包括超额负债比率、下降的利润、糟糕的项目收益以及小的市场规模。

(4) 收集企业在提交破产文件期间这些变量的有关信息。另外，收集同一期间内没有破产的所有其他公司的相同变量的信息。如果该过程消耗的数据太多，可以对没有破产的公司总体采取随机抽样。在破产分析中，我们需要收集破产企业与非破产企业有关负债比率、利润趋势、项目收益率以及企业市场规模的信息。

(5) 在 probit 回归中，被解释变量是特定事件的发生情况（如果发生，该变量为 1，如果未发生则为 0），解释变量是在第 3 步中确定的变量。probit 得到的结果与多元回归得到的结果很相似，每个解释变量都标出了统计显著性。在破产分析中，提交了破产文件的企业被记为 1，生存下来的企业被记为 0。

一旦完成了 probit 分析，将企业的解释变量的相关值代入到等式中，就可以得到企业的违约概率。

【例 8—9】 使用 APV 法计算迪士尼在 2009 年年初的最优负债比率

可以使用 APV 方法估计出迪士尼的最优资本结构。第一步是估计出无杠杆企业的价值。为了计算出迪士尼的无杠杆企业价值，我们用迪士尼 2009 年的企业价值减去现有负债带来的税收节约与破产成本的总效应。

迪士尼当前的市场价值＝权益价值＋负债价值
＝45 193＋16 682＝61 875 百万美元

我们首先计算出现有负债带来的税收节约额，假定负债的利息支付是永久性的，使用迪士尼的边际税率 38%来计算得到：

现有负债带来的税收节约的现值＝现有负债×税率
＝16 682×0.38
＝6 339 百万美元

根据迪士尼的现有评级 A，我们可以对照表 8—19 得到其破产概率为 0.66%。假定破产成本为企业税前价值的 25%。预计破产成本占到企业价值的 10%～40%，所以我们认为迪士尼的破产成本占企业价值的比例处于该范围的中间值，即为 25%。迪士尼的一些业务，比如主题公园的财务困境成本是相当大的，而像电影与广播业务受到的影响则不大，因为这些项目是短期的并且规模较小。

预期破产成本的现值＝违约概率×破产成本

＝0.66%×(0.25×61 875)＝102 百万美元

接着，我们计算出迪士尼作为一个无杠杆企业的价值。

迪士尼作为无杠杆企业的价值

＝当前的市场价值－税收节约的现值＋预期的破产成本

＝61 875－6 339＋102＝55 638 百万美元

接下来的步骤是估计出表 8—20 中不同负债水平所对应的税收节约。虽然我们采用标准方法，假定计算的是永续情况下的现值，但是如果利息费用超过了 *EBIT*，我们会对税率进行重新估算。有关税率调整的方法我们已经在资本成本方法中介绍过。

表 8—20　　负债带来的税收节约（t_cD）——迪士尼

负债比率（%）	负债（百万美元）	税率（%）	税收优惠（百万美元）
0	0	38.00	0
10	6 188	38.00	2 351
20	12 375	38.00	4 703
30	18 563	38.00	7 054
40	24 750	38.00	9 405
50	30 938	38.00	11 756
60	37 125	38.00	14 108
70	43 313	38.00	16 459
80	49 500	38.00	18 810
90	55 688	34.52	19 223

最后一步是根据债券评级、违约概率以及破产成本为企业价值的 25%的假设计算出预期的破产成本。表 8—21 对该企业在不同负债水平下对应的违约概率与预期破产成本进行了描述。

负债比率为 40%的预期破产成本计算如下：

预期破产成本＝(无杠杆企业价值＋税收节约)×0.25×0.006 6

＝(55 638＋9 405)×0.05×0.006 6

＝107 百万美元

不同负债比率下有杠杆企业的价值如表 8—22 所示。

表 8—21　　预期破产成本——迪士尼

负债比率（%）	债券评级	违约概率（%）	预期破产成本（百万美元）
0	AAA	0.07	10
10	AAA	0.07	10
20	AAA	0.07	11
30	A+	0.60	94
40	A	0.66	107
50	A－	2.50	421
60	B	36.80	6 417
70	CCC	59.01	10 636
80	CCC	59.01	10 983
90	CCC	59.01	11 044

表 8—22　　有杠杆情况下迪士尼的价值

负债比率（%）	负债（百万美元）	税率（%）	无杠杆企业价值（百万美元）	税收优惠（百万美元）	预期破产成本（百万美元）	有杠杆企业价值（百万美元）
0	0	38.00	55 638	0	10	55 629
10	6 188	38.00	55 638	2 351	10	57 979
20	12 375	38.00	55 638	4 703	11	60 330
30	18 563	38.00	55 638	7 054	94	62 598
40	24 750	38.00	55 638	9 405	107	64 936
50	30 938	38.00	55 638	11 756	421	66 973
60	37 125	38.00	55 638	14 108	6 417	63 329
70	43 313	38.00	55 638	16 459	10 636	61 461
80	49 500	38.00	55 638	18 810	10 983	63 466
90	55 688	34.52	55 638	19 223	11 044	63 817

当负债比率约为 50%时，迪士尼公司的价值达到最大。这种方法得到的最优负债比率比资本成本法得到的最优负债比率要稍微高一些。但是，这些结果对于破产成本占企业价值的百分比大小以及违约概率的估计都是十分敏感的。

APV 法的优点与局限

APV 法的优点在于，该方法将负债的影响分成不同的部分来考虑，并允许分析师对每部分使用不同的折现率来估计。在此方法中，我们没有假定负债比率一直保持不变，而在资本成本方法中，我们隐含地假定了负债比率一直保持不变。因此，我们可以选择将负债保持固定并计算出这些固定的负债所带来的收益与成本。

该方法的缺点在于，估计违约概率与破产成本是存在难度的。所以必须在 APV 方法的优点与缺点之间进行权衡。实际上，许多使用 APV 法的分析者忽略了预期的破产成本，这就使他们得到的结论为：企业价值随着企业负债的增加而增加。因此，他们得出最优负债比率为 100%的结论，这也就不令人感到奇怪了。

一般来说，在同样的假设下，APV 法与资本成本法会得到相同的结论。但是，在对企业增加一定数额的负债进行评估时，APV 法会更加实用一些，而资本成本法在分析负债比率时会更容易一些。[1]

apv. xls：你可以使用该电子表格用调整现值法计算出企业在负债情况下的价值。

可比企业法

分析企业的负债比率的最常用方法是将所分析企业的负债比率与同类企业的负债比率相比较。进行这种分析的一个较为简单的方法是，将企业的负债比率与其所在行业的平均负债比率作比较。更完整的分析还会考虑到所分析企业与行业中其他企业的差别。下面，我们对这两种方法进行介绍。

与行业的平均值作比较

企业有时会参考同行业其他企业的平均负债比率来选择自己的融资组合。例如，表 8—23 将迪士尼、鹦鹉纸浆公司和塔塔化学公司的负债比率与同行业其他公司的负债比率作比较。其中，我们将迪士尼公司、鹦鹉纸浆公司和塔塔化学公司的可比企业分别定义为美国娱乐企业、新兴市场的造纸企业和新兴市场的化学企业。

① I. Inselbag and H. Kaufold, "Two DCF Approaches and Valuing Companies under Alternative Financing Strategies," *Journal of Applied Corporate Finance* 10, no. 1: 115－122.

从比较中可以看出，迪士尼的负债比率低于同行业其他企业的负债比率，无论是用市场价值还是用账面价值的负债比率，而鹦鹉纸浆公司与塔塔化学公司的负债比率比同行业的平均负债比率要高很多。

进行这种比较的基础假设是，同行业的企业是可比的，并且平均来看，这些企业都处于或者接近于其最优负债比率。但是，这两个假设都是令人质疑的。同一行业的企业可能有不同的产品组合、不同的经营风险、不同的税率以及不同的项目收益。实际上，大多数企业在这些方面都不同。例如，可以将迪士尼归类到娱乐业，但是其业务组合与狮门影业（Lion's Gate）以及自由媒体（Liberty Media）的业务组合非常不同。狮门影业是一家电影公司，而自由媒体是一家有线广播公司。而且，迪士尼的规模与风险特征与处于同一行业的 Westwood One 也非常不同。另一个问题是，迪士尼是一个多业务的企业，仅挑选出一个行业与其进行比较是很困难的。

表 8—23　　与行业平均值的比较（%）

	按账面价值计算的负债比率	按市场价值计算的负债比率	可比企业	按账面价值计算的负债比率		按市场价值计算的负债比率	
				平均值	中位数	平均值	中位数
迪士尼公司	32.89	26.96	美国娱乐公司	47.76	43.59	36.90	37.83
鹦鹉纸浆公司	91.01	52.47	新兴市场纸业公司	38.11	40.74	33.75	34.22
塔塔化学公司	42.95	34.02	新兴市场化学公司	33.88	34.76	25.56	21.34

资料来源：Value Line and Capital IQ.

网上的数据集总结了各行业分别按照市场价值与账面价值计算的负债比率。

控制企业间的差异

同行业的企业在税率、盈利能力以及经营利润的方差上会产生差别。因此，参考行业的平均比率得到有关最优融资组合的结论可能是危险的。最大限度地利用有关市场的信息来控制差异的简单方法是回归，即用负债比率对企业的这些特征进行回归：

$$负债比率 = \alpha_0 + \alpha_1 税率 + \alpha_2 税前收益 + \alpha_3 经营利润的方差$$

这种截面回归方法有一些优点。一旦通过回归建立起这种基本的关系（也就是，估计出截距项与斜率项），任何企业的预期负债比率都可以用对该企业的解释变量计算出来。如果要计算出短期间内大量企业的最优负债比率，这可能是唯一实用的方法，因为采用本章介绍的其他方法都太消耗时间了。

这种方法也存在一些局限。系数会随着时间的推移而改变。这些回归除了存在一些变量衡量中的基本统计问题与错误之外，只能解释不同企业负债比率差异的一部分。但是，对于将企业的负债比率与行业平均负债比率简单比较而言，回归显然提供了更多的信息。

坚持行业平均值：一个行为学视角

行业负债比率平均值对单个企业的影响太大了以至于不能将其忽略。虽然从基本面的角度而言模仿同行业其他企业的行为可能是无意义的，但是有两个原因指出企业的经理人还是会有这些模仿行为。

(1) 羊群效应。帕特尔、泽克豪泽和亨德里克斯（Patel，Zeckhauser and Hendricks）使用了鸟类与羚羊的行为来解释企业为什么会坚持与行业的平均值保持接近。[①]他们指出，动物在结队而行的时候会出现“人多势众”的情形，而企业经理人在做出财务决策时也会出现类似的情形。换句话说，如果一个经理人决定借入大量资金是因为同行业的其他企业都如此做，那么即使发现该企业的负债比率过高也不会将经理人辞退。实际上，如果分析师也存在这种羊群效应的心理，那么他们很可能对那些偏离大众的企业进行惩罚，即使这些偏离可能是有道理的。帕特尔、泽克豪泽和亨德里克斯对10个行业的182家企业进行了考察，他们发现其中的7个行业都存在从众行为。

(2) 追随领导者。出现在企业中的另一个现象也有一些自然科学的根源，就是追随领导者。在这个模型中，成功与声誉使得某个企业被标榜为领导者。当该领导者企业根据其基本情况选择了一种融资组合后，同行业的其他企业就会模仿该领导者，希望也能获得同领导者一样的成功。

不管理由是什么，都不能否认经理人将行业的平均值与实际情况作为资本结构的参考值的事实。因此，如果根据资本成本法与APV法得出企业的最优负债比率，可以将得到的该比率与行业的平均值作比较并且朝着同类企业的负债率方向进行一些调整。

【例8—10】　使用截面方法估计出迪士尼的负债比率

可以利用这种方法来考察一个行业里或者整个市场里企业的差异。我们先将迪士尼与所有娱乐业的企业作比较，然后再与整个市场的企业作比较。

我们用娱乐业的80家企业的负债比率对两个变量进行回归，其中一个变量为企业的有效税率，另一个变量为 *EBITDA* 占企业市场价值的百分比。根据我们前面对于资本结构的决定因素的讨论，我们预期，企业的经营现金流（*EBITDA*）所占企业价值的百分比越高，企业会借入越多的资金。另外我们预期，税率越高，来自负债的税收优惠越多，负债比率也会越高。回归结果如下（括号中展示的是 t 值）：

$$\begin{array}{lllll}\text{负债资本比率} = & 0.049 & + \; 0.543 & (\text{有效税率}) + & 0.692\ (\text{企业价值}) \\ & (1.07) & \quad (4.10^{a}) & & (4.08)^{a}\end{array}$$

① J. Patel, R. Zeckhauser, and D. Hendricks, 1991, "The Rationality Struggle: Illustrations from Financial Markets," *American Economic Review Papers and Proceedings*, v81, 232-236.

被解释变量是按市场价值计算的负债资本比率。该回归的 R^2 为 40%。虽然该等式存在统计上的显著性，但是请注意预计的负债比率将会有相当大的标准误。即便如此，我们将迪士尼的各变量的当前价值代入到等式中，就可以得到负债比率的预计值：

$$DFR_{迪士尼} = 0.049 + 0.543 \times 0.372 + 0.692 \times 0.1735$$
$$= 0.3710 \text{ 或 } 37.10\%$$

已知迪士尼现有的负债比率为 27%，显然迪士尼的负债过低。因此，与迪士尼所在的行业相比，该企业应该借入更多资金。

如果行业中的企业数很少，使用该方法就存在限制。于是，可以将分析扩展到市场中的所有企业。虽然不同行业里企业的风险与现金流是不同的，但是可以将这些差异转化为负债比率的差异。接下来，我们用美国所有上市企业的负债比率对以下四个变量进行回归：

(1) 预期每股收益的增长率（G_{EPS}），用该变量来衡量成长性。成长性越高，企业的负债应当越少。

(2) 内部股份占在外流通股的比例（$CLSH$），从而衡量出经理人与股东的分离程度（并且用该变量衡量了负债的约束作用）。我们预期，企业的内部持股比率越高，负债比率越低。

(3) $EBITDA$ 占企业价值的比例（E/V），从而衡量了企业产生现金流的能力；我们预计，当 E/V 上升时，企业的负债比率也会上升。

(4) 无形资产占总资产的比例（无形资产百分比）；如果企业有很大比例的无形资产，那么该企业也会面临更大的代理成本（与债权人的代理成本），从而有较低的负债比率。

利用 2009 年年初的数据得到的回归结果如下①：

$$DFR = 0.327 - 0.064 \times \text{无形资产百分比} - 0.138CLSH + 0.026E/V - 0.878G_{EPS}$$
$$(25.45^a)(2.16^a) \qquad\qquad (2.88^a) \qquad (1.25) \qquad (12.6)^a$$

其中，DFR 是用市场价值计算的企业负债与资本的比。虽然所有系数的符号都与我们的预期一致，但是该回归的 R^2 只有 13%。如果我们将迪士尼 2009 年的各解释变量的值代入到等式中，我们就可以得到预期的负债比率：

$$DFR_{迪士尼} = 0.327 - 0.064 \times 0.24 - 0.138 \times 0.077 + 0.026$$
$$\times 0.1735 - 0.878 \times 0.065$$
$$= 0.2891 \text{ 或 } 28.91\%$$

根据市场中其他企业的负债比率与迪士尼的财务特征，我们预计迪士尼的负债比率应该为 28.91%。因为迪士尼的实际负债比率为 27%，所以迪士尼的负债稍微低了些。

① 该回归大约包含了2 000家美国上市公司的负债比率与解释变量的数据。

8.7 根据可比企业得到的最优负债比率

根据以上回归等式得到的预期负债比率一般来说会

a. 与用资本成本方法得到的最优负债比率相似。

b. 比用资本成本方法得到的最优负债比率要高一些。

c. 比用资本成本方法得到的最优负债比率要低一些。

d. 以上情况都有可能，取决于……

请解释。

网上的数据集总结了整个市场最新的负债比率回归等式。

选择最优负债比率

使用估计最优负债比率的不同方法，我们分别估计出迪士尼、鹦鹉纸浆公司与塔塔化学公司的最优融资组合，如表 8—24 所示。

表 8—24　预计负债比率（%）

	迪士尼公司	鹦鹉纸浆公司	塔塔化学公司
实际的负债比率	27	52.58	34.02
最优值			
1. 经营利润法	50.00	—	—
2. 标准资本成本法	40.00	10.00	10.00
3. 优化的资本成本法	30.00	10.00	10.00
4. APV 法	50.00	20.00	10.00
5. 可比企业法			
针对行业	37.10	34.22	21.34
针对市场	28.91	—	—

虽然不同的方法得到的结果有所不同，但是可以得到如下一致的结论：从最优负债比率来看，迪士尼现有的负债比率过低，但是与市场相比这种偏低的程度小于同行业相比偏低的程度。鹦鹉纸浆公司与塔塔化学公司的实际负债比率高于最优负债比率。

对于书景书店，我们坚持之前根据资本成本法得到的结果。企业现有的负债比率与其最优负债比率非常接近。

结　论

这一章介绍了四种分析资本结构的方法。

（1）第一种方法是以经营利润为基础。我们使用历史数据或者预测值，估计出经营利润的分布。然后使用预先确定好的可接受违约概率确定出最大负债能力。

（2）第二种方法是资本成本法。资本成本是对于权益、负债与优先股的加权平均成本。其中，权重是用市场价值计算出来的，融资成本是当前的成本。该方法的目标是最小化资本成本，也就是最大化企业价值。我们还考虑了优化的资本成本法，在这种方法中，经营现金流会随着负债比率的变化而变化，而最优负债比率是能够产生最大企业价值的负债比率而不是能够最小化资本成本的负债比率。

（3）APV 法通过在无杠杆效应的企业价值上加上税收优惠的现值再减去预期破产成本的现值估计出企业在不同负债水平下的价值。最优负债比率是能够最大化企业价值的负债比率。

（4）最后一种方法是将企业的负债比率与同类企业作比较。虽然我们通常会将企业的负债比率与所在行业的平均值作比较，但是当同一行业的企业间存在较大差异时，这种方法就不适用了。用负债比率对一些基本财务变量进行截面回归提供了更多的信息，并且以此对大量企业的负债比率做出估计。

所有分析的目标都是得出使企业价值最大化的负债与权益组合。

真实案例研究

最优融资组合

目标：估计出企业负债与权益的最优组合，并且评估出该组合的变动对企业价值的影响。

关键问题

● 根据资本成本法，你所在企业的最优负债比率是多少？如果考虑到决策中的合理约束，你建议企业的负债比率应该为多少？

● 你的企业负债过多还是负债过少，

（1）同所在行业相比如何？

（2）同市场相比如何？

分析框架

1. 资本成本法

● 企业当前的资本成本是多少？

● 当负债比率发生变化时，资本成本会发生怎样的变化?

● 最小化资本成本的负债比率是什么？最大化企业价值的负债比率是什么?（如果两者不一样，请加以解释。）

● 如果企业朝着其最优负债比率的方向移动，企业价值会发生怎样的变化?

● 如果企业朝着其最优负债比率的方向移动并且股东是理性的，该企业的股价会发生怎样的变化?

2. 在过程中施加约束

● 如果企业处在最优负债比率上，该企业的评级是多少？如果你施加一个评级约束，该评级是多少？在评级约束下的最优负债比率是多少?

● 经营利润的波动性如何？什么是该企业的标准化收入？如果用此收入水平来计算，企业的最优负债比率是多少?

3. 比较分析

● 相对于企业所属的行业而言，企业的负债是过多还是过少?（在必要时，进行回归。）

● 相对于市场的其他企业而言，企业的负债是过多还是过少?（在必要时，使用市场回归式子。）

获得最优资本结构的相关信息

想得到估计最优资本结构的相关变量的数据，可以看看与企业相关的监管文件以及企业的年报。可以从评级机构（标准普尔、穆迪）获得有关评级与利息保障倍数的信息。另外，可以通过各个评级的交易债券信息得到相应的违约价差。

网上信息来源

www. stern. nyu. edu/～adamodar/cfin2E/project/data. htm

练习题

（如果题目中没有给出，就使用 5.5%的风险溢价。）

1. Plastico 是一家生产塑料产品的企业。该企业正在对其资本结构进行评估，其资产负债表如下（单位：百万美元）:

资产		负债与权益	
固定资产	4 000	负债	2 500
流动资产	1 000	权益	2 500

另外，有如下信息:

● 负债是以长期债券的形式存在的，其中年利率为 10%。债券当前的评级为 AA，债券的市场收益率为 12%，市场价值为票面价值的 80%。

● 企业现在有5 000万股流通在外的股票，并且当前的市场价值为每股 80 美元。企业支付了股利，每股为 4 美元，并且市盈率为 10。

● 股票当前的贝塔为 1.2。国库券收益率为 8%。

● 企业的税率为 40%。

a. 用账面价值计算，该企业的负债权益比是多少？用市场价值计算，这一比率又是多少？

b. 用账面价值计算，该企业的负债资本比是多少？用市场价值计算，这一比率又是多少？

c. 企业的税后负债成本是多少？

d. 企业的权益成本是多少？

e. 企业当前的资本成本是多少？

2. 现在假定 Plastico 正在考虑一个项目，该项目所需的初始投资为 1 亿美元，并且预计的利润表如下（预期该项目的折旧将会一直为 500 万美元）（单位：百万美元）：

EBIT	20
一利息	4
＝税前利润	16
一税收	6.40
＝净利润	9.60

计划对该项目进行融资，该项目的负债权益比与整个企业现有的负债权益比相同。假定不用对负债归还本金（也就是永续负债）。

a. 从权益投资者的角度对该项目进行评估。对该项目投资合理吗？

b. 从企业整体的角度对该项目进行评估。对该项目投资合理吗？

c. 一般而言，什么时候你会用权益成本作为折现率？

d. 一般而言，什么时候你会用资本成本作为折现率？

e. 假定出于对规模经济的考虑，该项目计划全部用负债来融资。你将使用什么样的折现率来对该项目进行评估？

3. Plastico 正在考虑对其资本结构做出重大改变，有以下三种选择：

● 选择一：发行 10 亿美元的新股然后购回发行在外的一半负债。这将使企业的评级成为 AAA 级（AAA 级别对应的市场利率为 11%）。

● 选择二：发行 10 亿美元的新负债然后购回股票。这将使企业的评级降为 A－级（此时对应的市场利率为 13%）。

● 选择三：发行 30 亿美元的新负债然后购回股票。这将使评级下降为 CCC 级（CCC 级对应的市场利率是 18%）。

a. 每种选择下的权益成本是多少？

b. 每种选择下的税后负债成本是多少？

c. 每种选择下的资本成本是多少？

d. 在每种选择下，(1) 企业价值会发生怎样的变化？(2) 企业的负债与权益会发生怎样的变化？(3) 如果你是一个理性的股东，股票价格会发生怎样的变化？

e. 从资本成本的角度来说，你会做出哪种选择——你会停留在当前的资本结构上吗？

f. 该企业利润的波动性在决策中起到什么样的作用？

g. 如果三种选择的资金都被用于新的投资（而不是用于回购负债或权益），你的分析会发生怎样的变化（如果有的话）？

h. 你在做决策时，除了最小化资本成本之外，还会有怎样的考虑？

i. 从直觉上来看，为什么选择一种更高的评级对应的是更低的资本成本？

4. 以下是 Plastico 与同行业的竞争对手的比较：

	Plastico (%)	竞争对手 (%)
负债权益比	50	25
EBITDA 的方差	20	40
EBITDA/企业的市场价值	25	15
税率	40	30
研发支出/销售额	2	5

a. 根据以上这些变量值，从直观上解释一下你预期 Plastico 会有比竞争对手更高的负债水平还是更低的负债水平？为什么？

b. 你用纽约证券交易所所有股票的负债权益比率与企业的特征进行回归，得到如下回归式子：

$$\text{负债/权益}=0.10-0.5\times EBITDA\text{ 的方差}+2.0\times(EBITDA/\text{市场价值})+0.4\times\text{税率}+2.5\times(\text{研发支出/销售额})$$

根据这个截面回归结果，你预期 Plastico 的负债权益比率将为多少？

5. 你是一家大型企业的 CEO，你需要做出负债决策。企业当前发行在外的股份数为 1 000万股，每股市场价格为 50 美元。企业有 2 亿美元发行在外的负债（市场价值）。该企业现在的评级为 BBB。

● 股票的贝塔为 1.5，债券收益率为 8%。

● 企业的边际税率为 46%。

● 预计如果借入 1 亿美元的资金，企业的评级将变为 B。BBB 评级对应的利率为 11%。B 评级对应的利率为 12.5%。

a. 给定借入 1 亿美元资金的边际成本与收益，你还会选择负债吗？

b. 如果考虑另外借入 1 亿美元，加权资本成本是多少？如果不考虑另外借入 1 亿美元，加权资本成本又是多少？

c. 如果你借入 1 亿美元资金，之后每股价格将为多少？

d. 假定你有一个项目，需要1亿美元资金。预期该项目每年的税前收入为5 000万美元，成本为3 000万美元，并且这些收入和成本是永续的。在你看来，这是一个值得投资的项目吗？为什么？

e. 如果你被告知d题中的现金流是确定的，这会使你的决策有所不同吗？

6. AD公司请你做管理咨询顾问，评价一下该企业的负债是否合适（该公司正在为一个杠杆收购而担忧）。你收集了有关AD公司当前情况的如下信息：

● 在外发行了100 000股股票，价格为每股20美元。该股票的贝塔为1.15。

● 公司发行在外的长期负债有500 000美元，当前评级为BBB。BBB级对应的市场利率为10%，国库券的收益率为6%。

● 该公司的边际税率为40%。

● 当企业另外借入资金时，企业的评级会怎样变化？对于该问题，你搜集了如下数据。

额外的负债（美元）	新的评级	利率（%）
500 000	BB	10.5
1 000 000	B	11.5
1 500 000	B—	13.5
2 000 000	C	15

a. 公司应当另外借入多少资金？

b. 公司在进行了新的负债后，其每股价格将变成多少？

c. 在新的负债前后的加权平均资本成本分别是多少？

d. 假定你正在考虑一个项目，该项目的盈利如下表所示，并且风险与现有的项目差不多（单位：美元）。

每年的收入	1 000 000
销售成本	400 000（包括100 000美元的折旧）
EBIT	600 000
债务支付	100 000（全部为利息支付）
应税收入	500 000
税收	200 000
税后利润	300 000

如果该项目需要的投资为3 000 000美元，该项目的净现值是多少？

7. UB正在审查其资本结构，目的是想达到最优负债比率点。该企业现在没有负债，贝塔为1.5。无风险收益率为9%。你的研究表明，不同的负债水平对应的负债评级如下表所示。

负债/(负债+权益)(%)	评级	利率(%)
0	AAA	10
10	AA	10.5
20	A	11
30	BBB	12
40	BB	13
50	B	14
60	CCC	16
70	CC	18
80	C	20
90	D	25

该企业现在有 100 万股发行在外的股票，每股股价为 20 美元（税率=40%）。

a. 该企业的最优负债比率是多少？

b. 假定企业借入资金并进行股票回购来调整其资本结构，该股票在重组后的价值变成多少？

8. GenCorp 是一家汽车零部件制造企业。该企业发行在外的负债为2 500万美元，有1 000万股发行在外的股票。每股账面价值为 10 美元，每股市场价值为 25 美元。该企业当前的评级为 A，该评级对应的到期收益率为 10%，股票当前的贝塔为 1.06。现在的无风险收益率为 8%，公司的税率为 40%。

a. 公司当前的加权平均资本成本是多少？

b. 该公司正在考虑用负债资金对股票进行回购，准备以每股 25 美元的价格回购 400 万股股票。估计这将使企业的评级降到 B（对应的到期收益率为 13%）。在进行股票回购后，该企业的加权平均资本成本将变成多少？

9. Herbert's 是一家体育用品零售企业，该企业请你做咨询师并对其负债政策进行评估。该企业当前的资产负债表如下（单位：美元）：

负债与所有者权益		资产	
长期债券	100	固定资产	300
所有者权益	300	流动资产	100
合计	400	合计	400

该企业的利润表如下（单位：美元）：

销售收入	250
销售成本	175
折旧	25
EBIT	50
长期利息费用	10
EBT	40
税收	16
净利润	24

该企业当前有 100 股发行在外的股票，股票的市场价格为每股 5 美元，债券按面值出售。该企业当前的贝塔为 1.12，无风险收益率为 7%。

a. 企业当前的权益成本是多少？

b. 企业当前的负债成本是多少？

c. 企业当前的加权平均资本成本是多少？

d. 假定 Herbert's 的管理层正在考虑采用负债与权益互换（也就是借入足够的资金，以每股 5 美元的价格回购 70 股股票）。我们认为，采取负债与权益互换后，企业的评级将下降到 C，使得公司负债的利率上升到 15%。

e. 在进行互换之后，企业新的权益成本是多少？

f. 在进行互换之后，企业的有效税率是多少（该税率是用来计算税后的负债成本）？

g. 企业新的资本成本是多少？

10. Terck 是一家领先的医药公司，该公司当前的资产负债表如下所示（单位：美元）：

负债与所有者权益		资产	
长期债券	1 000	固定资产	1 700
所有者权益	1 000	流动资产	300
合计	1 000	合计	1 000

该公司当前的利润表如下（单位：美元）：

销售收入	1 000
销售成本	400

续前表

折旧	100
EBIT	500
长期利息费用	100
EBT	400
税收	200
净利润	200

该企业所有的债券都是期限为 20 年的债券，票面利率为 10%。该债券以票面价值的 90%出售（对应的到期收益率为 11%）。股票以市盈率等于 9 的股价出售，并且该股票的贝塔为 1.25。无风险收益率为 6%。

a. 企业当前的权益成本是多少？

b. 企业当前的税后负债成本是多少？

c. 企业当前的加权平均资本成本是多少？

假定 Terck 的管理层是非常保守的，他们正在考虑使用权益与负债的互换（也就是发行 200 美元新的股票，并且赎回 200 美元的负债）。预期该行动将会使企业的利率降到 1%。

d. 该企业新的权益成本是多少？

e. 该企业新的加权平均资本成本是多少？

f. 在互换之后，企业价值将变成多少？

11. DASA 是一家环保的垃圾处理企业。该企业请你来分析一下资本结构，对企业未来的行动给出一些建议。DASA 有4 000万股发行在外的股票，以每股 20 美元的价格出售，用市场价值计算的负债权益比为 0.25。股票的贝塔为 1.15，企业当前的评级为 AA，该评级对应的市场利率为 10%。该企业的利润表如下（单位：百万美元）：

EBIT	150
利息费用	20
应税收入	130
税收	52
净利润	78

当前国库券的收益率为 8%。

a. 企业当前的加权平均资本成本是多少？

b. 企业计划另外借入 2 亿美元的资金并进行股票回购。如果这样做，将会使企业的评级下降到 A，该评级对应的市场利率为 11%。在进行该行动之后，企业的加权平均资本成本将变成多少？

c. 如果企业另外借入 2 亿美元的资金并进行股票回购，最新的股票价格将是多少？（假定投资者是理性的。）

d. 现在假设企业还有另一种提高企业负债权益比的方法。该企业计划下一年进行大量的资本支出（1.5 亿美元）。同时，该企业现在每股支付 1 美元的股利。如果公司全部用负债资金来为资本支出进行融资，并且将下一年的股利率提高到现在的 2 倍。你预期下一年年底企业的负债权益比将为多少？

12. JJ 公司是一家数字卫星电视系统的生产与服务企业，该企业请你为其资本结构进行评估。该企业当前有7 000万股发行在外的股票，市场价格为每股 10 美元。另外，该企业有500 000份可转换债券，票面利率为 8%，每份债券的交易价格为1 000美元。JJ 的评级为 BBB，而 BBB 评级对应的纯粹债券的利率为 10%。该企业的贝塔为 1.2，当前的无风险收益率为 6%。税率为 40%。

a. 该企业当前的负债权益比是多少？

b. 该企业当前的加权平均资本成本是多少？

JJ 公司计划再借入 2.5 亿美元的资金，并且这些资金用于如下目的：

- 购回价值 1 亿美元的股票。
- 支付 1 亿美元的股利。
- 对一个净现值为2 500万美元的项目进行5 000万美元的投资。

如果另外借入资金，将会使负债评级下降为 B，这将使当前的利率变为 11%。

c. 在另外进行负债后，企业的权益成本将变成多少？

d. 在另外进行负债后，企业的加权平均资本成本将变成多少？

e. 在另外进行负债后，企业的价值将变成多少？

13. 辉瑞公司（Pfizer）是美国大型的医药公司之一，该企业想弄清楚其负债能力。在 1995 年 3 月，辉瑞公司发行在外的权益的市场价值为 242.7 亿美元，负债为 28 亿美元，评级为 AAA。该企业当时的贝塔为 1.47，边际公司税率为 40%。当期的国库券收益率为 6.5%。AAA 级债券对应的违约价差为 0.30%。

a. 估计出辉瑞公司的资本成本。

b. 估计如果将该企业的负债比率移动到最优负债比率 30%，该企业的负债评级将变成 BBB，而 BBB 对应的违约价差为 2%。估计出该企业将负债比率移动到最优点的资本成本。

c. 假定企业价值是以 6%的固定速率在增长，如果辉瑞公司将负债比率移动到最优点，该企业的价值是多少？这对于股价有什么样的影响？

d. 辉瑞公司有大量研发支出。这会影响到该企业是否进行额外负债的决策吗？

14. 厄普约翰公司（Upjohn）是另一家主要的医药公司。该企业也在考虑是否借入更多资金。厄普约翰公司发行在外的负债的账面价值为 6.64 亿美元，有 1.73 亿股流通股，每股股价为 30.75 美元。该公司的贝塔为 1.17，税率为 36%。国库券收益率为 6.50%。

a. 如果负债的利息费用为5 500万美元，负债的平均期限为 10 年，并且该公司当前的评级为 AA－（对应的市场利率为 7.50%），请估计出负债的市场价值。

b. 请估计当前的资本成本。

c. 如果厄普约翰公司移动到最优负债比率，假定此时企业价值的增长率为 0，每股价值将增加 1.25 美元。估计出最优负债比率对应的资本成本。

15. 伯利恒钢铁公司（Bethlehem Steel）是美国最古老、规模最大的钢铁公司之一，该企业正在考虑是否使用其剩余的负债能力。该企业发行在外的负债的市场价值为 5.27 亿美元，权益的市场价值为 17.6 亿美元。企业的息税前利润为 1.31 亿美元，公司税率为 36%。公司债券的评级为 BBB，负债成本为 8%。该评级对应的违约概率为 2.30%，预期破产成本为企业价值的 30%。

a. 估计出该企业在无杠杆情况下的价值。

b. 用 APV 法，估计企业在负债比率等于 50%的情况下的价值。当负债比率等于 50%时，企业的债券评级将变成 CCC，违约概率将上升到 46.61%。

16. 堪萨斯南方铁路（Kansas City Southern）是一家铁路公司。1995 年 3 月，该公司发行在外的负债为 9.85 亿美元，在外发行了 4 000万股股票，每股股价为 46.25 美元。该企业的 *EBIT* 为 2.03 亿美元，面临的边际税率为 36.56%。该企业想使用 APV 法估计出企业的最优杠杆。以下表格总结了当负债比率从 0%逐渐变化到 90%时预计企业的债券评级与违约概率。

负债比率（%）	债券评级	违约概率（%）
0	AAA	0.28
10	AAA	0.28
20	A—	1.41
30	BB	12.20
40	B—	32.50
50	CCC	46.61
60	CC	65.00
70	C	80.00
80	C	80.00
90	D	100.00

预计直接的破产成本与间接的破产成本合起来为企业价值的 25%。根据企业在负债情况下的价值，估计出企业的最优负债比率。

17. 在 1995 年，锐步公司在进行最优资本结构分析后提供了以下有关资本成本与企业价值的结果。

	实际值	最优值	变化
负债比率（%）	4.42	60.00	55.58
股票的贝塔	1.95	3.69	1.74
权益成本（%）	18.61	28.16	9.56
债券评级	A—	B+	

续前表

	实际值	最优值	变化
税后负债成本（%）	5.92	6.87	0.95
资本成本（%）	18.04	15.38	−2.66
企业价值（不考虑成长的情况下）（百万美元）	3 343	3 921	578
股价（美元）	39.50	46.64	7.14

另外，已知1995年的息税前利润为4.2亿美元，税率为36.90%。

a. 为什么锐步的最优负债比率如此高？

b. 当锐步将负债比率移动到最优负债比率时会有什么样的担忧？

18. 你在分析联合航空公司（UAL）是否有剩余负债能力。1995年，UAL有1 220万股发行在外的股票，每股价格为210美元，发行在外的负债大约为30亿美元（既是市场价值也是账面价值）。负债的评级为B，市场利率为10.12%。另外，该企业有租赁合约，预期每年与租赁相关的支付义务为1.5亿美元。股票的贝塔为1.26，企业面临的税率为35%。国库券收益率为6.12%。

a. 估计出该企业当前的负债比率。

b. 估计出该企业当前的资本成本。

c. 根据1995年的经营利润，计算出最优负债比率为30%，这一点对应的评级为BBB，市场利率为8.12%。

d. 如果知道1995年的经营利润是压低了的值，这会改变你的分析吗？为什么？

19. 英特尔的息税前利润为34亿美元，边际税率为36.50%。企业当前发行在外的负债为15亿美元，权益的市场价值为510亿美元。股票的贝塔为1.35，税前的负债成本为6.80%。国库券收益率为6%。假定企业正在考虑将负债比率提高到70%，在这一点上，企业的债券评级将变成C（税前利率为16%）。

a. 估计出企业当前的资本成本。

b. 假定所有的负债资金都是以新的市场利率借到的，当负债比率为70%时，利息费用将是多少？你能得到所有的税收优惠吗？为什么？

c. 使用传统的杠杆贝塔的计算方法，估计出负债比率为70%时对应的股票贝塔。假定评级为C的负债拥有的贝塔为0.60，重新对贝塔进行估计。你在计算资本成本时会使用哪个贝塔？

d. 估计出负债比率为70%时的资本成本。

e. 如果英特尔将负债比率移动到70%，企业的价值会发生什么变化？

f. 对于其他成长性企业的资本结构，你会得到什么样的一般结论？

20. NYNEX是纽约地区的电话公共企业。该企业请你对其资本成本给出建议。1995年，该企业发行在外的负债为121.4亿美元，发行在外的权益为205.5亿美元。企业的息税前利润为17亿美元，公司税率为36%。股票的贝塔为0.84，债券的评级为A−（对应的市场利率为7.5%）。评级为A−的企业对应的违约概率是1.41%。预计企业的破产成本为企业价值的 30%。

a. 估计出企业在没有负债情形下的价值。

b. 如果将负债比率提高到 50%，对此时的企业进行估值。已知在该点上，债券评级将变成 BBB，违约概率将变成 2.3%。

c. 假定该企业正在考虑转向娱乐业，该行业比电话行业利润更大，风险也更大。你预期该企业的最优负债比率将会发生什么变化？

21. 一家小型的私有企业请你提供一些有关资本结构决策的建议。该企业是一家专业零售行业的企业，去年的 *EBIT* 为500 000美元。

权益的账面价值为150万美元，预期其权益的市场价值为600万美元。

该企业发行在外的负债为100万美元，去年支付的有关负债的利息费用为8万美元。（根据利息保障倍数，得到企业的评级为 AA，该评级对应的利率为 8.25%。）

企业的权益没有上市交易。可比上市企业的平均贝塔为 1.05，平均的负债权益比率为 25%。

a. 估计出企业当前的资本成本。

b. 假定现在该企业将负债从100万美元扩大到200万美元，负债的利率相应升高到 9%。估计出该企业新的资本成本与企业价值。

c. 你还运行了一个回归，用上市企业的负债比率对企业的特征进行回归。

$$DBTFR = 0.15 + 1.05(EBIT/\text{企业价值}) - 0.10\beta$$

其中，*DBTFR* 是负债比率，*EBIT* 是企业的息税前利润。

请根据该回归式子估计出私有企业的负债比率。

d. 将大型上市企业采用的方法扩展来估计小型企业的最优负债比率时可能会遇到什么问题？

e. XCV 是一家生产装备零件的企业，该公司正在考虑财务杠杆的成本与收益。该企业的 CFO 注意到，在当前无负债的情况下，企业的权益收益率只有 12.75%。如果进行负债，其权益收益率将会得到极大的提高。这是正确的吗？企业的价值是否会随着杠杆的提高而提高？为什么？

第 9 章 资本结构：融资细节

在第 7 章，我们考察了企业筹集资金时可采用的大量选择。在第 8 章，我们介绍了一些估计企业最优负债比率的工具。在这里，我们将讨论如下内容：企业如何使用信息来估计用于融资的负债与权益组合，以及企业会采用什么样的金融工具达到该组合。

我们首先考察一下，当企业确定出其最优负债比率之后，企业是否从当前的负债水平移动到最优点上。有很多因素会让企业在杠杆过低的时候不使用剩余负债能力，在杠杆过高的时候不减少其负债。如果企业决定从当前的负债水平移动到其最优融资组合上，企业要做出两个决策。第一，企业必须考虑清楚移动的速度。这种紧迫性的程度在不同企业之间有所不同，取决于当企业在杠杆过低或者杠杆过高情况下受到的威胁。第二，应当通过什么样的手段来提高（或降低）负债比率，是通过重新调整资本结构、剥离资产并使用现金减少负债或权益、将负债或权益投资到新的项目上，还是改变股利政策。

在本章的第二节，我们将会考虑企业应当怎样选择其正确的融资方式。我们认为，企业的融资决策很大程度上应当由资产现金流的性质所决定。将融资选择与资产的特征相匹配，这样会降低一定负债水平所对应的违约风险，并且企业能够借入更多的资金。然后，我们将考虑一些现实的影响因素，包括税法、评级机构的看法，以及可能使企业修改其融资决策的信息效应。

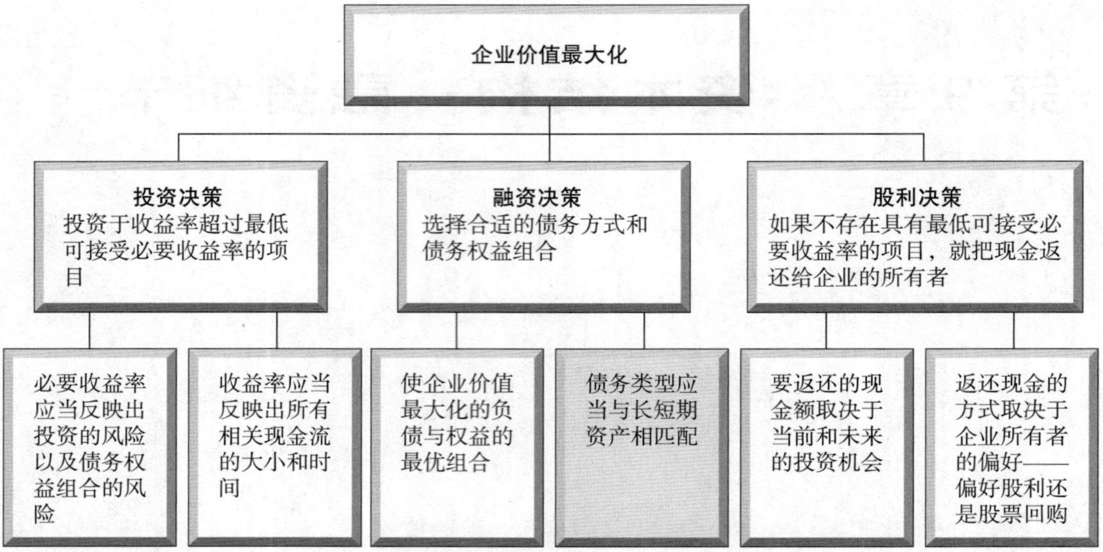

分析资本结构调整的框架

如果企业当前的负债比率并不是最优负债比率，该企业有如下几种选择。第一，企业必须决定是否调整到最优点或者保持当前的负债状况。第二，一旦企业决定朝着最优负债比率的方向改变，那么企业必须决定是迅速调整还是缓慢、谨慎地调整。该决策会受到来自外界的压力影响，比如没有耐心的股东以及评级机构的评级等。第三，如果企业决定缓慢调整到最优点，它必须确定是通过新项目上的融资还是通过改变现有项目上的融资组合来达到这一目的。

在前面的章节中，我们介绍了为什么要调整到最优点，因为这样做可以为股东带来价值。相反地，当经理人在考虑是否调整到最优点的决策时，通常的情形是，如果企业负债过低，他们就会受到股东的压力，如果企业负债过高，他们就会受到破产的威胁，在如此的压力或者威胁下才决定朝着最优点移动。

迅速调整、缓慢调整还是保持不变

在第 7 章中，我们讨论了对于负债与权益的权衡。在第 8 章中，我们介绍了几种用于决定最优融资组合的方法。似乎逻辑上的下一步就是企业朝着最优组合点移动。在下一部分，我们将会先考虑一些导致企业不朝着最优点移动的原因；接下来我们看看如果企业决定朝着最优负债点移动，它们需要做出的相关决策。

保持不变、缓慢调整还是迅速调整

我们隐含地假定，如果企业意识到其当前的负债比率并不是最优负债比率，它们就会朝着最优负债比率点移动。而实际上情况并非总是如此。有很多企业是无论用什么方法来评估，结果都是负债过低，但是它们还是不会使用剩余负债能力。相反地，有些企业杠杆过高，但是它们却不会降低其负债水平。但是另一种极端情况是，有些企业一夜之间就将负债比率调整到最优负债比率。在这一部分，我们考察一下企业在决定使其负债比率保持不变、向着最优负债比率缓慢调整还是向着最优负债比率迅速调整时所考虑的因素。

是调整还是不调整

当企业负债过低或者负债过高的时候，它们出于一些原因可能并不会向最优负债比率点移动。假定最优负债比率是让企业价值达到最大化的负债比率，如果企业不朝着最优负债点移动，这种行为不仅不理性而且会损毁股东价值。在一些情形下的确如此。但是，在另一些情形下，不朝着最优负债比率点移动是符合价值最大化原则的。

让我们首先考虑一下负债过低的企业。一个企业不朝着最优负债比率移动的首要原因是，该企业的目标并非价值最大化。如果企业的目标是利润最大化或者保持较高的债券评级，那么就会选择举借较少的负债。股东应当向那些不借款的经理人提出异议，因为股东的目标就是企业价值最大化。如果经理人的行动准则不是该目标，那么他们必须说明其目标是合理的。

即使企业同意将价值最大化作为其目标，但是还有一些原因使得杠杆过低的企业不去使用它们的剩余负债能力。

- 当企业举债时，债务条款通常会限定企业以后的负债额。如果企业很看重灵活性，那么它们就不会使用其剩余负债能力。
- 可以将流动性的原因扩展到未来融资需求上。如果企业的未来融资需求是不确定的，那么它们可能想保持这种超额负债能力以满足这些需求。
- 对私有企业来说，它们在做出负债决策时将破产概率看得很重。①

这些都是企业不使用剩余负债能力的原因，并且这些都是符合价值最大化原则的。但是，我们对这些原因进行财务上的测试。例如，我们在例 8—2 中估计，如果迪士尼达到其最优负债比率，它的价值会增长 18 亿美元。如果企业的经理人指出不使用剩余

---

① 在上一章描述的所有方法中，我们都考虑到违约可能性。但是，并没有考虑到破产成本在不同公司之间有所不同的事实。上市公司的经理人在违约发生时可能仅仅失去其工作，而私有企业在破产时可能会失去其所有的财产与信誉。

负债能力的原因是出于对财务灵活性的考虑，那么该灵活性的价值必须要大于 18 亿美元。

如果企业负债比率高于最优比率过多，那么企业应当有很强的动机去降低负债。但企业也可能不这样做，原因如下：负债过多的企业唯一担心的是破产，如果政府经常会保护企业不受破产的影响，或者通过支持那些违约的企业，或者通过支持那些给企业贷款的银行，那么企业就可能会保持过高的杠杆水平。这就解释了为什么韩国企业虽然负债很高，却没有减少负债，直到政府的信誉坍塌。

实践：将财务灵活性作为一种期权

如果我们假定进入资本市场是无限制且无成本的，那么企业总是能为好项目筹集到资金。另一方面，如果筹集新资金存在内在或外在的约束，那么财务灵活性就是很有价值的。为了确定出财务灵活性的期权价值，假定企业能够根据其过去的历史与现在的行业情形对未来再投资的资金有一定的预期，但不是确定的。另外假定企业知道在未来期间能从内部筹集到多少资金以及能从资本市场上筹集到多少资金。使用剩余负债能力或拥有大量现金余额的优势（或价值）是，企业能够使用其负债能力满足任何超过其可用资金的再投资需要。但是，从这些项目中获得的回报要来自企业预期从这些项目中获得的超额收益。

有了这个框架，我们就可以列示出几种最看重财务灵活性的企业类型：

- **进入资本市场的程度。**如果企业进入资本市场的程度有限，比如私有企业、新兴市场企业以及市场规模较小的企业，财务灵活性对这些企业的价值应当高于那些更容易进入到资本市场融资的企业。

- **项目质量。**财务灵活性的价值不仅来自剩余负债能力而且来自这些项目产生的超额剩余能力。如果企业处于竞争性强的成熟行业，这些行业的超额收益接近于零，因此，与那些有着显著的竞争优势与超额收益的企业相比，这些企业没有那么看重财务灵活性。

- **对于未来投资需要的不确定性。**如果企业能够确定再投资的需要，那么就不用保持剩余的负债能力，因为它们可以提前计划好融资。如果企业处在每期投资需求波动很大的行业里，那么就会更加看重财务灵活性。

关键是，如果企业更看重财务灵活性，那么就应当让这些企业有更大的灵活性来将负债比率保持在理论的最优负债比率以下。这就是为什么诸如微软与英特尔这种成熟企业不会将负债保持在最优点以下，而对新兴市场的企业来说，它们不容易从资本市场获得融资，不仅使用少量负债并且积累了大量的现金余额。同理，企业在市场危机时刻更加看重财务灵活性。从 2008 年的银行与金融危机中学到的一课是，即使在发达国家中，进入资本市场融资在某些环境下也会受到限制。所以，企业在危机时借入的资金应当比危机前更少，并且要积累更多的现金。

逐渐调整还是迅速调整

很多企业努力调整到其最优负债比率，它们可以随着时间缓慢移动到最优点，也可以迅速调整到最优点。迅速调整到最优点的优势在于，企业立即可以享受到最优杠杆带来的好处，包括更低的负债比率与更高的企业价值。杠杆的突然变化带来的不利是，改变了经理人制定决策的方式以及决策制定所处的环境。如果最优负债比率的估计是错误的，陡然的变化可能会导致企业退回到以前的状态并且收回其融资决策。比如，假定计算出企业的最优负债比率为40%，企业当前的负债比率为10%，而且企业从当前的负债比率移动到最优负债比率。几个月后，该企业发现最优负债比率实际上为30%。那么它就要归还一些借入的负债以达到最优点。

对于无杠杆企业的逐渐调整与迅速调整

对于无杠杆企业来说，究竟是迅速移动到最优点还是缓慢移动到最优点，取决于以下四个因素：

（1）对最优杠杆估计的确定程度。 在估计最优财务杠杆时可能出现的误差越大，企业越可能选择缓慢移动到最优点。有些误差可以追溯到最优负债比率计算中对于关键输入输出参数的不确定性，比如估计的经营收入、权益与负债的税率与风险溢价。所以，如果企业处于有更大波动性的行业，该企业更可能选择渐变的方式。

（2）同行业的比较。 当企业的最优负债比率不同于其所属行业的负债比率时，分析师与评级机构可能会不太看好这种改变，企业自己也不大可能迅速转变到其最优负债比率上。

（3）并购的可能性。 对并购中目标企业的特征进行实证研究的文章指出，无杠杆企业更可能被杠杆过高的企业收购。① 通常来说，对于并购的融资部分依赖于目标企业未使用的负债能力。因此，对于那些有剩余负债能力的企业来说，如果一直延迟使用该负债能力，就会有被收购的风险。该风险越大，企业越可能选择迅速移动到最优负债比率。还有一些其他的因素决定了并购的可能性。一个是反收购条款（在州的层面上）以及为了避免敌意收购而对公司章程进行的修正案这两者的普遍性。这些条款的约束越多，企业担心被收购的风险越低。另一个则是企业的规模。同并购规模为10亿美元的企业相比，当收购规模为1 000亿美元的企业时，此时为并购进行融资要困难得多，因此规模越大的企业越不受并购的威胁。第三个因素是内部人与经理人对企业的持股。如果内部人与经理人持有大量的股票，他们也许有能力阻止敌意收购。最后一个因素是企业的股价表现，如果企业的业绩已经下降了很多，该企业的股东可能更愿意被收购。

（4）对财务灵活性的需求。 有时候，企业可能会保持剩余负债能力以满足对资金的意外需求，这些资金可能用于维持当前的项目，也可能用于新的项目。如果企业需要并

---

① K. Palepu, "Predicting Takeover Targets: A Methodological and Empirical Analysis," *Journal of Accounting and Economics* 5: 3-35. 作者指出，似乎能够对并购进行预测的情况之一就是同时出现较低的负债比率与糟糕的经营业绩。

看重这种灵活性，它们就更不会迅速移动到其负债的最优点上且使用完其剩余负债能力。

9.1 内部人持股与杠杆

集中持股的企业（其中经理人与内部人持有大量的流通股）比股权分散的企业更不可能迅速提高其杠杆。

a. 正确。

b. 错误。

请解释。

【例 9—1】 负债能力与并购

迪士尼在 1996 年对大都会进行了收购，虽然这是一场友好的收购，但是该案例说明了对非杠杆企业进行并购的一些优点。在并购期，大都会的负债为 657 百万美元，该企业有 154.06 百万股股票，并且交易价格为每股 100 美元。用市场价值来计算，该企业的负债资本比率只有 4.07%。另外，贝塔为 0.95，借债利率为 7.70%，公司税率为 43.5%，从而可以计算出资本成本为 11.9%。（在分析期间国库券的收益率为 7%。）

$$
\begin{aligned}
\text{资本成本} &= \text{权益成本}\times[\text{权益}/(\text{负债}+\text{权益})]+\text{负债成本}\times[\text{负债}/(\text{负债}+\text{权益})]\\
&= 12.23\%\times[15\,406/(15\,406+657)]+7.70\%\times(1-0.435)\\
&\quad\times[657/(15\,406+657)]\\
&= 11.9\%
\end{aligned}
$$

表 9—1 对大都会处于不同负债比率情况下的权益成本、负债成本、资本成本，以及企业价值与股价的估计进行了描述。

表 9—1 融资成本、企业价值与负债比率：大都会

负债比率(%)	贝塔	权益成本(%)	利息保障倍数	债券评级	利率(%)	负债成本(%)	资本成本(%)	企业价值(百万美元)	股价(百万美元)
0.00	0.93	12.10	∞	AAA	7.30	4.12	12.10	15 507	96.41
10.00	0.99	12.42	10.73	AAA	7.30	4.12	11.59	17 007	106.15
20.00	1.06	12.82	4.75	A	8.25	4.66	11.19	18 399	115.19
30.00	1.15	13.34	2.90	BBB	9.00	5.09	10.86	19 708	123.69
40.00	1.28	14.02	1.78	B	11.00	6.22	10.90	19 546	122.63
50.00	1.45	14.99	1.21	CCC	13.00	7.35	11.17	18 496	115.81
60.00	1.71	16.43	1.00	CCC	13.00	7.35	10.98	19 228	120.57
70.00	2.37	20.01	0.77	CC	14.50	9.63	12.74	13 939	86.23
80.00	3.65	27.08	0.61	C	16.00	11.74	14.81	10 449	63.58
90.00	7.30	47.16	0.54	C	16.00	12.21	15.71	9 391	56.71

请注意，当负债比率为 30％时，企业价值达到最大化，导致股价从当前的市价每股 100 美元上涨到每股 123.69 美元。

尽管负债能力并不是迪士尼对大都会进行并购的原因，迪士尼为该并购借入了 100 亿美元的资金，支付价为每股 125 美元。如果经理人借入如此多的资金并且进行股票回购，大都会的股东也会享受到此溢价。只要迪士尼能够从该并购的协同效应中获得其他收益，那么大都会的股东可能不能享受到其股票的全部收益。

对于杠杆过高企业的逐渐调整与迅速调整

对于那些负债过多的企业来说，它们也要决定是渐渐移动到最优点还是迅速移动到最优点。同无杠杆企业一样，对于最优负债比率估计的准确性和与同行业的比较是杠杆过高企业在资本结构调整中考虑的重要因素。如果行业里的大部分公司都过度负债，就像 20 世纪 90 年代末期电子通讯行业那样，企业一点都不急于降低其负债比率，即使它们艰难地偿还债务。相对比的是，如果一个行业中的大多数企业都有较低的负债比率，但该企业的负债比率过高，那么它面临着更大的降低负债的压力。

对负债过多的企业来说，考虑的另一个因素是违约概率。负债过多会导致更高的利率与更低的债券评级。因此，破产的可能性越大，企业越有可能迅速减少其负债并移动到最优负债比率上。我们如何来评估违约概率呢？如果企业被评级，它们的债券评级则是一个有噪音却简单的违约风险衡量指标。如果对企业的评级低于投资级（低于 BBB），那么该企业破产的概率就相当大。即使企业没有被评级，我们也可以使用人为的评级（根据利息保障倍数）来得出同样的结论。

9.2 间接破产成本与杠杆

在第 7 章中，我们讨论了间接破产成本，也就是由于觉察到违约风险从而影响到销售量与利润。假定某企业有着相当大的间接破产成本并且负债过多。同没有如此大间接成本的企业相比，该企业更快还是更慢回到其最优负债比率上？

a. 更快。

b. 更慢。

请解释。

融资组合调整的实施

企业可以通过几种方式来调整其融资组合。在这一节，我们首先详细介绍几种调整融资组合的方式，然后再看看企业怎样来选择合适的方式。

调整融资组合的方式

如果企业想要调整其融资组合，有如下四条基本路径。第一，使用新的权益以退回负债或者使用负债来减少权益，这被称为资本重组。第二，销售资产然后使用因此获得的收入来还清负债（如果目标是降低负债比率），或者进行股票回购或发放股利（如果目标是提高负债比率）。第三，使用比企业本身负债比例或者权益比例更高的资金来为新的投资项目融资。企业的价值会升高，同时负债比率也会发生变化。第四，改变用于发行股利或者进行股票回购的盈利比例。当该比例发生变化时，负债比率也会随着时间发生改变。

资本重组

改变企业的融资组合最简单也是最快速的方法是改变现有投资的资金来源比例。因而一个杠杆过低的企业可以通过借入资金并且回购股票来提高负债比率或者用同等市场价值的负债来替换权益。

● 借入资金并进行股票回购（或者支付大量的股利）来提高负债比率，因为借入资金可以提高负债比率，而股权回购与股份支付可以同时降低权益比率；前者通过减少流通股数量的方式，后者通过降低每股股价的方式。很多公司都使用这种方法来迅速提高杠杆，很可能是对收购做出的回应。例如，1985 年，大西洋富地公司（Atlantic Richfield）为了避开敌意收购，借入了 40 亿美元的资金来进行股票回购，将负债资本比率从 12%提高到 34%。[①]

● 在债转股的协议中，企业通过交换这两种证券将权益替换为同等市场价值的负债。负债提高的同时降低权益，这就导致负债比率显著上升。在很多情况下，企业给权益投资者提供了现金与负债来换回权益。举例来说，1986 年，欧文斯-科宁公司（Owens Corning）支付给股东 52 美元的现金与面值为 35 美元的债券以换取一股流通股，从而提高了负债降低了权益。

在这些例子中，企业都受到了债券条款的限制，这些条款限制了一些行为，如果违反了这些行为就会使企业遭受更严重的惩罚。企业必须在高负债带来的约束与收益之间进行权衡。目的是提高负债比率的资本重组又被称为杠杆重组，而很多企业进行杠杆重组的目的是防止敌意收购。[②]

如果企业想降低其负债比率，也会采取相似的策略。一个杠杆过高的企业可以对负债协议进行重新谈判，然后说服一些债权人拥有一些权益并以放弃负债作为交换。企业也可以请求债权人提供更加慷慨的债券条款，包括更长的到期时间以及支付更低的利率。最后，企业可以发行新的权益，使用筹集来的资金偿还一些负债。企业在谈判中最重要的筹码是违约概率，因为违约会给债权人造成相当大的损失。比如，在 20 世纪 80 年代末，很多美国银行都被迫将拉美的债务换成权益股份，或者只收回部分负债。

资产剥离并用收入来偿付

企业可以通过出售资产并用产生的现金减少负债或权益，从而改变它们的负债比率。因此，一个无杠杆企业可以出售一些资产，然后使用收入来回购股票或者支付大量股利。这样就减少了企业发行在外的权益，并且也会提高企业的负债比率，前提是企业已经有流通在外的负债。杠杆过高的企业可以出售资产并用收入偿还一些债务，从而降低其负

① 股票回购提高了股价，从而降低了并购的合理性。

② 对 1985—1988 年杠杆重组的研究表明，相当多企业的杠杆化资本重组是由敌意收购的威胁所驱动的。

债比率。

如果企业选择了这种方法，那么究竟剥离哪一项资产就是一个重要的问题。企业通常想剥离那些表现很差的投资项目，也就是收益率小于必要收益率的项目，但是这并不是决策中最重要的考虑因素。关键的问题是，是否有潜在的买家愿意支付公允价格或者更高的价格来购买该项资产。其中，公允价格衡量了资产对于企业的价值，是用预期现金流计算出来的。实际上，杠杆过高的企业在剥离资产时所面临的一种风险是，由于它们急切地想获得现金，于是其谈判力被削弱，而潜在的购买者会意识到这种弱点（并且相应地调整他们的出价）。

9.3 为了降低杠杆比率而出售资产

假定企业决定通过出售资产获得资金来偿还债务。在决定出售何种资产时，企业应当

a. 出售业绩表现最差的资产。

b. 出售业绩表现最好的资产。

c. 出售流动性最强的资产。

d. 以上都不对。

请解释。

为新项目融资

企业可以在新项目中使用较多的负债资金或权益资金，从而改变其负债比率。如果它们为新项目筹集的负债资金比率比企业当前的负债比率要高，这些企业就会提高它们的负债比率。反之，如果企业为项目筹集的权益资金比率比企业当前的权益比率要高，这些企业就会降低它们的负债比率。

这种方法与前两种方法有两个关键的差异。第一，因为新的投资项目是分散在各期的，所以企业负债比率的调整将会非常慢。第二，投资于新资产的过程将会同时提高企业价值与负债价值。例如，如果迪士尼决定将其负债比率提高到 30%，并且希望通过投资主题公园来达到这一目的，企业的价值将会提高以反映出该项投资创造的新资产。

调整股利支付比率

我们将在下一章详细讨论股利政策，在这里只简单介绍一下。企业可以通过改变每期返还给股东的盈利比例来逐渐改变其负债比率。提高用盈利来支付股利的比例或者进行股票回购都会提高负债比率，原因有以下两点。第一，支付股利或者回购股票将会减少企业的权益[①]；在总的负债保持不变时，就会提高企业的负债比例。第二，将更多的盈利支付给股东，会提高新投资所需要的外部资金；如果企业用新的负债来填补该资金空缺，负债比率就会进一步提高。（将更少的盈利支付给股东会达到相反的效果。）

① 支付股利，即拿走企业的资金，并将该资金发放到股东手里，因此，企业的价值会降低。股价会反映出该效应。

企业如果选择了这种方法，其负债比率会随着时间的推移缓慢发生变化。实际上，预期企业的权益价值也会随着时间的推移上升，就会产生一个预期价格增值率。可以用权益成本减去来自股利的预期收益率，得到预期价格增长率。其中，来自股利的预期收益率可以通过股利收益率估计出来，其中股利收益率等于每股股利除以股价。

预期价格增值率 = 权益成本 − 预期股利收益率

比如，2009 年，迪士尼的权益成本为 8.91%，预期股利为每股 0.35 美元。已知股价为 24.34 美元，预期价格增值可以计算如下：

预期价格增值率 = 8.91% − 0.35/24.34 = 7.47%

预计下期迪士尼的权益市场价值将增长 7.47%。为了使负债比率上升，负债的增加额必须大于权益市场价值增加额。

9.4 负债总额与负债比率

假定企业的价值为 10 亿美元。该企业现在没有负债，并且必须达到 20%的负债比率。如果企业要进行股票回购，需要借入多少资金？

a. 2 亿美元。

b. 2.5 亿美元。

c. 2.6 亿美元。

d. 1.6 亿美元。

如果该企业计划对新的项目进行投资（该项目的净现值为零），企业需要借入多少资金？如果新项目的净现值为5 000万美元，企业又需要借入多少资金？

在不同的方式中做出选择

已知企业可以通过资本重组、资产剥离、为新的投资融资以及调整股利支付率来改变负债比率，企业会选择哪种方法来调整负债比率呢？企业要考虑以下三个因素。第一，企业是否急于调整到最优负债比率。资本重组与资产剥离可以在几周内完成，并且可以显著改变负债比率。而为新项目融资或调整股利支付率，是调整负债比率的长期策略。因此，如果企业想快速调整其负债比率，可能是因为企业正面临着敌意收购的威胁，也可能是因为企业就要面临违约，该企业更可能采取资产重组等方式。

第二是新项目的质量。在前面有关投资分析的章节里，我们将好的投资项目定义为获得的收益率超过必要收益率的项目，也就是净现值为正的项目。当企业的杠杆过低时用负债资金来为新项目融资，当企业的杠杆过高时用权益资金来为新项目融资，那么该项目可以获得更高的收益。不仅资本结构的变化会导致企业价值的上升，上升的幅度可以通过变化的资本成本计算出来，而且新项目正的净现值也归属企业。另一个极端是，无论用负债资金还是用权益资金来投资坏的项目都是糟糕的策略，因为坏的项目会毁灭价值。

第三是现有投资的流动性。流动性与两个因素有关。一是现有的投资项目是否能获得超额收益；企业通常愿意剥离那些收益率小于必要收益率的资产。另一个考虑的因素（在我们看来，也是最重要的因素）是，出售该资产的价格是否足够补偿因出售资产而损失的现金流。但实际上结果往往是，企业的最优资产比最差资产更容易满足第二个条件。

表 9—2 根据以上所述的三个因素对各种调整负债比率的方法进行了评估。

表 9—2　　通向特定融资组合的最优路径

合意的调整速度	现有投资项目的流动性	新项目的质量	提高负债比率的最优路径	降低负债比率的最优路径
迅速	差	差	资本重组；负债并进行股票回购	资本重组；发行新的权益并偿还债务
迅速	好	好	剥离资产并且进行股票回购；用负债为新项目融资	剥离资产并且偿还负债；用权益为新项目融资
迅速	好	差	剥离资产并且进行股票回购	剥离资产并且偿还负债
缓慢	中等或差	中等或差	提高股利支付比率	每年用盈余来偿还负债
缓慢	好	中等或差	剥离资产并提高股利支付比率	剥离资产并且逐渐偿还负债
缓慢	中等或差	好	用负债为新项目融资	用权益为新项目融资

我们用图 9—1 总结了以下问题，即企业是应当快速改变其融资组合还是应缓慢改变其融资组合，并且怎样进行这种转变。

我们已经在图 9—1 中展示出了有关选择，即企业决定采用哪种方法或者哪几种方法的组合以达到最优负债比率。在接下来的部分，我们对四家企业进行考察。第一个是尼科尔斯研究公司（Nichols Research），它是一家小型企业，该企业通过借入资金与购回股票达到企业最优负债比率。另外两个企业，迪士尼公司与塔塔化学公司，选择使用新投资中的融资与资本重组的方法。其中，迪士尼公司的目的是提高其负债比率，而塔塔化学公司的目的是降低其负债比率。还有一个企业，鹦鹉纸浆公司，通过筹集新的权益资金来降低其负债比率，因为该企业需要快速改变其负债比率，并且其投资项目的收益低于资本成本。

【例 9—2】　快速提高财务杠杆——尼科尔斯研究公司

尼科尔斯研究公司是一家为国防工业提供科技服务的公司。1994 年，该企业发行的负债有 680 万美元，权益的市场价值为 1.2 亿美元。另外已知该企业的 *EBITDA* 为 1 200万美元，可以得到其最优负债比率为 30%。最优负债比率对应的资本成本为 12.07%，对应的企业价值为 1.46 亿美元，而企业当前的资本成本为 13%，当前的价值为 1.268 亿美元。以下几个原因表明尼科尔斯研究公司应当快速提高其杠杆：

- 企业的规模很小，杠杆较低并且有大量的现金余额（2 530万美元），这些使该企业成为一个首选的并购目标。

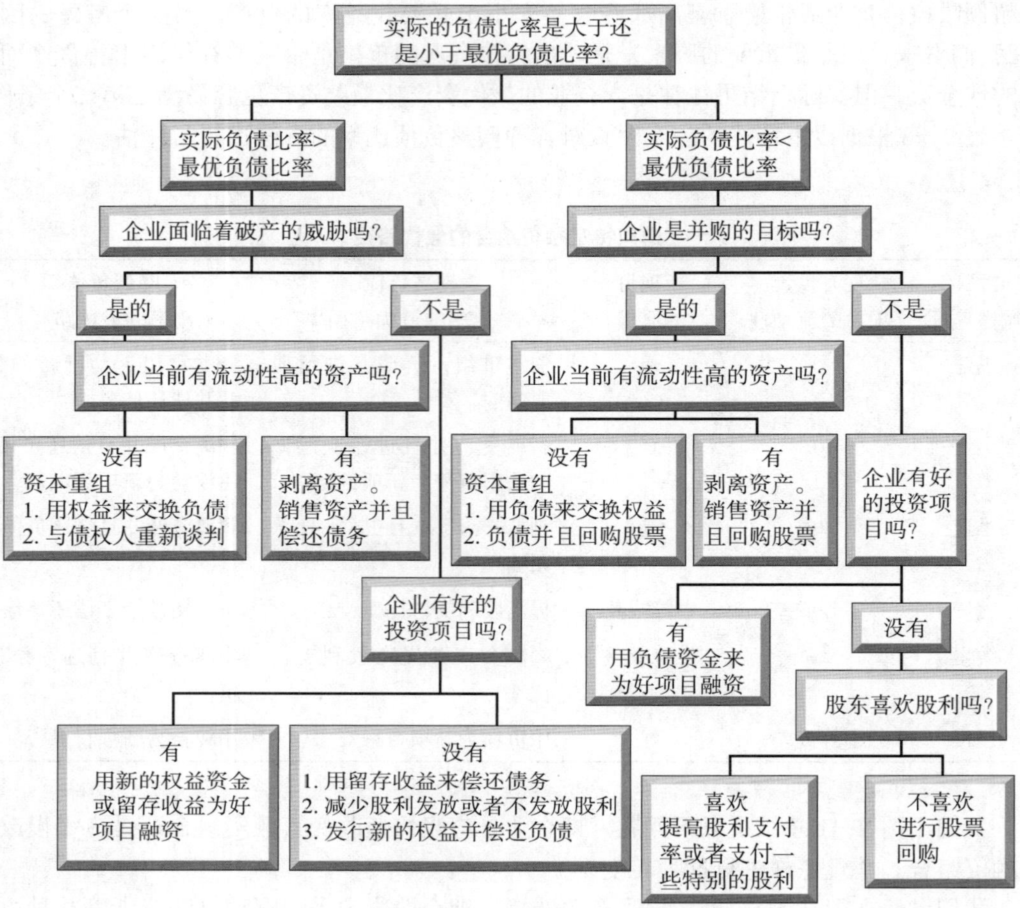

图 9—1　改变负债比率的框架图

● 虽然有 17.6%的股份是由所有者与内部董事所持有，但是也不能避开敌意收购，因为机构持有 60%的流通在外的股份。

● 该企业的报告指出，项目的盈利一直在下滑，因为国防预算缩减了。在 1994 年，资本收益率只有 10%，比资本成本要低。

如果尼科尔斯决定提高其杠杆，该企业可以采取如下几种方式：

● 该企业可以借入足够的资金使得负债达到企业总体价值的 30%（最优负债比率对应的企业价值为 1.46 亿美元）并且进行股票回购。这就需要3 700万美元的新负债，从而使企业总的负债达到4 400万美元。

● 该企业可以借入3 700万美元的资金，并且用这些资金支付特定的股利。

● 该企业可以用2 500万美元现金余额回购股票或者进行股利发放，并且将负债提高到企业剩余价值的 30%（负债为 1.21 亿美元的 30%）。[①] 这就需要再发行大约2 950万美

① 我们假定最优负债比率不受发放特定股利的影响。发放完现金后完全有可能使企业的风险增大（导致了更高的无杠杆贝塔），相应降低了最优负债比率。

元的新负债，用由此筹集的资金来进行股票回购。[①]

负债带来的冲击：一个行为学视角

在短时间内显著提高负债比率可能会减少企业的资本成本，但是也改变了企业的特征。在资金来源主要为权益的企业里，经理人已经习惯了在压力相对较小的环境里生存，当企业在短时间内提高其负债比率后，他们也必须快速适应与高杠杆相关的资金需求。虽然詹森等人指出，更高的负债水平会对管理层在风险评估与项目选择时起到更大的约束作用，但是由于要偿付大量的负债也会产生一些不良后果：

● **决策瘫痪**（decision paralysis）。因为每个有风险的投资项目或决策都可能造成违约，经理人可能不对他们认为有风险的项目进行投资。

● **关注短期**（short-term focus）。由于要支付利息与本金，经理人会选择那些在短期内产生收益的项目，而不是在长期能给企业创造更多价值的项目。

● **自选择问题**（self-selection problem）。在前面几章里，我们指出，一些经理人比其他人会更加乐观。这些过于乐观的经理人会认为未来能够有更高的利润，所以就借入更多的资金。

有一些研究对那些负债显著增加（通过杠杆化的资本重组和杠杆收购）的企业进行了考察，研究发现，至少平均而言，经理人能够对负债相关的支付要求进行合理的处理，并且企业的经营业绩在杠杆提高后增加了。

【例 9—3】　迅速降低负债比率——鹦鹉纸浆公司

在第 8 章里，我们指出了鹦鹉纸浆公司的危险处境。该企业的负债为 98 亿雷亚尔，负债比率为 52%，而企业的最优负债比率为 10%（即使我们假定盈利会回到正常水平）。实际上，现有负债产生的利息费用比标准化后的经营利润要高，就会使企业处于违约与破产的边缘。因此，我们认为企业有必要立即减少其负债比率，具体选择如下：

● **债转股。**首要选择是使债权人同意用他们的负债来交换企业的权益。虽然这会增加企业流通在外的股数，从而稀释现有股东对企业的控制权，但是这种做法对企业日常经营的影响最小，并且符合当前的财务状况。

● **发行新股偿还负债。**当鹦鹉纸浆公司的股价在 2008 年的后 9 个月里直线下降后，在最后有反弹的迹象。如果商品价格的上升可以导致股票的反弹，鹦鹉纸浆公司也许能够发行新的股票，并且使用发行收入来偿还大量债务。

● **出售资产偿还负债。**这是最不希望看到的情形，因为这表明企业没有其他选择了。但是，如果债权人不同意将负债转换为权益，并且发行新的权益是不可行的，企业就必须被迫出售部分资产，可能以底价来出售，然后使用该收入来偿还负债。

如果鹦鹉纸浆公司需要偿还债务，那么该企业就不会给股东发放股利。因此，我们认为鹦鹉纸浆公司应当停止发放股利，即使这会使得优先股股东掌握控制权。非常时期需要采纳非常措施。

---

① 29.5 百万美元＝121 百万美元×0.30－6.9 百万美元。

【例 9—4】　提高杠杆——迪士尼公司

我们在第 8 章对迪士尼进行了资本结构的分析，其中，迪士尼在 2009 年年初的负债比率为 27%，负债（用市场价值来衡量）为 167 亿美元，权益为 452 亿美元。基于最小化资本成本的最优负债比率为 40%。表 9—3 总结了当负债比率从 0%逐渐变化到 90%时企业的资本成本与企业价值。

表 9—3　负债比率、资本成本和企业价值：迪士尼公司

负债比率（%）	资本成本（%）	企业价值（百万美元）
0	7.90	58 499.82
10	7.68	60 373.92
20	7.45	62 371.16
30	7.32	63 595.96
40	7.32	63 650.81
50	7.33	63 556.35
60	7.40	62 873.20
70	9.49	47 883.80
80	10.46	43 090.17
90	11.34	39 497.05

在 2009 年年初，迪士尼没有任何提高财务杠杆的压力，部分是因为其规模很大（619 亿美元），部分是因为该企业的股价与盈利已经从 2003 年的低谷中复苏。① 因此，我们假定迪士尼决定将其杠杆提高到最优水平上。

如何将杠杆提高到最优水平上呢？我们来看看迪士尼 2008 年项目的质量。在第 5 章中，我们计算出 2008 年迪士尼的资本收益率为 9.29%，比当时的资本成本 7.51%要高，比最优负债比率下的资本成本 7.32%更高。② 如果我们假定未来还可能产生正的超额收益，到达最优负债比率的途径就是，在为新的项目筹资时使用比例更高的负债资金。

为了对杠杆的变化进行预测，我们做出如下假设：

● 从 2009 年到 2013 年，预计收入、经营利润、资本支出与折旧都以 5%的速度增长（根据分析师对增长率的估计）。以上各变量当前的价值如表 9—4 所示。

● 2008 年，非现金营运资本是收入的 2.28%，预计该比率在以后的五年里都保持不变。

① 请见第 4 章中有关詹森 α 的估计。在过去五年里，迪士尼每年的超额收益率为 5.62%。

② 正确的比较应当是与最优负债比率对应的资本成本进行比较。但是，如果资本收益率超过当前的资本成本那就更好了，因为达到最优负债比率点是要花费时间的。

● 正如第 4 章所估计的，预计新负债的利率为 6%，也就是迪士尼的税前负债成本。由下而上的无杠杆贝塔是0.733 3，当前的有杠杆贝塔是 0.90。

● 2008 年的股利支付率为 15.36%。

● 国库券收益率为 3.5%，风险溢价为 6%。

表 9—4　在当前的股利支付率下估计负债比率：迪士尼（正数为现金流入，负数为现金流出）

	当年	1	2	3	4	5
权益（百万美元）	45 193	48 521	52 014	55 677	59 517	63 537
负债	16 682	14 768	12 697	10 458	8 036	5 417
负债/（负债+权益）（%）	26.96	23.33	19.62	15.81	11.90	7.86
收入（百万美元）	36 990	38 840	40 781	42 821	44 962	47 210
非现金营运资本（百万美元）	844	886	931	977	1 026	1 077
资本支出（百万美元）	3 389	3 559	3 737	3 924	4 120	4 326
+营运资本的变化（百万美元）	40	42	44	47	49	51
—折旧（百万美元）	1 593	1 673	1 756	1 844	1 936	2 033
—净利润（百万美元）	4 324	4 540	4 838	5 157	5 499	5 864
+股利（百万美元）	664	697	743	792	844	900
=发行的负债（收回，百万美元）	(1 823)	(1 915)	(2 071)	(2 239)	(2 422)	(2 619)
贝塔	0.90	0.87	0.84	0.82	0.79	0.77
权益成本（%）	8.91	8.73	8.57	8.41	8.27	8.13
增长率（%）		5.00	5.00	5.00	5.00	5.00
股利支付率（%）	15.36	15.36	15.36	15.36	15.36	15.36

$净利润_t=净利润_{t-1}\times(1+g)-利率\times(1-t)\times(负债_t-负债_{t-1})$

为了估计出未来期间权益的预期市场价值，我们将使用权益成本与股利来计算。负债与权益价值估计如下：

$$权益_t = 权益_{t-1}\times(1+权益成本_{t-1})-股利_t-股票回购_t$$

道理很简单：权益成本衡量的是股票的预期收益率，包括价格升值部分与股利率，而股利支付与股票回购会减少发行在外的权益价值。[①] 负债的价值可以用新发行的负债加上现有负债得出。

我们首先来看看当迪士尼保持现有的股利支付率 15.36%、不进行股票回购并且用剩余资金来偿还债务时，负债比率会发生怎样的变化。表 9—4 使用以后五年里预期的资

① 股利对权益的市场价值的影响效果最好地体现在除息日那天股利的发放对股价的影响上。股价在除息日那天会下降，下降的金额与每股支付的股利相同。

本支出、非现金营运资本的需求以及外部的融资需求，估计出每年的负债比率。

预计中有两点需要注意。第一，偿还债务后，利息费用会发生变化，于是要相应地调整净利润。第二，要将贝塔进行调整以反映出负债权益比率每年的变化情况。迪士尼每年会有现金余额，因为内部现金流（净利润＋折旧）超过了资本支出与营运资本的需要。如果用现金余额来偿还债务，权益的市场价值随着时间的推移而增加，这些会使得负债比率从现在的27%下降到第5年年底的7.86%。

如果迪士尼想要将其负债比率增加到35%，它可以选择以下几种方式的一种或多种：

（1）提高股利支付率。更高的股利支付比率可以通过两种方式提高负债比率。更高的股利支付比率增加了每年负债融资的需要，并且减少了预期权益的价格增加。例如，在表9—5中，将股利支付率增加到75%，将导致第5年年底的负债比率为30.85%。

表9—5　在较高的股利支付下估计负债比率：迪士尼（正数为现金流入，负数为现金流出）

	当年	1	2	3	4	5
权益（百万美元）	45 193	45 813	46 356	46 810	47 164	47 404
负债（百万美元）	16 682	17 475	18 316	19 206	20 149	21 148
负债/（负债＋权益）（%）	26.96	27.61	28.32	29.09	29.93	30.85
收入（百万美元）	36 990	38 840	40 781	42 821	44 962	47 210
资本支出（百万美元）	3 389	3 559	3 737	3 924	4 120	4 326
＋营运资本的变化（百万美元）	40	42	44	47	49	51
－折旧（百万美元）	1 593	1 673	1 756	1 844	1 936	2 033
－净利润（百万美元）	4 324	4 540	4 738	4 943	5 157	5 380
＋股利（百万美元）	664	3 405	3 553	3 707	3 868	4 035
＝发行的负债（收回，百万美元）	(1 823)	793	840	890	943	999
贝塔	0.90	0.91	0.91	0.92	0.93	0.94
权益成本（%）	8.91	8.94	8.98	9.02	9.07	9.12
增长率（%）		5.00	5.00	5.00	5.00	5.00
股利支付率（%）	15.36	75.00	75.00	75.00	75.00	75.00

换句话说，要使迪士尼的负债比率在五年后上升到31%，股利支付率必须要增加到原来的5倍。如果要使企业的负债比率增加得更多，那么股利支付率也要增加得更多。

（2）每年进行股票回购。这会影响到负债比率，影响的方式与股利的增加相似，因为股票回购提高了负债融资的需求，同时减少了权益资金。如果迪士尼每年回购 7.5% 的流通股，第 5 年年底的负债比率将升高到 36%，如表 9—6 所示。①

表 9—6　　每年回购 7.5%股票时估计的负债比率

	当年	1	2	3	4	5
权益（百万美元）	45 193	44 882	44 592	44 320	44 062	43 815
负债（百万美元）	16 682	18 407	20 066	21 658	23 179	24 625
负债/（负债+权益）（%）	26.96	29.08	31.03	32.83	34.47	35.98
收入（百万美元）	36 990	38 840	40 781	42 821	44 962	47 210
资本支出（百万美元）	3 389	3 559	3 737	3 924	4 120	4 326
+营运资本的变化（百万美元）	40	42	44	47	49	51
−折旧（百万美元）	1 593	1 673	1 756	1 844	1 936	2 033
−净利润（百万美元）	4 324	4 540	4 703	4 876	5 061	5 258
+股利（百万美元）	664	697	722	749	777	807
+股票回购（百万美元）		3 639	3 616	3 593	3 573	3 553
=发行的负债（收回，百万美元）	(1 823)	1 724	1 660	1 592	1 521	1 446
贝塔	0.90	0.92	0.94	0.96	0.97	0.99
权益成本（%）	8.91	9.02	9.13	9.23	9.33	9.43
增长率（%）		5.00	5.00	5.00	5.00	5.00
股利支付率（%）	15.36	15.36	15.36	15.36	15.36	15.36

在这种情况下，迪士尼每年需要借入资金来完成股票回购，于是负债比率到第 5 年年底上升到 35.98%。

(3) 每年增加资本支出。前两种方法都是通过减少权益资金来提高负债比率，而第三种方法增加了企业的规模。具体来说，是增加资本支出，包括对其他企业的并购等，并用负债来为这些活动进行融资。迪士尼可以通过增加其资本支出大幅度提高其负债比率。在表 9—7 中，假定资本支出的金额变成当前的 2 倍，而且负债满足外部的融资需求，我们估计出此时的负债比率。

如果将股利支付率保持在 15.36%，同时提高资本支出，到第 5 年年底负债比率为 29.14%。这是三种方法中风险最大的一种，因为这种方法假定存在足够多的好项目，在未来的 5 年里要进行 250 亿美元新的投资。但是，如果迪士尼的经理人是想建立一个全球性的娱乐帝国，那么这种方法就很具有吸引力。但是，在扩展的过程中，迪士尼必须使其资本收益率高于其资本成本。

① 第 t 年的股票回购 = [权益的市场价值$_{t-1}$ ×(1 + 权益成本)$_{t-1}$ − 股利$_t$] × 股票回购百分比。

表 9—7　　资本支出增加一倍时估计的负债比率

	当年	1	2	3	4	5
权益（百万美元）	45 193	48 521	52 111	55 985	60 166	64 681
负债（百万美元）	16 682	18 326	20 125	22 092	24 244	26 597
负债/（负债+权益）（%）	26.96	27.42	27.86	28.30	28.72	29.14
收入（百万美元）	36 990	38 840	40 781	42 821	44 962	47 210
资本支出（百万美元）	3 389	7 118	7 474	7 847	8 240	8 652
+营运资本的变化（百万美元）	40	42	44	47	49	51
−折旧（百万美元）	1 593	1 673	1 756	1 844	1 936	2 033
−净利润（百万美元）	4 324	4 540	4 706	4 874	5 045	5 217
+股利（百万美元）	664	697	743	792	844	900
+股票回购（百万美元）		0	0	0	0	0
=发行的负债（收回，百万美元）	(1 823)	1 644	1 799	1 967	2 152	2 353
贝塔	0.90	0.91	0.91	0.91	0.92	0.92
权益成本（%）	8.91	8.93	8.95	8.98	9.00	9.02
增长率（%）		5.00	5.00	5.00	5.00	5.00
股利支付率（%）	15.36	15.36	15.36	15.36	15.36	15.36

9.5　现金余额与杠杆的改变

有剩余负债能力的企业通常也有大量的现金余额。有大量现金余额的企业采取以下哪种行动时会提高其负债比率？

a. 使用现金来并购另一家企业。

b. 支付大量的特殊股利。

c. 偿还负债。

d. 进行股票回购。

请解释。

【例 9—5】　缓慢地降低杠杆——塔塔化学公司

在 2009 年，塔塔化学公司发行在外的负债为 269 亿卢比，负债比率为 34.02%。在第 8 章，我们计算了该企业的最优负债比率，大约为 10%，但是该企业现在没有破产的威胁，部分原因是企业有足够的经营利润来满足利息支付的需求，部分原因是该企业有塔塔集团充足的财务资源的支持。如果将支付的股利减少到零、使用经营现金流来为新的项目融资并偿还债务，企业的负债比率将会发生的变化如表 9—8 所示。

表 9—8　　估计的负债比率：塔塔化学公司

	当年	1	2	3	4	5
权益（百万卢比）	52 160	59 187	67 129	75 832	85 364	95 794
负债（百万卢比）	26 892	24 324	21 381	18 008	14 143	9 714
负债/（负债+权益）（%）	34.02	29.13	24.16	19.19	14.21	9.21
收入（百万卢比）	59 757	64 538	69 701	75 277	81 299	87 803
资本支出（百万卢比）	2 162	2 335	2 522	2 723	2 941	3 177
+营运资本的变化（百万卢比）	742	802	866	935	1 010	1 091
−折旧（百万卢比）	1 582	1 709	1 845	1 993	2 152	2 324
−净利润（百万卢比）	3 700	3 996	4 485	5 039	5 664	6 373
+股利（百万卢比）	664	0	0	0	0	0
=发行的负债（收回，百万卢比）	(1 714)	(2 568)	(2 943)	(3 373)	(3 865)	(4 429)
贝塔	0.90	0.90	0.85	0.82	0.78	0.75
权益成本（%）	13.47	13.42	12.97	12.57	12.22	11.90
增长率（%）		8.00	8.00	8.00	8.00	8.00
股利支付率（%）	17.94	0.00	0.00	0.00	0.00	0.00

已知经营利润的增长率为 8%，塔塔化学公司在第 1 年偿还了 17 亿卢比的债务。到第 5 年年底，权益的增长与负债的减少共同使得负债比率下降到 9.21%。

Chgcapstru. xls：你可以利用该表格估计出股利政策的变化或者资本支出的变化对负债比率的影响。

9.6　对其他业务进行投资

在以上分析中，我们指出，只要权益收益率大于权益成本，我们就应当对项目进行投资。假定企业正在考虑利用负债资金对另一家企业进行并购。在收购方对该项投资的权益收益率进行分析之后，我们应当将权益收益率与以下哪一项进行比较？

a. 并购企业的权益成本。

b. 目标企业的权益成本。

c. 目标企业与并购企业权益成本的混合。

d. 以上都不对。

请解释。

实践：证券创新与资本结构调整

到目前为止，我们讨论的改变杠杆的途径都是通过传统的证券来完成的，比如纯粹债券与权益。如果企业对杠杆有特定的要求，那么也可以找到一定的证券来满足这些特定要求。考虑如下几个例子：

● 混合型债券（比如可转换债券）是负债与权益的组合。当企业发生变化时，其中的负债与权益也会发生变化。具体来说，如果企业发展得很好，那么权益的价值就会上升，可转换债券中的可转换权的价值就会变大，于是就提高了可转换债券中的权益价值而降低了其中的负债价值（作为债券总价值的比例）。如果企业的表现很差劲，其股价下滑，于是可转换权的价值（也就是权益价值）就会降低，企业的负债比率就会上升。

● 如果企业想提高其杠杆，另一种可选方法是，约定在未来购买一定数量权益股份的远期合约。这些合约使得企业在未来会随着时间的推移减少其权益，并且这笔股票回购的公告给金融市场带来更正面的信号，因为企业没有必要的公告义务。

● 如果企业有较高的财务杠杆，并且在财务市场中发行普通股有阻力，那么该企业可以考虑采用一些筹集权益资金的创新性方法，比如使用认股权证与或有价值权利。权证代表了对企业权益的看涨权利，而或有价值权利是对企业权益的看跌权利。对于对公司前景持乐观态度的人来说，前者是有吸引力的；对于充满担忧的风险规避者来说，后者具有吸引力。

选择合适的融资工具

在第 7 章中，我们介绍了几种企业筹集负债与权益的方法。负债可以是银行借款也可以是公司债券，期限可以是短期的也可以是长期的，利率可以是固定利率也可以是浮动利率，并且也可以约定不同的货币种类。而权益上的选择要少得多，企业可以通过普通股、权证以及或有价值权利来筹集权益资金。虽然我们指出了一些用于确定融资方式的广泛原则，但是我们并没有介绍企业应当如何选择合适的融资手段的具体方法。

在这部分内容中，我们列出了企业在选择其合适的融资工具时的几个步骤。该分析不仅可以确定出为新项目筹资的资本类型，而且指出了企业现有融资组合的局限。分析的第一步是考察资产或项目的现金流特征，目的是使负债的现金流与资产的现金流尽可能相匹配。接着，我们再加上一些可能会修正这些投资组合的考虑因素。

首先，我们考虑一下不同融资工具能够带来的税收节约额，将偏离最优选择的税收好处与相应的成本作比较。接着，我们考察股票分析师与债券评级机构会如何影响选择的融资工具；与产生负面反应的融资工具相比，先选择那些股票分析师与评级机构看好的融资工具。然后，我们将企业把信息传递到市场的难度考虑进来；在信息不对称的情况下，企业可能不得不选择那些并不能反映其资产组合的融资决策。最后，我们考虑如下情况，即企业可能通过调整其融资组合来缓解股东与债权人之间的代理冲突问题。

Ⅰ. 使融资现金流与资产现金流相匹配

企业在选择其融资组合时考虑的首要特征是用以融资的资产产生的现金流模式。

为什么要使资产现金流与负债现金流相匹配？

我们给定一个前提，即企业负债现金流必须与用融资支撑的资产现金流相匹配。我们首先将企业的价值定义为企业资产产生的现金流的现值。企业的价值随着时间的变化而变化，企业价值不仅与企业特定的因素有关，比如项目是否成功，也与宏观经济变量有关，比如利率、通胀率、经济周期以及汇率等。图 9—2 展示了某企业的企业价值时间序列，其中所有价值的变化都来自宏观经济变量的变化。

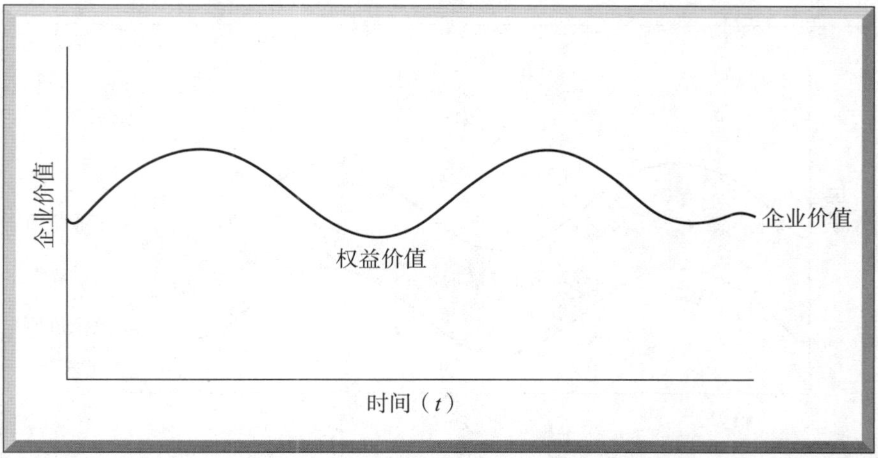

图 9—2　用短期负债融资的企业价值

该企业可以选择用任何融资组合来对资产进行融资。权益在任何时点的价值是企业价值与在外负债价值的差额。例如，假定企业选择短期负债来为图 9—2 所示的资产进行融资，该负债是不受宏观经济变量的影响的。图 9—3 中展示了企业价值、企业的负债价值与权益价值。

请注意，在某些期间，企业价值会降到负债价值以下，此时企业已经处于技术性破产。如果企业在融资决策中很看重技术性破产的可能性，那么企业会借入更少的资金。

现在考虑如下情况，即企业负债的现金流完全与其资产的现金流相匹配，也就是负债价值的变动完全与宏观经济变量的变动相匹配，如图 9—2 所示。图 9—4 描述了该企业的整体价值、负债价值与权益价值。

因为负债价值与企业价值的变动保持一致，所以就不存在违约风险。这就会使企业进行更多的负债，更多的负债为企业带来了税收优惠从而增大了企业的价值。因此，将负债的现金流与资产的现金流相匹配，能够使企业有更高的最优负债比率。

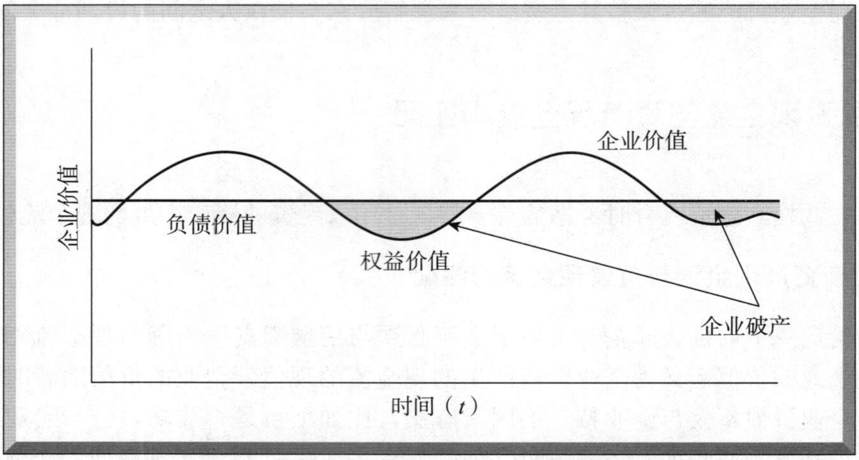

图 9—3　用长期负债融资的企业价值

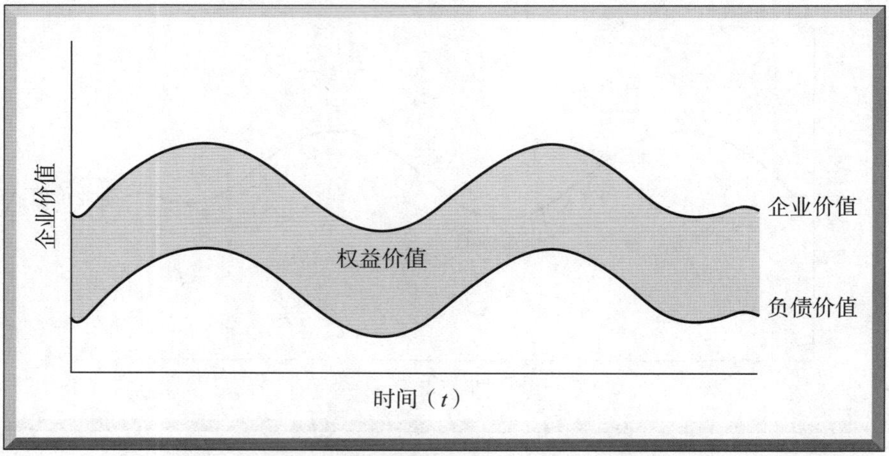

图 9—4　用长期负债融资的企业价值

9.7　资产与负债相匹配的理由

在第 4 章，我们认为，企业应当只关注市场风险，因为企业特有的风险可以分散化。由此类推，如果企业用短期负债来对长期资产进行融资也没关系，因为企业的投资者能够将这种风险分散。

a. 正确。

b. 错误。

请加以评论。

使负债与资产相匹配

企业如果想做出正确的融资决策，第一步要理解资产的现金流状况。在这一节，我们考察一下有关融资决策的五个方面，以及资产的现金流性质是如何影响到这五个方面的。我们首先来看看融资期限的问题，即应当选择长期负债、中期负债还是短期负债。我们认为该问题的答案取决于资产的现金流的期限。第二，我们考察利率应当是固定利率还是浮动利率，答案取决于通货膨胀如何影响到资产产生的现金流。第三，我们考察负债应当使用哪种货币，必须将负债的货币形式与资产现金流的货币形式联系起来。第四，我们考察应当使用纯粹债券还是可转换债券，该决策取决于资产现金流的增长状况。第五，我们考虑与负债相关的其他性质，考察这些性质如何能让企业不受那些特定因素的影响，不论这些特定因素对资产现金流的影响是正的还是负的。

A. 融资期限

企业可以发行具有不同期限的负债。在进行该决策时，企业应当首先考虑一下资产产生的现金流状况。例如，如果企业的资产是在短期内产生现金流（比如，2～3年），那么企业就不应该用其 20 年的负债来为该资产融资。在这一节，我们首先来看看如何最好地衡量出资产与负债的寿命，接着考虑一下几种使融资与资产的现金流相匹配的策略。

度量负债与资产现金流的寿命。当我们谈论说一个项目的期限有 10 年或者一个债券的期限有 30 年时，我们指的是项目何时结束或者负债何时到期。但是，项目的现金流在 10 年间都有发生，而债券的利息支付通常是每 6 个月支付一次。资产或者负债的久期（duration）是资产或负债的所有现金流的加权期限，其中权重是同时根据现金流的时间与幅度计算出来的。总的来说，现金流产生得越早，现金流的金额越大，其权重就越大。如果一个债券的期限为 30 年，利息每 6 个月支付一次，那么该债券的久期小于 30 年。如果一个项目的期限为 10 年，每年都产生现金流，那么该项目的久期小于 10 年。

例如，对于债券久期的简单衡量可以计算如下[①]：

$$债券久期=\frac{dP/dr}{(1+r)}=\frac{\left[\sum_{t=1}^{t=N}\frac{t*\ 利息_t}{(1+r)^t}+\frac{N*\ 票面价值}{(1+r)^N}\right]}{\left[\sum_{t=1}^{t=N}\frac{利息_t}{(1+r)^t}+\frac{票面价值}{(1+r)^N}\right]}$$

其中，N 是债券的期限，t 指利息何时到期。保持其他因素不变，债券的久期将随着债券期限的升高而升高，随着债券利率的升高而降低。例如，一个债券的面值为1 000美元，期限为 30 年，票面利率为 7%，每年支付利息，市场利率为 8%，那么该债券的久期可以计算如下：

① 这种方法被称为麦考利久期（Macaulay duration），该计算方法对于收益率曲线有很强的假设；具体来说，假定收益率曲线是平的，并且平行移动。其他久期的衡量改变了这些假设。但是，在我们的分析中，只需对久期进行粗略估计就可以了。

$$30\text{ 年期债券的久期}=\frac{dP/dr}{(1+r)}=\frac{\left[\sum_{t=1}^{t=30}\frac{t*\$70}{(1.08)^t}+\frac{30*\$1\,000}{(1.08)^{30}}\right]}{\left[\sum_{t=1}^{t=30}\frac{\$70}{(1.08)^t}+\frac{\$1\,000}{(1.08)^N}\right]}$$

$$=12.41$$

久期给我们提供了什么信息？第一，久期衡量了平均而言债券的现金流何时到期，其中考虑到现金流的大小与现值效应。例如，从以上的计算来看，一个30年期的债券，其现金流平均来说12.41年后到期。第二，该方法粗略估计了当利率发生小幅度变动时，债券价格如何变动。例如，利率每上升1%，30年期债券的价值大约下降12.41%。请注意，久期比票面期限要短。一般对于每年支付利息的债券来说的确如此，虽然债券的一些特殊性质可能有时会提高久期。① 如果债券的票面利息为零，债券久期等于债券的期限。

可以衡量出任何有预期现金流的资产的久期。因此，一个项目或资产的久期可以用负债前的经营现金流来估计。

$$\text{项目的久期 / 资产}=dPV/dr=\frac{\left[\sum_{t=1}^{t=N}\frac{t*CF_t}{(1+r)^t}+\frac{N*\text{ 终值}}{(1+r)^N}\right]}{\left[\sum_{t=1}^{t=N}\frac{CF_t}{(1+r)^t}+\frac{\text{终值}}{(1+r)^N}\right]}$$

其中，CF_t 是项目在第 t 年的税后现金流，终值衡量了项目在生命期期末的价值。一个资产的久期既衡量了平均而言现金流在何时产生，也衡量了当利率每变动1%时资产的价值变动多少。

久期分析的一个局限在于，该方法假设现金流保持固定。而实际上利率是变动的，当利率上升时，项目的现金流会受到不利影响，并且该影响的大小对不同的企业会有所不同，对于周期性的企业（汽车、住房）影响较大，对于非周期性的企业（食品加工）影响较小。因此，大多数项目的实际久期比将现金流保持固定时估计出来的久期要长。还有一种估计久期的方法，该方法不需要依赖传统的债券久期衡量模型，而是使用历史数据来估计。如果久期衡量的是资产价值对于利率变动的敏感性，并且可以获得资产价值与利率的时间序列数据，那么可以用资产价值对利率进行回归，从而估计出久期：

$$\Delta\text{ 资产价值}_t=a+b\Delta\text{ 利率}_t$$

在此回归中，利率变动前的系数 b 应当衡量了资产的久期。对于拥有上市股份与债券的企业来说，资产价值是权益与负债的市场价值之和。对于私有企业或者历史较短的上市企业来说，可以用经营收入的变动作为被解释变量，对利率的变动进行回归：

$$\Delta\text{ 经营收入}_t=a+b\Delta\text{ 利率}_t$$

此时，系数 b 衡量了资产的久期。

---

① 例如，让票面利息保持浮动，这会降低债券的久期。同理，如果在债券上加上一个看涨期权，就会延长债券的久期；如果允许债券展期，就会缩短债券的久期。

【例 9—6】 计算里约热内卢迪士尼的久期

我们来计算一下里约热内卢迪士尼的久期。表 9—9 描述了项目每年的现金流以及现金流现值。其中，现值是用项目的资本成本 8.62%计算出来的。

项目的久期 = 58 375/ 2 877 = 20.29 年

这就表明，平均来说该项目的现金流在 20 年后到期。久期比 10 年要长，因为开始几年里产生的现金流是负的，并且终值假定现金流将永远持续下去。

9.8 项目生命周期与久期

在投资分析中，分析师通常武断地认为项目在某个时间点结束，并且估计出相应的残值或终值。如果用这些现金流来估计项目的久期，我们会：

a. 低估久期。

b. 高估久期。

c. 不会影响到对久期的估计。

请解释。

表 9—9　　计算项目的久期：里约热内卢迪士尼（百万美元）

年份（t）	每年的现金流	终值	现值@8.62%	现值 $*t$
0	−2 000		−2 000	0
1	−1 000		−921	−921
2	−860		−729	−1 457
3	−270		−211	−632
4	332		239	956
5	453		300	1 500
6	502		305	1 833
7	538		302	2 112
8	596		307	2 460
9	660		313	2 821
10	692	10 669	4 970	49 704
			2 877	58 375

久期与融资配比策略

我们考虑了估计资产与负债的久期的几种方法。基本思想是，使资产的久期与负债的久期相匹配。该目的可以通过两种方法来完成：使个别资产与负债相匹配，或者使资产与负债的组合相匹配。根据第一种方法，里约热内卢迪士尼可以用久期为 20 年的债券来融资。虽然这种方法使资产的特征与所使用的融资准确匹配，但是该方法有几个局限。第一，给定发行资金的成本，为项目分别进行融资的成本是相当大的。第二，这种方法忽略了项目之间的相互联系。因此，这种方法仅仅在企业拥有大量独立的项目时发挥作用。

使资产的久期与组合负债的久期相匹配，这非常直观，并且成本也很低。如果资产与负债的久期之间存在显著差别，那么企业可能要考虑一下改变资产的久期。例如，如果迪士尼的资产久期为 15 年，而负债久期只有 5 年，该企业应当努力对其负债久期进行扩展，可以使用三种方法来达到该目的。第一，企业可以用久期更长的负债为新的项目进行融资。比如，用 100 年期的债券为新的主题公园融资，这将会提高企业所有负债的加权平均的久期。第二，企业可以偿还一些短期负债，然后再重新获得一些长期负债。第三，企业可以进行短期负债与长期负债的互换。

9.9 项目与企业的久期

下列哪种类型的企业最可能使用项目特有的融资方式（对比项目组合的融资方式）？

a. 有一些同类的大项目的企业。

b. 有大量同类的小项目的企业。

c. 有一些异类的大项目的企业。

d. 有大量异类的小项目的企业。

请解释。

B. 固定利率与浮动利率的选择

企业面临的一个最普遍的选择是使用固定利率还是浮动利率。其中，浮动利率是以一些指数利率为基础，比如 LIBOR、10 年期的国库券收益率或者优惠贷款利率。在进行决策时，我们需要检查一些需要融资的项目的特征。具体来说，我们认为，如果企业对于未来项目的久期是不确定的，并且项目的现金流与通胀率变动相一致，那么该企业就应当使用**浮动利率的负债**（floating-rate debt）。

未来项目的不确定性。如果已经确定好资产与项目，就可以将资产的久期与负债的久期保持同步，估计出利率的波动性，并且确定出合适的负债期限。但是，对一些企业来说，这样的估计很难做到。企业可能通过剥离部分资产再并购新资产的方式来改变其业务组合。另外，企业所属的行业也可能发生变化。在这种情况下，企业可以使用短期贷款或者浮动利率贷款[①]，直到企业对于自己的投资机会感到非常确定时再使用其他类型

① 企业还可以利用衍生品来缓解这种不确定性。它们可以使用与当前资产组合最匹配的融资组合，并且使用衍生品来对其中的风险进行管理。

的贷款。

现金流与通货膨胀。当市场利率上升时，利率浮动情况下的利息也会上升；当市场利率下降时，利率浮动情况下的利息也会下降。如果企业产生的盈利也随着市场利率的上升而上升，那么该企业应当使用浮动利率的贷款来为资金进行融资。预期的通胀率也是决定利率的一个关键变量。在负债为浮动利率贷款的情况下，通胀率高时相应的利息支付也高，通胀率低时相应的利息支付也低。因此，如果企业的盈利在通胀率高的情况下会上升，在通胀率低的情况下会下降，那么该企业也更应当使用浮动利率的贷款。

企业的盈利是否随着通胀率的变化而变化，由很多因素决定。一个关键的因素是企业的定价能力。如果企业有非常显著的定价能力，不管是因为它们生产的产品是独一无二的还是因为它们是行业中的领导者，这些企业更有可能在通胀率上升时同时增大它们的盈利。因此，这些企业从浮动利率的贷款中能获得更大的好处。如果企业没有很强的定价能力，那么当发生未预期的通货膨胀时企业的现金流就会减少，所以这些企业在使用浮动利率的负债时要更加慎重。

C. 货币选择

我们在利率风险中总结的一些观点也同样适用于货币风险。如果企业的资产或项目产生的现金流的货币形式不同于其权益的货币形式，此时就存在货币风险。企业可以发行采用这些货币形式的负债来减少货币风险。例如，如果一个企业预计其20%的现金流都是欧元，该企业就会发行同比例的欧元负债以减少这种货币风险。如果欧元贬值了，资产的价值减小了，负债的价值也会同比例降低。

在最近几年里，企业对传统的债券做了很多复杂的变换，以便对投资中的外汇风险进行管理。例如，菲利普·莫里斯公司（Philip Morris）在1985年发行了双重货币的债券，其中，利息支付用瑞士法郎，本金支付用美元。1987年，西屋公司（Westinghouse）发行了**主要汇率关联证券**（PERLS），本金的支付是用美元支付，并且每一美元等于70.13新西兰元。最后，一些企业发行了隐含着外币期权的债券，这种债券被称为指数化货币期权票据（ICON），它把固定利率债券和外汇期权组合在一起。如果一家企业有明确可预期的外币现金流，就可以选择这种类型的债券。如果企业产生的现金流是不可预期的，采用外汇期权或者外汇期货是对货币风险进行管理的一种成本更低的方式，因为货币的风险随着期间的变化而变化。

D. 纯粹债券与可转换债券之间的选择

企业的价值中有多少来自已有的资产，有多少来自未来的成长性，这对于不同的企业是不同的。这两种类型的企业所采取的融资方式也应当有所不同。高成长性公司现在产生的现金流相对于该企业的市场价值而言要低一些。我们预期，随着企业投资于更多新的项目，这些现金流将会大幅度增长。因此，高成长性企业选择的融资手段在初期不能有大的现金流流出，但是未来可以有大的现金流流出，这样就可以反映出企业本身产生现金流的方式。另外，融资手段利用高成长性给证券带来的价值，并且应当对投资政策有较少的约束。

纯粹债券就不适用于成长性高的企业，因为这种债券产生大量的利息支付，并且不能够从高成长性那里获取更多的价值。另外，纯粹债券还可能包含着用来保护债权人的条款，而这些条款限制了企业的投资政策以及未来的融资政策。相对比的是，可转换债券产生的利息较低，给企业施加的约束更少，而且从企业未来的成长性中获得更多的价值。当且仅当企业成功时，才可以将这些债券转换为股票。例如，1999年，一家著名的网上零售商亚马逊公司，从可转换债券的发行中筹集了12.5亿美元的资金，并且该债券的票面利率为3.5%。该企业从两种方式中获得了收益。第一，因为亚马逊公司在那时面临着大量现金支出的约束，所以更低的利息使得该企业能完成这些支付义务。第二，对企业未来现金流的不确定性越高，预期企业未来的成长性越高，那么，债券的转换价值也就相应地越高。

E. 特殊的融资特征

每个企业都有风险，这些风险来自宏观经济情况（例如经济衰退）、竞争者的行为、技术转换以及其他未知情况（例如天气情况）等等。如果一个企业面临的风险足够大，那么企业就不会去贷款了。企业能够部分地保护自己避免这种违约风险的方法是，在债券或者借款中加入一些特殊的特征，使自己在遭受最严重的风险时能够保护自己。以下是两个有关债券的例子：

- 例如，保险公司发行了一些特殊债券，当发生巨大灾难时，保险公司会有大量的支付义务，此时与债券相关的支付义务就会大幅度下降。通过这样的方法，保险公司在整体现金流为负的情况下就会降低其负债的支付义务，因此也减少了违约的可能性。①

- 商业企业的公司发行了一些债券，这些债券的本金与利息的支付与其商品的价格挂钩。因为这些企业的经营现金流与商品的价格是正相关的，如果债券具有与商品价格挂钩的性质，就会降低企业的违约风险，使得企业能够使用更多的负债。例如，在20世纪80年代，阳光矿业公司（Sunshine Mining）发行了与银价相挂钩的5年期债券。当银价上升时，债券的票面利率就会上升；而当银价下降时，债券的票面利率就会下降。

实践：定制的债券

为了设计出一些与资产的现金流相配比的债券，企业在最近几年里提出了很多日益创新的解决方法。同时，有两方面的发展支持了这种创新。第一，与20世纪70年代和80年代的债券投资者相比，现在债券市场的投资者对于复杂的债券定价和购买的态度变得越来越开放。第二，期权定价的进步让我们能够对拥有多种期权的复杂债券进行定价。考虑以下几个例子：

在20世纪90年代初期，大卫·鲍伊（David Bowie）获得了他自己所有歌曲的权

① 有一个灾难债券的例子，USAA保险公司曾经发行过这种债券。该公司在1997年4月以私募的形式发行了4.77亿美元的债券，该债券的发行由再保险溢价支持。如果1998年6月前东海岸发生了任何飓风使得东海岸的损失超过10亿美元，该公司就会受到保护。该债券分成两个级别：第一级被称为风险中的本金（payment-in-risk），也就是该公司在飓风发生时会减少本金的支付；第二级对于投资者的风险要小一些，即在飓风发生时公司会停止对于利息的支付，但是依然会支付本金。在1997年10月，这些债券的投资者在第一级债券上获得的超额盈利为1.5%，在第二级债券上获得的超额盈利为0.5%。

利，他将这些权利打包，然后以债券的形式加以出售。该债券的独特之处在于，该债券的利率与唱片的销售挂钩，唱片的销量越高，利率也就越高。

在2001年，一个意大利的足球队发行了债券，为体育馆的修建筹集资金，但是该债券的利率与该足球队的成功与否挂钩。具体而言，当该足球队在甲级联赛中比赛（吸引了更多的观众，有更高的收入）时，该债券的利率就会上升；当该足球队只能在乙级联赛中比赛时，债券利率就会相应地下降。

9.10 特殊的特征与利率

使债券具有一些特殊的特征，比如将年利息的支付与商品价格或者巨大灾难的发生挂钩，这会减少债券对投资者的吸引力，使得利率提高。可以得出如下结论：

a. 公司不应该将这些特殊的特征加入到债券中。

b. 如果债券不能被公允定价，使债券具有这些特殊的特征不能为企业创造价值。

c. 如果债券能被公允定价，使债券具有这些特殊的特征也能为企业创造价值。

请解释。

市场时机、利率幻觉与误配的负债：一个行为学视角

我们认为，应当将负债的现金流与资产的现金流相匹配。这种观点的前提假设是，经理人不太擅长进行市场时机选择，也不能辨认出哪种类型的负债成本低，哪种类型的负债成本高。这种前提假设可能并不正确，经理人还是会努力去使用那些在他们看来更加“便宜”的负债，即使最后导致负债与资产的错误匹配。

- **利用期限结构。**在上一章里，我们指出了经理人在发行权益或者债券时进行市场选择的证据，即当他们感到股价被低估时就会发行更多的负债，当他们感到股价被高估时就会发行更多的权益。有证据指出，收益率曲线“越陡峭”，经理人越可能使用短期负债；收益率曲线“越平坦”，经理人越可能使用长期负债。
- **可转换选择权。**可转换证券包括可转换债券和优先股等。当经理人认为他们的股票价格被高估时，更多地使用可转换证券；当他们认为股价被低估时，更少地使用可转换证券。
- **利率幻觉。**经理人在对几种类型的负债进行比较时，他们比较的是债券发行时的利率水平，其中的想法是更低的利率意味着成本更低的融资方式。正是由于这个原因，一些经理人认为短期负债比长期负债更便宜，认为可转换债券比纯粹债券更便宜。在新兴市场中，借入本国货币形式（有着更高的预期通胀率）的资金比借入外币形式的资金成本更高。

由于这些原因，企业的负债与用以融资的资产是不相匹配的。虽然让经理人不去选择那些成本更低的负债是不切实际的，甚至是不明智的，但是我们可以做两件事情来使

得潜在的损失最小化。

（1）我们可以施加一些约束以防止这种误配的现象变得过于严重。例如，如果一个企业有20%的短期资产，有80%的长期资产，那么该企业可以规定短期负债不能超过总负债的40%。

（2）我们可以使用衍生工具与互换对一些误配风险进行套期保值，至少在企业的总体层面上可以做到这一点。如果一家企业使用日元形式的负债对产生欧元现金流的资产进行融资，因为经理人认为日元的负债比欧元的负债更便宜，那么该企业可以使用一些外汇期货合约来对这种日元/欧元的汇率风险进行套期保值。

Ⅱ. 对税的考虑

随着企业在其融资决策上日益创新，将债券设计得越来越像权益，那么就产生了相应的风险，即税务部门可能将这种融资方式看作是权益融资，从而不允许企业的这部分利息进行税收抵扣。由于负债的主要好处就是税收优惠，因此企业保持与提高税收优惠是很重要的。

还可以想到的是，由于一些融资工具有着更优惠的税收优惠，这可能鼓励企业更多地使用这种融资工具而不是其他融资工具，即使这样做可能使负债没有与资产特征相匹配。尽管一家企业的资产产生的现金流是以日元结算的，如果日元负债比美元负债能产生更大的税收优惠，则该企业很有可能发行以美元结算的负债。

以节约税收为目的设计融资方式的风险是，税法的变化可能很快使这种税收优惠消失，并且使企业的融资组合与资产的融资组合不匹配。

Ⅲ. 评级机构、证券分析师与监管部门的看法

企业会在乎证券分析师与债券评级机构对企业行为的看法，但是在我们看来，它们通常高估了这两组人的影响。分析师是从股东的角度出发，债券评级机构是从债权人的角度出发，因此，这两组人对于企业的同一行为会采取不同的看法。例如，某企业的投资机会有限，该企业进行了股票回购，股票分析师会认为这是一个正面的行为，而评级机构会认为这是一个负面的行为，并且给予更低的评级。分析师与评级机构在评价企业融资决策的影响时也会采用不同的标准。一般来说，分析师是用企业的每股盈利来判断的，并且将企业与其他可比企业作比较，比如比较企业的市盈率或者市值账面价值比等乘数。而评级机构使用财务比率衡量企业的融资行为，所用的财务比率包括负债比率。评级机构就使用这些比例来对违约风险做出判断并且给企业出具相应的评级报告。

由于企业非常看重这两组人的观点，所以有时会设计出一些迎合这些人看法的证券。在一些情况下，该企业能找到使两组人都满意的融资方式，至少表面上如此。例如，考

虑一下在公认会计准则要求将租赁进行资本化以前有关租赁的使用。租赁提高了公司真实的财务杠杆，也相应提高了每股盈利，但是却没有改变衡量出的财务杠杆，因为并没有将租赁视为负债的一种。只要股票分析师与评级机构依赖于定量的衡量方式，并且不会考虑到租赁的影响，那么企业就可以对他们的这种局限性加以利用。在一个最近的例子中，有一种被称为信托优先股的证券变得很受欢迎，很大程度上是因为该证券被不同的实体视为不同的融资方式。股票分析师和税收监管部门将信托优先股看作是负债，相应的优先股股利是可以抵税的。而评级机构将信托优先股看作是权益，使得发行该证券的企业能保持较高的评级。①

当证券是以如此方式进行设计时，现实问题是，市场是否被愚弄了，如果市场被愚弄了，可以持续多久。那些将负债换成租赁与信托优先股的企业可能愚弄了评级机构，有时甚至愚弄了债券市场，但是这改变不了以下事实，即租赁与信托优先股会使企业的杠杆更大，也会使企业的风险更大。

这种行为对于受管制企业比如银行与保险公司是更加危险的。这些企业必须确保其任何融资行为都是管制机构所看好的。例如，金融服务类公司必须确保权益资本比超过监管的最低比率。但是，监管机构使用的有关权益的定义与评级机构和证券分析师所用的定义是不同的，而企业可以利用这种定义的差异。例如，银行对传统的优先股融资方式使用得最多，因为优先股被银行监管者视为权益。在过去几年里，美国的保险公司发行了准备金期票②，这种债券在税收上被视为负债，在保险会计法则下被视为权益，使得这些公司享有了所有的好处——既可以享受负债的税收优惠，又可以被视为权益。③

Ⅳ．不对称信息的影响

企业通常比金融市场更了解自己未来的前景。这种信息不对称为试图筹集资金的企业带来了摩擦。具体来说，有好项目的企业试图与没有好项目的企业区分开来，它们可以采取一些高成本的行为使得没有好项目的企业难以模仿来达到此目的。企业还想设计出一些证券来减少不确定性对债权人得到的现金流的影响。在此过程中，企业发行的证券可能并不能使得负债的现金流与资产的现金流达到最优匹配，但是这些证券却能向金融市场传递信息从而减少了不确定的现金流对企业价值的影响。

有一些研究者利用信息不对称理论得出企业在负债使用上的一些结论。Myers（1977）指出，由于信息不对称的影响，所以企业会投资不足。一个解决方法就是，发行短期债券，即使需要融资的资产是长期资产。④ Flannery（1986）以及 Kale 和 Noe

① 评级机构最开始将信托优先股视为权益。随着时间的推移，评级机构变得越来越谨慎。到 20 世纪 90 年代后期，评级机构只信任一部分发行信托优先股的企业，大约为 40%。

② 盈余票据是只有当企业盈利时才需要支付利息的债券。如果企业没有盈利，利息可以一直往后积累，在以后期间发放。

③ 在最近几年里，保险公司在私募市场上发行了几十亿美元的盈余票据。

④ S. C. Myers, "Determinants of Corporate Borrowing," *Journal of Financial Economics* 5, no. 2: 147 - 175.

(1990) 指出，虽然短期负债与长期负债在信息不对称的情况下可能会被错误定价，但是长期负债被错误定价的程度会更大。① 因此，高质量的企业会使用短期负债，而低质量的企业将会使用长期负债。Goswami、Noe 和 Rebello (1995) 分析了债券的构成，并且将债券的构成与未来的现金流关联起来。② 他们得出结论，如果对于未来现金流的不确定性存在信息不对称，企业应当发行长期负债，并且对股利的发放进行约束。相反的是，如果企业近期的现金流存在不确定性并且面临着相当大的再融资风险，企业应当发行长期负债，但不对股利的发放进行约束。当信息的不确定性随着时间的推移呈均匀分布，企业就应当使用短期负债。

Ⅴ. 对代理成本的考虑

在设计证券时的最后一个考虑是，必须对证券的性质进行修正以减少股东与债权人之间的冲突。就如我们在第 7 章中所指出的，债权人与股东在投资、融资与股利政策上的差异可能会影响融资决策，表现在这可能会提高借款成本或者与借款相关的约束。在一些情况下，企业设计出一些证券来减少这种冲突以及冲突所带来的成本。

- 我们指出，可转换债券由于其现金流的特征对于高成长性的公司而言是一种好的选择。可转换债券使债权人在股价足够高时变成股东，就可以降低债权人对于股东进行风险更大的投资或者对他们的财富进行剥夺的忧虑。
- 更多的公司债券包含看跌期权，即当企业采取一定行动（提高杠杆比率）或者企业的评级降低时允许债权人将债券按面值回售给企业。1988 年，制造商汉诺威（Hanover）发行了与评级挂钩的票据，即当企业的评级恶化时就给债权人支付更高的利息。因此，债权人在评级下降时就会受到保护。
- 在同一期间，美林银行发行了流动收益期权票据，这种证券包含了看跌期权与转换权，为债权人提供保护。

Barclay 和 Smith (1996) 对 1981—1993 年美国公司发行的债务进行了检验。他们得出结论：高成长性的企业更可能发行具有优先权的短期负债。③ 这一发现验证了信息不对称理论和代理成本理论，因为在高成长性的企业里债权人的信息不对称成本和代理成本都更大一些。

---

① M. J. Flannery, "Asymmetric Information and Risky Debt Maturity Choice," *Journal of Finance* 41, no. 1: 19 - 38; J. R. Kale and T. H. Noe, "Risky Debt Maturity Choice in a Sequential Game Equilibrium," *Journal of Financial Research* 8: 155 - 165.

② G. Goswami, T. Noe and M. Rebello, "Debt Financing under Asymmetric Information," *Journal of Finance* 50, no. 2: 633 - 659.

③ M. J. Barclay and C. W. Smith, "On Financial Architecture: Leverage, Maturity and Priority," *Journal of Applied Corporate Finance* 8, no. 4: 4 - 17.

总　结

在选择合适的融资工具时，企业首先应当考察所需融资的资产特征，然后试图将融资工具中的期限、利率、货币组合以及一些特殊的性质与资产特征相匹配。企业还可以考虑一些相关的税收优惠、证券分析师与债券评级机构的看法、代理成本以及信息不对称的影响等。图 9—5 展示了相关的讨论。

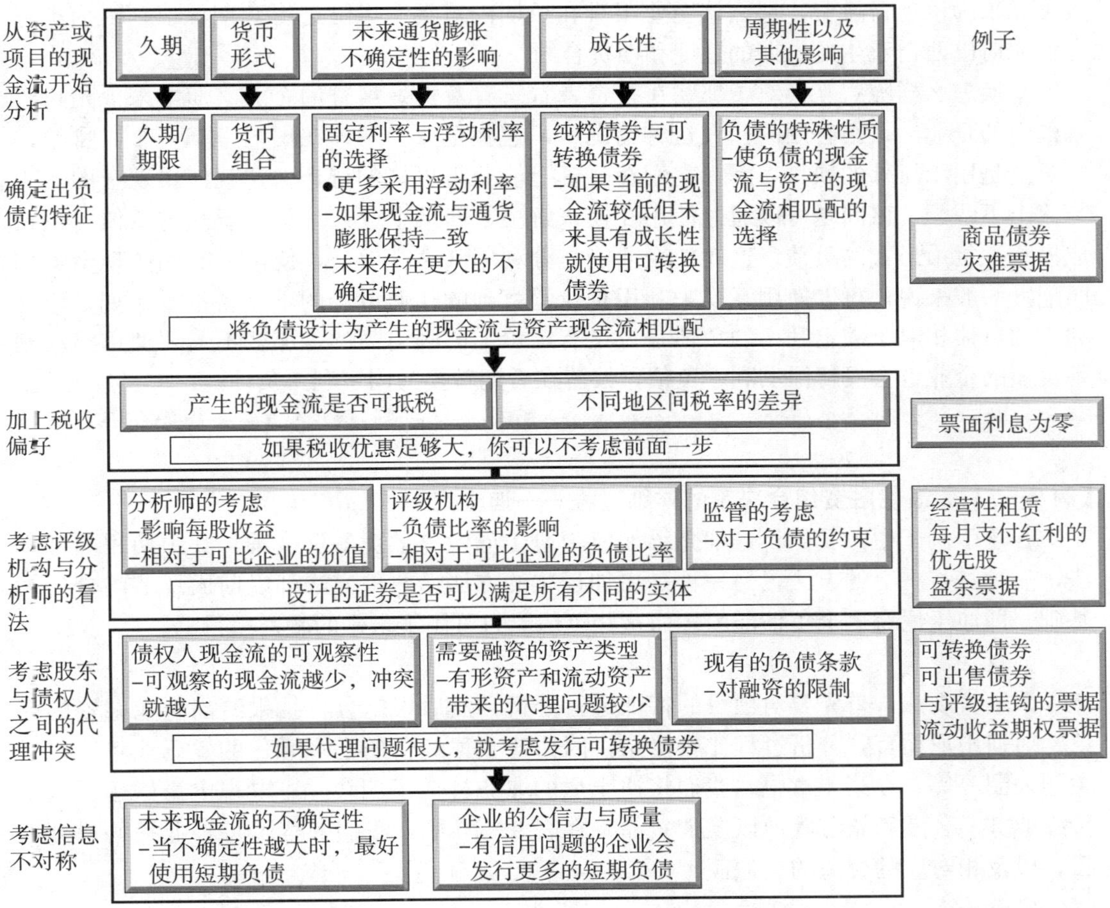

图 9—5　债务设计：过程概述

实践：衍生品与互换的作用

在过去的 30 年里，期货与期权市场发展到企业可以使用衍生品对汇率、利率、商品价格以及其他风险进行套期保值的程度。实际上，企业也可以使用衍生品来规避负债与资产误配风险。如果一个企业的项目是以日元为结算单位，而该企业借入的是美元资金，那么该企业就可以使用美元/日元的远期、期货与期权合约来减少或者消除最终的风险。给定存在这些衍生工具，你可能想知道我们为什么要经过以上一系列步骤的思考来得出最完美的负债形式。有以下两个原因。第一，如果循环地使用衍生工具，成本将是非常大的。如果企业的日元收入稳定增长，那么用日元的负债比用衍生工具将误配的负债进行修正的成本要小。但是，衍生工具可用于对短暂且波动的风险进行套期保值。例如，波音公司每年的货币都随着顾客的变化而变化，那么该公司利用衍生工具来对变换的风险进行套期保值就是成本较低的。第二，衍生工具在某些企业里应用广泛，但是在另一些企业里很少被使用。比如，一家巴西公司的项目是用巴西雷亚尔结算的，但该公司借入美元来为该项目融资，那么该企业很难在长期内对汇率风险进行套期保值，因为不存在美元对巴西雷亚尔的长期的远期和期货合约。

互换怎么样呢？互换对于那些在投资者看来有着良好声誉的企业（通常来说是投资者国内的企业）是很有用的。在这种情况下，这些企业会选择在国内筹集资金，哪怕这些资金是用于海外的项目，因为它们在融资上能获得更好的待遇。这就使得现金的流入与流出不匹配，该问题可以通过使用互换来解决，即某企业某一货币形式的负债可以换成另一种货币形式的负债。这就使企业能充分利用其声誉效应，使同一时间的现金流相匹配。一般来说，可以使用互换来利用企业觉察到的任何市场的不完备性。比如，浮动利率的负债相对于固定利率的负债来说是有定价上的吸引力的，那些不需要使用浮动利率负债的企业也会发行浮动利率负债，接着在后期转换为固定利率负债。

【例 9—7】 最优融资组合决策的详细过程——迪士尼

在这个例子中，我们将详细介绍如何为迪士尼做出最优融资决策，其中使用两种方法，一种是直观上的方法，另一种是更加量化的方法。两种方法都以前面章节的分析为基础，即迪士尼有剩余负债能力，而这些负债能力可用于未来的融资项目。

直观法

采用直观法，首先要对项目的特征进行分析，然后根据分析结果给出企业融资的建议。对迪士尼而言，分析过程比较复杂，因为迪士尼经营的是多元化的娱乐业务，包括主题公园等等。在第 4 章中，我们将迪士尼的业务分成了四块——电视电影娱乐、网络传媒业务、公园和旅游胜地以及消费品。在表 9—10 中，我们考察了每种业务的典型项目，以及相对应的合适的负债额。

定量法

采用定量法可以估计出迪士尼的两个变量——迪士尼的市场价值（负债和权益的市场价值）以及其经营利润对多个宏观经济变量变动的敏感性。

对一些因素的价值敏感性：过去的数据

如果要衡量企业对利率、通胀率或者汇率的敏感性，显然应当采用企业的价值，因为企业的价值反映出这些变量对企业当前与未来现金流的影响，同时也反映出这些变量对折现率的影响。我们首先收集有关企业价值、经营利润以及一些宏观经济变量的历史数据。以迪士尼为例，我们选择了以下四个变量（见表 9—11）。

表 9—10　　设计迪士尼的最优负债：直观的分析

	项目现金流特征	融资类型
电视电影娱乐	电影项目很可能是 1. 短期的 2. 现金流出主要是美元（因为迪士尼的大部分电影都是在美国拍摄的），但是现金流入可能由大量的外币组成（由于海外收入） 3. 该项目是否有净的现金流入，很大程度上取决于电影的票房，而电影的票房是很难预测的	负债应当是 ● 短期的 ● 主要是美元形式的负债 ● 如果可能的话，使负债的支付义务与电影的成功与否相挂钩（《狮子王》债券或《花木兰》债券）
网络传媒	项目很可能是 1. 短期的 2. 主要是美元收入（虽然国外收入部分在增长） 3. 收入主要来自广告收入以及电视节目的成功	负债应当是 ● 短期的 ● 主要是美元负债 ● 如果可能的话，将负债与网络等级相挂钩
公园和旅游胜地	项目很可能是 1. 非常长的 2. 主要是美元收入，但是收入的很大一部分来自外国游客。如果美元的价值升高了，这些游客就可能离开 3. 受到电视电影娱乐业和传媒网络业的影响	负债应当是 ● 长期的 ● 多种货币收入的组合，取决于游客的构成
消费品	项目很可能是 短期项目和中期项目，与电影部门的成功挂钩。大多数迪士尼产品都与迪士尼电影有关	负债应当是 ● 中期的 ● 美元形式的负债

表 9—11　　迪士尼的企业价值与宏观经济变量

年份	经营利润（*OI*，百万美元）	企业价值（*V*，百万美元）	经营利润的变化（%）	企业价值的变化（%）	国库券收益率的变化（%）	GDP 的变化（%）	CPI 的变化（%）	美元价值的变化（%）
2008	7 404	72 357	8.42	−6.55	−1.44	−1.18	−4.26	10.88
2007	6 829	77 428	27.53	−2.13	−0.65	2.93	2.19	−11.30
2006	5 355	79 116	30.39	35.81	0.30	3.40	−1.84	−2.28
2005	4 107	58 256	1.46	3.09	0.16	3.68	0.66	3.98

续前表

年份	经营利润（*OI*，百万美元）	企业价值（*V*，百万美元）	经营利润的变化（%）	企业价值的变化（%）	国库券收益率的变化（%）	GDP的变化（%）	CPI的变化（%）	美元价值的变化（%）
2004	4 048	56 510	49.21	8.41	0.13	3.72	1.34	−3.92
2003	2 713	52 125	13.80	19.03	0.05	4.32	−0.65	−14.59
2002	2 384	43 792	−15.82	−7.02	−0.97	2.80	1.44	−11.17
2001	2 832	47 099	12.16	−46.31	−0.18	−0.04	−2.50	7.45
2000	2 525	87 716	−22.64	34.80	−0.98	2.24	0.96	7.73
1999	3 264	65 073	−15.07	1.50	1.56	4.70	1.04	1.68
1998	3 843	64 110	−2.59	−1.63	−1.03	4.51	0.11	−4.08
1997	3 945	65 173	30.46	19.16	−0.63	4.33	−1.43	9.40
1996	3 024	54 695	33.68	70.95	0.80	4.43	0.31	4.14
1995	2 262	31 995	25.43	38.75	−2.09	2.01	−0.08	−0.71
1994	1 804	23 059	15.59	3.69	1.92	4.12	0.27	−5.37
1993	1 560	22 238	21.23	8.65	−0.83	2.50	−0.72	0.56
1992	1 287	20 467	28.18	26.57	−0.02	4.15	0.64	6.89
1991	1 004	16 171	−21.98	27.90	−1.26	1.09	−2.89	0.69
1990	1 287	12 643	16.01	−24.90	0.12	0.65	0.43	−8.00
1989	1 109	16 834	40.64	−2.64	−1.11	2.66	0.51	2.04
1988	789	17 290	11.65	65.50	0.26	3.66	0.60	1.05
1987	707	10 447	53.02	85.24	1.53	4.49	2.54	−12.01
1986	462	5 640	25.15	61.24	−1.61	2.83	−2.33	−15.26
1985	369	3 498	157.99	24.37	−2.27	4.19	3.89	−13.51

● 国库券的长期收益率，因为企业价值对于利率变动的敏感性可以衡量出项目的久期。同时这有助于我们了解企业应当使用固定利率还是浮动利率的负债。如果一个企业的经营利润随着利率的上升而上升或下降，那么该企业应当考虑使用浮动利率贷款。

● 实际GDP（国内生产总值），因为企业价值对于GDP的敏感性可以衡量出企业的周期性。

● 汇率，因为企业价值对于汇率变动的敏感性可以衡量出企业面临的汇率风险，有助于确定出企业所用负债的货币组合。

● 通胀率，因为企业价值对通胀率的敏感性决定了负债的利率应当为固定利率还是浮动利率。

企业价值 = 权益的市场价值 + 负债的市场价值 − 现金

CPI = 消费者价格指数

我们一旦将这些数据收集起来，就可用每年企业价值的变化对单个宏观经济变量的变化进行回归，估计出企业价值对于宏观经济变量变动的敏感性。

Ⅰ. 对利率变动的敏感性

就像我们在前面所讨论的，一个企业项目的久期为我们提供了有关负债期限的信息。虽然以债券为基础的久期衡量指标也许能提供一些信息，但是如果资产或者项目的现金流本身会随着利率的变化而变化，那么这些衡量指标就会低估资产或项目的久期。用迪士尼的企业价值对利率的变动进行回归，可以得到如下结果（括号中是 t 统计量）①：

企业价值的变化 = 0.194 9 + 2.943 9 × 利率的变化
(2.89)　(0.50)

从该回归可以看出，迪士尼的企业价值随着利率的上升而上升，表明迪士尼资产的久期比较短。但是，系数的标准差是如此之大，以至我们很难从该回归中得出稳健的结论。

Ⅱ. 对经济变动的敏感性

迪士尼是周期性的企业吗？回答该问题的一种方法是，衡量出企业价值对经济增长的敏感性。用企业价值的变动对实际 GDP 的变动进行回归，得到如下结果：

企业价值的变化 = －0.082 6 + 8.89 × GDP 增长率
(0.65)　(2.36[a])

迪士尼的价值受到经济增长的显著影响。只要我们相信回归得到的系数，那么就可以说迪士尼是一个周期性的企业，该企业的价值在经济繁荣的时期增长，在经济衰退的时期下降。

Ⅲ. 对通胀率变动的敏感性

我们之前指出，根据资产/负债的匹配原则，如果企业的价值会随着通胀率的变动而变动，那么该企业应当发行浮动利率的负债。为了考察迪士尼是否是这种类型的企业，我们用迪士尼企业价值的变化对通胀率的变化进行回归，得到如下结果：

企业价值的变化 = 0.18 + 2.71 × 通胀率的变化
(2.90) (0.80)

迪士尼的企业价值不受通胀率的影响，因为通胀率前的系数并不显著异于 0。利息费用要从经营现金流中扣除，因此我们在得出最终结论之前，还必须考察经营利润是如何随着通胀率的变动而变动的。

Ⅳ. 对汇率变动的敏感性

迪士尼的企业价值如何随着汇率的变化而变化？我们用企业价值的变化对美元汇率的变化进行回归，得到如下回归等式：

企业价值的变化 = 0.17 － 0.65 × 美元价值的变化
(2.63) (0.80)

---

① 为了确保回归系数衡量的是久期，我们按如下式子计算出利率的变动：$(r_t - r_{t-1})/(1 + r_{t-1})$。由此，如果长期债券收益率从 8%上升到 9%，我们计算出变动为（0.09－0.08）/1.08。

从回归等式中可以看出，迪士尼的企业价值随着美元汇率的上升而下降。但是，企业价值与汇率之间的关系很弱，这表明，对一部分迪士尼的业务来说，美元的价值越高越好。

现金流对各种因素的敏感性：历史数据

在一些情况下，更合理的方法是估计出经营收入对利率变化、通胀率变化以及其他变量变化的敏感性。当我们在为负债设定相应的利率时尤其应当这样做，因为利息是从经营收入中支付的。例如，虽然我们在前面的回归中得到企业价值与通胀率的关系是负相关的，就相应得出结论说迪士尼不应当发行浮动利率的负债，但是如果经营收入与通胀率呈正相关关系，我们就要逆转前面的想法。于是，我们又用迪士尼的经营收入作为被解释变量，重复了以上回归。因为分析的步骤是相似的，所以我们得出以下结论。

- 用经营现金流的变化对利率的变化进行回归，可以得到如下结果：

$$\text{经营利润的变化} = 0.195\,8 + 6.543\,9 \times \text{利率的变化}$$
$$(2.56) \qquad (0.97)$$

迪士尼的经营利润与利率向同一个方向变动。但是要谨慎对待该结果，因为利率变化前系数的 t 统计量是很小的。

- 将经营现金流的变化对实际 GDP 的变化进行回归，可以得到如下结果：

$$\text{经营利润的变化} = 0.04 + 6.06 \times \text{GDP 增长率}$$
$$(0.22) \qquad (1.30)$$

迪士尼的经营利润与它的企业价值一样，是随着 GDP 的增长而增长的，这就证实了前面的结论，即迪士尼是一个周期性的企业。

- 用经营现金流的变化对美元价值进行回归，得到如下回归式子：

$$\text{经营利润的变化} = 0.19 - 1.57 \times \text{美元价值的变化}$$
$$(2.63)\,(1.73^{b})$$

迪士尼的经营利润与它的企业价值一样，与美元价值的关系是负向的，但是经营利润与美元价值的关系要强一些。

- 将经营现金流的变化对通胀率的变化进行回归，可以得到如下结果：

$$\text{经营利润的变化} = 0.22 + 8.79 \times \text{通胀率的变化}$$
$$(3.28)\,(2.40)$$

在前面的回归中，我们看到通胀率的变化对企业价值基本没有影响。而迪士尼的经营利润与通胀率的关系非常强烈，它的经营利润随着通胀率的上升而上升。这表明，迪士尼有着相当大的定价权，使得它能够将通胀率的增加转移到它的价格与经营利润上。这就表明，企业应当使用浮动利率的负债。

当被解释变量为经营利润与被解释变量为企业价值得到的结论不同时，我们应当怎么办？答案很简单。如果是针对负债的整体设计，应当更多地依赖企业价值的回归；如果是针对负债的利息支付问题，应当更多地使用经营利润的回归。对久期的衡量来说，通过企业价值对利率的回归可以得到更准确的估计。对通胀率的敏感性来说，因为通胀率影响到利息的支付（是采用固定利率还是采用浮动利率），所以应当更多地依赖经营利润的回归。

由下而上地设计债务结构

虽然可以通过以上分析得到定量的结果，但是也要对这些结果持保留态度。只有当企业经营当前业务很久，并且在可预见的未来还继续经营该业务，以上分析的结果才是合理的。在当前环境中，企业的业务组合随着时间的推移发生很大的变化，这些企业会分拆一些业务然后并购新的业务，因此，根据历史数据的分析得到过多结论是不明智的。在这种情况下，我们想要考察一下企业计划扩展到的行业的特征。而且，使用小样本进行回归，得到的结果也没有显著性。

我们考察了娱乐业、主题公园以及消费品行业的企业价值对各种变量的敏感性，如下表所示①：

	利率	GDP 增长率	通货膨胀率	货币	权重
电视电影娱乐	−3.70	0.56	1.41	−1.23	9.88%
网络传媒	−4.50	0.70	−3.05	−1.58	58.92%
公园和旅游胜地	−6.47	0.22	−1.45	−3.21	29.88%
消费品	−4.88	0.13	−5.51	−3.01	1.32%
迪士尼	*−5.01*	*0.54*	*−2.16*	*−2.05*	

这些由下而上的估计值类似于之前所介绍的由下而上贝塔，根据这些估计值可以得到如下结论：迪士尼应当发行长期固定利率的负债，负债的久期应当为 5.01 年，并且该行业所在的企业受到整体经济波动的影响不大。与迪士尼相似的是，这些行业的企业都会因为美元的升值而受到损害。但是与迪士尼不同的是，这些行业的企业没有很多定价权（请注意通货膨胀率前的系数是负的）。另外，这些行业的平均值比根据企业特有特征得出的结果更准确，可信度也更高。

总体评价

根据对企业价值、企业的经营利润与有关行业平均值的估计，我们的建议与直观的分析一致，但是定量的分析比直观的分析更深刻一些，因为定量分析利用了更多额外的信息：

- 发行的负债应当是长期的，并且负债的久期应当大约为 5 年。
- 负债的很大一部分应当是浮动利率负债，以反映出迪士尼将通胀的压力转移给顾客的能力，因此，经营利润会随着利率的上升而上升。
- 由于迪士尼对于美元汇率很敏感，所以相当一部分负债应当采取外币负债。究竟

① 将每一季度一个部门的企业价值加总，得到每一部门过去 12 年 48 个季度的企业价值数据。用每个部门的企业价值对各种宏观经济变量进行回归，得到表中的结果。

应当使用哪种外币负债，以及应当使用多少外币负债，该问题取决于迪士尼的收入来自哪里。2009 年的数据表明，大约 20%的负债应当使用欧元，大约 10%的负债应当使用日元，因为迪士尼有较大的业务是在欧洲与日本。随着迪士尼的业务扩张到拉丁美洲（ESPN 和广播）和新兴亚洲市场（香港迪士尼），该企业也会考虑使用其他货币。

可以利用这些结论设计出企业新的负债，也可以用于评价企业的现有负债，看企业的资产情况是否与融资情况相匹配。我们考察了企业在 2008 年年末的负债，得出如下结论：

● 迪士尼有 160 亿美元负债，根据各种负债账面价值加权得到的期限为 5.38 年。因为负债的期限应当比久期要长一些，这表明迪士尼的负债期限比较适当。

● 在所有负债中，有 10%的负债是以日元结算的负债，余下的都是以美元结算的负债。根据我们的分析，我们建议迪士尼提高其他货币的负债金额，让 20%的负债为以欧元结算的负债，让 5%的负债为以人民币结算的负债。

● 迪士尼没有可转换债券，其中 24%的负债是浮动利率的负债。由于迪士尼是一个成熟企业且具有相当大的定价权，所以浮动利率负债的比例是基本合适的。实际上，我们建议，迪士尼将浮动利率的负债比例提高到大约 40%。

如果迪士尼接受了应当有更多外币负债以及更多浮动利率负债的建议，它有两种相应的改进方法：

（1）迪士尼使用一些互换，将现有的固定利率的美元负债换成浮动利率的外币负债。给定迪士尼在金融市场上的地位及其巨大的资本规模，应当不难做到这一点。

（2）如果迪士尼计划发行新的负债，无论是为了达到更高的负债比率还是为了为新的投资筹集资金，它都可以主要使用浮动利率的外币负债。可能从项目上来看，这种负债类型并没有与项目类型相匹配，但是从企业整体层面上来说负债与资产更加匹配。

macrodur. xls：你可以利用该电子表格估计出企业价值与经营利润对各种宏观经济变量变化的敏感性。

网上的数据集总结了按照行业划分的美国公司的企业价值对宏观经济变量的回归结果。

【例 9—8】 为书景书店、鹦鹉纸浆公司、塔塔化学公司和德意志银行估计出合适的融资组合

虽然我们将不会像分析迪士尼那样对书景书店、鹦鹉纸浆公司和德意志银行进行非常详细的考察，但是我们根据对于这些业务的理解总结了各企业最佳的融资方法。

● **书景书店。**因为书景书店的收入主要来自其纽约书店的收入，所以我们可以将负债设计为：

（1）长期负债，因为书店是一项长期投资。

（2）以美元结算的负债，因为所有的现金流都是美元形式的现金流。

（3）固定利率的负债，因为书景书店没有定价权，所以不可能将利率与通胀率保持同步。

值得注意的是，经营租赁满足以上三个条件，所以书景书店应当将经营租赁作为其负债方式。而书景书店当前的主要负债就是经营负债，所以该企业不用做出改变。

● **鹦鹉纸浆公司。**鹦鹉纸浆公司大部分的造纸厂都位于巴西，但是该企业有相当一部分的海外收入。该企业在2008年有很大一部分的海外收入，主要是美元形式的收入，当时该企业的经营费用主要是以巴西雷亚尔来结算的。根据这种结构，我们将负债设计为：

（1）长期负债，因为一个典型的造纸厂的寿命超过20年。

（2）以美元结算的负债，因为现金流入主要采取美元的形式。

（3）给定纸张价格的波动性，应当尽量将利率与纸浆的价格相挂钩。

鹦鹉纸浆公司的现有负债主要是以巴西雷亚尔结算的负债，其平均期限为3.2年。虽然这反映出巴西企业难以借到长期负债的事实，但是很多新兴市场的企业有大量的美元收入，这会使得长期负债的约束有所缓解。

● **塔塔化学公司。**塔塔化学公司是一个制造型企业，其大量收入都来自印度，所以该企业应当有如下特征的负债：

（1）中长期的负债，因为生产废料和化学产品的工厂和机器的寿命是中长期的。

（2）固定利率的负债，因为该行业的企业没有定价权。

（3）以卢比结算的负债，因为塔塔化学公司90%的收入都来自印度。

塔塔化学公司的现有负债在很大程度上符合我们认为的完美负债形式（该企业现有的负债是固定利率的，且以卢比来结算），但现有负债的平均期限大约为3年，比我们预期的要小。虽然部分原因是印度的银行不愿意给出期限较长的贷款，但是印度公司债券市场的发展应当使得该企业借到更多的长期负债。

● **德意志银行。**对于德意志银行应采用哪种类型的负债，我们将不给出明确的建议，有如下两个原因。第一个原因是，银行资产的期限结构，尤其是银行对于证券的投资，可能是波动很大的，而银行的借款应当反映出这种波动性。第二个原因是，银行可以声称它们具有如下能力，即有能力发现何时借款是成本最低的，于是它们可以利用这种负债与资产的不匹配。

结　论

在这一章，我们考察了企业应当如何朝着其最优负债结构的方向移动，它们应当如何选择最优的融资工具，如何为现有资产与新的项目进行融资。

一些负债过多或者负债过少的企业不愿将其负债比率调整到最优水平。原因可能是它们的目标并不是企业价值最大化，也可能是它们认为向最优点调整的成本超过了获得的收益。如果企业已经决定调整其融资组合，它们需要选择逐渐调整还是迅速调整。如果企业承受了很多外界的压力，那么该企业很可能迅速调整其融资组合。对于那些负债过低的企业来说，压力来自杠杆收购的可能。对于那些负债过多的企业来说，压力来自违约成本与破产成本。对于没有压力的企业来说，它们可以逐渐将负债比率调整到最优点。

企业可以通过四种方式调整其负债比率。它们可以调整其现有投资的资金结构，可以发行新的负债来减少权益，或者使用新的权益来减少负债，也可以使用现金减少权益并赎回负债。另外，企业可以用具有特定的负债权益比的资金为新项目融资。最后，它们可以提高或者降低盈利中以股利或者股票回购返回给股东的部分。究竟使用什么形式来调整负债比率？企业必须充分认识到它们希望以多快的速度来调整其负债比率，它们所拥有的投资项目质量如何，以及现有投资有多大的市场规模。

在最后一部分，我们考察了企业如何选择融资工具。将融资的现金流与资产的现金流相匹配，可以减少违约风险，提高企业的负债能力。根据这一原则，长期资产要用长期负债来融资，产生的现金流与通胀率保持同步的资产要用浮动利率的负债来融资。如果资产的现金流是外币形式的现金流，那么该资产要用同种外币的负债来融资。如果资产产生的现金流是不断增长的，那么该资产要用可转换债券来融资。可以根据典型项目从直观上使负债与资产相匹配，也可以利用历史数据来完成负债与资产的匹配。可以用经营利润的变化或价值的变化对宏观经济变量的变化进行回归，以衡量出企业对于这些宏观经济变量的敏感性，可以使用这些结果设计出企业最优的融资工具。

真实案例研究

向最优点移动的技术

目标：确定企业是否应当向着最优组合移动（如果是，怎样移动），并且分析企业最合适的负债类型。

关键问题

● 如果企业的实际负债比率不同于最优负债比率，企业应当如何从实际负债比率移动到最优点？具体来说，

a. 该企业应当随着时间的推移逐渐调整还是立即调整？

b. 企业是应当通过股票回购还是应当通过赎回负债来调整其现有的融资组合？企业应当用新的负债还是新的权益来为新项目融资？企业应当调整返回给股东的利润比例吗？

● 该企业应当使用什么类型的融资方式？具体来说，

a. 融资方式应当是短期的还是长期的？

b. 应当使用何种货币形式？

c. 该融资工具应当有什么样的特殊特征？

分析框架

1. 即时性问题

● 如果企业的杠杆过低，该企业有并购目标企业所拥有的特征吗？（敌意收购中的目标企业规模较小，拥有的项目较差，股价的表现比同类企业差，并且有较少的内部持股。）

● 如果企业的杠杆过高，该企业有破产的风险吗？（如果企业被评级的话，查看相应的债券评级。如果债券处于垃圾债券的级别，就表明该企业有很高的破产风险。）

2. 改变融资组合或者采纳项目

● 企业希望采纳什么样的项目？企业预期在这些项目上获得超额收益吗？（过去的项目收益是一个合适的起点——请参考有关投资收益的内容。）

● 该企业有什么类型的股东？如果要将企业的现金返还给股东，这些股东会偏爱哪种形式，是股利的形式还是股票回购的形式？（参考一下企业的历史，如果该公司在过去都派发了较高的股利，那么说明该企业的股东喜欢股利。）

3. 融资类型

● 企业价值对宏观经济变量变化的敏感性如何？宏观经济变量包括利率、汇率变动、通胀率等等。

● 企业的经营利润对这些宏观经济变量变化的敏感性如何？

● 部门的企业价值与经营收入对这些变量变化的敏感性如何？

● 以上三个问题的答案告诉你企业应当采用何种形式的融资方式？

获得有关资本结构技术的信息

为了得到估计资本结构技术的相关变量，你可以从我的网站上获得有关宏观经济变量的信息，这些宏观经济变量包括利率、通胀率、国内生产总值的增长率以及汇率等。你可以从价值线的网站上找到你拥有的企业的历史信息。其中，价值线网站上有过去 15 年企业的收入与经营利润的信息。

网上信息来源

www. stern. nyu. edu/～adamodar/cfin2E/project/data. htm

练习题

（在以下问题中，如果没有特别指出，那么风险溢价为 5.5%，税率为 40%。）

1. BMD 这家企业当前没有负债，权益的市场价值为 20 亿美元。基于该企业的 *EBITDA* 2 亿美元，企业能够承担的负债比率为 50%，在这一点上，企业的价值可以增加 3 亿美元。

a. 假定企业计划马上提高其杠杆，企业可以使用什么方法来将杠杆比率提高到 50%？

b. 回购股票与支付特殊股利有差别吗？为什么？

c. 如果 BMD 当时的现金余额为 2.5 亿美元，这会改变你以上的任何分析吗？

2. MiniSink 是一家制造业企业，该企业发行在外的负债有 1 亿美元，有 900 万股股票，每股价格为 100 美元。企业当前的贝塔为 1.1，负债的利率为 8%。在最近一年里，MiniSink 报告的每股净利润为 7.5 美元，分析师预计该企业以后五年里每年的利润增长率为 10%。该企业面临的税率为 40%，并且将利润的 20%作为股利派发给股东（国库券收益率为 7%）。

a. 假定企业一直保持当前的股利支付率，请估计出企业在未来五年里每年的负债比率。

b. 假定企业将股利支付率扩大成原来的 2 倍并且每年回购 5%的股票，请估计出企业在未来五年里每年的负债比率。

3. IOU 公司发行在外的负债有 50 亿美元（利率为 9%），该企业有1 000万股股票，每股股价为 50 美元。根据当前的 *EBIT* 2 亿美元，得出企业的最优负债比率为 30%。企业的贝塔为 1.2，当前的国库券收益率为 7%。假定在以后的五年里经营利润每年的增长率为 10%，并且在以后五年里每年企业的折旧与资本支出的总和为 1 亿美元。请估计分别在以下条件下企业的负债比率：

a. 该企业保持现有的股利政策，以后五年里每年支付的股利为5 000万美元。

b. 该企业不再发放股利。

4. DGF 公司想知道如何最好地提高其杠杆，请你给出相关的建议。在最近一年里，DGF 的 *EBITDA* 为 3 亿美元，负债的账面价值与市场价值都是 10 亿美元，权益价值为 20 亿美元（市场价值是账面价值的 2 倍）。该企业的贝塔为 1.3，负债的利率为 8%（国库券收益率为 7%）。如果企业运到其最优负债比率 40%，预期资本成本会降低 1%。

a. 企业如何移动到其最优负债比率点？具体来说，企业应当借入资金来进行项目投资，还是应当支付股利或者进行股票回购？

b. 有其他任何方面会影响你的决策吗？

5. STL 请你对其发行的新负债给出一些意见。你需要什么样的信息？

6. 假定现在你发现了 STL 所采取项目的以下一些信息：

- 项目主要是基础设施项目，要求大量的初始投资，项目的期限也很长。
- 大部分新项目都位于新兴市场，预期产生的现金流是当地货币形式的现金流。
- 现金流的大小在很大程度上取决于新兴市场经济在长期的走势。

你在负债的设计中会如何使用这些信息？

7. Eaton 公司是一家汽车制造企业。你试图为该企业设计出负债的结构，已经收集了该企业在过去 10 年里负债与权益市场价值的信息，如下表所示：

	权益的市场价值（百万美元）	负债的市场价值（百万美元）
1985	1 824.9	436
1986	2 260.6	632
1987	2 389.6	795

续前表

	权益的市场价值（百万美元）	负债的市场价值（百万美元）
1988	1 960.8	655
1989	2 226.0	836
1990	1 875.9	755
1991	2 009.7	795
1992	2 589.3	833
1993	3 210.0	649
1994	3 962.7	1 053

另外，你收集了同期有关长期利率的变化、通胀率的变化、GNP 的变化以及汇率变化的有关信息，如下表所示：

	长期债券收益率（%）	GNP 的增长（%）	加权的美元价值	通胀率（%）
1985	11.40	6.44	125.95	3.50
1986	9.00	5.40	112.89	1.90
1987	9.40	6.90	95.88	3.70
1988	9.70	7.89	95.32	4.10
1989	9.30	7.23	102.26	4.80
1990	9.30	5.35	96.25	5.40
1991	8.80	2.88	98.82	4.20
1992	8.10	6.22	104.58	3.00
1993	7.20	5.34	105.22	3.00
1994	8.00	5.97	98.6	2.60

使用这些信息，

a. 估计出该企业项目的久期。你在设计该企业的负债时如何使用这一信息？

b. 该企业的周期性如何？周期性会如何影响到负债的发行？

c. 估计出该企业价值对汇率变动的敏感性。你在设计负债时如何使用这一信息？

d. 企业价值对通胀率的敏感性如何？你在设计负债时如何使用这一信息？

e. 什么因素会导致你不考虑以上分析的结果？

8. 对以下企业重复第 7 题中的分析，该企业提供了近 10 年来的经营利润，你有同一期间的宏观经济变量。

	经营利润（千美元）
1985	463.050
1986	411.696
1987	483.252
1988	544.633
1989	550.650
1990	454.875
1991	341.481
1992	413.983
1993	567.729
1994	810.968

9. 假定你使用企业价值与经营利润进行第 8 题中的分析。如果用企业价值分析的结果与用经营利润分析的结果不同，你认为有什么原因会导致两者的差异？你何时会使用其中一种而放弃另一种？

10. 辉瑞是一家主要的制药企业。该企业的负债比率为 10.3%，它正在考虑将其负债比率增加到 30%。于是，预期其资本成本将从 14.51%下降到 13.45%。1995 年，辉瑞的 $EBIT$ 为 20 亿美元，资本（负债+权益）的账面价值为 80 亿美元。该企业收入的税率为 40%。企业的股票是被广泛持有的，但是公司章程里有对反收购的限制。

a. 该企业应当将其负债比率迅速调整到最优点，还是逐渐调整到最优点？请解释。

b. 给定你在 a 题的选择，请说明该企业将如何调整到最优点？

c. 辉瑞正在考虑使用其剩余负债能力进行一场并购。该企业应当有什么样的顾虑？

11. 厄普约翰也是一家主要的制药公司。该企业正在考虑将其负债比率从 11%提高到其最优负债比率 40%。该企业的贝塔为 1.17，当前的国库券收益率为 6.5%。最近一年的权益收益率为 14.5%，但是随着医疗保健行业的成熟，该企业的权益收益率正在下降。另外，该企业被广泛持股，并且被作为一个可能的收购目标。

a. 你建议厄普约翰迅速调整到其最优负债比率点吗？请解释。

b. 你将如何建议厄普约翰提高其负债比率？

12. 美国钢铁公司一般被认为是成熟的企业，该企业通常使用很高的杠杆来为厂房与机器融资。一些新兴市场的钢铁公司通常都有较高的增长率，并且有好的成长前景。你预期新兴市场的钢铁公司也会有高的杠杆吗？为什么？

13. 你在判断伯利恒钢铁公司当前的负债结构是否合适。你用该公司的企业价值对利率的变化进行回归，得到如下等式：

企业价值的变化 = C.2% − 6.33 × 利率的变化

a. 如果伯利恒钢铁公司发行在外的主要是一年期的短期负债，你认为该企业的负债结构合适吗？

b. 为什么伯利恒钢铁公司可能倾向于使用短期负债来为长期资产融资？

14. 美国的铁路公司有长期的、固定利率的、以美元结算的负债。请解释原因。

15. 下表总结了六家主要的制鞋公司的企业价值对利率变化的回归结果：

企业价值的变化 $= a + b \times$ 长期利率的变化

	截距 (a)	斜率 (b)
拉吉尔	-0.07	-4.74
耐克	0.05	-11.03
新泰莱	0.01	-8.08
天伯伦	0.06	-22.50
锐步	0.04	-4.79
金刚狼	0.06	-2.42

a. 你如何使用以上回归结果为各家公司设计负债？

b. 你如何解释公司之间的巨大差异？你会应用这些公司的平均回归结果吗？

16. 你用摩托罗拉的企业价值分别对几个宏观经济变量的变化进行了时间序列回归。得到的结果如下：

企业价值的变化 $= 0.05 - 3.87 \times$ 长期利率的变化

企业价值的变化 $= 0.02 + 5.76 \times$ 实际 GNP 的变化

企业价值的变化 $= 0.04 - 2.59 \times$ 通胀率

企业价值的变化 $= 0.05 - 3.40$(美元／德国马克)

a. 根据这些回归，你会怎样设计摩托罗拉的融资方式？

b. 摩托罗拉与所有的半导体公司一样，对于高科技公司的营业状况是非常敏感的。你可以在负债中加入什么特殊的性质从而反映出这种依赖性吗？

第 10 章　股利政策

每一家上市公司都需要在年末做出是否把现金分配给股东以及分配多少的决策。非上市公司的所有者也需要做出相似的决策。这就是股利分配决策。在本章的开始，我们从三个方面介绍股利政策的背景。首先阐述一个程序问题，即如何制定和如何分配股利；接下来将使用广泛应用的指标来考察企业到底分配多少股利；最后，用实证的方法检验企业在制定股利政策中遵循的一些规律。

在了解了有关背景后，我们将介绍关于股利政策的三个学派。第一个学派是股利无关论。该理论认为股利无关紧要，因为它不影响企业价值。该理论基于两个假设：第一，投资者在利润分配与不分配或在资本利得与股利之间不存在税赋差异；第二，交易成本为零假设，资本市场上的证券发行或买卖交易等活动不存在显著的交易成本。第二个学派的支持者认为，由于现金股利和资本利得存在不同的税赋，对于投资者而言，支付现金股利并不是最优的股利政策。第三个学派认为，由于投资者认为股利收益比留存收益再投资带来的收益更加可靠，因此在投资者看来，公司分配的股利越多，公司的市场价值越大。

传统的观点认为，股利分配是一种上市公司对股东进行投资回报的主要方法。然而这仅仅是众多可行方法中的一种。具体而言，企业可以通过回购股票和利用现金购买已流通在外的股票来使股东实现投资回报。另外，企业还可以通过资产分拆或分割的形式向股东返还投资。本章将关注股利政策，而下一章将介绍其他可选的方法，以及如何在这些方法中做出选择。

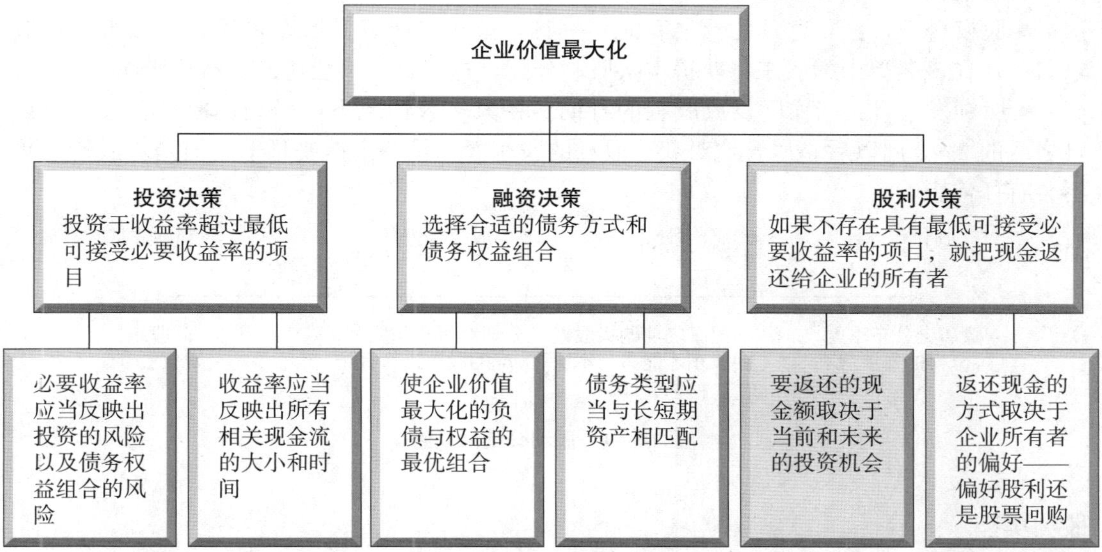

股利政策的背景

在本节，我们将考虑三个问题：首先，企业如何决定分配多少股利，以及如何将股利支付给投资者；接着，我们将使用两种广泛应用的指标来衡量企业支付多少股利——股利支付率及股利收益率；最后，我们将参考一些关于企业制定及改变股利政策行为的实证证据。

股利分配过程

美国的企业通常每季度分配一次股利；而其他国家的企业通常每半年或每年进行分配。下面，我们来考虑关于股利支付时间线以及不同类型股利的定义。

股利支付时间线

上市公司的股利分配政策通常由董事会决策制定，并在数周后发放给股东。在董事会宣布发放股利到股利真正发放之间有几个关键的日期（见图 10—1）。

● 股利宣告日：指董事会宣告本季（或本期）发放股利的日期。这一日期的重要性在于，通过宣告本期股利分配的增减或维持不变，公司向资本市场传递了相应的信息。如果企业改变了其当期股利政策，市场很可能在当天就对这一信息做出反应。

● 除息日：指在这一天之后购入该股票的投资者，不再享有该公司此次分配股利的权利。正因如此，在除息日股票价格将会显著下降，以反映当日之后购入该公司股票的投资者不能获取股利分配的损失。

● 股权登记日：除息日几天之后的某一日，公司将清算其股东名册，并拟出一份股东名单，在该名单中的股东将获得本次股利分配。这一日并不会对股价造成影响。

● 股利发放日：指实际发放股利的日期。在大多数情况下，股利发放日在股权登记日之后的 2～3 周以后。尽管这对获得股利的股东而言是一个重要日子，但是对股价几乎不会有任何影响。

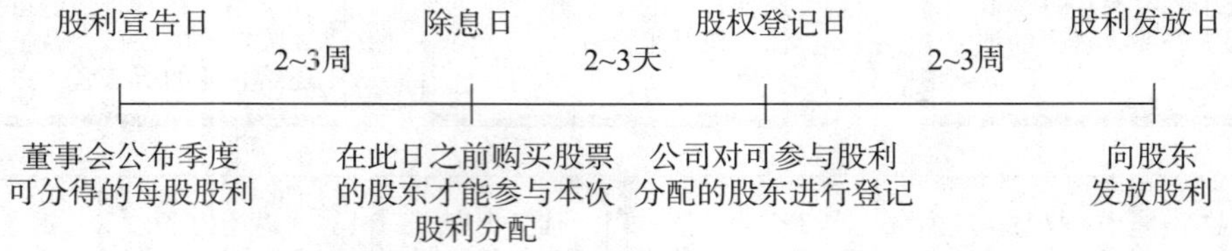

图 10—1　股利分配时间线

股利类型

有几种方法可以对股利进行分类。首先，按照支付股利的形式，可以分为现金股利和股票股利。股票股利会增加股票的发行数量，从而使每股股价显著下降。其次，按照股利发放的时间，可以分为定期股利（固定每季、每半年或每年按时发放的股利）和额外股利（定期股利之外额外发放的股利）。大部分美国企业按季度定期发放股利，而额外股利的发放通常没有时间规律。最后，有时企业发放的股利会超出其账面上的留存收益，这被称为清算股利。美国国税局认为，清算股利是一种资本返还，而不是盈利返还。对于投资者而言，清算股利与正常的股利分配会有不同的税赋效应。

股利政策的衡量

我们通常使用两个变量来衡量一个企业的股利政策。第一个称为**股利收益率**（dividend yield），它由股息和股价二者决定：

股利收益率 ＝ 每年每股股利 / 每股股价

股利收益率是显著的，因为它衡量了股东从股利分配中获得的全部回报，同时考虑了股价变动引起的股东以资本增值方式获取回报的影响。

股票期望回报 ＝ 股利收益率 ＋ 价格增长率

一些投资者也使用股利收益率作为一种风险衡量工具和一种投资决策工具。他们通常对具有较高股利收益率的股票进行投资。研究表明，具有较高股利收益率的股票在剔除了市场表现和风险影响后，具有超额回报。

图 10—2 跟踪比较了美国主要市场中 2 700 家有派息行为的上市公司在 2008 年与 2009 年的股利分配情况。在搜集的数据范围内，2009 年 1 月股利收益率的中位数约为 3%，明显高于 2008 年 1 月的 2%。这并不是因为公司派息增加，而是因为 2008 年第四季度美国股市遭遇大熊市，导致 2009 年 1 月股票价格低于上年同一时期。在这两个时期，若以全部上市公司为样本，共有约7 200个公司样本数据，其中有 65%没有派息，因此各公司的股利收益率中位数为 0%。

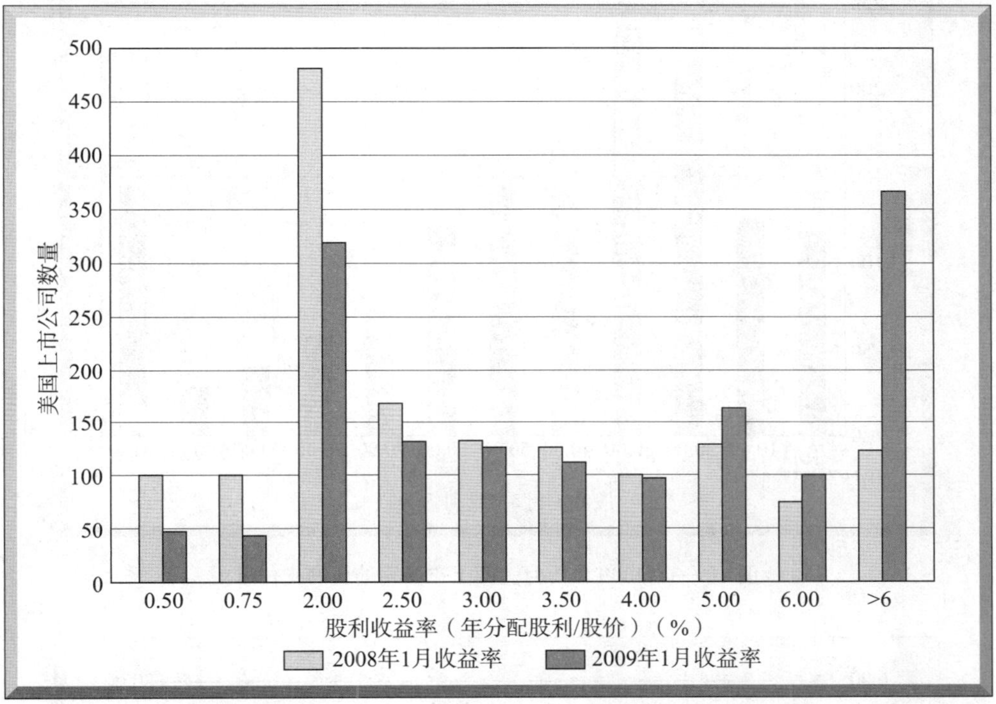

图 10—2　2008 年 1 月与 2009 年 1 月美国股票股利收益率情况对比

第二个广泛使用的变量是**股利支付率**（dividend payout），它与企业支付的股息和企业的盈利相关。

股利支付率 = 股利 / 盈利

股利支付率可应用于不同情况。第一，在估值中，许多分析师都倾向于估计未来盈利的增长，而不是股利的增长，因此它可以作为估计未来期望股利的一种方法。第二，留存收益率是用于估计未来盈利增长的有效变量。留存收益率是留存于企业的盈利比例，它等于 1 与股利支付率之差。企业的留存收益率越高，即股利支付率越低，通常情况下盈利增长率也越低。第三，股利支付率与企业所处的生命周期有关。在企业高速增长时，股利支付率从 0 开始逐渐增长，直至企业达到成熟且增长率开始下降。图 10—3 表现了 2009 年 1 月有派息行为的美国上市公司的股利支付率情况。

股利支付率大于 100%，表示企业支付的股利超过了其盈利；大约有 150 家企业属于这种情况。在 2008 年，大约有 120 家企业的业绩报告为亏损，却仍然支付股利。2009 年

1 月企业的股利支付率中位数为 35%，而平均数接近 40%。

在图 10—4 中，我们可以通过观察标准普尔 500 指数包含的股票 1960—2008 年的平均股利收益率和平均股利支付率，来比较企业股利分配的历史情况和目前情况。注意从 1980 年起，股利收益率经历了一个较长的下降期，从 5.5%一直下降到 2%以下，直到 2008 年向上反弹。股利支付率也经历了一个持续下降的过程，但是幅度要相对平缓。这种现象在一

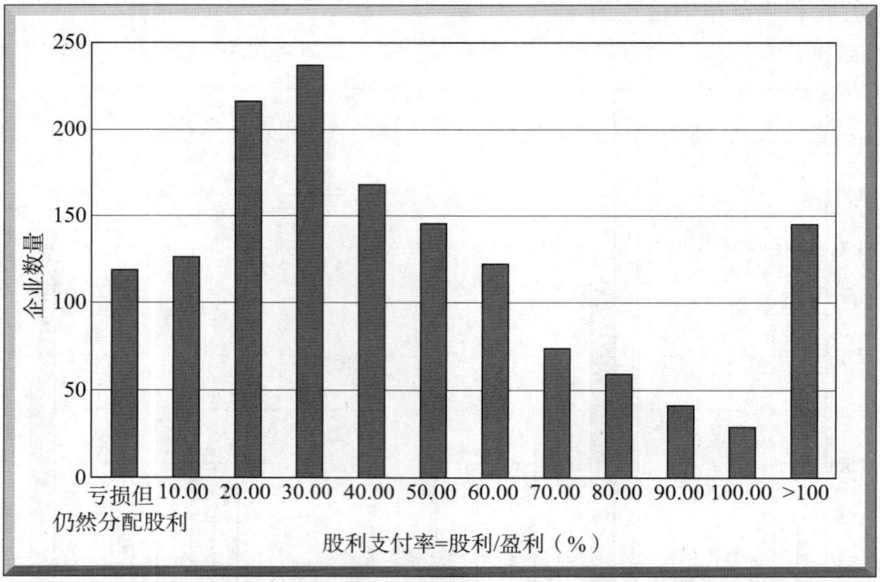

图 10—3　2009 年 1 月美国上市公司的股利支付率

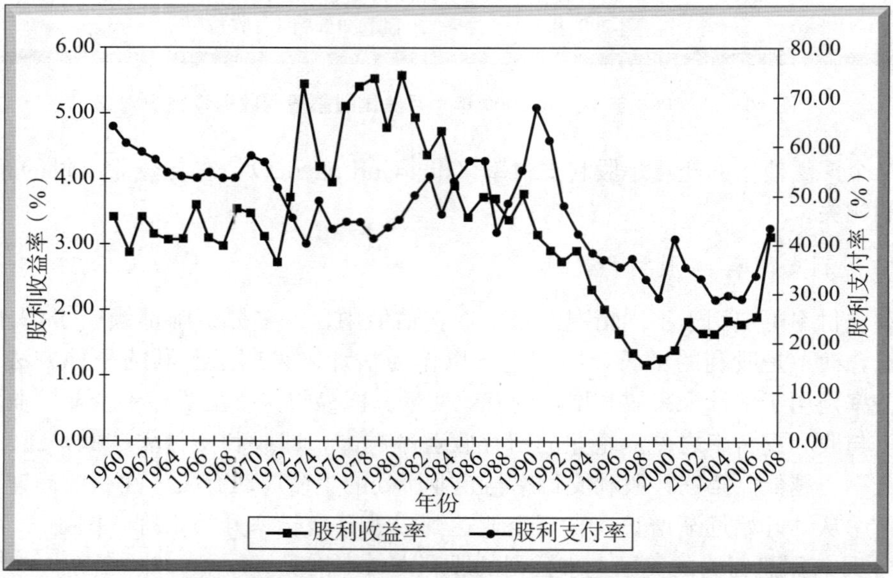

图 10—4　标准普尔的股利收益率和股利支付率情况：1960—2008 年

定程度上是由于两种变量的计算公式中分母的增加而导致。另外，越来越多的成长性企业（科技企业）进入标准普尔 500 指数，而且一些企业开始倾向于采取回购而不是股利分配的方式回报股东，这也可以解释图 10—4 中的现象。第 11 章将检验这种关系。

10.1 股利超过盈利

公司不应该有支付股利超过其盈利的行为。

a. 正确。

b. 错误。

请解释。

divUS. xls：提供从 1960 年至今，美国公司的股利收益率及股利支付率的在线数据。

关于股利政策的实证研究

通过观察在过去 50 年有派息行为的美国公司，可以发现一些有趣的规律。第一，股利的变动通常滞后于盈利的变动；盈利增长会导致在随后几年股利随之增长的现象，同样盈利下降有时也会导致在随后几年股利下降。第二，股利具有“黏性”，因为即使盈利下降，企业也不愿意轻易减少股利分配。这种“黏性”也会导致企业不愿意轻易增长股利分配，因为它们担心无法支撑这种增长。第三，股利的变动趋势要比盈利的变动趋势平缓得多。第四，企业所处的生命周期不同，增长率有所不同，相应的现金流、投资能力都不相同，其股利政策也会有明显不同。

股利滞后于盈利

由于股利的支付来自盈利，所以从时间趋势上看，股利与盈利应该是正向相关的，这一点应该不难理解。图 10—5 是 1960—2008 年标准普尔 500 指数公司的股利和盈利走势图。

观察图 10—5 中的两条曲线可以发现：（1）从时间趋势上看，股利变动跟随盈利变动；（2）股利变动曲线比盈利变动曲线要平缓得多。在 20 世纪 50 年代，约翰·林特纳（John Lintner）研究了企业制定股利政策的方法，他发现了企业的三种惯常做法[①]：第一，企业通常会根据其长期愿意从其盈利中拿出作为股利支付给股东的比例，设定一个**目标股利支付率**（target dividend payout ratios）。第二，企业会根据其具有长期性的盈利变动来调整股利，但是只有当企业认为有能力维持一个较高的股利支付率时，才会增

① J. Lintner, “Distribution of Income of Corporations among Dividends, Retained Earnings and Taxes,” *American Economic Review* 46: 97－113.

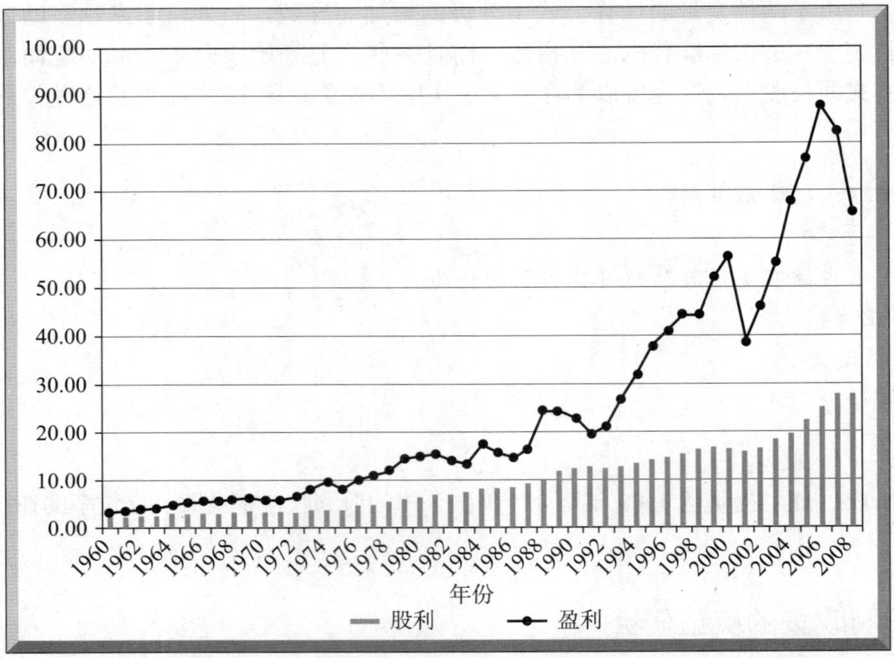

图 10—5　股利与盈利——标准普尔 500 指数公司

资料来源：Standard & Poor's.

加股利支付率。这是因为股利对于盈利而言具有滞后性，而企业会尽量避免下调股利支付率。最后，管理者明显更关注股利的变动情况，而不是股利发放数量。

法马（Fama）和巴比亚克（Babiak）对公司当期和上一期的股利变动和盈利变动进行回归，发现在盈利和股利之间存在一种时滞关系。[1] 这一研究对上述林特纳的发现进行了验证。

10.2　股利滞后性的决定因素

以下三种类型的企业中，哪一种更有可能在盈利增长之前就增加股利分配？

a. 周期性企业，其盈利由于经历了经济增长而大幅上涨。

b. 制药企业，由于新药投放市场成功，其盈利在过去 5 年稳定增长。

c. 个人电脑制造企业，其最新款的手提电脑取得市场成功，致使其利润大幅上涨。

请解释。

股利的黏性

许多企业并不愿意经常改变其现金股利。这是由几个因素造成的。其一，企业关心

① E. F. Fama and H. Babiak, "Dividend Policy: An Empirical Analysis," *Journal of the American Statistical Association* 63, no. 324: 1132-1161.

自己在未来经营期间是否能支撑较高的股利支付。其二，市场对企业降低股利支付的行为很不乐观，这会导致股价下跌。图 10—6 总结了 1988—2008 年美国上市公司增加、减少及维持其股利支付不变的公司数各自占全部公司的比例。

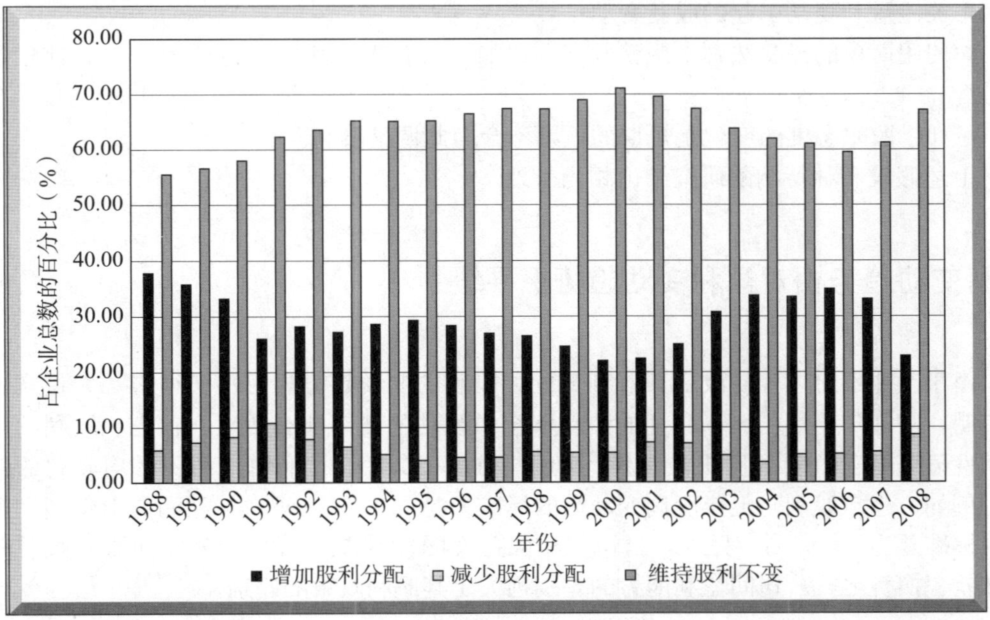

图 10—6　美国企业各年股利变化图

从图中可以看到，在绝大部分年份，维持股利不变的企业数远远超过其他两种情况的企业数。对于改变股利分配的企业，平均而言，增加股利分配的企业数明显超过减少股利分配的企业数。即使在 2008 年，经济遭遇了统计年份中最大的危机，增加股利分配的企业数也超过减少股利分配的企业数。[①]

股利的黏性：一个行为学视角

在过去 50 年，企业的股利分配行为已经被广泛研究，但是约翰·林特纳的研究结论十分具有建设性。他得到的基本结论——企业股利分配的三种规律——对于绝大多数企业制定股利政策均适用。

假定企业的盈利和现金流波动性增加，但是企业的股利并不会反映这种波动性，而且企业并不会因此积极调整其股利支付率。

西尔特（Cyert）和马奇（March）认为，“不确定性规避”可以解释林特纳的研究发现。[②] 他们认为，管理者不愿意利用那些以短期经济环境为决策基础的工具来预测一些未来可能发生的情况。换句话说，企业使用一些标准化的管理工具，这些工具虽然不能消

① 2008 年第 4 季度，企业遭遇了近半个世纪以来最严重的金融危机。在标准普尔 500 指数企业中，有 27 家企业降低股利分配，这已经是有史以来最多的情况了，而与此同时，仍有 32 家企业增加了股利分配。

② Cyert, R. and J. March, *A Behavioral Theory of the Firm* (Englewood Cliffs, NJ: Prentice-Hall, 1993).

除不确定性，但是可以使风险变得可控。在股利政策范畴，他们的研究模型假设管理层有以下行为：

- 根据行业规范设定一个股利支付率；
- 关注盈利变动引起的股利变动；
- 使用简单的经验法则来调整股利，比如，只有当盈利增长超过 30%时，才增加股利分配；
- 如果股东态度的变化是短期的，则不会因此调整股利。

上述假设和林特纳的研究结论相当一致。

股利变动趋势相对盈利变动趋势更平缓

由于企业不愿意轻易改变其股利分配，股利的变动趋势相对平缓得多。大量实证研究表明，与往年同期相比，股利的波动不会像盈利的波动那么明显。首先，股利的历史波动性显著低于盈利的历史波动性。利用 1960—2008 年的平均盈利和平均股利的年数据，例如，当年股利与上年股利变动数的标准差是 5.17%，而当年利润与上年利润变动数的标准差为 14.69%。另外，公司间净收益率的标准差显著高于公司间股利收益率的标准差。换言之，公司间盈利能力的差别远大于其股利政策的差别。

企业的股利政策取决于其所处的生命周期

在前面的章节，我们介绍了企业所处的生命周期与其融资组合及决策的关系。我们具体介绍了企业生命周期的五个阶段——初创期、快速扩张期、高增长期、成熟期、衰退期。在本部分，我们将分析企业所处的生命周期与其股利政策的关系。通常企业会采取最适合其所处生命周期的股利政策。例如，高增长企业拥有较多的投资机会，因此并不会经常发放股利。而成熟期的企业拥有大量的现金流，同时需要投资的项目也不多，因此更倾向于将盈利进行股利分配。图 10—7 表明了上述现象。

股利政策与企业成长性的关系可以通过观察股利支付率和其预期成长率得到。例如，将纽约证券交易所 2009 年 1 月的上市公司按照分析师预测的未来五年每股盈利期望增长率分为 6 组，同时预测了每家公司的股利收益率，从图 10—8 中可以看出这些数据的规律。

对于期望增长率最高的一组企业，不论以股利支付率衡量还是以股利收益率衡量，其股利支付均为最低。[①]

10.3 成长型企业的股利政策

一家增长率已经开始下降的企业，最可能采取以下哪一种股利政策？

① 此为应用 2009 年 1 月上市公司的价值线预测的未来五年盈利增长率。

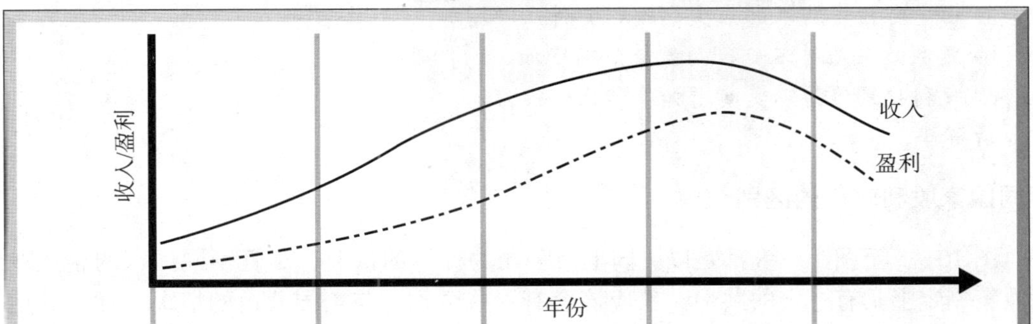

外部融资需求	高，但受限于基础结构	高，与企业价值有关	中等，与企业价值有关	低，因为投资项目减少	低，因为投资项目减少
内部融资	为负，或很低	为负，或很低	低，与资金需求有关	高，与资金需求有关	高于资金需求
股利支付能力	无	无	低	增长	高
增长阶段	第一阶段：初创期	第二阶段：快速扩张期	第三阶段：高速成长期	第四阶段：成熟期	第五阶段：衰退期

图 10—7　股利政策和企业生命周期的关系

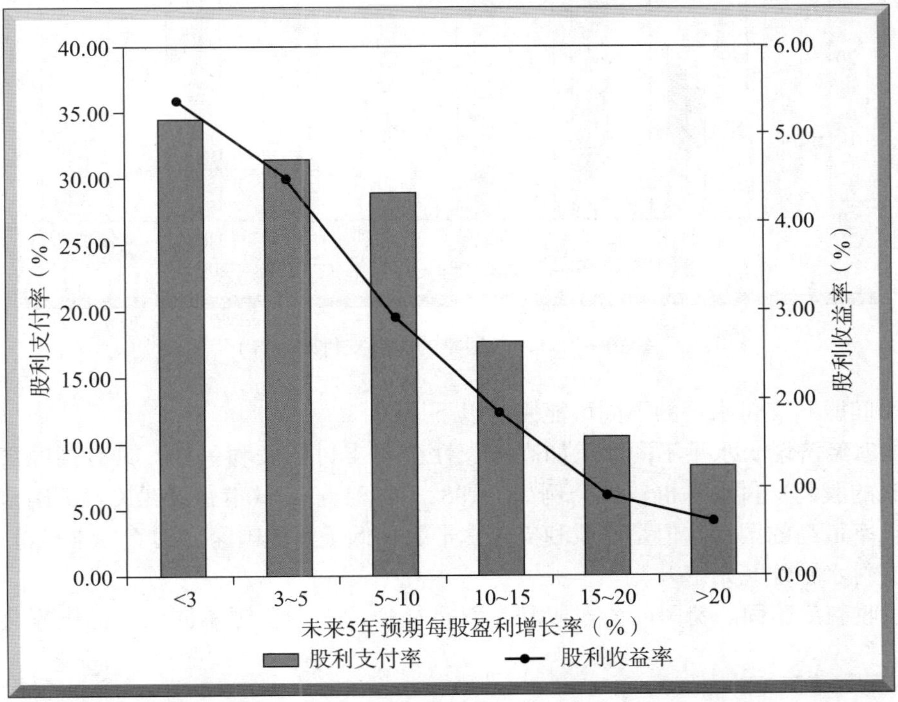

图 10—8　股利收益率和股利支付率——按照增长率分类

a. 由于再投资需求的减少，股利支付立即增加。

b. 股利政策维持不变，而现金余额增加。

c. 股利政策维持不变，增加外部收购行为。

请解释。

不同国家股利政策的区别

图 10—5 至图 10—8 都是以美国上市公司为样本的情况。尽管不同国家的企业在股利政策制定上具有一定的共性，也应该会有一些区别。与美国公司的情况一样，其他国家的公司，其股利支付也具有黏性，同时也随盈利的变动而变动。然而，各国股利支付率的水平是不同的。图 10—9 显示了 G—7 国家的上市公司 1982—1984 年和 1989—1991 年的股利支付率情况，并根据 2009 年的数据进行了更新。[①]

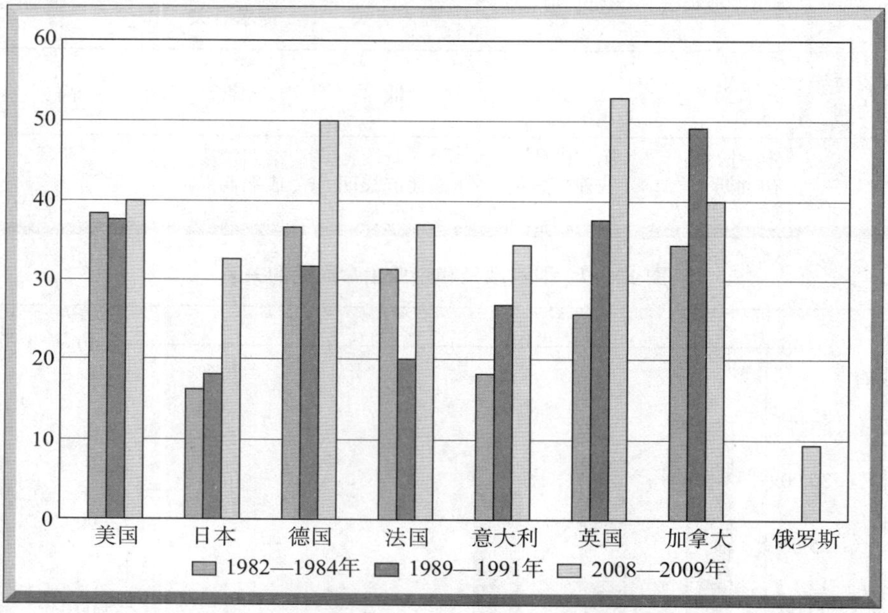

图 10—9　G—7 国家的股利支付率（%）

国家间股利支付水平的不同可能因为以下原因：

- **国家经济增长水平不同。**正如高增长性公司支付低股利一样，具有高经济增长水平的国家的股利支付水平也较低。例如，1982—1984 年，日本曾经是 G—7 国家中预期经济增长率最高的国家，但是其股利支付水平明显低于其他国家。随着日本经济的衰退，其股利支付水平才开始上升。
- **税收制度不同。**美国的公司股利是双重征税的。和美国不同，有的国家会制定相

① R. Rajan and L. Zingales, "What Do We Know about Capital Structure? Some Evidence from International Data," *Journal of Finance* 50：1421－1460. 1982—1984 年的数据和 1989—1991 年的数据来自这篇文章。2009 年的更新数据是使用 2009 年的 Capital IQ 数据进行预测的，并且增加了俄罗斯的数据，使整个样本范围更新为 G—8 国家。

关的制度，至少在一定程度上避免对公司股利进行双重征税。例如，当时在德国，只对公司的留存收益高出股利支付的部分征税。在英国，在缴纳公司税时可以扣除股东缴纳的股利所得税，减少了股利所得的实际税负。

● **公司治理不同。**许多大型上市公司均存在所有权与管理权相分离的问题。如果股东对经理缺乏控制，则公司的股利支付率将偏低。出于个人动机，经理们倾向于积累更多的自由现金。在公司管理系统庞大的俄罗斯，其在2009年的股利支付率低于10%。

我们不难想象，大多数新兴发展中国家的股利支付率要比G—7国家的股利支付率低得多。这些国家有更高的增长率，在位管理层也有相对较大的权力，这使得这些国家保持较低的股利支付率。

10.4　股利政策与股票回购约束

有一些国家不允许企业从其股东手中购回股票。相对于那些不限制股票回购的国家，你预计限制股票回购的国家的股利政策如何？

a. 将更高比例的盈利作为股利派发；股利的波动性更大。

b. 将更低比例的盈利作为股利派发；股利的波动性更大。

c. 将更高比例的盈利作为股利派发；股利的波动性更小。

d. 将更低比例的盈利作为股利派发；股利的波动性更小。

请解释。

countrystats. xls：网上的数据集汇总了全球不同市场的股利收益率和支付率。

【例10—1】　股利、股利收益率和股利支付率

在此例中，我们将要考察迪士尼公司、鹦鹉纸浆公司、塔塔化学公司和德意志银行在2007年和2008年派发的股利。① 我们计算出每个企业在每一年的股利收益率和股利支付率。

从该表中，我们可以看出，这四家企业有一些有趣的差异：

● 在四家公司中，德意志银行在2007年的股利最高，但是当2008年的市场危机爆发时，当年的股利削减了很多。

● 迪士尼每一年派发的每股股利相等，并且两年间的股利支付率和股利收益率都相对比较稳定。

① 这些年的股利实际上是在下一年进行支付的。德意志银行在2008年派发的每股0.5欧元的股利是在2009年5月支付的。

	迪士尼（美元）		鹦鹉纸浆（雷亚尔）		塔塔化学（卢比）		德意志银行（欧元）	
	2007	2008	2007	2008	2007	2008	2007	2008
每股股利	0.35	0.35	0.43	0.33	8.00	9.00	4.00	0.50
每股盈余	2.25	2.28	1.01	−4.09	42.82	20.65	13.65	−7.61
年末的股价	32.28	22.69	15.97	3.98	413.05	165.25	89.47	27.83
股利收益率	1.08	1.54	2.69	8.19	1.94	5.45	4.47	1.8
股利支付率	15.56	15.35	42.43	−7.97	18.68	43.58	29.30	−6.57

● 塔塔化学公司在2008年的股利收益率和股利支付率有所上升，很大程度上是因为该企业在2008年的股利和盈利都下降了50%以上。

● 德意志银行和鹦鹉纸浆公司在2008年都派发了股利，尽管这两家企业当年的盈利为负。这正好证明了股利是存在黏性的。

鹦鹉纸浆公司在保持其现有股利上存在困难，该企业面临着权衡控制权和现金流约束的两难困境。就像本书前面部分所指出的，鹦鹉纸浆公司同大多数巴西企业一样，存在两种类型的股份——有投票权的股份（被称为普通股，由内部人持有）和没有投票权的股份（被称为优先股，由外部人持有）。针对两种股份的股利政策是不同的，其中优先股的股利更高。实际上，如果不能够按时支付给优先股股东事先约好的股利，会导致优先股股东获得一些对企业的控制权。除非普通股股东愿意放弃控制权，否则这就给股利支付率设定了有效的门槛，同时这也让优先股股东在股利减少时能够获得投票权。

何时股利是无关的

有一个学派认为，企业是否发放股利与企业价值无关，并且股东对于是否发放股利是无差异的。与资本结构无关论一样，股利无关论也来自米勒和莫迪利亚尼的文章。[①]

基础假设条件

对股利无关论假设的基本直观看法是很简单的。给定企业的风险特征和从投资决策中获得的现金流，如果企业支付更多的股利，该企业的股票价格溢价就较小，但是总是要给股东相同的总收益。因此，如果不存在税收，或者如果股利和资本利得按照同等税

① M. Miller and F. Modigliani, "Dividend Policy, Growth and the Valuation of Shares," *Journal of Business* 34: 411－433.

率来征税，投资者是以股利的形式还是以价格上升的形式获得收益都是无差异的。

要得出该结论，除了要假设股利不存在相应的税收优势或者税收劣势之外，我们还必须做出如下假设：

● 通过出售股票将价格上升转换为现金时不存在交易成本。如果情况不是这样，急需现金的投资者就会更偏爱股利。

● 如果企业发放了过多的股利，它还可以发行股票并且将发行收入投资到好项目中。企业发行股票时不存在发行成本和交易成本。因此一个支付过多股利的企业总是可以通过发行新的权益来为其项目融资。对于支付过少股利的经理来说，他们不会浪费现金以满足自己的私利（也就是说，如果企业有大量的现金余额，该企业也不会将这些现金投资到坏项目上）。因此，企业的投资决策不受股利决策的影响，并且无论采取什么样的股利政策，企业的经营现金流都是不变的。

● 还有一个隐含的假设是，股票被公允定价。

根据这些假设条件，无论是对于支付股利的企业来说，还是对于收到股利的股东来说，企业支付过多股利还是过少股利都不会对他们造成不利的影响。

10.5 股利无关性

根据莫迪利亚尼-米勒的假设，股利至少会影响哪些企业的价值？

● 有大量投资需求的小规模企业。

● 有大量内部人持股的大规模企业。

● 有大量养老金持股和最小投资需求的大规模企业。

请解释。

股利无关论的证明

下面我们对股利无关性进行证明，假定 LongLast 公司是一家无杠杆的家具制造企业，该企业税后的经营利润为 100 百万美元，且以每年 5%的速度增长，并且该企业的资本成本为 10%。进一步而言，假定企业的再投资需求为50百万美元，也是以 5%的速度增长。另外流通在外的股票有 1.05 亿股。最后，假定企业每年将剩余现金流作为股利支付出去。LongLast 的价值可以估计如下：

$$\text{归属企业的自由现金流} = EBIT(1-\text{税率}) - \text{再投资需求}$$
$$= 100 - 50 = 50 \text{ 百万美元}$$

$$\text{企业价值} = \frac{FCFF_0(1+g)}{\text{资本成本} - g}$$
$$= \frac{50 \times 1.05}{0.10 - 0.05} = 1\,050 \text{ 百万美元}$$

$$\text{每股价格} = 1\,050/105 = 10 \text{ 美元}$$

根据这些现金流，该企业可以支付 50 百万美元的股利。

每股股利 = 50/105 = 0.476 美元

每股的总价值 = 10 + 0.476 = 10.476 美元

每股的总价值衡量了股东通过持有股票可以从股价和股利上获取的总收益。

情景 1：LongLast 支付 2 倍的股利

为了考察股利政策如何影响企业价值，假定一个投资银行家告知 LongLast，如果该企业支付 100 百万美元而不是50百万美元的股利，股东可以从中获得收益。如果这样做，该企业需要筹集新的50百万美元来满足再投资的需求。假定 LongLast 可以通过发行新股来满足再投资需求，并且新股发行是没有发行成本的。如果企业这样做，企业价值将保持不变，因为价值不是由支付的股利决定的，而是由项目产生的现金流决定的。因为增长率和资本成本都不会受到影响，于是我们得到：

$$企业价值=\frac{FCFF_0(1+g)}{资本成本-g}$$

$$=\frac{50\times1.05}{0.10-0.05}=1\,050\ 百万美元$$

现有股东将收到更多的每股股利，因为股利变成了原本的 2 倍：

每股股利 = 100/105 = 0.953 美元

为了估计出新股票发行的每股价格，请注意，当发行了 50 百万美元的新股后，企业的老股东将只拥有 1 000 百万美元的企业价值，而企业的总价值为 1 050 百万美元。

对现有股东来说企业在发放股利后的价值 = 1 000 百万美元

每股价格 = 1 000/105 = 9.523 美元

现在的每股价格将低于股利增加前的股票价格，但是股价的减少正好被股利的增加所抵消：

归属股东的价值 = 9.523 + 0.953 = 10.476 美元

因此，如果经营现金流不受股利政策的影响，我们可以得到，企业的价值也不受股利政策的影响，并且平均而言股利政策对股东而言是无差异的，因为无论支付多少股利，股东收到的价值（股价+股利）是相等的。

情景 2：LongLast 停止支付股利

考虑另外一种情况，假定 LongLast 不再支付股利而保持50百万美元的现金盈余。对于现有股东来说，可以将企业的价值计算如下：

$$企业价值= 税后经营现金流的现值 + 现金余额$$

$$=\frac{50\times1.05}{0.10-0.05}+50=1\,100\ 百万美元$$

每股价值 = 1 100/105 = 10.476 美元

请注意，每股总价值还是 10.476 美元。实际上，如表 10—1 所示，无论企业发放多少股利，每股价值总是保持在 10.476 美元。

当 LongLast 派发的股利少于50百万美元时，现金就留给企业，相应增加了企业的价值。股价的上升再次被来自股利的现金流的减少所抵消。当企业派发更多股利时，股价下降，下降的幅度正好与每股股利的上升所抵消。

但是，请注意，因为我们假定投资者对于股利和资本利得是不存在税收差异的，企业可以无成本地筹集新的资本，并且即使企业有了多余现金也不会改变其投资政策，所以每股价值会保持不变。这些假设排除了企业支付过多股利或者支付过少股利产生的成本。

表 10—1　　在不同的股利政策下现有股东的每股价值

企业的价值（经营现金流，百万美元）	股利（美元）	归属现有股东的价值（百万美元）	每股价格（美元）	每股股利（美元）	每股的总价值（美元）
1 050	—	1 100	10.476	—	10.476
1 050	10.00	1 090	10.381	0.095	10.476
1 050	20.00	1 080	10.286	0.190	10.476
1 050	30.00	1 070	10.190	0.286	10.476
1 050	40.00	1 060	10.095	0.381	10.476
1 050	50.00	1 050	10.000	0.476	10.476
1 050	60.00	1 040	9.905	0.571	10.476
1 050	70.00	1 030	9.810	0.667	10.476
1 050	80.00	1 020	9.714	0.762	10.476
1 050	90.00	1 010	9.619	0.857	10.476
1 050	100.00	1 000	9.524	0.952	10.476

股利无关论的意义

如果股利实际上是无关的，企业就花费了大量时间来考虑对股东来说无差异的事情。这个假设有很多引申意义。其中一个就是，当股利政策发生变化时，总的权益价值是不会改变的。但这并不是说股价是不受影响的，因为发放更高的股利就会导致更低的股价，也会导致发行在外股票的增加。另外，从长期来看，股利政策与股票收益是无关的。在这一章的后面部分，我们将介绍一些研究，这些研究试图考察在实务中股利政策是否真的无关。

要得到股利无关性的假设条件是如此麻烦以至于我们不用对该假设进行检验就可以

拒绝该假设。但是，这是不对的，因为这一看法的确包含了有价值的信息：如果企业对坏项目进行了投资，该企业无法通过发放更高的股利来改变股东的看法。反过来，如果企业一直对好项目进行投资，即使该企业不发放股利，股东也不会在意。这就部分解释了，为什么投资者对某些企业累积现金的行为会更加乐观。

认为“股利是坏的”学派

在美国，历史上股利的税率比资本利得的税率要高。由于股利存在这种税收劣势，第二个有关股利的学派就认为，支付股利会降低投资者的税后收益。他们认为，当企业发放股利时，投资者就通过降低股价来做出反应。因此，企业要么将原本准备发放的股利作为现金保存下来，要么进行股票回购，这样会使企业的状况变好。2003 年，这种观点的基础被排除了，因为此时股利的税率已经降低到与资本利得的税率相当。在这一节，我们将考察股利拥有税收劣势的历史以及税法变化造成的潜在影响。[①]

股利征税的历史

针对股利的税收是不同的，取决于谁收到了股利。在 2003 年之前，对个人投资者的股利收入按照普通税率来征税，当企业收到股利时可以少交一部分税，而对养老金的股利收入完全不征税。

个　人

美国在 20 世纪初开始征收所得税，个人投资者收到的股利按照普通收入来征税，即股利的税率为普通税率。与之相对比的是，将投资的价格上升视为资本利得，对资本利得用更低的税率来征税。图 10—10 给出了从 1954 年（此时开始征收资本利得税）开始美国股利的最高边际税率和资本利得的最高边际税率。

除了 20 世纪的最初阶段和 1986 年税收改革之后的一段很短的期间（在这两个时期股利和资本利得的税率皆为 28%）外，在美国，资本利得的税率显著低于普通税率。在 2003 年，股利的税率下降到 15%，与资本利得的税率相匹配，由此使得股利的税收劣势消失。但是，这种税法的变化预计到 2010 年失效，又重新回到 2001 年之前的税率状况。

这张图中有两点值得注意。第一，图中所画的是最高的边际税率，而大多数投资者都落在较低的税率上。实际上，只要满足了一定的条件，有一些年纪较大或者较为贫穷的投资者就可能不用交纳所得税。第二，资本利得的税率对某些投资者来说比普通税率

① 2003 年的税法改革不是永久性的，可能在 2010 年会消失。从长期来看股利的税收劣势是否会消失这一点尚有待观察。

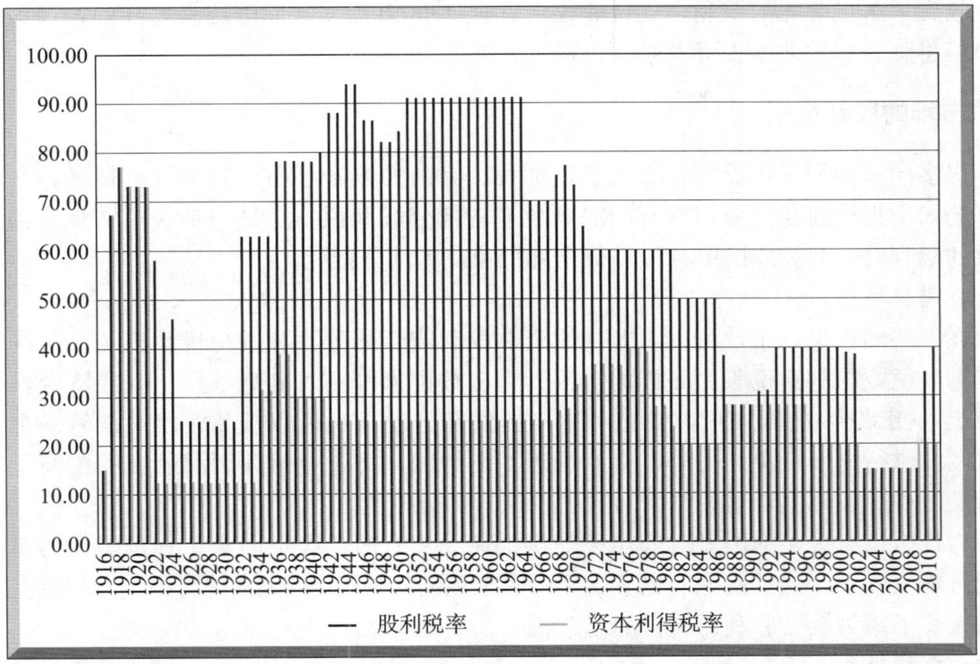

图 10—10　股利和资本利得的边际税率（%）

要高。但是，总的来说，较为富裕的人比较为贫穷的人投资了更多的权益，所以总的来说，在过去几十年里个人投资者在股利上所支付的税比在资本利得上支付的税要高。

机构投资者

上市公司大约有三分之二的股权被机构投资者所持有。这些机构投资者包括共同基金、养老金和公司。对于不同的机构投资者而言，对股利所征收的税是不同的。

- 养老金是免税的。养老金对于资本利得和股利都不用交税。这种税收处理有两个原因。一个是鼓励投资者为其退休进行储蓄以从储蓄中获利（而不是消费）。另一个原因是，当人们退休时从养老金计划中获得的收入需要交税，如果对养老金计划的利润进行征税，就相当于对同一笔收入征收了两道税。
- 没有对共同基金直接征税，但是对共同基金的投资者从共同基金产生的股利和资本利得进行征税。如果共同基金投资于发放高股利的企业，而该共同基金的投资者处于较高的税率范畴，首先将这些股利派发到每个投资者手中，然后再按每个投资者的各自适用税率来征税。
- 如果企业由于对其他公司持有股份而收到了相应的股利，我们对这些企业给予特殊的保护，其中，70%的股利都是免税的。[①] 换句话说，如果一家企业的税率为40%，该

① 税收抵免随着持股量的上升而上升。因此，如果一家企业拥有另一家企业10%的股份，该企业就可以节省70%的股利税。如果企业对另一家企业的持股比例处于20%到80%之间，就省去了80%的股利税；如果企业对另一家企业的持股比例超过80%，那么得到的股利税是全免的。

企业收到了1亿美元的股利，支付的税金只有1 200万美元。原因还是一样的，当这些企业最终将其股利发放给投资者时，投资者才被征税。

其他市场的股利征税

很多国家计划保护投资者不被双重征税。有两种方法可用于避免双重征税。一是在计算公司所得税时免去公司所有的股利税或者部分股利税。二是当个人投资者收到企业发放的股利时，对相应的股利税进行全部抵免或者部分抵免。

公司税抵免

在一些国家里，企业可以对支付的全部股利或者部分股利进行税收抵免。这样就使得股利的税收与利息税收是一样的，因为大多数国家都不对利息征税。在经济合作与发展组织（OECD）的国家里，捷克和冰岛提供部分的股利税收抵免，但是没有一个国家对股利税进行全部抵免。另外，直到最近，在德国，对企业留存利润所征的税高于对股利所征的税。实际上，这相当于对股利税进行部分抵免。

为什么没有更多的国家对公司税提供抵免呢？有两个决定因素。一是国外的投资者也拥有本国股票，这就使他们也享受到税收抵免的好处。二是股票投资者可能是免税的，这就减少了因为接受股利而支付的总的税收。

个人税抵免

也有一些国家给个人的税收抵免比给公司的税收抵免要多。这种税收抵免可能采取以下几种形式：

- 对企业已征税的部分进行税收抵免。个人在计算自己的税收时，可以声明因为企业已经支付了税收因此要求获得相应的税收抵免。在前面的例子中，企业对其1亿美元的利润支付了30％的税，然后将所有的利润都作为股利发放给个人投资者，因为个人投资者的税率为40％，所以可以请求3 000万美元的税收抵免。实际上，这意味着，只有当个人投资者的边际税率大于公司税率时，个人投资者收到的股利才要征税。澳大利亚、芬兰、墨西哥和新西兰都允许个人对于公司已经支付了税收的收益进行全部税收抵免。加拿大、法国、英国和土耳其允许部分的税收抵免。
- 对股利税采取更低的税率。对股利比其他收入采取更低的税率，是因为股利是以税后利润来发放的。在一些国家里，股利的税率与资本利得的税率相等。例如，韩国的股利税税率为16.5％。美国在2003年也对双重征税的投资者进行了税收抵免。

总的来说，更为普遍的是，国家对个人投资者提供税收抵免。这样，你可以只对国内的投资者提供税收抵免，或者对已经交税的投资者进行税收抵免。

支付税收的时机选择

当1986年进行的税法改革使得普通收入的税率等于资本利得的税率时，有一些人认为与股利有关的税收劣势消失了。另一些人注意到，即使税率是同样的，股利也具有税收劣势，因为投资者不能选择何时将股利报告成收入；当企业支付股利时，就必须上交股利税。与之形成对比的是，投资者在确认和支付资本利得的税额时拥有裁量权，因为只有将股票出售时才需要交纳资本利得税。这种时机选择使得投资者可以通过两种方式来减少纳税义务。第一，用低收入时期的资本利得或者资本损失来抵消高收入时期的资本利得，投资者可以减少支付的税额。第二，推迟出售股票，直到投资者死亡的那天再出售股票，这样可以导致税收的节约，尤其当投资者不用交纳遗产税时更是如此。

评估投资者对股利的税收偏好情况

你可以从讨论中看到，股利的税率对于不同的投资者——个人、养老金、共同基金和公司——是有所不同的，并且即使对于持有不同投资的同样投资者也是不一样的。因此，很难考察公司的投资者状况并且确定他们对股利和资本利得的偏好。衡量股利的税收劣势的一个简单方法是，衡量除息日前后的股价变化，然后将该变化与实际支付的股利相比较。除息日股价的下降额应当反映出在除息日之后购买股票的人所失去的股利。到那时，如果股利和资本利得的税率是不同的，就很难说股价的下降幅度正好等于股利了。

为了考察股价的下降和边际投资者的税率之间的关系，假定企业的投资者在某个时点以价格 P 获得该股票，快到除息日时才知道股利为 D。假定企业的每个投资者要么在除息日之前以 P_B 的价格出售股票，要么在除息日之后以 P_A 的价格出售股票。最后，假定股利的税率为 t_o，资本利得的税率为 t_{cg}。如果企业在除息日之前出售股票，收到的现金流是：

$$CF_B = P_B - (P_B - P)t_{cg}$$

在这种情况下，在除息日之前出售股票，投资者没有收到任何股利。如果在除息日之后出售股票，收到的现金流为：

$$CF_A = P_A - (P_A - P)t_{cg} + D(1 - t_o)$$

如果在除息日之前出售股票的现金流大于在除息日之后出售股票的现金流，他们就会都在除息日之前出售股票，这样就导致股价的下降。同理，如果在除息日之后出售股票的现金流大于在除息日之前出售股票的现金流，他们就会都在除息日之后出售股票，这样就导致除息日之后的股价下降。为了避免这两种情况的发生，股票的边际投资者必须对在除息日前销售股票与在除息日之后销售股票是无差异的。只有使在除息日前出售股票的现金流收入等于在除息日之后出售股票的现金流收入，才能保证无差异。

$$P_B - (P_B - P)t_{cg} = P_A - (P_A - P)t_{cg} + D(1 - t_o)$$

可以对上式进行简化，得到以下除息日等式：

$$\frac{P_B - P_A}{D} = \frac{1 - t_o}{1 - t_{cg}}$$

因此，使得边际投资者在两种情况下无差异的必要条件是，除息日当天的股价下降必须反映投资者对于股利和资本利得的税收差异。

对这个公式进行转化，我们将除息日当天的股价变动与企业发放的股利联系起来。从长期来看，我们可以得出一些企业边际投资者在股利上有税收劣势的结论。具体来说，

如果	对股利和资本利得的税收处理
$P_B-P_A=D$	边际投资者对股利和资本利得是无差异的
$P_B-P_A<D$	边际投资者在股利上的税收要高一些
$P_B-P_A>D$	边际投资者在资本利得上的税收要高一些

虽然存在一些衡量上的问题，但这还是让我们对投资者如何看待股利有了更多的了解。[①] 埃尔顿（Elton）和格鲁伯（Gruber）在 1970 年对除息日的股价变动进行了首次研究。他们研究了 1966—1969 年纽交所的股票在除息日的股价表现。研究发现，价格的下跌只有发放股利的 78%，于是埃尔顿和格鲁伯认为对股利的征税比对资本利得的征税重。他们还对股利收益率不同的企业的价格下降与股利的比值进行了统计，并发现：处于最高股利收益率级别的企业的股价相对于股利的下降幅度比处于较低股利收益率级别的企业要大一些。他们认为，这种股价下降幅度的差异反映出这些企业的投资者处于较低的税收级别上。但是，他们的结论受到质疑，有些人认为在除息日交易的投资者并不是一般的投资者，而是那些短期的享受税收抵免的投资者，这些投资者非常关注股利与价格下降幅度之间的差额。

在该研究之后的年份里，很多变量发生了变化。首先，针对股利的最高边际税率下降了，尤其是在 1981 年和 1986 年的税收改革后。其次，购买股票的投资者的组成改变了——更高比例的股票由机构投资者所持有，尤其是由那些享受税收抵免的机构投资者所持有。因此，我们反映在股价下降幅度中的隐含税收的差异下降了很多，并且有证据表明的确如此。[②]

意　义

很显然从历史上来看，股利税比资本利得税的税率要高。在美国，对股利的双重征收，至少对个人投资者来说，应该使得发放股利或者提高股利的动机下降。有关税收劣势观点的意义如下：

- 如果企业的投资者大部分是个人投资者，这些企业与投资者主要为免税投资者的企业相比，应当派发更少的股利。
- 持有股票的投资者的收入水平越高，该企业派发的股利应当越少。
- 当与股利相关的税收劣势上升时，支付的股利总额应当下降。相反的是，当与股利相关的税收劣势下降时，支付的股利总额应当上升。

---

① E. J. Elton and M. J. Gruber, "Marginal Stockholder Rates and the Clientele Effect," *Review of Economics and Statistics* 52: 68 - 74.

② Elton, E. J., M. J. Gruber and J. Rentzler, 1984, "The Ex-Dividend Day Behavior of Stock Prices; A Reexamination of the Clientele Effect: A Comment," *Journal of Finance*, v39 (2), 551 - 556; Michaely, R. and J. Vila, 1995, "Investors Heterogeneity, Prices and Volume around the Ex-Dividend Day," *Journal of Financial and Quantitative Analysis*, v30, 171 - 198.

2003 年的税法变革改变了这种争论，至少从短期来看如此。降低股利的税率使得股利对个人投资者的吸引力更大。我们预期公司因此会发放更多的股利，并且有证据表明企业对税法变革做出了相应的反应，改变了其股利政策。像微软这样的高科技公司以前从来没有发放过股利。在图 10—11 中，我们考察了从 1960 年到 2008 年每年支付股利的标准普尔 500 指数企业个数占所有标准普尔 500 指数企业个数的比例，以及支付股利的标准普尔 500 指数企业的总市场规模占所有标准普尔 500 指数企业的总市场规模的比例。

在 2003 年之前支付股利的公司数一直在下降，在 2003 年之后支付股利的公司数有所上升。在 2004 年之后股利变得很平稳了，有的公司开始转向股票回购。2008 年的市场危机使得发放股利的公司数又有所下降。

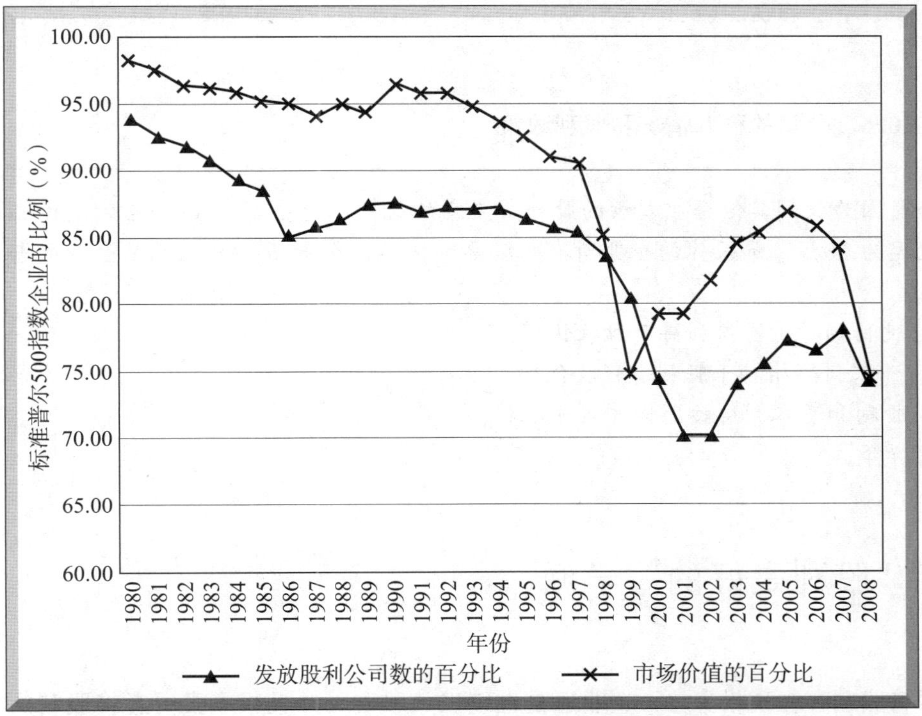

图 10—11　标准普尔 500 指数企业发放的股利

实践：从黏性的股利支付率到灵活的股利支付率

当企业提高股利时，它们面临的最大困境是当盈利发生波动时不能维持如此高的股利。换句话说，无法削减股利阻碍了企业开始发放股利和提高股利。企业可以通过两种方法来减轻这种“黏性股利”的问题。

（1）一是转到剩余股利的政策上，也就是发放的股利是当年盈余的函数而不是以前年度股利的函数。请注意，美国股利黏性的现象并不普遍，其中股利黏性是指企业不愿意改变其发放的股利数。在巴西这样的国家，公司订立了股利支付率的目标而不是股利金额的目标，也没有原因说明美国为什么不采取这种政策。如果企业订立了常数股利支付率的目标，那么当企业的盈利较高时，该企业就发放更多的股利；当企业的盈利较低时，该企业就发放更少的股利。如果之前已经明确给出了股利政策，那么降低股利的信号效应就被削弱了。

（2）另一种选择是，根据可持续和可预测的盈利采取有规律的股利政策，当企业的盈利较高时相应地增加股利。特殊股利以这种形式取代股票回购。

总的来说，我们应当预期：当未来的盈利和现金流存在日益增加的不确定性时，会出现更多有创造性的股利政策。2004 年，英国石油公司在收入上做出一些创新，即该企业宣布：如果石油价格保持在每桶 30 美元以上，就在经常性的股利基础上发放额外的现金，这样做能够让该企业的股利与其现金流更紧密地联系在一起。

10.6 公司的税率情况和股利政策

公司因为收到其他企业发放的股利所要交的税可以免去 70%，而它们所面临的资本利得税率为 20%。如果你的企业所有的股票都被其他企业所持有，并且企业的普通税率为 36%，

a. 股利相对于资本利得有税收优势。

b. 资本利得相对于股利有税收优势。

c. 股利和资本利得按照同等税率征税。

请解释。

认为“股利是好的”学派

尽管股利存在税收劣势，企业还是继续发放股利，并且很多投资者将股利的发放视为正面消息。第三个学派认为，股利是好的，可以提高企业的价值。有一些观点是有疑问的，有一些却有其合理的基础。我们将在这一部分考虑这两种情形。

发放不相称股利的一些理由

有一些企业因为错误的原因派发股利并提高股利。我们将考察两种错误的原因。

一鸟在手的谬论

股东偏好股利而不是资本利得的一种观点是，股利是确定的，而资本利得是不确定的。持有该观点的人认为，风险规避的投资者会更喜欢股利。这种看法是有缺陷的，因

为并不是要在当前确定的股利与未来不确定的资本利得之间做出选择，而是在当前的股利与几乎同等的价格溢价之间做出选择。我们之前的讨论已经进行了这种比较，其中，我们注意到，除息日当天股票价格的下降要低于派发的股利。

另一个解释就是，企业的价值是由其项目的现金流所决定的。如果企业提高其股利而不改变其投资决策，企业必须通过发行新的股票来筹资。收到更高股利的投资者也会发现他们在股票的增值中损失了同等的金额。

暂时性的超额现金

在一些情况下，当企业从经营活动中获得了更多的盈利时，企业更愿意发放股利。虽然将多余的现金返回到股东手里是完全合法的，但是企业也要考虑到其长期投资的需求。如果多余的现金是非常年度或者一次性行为导致的暂时性结果，并且企业预期未来会出现现金短缺的情况，此时企业最好保留这些现金以防未来出现现金短缺情况。另一种选择是，在当年将多余的现金作为股利发放出去，当出现现金短缺时再发行新的股份，但是新证券的发行要花费大量的费用，所以这种策略从长期而言是成本相当高的。图10—12 总结了美国按照发行规模划分的发行债券和普通股的成本。[①]

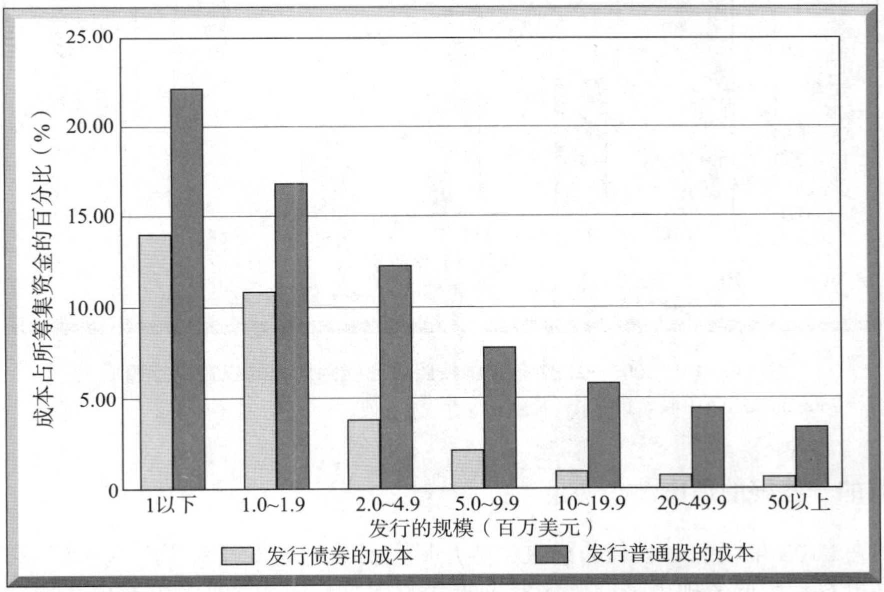

图 10—12　股票与债券的发行成本

因为发行成本是随着发行规模的上升而下降，并且对于普通股来说，小规模的企业尤其要注意不要将暂时性的多余现金作为股利发放给投资者。还有一点值得注意的是，有一些公司在同一期间发放股利和发行新的股票，很大程度上是因为它们想维持其股利。

① R. G. Ibbotson, J. L. Sindelar, and J. R. Ritter, "Initial Public Offerings," *Journal of Applied Corporate Finance* 1, no. 2: 37 - 45.

图 10—13 总结了 2005—2C07 年间按照股利收益率划分的企业发行的新股占企业价值的比例。

虽然派发股利的企业大多数也会发行新的股票，但是股利收益率最高的股票也发行大量新股，这令人感到不安。这表明，很多企业一边在派发股利，一边在发行新的股票，在此过程中给股东带来了大量的发行成本。

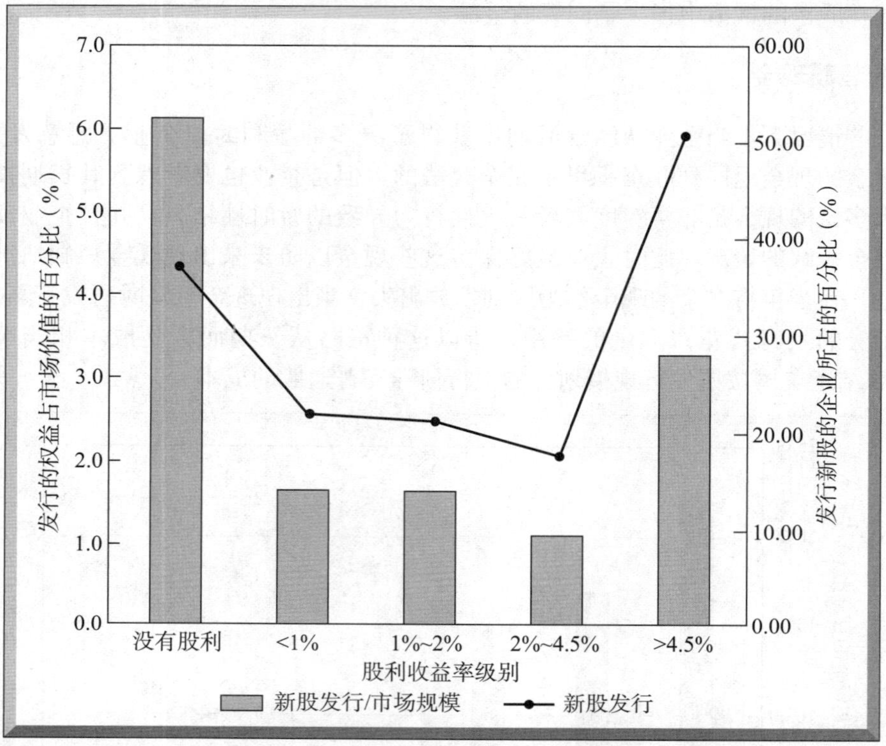

图 10—13　2005—2007 年美国按照股利级别划分的权益发行情况

资料来源：Compustate database，1998.

支付股利的一些好的理由

虽然在 2003 年之前，股利的税收劣势是显而易见的，尤其对于个人投资者来说是如此，但是也有一些好的理由说明这些发放股利的企业为什么在当时没有停止股利的发放。第一，一些投资者喜欢收到股利，并不在乎税收劣势，可能是因为他们支付的税额很少，也可能是因为他们需要一些定期的现金流。如果企业很长一段时间都发放股利，这些企业可能有很多具备这些特征的投资者。如果企业削减股利或者停止发放股利，具有这些特征的投资者就不会看好该企业。

第二，股利的变化使得企业可以对金融市场发送信号，即向市场传达它们对于未来产生的现金流所具有的信心。如果企业对于未来的现金流具有更多信心，那么这些企业倾向于提高股利。相应地，股票价格会提高。削减股利被市场视为一种有关未来现金流的负面信号，相应地，股票价格会降低。第三，就如我们在第 9 章中所提到的，企业可以将股利作为改变其融资组合并向最优负债比率移动的工具。第四，承诺发放股利能够减少经理人可用的现金流，这样就能减少股东与经理人之间的冲突。

一些投资者偏好股利

在 2003 年的税法变革之前，认为"股利是坏的"学派中的很多人认为，理性的投资者由于其税收劣势应当拒绝股利。无论你认为这种说法多么有道理，还是有一些人对股利有强烈的偏好，认为大量的股利是好的。最显著的证据来自对于拥有两种股票的公司的研究：有一些公司支付现金股利，另一些公司支付等额的股票股利；这让投资者在股利与资本利得之间进行选择。

1978 年，约翰·朗（John Long）研究了 Citizens Utility 公司交易的 A 股和 B 股。[①] 其中，A 股支付的是现金股利，B 股支付的是等额的股票股利。并且，将 B 股转换为 A 股是没有成本的，这取决于投资者的选择。于是，投资者可以选择购买 A 股从而得到现金股利，也可以选择购买 B 股从而得到等额的资本利得。在研究期间，显然资本利得具有税收优势。于是我们预期 A 股会按照 B 股的折价来出售。令人惊讶的是，A 股是按照 B 股的溢价来出售的。图 10—14 报告了分析期两种股份的差额，请注意，当 B 股的价格高于（低于）A 股的价格时，ln（P_B/P_A）是大于（小于）零的。

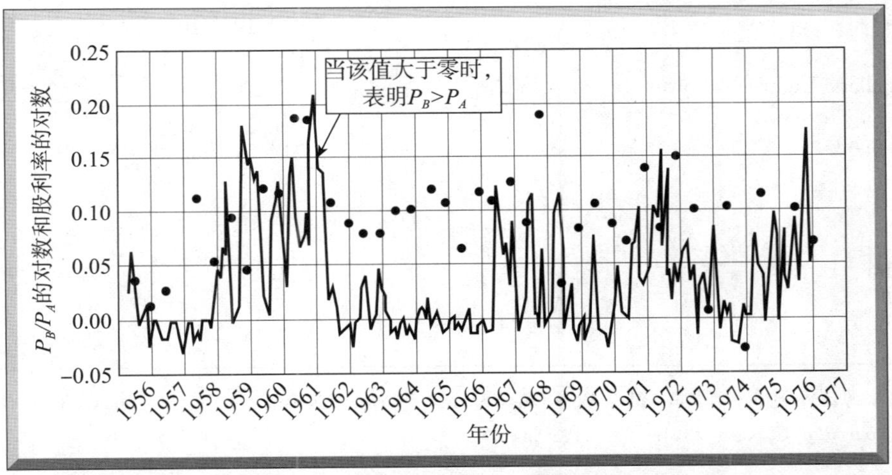

图 10—14　Citizens Utility 股票的价格差异

资料来源：John B. Long Jr.，"The Market Valuation of Cash Dividends：A Case to Consider，" *Journal of Financial Economics* 6，nos. 2/3：235 - 264.

虽然可以将这种现象归因于投资者的非理性行为，但是也不一定是这个原因。Citizens Utility 的投资者可能不用支付很多税，因此也就不在乎股利上的税收劣势。或者，他们需要来自股利支付的可预期现金流。或许你会问：为什么他们不通过出售股票来筹集所需要的资金呢？由于存在交易成本，并且很难出售几单位股票，这使得出售小额股

① John B. Long Jr.，"The Market Valuation of Cash Dividends：A Case to Consider，" *Journal of Financial Economics* 6，nos. 2/3：235 - 264.

票是不可行的。[①]

贝利（Bailey）对朗的研究进行了扩展，他考察了加拿大的公共公司，这些公司同时提供发放股利的股票和存在资本利得的股票，得到的发现也是相似的。[②] 表 10—2 总结了出售带有股利的股票时的价格增值。请再次注意，平均而言，发放现金股利的股票是按照发放股利的股票 7.5%的溢价来出售的。虽然这些发现并不表明所有的股票都偏好股利，但是表明了有一些特定企业的股东是如此偏好现金股利以至于他们愿意忽略存在的税收劣势，并且对于发放现金股利的股票给予更高的溢价。

表 10—2　　发放现金股利的股份与发放股票股利的股份的价格差异

	现金股利股份相对于股票股利股份的溢价（%）
Consolidated Bathurst	19.30
Donfasco	13.30
Dome Petroleum	0.30
Imperial Oil	12.10
Newfoundland Light and Power	1.80
Royal Trustco	17.30
Stelco	2.70
TransAlta	1.10
平均	7.54

资料来源：W. Bailey, "Canada's Dual Class Shares: Further Evidence on the Market Value of Cash Dividends," *Journal of Finance* 43, no. 5: 1143-1160.

为什么一些投资者会喜爱股利？一个行为学视角

在 2003 年的税法变革之前，股利的税率要高于资本利得的税率。实际上，在 20 世纪 70 年代和 80 年代大多数公司财务教科书中，有关股利的章节都被命名为"股利之谜"。人们认为，理性的投资者会希望公司进行股票回购而不是发放股利，并且理性

① 比如某股东拥有 100 股股票，每股股价为 20 美元。她收到的股利为每股 0.5 美元，即收到的总现金为 50 美元。如果企业不发放股利，该股东需要出售 2.5 股股票来筹集 50 美元的资金。

② W. Bailey, "Canada's Dual Class Shares: Further Evidence on the Market Value of Cash Dividends," *Journal of Finance* 43, no. 5: 1143-1160.

的经理人也会取消股利。尽管大家有这样的看法，企业在过去还是一直发放股利，并且它们的股东也不反对。随着行为金融的兴起，有一些人试图解释有些投资者“不理性”地偏好股利的现象。舍夫林（Shefrin）和斯塔特曼（Statman）提供了三种可能的解释①：

(1) 缺少自我控制。只要投资者很难控制消费和抵挡诱惑，他们就会选择一些简单的方法来防止这种情况的发生。发放股票股利可以防止投资者过度消费，投资者只用消费股利而保持本金不动。

(2) 心理账户。如果将总的收益划分为股利和资本利得两部分，这比仅仅从资本利得获得总收益能给投资者带来更大的效用。例如，投资者收到 1 美元的股利和 4 美元的资本利得，这比收到 5 美元的资本利得使他们获得更大的效用。

(3) 避免后悔。投资者都后悔犯错误，他们对于做出某些行动造成的错误比忽略某些行动造成的错误更感到后悔。如果一个投资者购买了一个不发放股利的股票，当股票价格下降时，他为了拿到现金可能被迫将该股票出售，于是他被迫面对这种错误。与之相反的是，如果一个投资者购买了一个发放股利的股票，当股票价格降低时，他能得到股利而不用将股票出售，于是这种后悔的感觉就没有那么强烈。

舍夫林和斯塔特曼并没有指出所有的投资者都是如此，但是如果有一部分投资者是这样想的，即使存在税收劣势，他们也会偏好股利。

客户效应

以上研究中的股东显然喜欢现金股利。位于另一个极端的是不发放股利的企业，这些企业的股东显然也满足于不发放股利的政策。给定股东的多样性，显然随着时间的推移，股东会投资于那些股利政策为他们所偏好的企业。如果股东处于高税率级别且不需要来自股利支付的现金流，那么他们会倾向于投资于那些不发放股利或者发放较少股利的企业。与之形成对比的是，如果股东处于低税率层级且需要来自股利支付的现金流，或者股东是那些享受税收抵免的机构，那么他们就会投资于发放高股利的企业。股东都聚集到股利政策与他们的偏好相匹配的企业里，这种现象被称为**客户效应**（clientele effect）。

有一些实证证据证明了客户效应的存在。有一篇研究考察了 914 个投资者的投资组合，看他们是否受到其所处税收层级的影响。该研究发现，与年轻的投资者和较富裕的投资者相比，年老的投资者和较贫穷的投资者更偏爱那些发放高股利的企业。

另外一篇研究用股利收益率对该企业投资者的特征进行了回归（包括年龄、收入和税率差异）。②

$$\text{股利收益率}_t = a + b\beta_t + c\,\text{年龄}_t + d\,\text{收入}_t + e\,\text{税率差异}_t + \varepsilon_t$$

① H. Shefrin and M. Statman, “Explaining Investor Preference for Cash Dividends,” *Journal of Financial Economics* 13: 253-282.

② R. R. Pettit, “Taxes, Transactions Costs and the Clientele Effect of Dividends,” *Journal of Financial Economics* 5: 419-436.

	系数	含义
常数	4.22%	
贝塔系数	−2.145	贝塔越高的股票支付的股利越低
年龄/100	3.131	投资者年龄越大的企业支付的股利越高
收入/1 000	−3.726	投资者越富裕的企业支付的股利越低
税率差异	−2.849	如果普通收入的税率大于资本利得的税率，企业就支付较少的股利

资料来源：R. R. Pettit, "Taxes, Transactions Costs and the Clientele Effect of Dividends," *Journal of Financial Economics* 5：419 - 436.

该研究发现，对成熟企业而言，投资者的年龄越大以及投资者越贫穷的企业支付的股利越高。总的来说，股利收益率随着股利税收劣势的上升而下降。

10.7 股利客户效应与免税的投资者

养老金对于收到的股利、普通收入和资本利得都是免税的，它们也有持续的现金流的需要。你预计养老金会购买哪种类型的股票？

a. 派发高股利的股票。

b. 派发低股利的股票。

请解释。

客户效应的后果

客户效应的存在有一些重要的意义。首先，客户效应表明，企业的投资者就是它们应得的投资者，因为企业的股利政策吸引了偏爱这些政策的投资者。其次，该效应意味着，即使企业应当改变股利政策，也很难改变已经形成的股利政策。例如，美国的电话公司在过去都支付高额股利，同时吸引了偏好这些股利的投资者。在 20 世纪 90 年代，很多电话公司都进入了新的行业（例如娱乐业和多媒体行业等等），这些行业有着更大的投资需求和更不稳定的现金流。虽然在这种变化的业务组合下企业应当削减股利，但是这些企业的投资者却不买账，因为他们已经习惯了高股利。

客户效应从企业价值的角度为股利无关性假设提供了另一种证明。总之，如果投资者都到了那些股利政策与其偏好相一致的企业里，那么股利政策不会影响任何企业的价值。因此，一个企业不会因为不发放股利或者发放较低的股利而受到惩罚，因为该企业的投资者并不想要股利。与之相反的是，企业也不会因为发放较高的股利而得到较低的估值，因为该企业的投资者非常喜欢股利。这种观点假设每种股利政策下都有足够多的投资者，使得企业能够被公平定价而不管企业的股利政策是怎样的。

客户效应的实证证据

如果存在很强的客户效应，长期股票的收益率就不会受到企业股利政策的影响。如果股利存在税收劣势，发放高股利的股票的收益率应当高于发放低股利的股票的收益率，这样才能对税收差异进行弥补。最后，如果存在对股利的强烈偏好，结果就是相反的。

在布莱克（Black）和斯科尔斯（Scholes）对客户效应的研究中，他们用美国纽约证券交易所的股票构造了25个组合，根据股利收益率将企业分成五等份，在每一等份中再根据股票1931—1966年35年间每年的风险（贝塔值）将股票分成五组。[①] 当他们用这些组合的总收益对股利收益率进行回归时，作者发现两者之间在统计上不存在显著的关系。利曾伯格（Litzenberger）和拉马斯瓦米（Ramaswamy）在1979年的一篇研究中对该发现提出了质疑。他们使用最新的每月股利收益率数据，考察除息日所在月份的总收益是否与股票收益率相关。[②] 他们发现，总的收益率与股利收益率之间呈现显著的正相关关系，证明投资者是不喜欢股利的。他们还估计出，资本利得与股利的隐含税收差异大约为23%。米勒和斯科尔斯反对说，利曾伯格和拉马斯瓦米的发现受到了股利增加和下降的股价效应的干扰。[③] 而利曾伯格和拉马斯瓦米回应说，他们从样本中删除了在同一月份宣告股利和派发股利的观测点，得到隐含的税收差只有4%，并且不显著异于零。

大多数对客户效应的研究得出总的收益率和股利收益率正相关的结论。虽然很多人认为，之所以出现这种结果，是因为股利和资本利得的税收差异是显著异于零的，但是还有其他的解释。具体而言，虽然可能不同意米勒和斯科尔斯的结论，但是他们的观点——当股票支付高股利时，该股票会获得更高的收益率，可能与股利的税收劣势无关，而可能反映了与未预期股利增加相关的价格增加——有其理论基础和实证基础。

10.8 股利的客户效应与股利政策的变化

美国电话企业很长一段时间都具有一些特征：有稳定的盈利，有较低的再投资需要，以及支付较高的股利。很多电话企业现在考虑进入多媒体时期并且成为娱乐企业，而娱乐企业需要更多的再投资，并且盈利的波动性也更大。如果你是某家电话企业的CEO，你会：

a. 宣告立即削减股利，作为重大的资本投资计划。

b. 继续支付高股利，并且发行新的股票来为未来的扩张融资。

c. 做其他事情。

请解释。

---

① F. Black and M. Scholes, "The Effects of Dividends Yield and Dividend Policy on Common Stock Prices and Returns," *Journal of Financial Economics* 1: 1-22.

② R. H. Litzenberger and K. Ramaswamy, "The Effect of Personal Taxes and Dividends on Capital Asset Prices: Theory and Empirical Evidence," *Journal of Financial Economics* 7: 163-196.

③ M. H. Miller and M. S. Scholes, "Dividends and Taxes," *Journal of Financial Economics* 6, no. 4: 333-364.

股利作为一种信号

金融市场从企业采取的每个行动中推测未来的现金流和企业价值。当企业宣布变动股利政策时，它们向金融市场传递了信号，无论它们原本是否有意向市场传递信号。

当企业宣布有关未来的前景时，金融市场对之是持怀疑态度的，因为企业总是常规性地夸大信息。同时，有一些企业拥有好的投资前景，但是这些企业的价值被市场低估。企业如何才能向市场传递消息并且让市场认为信息是可信的呢？信号理论告诉我们，企业需要采取一些没有好项目的其他企业很难模仿的行动。提高股利就被视为这样一种行动。通过提高股利，企业为自己创造了成本，因为它们承诺在很长一段期间内都发放如此高的股利。它们愿意向投资者做出这样的承诺，意味着它们相信它们具备在长期产生如此高现金流的能力。因此，这种正面的信号让投资者能够重新评估企业的现金流和价值，从而提高股价。

减少股利是一种负面的信号，很大程度上是因为企业不愿意减少股利。于是，当企业真的减少股利时，市场认为该企业一定是长期处于很大的困境中。因此，这种行为就会导致股价的下降。

平均而言，与增加股利和减少股利相关的股价反映的实证证据与信号理论是一致的。图 10—15 总结了企业在改变股利时的平均超额收益。[①]

平均而言，当宣告股利增加时，股价上升 1%；当宣告股利下降时，股价下降 4.6%。对于股利下降的负面反应更大，这表明股利下降是不经常发生的，并且股利下降的负面信号比股利上升的正面信号更强。我们应当更小心地用信号理论来解释股利的上升和下降。虽然一个拥有好项目的企业可以通过增加股利来向金融市场传递信息，但这是最有效的方式吗？对于规模较小的企业而言，它们没有什么渠道来传递信息，所以改变股利政策是一种有效的方式。但是对于规模较大的企业而言，它们有很多渠道来向市场传递信息，因此增加股利不一定是成本最小的方式，也不一定是最有效的方式。例如，信息可以通过分析师的报告被更有效以及更经济地传播。

改变股利政策是否为最有效的传播信息的方式？我们对此有所质疑，还有另外一个原因。我们也可以用同样的说法来解释，股利的增加向金融市场传播了一个负面的信号。例如，有一个企业从来没有派发过股利，但是该企业有很高的增长率，其项目也有很高的收益率。当该企业首次发放股利时，股东可能认为是由于企业的项目不再具有之前那么高的盈利性和成长性。但是，帕利普和希利（Healy）对 1970—1979 年的 151 家企业的研究发现，首次发放股利并不意味着盈利增长率的下降。[②]

---

① J. Aharony and I. Swary, "Quarterly Dividends and Earnings Announcements and Stockholders' Returns: An Empirical Analysis," *Journal of Finance* 36: 1 - 12.

② K. Palepu and P. Healy, "Earnings Information Conveyed by Dividend Initiations and Omissions," *Journal of Financial Economics* 21: 149 - 175.

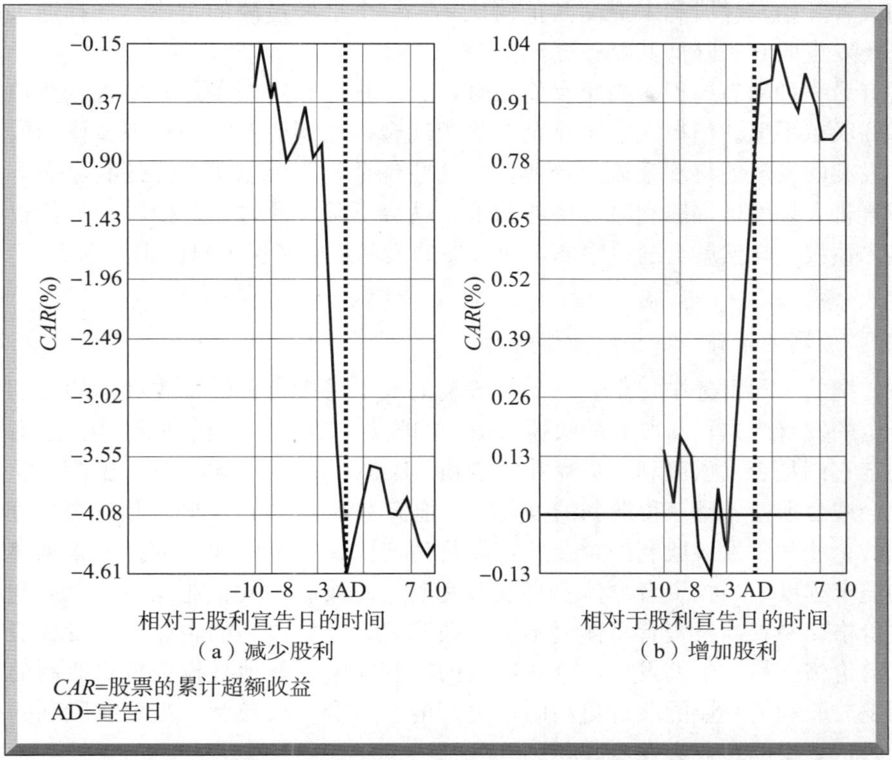

图 10—15 宣告改变股利时的超额收益

资料来源：J. Aharony and I. Swary, "Quarterly Dividends and Earnings Announcements and Stockholders' Returns: An Empirical Analysis," *Journal of Finance* 36：1-12.

10.9 股利作为信号

硅电子这家企业长期都不发放股利，该企业有较高的盈利增长率，并且将收益都用于公司的再投资。现在，该企业宣布首次派发股利。你认为该企业的股价会：

a. 上升。

b. 下降。

c. 保持不变。

请解释。

股利政策是调整融资组合的工具

不能单纯地分析股利政策。企业可以利用股利政策来改变其负债比率。在前面，我们考察了想提高或者降低负债比率的企业如何通过改变股利政策来达到目的：增加股利会提高财务杠杆，减少股利会减少财务杠杆。例如，一个杠杆过低的企业会选择通过提高股利或者开始发放股利来提高其负债比率，一个杠杆过高的企业会选择通过减少股利或者停止发放股利来降低其财务杠杆。

还有另一种动态过程。当股利增加时，股东获得股利，实际上是将企业债权人的财富转移到股东手里。债权人宁愿让企业累积现金，也不愿意它们将现金作为股利支付给股东。股利的发放使得现金流出企业，而这些现金原本可以用于偿还利息和本金。自然地，当宣告大幅度增加股利时，债券的价格就会下降。此时权益投资者从债权人的损失中获益。债权人自然就会通过限制企业派发的股利总额来保护自己不受损失。

迎合股利的解释：一个行为学视角

在传统的公司财务中，企业在支付股利的成本（投资者的税收成本的差别以及筹集新的资金的发行成本）与股利的收益（信号的收益以及减少的代理成本）之间进行权衡，从而决定它们是否发放股利。贝克和沃格勒（Baker and Wurgler）提出了另外一种解释，即企业会迎合那些希望获得股利的投资者。他们考察了1963—2000年这段期间，使用发放股利的企业和不发放股利的企业的市场价值与账面价值的比率的差异来衡量投资者对股利的需求程度。当投资者总体上喜欢股利时，发放股利的企业比不发放股利的企业以更高的价格交易；当投资者总体上不喜欢股利时，发放股利的企业比不发放股利的企业以更低的价格交易。他们发现，企业发放的股利能够更好地被投资者对股利的需求所解释。当发放股利的企业的股价更高时，更多的企业会发放股利；当发放股利的企业的股价更低时，更少的企业会发放股利。

迎合股利的说法更适用于解释从总体上而言企业是如何设定其股利政策的，而不适用于解释单个企业的股利政策，但是这种解释指出了一个重要的事实。投资者对股利的偏好随着时间的推移而变化，而企业也必须对这种偏好的变化做出反应。经理人在制定股利政策时，不仅要知道总体上投资者对股利的看法，还要知道它们企业的投资者是如何看待股利的。对我们来说，迎合股利的解释似乎是股利的客户效应的动态版本，即当企业所有投资者的股利偏好发生变化时，股利政策也必须随之而变化。

管理层利益和股利政策

我们基本上从企业投资者的角度思考了股利政策。但是，实际上是由管理层来制定股利政策，自然而然，这中间涉及股东与经理人之间的冲突。

冲突的来源

在考察负债政策时，我们指出，进行更多负债的一个理由是，这能促使经理人在进行项目选择时面临更多的监督。自由现金流假设的隐含假设是，如果将累计的现金留在具有自由裁量权的经理人手中，他们会将这些现金浪费在糟糕的项目上。如果这是正确的，我们认为，通过强迫经理人做出支付股利的承诺，减少经理人手中自由支配的现金，能够使得他们在选择项目时面临更多的监督和约束。

如果这是股东希望经理人提高股利的原因，那么如果一个企业存在非常明确的所有权和管理权的分离而不是有大量的内部人持股并且这些内部人积极参与管理者的决策，那么该企业应当发放更高的股利。

经理人如何看待股利政策

给定发放股利的好处和坏处，就不存在股利对价值的影响的一致看法。值得考察的是经理人在制定股利政策时所考虑的因素。贝克、法雷利和埃德尔曼（Baker，Farrelly and Edelman）对经理人对股利政策的看法进行了问卷调查，他们报告了这些经理人对一些陈述的赞同程度。[①] 表 10—3 总结了他们的发现。

表 10—3　　管理层对于股利政策的看法（%）

	同意	没有想法	不同意
1. 企业的股利支付率影响了股价	61	33	6
2. 股利的发放为未来前景提供了一个信号	52	41	7
3. 市场使用股利宣告的信息来评估企业的价值	43	51	6
4. 投资者对股利和留存收益的相对风险有不同的看法	56	42	2
5. 投资者对于以股利方式获得收益还是以资本利得方式获得收益是无差异的	6	30	64
6. 如果企业的股利政策正好与股东的税收环境相匹配，该企业就吸引了这批投资者	44	49	7
7. 管理层需要对股东就股利的偏好做出反应	41	49	10

从问卷调查中可以清楚看到，无论对错，经理人认为其股利支付率影响了企业的价值，并且是未来前景的信号。他们也认为，投资者选择那些股票政策与他们的偏好相匹配的公司，并且管理层应当对投资者的需求做出回应。

在 2004 年的一个有关股利政策的最新的综合问卷调查中[②]，布拉夫、格雷厄姆、哈维和迈克利（Brav，Graham，Harvey and Michaely）得出结论说，经理人并不关注股利

① H. Kent Baker，Gail E. Farrelly，and Richard B. Edelman，"A Survey of Management Views on Dividend Policy，" *Financial Management* 14，no. 3：78－84.

② A. Brav，J. R. Graham，C. R. Harvey，and R. Michaely，"Payout Policy in the 21st Century，" working paper，Duke University，Durham，NC，2004.

的水平而是关注股利的变化。与之前研究的看法不同，回答该调查问卷的很多经理人不认为他们从提高股利中获益。事实上，很多公司的经理人都认为发放股利的水平过高，并表明如果他们有选择权的话他们会设定更低的股利水平。与上一段引用的问卷调查相对比的是，经理人并不将股利作为有用的财务信号。从这次问卷调查中，作者得出结论，有关股利政策的规则如下：不要削减股利，与同行保持相似的股利政策，保持一个好的信用评级，保持弹性，而且不要采取任何减少每股盈利的行为。

10.10 公司治理与股利政策

在一些国家里，企业的股东对于在职经理人没有控制权。你预期这些企业派发的股利会：

a. 比其他国家的企业派发的股利低。

b. 比其他国家的企业派发的股利高。

c. 与其他国家的企业派发的股利相等。

管理层特征和股利：一个行为学视角

经理人有权决定企业发放多少股利。自然地，经理人的特征在发放多少股利和累积多少现金上起到了作用。具体而言，研究指出以下因素影响了股利政策：

- **管理层的过度自信。**有一点影响到公司财务的所有方面，即经理人所做的决策受到他们信心的影响。除了借入过多的资金、发行过少的权益、高估并购产生的现金流和收益，以及对过多项目进行投资之外，过度自信的经理人还会发放过少的股利。经理人过度自信的企业发放的股利比经理人没有过度自信的企业发放的股利要少。

- **保守的经理人与激进的经理人。**为了考察管理层风格如何影响公司财务决策，舍尔和伯特兰（Schoar and Bertrand）对500名更换所在企业的经理人进行了考察，看他们的风格如何影响企业的政策。他们发现，经理人的性情跟随他们从一个企业到达另一个企业。换句话说，如果一个经理人在这家企业时喜欢进行并购活动，当他到了下一家企业时仍然喜欢并购活动。就股利政策而言，作者注意到：在其他特征相似的情况下，保守的经理人比激进的经理人更倾向于支付较少的股利并且累积较多的现金。另外，他们发现，年龄大的经理人比其他经理人要更为保守，有MBA学位的经理人比没有该学位的经理人要更为激进。

总之，股利政策是由经理人制定的，一些经理人比另一些经理人更愿意派发股利。

结　论

对股利政策的看法有三个学派。第一个学派认为，股利是中性的，不会对企业的价值造成影响。因此，股东对于是收到股利还是得益于股价升值是没有差异的。该观点基于的假设条件是，相对于资本利得，投资者在接受股利时不存在税收劣势，并且企业在筹集新的外部资本时没有发行成本。

第二个学派认为，股利会降低企业的价值，因为股利的税率比资本利得的税率要高。在2003年的税法改革前，税法上和市场上都有很强的股利税收劣势的证据。其中，我们考察了除息日的股价变动得出相应的证据。平均而言，股价降低的幅度比股利要低，这表明大多数企业的股东认为股利没有资本利得那么具有吸引力。

第三个学派认为，股利会增加企业的价值，至少对某些企业来说是这样的。具体而言，如果企业已经有了很多比起资本利得更偏好股利的权益投资者，那么该企业应当继续发放高额的股利，提高股利从而使得投资者开心。进一步而言，提高股利可以向金融市场发送一个正面的信号，并且让企业能够随着时间的推移改变其融资组合。最后，强迫企业派发股利会减少经理人在新项目中的可用现金。如果经理人不是以最大化股东财富的目的来进行投资的，派发股利可以使股东的境况变得更好。

真实案例研究

对股利政策的权衡

目标：考察你的企业给股东返还了多少现金，是以什么形式返还的（股利还是股票回购），并对返还的数额进行评估。

关键问题

该企业以前派发过股利吗？如果有，派发股利的形式是怎样的？

给定企业当前的特征，你认为企业应当派发更多的股利，更少的股利，还是根本不要派发股利？

分析框架

1. 过去的股利政策

- 该企业在过去几年里派发了多少股利？
- 这些股利与这几年的盈利有什么样的相关性？

2. 企业的特征

- 企业容易向金融市场传递信息吗？换句话说，企业有必要将股利政策作为一种信号吗？
- 哪些人是企业的边际投资者？他们喜欢股利吗？他们喜欢股票回购吗？
- 企业对未来融资需求的预测如何？该企业保持弹性的价值大吗？
- 该企业有重要的债券合约来限制企业的股利政策吗？
- 与同行业企业相比，该企业的股利政策如何？

获取有关股利政策的信息

你可以从企业的财务报表中获得企业派发股利的信息。（现金流量表通常是最好的信息来源。）如果想知道企业所在行业典型的股利支付率和股利收益率，可以在我的网站上考察相应的行业平均数据。

网上信息来源

www. stern. nyu. edu/～adamodar/cfin2E/roject/data. htm

练习题

（在以下问题中，如果没有特别指出，风险溢价为 5.5%，税率为 40%。）

1. 如果联合电力包含股利的股价为 50 美元，当派发了每股 5 美元的股利时，股价下降到 46.5 美元。对该企业股东来说，隐含的边际个人税率是多少？假定资本利得的税率为个人所得税税率的 40%。

2. 你正在比较三家派发股利的公用事业企业的股利政策。你收集了这些企业在除息日当天的股价信息。

	NE Gas	SE Bell	西部电力
之前的股价	50	70	100
之后的股价	48	67	95
每股股利	4	4	5

如果你是免税的投资者，你会选择哪家企业来获得"股利套利"利润？你具体会怎样做？

3. 南方铁路公司宣告了每股 1 美元的股利。该企业的平均投资者的普通税率为 50%。虽然资本利得税率也为 50%，但是投资者相信将税收递延到未来期间是有好处的（因此，有效的资本利得税率折现到当前应当为 50%）。如果除息日之前的股价为 10 美元，在除息日当天股价下降到 9.2 美元，那么一般投资者准备将资本利得税递延多少年？（假定投资者估计未来现金流的机会成本为 10%。）

4. LMN 公司是一家房地产企业。该企业计划派发每股 0.5 美元的股利。LMN 的大多数投资者都是其他企业，这些企业普通收入的税率为 40%，资本利得的税率为 28%。但是，当它们收到股利时可以抵免 85%的股利税。如果 LMN 公司的股价为 10 美元，你预期该企业的股价在除息日当天会下降多少？

5. UJ Gas 是一家公用事业企业。该企业的股利政策为，每年发放的股利相对于上一年的股利提高 5%。该公司宣布在下个季度将股利从 1 美元提高到 1.02 美元。你预期该宣告会有什么样的价格反应？为什么？

6. 微软在历史上有很高的增长率，但是没有支付股利。该企业宣布将在下个季度发放股利。你预期对于这个公告，该企业的股价会怎样变化？为什么？

7. JC 汽车是一家规模较小的汽车零件制造企业，该企业过去五年里每年的股利为每股 1 美元。该企业宣布，下一年将股利提高到 1.25 美元。你预期该企业的股价会做出什么样的反应？为什么？如果你的答案不同于第 6 题的答案，请解释产生这种差异的原因。

8. 如果 JC 汽车公司是一家大规模的企业并且有 35 个分析师在追踪该企业，你对第 7 题的答案会改变吗？为什么？

9. WeeMart 是一家童装零售商。该企业宣告将削减股利，因为该年的收入和盈利都有显著的下滑。你预期该企业的股价会如何反应？请解释。

10. RJR Nabisco 在 1996 年对股东施加的压力做出反应，宣告提高发放给股东的股利，而该企业发放股利的资金来自一些资产的销售。你预期该企业的股价会如何反应？为什么？

11. RJR Nabisco 在第 10 题所述的提高股利期间同时有 100 亿美元发行在外的负债。你预斯债券会对此做何反应？为什么？

12. 当企业提高股利时，股价会上升。价格做出如此反应的一个原因是，股利是一种正面的信号。股价上升向市场发送了什么信号？市场会相信这个信号吗？为什么？

第 11 章　分析退回给股东的现金

企业以前总是将现金以股利的形式退回给股东，但是在过去的几年里，企业开始选择股票回购的方式。企业将多少现金退回给股东呢？企业可以将多少现金退回给股东？作为股东，我们希望这些企业改变它们的股利政策或者股票回购政策，退回更多的现金或者更少的现金吗？在这一章里，我们将退回股东现金的方式加以扩展，包括了股票回购的方式。我们接下来将会指出，美国的企业除了经常派发股利外还会进行股票回购，在一些情况下，股票回购是作为发放股利的替代方式。

用这种将现金退回给股东的更广的衡量方式，我们通过两种方式来衡量企业退回给股东的现金是过少还是过多。首先，我们考察一下，企业在满足再投资需求和相关的债务后剩余的现金是多少。我们将这个剩余的数值作为企业可以用于退回给股东的现金，并将该数值与企业实际的退回数相比较。我们将企业划分为三类：一类是企业实际退回的现金大于剩余的现金，一类是企业实际退回的现金等于剩余的现金，还有一类是企业实际退回的现金小于剩余的现金。接着我们再考察企业实际退回的现金一直大于其剩余现金的情形和实际退回的现金一直小于其剩余现金的情形，以及采取这些政策的后果。在这部分的分析中，我们引入了两个因素——企业投资的质量和企业调整融资组合的计划。我们认为，如果企业一直保持着良好的投资记录，股东会更愿意信任这些有超额现金企业的经理人。另外，就那些实际退回的现金一直大于其可用现金的企业而言，如果这些企业在努力提高其负债比率，那么这些企业也是处于安全状况的。

分析股利政策的第二种方法是，考虑那些同行业的可比企业派发多少股利。很多企业参考同行业的情况来制定其股利政策。我们对这种情况进行讨论，并且建议企业在考虑到同行业企业存在的重大差异后进一步改进其股利政策。

在本章的最后一部分，我们考察那些支付过多股利或过少股利的企业如何改变股利政策。因为企业要吸引的是喜欢企业现有股利政策的权益投资者，并且通过股利向金融市场传递信息，所以改变股利会有意想不到的负面后果。对于那些从高股利支付率变到低股利支付率的企业，或者反过来的企业，我们给出几种管理这种转变的建议。

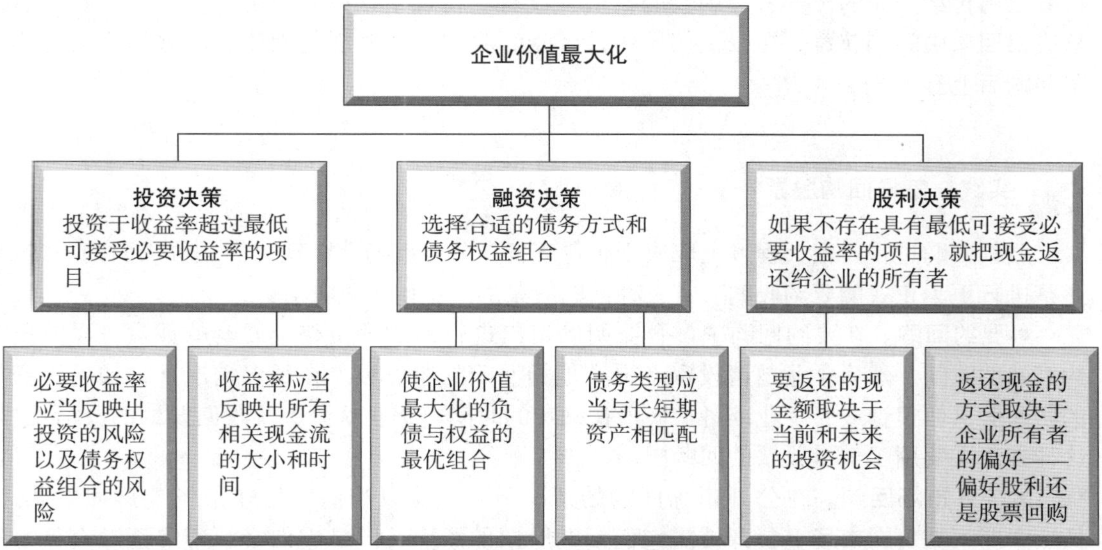

退回给股东的现金

在前面的章节里，我们考虑到企业发放多少股利的有关决策，并且讨论了有关股利政策是否影响企业价值的三个学派。在20世纪80年代之前，股利一直是将现金退回给股东的主要方式。自20世纪80年代之后，我们发现，越来越多的企业使用手中的现金或者借入资金来进行股票回购，将股票回购作为把现金退回给股东的主要方式。

股票回购的影响

首先，我们来考虑一下股票回购对企业的影响。股票回购同发放股利一样，需要现金，因此对企业资产的影响同发放股利有同样的效果——减少了现金余额。发放股利会减少企业权益的账面价值，同理，股票回购也会减少权益的账面价值。例如，假设一家企业权益的账面价值为 10 亿美元，该企业回购了 4 亿美元的权益[①]，于是权益的账面价值就下降到 6 亿美元。派发股利和回购股票都会减少企业总的权益价值，但是两者对市场价值的影响方式是不一样的。股利使得除息日当天的股价降低，并且不会改变发行在外的股份数。股票回购减少了发行在外的股份数，并且伴随股价的上升。例如，如果某企业有 1 亿股发行在外的股票，每股股价为 10 美元，该企业购回 1 000 万股股票，于是，发行在外的股份数下降为 9 000 万股，但是股价可能上涨到 10.50 美元。在股票回购之后总的权益价值就变成了 9.45 亿美元，也就是权益价值降低了 5.5%。

股利是将现金退回给企业所有的投资者，但是股票回购只是将现金退回给那些选择将股票出售给企业的投资者。剩余的投资者没有获得现金，如果股价上升，他们就可以从股票回购中间接获益。在以上例子中，企业的股东将会发现他们持有股票的价值在股票回购后上升了 5%。

实践：怎样回购股票？

股票回购过程，很大程度上取决于企业准备在公开市场上以现有的股价来回购股票，还是进行更为正式的要约收购。有三种回购股票的广泛使用的方法：

- **要约回购。**在要约回购中，企业明确定出进行回购的价格、回购的数量，以及要约有效的时间。然后企业邀请投资者提交他们回购的股份数。在很多情况下，如果提交的回购股份数很少或者企业准备扩展最初确定的时间，企业就会保持收回要约的灵活性。这种方法主要用于大量股票的回购中。
- **公开市场回购。**在公开市场回购的情况下，企业以当前价格在市场上购回股票。虽然企业不需要在市场上公开披露它们回购股票的意愿，但是它们必须遵守证券交易委员会（SEC）避免价格操纵和内部交易的规定。最后，公开市场交易比要约回购延续的时间要更长，并且更多用于小规模的股票回购。就灵活性而言，公开市场回购让企业在何时进行回购以及回购多少股票的决策上有了更多的自由。
- **私下协议回购。**在私下协议回购中，企业以协议的价格从大股东手中回购股票。这种方法不像前面两种方法使用得那么广泛，可能被经理人或者企业的所有者作为控制以及排除棘手的投资者的一种方式。

股票回购的大小

在过去几十年里，更多的企业将股票回购作为发放股利的替代方式。图 11—1 总结

① 股票是按照市场价值来进行回购的。因此，当权益的市场价值显著高于权益的账面价值时，进行股票回购会不成比例地减少权益的账面价值。例如，如果权益的市场价值是账面价值的 5 倍，回购 10%的股票将导致权益的价值下降 50%。

了美国企业1989—2008年间发放股利和股票回购的情况。

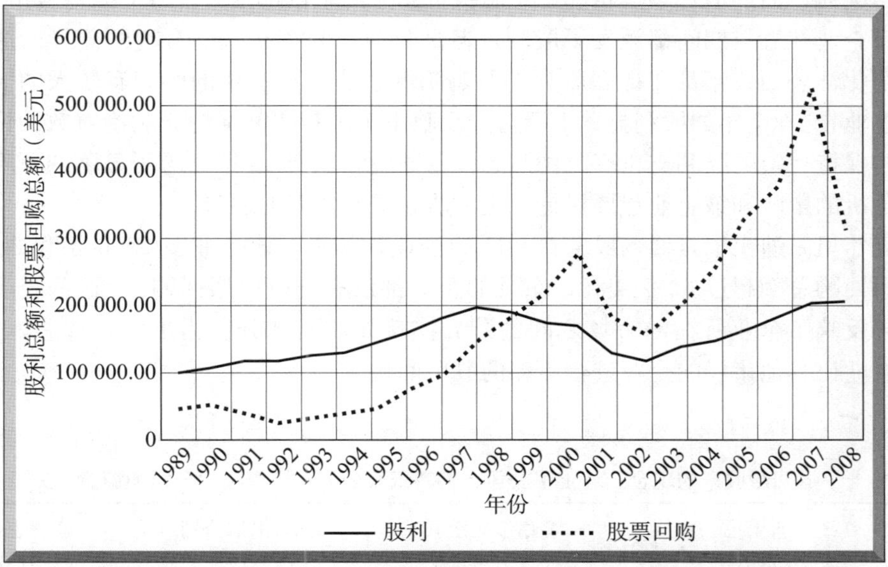

图11—1　1989—2008年美国企业的股票回购总额和股利总额

资料来源：Standard & Poor's.

值得注意的是，虽然美国企业发放的股利总数在这段期间以每年1.18%的速度在增长，但是股票回购量以每年9.83%的速度在增长。另一个有趣的转变是，现金以股票回购的方式退回给股东的比例从1989年的32%上涨到近年的60%以上。在1999年，美国公司历史上首次出现股票回购总量超过股利总量的现象。虽然2008年经济衰退和市场危机导致股利和股票回购都下降了，但是当年的股票回购量还是超过股利量。

这种转变在美国以外没有这么显著。其他国家的企业不太喜欢采用股票回购的方式来将现金退回给股东，有以下几点原因。[①] 第一，在2003年以前，相对于资本利得，美国的股利税比资本利得税高，也比其他国家的股利税高。例如，很多欧洲国家允许投资者在股利上享有税收抵免，来补偿发放股利的企业所交的税。因此，相比美国以外的投资者，股票回购通过将收入从股利转移到资本利得，给美国的投资者提供了更多的税收优惠。第二，股票回购在一些国家被禁止或者受到严格约束，至少之前是这样的。第三，美国的股票回购量增大的一个原因是，股东给经理人施加压力，让他们将闲置现金退回给股东。这种压力在除美国之外的公司治理系统较弱的国家要小得多。

在接下来的部分，我们使用的词汇“股利政策”不仅包括企业支付的股利而且包括以股票回购的形式退回给股东的现金。

【例11—1】　股利和股票回购：迪士尼公司、鹦鹉纸浆公司、塔塔化学公司和德意志银行

在表11—1中，我们考察了2004—2008年间迪士尼公司、鹦鹉纸浆公司、塔塔化学

① 这种状况可能也在改变。2003年，欧洲企业比美国企业回购更多的股票。

公司和德意志银行每年派发的股利总额和回购的权益总额。（鹦鹉纸浆和迪士尼总额的单位是百万美元，而塔塔化学公司和德意志银行总额的单位都是一百万的当地货币。）

四家企业在五年期间都派发了股利，但是公司之间存在一些有趣的差异。迪士尼公司和塔塔化学公司每年都在提高股利，而鹦鹉纸浆公司这些年的股利有较大的波动，其中，该企业在2007年的股利显著下降。这反映出美国和印度保持股利绝对数的惯例，而巴西总是保持一定的股利支付率。德意志银行的股利在2008年经历了显著的下降，反映了市场危机的影响和该企业想要保持一定的法定资本比率的愿望。

在五年里，迪士尼是回购股票最活跃的企业，其中，该企业在2006年和2007年每年的股票回购总额超过60亿美元。余下的企业都没有进行股票回购。[①] 这些企业股票回购的差异反映了企业所在的市场之间的差异。就如前面部分所指出的，从总体上来说，美国的企业比其他市场的企业进行更多的股票回购。

表11—1　　退回给股东的现金：迪士尼公司、鹦鹉纸浆公司、塔塔化学公司和德意志银行

	迪士尼公司（百万美元）		鹦鹉纸浆公司（百万美元）		塔塔化学公司（百万卢比）		德意志银行（百万欧元）	
	股利	股票回购	股利	股票回购	股利	股票回购	股利	股票回购
2004	430	335	74	0	1 307	0	924	0
2005	490	2 420	109	0	1 338	0	1 386	0
2006	519	6 898	199	0	1 589	0	1 995	0
2007	637	6 923	139	0	1 716	0	2 255	0
2008	664	4 453	252	0	2 010	0	285	0

股票回购的原因

企业可以通过派发股利也可以通过股票回购将大量的现金退回给股东。使用股票回购而不是派发股利的方式对企业和股东都有一些好处。

（1）股利一般是定期的，企业必须承诺在未来能持续发放股利，而股票回购是一次性退回现金。因此，如果企业有超额现金但是不确定未来持续产生现金流的能力，就应当使用股票回购的方式而不是派发股利的方式。（它们也可以选择派发特殊的股利，发放这种股利不需要企业在未来也进行类似的支付。）

① 如果账面上有相应的库藏股，那么企业账面上的股份总数将保持不变。在美国，不允许库藏股在账面上存在很长一段期间。

（2）股票回购的决策让企业有足够的自由来收回决定，并且股票回购的期间长度大于派发等量的特殊股利的时间。实际上，有大量证据表明，很多企业宣布要进行股票回购，但是最后都收回了该决定，没有实行最初的计划。

（3）股票回购为企业提供了一种加强内部人控制的方法，因为这样做减少了发行在外的股份数。如果内部人不售出其股份，他们就持有更大的股份比例，拥有更大的控制权。从内部人（是这些人做出了股票回购的决定）的角度来说，这是一种好处。

（4）最后，当企业的股价下降时，股票收购为企业提供了一种支持其股价的方式。[①] 例如，在 1987 年的股市崩溃之后，很多公司进行了股票回购从而使得股价没有过多下降。

股东可能从股票回购中获得两种潜在的收益。

（1）股票回购为股东提供了税收优势。这在 2003 年之前是非常显著的，因为股利是按照正常税率来征税的，而来自股票回购的价格升值是按照资本利得来征税的。即使股利和资本利得按照同等税率征税，股东也可以选择不将其股份出售给企业，因此在股票回购期间不实现其资本利得，而他们对于股利没有这样的选择。

（2）可以仅仅购回那些需要现金的股东手中的股票，所以股票回购具有更大的选择性。这种收益来自股票回购的自愿性：那些需要现金的人可以将股票出售给企业，而不需要现金的人可以选择继续持有股票。

总的来说，股票回购让企业将现金退回给股东，并且保持了未来的灵活性。

从直观上来说，当企业宣布进行股票回购时，我们预期该企业的股价会上涨。毕竟，我们认为股票回购意味着企业认为它们股票的价格被低估了。有研究考察了企业在宣告股票回购时的股价反应。有很强的证据表明，股价的反应是上涨。Lakonishok 和 Vermaelen 考察了 1962—1986 年间的 221 个股票回购要约以及在股票回购宣告日前后 15 天的股价变化。[②] 表 11—2 总结了 1962—1979 年和 1980—1986 年这两个期间内这些股票回购要约的股份比例和价格变动。给定这段期间企业的风险和市场业绩，超额收益衡量了这些股票所赚取的超过预期的收益。平均而言，在整个期间，股票回购的宣告将使股票的价值上升 14.29%。

表 11—2　　　　在股票回购要约期前后的收益

	1962—1979 年	1980—1986 年	1962—1986 年
回购股票的数量	131	90	221
回购股票的比例	15.45%	16.82%	16.41%
所有股东的超额收益	16.19%	11.52%	14.29%

① 的确如此，尤其当股价的下降不能由当前的基本面所支持时，例如，盈利的下降、增长率的下滑等等。如果股价的下降是合理的，进行股票回购至少能暂时缓解股票的下降。

② J. Lakonishok and T. Vermaelen, "Anomalous Price Behavior around Repurchase Tender Offers," *Journal of Finance* 45: 455 - 478.

实践：股票回购和稀释效应

有一些股票回购的目的是想要减少发行在外的股份数，从而提高每股盈余。如果我们假定企业的市盈率保持不变，减少股份数通常会使每股盈利变得更大，使得股价变得更高。这是很多企业进行股票回购的一个简单理由。

但是，这种理由存在一个问题。虽然股数的下降可能会提高每股盈余，这同时也伴随着负债比率的提高。负债比率的提高会增加权益的风险，从而降低了市盈率。在更高的每股盈利和更高的权益风险之间的权衡就会决定对股价的影响。股票回购会提高还是降低每股股价，将取决于企业在进行股票回购后是朝着其最优负债比率移动（在这种情况下，价格会上升）还是距离最优负债比率更远（在这种情况下，股价会下降）。

举例来说，假定一个从事专业零售的企业全部用权益融资，该企业有 100 股发行在外的股份，税后盈利为 100 美元，市场价值为 1 500 美元。假定该企业借入了 300 美元，并且使用这些收入来回购 20 股股票。只要税后的利息费用小于 20 美元，该企业在进行股票回购后每股盈利将会更高。如果企业的税率为 50%，股票回购对每股盈利的影响总结在下表中。表中描述了两种情形：一种是利息费用为 30 美元，另一种是利息费用为 55 美元。只要利息费用小于 40 美元（税后 20 美元），该企业在股票回购后就会有更高的每股盈利。

股票回购对每股盈利的影响

	股票回购之前	股票回购之后	
		利息费用＝30 美元	利息费用＝55 美元
EBIT（美元）	200	200	200
－利息（美元）	0	30	55
＝应税利润（美元）	200	170	145
－税收（美元）	100	85	72.50
＝净利润（美元）	100	85	72.50
股份数	100	80	80
每股盈利（美元）	1.00	1.125	0.91

如果我们假定市盈率保持在 15，那么每股股价将随着每股盈利的变动而同比例变动。但是，实际上，由于负债的增加使得企业的权益风险更大，所以我们应当预期市盈率是下降的。在利息费用等于 30 美元的情形下，只要市盈率高于 13.33，每股股价就会上升。如果市盈率低于 13.33，每股股价就会下降，即便此时的每股盈利更高。

股利和股票回购之间的选择

如果企业想将现金退回给股东，它们既可以通过派发股利的方式，也可以通过股票回购的方式。它们做出什么样的选择，取决于以下几个因素：

● **超额现金流的持续性和稳定性。**股票回购和派发股利都是由企业有超额现金流引起的。如果超额现金流是暂时的或者不稳定的，企业应当采用股票回购或发放特殊股利的方式；如果超额现金流是稳定且可预期的，支付定期的股利就提供了一个强烈信号说明未来项目质量好。

● **股东的税收偏好。**如果对股东来说股利的税率高于资本利得的税率，那么当企业进行股票回购时股东的境况会更好。反之，如果对股东来说股利的税率低于资本利得的税率，那么当企业派发特殊股利时股东的境况会更好。

● **未来投资需求的可预测性。**如果企业不确定未来投资机会的大小，那么它应当使用股票回购的方式。如果企业在未来需要现金为新的项目融资，那么这种灵活性避免了以后的固定支付股利的义务，这是非常有用的。

● **股价是否被低估。**当经理人认为其股票价格被低估时，进行股票回购就更有道理了，有以下两点原因。第一，如果股价被低估，经理人以低于真实价值的价格将股票购回，这就让现有股东获利。回购股票的真实价值与市场价值之间的差异就归属那些没有出售股票的股东。第二，股票回购向金融市场发送了一个信号，即企业的股价被低估，那么市场将做出推高股价的反应。

● **管理层薪酬。**经理人通常将期权作为薪酬计划的一部分。这种以期权为基础的薪酬计划的期间长度和幅度大小会影响到企业是使用股利还是使用股票回购的决策。支付股利使得股份数保持不变，但是会降低股票的价格。股票回购会减少股份数，但是之后通常股价会上升。因为当股价下降时期权的价值会降低而当股价上升时期权的价值会上升，拥有大量期权的经理人可能更愿意进行股票回购而不是发放股利。

巴托夫、克林斯基和李（Bartov，Krinsky and Lee）考察了影响企业选择股票回购还是支付股利的三个决定因素——股价被低估、管理层薪酬和机构投资者的持股（作为股东税收偏好的替代变量）。① 他们对 1986—1992 年的 150 家宣告股票回购的企业进行了考察，并且将这些企业与其同行业选择提高股利的企业进行了比较。表 11—3 描述了这两个样本的特征。

虽然经理人持股在统计上对企业采取股利回购还是增加股利的方式没有显著的影响，但是进行股票回购的企业比提高股利的企业有更高的账面市值比，并且有更多的机构投资者。我们可以认为，当企业有更高的账面市值比时，这些企业更可能认为自己的股价被低估。机构投资者的持股比例越大，股票回购的税收优势的影响越大。

① E. Bartov，I. Krinsky，and J. Lee，"Some Evidence on How Companies Choose between Dividends and Stock Repurchases，" *Journal of Applied Corporate Finance* 11：89－96.

表 11—3　　进行股票回购的企业特征与发放股利的企业特征的对比

	进行股票回购的企业所占比例	提高股利的企业所占比例	差异是否显著
账面市值比	56.90%	51.70%	是
期权数/股份数	7.20%	6.30%	否
机构投资者的数量	219.4	180	是

股票回购：一个行为学视角

在过去 20 年里美国股票回购数量的大幅增长只有部分被认为是合理与理性的。实际上，影响股票回购的条件——与股利相关的税收劣势等——一直存在，不能够解释过去 20 年企业的行为。关于股票回购量的增长，有以下三种行为学上的解释。

(1) 羊群效应。在前面有关资本结构的章节里，我们注意到行业平均和同类企业的行为对股利政策的影响。股利政策中也有同样的现象，即企业在发放股利时不仅与同行业的其他企业保持一致，并且在进行股票回购时也与同行业的其他企业保持一致。通常我们会看见某个行业里出现大量的股票回购，这就是该现象的证据。

(2) 锚定效应。在本章的前面部分，我们指出股票回购之后的每股盈利增长不一定会转化为每股价格的提高，因为市盈率将会下降以反映出企业权益更高的风险。只要经理人总是从每股的角度来思考问题，并且要保证本企业"合理的市盈率"，那么他们可能会相信股票回购总是会导致更高的每股盈利和更高的股价。如果投资者也持有相同的看法，那么股价在股票回购之后就会上升，至少在短期内如此。

(3) 过度乐观。更为乐观的经理人认为他们的股价被低估，于是更可能进行股票回购。因此，在考虑融资结构时的市场时机选择动机会影响到股票回购的决策。

总之，可以认为，一旦有些企业在 20 世纪 80 年代开始进行股票回购并且取得很大成功（股价上升了），其他企业就开始效仿这些企业，从而导致过去 20 年持续的股票回购的趋势。

11.1　股票回购和对股价的影响

以下哪种类型的公司在进行股票回购后更可能出现股价的下降？

a. 有糟糕的项目选择历史的公司。

b. 借入资金来进行股票回购的公司。

c. 被认为有更大的投资机会的公司。

请解释。

分析股利政策的现金流法

我们如何知道企业退回给股东的现金是过多还是过少呢？在现金流法中，我们遵循以下四个步骤。我们首先衡量出企业在满足了偿债义务和再投资需要后还有多少现金可以支付给股东，然后将该数额与企业实际支付给股东的现金数额作比较。接着，我们对企业投资机会的质量进行评估。接下来，根据企业的现金支付率和项目质量，我们考虑企业是应当积累更多的现金还是更少的现金。最后，我们来考察股利政策与债务政策之间的关系。

第 1 步：衡量可以退回给股东的现金流

为了考察企业可以将多少现金退回给股东，我们从净利润开始分析，其中净利润就是对当期权益盈利的会计衡量，然后在净利润上减去企业的再投资需求从而将净利润转化为现金流。其中，将再投资需求分成两个部分：

（1）长期资产的投资。我们从净利润中减去所有的资本支出，包括并购的费用，因为资本支出代表现金流出。另一方面，将折旧和摊销加回到净利润上，因为这些是非现金支出。资本支出与折旧之间的差额就是净资本支出。净资本支出通常是企业成长性特征的函数。高成长性的企业会有相对于盈利较高的净资本支出，而低成长性的企业会有较低的净资本支出（有时甚至为负）。

（2）短期资产的投资。提高营运资本，比如存货和应收账款，会消耗掉企业的现金流，而降低营运资本会提高权益投资者可用的现金流。如果企业正处于高速增长期，处于需要很高营运资本的行业（例如，零售业），那么该企业的营运资本也会有大幅度增长。因为我们只对现金流的效果感兴趣，所以在分析中只考虑非现金营运资本的变化。

最后，权益投资者还需要考虑到负债的变化对现金流的影响。偿还到期负债的本金意味着现金流出，但是企业同时可能发行新的负债，这是一种现金流入。因此，用对旧的负债的偿还义务减去新发行的负债，就衡量了负债的变化对现金流的影响。

在考虑到净资本支出、营运资本的变化，以及净负债的变化对权益投资者的现金流的影响后，我们可以将这些变化后剩余的现金流定义为权益自由现金流（*FCFE*）：

$$FCFE = \text{净利润} - (\text{资本支出} - \text{折旧}) - \text{非现金营运资本的变化} + (\text{新发行的负债} - \text{偿还的负债})$$

这就是可以用来支付股利的现金流。

如果我们假定企业拥有理想的负债组合，并且净资本支出和营运资本的变化正好由负债和权益筹集来的资金弥补。[①] 如果 δ 是由负债融资带来的净资本支出与营运资本变化的比例，这些项目对权益现金流的影响可以写成以下公式：

$$\text{与资本需求相关的权益再投资} = (\text{资本支出} - \text{折旧})(1-\delta)$$
$$\text{与营运资本需求相关的权益再投资} = (\Delta\,\text{非现金营运资本})(1-\delta)$$

因此，在满足了资本支出和营运资本需求之后可用于权益投资者的现金流是：

$$FCFE = \text{净利润} - (\text{资本支出} - \text{折旧})(1-\delta) - (\Delta\,\text{非现金营运资本})(1-\delta)$$

请注意，净的负债支付项被抵消了，因为负债的偿付是用新的权益来融资的，从而保证了负债比率的固定。估计 *FCFE* 的简化方法的关键在于确定一个负债比率，有两种方法。一种方法是，将我们在第 8 章计算出的最优负债比率作为未来理想的负债比率。另一种方法是，使用企业过去平均的负债比率。

实践：估计金融服务企业的 *FCFE*

估计 *FCFE* 对大多数制造业企业来说是很直观的，因为净资本支出、非现金的营运资本需要和负债比率都可以从财务报表中得到。与之对比的是，对金融服务企业来说，估计 *FCFE* 则有些问题，有如下原因。第一，估计银行或者保险公司的净资本支出和非现金营运资本是很困难的，因为这些企业中所有的资产和负债都是以金融索取权的形式表示的。第二，很难定义金融服务企业的短期负债是什么，这也是由它们资产负债表的复杂性所导致的。

为了估计出银行的 *FCFE*，我们重新定义了再投资，即再投资是对于法定资本的投资，通常规定了权益的账面价值必须为多少。毕竟，金融服务行业在进行业务扩张时必须要使其权益的账面价值能够支持其增长并且保持法定资本比例（包括所建立的任何安全缓冲）。在第 8 章，我们考察了监管资本比率以及该比率如何影响银行和保险企业的金融决策。因为发放股利就会减少账面的权益资本，而留存收益能够增加资本，所以金融服务企业的权益自由现金流可以写成如下形式：

$$FCFE_{\text{银行}} = \text{净利润} - \text{监管资本的增加}(\text{账面的权益})$$

我们来看一个简单的例子。某银行发行在外的贷款有 100 亿美元，权益（一级资本）的账面价值为 7.5 亿美元。假定该银行希望保持现有 7.5%的资本比率，并打算将其贷款增加 10%（也就是增加到 110 亿美元），并且预期下一年会产生 1.5 亿美元的净利润。我们可以估计出该企业在下一年的 *FCFE*：

$$FCFE = 150 - (11\,000 - 10\,000) \times 0.075 = 75\ \text{百万美元}$$

---

① 必须使以账面价值衡量的负债和权益比是固定的。

进一步，我们假定该银行将其法定资本比率提高到8%，并且还是将贷款提高到110亿美元。下一年权益的账面价值就会上升到8.8亿美元（110亿美元的8%），而*FCFE*会小一些：

$$FCFE=150-(880-750)=20\text{ 百万美元}$$

如果企业有多种业务，并且每种业务有不同的法定资本要求，那么该计算过程就会变得更加复杂。为了估计出*FCFE*，我们必须分别估计每种业务的增长率和法定资本要求。

金融服务企业的*FCFE*（潜在的股利）可以表示为下列变量的函数：

● **资产增长率。**因为法定资本是与资产的规模相关的，所以资产增长率越高，对于法定资本的投资越大。在保持其他条件不变的情况下，增长率更高的企业有着更低的*FCFE*和股利。

● **理想的资本比率。**给定增长率，对于法定资本的投资将取决于企业想要保持的权益资本比率。虽然管制需求在权益资本比率的决定上起到了关键的作用，该比率也取决于企业想在该资本上建立的安全缓冲量。简单来说，给定增长率，保守的金融服务企业会比激进的金融服务企业有更高的目标资本比率，投资也更多，于是就有更低的*FCFE*。

● **利润率。**最后，股利是从净利润中支付的。在其他条件保持不变的情况下，如果企业在给定的资产和权益基础上能产生更多的利润，那么企业就有能力产生更多的*FCFE*。权益收益率等于利润与账面的权益资本之比，该比率成为企业能产生多少*FCFE*的关键因素。给定增长率和理想的资本比率，企业的权益收益率越高，该企业获得的*FCFE*就越多。

DividendBank.xls：你可以利用该电子表格估计金融服务企业在未来的*FCFE*。

【例11—2】　估计*FCFE*：迪士尼公司、鹦鹉纸浆公司、塔塔化学公司和德意志银行

在表11—4中，我们使用来自财务报表的历史信息，估计了迪士尼1999—2008年的*FCFE*。折旧额包括摊销额，资本支出包括支付现金的并购。非现金营运资本的增加用正数来表示，意味着对现金的消耗，而非现金营运资本的减少用负数来表示，意味着正的现金流。例如，在1999年，非现金营运资本减少了363百万美元，导致当年可用于支付股东的现金增加了相等的数额。最后，来自负债的净现金流是用新发行的负债产生的现金流入减去支付旧的负债义务导致的现金流出得到的结果。例如，在1999年，迪士尼发行新负债得到的现金流入比偿还旧负债导致的现金流出多176百万美元。我们计算了*FCFE*的两个指标：一个是在净负债现金流之前的数值，一个是在净负债现金流之后的数值。以1999年为例，我们分别计算出这两个衡量*FCFE*的指标：

$$FCFE_{\text{考虑净负债现金流之前}}=\text{净利润}+\text{折旧}-\text{资本支出}$$

$$-非现金营运资本的变化$$
$$=1\,300+3\,779-6\,113-(-363)$$
$$=-671 百万美元$$

$$FCFE_{考虑净负债现金流之后}=FCFE_{考虑净负债现金流之前}+净负债的现金流$$
$$=-671+176=-495 百万美元$$

如表 11—4 所示，10 年中有 3 年迪士尼的权益自由现金流为负数。在考虑净负债之前的年平均 *FCFE* 为 1 897 百万美元，该期间年均的净负债为 21 百万美元，于是得到在考虑了负债发行后的平均 *FCFE* 为 1 918 百万美元。我们也可以计算出迪士尼每年的 *FCFE*。我们首先计算出净负债的现金流占再投资需求的比率，然后根据表 11—4 中 1999—2008 年的负债现金流、资本支出、折旧以及非现金营运资本的变化，估计出平均的负债比率：

$$平均的负债比率=\frac{发行的净负债}{资本支出-折旧+营运资本的变化}$$
$$=\frac{207}{20\,693-16\,906-825}=6.99\%$$

可以使用平均的负债比率估计出每年的 *FCFE*。表 11—5 使用这种方法估计出迪士尼每年的 *FCFE*。

请注意，当我们使用这种估计方法时，1999—2008 年的平均 *FCFE* 保持在1 918百万美元。但是，每年实际的 *FCFE* 是不同于表 11—5 中的估计值的，因为我们在表 11—5 中对负债的现金流影响进行了平滑。

表 11—4　　估计迪士尼 1999—2008 年的 *FCFE*（百万美元）

	净利润	资本支出	折旧	营运资本的变化	净负债的变化	*FCFE*
1999	1 300	6 113	3 779	−363	176	−495
2000	920	1 091	2 195	−1 184	2 118	5 326
2001	−158	2 015	1 754	244	−77	−740
2002	1 236	3 176	1 042	27	−1 892	−2 817
2003	1 267	1 034	1 077	−264	1 145	2 719
2004	2 345	1 484	1 210	51	2 203	4 223
2005	2 533	1 691	1 339	270	699	2 610
2006	3 374	1 300	1 437	−136	−941	2 706
2007	4 687	627	1 491	45	−2 696	2 810
2008	4 427	2 162	1 582	485	−528	2 834
合计	21 931	20 693	16 906	−825	207	19 176
平均	2 193	2 069	1 691	83	21	1 918

表 11—5 **估计迪士尼 1999—2008 年的 *FCFE*（百万美元）**

	净利润	（资本支出－折旧）（1－负债比率）	营运资本的变化（1－负债比率）	*FCFE*
1999	1 300	2 171	－338	－533
2000	920	－1 027	－1 101	3 048
2001	－158	243	227	－628
2002	1 236	1 985	25	－774
2003	1 267	－40	－246	1 553
2004	2 345	255	47	2 043
2005	2 533	327	251	1 954
2006	3 374	－127	－126	3 628
2007	4 687	－804	42	5 449
2008	4 427	539	451	3 436
合计	21 931	3 522	－767	19 176
平均				1 918

可以按照类似的方法估计出鹦鹉纸浆公司 2002—2008 年的 *FCFE*，如表 11—6 所示。因为该企业在美国的现金流量表的单位是美元，比以雷亚尔作单位的现金流量表要更加完整，所以我们报告的该企业的有关数值都以美元为单位。

在 2002—2007 年间，鹦鹉纸浆公司的净利润几乎增长了四倍，但是该期间加总的权益自由现金流仅仅为 7 965 万美元一年。2008 年，鹦鹉纸浆公司报告了 1 239 百万美元的净损失，很大程度上是因为该企业对货币衍生品的投资存在失误，但是 2008 年的 *FCFE* 为正，因为企业借入了 30 亿美元来弥补其损失。如果将与负债有关的现金流考虑进来，2002—2008 年间平均的 *FCFE* 为 229.41 百万美元，但是如果不将与负债有关的现金考虑进来，该期间平均的 *FCFE* 只有－271.70 百万美元。

表 11—6 **鹦鹉纸浆公司 2002—2008 年的 *FCFE*（百万美元）**

	净利润	资本支出	折旧	营运资本的变化	净负债的变化	*FCFE*
2002	111.91	260.66	171.53	53.53	36.34	5.59
2003	148.09	791.87	191.51	79.85	530.69	－1.43
2004	227.24	193.54	206.95	31.80	－13.53	195.32
2005	341.10	216.98	211.62	75.55	－93.40	166.79
2006	455.32	325.51	217.84	72.20	－89.60	185.85
2007	422.07	712.48	217.64	113.71	112.28	－74.20
2008	－1 239.00	814.60	218.05	61.50	3 025.00	1 127.95
合计	466.73	3 315.64	1 435.14	488.14	3 507.78	1 605.87
				FCFE 的平均值：2002—2008 年		229.41
				FCFE 的平均值：2002—2007 年		79.65
				不考虑负债现金流的平均 *FCFE*		－271.70

我们使用同样的步骤可以估计出塔塔化学公司 2004—2008 年的 *FCFE*，如表 11—7 所示。

表 11—7　　2003—2008 年塔塔化学公司的 *FCFE*（百万卢比）

	净利润	资本支出	折旧	营运资本的变化	净负债的变化	*FCFE*
2003—2004	3 418	357	1 442	−557	−2 771	2 289
2004—2005	4 550	692	1 377	−493	5 448	11 176
2005—2006	5 156	11 730	1 389	2 823	867	−7 141
2006—2007	6 338	1 196	1 504	−1 662	−4 411	3 896
2007—2008	11 571	28 956	1 488	88	17 054	1 069
合计	31 033	42 930	7 199	200	16 187	11 290
平均						2 258

虽然塔塔化学公司的净利润在 2003—2008 年每年都在上升，但是其 *FCFE* 的走势却比较曲折，有以下三个原因。第一个原因是，非现金营运资本的波动性是很大的，该变量在某些年间增长，在某些年间下降。第二个原因是，该企业在 2005—2006 年度和 2007—2008 年度的资本支出也是相当高的，因为这些年对分支部门有很大的投资。最后，来自净负债的现金流在五年中有两年是负的，而在 2007—2008 年度该数值为正且数额相当大，因为塔塔化学公司在该年主要用负债来为其资本支出进行融资。五年的平均 *FCFE* 为 22.58 亿卢比。

我们使用上一部分介绍的方法来估计德意志银行的 *FCFE*。在上一部分介绍的方法中，我们将对法定资本的再投资定义为再投资。我们不准备根据历史数据来估计，而是准备估计该企业未来的 *FCFE*。我们从 2008 年年底的资产和法定资本的当前价值开始着手。

资产的当前价值(2008 年年底)＝312 885 百万欧元

法定资本的当前价值(账面的权益价值)＝31 914 百万欧元

虽然德意志银行在 2008 年报告了 41.2 亿欧元的损失，其中大部分损失来自 2008 年最后一个季度的市场危机带来的投资的减值。我们预计德意志银行在 2007 年的标准化净利润为 30 亿欧元。[①] 有了这些估计值后，我们得出该企业的法定资本比率为 10.2%，当前的权益收益率为 9.40%：

$$当前的法定资本比率=\frac{法定资本}{资产}=\frac{31\ 914}{312\ 885}=10.2\%$$

① 我们在将净利润进行标准化时，参考的是减值之前的利润。在 2009 年第一季度，德意志银行报告说利润有所反弹，该季度的利润为 12 亿欧元。分析师预计，德意志银行每年将会产生超过 40 亿欧元的利润，我们在本书中的估计更为保守。

$$当前的权益收益率=\frac{净利润}{法定资本(账面的权益价值)}$$

$$=\frac{3\ 000}{31\ 914}=9.40\%$$

我们还需要估计三个值。第一，我们假定资产在以后五年里每年的预期增长率为4%，在之后年度每年的增长率则为3%。第二，我们假定第5年的目标法定资本率为10%，这是根据德意志银行在2009年年初的报表得出的；请注意，该值高于6%～7%的管制要求，反映出德意志银行的保守态度。第三，我们假定权益收益率只有很小的提高，即从当前的9.4%提高到第5年的10%。

为了估计出接下来五年的法定资本和净利润，我们假定变量在每年的增长率相同。表11—8估计了接下来六年的法定资本、净利润和*FCFE*。

表11—8　　德意志银行预期的*FCFE*（百万欧元）

	当前	2009	2010	2011	2012	2013	稳定状态（2014）
资产	312 882	325 398	338 414	351 950	366 028	380 669	392 089
资本比率（%）	10.20	10.16	10.12	10.08	10.04	10.00	10.00
法定资本	31 914	33 060	34 247	35 477	36 749	38 067	39 209
法定资本的变化		1 146	1 187	1 229	1 273	1 318	1 142
ROE（%）	9.40	9.52	9.64	9.76	9.88	10.00	10.00
净利润	3 000	3 147	3 302	3 463	3 631	3 807	3 921
—对法定资本的投资		1 146	1 187	1 229	1 273	1 318	1 142
FCFE		2 001	2 114	2 233	2 358	2 489	2 779

根据我们的估计，2009年德意志银行应当能够派发20亿欧元的股利给权益投资者。值得注意的是，管制权益资本的定义涉及优先股股东和普通股股东，并且优先股股东对于股利有优先的固定索取权，而归属普通股股东的股利就是剩余的*FCFE*。举例来说，德意志银行现有资本包括50亿欧元的优先股，并且股利被设定为账面价值的8%。2009年普通股股东可用的*FCFE*可以计算如下：

2009年总的*FCFE*＝2 001百万欧元

优先股股利＝0.08×5 000＝400百万欧元

归属普通股股东的*FCFE*＝1 601百万欧元

后面年份的值也可以相应计算出来。

11.2 定义 *FCFE*

净利润并不是企业可用于支付的股利总额的原因是：

a. 盈利不是现金流。

b. 有一些盈利需要用于企业的再投资以创造增长。

c. 还可能存在与负债有关的现金流入或现金流出。

d. 以上所有选项。

请解释。

衡量股利支付率

股利政策的传统衡量指标是股利支付率，也就是股利与盈利之比。相对应的是，我们的方法是衡量退回给股东的现金与 *FCFE* 的比率。

$$股利支付率=\frac{股利}{盈利}$$

$$返回给股东的现金与 FCFE 的比率=\frac{股东+股权回购金额}{FCFE}$$

返回给股东的现金与 *FCFE* 的比率告诉我们，有多少可以返回给股东的现金实际上以股利和股票回购的形式返回给了股东。如果该比率等于或者接近于 100%，那么该企业将所有可用的现金都发放给股东了。如果该比率显著低于 100%，那么该企业实际派发的现金小于其能够派发的现金并且两者之间的差额增加了现金余额或者对有价证券的投资。如果该数值显著高于 100%，那么该企业实际发放的现金大于其能够发放的现金，所以要么从现有的现金余额中获取另外的资金，要么通过发行新的证券（股票和债券）来获取另外的资金。

【例 11—3】　将迪士尼公司和塔塔化学公司的股利支付率同 *FCFE* 支付率作比较

在以下的分析中，我们对迪士尼公司和塔塔化学公司的股利支付率和股利与 *FCFE* 的比率进行了比较。表 11—9 展示了迪士尼从 1999 年到 2008 年的数值。

表 11—9　　迪士尼：股利占盈利的百分比和股利占 *FCFE* 的百分比

	股利（百万美元）	利润（百万美元）	股利支付率（%）	返回的现金（百万美元）	*FCFE*（百万美元）	现金/*FCFE*（%）
1999	0.00	1 300.00	0.00	19.00	−495.00	−3.84
2000	434.00	920.00	47.17	600.00	5 326.00	11.27
2001	438.00	−158.00	−277.22	1 511.00	−740.00	−204.19

续前表

	股利（百万美元）	利润（百万美元）	股利支付率（%）	返回的现金（百万美元）	*FCFE*（百万美元）	现金/*FCFE*（%）
2002	428.00	1 236.00	34.63	428.00	−2 817.00	−15.19
2003	429.00	1 267.00	33.86	429.00	2 719.00	15.78
2004	430.00	2 345.00	18.34	765.00	4 223.00	18.12
2005	490.00	2 533.00	19.34	2 910.00	2 610.00	111.49
2006	519.00	3 374.00	15.38	7 417.00	2 706.00	274.09
2007	637.00	4 687.00	13.59	7 560.00	2 810.00	269.04
2008	664.00	4 427.00	15.00	5 117.00	2 834.00	180.56
合计	4 469.00	21 931.00	20.38	26 756.00	19 176.00	139.53

正如你所看到的，在这段期间，迪士尼将盈利总额的 20.38%作为股利支付给股东。[①] 在同一个期间里，迪士尼将其 *FCFE* 的 139.53%以股利和股票回购的形式退回给股东。虽然从股利支付率的数据来看，该企业保留了一定的盈余，但是从股利占 *FCFE* 的百分比来看，迪士尼在这段期间实际支付的现金超过了其可用现金。

表 11—10 展示了塔塔化学公司从 2002 年到 2008 年的股利支付率和股利占 *FCFE* 的比率。该企业将其盈利的 25.7%以股利的形式退回给投资者，而将其 *FCFE* 的 70.5%以股利的形式退回给投资者。企业将剩余的现金（*FCFE* 的 29.5%）投资到塔塔集团的其他企业里。

表 11—10　　塔塔化学公司：股利占盈利的百分比和股利占 *FCFE* 的百分比

	股利（百万卢比）	净利润（百万卢比）	股利支付率（%）	返回的现金（百万卢比）	*FCFE*（百万卢比）	现金/*FCFE*（%）
2003—2004	1 306.50	3 418.40	38.22	1 306.50	2 289.10	57.07
2004—2005	1 338.20	4 550.00	29.41	1 338.20	11 176.40	11.97
2005—2006	1 589.30	5 155.60	30.83	1 589.30	−7 140.90	−22.26
2006—2007	1 715.70	6 338.40	27.07	1 715.70	3 896.30	44.03
2007—2008	2 009.60	11 571.00	17.37	2 009.60	1 068.60	188.06
合计	7 959.30	31 033.40	25.65	7 959.30	11 289.50	70.50

就鹦鹉纸浆公司而言，这种比较是无意义的，因为如果没有 2008 年的大量借款，该

① 为了计算出整个期间的支付率，我们首先分别对整个期间的盈利和股利进行了加总，然后用股利总额除以盈利总额。这样做避免了当异常值很普遍时将比率进行平均所产生的问题。

企业从 2002 年到 2008 年的 *FCFE* 总额会成为负值（见表 11—6）。因为鹦鹉纸浆公司在这段期间派发了大量的股利，很显然用于派发股利的现金不是来自经营活动的现金。我们将会回来考察为什么鹦鹉纸浆公司要陷入这种束缚，以及它可能采取什么方法来让自己在未来摆脱这种现金流约束。

Dividends. xls：你可以利用该电子表格估计出长达 10 年的权益自由现金流和退回给股东的现金。

网上的数据集汇总了美国按行业划分的股利、退回给股东的现金和 *FCFE*。

为什么企业没将其所有可用的现金支付给股东

很多企业以股利和股票回购形式支付给股东的现金少于它们能够支付的权益自由现金流。对不同的企业来说，原因有所不同，我们将一些原因列示如下：

- 企业的经理人可能从留存收益中获益。如果经理人有建立企业帝国的想法，那么他会将增大企业的规模作为其目标。或者，经理人觉得有必要保留一些现金以防某些期间出现现金短期的情况。当这种情况发生时，留存的现金有助于缓解盈利下降的困境，并且让经理人继续拥有控制权。
- 该企业可能不太确定其未来的融资需求，可能将现金留在手中以备未预期的投资需求。
- 企业的盈利可能波动性很大，于是将现金留在手中对股利进行平滑。
- 债权人对于发放给股东的现金有一些限制，从而防止企业将可用的现金流都发放给股东。

处于另一个极端的情况是，企业实际支付的现金大于其 *FCFE*（虽然这种现象是不常见的）。该情况可能是由以下几种原因所导致的：

- 当盈利的波动性很大，盈利在每期之间差别很大时，企业在盈利较低的时期支付大于其 *FCFE* 的现金流，并且希望在盈利变高的时候将这种差额加以弥补。
- 如果企业在过去一直支付较高的股利，那么该企业就有了维持这种高股利的义务，即使此时的盈利比较低，因为企业害怕发送一个坏的信号给市场。
- 当企业的杠杆较低时，该企业通过将更多的现金退回给股东，从而减少权益，提高负债比率。

最后，一些企业是一个更大型集团的一部分，就如塔塔化学公司一样，那么这些企业可能持有现金来对集团下属的其他企业进行投资。

11.3　如何处理没有返回给股东的 *FCFE*？

2003 年，微软的 *FCFE* 大约为 90 亿美元，没有发放股利，也没有进行股票回购。

你预期这 90 亿美元将会显示在微软年报的哪个地方？

a. 这笔钱将被用于投资新项目。

b. 这笔钱将会显示在留存收益里，同时增加权益的账面价值。

c. 这笔钱将会增加企业的现金余额。

d. 以上都不对。

请解释。

有关股利和 *FCFE* 的证据

我们通过考察支付给股东的实际现金占 *FCFE* 的比例，可以得到如下趋势，即相对于可用的 *FCFE* 来说，企业支付给股东更少的现金。例如，在 2008 年，在美国支付股利的上市企业中，实际支付现金占 *FCFE* 比例的中位数大约为 55%。但是，还有一些企业支付的股利数大于其可用的 *FCFE*。图 11—2 对按照实际支付的股利与 *FCFE* 之间的关系划分的美国企业在 2008 年派发股利的情况进行了分析。

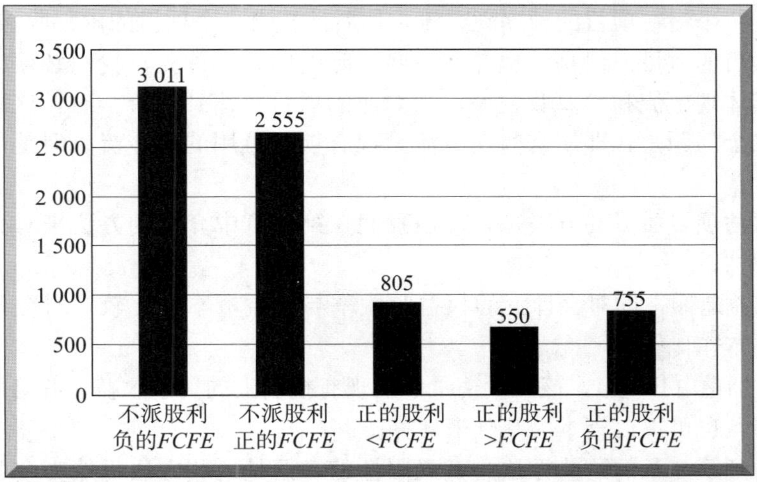

图 11—2　股利与 *FCFE*：2008 年美国企业

资料来源：Value Line，2008.

请注意，有 755 家企业支付的股利少于其可用的 *FCFE*，并且它们要么从现有的现金余额里要么通过发行新的股票和负债来进一步为这些股利融资。另外，在这段期间里，有 550 家企业在 *FCFE* 为负的情况下也支付了高股利。这些企业需要筹资来同时满足高股利和现金赤字的需要。还有大部分企业（3 011 家）没有支付股利，但是这是有道理的，因为它们的 *FCFE* 为负。有 2 555 家企业虽然有正的 *FCFE*，但也没有支付股利；有 805 家企业支付的股利少于其可用的 *FCFE*。然而，这并不一定意味着这些企业在积累现金，因为这些公司中的一部分进行了大量的股票回购，而余下的那部分企业就在积累现金了，这也有助于解释为何有一些企业在最后拥有过多的相对于企业价值最大化所需要的现金流。

Dividends. xls：你可以利用该电子表格估计出企业很长一段时间的 $FCFE$，并且将其与支付的股利相比较。

第 2 步：对项目的质量进行评估

除了将现金返回给股东外，还可以选择将现金用于再投资。因此，一个企业的再投资机会影响了该企业的股利政策。在其他条件一定的情况下，如果企业有更好的投资项目，那么该企业在股利政策的制定上就有更大的灵活性，能够避免股东要求高股利的巨大压力。但是我们如何来定义什么样的项目是好项目呢？

根据我们对投资决策的分析，一个好的项目是收益率大于其必要收益率的项目。其中，如果估计的是权益现金流，那么必要收益率就是权益成本；如果估计的是考虑负债前的现金流，那么必要收益率就是资本成本。为了对企业的潜在投资进行分析，我们可以估计出企业每个潜在项目的预期现金流，然后计算出每个项目的内部收益率或净现值，从而估计出项目的质量。但是，也存在一些实际的问题。首先，我们必须能够估计所有可取项目的具体现金流和必要收益率，当企业的项目数达到几百个时，这可能让人觉得很沮丧。第二个问题是，即使这些现金流是现有项目可用的现金流，但是可能不可用于未来的项目。

另一种评估项目质量的方法是，使用我们在第 6 章中介绍的方法来对企业当前的项目组合进行评估。

● 会计收益差额，即对会计上的权益收益率与权益资本作比较，对会计上的资本收益率与资本成本作比较。

● 经济附加值（EVA），该变量衡量了在现有投资上的资本收益，并且既可以以权益为基础来计算，也可以以资本为基础来计算。

我们注意到第 6 章的这些方法是有局限性的，但是这些方法仍然为企业现有投资的质量提供了衡量指标。

如果企业正处于生命周期的过渡阶段，或者企业正在进行重组，用过去项目的收益来衡量未来项目的收益可能会导致一些错误。在这种情况下，新项目上的预期收益完全可能不同于过去项目的收益。因此，值得仔细考察一下过去项目收益的趋势。从企业平均的权益收益率或者平均的资本收益率不能很好地看出这种趋势，因为这些数字都滞后于新项目反映的趋势，尤其对大规模的企业来说更是如此。另一种会计衡量指标能够更好地衡量出每年的变化，这就是边际权益收益率或者边际资本收益率，定义如下：

$$\text{边际权益收益率}_t=\frac{\text{净利润}_t-\text{净利润}_{t-1}}{\text{权益的账面价值}_{t-1}-\text{权益的账面价值}_{t-2}}$$

$$\text{边际资本收益率}_t=\frac{EBIT(1-t)_t-EBIT(1-t)_{t-1}}{\text{资本的账面价值}_{t-1}-\text{资本的账面价值}_{t-2}}$$

虽然边际权益收益率和平均权益收益率朝着同样的方向移动，但是边际收益率的变动比平均收益率的变动更大，并且变动的大小是企业规模的函数。可以使用这些边际收益率计算出新项目的质量。

另一种考察企业项目质量的方法是考察企业股票在金融市场上的表现是好是坏。在第 4 章，我们将企业风险与经过调整后的市场风险（詹森 α）作比较。这个经过风险调整的超额收益用来衡量股票表现比市场表现要好还是要差。如果超额收益为正，可以认为企业的业绩表现比预期要好；如果超额收益为负，可以认为企业的业绩表现比预期要差。

最后，每年的会计利润和股票收益都会有所不同，这不仅是由项目质量导致的，并且可能受到行业周期的波动和利率波动的影响。因此，对收益和必要收益率之间的比较应当持续一段比较长的时间，比如 3～5 年，这样就可以通过平均去掉那些行业周期波动和利率波动的影响。

【例 11—4】　评估迪士尼公司、鹦鹉纸浆公司和塔塔化学公司的项目质量

在例 6—10 中，我们使用会计收益和 EVA 考察了迪士尼、鹦鹉纸浆公司和塔塔化学公司现有投资的质量。另外，我们在第 4 章中评估了每家企业的股价表现。表 11—11 对我们的发现进行了总结。

总的来说，我们得出结论：迪士尼公司在其项目上获得了正的超额收益，塔塔化学公司的超额收益大约为零，而鹦鹉纸浆公司获得了负的超额收益；从股价表现上来看，迪士尼的股价表现与其项目保持一致，而鹦鹉纸浆公司有正的詹森 α，并且塔塔化学公司的詹森 α 为负。

在接下来的分析中，我们重新考察了迪士尼公司、鹦鹉纸浆公司和塔塔化学公司在近几年的会计收益和市场收益，并且将这些收益与各企业合适的必要收益率进行比较，从而对各企业在这段期间的项目质量进行评估。然而，在此分析中，我们如果只关注短期业绩可能会存在缺陷，并且得到的权益成本可能不能反映出实际的市场表现。我们在此例中将会进行修正。

我们首先来看一下迪士尼从 1999 年到 2008 年会计上的权益收益率、持有股票的收益率和必要收益率（给定每年的贝塔和市场业绩），如表 11—12 所示。①

表 11—11　　项目收益和股价表现（%）

	资本收益率	资本成本	资本收益率—资本成本	*ROE*	权益成本	*ROE*—权益成本	詹森 α（%）
迪士尼	9.29	7.51	1.78	14.40	8.91	5.49	5.62
鹦鹉纸浆	4.49	10.63	−6.14	−78.59	18.45	−97.05	9.97
塔塔化学	11.31	11.44	−0.12	15.46	13.93	1.53	−4.29

① 例如，为了估计出 1999 年的预期收益，我们使用如下公式：1999 年的预期收益＝1999 年年初的无风险收益率＋贝塔（1999 年的市场风险—1999 年年初的无风险收益率）。我们在迪士尼的整个期间都使用平均的贝塔值 0.901 1。

表 11—12 迪士尼的权益收益率、股票收益率和权益成本（%）

	ROE	股票收益率	权益成本	会计超额收益	市场超额收益
1999	6.71	−1.80	19.27	−12.56	−21.07
2000	4.39	−0.36	−7.57	11.96	7.21
2001	−0.66	−27.68	−10.31	9.66	−17.37
2002	5.45	−20.27	−19.64	25.09	−0.63
2003	5.40	44.36	25.70	−20.30	18.65
2004	9.86	20.19	9.77	0.09	10.42
2005	9.71	−12.81	4.67	5.05	−17.48
2006	12.87	44.25	14.54	12.87	29.71
2007	14.73	−3.49	5.40	9.33	−8.89
2008	14.40	−28.62	−32.81	47.20	4.18

* 权益成本＝年初的无风险收益率＋贝塔（当年标准普尔 500 指数企业的收益率－无风险收益率）

正如你所见到的，迪士尼的趋势很好，前面几年的会计收益和市场收益都为负，近年的会计收益和市场收益都为正。其中，迪士尼的权益收益率在 1996 年收购大都会和美国广播公司前超过 20%，在 1996 年之后该企业的权益收益率就急剧下降到个位数，并且 1997—2004 年的超额收益也为负。自从鲍勃·伊格尔在 2005 年替换迈克尔·埃斯纳担任该企业的 CEO 以来，该企业做得更好了。

对鹦鹉纸浆公司在 2002—2008 年的表现进行类似的分析，可以得到不同的结论。表 11—13 总结了该企业 2002—2008 年每年的权益收益率、股票收益率以及必要收益率。

在此阶段的大部分时间里，鹦鹉纸浆公司都表现很好，其项目有很高的权益收益率，为股东获得超额收益率。但是，2008 年是挫折的一年，该企业在衍生品投资上的损失耗掉了前几年的所有利润，于是其股价急剧下降。虽然该企业前几年的盈利和收益都存在波动性，但是可以将此归因于商品价格的变动，2008 年的损失大部分可以归因于管理层的失败。

最后，我们对塔塔化学公司进行了考察，对该企业在 2003—2008 年的会计收益和市场超额收益进行了估计，如表 11—14 所示。

在这五年期间，塔塔化学公司的股票收益率和权益收益率大致上与权益成本相当。实际上，该企业在这段期间的业绩不好也不坏。

表 11—13　　鹦鹉纸浆公司的权益收益率、股票收益率以及权益成本（%）

	ROE	股票收益率	权益成本	会计超额收益	市场超额收益
2002	13.90	6.11	−39.49	53.39	45.59
2003	17.40	94.57	48.70	−31.30	45.87
2004	25.49	13.56	17.73	7.76	−4.17
2005	37.70	11.40	6.21	31.49	5.19
2006	43.15	58.50	23.74	19.41	34.76
2007	32.64	25.49	6.10	26.53	19.39
2008	−51.91	−81.91	−64.86	12.95	−17.05

表 11—14　　塔塔化学公司的权益收益率、股票收益率以及权益成本（%）

	ROE	股票收益率	权益成本	会计超额收益	市场超额收益
2003—2004	16.80	11.53	14.30	2.50	−2.77
2004—2005	22.78	46.14	42.02	−19.25	4.12
2005—2006	13.07	−5.28	45.91	−32.84	−51.19
2006—2007	17.01	95.29	45.79	−28.78	49.50
2007—2008	18.68	−57.81	−48.60	67.28	−9.21
平均值	17.34	17.97	19.89	−2.22	−1.91

Dividends. xls：你可以利用该电子表格估计出企业在长达 10 年的期间里的平均权益收益率和权益成本。

实践：处理会计收益

诸如权益收益率和资本收益率之类的会计收益率通常会被滥用和操纵。例如，对于并购的会计处理（权益结合法或购买法）、对于折旧方法的选择（加速折旧法或直线法），以及是对某项支出（研发支出）进行资本化还是确认为费用，这些都会影响报告的利润和账面价值。另外，在某个特定的年份里，权益收益率和资本收益率可能会偏高或偏低，这取决于企业恰好处于不正常的好年份还是坏年份。为了对现有项目的收益率进行更加公允的估计，我们建议做到以下几点：

● 在计算权益收益率或资本收益率之前对利润进行标准化。对鹦鹉纸浆公司来说，在 1996 年使用过去三年的平均利润而不是当年较差的利润来计算权益收益率或者资本收益率，得到的结果与必要收益率很接近。

● 消除由会计决策造成的对盈利的影响。这就是为什么我们在计算迪士尼的权益收益率和资本收益率前要考虑该企业在对大都会的并购进行摊销之前的利润。

● 如果所花费的经营费用是为了创造未来的增长而不是为当前的利润服务，那么就应当对这些费用进行资本化，将这些费用作为账面价值的一部分，并且在计算经营利润时不用考虑这些项目。这是我们在对书景书店的分析中所做的，也就是，我们对该企业的经营租赁进行了资本化，将此视为资本的一部分，然后再来计算资本收益率。

第 3 步：对股利政策进行评估

我们在衡量出企业派发股利的能力以及对企业的项目质量进行评估之后，对企业是否应当继续其现有的股利政策的问题我们做出相应的决策。对现有股利政策的评估取决于企业每期产生的 *FCFE* 以及企业有多好的项目。存在以下四种情形：

(1) 企业有好的项目，支付的现金（股利和股票回购之和）大于 *FCFE*。在这种情况下，企业由于两方面原因可能会降低价值。第一，通过支付过多的股利，该企业使自己遭受现金短缺，此时就需要发行更多的证券来解决该问题。第二，现金短缺通常会造成资本约束，由此，企业可能会拒绝好的项目。

(2) 企业有好的项目，支付的现金少于 *FCFE*。虽然这样做会使企业积累现金，企业可能声明在未来会有需要现金的好项目。然而，投资者也可能怀疑企业为什么不现在就对这些项目进行投资。

(3) 企业有差的项目，支付的现金少于 *FCFE*。该企业也在积累现金，但是慢慢地，企业会遭受到来自股东的压力。这些股东要求将现金退回给他们，因为他们担心这些现金会被用于差的项目上。

(4) 企业有差的项目，支付的现金大于 *FCFE*。该企业首先要对这些糟糕的项目进行处理，可能要削减那些收益率低于必要收益率的项目。因为资本支出的减少会提高 *FCFE*，这有助于解决股利支付问题。如果情况不是如此，企业就不得不削减股利。

图 11—3 以矩阵的形式解释了现金支付率和项目质量的组合情形。其中迪士尼有好的投资，并且向股东支付了大量现金流，于是对迪士尼而言，减少现金的支付是合理的。因为迪士尼退回给股东的很多现金是以股票回购的形式完成的，根据前面的分析，这就意味着迪士尼应当削减其股票回购量。塔塔化学公司有不好不坏的投资，同时累积了大量现金。如果项目的质量进一步恶化，该企业就应当发放更多的股利。鹦鹉纸浆公司面临着最严峻的调整，因为相对于其可用的现金，该企业支付了过多的股利，并且在这三

家企业中鹦鹉纸浆公司在过去的项目收益和股价表现上都是最差的。减少股利是部分的解决方法，但是同时还需要进行更严格的投资分析和更好的风险控制。

但是，请注意支付股利的压力通常来自对管理层的不信任，而不是因为股东的贪婪。例如，苹果公司和谷歌公司在 2008 年都产生了几十亿美元的 *FCFE*，并且没有返回给股东现金，而是积累了大量的现金余额。由于这两家公司在项目上获得了很高的收益同时有非常好的股票业绩，所以该企业可以选择发放很少的股利，该企业的股东也不会有任何反对意见。与之对比的是，英特尔公司正在努力说服其股东，让其可以保留更多的现金，很大程度上是因为该项目和股票收益在最近几年都比较落后。

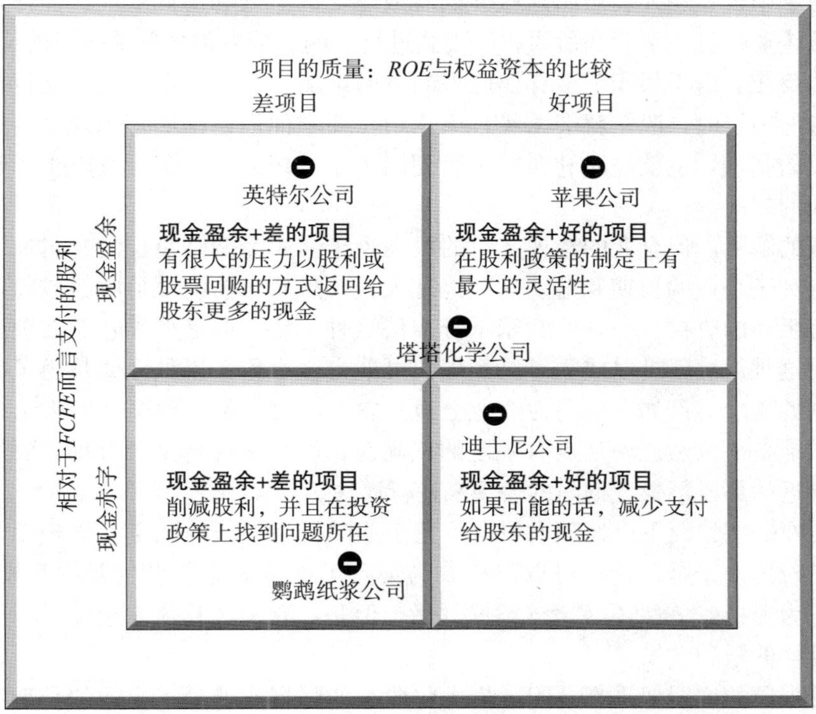

图 11—3　分析股利政策

股利支付率与 *FCFE* 不相匹配的后果

支付给股东的现金与 *FCFE* 不相匹配的后果如何，取决于企业项目的质量。在这一部分，我们考察了有好项目的企业和有差项目的企业支付现金过多或者过少的后果。同时，我们考察了这些企业的经理人如何证明所在企业的股利政策是合理的，以及股东如何做出相应的反应。

A. *差项目和低股利*

有一些企业的项目很差，并且积累现金而不是将现金返回给股东。我们来讨论一下股东对这种股利政策的反应以及管理者做出的相关回应。

低股利的后果。当企业支付的现金小于其能够支付的股利时，该企业就在积累现金。

如果企业没有可以用现金投资的好项目，该企业面临以下几种可能性。最好的情况是，企业累积现金来投资金融资产。假定这些金融资产被公允定价，那么这些投资就是净现值为零的项目，不会减少企业的价值。但是，还有一种可能性是，企业为自己找到一个并购的目标，并用公司持有的大量流动资产进行部分融资。

更糟糕的情形是，当企业不断积累现金时，经理人倾向于投资于那些收益率小于必要收益率的项目，其目的可能是为了减少被并购的可能性，也可能是想获得高于金融资产赚取的收益率。① 这些行动将会降低企业的价值。另一种可能性是，管理层可能会使用现金来进行并购活动。这伤害了股东的利益，因为该企业股东的财富将被转移到被并购企业的股东手中。经理人会声明这些并购有战略上的好处和协同效应。但是，有证据表明，大多数企业通过减少股利所累积的现金进行并购，最后都降低了股东的价值。

股东的反应。由于累积现金有如此多的负面影响，所以当企业没有支付足够多的股利并且没有好项目时，股东就会给经理人压力，要求他们返回更多的现金。这就是自由现金流假设的基础，也就是股利会减少管理层可用的现金流，于是就减少了管理层行动给股东造成的损失。

管理层的解释。但企业的经理支付的股利少于其实际能够负担的支付额，他们认为这种政策有利于企业的长期利益。这些经理人说，虽然当前的项目收益较差，但是未来的项目会有更高的收益。一开始股东十分相信这种说法，但是如果企业在项目上的收益持续较差，这种说法就难以成立了。经理人可能也会声称，累积现金是为了满足企业以后发放股利的需求。例如，周期性企业会说，它们需要大量的现金余额来为接下来的不景气时期做准备。虽然这种观点有一定的正确性，但积累现金是否合理，要通过考察企业在过去最近的那段不景气期间的表现来进行评估。

最后，在一些情况下，经理人根据可比企业的行为来证明该企业累积现金发放低股利的行为是对的。于是，企业可以声称它与最具可比性的竞争者的股利政策是一致的，并且该企业为保持竞争性还必须继续这样做。但是，有关“其他人这样做”的论断不能用于支持糟糕的股利政策。

虽然管理层的说明似乎都是为了最大化股东的财富或者为了企业的长期利益，但是其实这些都是为了掩盖以下事实，即该股利政策是为管理层利益服务的。保持大量的现金余额而不发放股利能为经理人提供以下两种好处：这样做增加了经理人可直接支配的资金，从而提高了他们对于未来投资的控制权，并且这样做可以使利润更加平稳，从而有助于经理人保住他们的工作。

B. 好项目和低股利

虽然差的项目与低的股利给股东带来的结果是不好不坏的或者糟糕的，但是如果企业有更好的项目选择并且其管理层在过去一直为股东赚取了高的收益，则支付较低股利的结果也可能是比较正面的。

低股利的后果。如果企业拥有好的项目，并且实际发放的现金少于 $FCFE$，直接的

---

① 当将现金投资于短期国库券或其他低风险低收益的证券时尤其可能如此。从表面上看，企业投资于收益率为 7%的风险项目比投资于收益率为 3%的短期国库券要好，但是在经过风险调整后这显然是没有道理的。

后果就是，企业的现金余额不断增加，也就是现金盈余不断增加。但是，在这类企业中积累现金的长期影响一般不太负面，原因有以下几点：

- 这些企业的项目获得的收益率大于必要收益率，于是从长期来看积累的这些现金会产生更大的用途。
- 企业由于能在内部项目上获得高的收益，这就减少了股东对差的项目和并购进行投资的压力和动机。
- 由于企业的项目能获得高的收益，于是该企业不大可能成为被并购目标，于是减少了来自敌意收购的威胁。

总而言之，如果企业在过去一直都投资于好的项目，并且预期在未来还会对这类好项目进行投资，它们可以维持保留现金而不是支付股利的政策。实际上，这些企业通过积累的现金能够在长期更有效地创造价值。

股东的反应。如果企业在过去项目的选择上一直都表现很好，那么股东不会感到其财富受到了威胁。因此，这些股东更可能赞同经理人持有现金的做法。虽然我们认为持有大量现金的经理人是不可信的，但是这种看法并不适用于所有企业。有一些企业的经理人赢得了股东的信任，因为他们能够使项目获得非常高的收益并且让长期的股票业绩也表现很好。这些经理人通常在股利政策的制定上拥有更大的灵活性。

有种说法是，贪婪的股东强迫有很多投资的企业在短时间内支付大量的股利。这种说法实际上是没有根据的。正确的说法是，对于那些项目收益较差的企业，股东给企业施加了更大的压力，要求企业发放更多的股利；而对于项目的收益很高的企业，这种情况很少发生。

经理人的回应。如果企业过去的项目和股票业绩都表现很好，该企业的经理人很容易向股东传递有关应当积累现金而不是发放股利的信息。将积累的现金用于再投资的最令人信服的说法是，这些现金在未来会被更有效地使用，并且会给股东带来超额收益。并非所有股东都同意该观点，尤其当股东认为未来的项目并不像过去的项目那样具有吸引力时，也就是当企业所处的行业正在逐步走向成熟时。例如，很多专业零售企业，比如 The Limited，在 20 世纪 90 年代所在行业的收益率和增长率在下降时，面临着将更多的现金返回给股东的压力。

C. *差项目和高股利*

如果企业实际支付的股利大于其能够支付的股利数，并且企业的项目收益相当糟糕，这就是最差的情形。这些企业的投资和股利政策都存在问题，并且如果投资问题不能解决，相应的股利问题也没法完全解决。

高股利的后果。当该企业支付的股利大于 *FCFE* 时，就产生了现金赤字，从而需要更多的现金融资，可以通过发行股票或者借入资金的方式来筹集资金。如果企业使用的是本身已有的现金盈余，发放高股利就会减少权益资本，并且提高负债比率。如果该企业采用发行新权益的方式，缺点就是股票的发行成本很高。如果企业采取的是负债的方式，那么该企业在减少权益的同时在增加负债。

因为 *FCFE* 是支付了考虑资本支出之后的现金流，该企业的真正问题不在于支付的股利过多，而是对差的项目进行了投资。因此，削减对于这些项目的投资会增加 *FCFE*，可能会使发放股利所带来的现金短缺问题消失。

股东的反应。如果一个企业发放的股利大于其实际可以支付的现金，那么这些企业的股东就会面临一种两难的选择。一方面，他们希望减少股利从而消除负债或者发行新股票的需要。另一方面，管理层挑选项目的记录使得股东不信任管理者会明智地使用现金，很有可能管理者将未支付股利积累的现金用于糟糕的项目上。因此，这些企业首先需要削减差的投资项目来解决它们的投资问题，这样做就会增加 *FCFE*。如果现金短缺持续存在，企业就要削减股利了。

因此，很可能发生的情形是，股东并不让企业支付较低的股利，而是让经理人提高其项目质量，尤其当企业的负债较低时更是如此。也有可能股东鼓励企业削减差项目，从而使预期的 *FCFE* 能够满足股利支付的需求。

管理层的回应。如果企业的项目较差，并且股利超过了现金流，企业的经理人可能不会认为他们的问题是投资问题而不是股利问题。他们可能也不赞成说，处理这些问题的最有效方法是减少一些资本支出。总的来说，他们的观点与项目较差的企业经理人的观点相同。他们会说，分析项目收益的期间是不具有代表性的，这是一个将要结束的普遍的行业问题，或者这些项目的准备期很长。

总的来说，股东不可能相信经理人有意在未来项目上表现得更好。因此，经理人在削减资本支出问题上将面临更大的压力，尤其是在企业通过借债来为股利融资并且没有足够的负债能力的时候。

11.5 股东的压力和股利政策

你预期下列哪家公司将会遭受到发放股利和进行股票回购的最大压力？（所有企业的资本成本为 12%。）

a. 企业的资本收益率为 25%，有较少的现金盈余。

b. 企业的资本收益率为 6%，有较少的现金盈余。

c. 企业的资本收益率为 25%，有大量的现金盈余。

d. 企业的资本收益率为 6%，有大量的现金盈余。

这些企业的经理人认为，他们需要现金来进行并购活动。这会使得股东更可能要求还是更不可能要求股票回购？

a. 更可能。

b. 更不可能。

D. 好项目和高股利

尽力维持无法承受的股利支付率对于那些有好项目的企业带来的成本最明显。用于支付股利的现金原本可用于对这些项目进行更好的投资，从而为股东带来更高的收益并且使股价更高。

高股利的后果。当企业支付的股利大于可用的 *FCFE* 时，就会产生现金短缺。如果企业同时拥有好的投资项目，但是由于资本约束而不能进行更好的投资，企业就为股利政策支付了相当大的代价。即使这些项目由于其他原因被拒绝，但是如果将原本用于支付股利的现金保存下来就可以产生更高的收益。

由于股利发放造成了现金赤字，此时还可能需要发行新的证券来融资。发行新的股份会带来很大的发行成本，这就会减少企业的价值。但是如果企业发行了新的负债，该企业的杠杆就会过大，也会减少企业的价值。

股东的反应。此时股东能做的最好行动是坚持要求企业发放较少的股利并将现金投资到更好的项目上。如果企业在很长一段时间内都支付高股利，并且相对于企业的长期发展而言投资者更看重高股利的价值，此时减少股利可能就很困难了。即便如此，如果企业手上已经有很多好的项目，股东有责任削减股利，对企业进行再投资。

管理层的回应。如果企业有好的项目并且支付了过多的股利，该企业的经理人必须找到削减股利的方式，使得他们所在的企业与那些因为盈利下降而削减股利的企业区别开来。如果在削减股利的同时向市场提供有关未来项目质量的信息，这样就会克服市场对于企业削减股利所产生的怀疑态度。如果很长一段时间都在支付股利，企业所吸引的是那些看重股利的投资者，而这些投资者可能对企业拥有的项目不感兴趣。如果真是这种情形，不管企业如何小心对待，削减股利的最初反应都将是负面的。但是，当不满的投资者卖出其持股时，企业也会吸引一些新的投资者，而这些投资者更愿意接受较低的股利和更多投资的政策。

总　结

在考察了这四种情形之后，我们知道，投资者对于股利政策的评价和对于积累现金的反应显然不应当与对投资政策的评估分开。投资者根据企业过去的记录做出相应的评价，他们更信任那些拥有现金的成功企业而不是拥有糟糕的项目和糟糕管理层的企业。图 11—4 对以上描述的四种情形进行了总结。

11.6　股利政策和高成长性的企业

我们通常鼓励高成长性的企业开始发放股利从而吸引更多的投资者，因为有一些股东不会持有那些不发放股利的企业股票。你同意这种说法吗？

a. 同意。

b. 不同意。

请解释。

第 4 步：股利政策与融资政策之间的相互影响

如果我们将企业的融资政策考虑进来，对股利政策的分析会更加丰富，也会更加复杂。在第 9 章，我们指出，企业能够逐渐提高其杠杆的一种方式就是提高股利或进行股票回购；同理，企业也可以通过削减股利或者停止发放股利来降低杠杆。因此，我们在不知道企业的杠杆过低还是过高以及企业是否有意去消除这种杠杆差距的情况下来决定企业应当发放多少股利。

一个杠杆过低的企业可以选择将更多的现金以股利的方式退回给股东，从而提高其负债比率。另一方面则是，一个杠杆过低的企业可以选择支付少于 *FCFE* 的股利来降低其负债比率。在以上所描述的一些情景下，有关杠杆的考虑与我们对这种情况的建议是一致的。例如，一个杠杆较低的企业有较差的项目并且有现金盈余，那么我们建议该企业应当提高股利并且重新评估投资政策，因为这样做还能提高杠杆。但是，在另一些情况下，朝着最优负债比率移动的想法就会成为对股利政策进行调整的阻碍。比如，一个杠杆过高的企业有较差项目和现金盈余，那么该企业会减少股利而不是派发更多的股利。

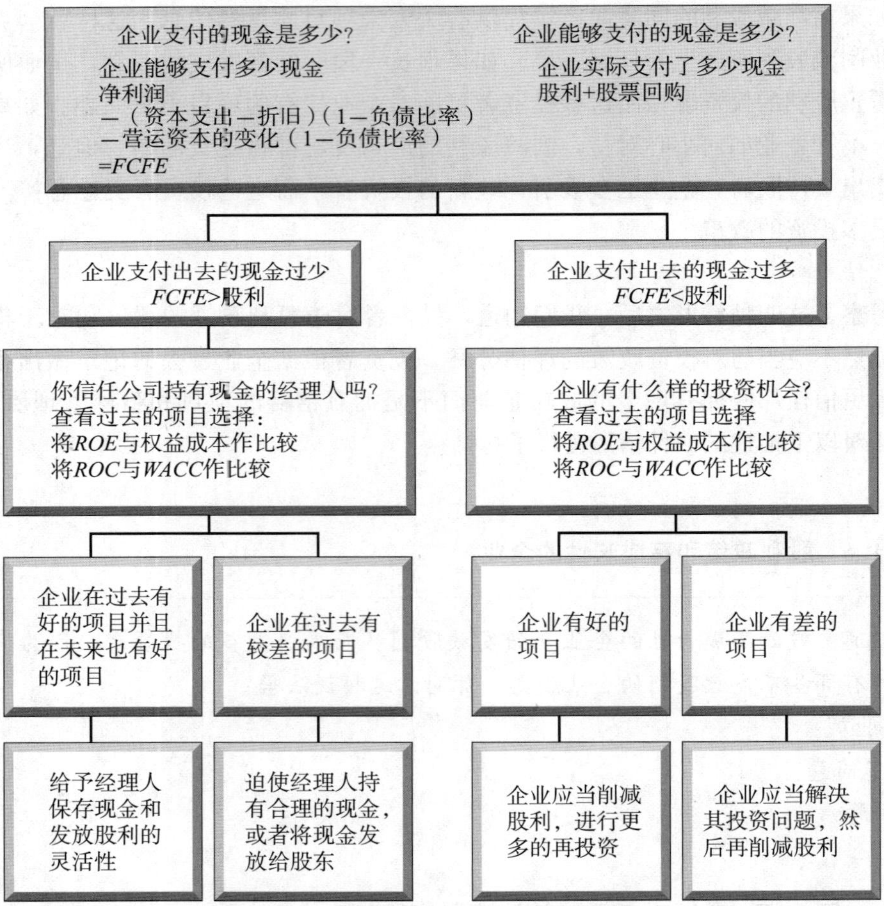

图 11—4　分析股利政策的框架

【例 11—5】　分析迪士尼公司、鹦鹉纸浆公司、塔塔化学公司和德意志银行的股利政策

我们现在首先使用现金流方法来分析迪士尼的股利政策。经过分析，我们得到如下三点发现：

（1）当迪士尼的股利支付率为 20%时，该企业将上一期间 *FCFE* 的 140%退回给股东，并且主要是通过股票回购的方式来完成的。

（2）虽然迪士尼在 1999—2008 年这一阶段的前几年里有较差的项目收益和股价表现，但似乎在最后四年里其项目收益和股价表现都得到了显著的改善，并且用这两种指标来衡量都能获得超额收益。

（3）最后，在第 8 章的分析中，我们指出，迪士尼的杠杆稍微有点偏低，其实际负债比率为 27%，而其最优负债比率为 30%～40%，具体在哪一点取决于对经营利润的假设。

给定这些发现，我们建议迪士尼在近期减少股票回购，因为近期经济发展放缓并且有较低的盈利。如果盈利情况依然良好，那么迪士尼可以使用股票回购的方式朝着最优负债比率移动。在表 11—15 中，我们假定迪士尼的再投资需求中有 40%用负债融资，从而对该企业接下来五年的 *FCFE* 做出预测。

请注意，我们假定，在接下来的五年里，收入、净利润、股利、资本支出和折旧每年的预期增长率都为 5%，并且营运资本保持现有水平，即销售收入的 2.28%。另外，我们假定迪士尼将保持现有的股利水平，这样得到的企业剩余现金为 14 842 百万美元，可以将这些现金以股票回购的形式返回给股东。

接下来我们来分析鹦鹉纸浆公司。首先，我们对这一章以及上一章中对该企业的发现总结如下：

- 鹦鹉纸浆公司实际支付的股利大于其可用的 *FCFE*，差额部分主要用新的负债来融资。
- 因为借款，鹦鹉纸浆公司的杠杆明显过高了，其中，该企业的负债资本比例超过 50%，而我们在第 8 章计算的该企业最优负债比率为 10%。
- 虽然鹦鹉纸浆公司在 2002—2007 年发放了高额股利，但是我们怀疑这些股利很可能是该企业在这段期间对货币衍生品进行投机的结果。该策略在 2008 年的失败导致了几十亿美元的损失，使得我们质疑管理层控制企业风险以及产生业绩的能力。

表 11—15　　对迪士尼的 *FCFE* 和可用于股票回购的现金进行预测（百万美元）

	现在	2009	2010	2011	2012	2013
净利润	4 324	4 540	4 767	5 006	5 256	5 519
－(资本支出－折旧)(1－0.40)	1 078	1 132	1 188	1 248	1 310	1 376
－营运资本的变化(1－0.40)		25	27	28	29	31

续前表

	现在	2009	2010	2011	2012	2013
FCFE		3 383	3 552	3 730	3 916	4 112
预期股利		697	732	769	807	847
可用于股票回购的现金		2 686	2 820	2 961	3 109	3 265

从整体上来看，我们认为鹦鹉纸浆公司只能削减股利或者停止发放股利，然后用现金来偿还负债。

到现在为止，我们对塔塔化学公司的分析可以得出以下结论：

● 塔塔化学公司每年将70%的*FCFE*以股利的形式发放给股东，并且将手中的现金用于塔塔集团的其他公司中。

● 虽然塔塔化学公司的股价从绝对值上看起来不错，这种业绩表现很大程度上是由印度的股票市场表现所引起的。考虑到风险后，塔塔化学公司项目上的超额收益和股票超额收益都接近于零。

● 塔塔化学公司的杠杆过高，其中，该企业的负债资本比率为34%，而最优负债比率只有10%，但是还不清楚塔塔集团对于这些负债给予的相应支持是什么。

与鹦鹉纸浆公司不同的是，塔塔化学公司没有处在财务困境之中，所以该企业能够使用股利政策慢慢对资本结构进行调整。我们会建议塔塔化学公司继续维持现有的股利政策，并且将多余的现金用于偿还债务。

最后，我们在表11—8中对德意志银行未来的预期*FCFE*进行了估计。进行了回顾后，我们假定目标法定资本比率为10%，并且为了保证该企业在接下来的五年里都保持4%的增长率，我们估计出未来五年里所需的再投资。在表11—16中，我们估计了德意志银行的预期*FCFE*和预期净利润，并且计算出适合于德意志银行未来的股利支付率。

根据这些估计值，我们得到德意志银行可以将其盈利的66%作为股利支付给股东。

$$\text{潜在的股利支付率}=\frac{FCFE}{\text{盈利}}=\frac{11\ 486}{17\ 349}=66\%$$

因为银行业在证券上的潜在损失是不确定的，并且也不清楚管制要求的变化，我们暂不建议对股利政策做出重大改变，直到一些不确定因素已经解决后再做出具体的决定。

表11—16　　德意志银行的预期*FCFE*和净利润（百万欧元）

	FCFE	净利润
2009	2 001	3 147
2010	2 114	3 302
2011	2 233	3 463
2012	2 358	3 631
2013	2 779	3 807
合计	11 486	17 349

分析股利政策的可比企业法

到目前为止，我们通过查看企业的现金流状况和投资的质量对企业的股利政策进行了考察。有很多经理人根据所在企业的竞争对手的股利政策来制定企业的股利政策。这种仅仅通过考察企业所在行业的可比企业来对股利政策进行分析的方法，其使用面通常比较窄。我们接下来会指出，通过考察影响市场中所有企业股利政策的决定因素，这种方法可以得到更广的使用。

利用同行业的企业

这种方法的最简单形式是，通过将所分析企业的股利收益率和股利支付率与同行业的其他企业作比较，从而得到企业的股利支付是合适的、过多的还是过少的结论。比如，一个公共企业的股利收益率为 3.5%，该企业会被认为支付的股利过少，因为平均而言公共行业的股票有着较高的股利收益率。与之对比的是，如果一个电脑软件企业的股利收益率为 1.0%，可以认为该企业支付的股利过高，因为平均而言软件企业都支付较低的股利。

虽然将所分析的企业的股利收益率和股利支付率与可比企业作比较具有直观上的吸引力，但是这种方法可能是有误导性的。第一，该方法假定同一行业的所有企业有着同样的净资本支出和营运资本的需求。如果这些企业处于不同的生命周期阶段，那么这些假设可能就不成立了。第二，即使企业处于相同的生命周期阶段，但是整个行业的股利政策都可能是不可持续的或者次优的。第三，该方法确实没有考虑到将股票回购作为股利的替代方式。如果考察的是返回给股东的现金流而不是股利可能会更好。

网上的数据集总结了美国公司按行业划分的股利收益率和股利支付率。

【例 11—6】　利用可比企业来分析迪士尼的股利支付率

我们将迪士尼的股利政策与其同行业企业进行比较。表 11—17 展示了 2008 年迪士尼以及其可比企业的股利收益率和股利支付率。我们将可比企业定义为市场规模超过 5 亿美元的娱乐业企业。

在 17 家娱乐业企业中，只有 7 家支付股利。与支付股利的其他企业相比，迪士尼支付的股利较低。然而，有趣的问题是迪士尼是应该根据娱乐业企业的情况来制定股利政策，还是应该根据那些现金流和风险与迪士尼相近的其他行业中的大型企业的情况来制定股利政策。其中，娱乐业中的大多数企业相对于迪士尼而言有更小的规模、更高的风险并且多元化程度更低。

我们使用欧洲的银行来作为德意志银行的可比企业。表 11—18 列出了这些企业的股利收益率和股利支付率。从这两个衡量指标来看，如果我们使用 2008 年 5 月支付的股利数据来考察，德意志银行支付的股利高于典型的欧洲银行。但是，德意志银行在 2009 年的股利几乎降低了 90%，使得其股利支付率和股利收益率都远远低于行业平均水平。

对鹦鹉纸浆公司和塔塔化学公司而言，我们分别考察了三组可比企业的股利收益率和股利支付率，这三组企业分别来自新兴市场企业、美国的上市企业和全球的上市企业。表 11—19 总结了相应的统计值。鹦鹉纸浆公司的股利高于可比企业。另外，统计结果反映了 2008 年股价的急剧下降。由于鹦鹉纸浆公司在 2008 年有巨大的损失，从而无法计算出相应的股利支付率。总之，统计结果支持了我们在前面的看法，即鹦鹉纸浆公司支付的股利过多，必须削减股利。从股利收益率和股利支付率来看，塔塔化学公司支付的股利都高于其可比企业。

对这四家企业而言，根据可比企业来分析股利政策都是存在危险的。合适的股利额严重依赖于我们对于可比企业的定义。如果给予经理人定义可比企业的权利，那么对最不合理的股利政策而言，经理人都很容易证明是合理的。

表 11—17　　娱乐业企业的股利支付率和股利收益率

	市值（百万美元）	股利支付率（%）	股利收益率（%）
Astral Media Inc. "A"	1 221.70	0.00	0.00
CBS Corp. "B"	5 103.70	53.52	14.22
Central European Media Enterps	827.70	0.00	0.00
Corus Entertainment Inc.	806.50	0.00	0.00
CTC Media Inc.	715.10	0.00	0.00
Discovery Communications Inc.	3 860.60	NA	0.00
Disney (Walt)	41 114.70	17.11	1.67
Dream Works Animation	2 074.30	0.00	0.00
Hearst-Argyle Television Inc.	589.10	40.59	4.46
IAC/InterActiveCorp.	2 215.30	NA	0.00
Lions Gate Entertainment Corp.	705.60	NA	0.00
NewsCorp.	23 245.30	9.07	1.35
Regal Entertainment Group	1 447.60	176.09	12.70
Scripps Networks	3 422.30	NA	0.00
Time Warner	34 112.40	22.17	2.63
Viacom Inc. "B"	10 669.30	0.00	0.00
World Wrestling Ent.	749.50	198.45	13.79
平均值		39.77	2.99

资料来源：Value Line Database.

11.7 同行业的分析

假定一家小型的高成长的银行担心其股利收益率和股利支付率都远低于其他银行，该企业请你给出一些建议。该银行的CEO担心投资者因为股利政策而惩罚该银行。你认为呢?

a. 我认为，该企业应当因为其不当的股利政策而受到惩罚。

b. 我认为，投资者对于银行是相当了解的，所以能够公平对待银行。

c. 我认为，只要该企业向投资者传递了有关项目质量和成长前景的信息，该企业就不会因为发放的股利过低而受到惩罚。

表 11—18　欧洲银行的股利支付率和股利收益率（根据2008年发放的股利来统计）

	股利收益率（%）	股利支付率（%）
HSBC Holdings plc（LSE：HSBA）	0.00	0.00
Banco Santander，S. A.（CATS：SAN）	0.00	0.00
Intesa Sanpaolo SpA（CM：ISP）	0.00	0.00
Banco Bilbao Vizcaya Argentaria（CATS：BBVA）	0.00	0.00
BNP Paribas（ENXTPA：BNP）	0.00	0.00
UBS AG（VIRTX：UBSN）	0.00	0.00
UniCredito Italiano S. p. A.（CM：UCG）	0.00	0.00
Royal Bank of Scotland Group plc（LSE：RBS）	22.06	98.61
Credit Suisse Group（VIRTX：CSGN）	8.68	0.00
Societe Generale Group（ENXTPA：GLE）	0.00	0.00
Standard Chartered PLC（LSE：STAN）	2.84	22.98
Credit Agricole SA（ENXTPA：ACA）	0.00	0.00
Barclays plc（LSE：BARC）	0.00	0.00
Nordea Bank AB（OM：NDA SEK）	9.00	45.03
Deutsche Bank AG（DB：DBK）	15.80	119.37
Banca Monte dei Paschi di Siena SpA（CM：BMPS）	0.00	0.00
Lloyds TSB Group plc（LSE：LLOY）	35.76	87.14
Banco Popular Espanol SA（CATS：POP）	0.00	0.00
KBC Group NV（ENXTBR：KBC）	17.04	152.94
Svenska Handelsbanken AB（OM：SHB A）	11.54	60.24
National Bank of Greece SA（ATSE：ETE）	2.64	12.49
Unione di Banche Italiane Scpa（CM：UBI）	8.89	64.61
平均值	6.10	30.16

资料来源：Capital IQ.

表 11—19 可比企业的股利收益率和股利支付率——鹦鹉纸浆公司和塔塔化学公司（%）

	鹦鹉纸浆公司	纸与纸浆行业			塔塔化学公司	多元化化学行业		
		新兴市场	美国	全球		新兴市场	美国	全球
股利收益率	8.19	3.15	2.08	2.81	5.45	3.87	2.54	3.18
股利支付率	N/A	43.93	28.92	35.55	43.58	34.33	19.75	26.20

利用整个市场的企业进行比较

除了使用同行业的可比企业进行比较外，还可以对整个市场的企业总体进行研究，估计出造成企业之间股利差异的变量。我们在上一章里列出了一些股利政策的决定因素，并且我们对每种决定因素进行更为具体的衡量。例如，

- **成长机会。**成长机会更大的企业比没有成长机会的企业支付更少的股利。因此，股利支付率（股利收益率）应当与盈利的预期增长率负相关。
- **投资需求。**投资需求更大的企业比没有投资需求的企业应当支付更少的股利。因此，企业的股利支付率和股利收益率应当与资本支出的需求正相关。
- **内部人持股。**我们在本章的前面部分指出，如果企业股东的权力较小，那么该企业更可能持有现金而不支付股利。因此，股利支付率与内部人持股应当呈负相关关系。
- **财务杠杆。**如果企业有较高的负债比率，那么该企业应当支付较低的股利，因为该企业首先要保留能够偿还负债的现金流。因此，股利支付率与负债比率应当呈负相关关系。

因为每个变量都可以找到多种衡量指标，所以我们选择了一些变量，即用分析师估计的每股盈利增长率来衡量成长性机会（*EGR*），用内部人的持股比例来衡量内部人持股（*INS*），用股价的标准差（*STD*）来衡量权益风险。我们使用 2008 年的数据，分别用股利收益率和股利支付率对以上三个变量进行回归，得到如下回归等式（系数下面的括号中展示的是 t 统计量）。

$$PYT=0.683-0.185ROE-1.07STD-0.313EGR$$
$$(27.41)\quad(3.06)\qquad(10.85)\qquad(2.60)$$
$$R^2=13.3\%$$
$$YLD=0.039-0.039STD-0.010INS-0.093EGR$$
$$(37.38)\quad(9.39)\qquad(2.62)\qquad(16.23)$$
$$R^2=32.2\%$$

回归等式解释了美国企业间 32%的股利收益率差异，解释了美国企业间 13%的股利支付率差异。最强的两个影响因素是盈利增长率和权益风险。其中，企业的增长率越高，

风险越大，那么该企业就会将更少的盈利作为股利支付给股东，于是就有较低的股利收益率。另外，与内部人持股较低的企业相比，内部人持股较高的企业倾向于支付更少的股利。与没有资本支出需求的企业相比，资本支出需求越高的企业越倾向于支付更少的股利。

网上的数据集总结了美国企业的股利收益率和股利支付率对企业基本面因素的回归结果。

【例 11—7】 使用截面回归来分析发放的股利

为了说明如何将市场回归应用到对迪士尼股利政策的分析中，我们首先估计出该企业回归式中对应的解释变量。

迪士尼的内部持股(占对外发行股票的比例)＝7.7%

迪士尼股价的标准差＝19.3%

迪士尼的 *ROE*＝13.05%

每股盈利的预期增长率(分析师的估计值)＝14.5%

将这些变量的值代入股利支付率和股利收益率的等式中，我们可以得到如下预计值：

$$\begin{aligned}\text{预期的股利支付率} &= 0.683-0.185\times0.130\,5-1.07\times0.193\,0\\&\quad -0.313\times0.145\\&=0.406\,9\end{aligned}$$

$$\begin{aligned}\text{预期的股利收益率} &= 0.039-0.039\times0.193\,0\\&\quad -0.010\times0.077-0.093\times0.145\\&=0.017\,2\end{aligned}$$

我们知道迪士尼实际的股利收益率为 1.67%，实际的股利支付率大约为 20%，于是我们可以得出迪士尼支付的股利较低的结论。但是，这种分析并没有考虑到迪士尼在近几年进行的大量股票回购。

管理股利政策的调整

在第 10 章中，我们指出部分投资者购买某只股票的原因是，该股票的股利政策能够满足投资者的特定需求。因此，至少在 2003 年之前，如果投资者当前需要较高的现金流，并且不在乎税收后果，那么这些投资者就会购买那些发放高股利的股票；如果投资者想要获得价格溢价，并且非常在意支付股利所带来的税收差额，那么这些投资者就会购买那些发放较低股利或者不发放股利的股票。客户效应的一个后果是，股利的变化可能不为投资者所欢迎，哪怕这种变化从现金流上来说是合理的。另一个极端是，如果一个企业在过去一直不发放股利，突然发放大量的股利，该企业的投资者也会不高兴。

有没有什么方法使得投资者在宣告股利政策变化时可能受到的负面影响最小？在这一部分，我们将考察股利政策的变化以及相应的市场反应，对那些试图改变股利政策的企业给出更为一般的建议。

实证证据

企业可能因为一些原因而削减股利，有一些原因显然对于未来的现金流和企业的当前价值都有负面影响，而另一些原因则有更多的正面意义。具体而言，如果企业是因为盈利较差和现金流下滑而削减股利，那么该企业的价值应当下降；但如果企业削减股利是因为在项目上有显著的改进，那么该企业的价值应当增加。金融市场会对后者产生怀疑，尤其当企业在过去报告了较低的盈利并且一直有较差的项目收益时更是如此。因此，有必要考察盈余公告和股利削减的公告，从而了解市场的反应是否会有所变化。

伍里奇和戈什（Woolridge and Ghosh）对 408 家削减股利的企业进行了考察，并且考察了这些企业在股利削减的同时所采取的行动或者提供的信息。① 具体来说，他们考察了三类企业：第一类企业在削减股利的同时公布了盈利下降或者盈利损失的信息，第二类企业在削减股利之前公布了盈利下降或者盈利损失的信息，第三类企业在削减股利的同时公布了有关成长机会或更高盈利的信息。这些结果总结在表 11—20 中。

表 11—20　　股利宣告日前后的超额收益（%）

	公告日前后的期间		
	前一个季度	公告期	后一个季度
同时公告了盈利下降或盈利损失（N=176）	−7.23	−8.17	+1.80
之前公告了盈利下降或者盈利损失（N=208）	−7.58	−5.52	+1.07
同时公告了投资或成长机会（N=16）	−7.69	−5.16	+8.79

我们从该研究中得到如下几点结论。首先，更多的企业是在盈利下降或损失的情况下宣告股利下降（384 家），只有较少的企业在宣告股利下降的同时公布了有关投资或成长机会的信息（16 家）。但是，市场似乎对所有的反应都是负面的，表明企业的报表没有获得投资者的信任。对于那些盈利下降的企业来说，削减股利带来的负面效应会持续下去，而对于那些盈利上升或者有更好投资机会的企业来说，削减股利带来的负面效应会有所反转。

伍里奇和戈什还发现，如果企业在削减股利的同时宣告发放股票股利或者进行股票

① J. R. Woolridge and C. Ghosh，"Dividend Cuts：Do They Always Signal Bad News?" *Midland Corporate Finance Journal* v3，20－31.

回购，那么这些企业的情况会好一些。最后，他们指出，整个样本的趋势是，在削减股利的接下来一年里，价格在不断自我修正，至少部分如此。这表明，市场在最初股利下降时会反应过度，而价格恢复就来自于接下来的修正。

索特、布里格姆和埃文森（Soter，Brigham and Evanson）在一篇有趣的研究文章中，对 Florida Power & Light（FPL）在 1994 年的股利削减进行了考察。① FPL 是美国第一个大幅度削减股利（32%）的健康的公用事业企业。在削减股利的同时，FPL 宣布它将在未来的三年购回 1 000 万股股票，并且强调股利将更多与盈利挂钩。在宣布日，股价下降了 14%，但是在宣告日所在月底股价恢复到之前的数额，在接下来的一年股票获得了 23.8%的收益，明显高于标准普尔 500 指数企业的股票收益（11.2%）和同期其他公用事业企业的股票收益（14.2%）。

对企业的启示

企业在计划改变其股利政策时，要知道如下道理。首先，不管削减股利的理由是多么好，企业应当预期到市场对初始宣告的反应是负面的，有以下两个原因。第一个原因是，市场对于削减股利的任何企业的报表都有严重的怀疑。第二个原因是，大幅度的股利变化一般都会使得现有的投资者不高兴。虽然其他股东可能对新的股利政策感到满意，但是过渡需要花费时间，而在过渡期间股价会下降。第二，如果企业有好的理由来削减股利，比如有更多可用的项目，那么将这些信息提供给市场，至少在某种程度上可以减弱市场对削减股利的负面反应。

股利削减和投资者反应：一个行为学视角

很少公司财务行为比削减股利更让经理人担心，这就解释了为什么股利削减发生得非常少。削减股利的理由很简单，但是有一些原因告诉我们为什么这些企业延迟这种决定：

不能区分的投资者。有证据表明，在宣告股利下降时，企业的股价就会下降，无论削减股利的理由是什么。换句话说，对于因为经营问题（下降的盈利和损失）而削减股利的企业和对于因为更多的潜在投资而削减股利的企业，投资者对待的方式似乎是一样的。

股票走势。迈克利、塞勒和沃马克（Michaely，Thaler and Womack）对 1964—1987 年 887 次停止发放股利的情形进行了考察，他们发现股价在停止发放股利的几周内还在往下走。② 虽然这种向下走的趋势可以归因于更高的风险，但是还有一部分可以归因于投

① D. Soter，E. Brigham，and P. Evanson，"The Dividend Cut 'Heard' Round the World：The Case of FPL，" *Journal of Applied Corporate Finance* 9：4－15. 这也是本 · 埃斯蒂（Ben Esty）在哈佛商学院的案例研究。

② Roni Michaely，Richard H. Thaler，and Kent L. Womack，"Price Reactions to Dividend Initiations and Omissions：Overreaction or Drift?" *Journal of Finance* 50：573－608.

资者的羊群效应。贝姆和索列斯库（Boehme and Sorescu）争论说，这种现象只存在于那些较小的企业中。[①]

但是，对那些不用减少股利的企业来说，存在一些好消息。如果企业能够将股利下降用吸引投资者的方式表达出来，那么该企业能够克服一般的负面反应，至少从长期来看可以做到。布兰、苏布拉马尼安和塔兰（Bulan，Subramaniam and Talan）将停止发放股利根据两个因素分成两种情况，一种是好的停止发放股利，一种是坏的停止发放股利。[②] 他们发现，如果企业能够更早地面对和处理股利问题，并且使用停止发放股利而省下的现金来偿还负债，那么这些企业的股价就会恢复得更快；如果企业继续滥用省下的现金，那么这些企业的股价就恢复得更慢。

结　论

我们在这一章的开始，对返回给股东的现金概念进行扩展，使其包含了股票回购。美国企业都开始转向股票回购，将现金返回到那些需要现金的投资者手中。

接着，我们使用现金流为基础的方法来看企业返回给股东的现金是过多还是过少。为了做出判断，我们首先估计出企业可用于支付股东的现金，即衡量了满足投资需求和偿还债务之后的现金流，并将该现金流称为权益自由现金流（*FCFE*）。接下来，我们考察了企业项目的质量。如果企业有好的项目，那么该企业在积累现金的决策上就有更大的灵活性。我们还考察了试图通过将现金返回给股东的方式来提高或降低负债比率的影响。最后，我们考察了影响所有股利政策的三个因素——股东可用的现金流、现有投资的收益率，以及提高或降低负债比率的需要。如果企业过去的投资记录都很好，那么该企业可以不发放那么多股利，也不会遭到来自股东的巨大压力。但当投资者不相信企业经理人能够进行明智的投资时，企业就更可能遭到将剩余现金发放给股东的压力。

我们还通过考察同行业可比企业的股利政策来分析企业的股利政策。在这种方法中，如果企业支付的股利小于其可比企业，那么该企业通常被认为支付的股利过少；反之，如果其支付的股利多于其可比企业，那么该企业通常被认为支付的股利过多。我们既使用了定义较狭隘的可比企业（同一行业的企业），也使用了定义更广泛的可比企业（所有的企业）。我们使用多元回归控制了企业间风险和成长性的差别。

在本章的最后，我们考察了如何最小化企业在改变股利政策时导致的负面成本。当该企业不得不通过削减股利来满足其再投资需要时，尤其要对以上问题进行考虑。虽然削减股利公告的最初反应可能为负，但是企业可以通过向市场提供一些投资方面的信息来缓解这种影响。

---

① Rodney D. Boehme and Sorin M. Sorescu，“The Long-Run Performance Following Dividend Initiations and Resumptions：Underreaction or Product of Chance?” *Journal of Finance* 57：871－900.

② L. Bulan，N. Subramaniam，and L. Tanlu，“When Are Dividend Omissions Good News?” working paper，2005，ssrn. com.

给定2003年美国税法的变革，现在可以对股利政策做出全面的考察。从历史上来看，美国和欧洲的企业会向投资者承诺一定量的股利，无论经济形势好坏，都会维持这些股利。事实上，我们从股利政策中观察到的很多现象都可以归因于这种承诺。这些现象包括，股利是黏性的，在经济好的时期不会有所提高，在经济差的时期也不会有所下降。这种承诺使得更多的企业将股票回购作为股利的替代手段。如果股利不再有税收劣势，企业应当制定更为灵活的股利政策，使得股利更多地与能够用于支付股利的现金相关，而不是与过去的股利相关。

真实案例研究

分析股利的框架

目标：根据投资机会和可比企业的分析，决定你所在的企业是否应当改变股利政策。

关键问题

- 该企业在过去的几年里可以将多少现金返回给股东？它们实际返回了多少现金？
- 给定该企业的股利政策和企业当前的现金余额，你会促使该企业改变股利政策吗(将更多或者更少的现金退回给股东)？
- 与同行业和整个市场的其余企业相比，该企业的股利政策如何？

分析框架

1. 返回给股东的现金

- 在过去几年里，企业每年支付多少股利？
- 在过去几年里，企业每年进行多少股票回购？
- 在过去几年里，企业每年将多少现金返回给股东？

2. 可用于支付股利的现金

- 在过去几年里，企业的 *FCFE* 是多少？
- 企业当前的现金余额是多少？

3. 管理层信任

- 该企业的经理人在过去挑选项目的表现如何？(参考投资收益的部分。)
- 有什么理由可以让我们认为企业未来的投资将不同于过去的投资？

4. 改变股利政策

- 给定股利与 *FCFE* 之间的关系以及你对该企业管理层的信任程度，你会改变该企业的股利政策吗？

5. 与同行业和市场相比

- 相对于企业所属的行业，该企业支付的股利是过多还是过少？(如果有必要，请作一个回归。)
- 相对于市场中的其他企业，该企业支付的股利是过多还是过少？(如果有必要，请作一个市场的回归。）

获取分析股利政策的信息

你可以从过去的财务数据里获得估计 *FCFE* 和权益收益率的信息。你还需要贝塔（参考风险和收益部分）和负债比率（参考风险和收益部分）来估计权益自由现金流。最后，你还需要你所分析的这段期间该企业的股票收益和市场指数收益数据。

网上信息来源

www.stern.nyu.edu/～adamodar/cfin2E/project/data.htm

练习题

（在以下问题中，如果没有特别指出，风险溢价为 5.5%，税率为 40%。）

1. 股票回购并非真正将现金返回给股东，因为只有那些出售股票的人才收到现金。这种说法是正确的还是错误的？请解释。

2. 在 1988—2008 年之间，以股利的形式返回给股东的现金在下降。为什么？

3. Lube Oil 是一家汽车服务的连锁店。该企业的净利润为 100 百万美元，折旧为 50 百万美元。企业的资本支出为 80 百万美元，非现金的营运资本从 25 百万美元上升到 40 百万美元。假定该企业完全由权益来融资，请估计出企业的 *FCFE*。

4. Lube Oil 支付了 20 百万美元的股利，并且回购了 25 百万美元的股票。请估计出该企业在这一年的现金余额会变化多少。

5. 如果 Lube Oil 的年初负债为 120 百万美元，年末负债为 135 百万美元，那么你对于前两个问题的答案会发生怎样的变化？

6. 现在假定 Lube Oil 的权益收益率为 5%，权益成本为 10%。作为 Lube Oil 的投资者，你希望企业改变其股利政策吗？为什么？

7. Tech Products 在最近年度的净损失为 80 百万美元。另外，该企业的净资本支出为 70 百万美元，非现金的运营资本上升了 10 百万美元。最后，企业在当年偿还了年初借入的 10 百万美元的负债。请估计出该企业的 *FCFE*。

8. Tech Products 支付了 40 百万美元的股利。假定该企业并没有支付股利的现金，那么该企业如何为支付的股利筹集资金？

9. New Age Telecomm 是一家年轻的高成长电信企业。即使电信行业其他企业的平均股利支付率为 40%，该企业也没有支付股利。该企业支付的股利过少吗？为什么？

10. 以下是化学企业中用股利支付比率对风险和以百万美元为单位的市场规模的函数进行的回归等式。

Harman Chemicals 的市场规模为 15 亿美元，贝塔为 1.2。该企业将盈利的 22%作为股利支付出去。与同行业相比，股利支付率如何？

11. JLChem公司是一家投资机会发生变化的化学制造企业。该企业正在考虑对股利政策进行重大变化。该企业当前的股份数有5 000万股，每年支付的股利为每股2美元。企业当前的利润表与预计的利润表如下（单位：百万美元）：

	当前	下一年的预计数
EBITDA	1 200	1 350
一折旧	200	250
EBIT	1 000	1 100
一利息费用	200	200
EBT	800	900
一税收	320	360
净利润	480	540

该企业当前的资本支出为500百万美元，并且正在对下一年的五个项目进行考虑，如下所示：

项目	投资（百万美元）	贝塔	IRR（使用的是权益现金流）(%)
A	190	0.6	12.0
B	200	0.8	12.0
C	200	1.0	14.5
D	200	1.2	15.0
E	100	1.5	20.0

该企业当前的贝塔为1.0，当前的短期国库券收益率为5.5%。该企业预期营运资本在今年和下一年都将上升50百万美元。该企业计划用30%的负债为其净资本支出和营运资本的需求进行融资。

a. 企业当前的股利支付率是多少？

b. 当前支付的股利占*FCFE*的百分比是多少？

c. 你预计下一年的资本支出是多少？（也就是，你会接受五个项目中的哪些？为什么？）

d. 该企业在下一年可用于支付股利的现金是多少？也就是，企业可用于支付股利的最大额是多少？

e. 你会支付最大额的股利吗？为什么？你还有什么其他的考虑？

f. JKL公司当前的现金余额为100百万美元（支付了当年股利之后的结果）。如果在接下来的一年将125百万美元的现金作为股利支付出去，在下一年年底的预期现金流是多少？

12. GL 公司是一家零售企业。该企业正在考虑将多少股利发放给股东。该企业可供投资的现金为 100 百万美元。还有一些该企业相关信息如下：

● 该企业发行在外的股份有 1 亿股，每股股价为 15 美元。股票的贝塔为 1.25，无风险收益率为 8%。市场的预期收益为 16%。

● 该企业发行在外的负债有 500 百万美元。负债的边际税率是 12%。

● 公司的税率为 50%。

● 企业有如下投资项目：

项目	投资需求（百万美元）	税后资本收益率（%）
A	15	27
B	10	20
C	25	16
D	20	14
E	30	12

该企业计划以当前的负债比率来为所有的投资需求进行融资。

a. 该企业应当将现金返回给股东吗？

b. 如果是的话，要将多少现金返回给股东？

13. InTech 是一家电脑软件企业，该企业以前从来没有支付过股利，现在考虑是否要开始支付股利。该企业的权益成本为 22%，负债成本为 10%（税率为 40%）。该企业发行在外的负债为 100 百万美元，在外发行了 5 000 万股股票，每股股价为 10 美元。该企业当前的净利润为 90 百万美元，折旧为 10 百万美元。该企业还有如下可选项目：

项目	初始投资（百万美元）	每年的 *EBIT*（百万美元）	残值（百万美元）	生命期（年）	折旧（百万美元）
1	10	1	0.5	5	2.5
2	40	5	1	10	10
3	50	5	1	10	10

a. 该企业应当接受哪些项目？

b. 该企业应当支付多少股利？

14. LimeAde 是一家大型的饮料制造企业，该企业正在考虑给股东发放多少股利。该企业预期会有 1 000 美元的净利润（折旧为 500 美元），并且有如下项目：

项目	初始投资（美元）	贝塔	*IRR*（对权益投资者而言）（%）
A	500	2.0	21
B	600	1.5	20
C	500	1.0	12

该企业的贝塔是1.5，当前的无风险收益率为6%。该企业计划用20%的负债对净资本支出（资本支出－折旧）和营运资本进行融资。该企业当前的销售收入为5 000美元，预计按照8%的增长率增长。营运资本将保持为销售收入的25%。企业应当给股东派发多少股利？

15. NoLone是一家全部由权益融资的制造业企业。该企业的净利润为100百万美元，预期在接下来的三年里净利润将按照10%的比率增长。该企业的营运资本在本年提高了10百万美元，并且预期在接下来的三年里每年都增加这个额度。折旧为50百万美元，并且在接下来的三年里按照每年8%的速度增长。最后，该企业计划在接下来的三年里每年投资的资本支出为60百万美元。该企业每年将盈利的60%作为股利发放。NoLone当前的现金余额为50百万美元。假定现金不能获得任何利息，你预期在第三年年末该企业的现金余额将是多少？

16. Boston Turkey是一家上市企业，其中，该企业最近一个年度的利润表和资产负债表如下：

利润表（美元）

销售收入	1 000 000
－费用	400 000
－折旧	100 000
EBIT	500 000
－利息费用	100 000
应税利润	400 000
－税收	160 000
净利润	240 000

资产负债表（美元）

资产		负债	
厂房和机器	1 500 000	应付账款	500 000
土地和建筑	500 000	长期负债	1 000 000
流动资产	1 000 000	权益（100 000股）	1 500 000
资产总计	3 000 000	负债和权益总计	3 000 000

Boston Turkey预期其销售收入在下一年的增长率为10%，并且费用将保持为销售收入

的 40%。下一年的折旧和利息费用都将保持为100 000美元。下一年的营运资本与销售收入的百分比也将保持不变。

该企业的经理人声称下一年有一些可用的项目，他们准备将经营活动获得的资金投入到这些项目中，并且他们建议企业不应当再支付股利。项目有如下特征：

项目	权益投资（美元）	预期每年归属于权益的现金流（美元）	贝塔
A	100 000	12 500	1.00
B	100 000	14 000	1.50
C	50 000	8 000	1.80
D	50 000	12 000	2.00

短期国库券的收益率为 3%，长期国库券的收益率为 6.25%。该企业计划未来净资本支出和营运资本需求的 40%用负债来融资。

a. 该企业在下一年支付的股利是多少？

b. 现在假定该企业在下一年支付的实际股利为每股 1 美元。企业当前的现金余额为150 000美元。企业在下一年年末支付了股利之后的现金余额将是多少？

17. Z-Tec 是一家提供互联网服务的企业。该企业在最近一个年度的净利润为 10 百万美元，资本支出为 25 百万美元（其中折旧为 5 百万美元）。该企业没有营运资本的需要，也不使用负债。

a. 该企业现在能够支付股利吗？为什么？

b. 假定净利润的年增长率为 40%，净资本支出的年增长率为 10%，该企业什么时候可以开始支付股利？

18. 你正在分析 Conrail 的股利政策。Conrail 是一家主要的铁路企业，并且你收集了该企业过去五年的相关信息，如下表所示（单位：百万美元）：

	净利润	资本支出	折旧	非现金的营运资本	股利
1991	240	314	307	35	70
1992	282	466	295	(110)	80
1993	320	566	284	215	95
1994	375	490	278	175	110
1995	441	494	293	250	124

该期间平均的负债比率为 40%，1990 年年底非现金的营运资本的总额为 10 百万美元。

a. 请估计该企业在该阶段支付了多少股利。

b. 如果该阶段的平均权益收益率为 13.5%，并且该企业的贝塔为 1.25，对于该企业的股利政策，你可以得出什么结论？（该阶段的平均国库券收益率为 7%，平均市场收益率为 12.5%。）

19. 现在假定请你对 Conrail 公司在接下来五年可用于支付股利和进行股票回购的现金流进行预测（第 18 题）。在进行预测时，你可以假定如下信息：

- 以 1995 年的净利润为基础，预计接下来五年的净利润年增长率为 10%。
- 从 1995 年开始，预计资本支出和折旧每年的增长率为 8%。
- 1995 年的销售收入为 37.5 亿美元，并且预期在接下来的五年里每年的增长率为 5%。营运资本与销售收入的百分比将保持在 1995 年的水平。
- 净资本支出和折旧用负债来融资的比例将下降为 30%。

a. 请估计出 Conrail 在接下来的五年里有多少现金可用于支付股利或者进行股票回购。

b. 与这些现金流相关的不确定性将会如何影响到你在股利和股票回购上的决策？

20. Cracker Barrel 是一家经营饭店和礼品店的商店。该企业正在重新考量其支付最少股利的政策。在 1995 年，该企业报告了 66 百万美元的净利润；该企业在当年的资本支出为 150 百万美元，并且声明只有 50 百万美元的折旧额。1995 年的营运资本只有 43 百万美元，销售收入为 783 百万美元。该企业预期的信息如下：

- 在接下来的五年里净利润的年增长率为 17%。
- 在接下来的五年里，预期资本支出的年增长率为 10%，折旧的年增长率为 15%。
- 在这个期间，营运资本占销售收入的百分比将保持在 1995 年的水平，销售收入的年增长率预期为 10%。
- 该企业不使用负债来为净资本支出进行融资，并且在接下来的五年里也不打算使用负债。

a. 请估计该企业在接下来的五年里有多少现金可用于支付给股东。

b. 如果该企业计划通过借入资金来为 25%的净资本支出和营运资本的需求进行融资，你的答案会怎样变化？

21. 假定 Cracker Barrel（第 20 题）希望继续维持不发放股利的政策。你是该企业的 CEO，有一些持不同意见的股东想知道为什么不将 *FCFE* 作为股利发放给股东。你怎么为你的决定进行辩护？股东会接受你的理由吗？如果该企业在过去五年的权益收益率为 25%，并且贝塔只有 1.2，结果会有所不同吗？

22. Manpower 是一家在美国提供非政府就业服务的企业。该企业在 1995 年的净利润为 128 百万美元，资本支出为 50 百万美元，折旧为 24 百万美元，营运资本为 500 百万美元（收入为 50 亿美元）。该企业的负债比率为 10%，并且计划保持该负债比率。

a. 请估计 Manpower 在下一年有多少现金可用于支付股利。

b. 当前的现金余额为 143 百万美元。如果该企业预期在下一年支付 12 百万美元的股利，并且不进行股票回购。请估计出下一年年末的现金余额。

23. 如果 Manpower 计划在下一年将 100 百万美元发行在外的负债还清，成为无负债的企业。你在上一题的答案会发生怎样的变化？

24. 你是一个机构投资者，收集了五家航海企业的有关信息，并且对其股利政策进行评估。

	FCFE（百万美元）	支付的股利（百万美元）	ROE（%）	贝塔
Alexander & Brown	55	35	8.0	0.80
American President	60	12	14.5	1.30
OMI	−15	5	4.0	1.25
Overseas Shipholding	20	12	1.5	0.90
Sea Containers	−5	8	14.0	1.05

该期间平均的无风险收益率为 7%，平均的市场收益率为 12%。

a. 请估计哪家企业有发放更多股利的压力。

b. 你鼓励哪家企业发放更少的股利？

c. 你会对分析进行怎样的修正以反映出对于整个企业未来的预期？

25. 你正在分析 Black&Decker 公司的股利政策，该企业是一家工具和设备制造商。以下表格总结了同行业其他企业的信息，包括股利支付率、股利收益率和预期增长率。

	股利支付率（%）	股利收益率（%）	预期增长率（%）
Fedders	11	1.2	11.0
Maytag	37	2.8	23.0
National Presto	67	4.9	13.5
Toro	15	1.5	16.5
Whirlpool	30	2.5	20.5
Black & Decker	24	1.3	23.0

a. 使用平均的股利支付率和股利收益率，将 Black&Decker 的股利政策与同行的其他企业作比较。

b. 控制了预期增长率的差异后，再进行同样的比较。

26. 使用 1995 年的纽交所企业数据得到如下回归式子。

$$\text{收益率}=0.047\,8-0.015\,7\,BETA+0.000\,000\,8\,MKTCAP$$
$$+0.006\,797\,DBTRATIO+0.000\,2ROE$$
$$-0.09\,NCEX/TA\ R^2=12.88\%$$

其中，

$BETA$＝股票的贝塔

$MKTCAP$＝权益的市场价值＋负债的账面价值

$DBTRATIO$=负债的账面价值/$MKTCAP$

ROE=1994 年的权益收益率

$NCEX/TA$=(资本支出－折旧)/总资产

1995 年 Black&Decker 相关变量的估计值如下：

$BETA$=1.30

$MKTCAP$=5 500 百万美元

$DBTRATIO$=35%

ROE=14.5%

$NCEX/TA$=4.00%

该企业在 1995 年的股利收益率为 1.3%，股利支付率为 24%。

a. 根据该等式，估计出该企业的股利收益率。

b. 为什么使用可比企业法得到的答案和使用以上回归估计的答案有所不同？

27. Handy and Harman 是一家主要的珍贵金属合金的加工厂。该企业将盈利的 23%作为股利支付给股东。金属加工行业企业的平均股利支付率为 45%，平均的盈利增长率为 10%(该企业的预期增长率为 23%)。该企业应当支付更多的股利使得股利支付率接近行业平均水平吗？为什么？

第 12 章　估值：原理与实务

在本章中，我们在企业投资、融资和股利决策已有的知识基础上，研究企业及其权益的估值问题。我们将考虑三种估值方法。第一种也是最基本的估值方法是折现现金流法，该方法将我们用于项目分析的现值原理扩展到企业整体价值评估上。任何企业的价值都取决于四个因素——该企业现有资产创造现金流的能力、现金流的预期增长率、企业达到稳定增长点所需要花费的时间以及企业的资本成本。因此，要想提升企业的价值，我们必须要改变其中的一个或多个变量。

第二种方法参考市场对可比企业的定价方式来评估企业的整体价值与权益价值。权益价值，即企业权益的价值，对上市公司而言，是指公司普通股票的价值。企业价值，指企业所有投资者所拥有的索取权的价值，包括有固定索取权的借款人和债券持有人以及有剩余索取权的权益投资者。这种方法被称为相对估值法。这种方法得到的结果有异于折现现金流方法，所以，我们还会对产生差异的一些原因进行考察。

第三种对企业价值进行评估的方法适用于高杠杆企业，其中，这些企业的权益具有看涨期权的特征。在这种特有的情况下，权益价值随着负债期限的变长以及资产价值波动性的增大而增加。这些企业的权益投资者预期企业的资产价值会随着时间的推移而增长。

与前面的章节不同的是，我们将站在金融市场投资者的角度来估计企业的价值。投资者对企业的股票进行估值以决定是否购买该股票，如果已经购买了该股票，要考虑是否继续持有该股票。

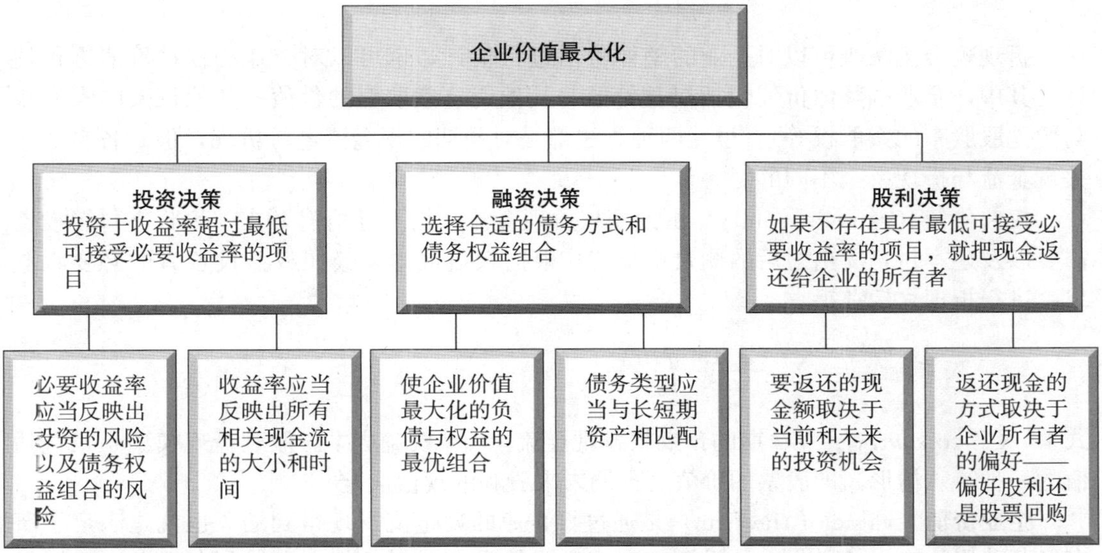

折现现金流估值法

在折现现金流法中，我们通过将资产的预期现金流进行折现来得到该资产的价值，其中折现率要反映出资产的风险。从某种意义上来说，我们衡量出企业的内在价值。任何资产的价值都是产生的现金流、资产的寿命、现金流的预期增长率以及现金流的相关风险的函数。换句话说，资产的价值就是其所产生的预期现金流的现值：

$$\text{资产的价值} = \sum_{t=1}^{t=N} \frac{E(\text{现金流}_t)}{(1+r)^t}$$

其中，资产的寿命为 N 年，r 为折现率，它既反映现金流的风险也体现获取资产所使用的融资组合的风险。如果我们将企业看作是资产组合，可运用该方程式来对企业进行估值，即企业的价值等于企业在生命期的现金流的折现值，其中，折现率为企业资产的联合风险。

这种估计过程的复杂之处在于，虽然一些企业资产已经形成使用，但是预期未来投资也是企业价值的重要组成部分。因此，我们不仅需要衡量出企业当前已有投资的现金流，而且必须估计出未来投资的预期价值。在随后几节我们会逐步对折现现金流模型展开介绍：首先讨论估值的两种方法——权益估值和企业整体估值；然后考虑估值模型中投入变量的最佳估计问题；之后探讨如何将企业价值转换为企业每股权益价值。

权益估值与企业整体估值

折现现金流法既可以对企业的整体价值进行估计，也可以对企业的权益价值进行估计。其中，企业的整体价值包括权益价值与其他所有索取权的价值（如债权人的索取权与优先股股东的索取权等）。虽然两种方法都是对预期的现金流进行折现，但是各自的相关现金流与折现率是不同的。

权益价值（value of equity）由预期权益现金流（指扣除所有开支、税收支付、投资需要以及还本付息支出之后的剩余现金流）根据权益成本（公司权益投资者的必要收益率）进行折现之后获得。

$$\text{权益价值} = \sum_{t=1}^{t=n} \frac{CF \text{ to } equity_t}{(1+k_e)^t}$$

式中，CF to $equity_t$＝第 t 期的预期权益现金流，k_e＝权益成本。股利折现模型是权益估值的一种特殊情形，即股票的价值由预期未来股利的现值决定。

企业价值（value of the firm）是通过将企业的现金流折现得到的，也就是满足了所有经营费用的支出、税收以及投资需要之后，但是在偿付负债之前的剩余现金流根据加权平均资本成本进行折现后获得。

$$\text{企业的价值} = \sum_{t=1}^{t=n} \frac{CF \text{ to } firm_t}{(1+WACC)^t}$$

其中，CF to $firm_t$＝第 t 期的预期企业现金流，$WACC$＝加权平均资本成本。从企业价值中减去非权益索取权的价值，就可以得到权益价值。虽然这两种方法使用不同的现金流和折现率，但是两种方法采用同样的假设，它们得到的结果一致。十分重要的是避免现金流与折现率匹配错误。如果用加权平均资本成本来对权益现金流进行折现，就会高估权益价值；如果用权益成本来对企业整体的现金流进行折现，就会低估企业价值。

12.1　企业价值与杠杆

人们通常认为，权益估值比企业估值需要更多的假设条件，因为计算权益现金流需要明确地假定公司的杠杆比率，而公司现金流是偿债之前的现金流，不需要杠杆比率的假定。你认为这种观点对吗？

a. 是的。

b. 不是。

请解释。

选择合适的估值模型

所有的折现现金流模型最终是对四个内在变量进行估计——现有资产现金流、现金流的预期增长率、企业达到可持续稳定增长的时点以及相应的折现率。在这一部分，我们将考察这几个变量。

就现金流量而言，有三种形式可供选择——适用于权益估值模型的股利或权益自由现金流（*FCFE*），以及企业估值模型中适用的企业自由现金流（*FCFF*）。对股利进行折现通常得到的是对权益价值最保守的估计，因为大多数企业都发放比其实际支付能力更少的股利。在股利政策部分，我们指出企业可以用权益自由现金流（*FCFE*）来支付股利，其中权益自由现金流是满足了所有投资需要和负债义务之后剩下的现金流。因此，对 *FCFE* 进行折现得到的权益价值是公司价值更准确的估计，尤其是在涉及并购的情况下，因为并购方对所有的 *FCFE* 而不仅仅是股利享有索取权。即使企业不是并购的目标，也可以认为权益价值必须反映出并购的概率以及预期的 *FCFE*。而究竟是采用 *FCFE* 还是采用 *FCFF*，取决于所用的模型是权益估值模型还是企业估值模型。如果估计是一致的，两种方法可以得到相同的权益价值。但是，从现实角度出发，权益现金流是考虑到负债后的现金流，当企业的财务杠杆不断变化时，就很难对权益现金流进行估计，而企业整体的现金流是负债偿付前的现金流，不受财务杠杆变化的影响。因此，在预计负债比率随时间的推移不断变化的情况下，采用企业估值法比较直接。

虽然我们可以从最近的财务报表中估计出最近期间的现金流，但估值的困难在于估计未来的现金流。在大多数情况下，都是采用估计一个预期盈利增长率，再用它估计出未来期间的盈利与现金流的方式来进行。估计的增长率应当与我们对于现金流的定义一致。如果要估计权益现金流，我们一般对净利润或者每股盈利的增长率加以预计；如果要估计企业的现金流，我们则对经营利润的增长率加以预计。①

折现率的选择取决于现金流的选择。如果需要折现的现金流是股利或 *FCFE*，恰当的折现率应当是权益成本。如果需要折现的是企业现金流，那么适用的折现率应当是资本成本。

最后需要确定的是预期增长的模式。因为企业的寿命是无限的，我们通过估计出某个时点的现金流终值来结束现金流量预测，从而不必再对该时点之后的现金流进行估计。在折现现金流估值的情况下要使得这种方法成立，我们必须假定，超过该时点之后现金流的增长率保持稳定，这就是稳定增长假设。如此一来，该时点之后的现金流现值就可以通过永续增长年金现值进行估计。于是，每次估值都要回答以下三个问题：

（1）公司在将来多长时间内能够以高于稳定增长率的速度增长？

（2）高增长期间的增长率可能有多高？这之后的增长是怎样的？

---

① 当我们转向利润表时，一般对增长率的估计变得比较保守。一般来说，每股盈利的增长率比净利润的增长率要低，而净利润的增长率要比经营利润的增长率要低。

（3）当预期增长率发生变化时，企业的基本面会发生什么变化（风险、现金流模式等等）？

冒着简化的风险，我们可以将增长类型划分为三类：第一类是，已经处于稳定增长的公司。第二类是，预计高速增长一段时间后迅速降至稳定增长的公司。第三类是，高速增长一段时间后在将来的某个时间内逐渐过渡到稳定增长的公司。从实务的角度来看，当增长率变化时，企业的风险与现金流特征也会随之改变。一般来说，随着预期收益率下降到稳定增长水平，企业的风险会趋近平均水平，其再投资需求也会下降。图 12—1 总结了估值中有关变量的选择。

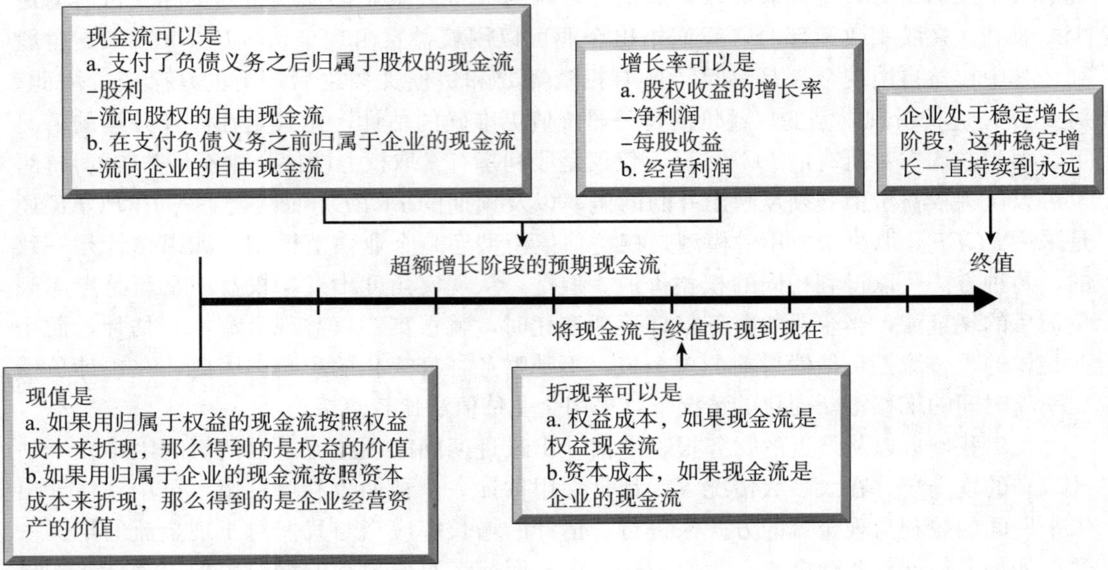

图 12—1　估值中的变量

我们将在下一部分详细考察每个估值模型。

model. xls：给定你要衡量的业务的特征，你可以利用该电子表格挑选出合适的现金流折现模型。

实践：什么是稳定增长率？

要确定企业何时处于稳定增长的时期，首先要知道什么是稳定增长率。在估计稳定增长率时，有两点需要注意。第一，因为预计的企业现金流的增长率是持续到永久的，所以企业的其他业绩衡量指标（包括收入、利润和再投资）也应当按照同样的速率增长。假如一家企业以后每年利润的增长率为 6%，股利增长率为 8%，长期来看有什么样的结果？随着时间的推移，股利会超过利润。类似地，如果从长期来看企业利润增长的速度高于股利发放率，估计支付率会趋向于0，于是这也不是一个稳定的状态。第二点是什么样的增长率是合理的稳定增长率。企业将持续稳定增长这一假设条件为我们设立了很多谨慎的约束。从长期来看，企业的增长率不可能显著高于其所依存的经济总体的增长率。如果整个经济的增长率为4%，一家企业按照8%的速率增长，那么最终这个企业的规模将会超过整个经济的规模。从实际来看，如果估值是用名义（实际）的变量来进行的，那么稳定增长率就不应当超过企业所在的整个经济的名义（实际）增长率。

企业的稳定增长率会低于经济总量的增长率吗？从逻辑上或者数学上来说，增长率是没有下限的。如果企业的稳定增长率明显低于整个经济的增长率，那么该企业的规模在经济中的比例随着时间的推移会越来越小。既然没有经济学基础可以证明这不可能发生，也就没有理由反对我们使用低于经济增长率的稳定增长率。事实上，稳定增长率还可以为负数。稳定增长率为负数时，表明企业的利润在高增长率阶段的最后一年里达到最大值，以后的利润就变得越来越小。

在为稳定增长率设定上限时，有一个有效经验法则。在估值时，稳定增长率不应超过无风险收益率。为什么这两者是相关的？无风险收益率可以分解为预期的通胀率加上预期的实际利率。如果我们假定从长期来看实际经济增长率将等于实际利率，无风险收益率就变成了经济的名义增长率。

无风险收益率＝预期通胀率＋预期实际利率经济增长率

名义 GDP＝预期通胀率＋预期实际增长率

长期来看，预期实际利率＝预期实际增长率，因此，无风险收益率＝经济增长率$_{\text{名义GDP}}$。

12.2 周期性企业与常数增长率

如果模型是建立在企业的盈利是按照常数来增长的假设条件上，那么该模型对于周期性企业是不适用的，因为周期性企业盈利增长率的波动性随着时间的推移变得很大，当经济高涨时盈利就很高，当经济低迷时盈利就很低。

a. 正确。

b. 错误。

请解释。

折现现金流模型的估计

虽然所有的折现现金流模型都需要四个变量——现金流量、折现率、高增长期间及该期间的增长率——但我们在面对不同的模型时会遇到不同的困难。在本节，我们首先估计出三个模型中最简单的股利折现模型所需要的变量，然后再讨论权益现金流折现模型以及企业估值模型。

Ⅰ. 股利折现模型

当投资者购买一只股票时，他通常期望得到两种类型的现金流——持有期间的股利和持有期期末的预期股价。因为预期的股价本身是由未来的股利决定的，所以股票的价值就是预期股利的折现值。因此，股利折现模型是对股票最直观、最保守的估值方法，因为该模型只考虑那些实际发放给股东的现金流。

设定模型

股利折现模型最一般的形式是，预期股票产生的永续股利的折现值。

$$每股价值=\sum_{t=1}^{t=\infty}\frac{第\ t\ 期的预期股利}{(1+权益成本)^t}$$

因为我们不可能估计出一直持续到永久的股利，所以我们会考虑到一段超额增长的期间（此时的增长率比稳定增长率要高一些或低一些），然后假定超额增长率在未来某个时点会转化为持续到永久的稳定增长率。由此，我们就不用估计出每年的股利，只需要估计出股票在超额增长期结束时的价值。

$$价值_0=\sum_{t=1}^{t=n}\frac{E(股利)_t}{(1-r)^t}+\frac{终值_n}{(1+r)^n}$$

其中，

$$终值_n=\frac{E(股利)_{n+1}}{r_n-g_n}$$

其中，r 是权益成本，g_n 是在 n 年后预期股利的永续增长率。① 请注意，可以假设企业一开始就处于稳定增长阶段，模型此时转化为最简单的形式：

处于稳定增长阶段的股票价值＝预期下一年的股利/(r_n-g_n)

该模型就被称为戈登增长模型，也是股利折现模型的一个特殊情形。戈登增长模型只适用于一开始就处于稳定增长阶段的股票的估值。②

估计模型中的变量

将一般情况下的股利折现模型加以分解，我们可以得到四个基本变量。第一个是高增长期的时间长度，在这一期间企业保持超额的增长。第二个是高增长期间每年的预期股利。第三个是股东所要求的权益成本。最后一个是高增长期期末的预期股价，也就是**终值**（terminal value）。在这一部分，我们考虑一下有关这几个变量估计中的困难。

a. 高增长期的时间长度。企业能将高增长率维持多久？这可能是估值中最难回答的问题，但是有两点值得注意。第一，问题不是有没有高增长期，而是企业何时处于高增

---

① 高增长阶段与稳定增长阶段的权益成本可能是不同的。因此，r_n 是稳定增长阶段的权益成本。

② 当用戈登增长模型来为高成长性企业估值时，很可能 $g>r$，从而使模型产生负的企业价值。如果出现了这种情况，并不是模型有问题，而是该模型不适用于高增长的企业。

长期。所有的企业最终都会变成稳定增长的企业，因为高增长率使得企业变得越来越大，最终企业的规模会变成未来高速增长的障碍。第二，估值中的高增长（至少是创造价值的高增长）来自企业在边际投资中所获得的超额收益。用之前投资分析里的术语来说，高增长率的来源是企业的权益（资本）收益率超过权益（资本）成本。因此，当我们假定企业在未来五年或者十年经历高增长时，我们隐含的假设是企业在该期间获得了（超过权益成本或资本成本的）超额收益。在一个竞争性的环境中，超额收益会吸引新的竞争对手进入，这些超额收益最终会消失。

对于企业能够维持多久的高增长，我们应当考察以下三个因素。

（1）企业相对于市场的规模。较小的企业更可能获得超额收益并且保持高的增长，因为这些企业有更大的成长空间，并且有更大的潜在市场。在考察企业的规模时，我们不仅应当考察企业当期的市场份额，而且应当考察其产品与服务所在的整个市场的增长潜力。例如，微软在电脑软件市场中占有相当大的市场份额，但是即便如此微软还有可能继续增长，因为整个软件市场在不断增长。另一方面，波音在整个商用飞机市场上占有主导地位，但是我们并不认为整个飞机市场会出现显著增长，所以波音的未来增长受到了很大的约束。

（2）现有增长率与超额收益。虽然我们希望估计的是新投资的边际收益，但是当期投资产生的收益与新投资的收益有着很高的相关性。例如，如果企业在当前投资上获得20%的超额收益率，那么该企业很有可能在其边际投资上获得较大的超额收益率。也有一些例外的情形，比如企业所在的行业进行了重大重组。

（3）竞争优势的大小与可持续性。这是决定高增长期间的长度的最关键的决定因素。如果存在大量的进入壁垒和持续的竞争优势，那么企业可以在更长的期间内维持高速增长。另一方面，如果没有进入壁垒，企业的竞争优势正在消失，那么我们在考虑高增长期间时要更加谨慎。现有管理的质量也影响了成长性。一些高管有能力做出提高现有的竞争优势并创造新竞争优势的战略抉择。①

而且，价值对于高增长期长度的敏感性总是可以估计出来的。一些分析师使用的增长期超过十年，但是同时假定较高的增长率以及较长的增长期相结合会使得企业的规模不断增大，在一些情况下会超过合理的范围。从历史上来看，很少公司的高增长期会超过十年。

【例 12—1】　高增长期的长度

为了估计出迪士尼公司、鹦鹉纸浆公司和塔塔化学公司的高增长期的长度，我们考察了这几个企业的相关特征，如表 12—1 所示。

用同样的方式来分析一下德意志银行。德意志银行的规模与负债期限不能够满足资产的高速增长，但是在当前的银行危机中，德意志银行最大的竞争优势是它的安全性与

① 通用电气的杰克·韦尔奇（Jack Welch）与可口可乐的罗伯特·戈伊苏埃塔（Robert Goizueta）都是优秀的CEO的典型例子，他们影响了企业的增长，并且改变了市场对企业的定价。

稳定性，因为它的竞争对手正在被迫筹集新的资本以满足管制的需求。因此，我们预期在未来的五年里德意志银行的收入从当前的水平上反弹。书景书店又如何呢？该企业所拥有的最大优势是，该企业拥有在纽约相当好的地理位置上的租赁合约。而其他地方是很难复制这种竞争优势的。另外，这是一家私有企业，于是我们得到结论：该企业没有高增长阶段。

表 12—1　　估计高增长期间的长度

	迪士尼公司	鹦鹉纸浆公司	塔塔化学公司
企业的规模/市场的规模	该企业是娱乐业务与主题公园业务最大的企业之一，但是所经营业务正在发生变化，并且在不断扩张	企业在纸张与纸浆市场上有较小的市场份额，但该行业已经是成熟行业	该企业在印度（国内）有着相当大的市场，但是相对于全球来说很小。国内市场也在不断增长
当前的超额收益	企业获得的资本收益率稍稍高于资本成本，刚从最近几年负的超额收益中恢复过来	资本收益率在很大程度上是纸浆价格的函数，但是平均来看，该企业的资本收益率要低于资本成本	企业获得的资本收益率与资本成本差不多
竞争优势	拥有一些世界上最有名的动画角色。比世界上其他任何一家公司都了解如何经营主题公园。拥有技术性很强的动画工作室员工	拥有巴西的森林资源，所以有成本优势。投资于更新的、更先进的厂房，并且拥有熟练的员工	具有成本优势，因为印度有较低的劳动力成本与生产成本
高增长期的长度	十年，因为该企业有很强的竞争优势，但是超额收益可能很小，因为企业的规模很大并且所处市场的竞争性很强	五年，主要是由于该企业可以获得价格较低的原材料	五年，主要是因为印度有较高的实际增长

12.3　高增长期间与进入壁垒

假定你正在对两家企业进行分析，这两家企业都在经历高的增长期。第一家企业名为 Earthlink Network，是一家网络服务供应商。这家企业所在的环境没有进入壁垒，竞争也不激烈。另一家企业名为 Biogen，是一家生物科技企业。该企业由于在未来十年里拥有两种药品的专利权，所以正在经历高速增长。假定两家企业的管理都很好，你预计哪一家企业的高增长期会更长？

a. Earthlink Network。

b. Biogen。

c. 两家企业的管理都很好，应该有相同的高增长期间。

b. 高增长期的预期股利。估计高增长期的预期股利的第一步是估计出每年的预期收益。可以通过两种方法来进行——你可以在当前收益的基础上估计出一个预计增长率，或者你先估计出未来每年的收入，再估测每年的净利润率。第一种方法简单一些，但是第二种方法有更大的灵活性，因为可以使净利润率随着时间的推移而变化。然后再估计出每个期间的预期收益与相对应的股利支付率，它们在高增长期间可能发生变化。这似乎是一个笨拙的处理方式，因为预期的股利可以通过当前的股利与股利增长率估算出来，但是我们使用预期收益与相应的股利支付率来得到预期股利，原因有以下两点。第一，大多数增长率的估计，无论是分析师的估计还是管理层的估计，都是估计收入或者收益而不是股利。第二，将收益预测与股利支付率分开考虑，可以让估计有更大的灵活性，即当利润增长率发生变化时股利支付率的变化就有更多灵活性。比如这种方法使我们在收益增长率下降时可以提高股利支付率。

可以用三种方法来估计收益的增长率。第一种方法是考察过去的数据并衡量出过去几年里的历史收益增长率。在衡量收益增长率时，我们必须考虑数据回溯的时间范围、采用算术平均增长率还是几何平均增长率。① 一般来说，几何平均增长率比算术平均增长率更有意义。第二种方法是观察分析师的估计。实际上，股票分析师预测的股票增长率是公开信息，很容易获得。② 第三种方法是考察增长率的企业基本面因素，并根据企业的投资政策对增长率进行估计。具体来说，企业每股收益增长率可以写成两个变量的乘积——企业留存收益率与权益收益率的乘积。

每股收益的预期增长率＝留存收益率×权益收益率

比如，一个企业的权益收益率为20％，留存收益率为70％，那么该企业的每股收益增长率为14％。与第10章对于股利政策的讨论联系起来，可以看到，留存收益率与股利支付率是一个硬币的两面。

留存收益率＝1－股利支付率

因为留存收益率不可能超过100％，所以一个企业长期的预期收益增长率不可能超过其权益收益率。

假定可以使用以上三种方法得到企业的收益增长率，我们应当使用哪一种方法来估计企业的价值呢？历史增长率排在最后，因为收益是存在波动性的，而历史增长率通常与未来增长率并非高度相关。③ 分析师的预测反映出投资机构眼中的企业状况，并可能包

---

① 算术平均增长率是对多年增长率的简单平均。几何平均的增长率是复合增长率。

② I/B/E/S、First Call 和 Zacks 这些服务机构都包含股票分析师的预测值，而所有分析师的一致预测值是可以公开获得的。

③ 有关增长率的最有名的研究之一“Higgledy Piggledy Growth”（I. M. D. Little，1962，*Higgledy Piggledy Growth*，Oxford：Institute of Statistics）指出，很难根据历史数据预测出收益增长率。

含财务报表中没有披露的信息。特别是其中可能反映出公司管理与战略计划的变化。但是，无论这些分析师拥有多好的信息，相信他们关于重要估值变量的预测仍然不太谨慎。最终，还是基本增长方程式（即增长率等于留存收益率乘以权益收益率）为我们提供了最好的保证，因为这种方法将增长率与企业的行为挂钩，并且（通过对企业再投资的要求）在我们估值时给出相应的约束。

12.4 增长率的差异

根据历史收益数据得到的增长率、分析师预测的增长率以及根据基本面信息得到的增长率可能非常不同。这些差异可以由以下哪一点最好地解释？

a. 过去并不是未来的一个很好的预测指标。

b. 分析师可能会对未来增长率给出乐观的估计。

c. 根据基本面信息得到的增长率所需要的变量反映的是上一年的情况，而不是对未来的预期状况。

d. 以上都是。

【例 12—2】 每股收益的增长率——2008 年年初的德意志银行

在 2008 年年初，我们使用基本面法估计出德意志银行的收益增长率。2007 年，德意志银行报告的净利润为 65.1 亿欧元，年初（也就是 2006 年年末）权益的账面价值为 334.75 亿欧元。得到权益收益率为 19.45%

$$权益收益率=\frac{净利润_{2007}}{权益的账面价值_{2006}}=\frac{65.1}{334.75}=19.45\%$$

2007 年，德意志银行向权益投资者支付了 21.46 亿欧元的股利，得到留存收益率为 67.03%。

$$留存收益率=1-\frac{股利}{净利润}=1-\frac{21.46}{65.10}=67.03\%$$

如果德意志银行将长期的权益收益率（*ROE*）与留存收益率保持在 2007 年的水平，收益的预期增长率将很高。

$$预期增长率_{现有的基本面}=留存收益率\times ROE=0.670\,3\times 0.194\,5=13.04\%$$

因为 2007 年的利润很高，如果根据 2007 年数据进行估值对于德意志银行来说是很危险的。如果我们将 2007 年的净利润换成 2003—2007 年的平均利润，而将权益值保持在 2006 年的账面水平，我们可以得到较低的 *ROE* 和预期的增长率：

$$标准化的权益收益率=\frac{平均净利润_{2003—2007}}{权益账面价值_{2006}}=\frac{39.54}{334.75}=11.81\%$$

$$标准化的留存收益率=1-\frac{股利}{净利润}=1-\frac{21.46}{39.54}=45.72\%$$

$$预期的增长率_{标准化的基本面}=留存收益率\times ROE$$
$$=0.457\,2\times0.118\,1=5.40\%$$

得到的估计值与德意志银行净利润的历史增长率相比如何？德意志银行的净利润从2003年的13.65亿欧元上升到2007年的65.10亿欧元，从而可以得到复合收益增长率为47.78%。

$$复合收益增长率=\left(\frac{净利润_{2007}}{净利润_{2003}}\right)^{1/4}-1$$
$$=\left(\frac{65.10}{13.65}\right)^{1/4}-1=47.78\%$$

然而，这种高的增长率反映出如下事实，即德意志银行从2001年到2003年的利润被压低，这种增长表明该银行后来回到了其正常水平。

从事后看来，所有的这些收益增长率的估计都是错误的，因为2008年的金融危机导致德意志银行注销了几十亿欧元的资产，并且该企业当年报告了38.96亿欧元的损失。在2009年的第一季度，德意志银行又开始盈利，净利润超过10亿美元。

c. 权益成本。折现率必须反映出股东在当前投资中的风险。在第4章，我们指出，已经分散化的投资者在股票中看到的唯一风险是市场风险，而市场风险可以用一个贝塔（资本资产定价模型）或者多个贝塔（套利定价模型或者多因子模型）来衡量。在这里也是如此。实际上，我们在第4章中估计出的迪士尼、德意志银行与鹦鹉纸浆公司的权益成本也就是用于股利折现模型中的权益成本。唯一要注意的是，高成长企业比低成长企业有着更高的贝塔值。以此为前提，当我们随着时间的推移改变增长率时，也必须相应地改变风险。比如，当企业从高成长性企业变成低成长性企业时，该企业的贝塔必须朝着1变动以反映出更低的成长性。

d. 终值。模型的最后一部分是在高增长期期末与权益相关的价值。它可以由以下三个变量估计出来：高增长期后第一期的股利、稳定阶段的权益成本以及预计股利增长率。如下式所示：

$$第\ n\ 年的权益价值=\frac{预期股利_{n+1}}{r_n-g_n}$$

其中，r_n 是稳定增长期间的权益成本，而 g_n 是第 n 年后的预期股利增长率。

在估计终值之前，你要画出收益从高增长期到稳定增长期的变化路径。最简单的假设就是，高增长期的收益增长率保持不变，之后增长率迅速下降到稳定增长率的水平，如图12—2所示。

这是一个两阶段模型，其局限性也很明显。该模型假定，在初始阶段增长率是很高的，然后在高增长期期末一夜之间就变成较低的稳定增长率。虽然增长率的这种突然转换是可能发生的，但如果假定高增长率是逐渐过渡到低增长率的，会更加符合现实。此

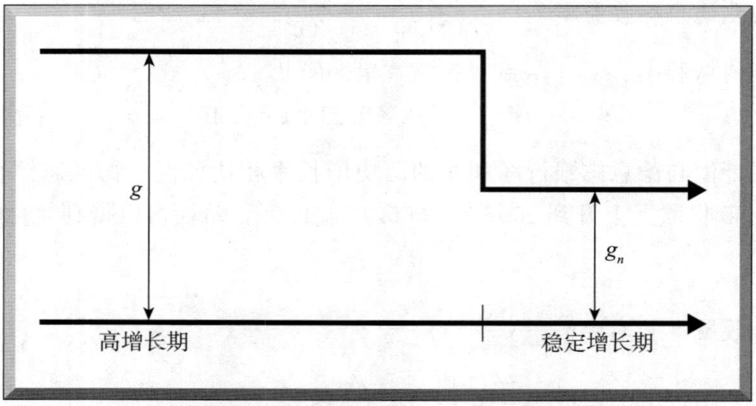

图 12—2　两阶段增长模型

外，增长率从最初的高水平突然下降至稳定增长率这一假设比较适用于从一开始就有中等增长率的企业。例如，一家企业的初始增长率为 8%，然后突然下降到稳定增长率 4%，这是比较合理的。但是如果一家企业的初始增长率为 40%，然后突然下降到稳定增长率 4%，这就不太合理了。如果我们假定高增长期的增长率（g）、权益成本（r）和股利支付率是固定的，那么高增长期的股利现值可以估计如下①：

$$\text{高增长期股利的现值}_0=\frac{\text{股利}_0\times(1+g)\times\left(1-\frac{(1+g)^n}{(1+r)^n}\right)}{r-g}$$

更一般的方程允许高增长期之后有一个从高增长期逐渐下降到稳定增长期的过渡阶段，如图 12—3 所示。在该模型中，过渡期的增长率和股利支付率逐渐发生变化。

无论你采用什么路径使企业达到稳定增长，它所改变的不仅仅是增长率，企业的其他特征也要发生相应变化以反映稳定增长率。

● 权益成本更要反映出一个成熟企业的状况。如果是采用贝塔来估计权益成本，那么稳定增长期的贝塔应当接近 1，即使高增长期的贝塔值可能出现相当大或相当小的情况。

● 高增长企业的股利支付率通常很低甚至为零，但当企业进入稳定增长期后，股利支付率应当相应提高。实际上，根据上节的基本增长方程，我们可以估计出稳定增长期的股利支付率，如下式所示：

$$\text{股利支付率}=1-\text{留存收益率}=1-\frac{g_{\text{稳定}}}{ROE_{\text{稳定}}}$$

如果我们预期稳定增长率为 4%，权益收益率为 12%，那么稳定增长期的股利支付

① 与稳定增长模型不同的是，即使预期增长率超过了折现率，该模型也适用。虽然当预期增长率大于折现率时，分母变成负数，但是此时分子也变成负数，那么最终得到的值就是正的。该模型唯一不适用的情况是当 $g=r$ 时，股利的现值就是增长期的年数与当前股利的乘积，因为增长的效应与折现的效应相抵消了。

率就是 66.67%（=1−4/12）。

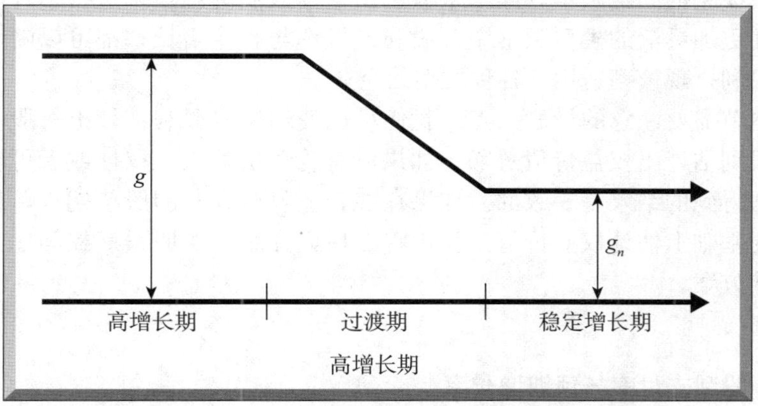

图 12—3　存在过渡期的情形

● 稳定增长期的权益收益率如果用于预测股利支付率，也必须反映处于稳定增长期的企业的状况。此时对于权益收益率最保守的估计是权益等于权益成本，也就是说企业将永无获得超额收益的可能。如果认为该要求过于严格，你可以假设在稳定增长期内权益收益率与行业平均值趋同，只要行业平均值处于合理范围内（高于权益成本 4%～5%）。

如果存在如图 12—3 所示的过渡阶段，当增长率发生变化时，必须对贝塔值与股利支付率做出相应的调整。

12.5　终值与现值

折现现金流模型中现值的很大一部分来自终值，所以假设高增长期的增长率对企业价值的影响不如终值对企业价值的影响大，这个结论是有道理的。

a. 正确。

b. 错误。

请解释。

对股利折现模型的思考

很多分析师认为股利折现模型已经过时，但它却是公司估值的一个有用的起点，对于那些现金流难以预计的企业而言，它还很可能是唯一的估值选择。正如第 11 章中所提到的，金融服务公司的自由现金流通常很难预测，主要原因在于经营支出与资本支出的界限模糊，并且广义上的营运资本几乎可以囊括资产负债表的全部内容。虽然我们可以设定有关资本支出的假设从而得到对现金流的大致估计，但是假定股利代表了这类企业的 *FCFE* 仍然是不恰当的。即使是那些能够合理估计出 *FCFE* 的企业，由于向股东支付的股利往往低于 *FCFE*，因而大多数情况下股利折现模型为我们提供了企业价值的“地板价”（即最低价）。

通常认为，股利折现模型不适用于评估那些几乎不发放股利的高成长性企业。只有当我们采用该模型的固定版本，即未来股利由当前股利的增长来进行估计时，这一观点才能成立。在更加灵活的模型版本中，股利支付率与收益增长率都可以随着时间的推移发生变化，股利折现模型适用于各种类型的企业。

下面是本节需要注意的最后一点。我们可以使用每股股利估计出每股权益价值，或用派发的总股利估计出权益价值总额。如果没有管理层期权、权证或者可转换债券的存在，两种方法得到的结果是一致的。如果存在企业发行在外的股票期权，最保险的方法还是在总额的基础上估计权益价值。我们将在后面介绍解决股票期权问题并得出每股权益价值的最佳方案。

12.6 股利支付率与预期增长率

股利折现模型不适用于那些高成长性并且不发放股利的企业。

a. 正确。

b. 错误。

请解释。

Valndata. xls：这个网络数据库包含了按行业划分的资本收益率、留存收益率、负债权益比率与利率。

【例 12—3】 用股利折现模型对权益进行估值——2008 年年初的德意志银行

在例 12—2 中，我们估计了 2008 年年初的德意志银行在未来五年里每年的增长率为 5.40%，使用该企业 2003—2007 年的标准化收益计算出权益收益率、留存收益率和预期增长率。

标准化净利润增长率＝5.40%

标准化股利支付率＝54.28%

在接下来的分析中，我们将使用该增长率对 2008 年年初的德意志银行进行估值。2007 年，德意志银行派发了 2 146 百万欧元的股利，而得到的标准化净利润为 3 954 百万欧元。在第 4 章，我们估计出德意志银行的贝塔等于 1.162。另外，已知欧元的无风险收益率（在 2008 年年初）为 4%，风险溢价（在 2008 年年初的成熟市场风险溢价）为 4.50%，得到权益成本为 9.23%。[①]

$$\text{权益成本}_{2008\text{年}1\text{月}}=\text{无风险收益率}_{2008\text{年}1\text{月}}+\text{贝塔}\times\text{成熟市场的风险溢价}$$
$$=4.00\%+1.162\times4.5\%=9.23\%$$

① 实际上，我们应当估计的是 2008 年年初的贝塔，而不是使用 2009 年年初的贝塔。但是，这两种估计的差异很小，不会影响到最后的估值。

根据已知变量，我们可以估计出该企业以后五年里预期的净利润和股利以及股利现值，如表 12—2 所示。

请注意，我们可以使用前面所述的快捷方法得到同样的现值（因为高增长期的股利支付率和权益成本是保持不变的）：

$$\text{高增长期的股利现值}_0=\frac{2\ 146\times1.054\times\left(1-\frac{1.054^5}{1.092\ 3^5}\right)}{0.092\ 3-0.054}$$

$$=9\ 653\text{ 百万欧元}$$

在第 5 年年末，我们假定德意志银行的收益增长率会下降到 3%，然后一直保持在这一水平。为了与稳定增长假设相一致，我们还假定：

● 贝塔将会下降到 1，导致权益成本下降到 8.5%。

$$\text{权益成本}=\text{无风险收益率}+\text{贝塔}\times\text{风险溢价}$$
$$=4\%+4.5\%=8.5\%$$

● 权益收益率下降到权益成本 8.5%，也就是说，从长期来看该企业不能获得任何超额收益。

● 调整股利支付率以反映出稳定增长率和权益收益率。

$$\text{稳定期间的股利支付率}=1-\frac{g}{ROE}=1-\frac{0.03}{0.085}$$
$$=0.647\ 1\text{ 或 }64.71\%$$

表 12—2 **高增长期预期股利的现值**

	净利润（百万欧元）	股利支付率（%）	股利（百万欧元）	现值@9.23%（百万欧元）
2008	4 167	54.28	2 262	2 071
2009	4 392	54.28	2 384	1 998
2010	4 629	54.28	2 513	1 928
2011	4 879	54.28	2 648	1 861
2012	5 143	54.28	2 791	1 795
				9 653

第 6 年的预期股利可计算如下：

$$\text{第 6 年的预期股利}=\text{预期净利润}_{\text{第5年}}\times(1+g_{\text{稳定时期}})\times\text{稳定的股利支付率}$$
$$=5\ 143\times1.03\times0.647\ 1=3\ 427\text{ 百万欧元}$$

相应地，可以计算出第 5 年年末的权益价值：

$$终值=\frac{预期股利_{第6年}}{权益成本-g}=\frac{3\ 247}{0.085-0.03}=62\ 318\ 百万欧元$$

接着，用高增长期的权益成本作为折现率得到终值的现值：

$$终值的现值=\frac{终值_n}{(1-权益成本_{高增长期})^n}=\frac{62\ 318}{1.092\ 3^5}$$
$$=40\ 079\ 百万欧元$$

权益价值总额是终值的现值与高增长期的股利现值之和：

权益价值＝高增长期预期股利的现值＋终值的现值
＝9 653＋40 079＝49 732 百万欧元

用得到的权益价值除以 2008 年年初的流通在外股数，就可以得到每股权益价值：

$$每股权益价值=\frac{权益价值}{股数}=\frac{49\ 732}{474.2}=104.88\ 欧元/股$$

德意志银行此时的市场价值为每股 89 欧元。根据我们的假设，德意志银行的价值在 2008 年年初被低估。

【例 12—4】 对不确定性更大的期间进行估值——2009 年的德意志银行

在上一个例子中，我们估计德意志银行在 2008 年年初的价值为每股 105 欧元，并且得出结论：德意志银行的价值被低估，因为当时的股票价格为每股 89 欧元。在 2008 年，随着银行业陷入危机及金融市场的崩溃，金融服务企业的前景发生了变化。德意志银行在注销了几十亿欧元的资产后，在 2008 年报告了 38.35 亿欧元的损失，并且将股利削减到 2.85 亿欧元。然而这些数字都不能代表稳定的起点，所以我们在对德意志银行进行估值时做出如下假设：

● **净利润反弹。**我们假定，净利润在 2009 年会反弹到 31.47 亿欧元。我们做出此假设的基础是德意志银行 2009 年第一季度报告收益的改善（第一季度利润 11.2 亿欧元）及 2003—2007 年的平均净利润（大约 39.5 亿欧元）。

● **资产基础与目标 *ROE*。**我们假定当前的资产（3 128.82 亿欧元）在未来五年间每年将上升 4%，而同期内的权益收益率将上升到 10%。每年净利润等于监管资本（股权）乘以每年 *ROE*。

● **潜在的股利。**虽然当前股利大幅削减了，但这并非要点。我们预计德意志银行会有潜在的股利，因为我们假设该企业将努力实现法定自有资本 10%的目标。（我们重复了第 11 章估计 *FCFE* 的分析。）

● **权益成本。**我们使用第 4 章估计出的贝塔 1.162，结合 2009 年年初欧元的无风险收益率 3.6%以及成熟市场上最新的权益风险溢价 6%，得到权益成本。

权益成本＝无风险收益率＋贝塔×权益风险溢价
＝3.6%＋1.162×6%＝10.572%

表 12—3 总结了对以后五年里净利润、潜在股利和股利现值的估计。

在第5年年末，我们假设企业将进入稳定增长，年增长率恒定为3%。另外，我们还假定：

- 贝塔将下降到1，于是权益成本下降到9.60%。

$$权益成本=无风险收益率+贝塔\times权益风险溢价$$
$$=3.6\%+1\times6\%=9.60\%$$

- 第5年后的权益收益率将等于稳定的权益成本9.60%。

表12—3　　未来五年里的预期潜在股利——2009年年初的德意志银行

	当年	1	2	3	4	5	合计
基本资产（百万欧元）	312 882	325 398	338 414	351 950	366 028	380 669	
资本比率（%）	10.20	10.16	10.12	10.08	10.04	10.00	
监管资本（百万欧元）	31 914	33 060	34 247	35 477	36 749	38 067	
监管资本的变化（百万欧元）		1 146	1 187	1 229	1 273	1 318	
ROE（%）	9.40	9.52	9.64	9.76	9.88	10.00	
净利润（百万欧元）	3 000	3 147	3 302	3 463	3 631	3 807	
—对监管资本的投资（百万欧元）		1 146	1 187	1 229	1 273	1 318	
FCFE（潜在股利）（百万欧元）		2 001	2 114	2 233	2 358	2 489	
现值@10.572%（百万欧元）		1 810	1 729	1 652	1 578	1 506	8 275

- 给定第5年的预期增长率为3%和*ROE*为9.60%，得到稳定增长期的股利支付率为68.75%。

$$稳定的股利支付率=1-\frac{稳定增长率}{稳定的ROE}=1-\frac{0.03}{0.096}=68.75\%$$

第5年年末的权益价值可以估计如下：

$$终值=\frac{预期股利_{第5年}}{权益成本-g}=\frac{3\ 807\times1.03\times0.687\ 5}{0.096-0.03}$$
$$=39\ 728\ 百万欧元$$

用权益成本作为折现率对终值进行折现，得到：

$$终值的现值=\frac{终值_n}{(1+权益成本_{高增长期})^n}$$
$$=\frac{39\ 728}{1.105\ 72^5}=24\ 036\ 百万欧元$$

用高增长期股利的现值加上终值的现值，就得到2009年年初德意志银行的权益价值：

$$权益价值=8\ 275+24\ 036=32\ 311\ 百万欧元$$

用权益价值除以 2009 年年初发行在外的流通股股数，就可以得到每股价值：

$$每股价值=\frac{权益价值}{股数}=\frac{32\ 311}{581.85}=55.53\ 欧元/股$$

在 2009 年 6 月，德意志银行的股价为每股 48.06 欧元，这表明该股票的股价仍被低估。

估值偏差：一个行为学视角

理论上，我们首先进行财务基本面的分析，然后再“客观”地从数据中得到企业的价值，并在此过程中做出一些合理的假设。但是，实际上，估计不仅是个主观的过程，并且经常受到分析师偏见的影响。事实上，偏差来自三个方面：

（1）锚定偏差。我们在对一家企业进行估值时，通常使用一个数字来作为基础，那么这个数字就影响了估值的过程。例如，对上市企业而言，市场价格就是我们估值中的一个参考的基础。实际上，分析师经常会改变他们的假设使得估值更接近企业的股票价格。

（2）近期偏差。有证据表明，当数据是以序列的形式展示时，最近数据的权重过大（相对于其本身的重要性而言），而最远的数据权重过小。在对企业进行估值时，我们经常会看重企业最近期间的行为而不太关注历史数据。于是，我们会对刚经历好时期的企业高估其价值，而对刚经历坏时期的企业低估其价值。

（3）确认性偏差。有证据表明，如果分析师在前期形成了有关的公允价值，那么他们之后会用数据来对前面的看法进行验证。

可以这样认为，这些偏差导致许多估值存在先设定价值再进行评估的情况。

必须承认，本章对 2008 年与 2009 年德意志银行的估值也反映出一些这样的偏差。虽然每股价值下降部分（从每股 105 欧元下降到每股 56 欧元）可以归因于基本面的变化，但其中一些下降反映的不仅是市场危机，而且反映出德意志银行股价在两次估值中从每股 89 欧元下降到每股 48 欧元。换句话说，完全有可能是我对最近的事件反映过度（将权益风险溢价从 4.5%提高到 6%），从而低估了德意志银行的价值。

Ⅱ. 权益自由现金流模型

在第 11 章中，我们介绍了分析股利政策的框架，把权益自由现金流作为可以用于支付股利的现金流。我们注意到，很多公司并没有将它们的 *FCFE* 作为股利支付出去；因而，股利折现模型就不能够体现这些企业为股东创造现金流的真实能力。更合适的方法是权益自由现金流模型（*FCFE* 模型）。

设定模型

FCFE 是在扣除了利息与本金、维持现有资产再投资以及创造了带来未来成长的新投资之后的剩余现金流。*FCFE* 可以衡量如下：

$$FCFE = 净利润 + 折旧 - 资本支出 - 营运资本的变化 \\ - 本金的支付 + 新的负债$$

其中，营运资本的变化指的是非现金营运资本的变化。

在一种特殊的情况下，资本支出与营运资本都按照目标负债比率 δ 来融资，并且发行新的负债来进行本金的支付，那么 *FCFE* 可以衡量如下：

$$FCFE = 净利润 - (1-\delta)(资本支出 - 折旧) - (1-\delta)营运资本的变化$$

还有计算 *FCFE* 的另一种方法。如果我们把投资者享有的净利润再投入到企业的比例称为权益再投资比例，则 *FCFE* 可以表示为以下比率。

$$权益再投资比率 = \frac{(资本支出 - 折旧 + 营运资本的变化)(1-\delta)}{净利润}$$

$$FCFE = 净利润 \times (1 - 权益再投资比率)$$

我们一旦估计出 *FCFE*，就可以将股利折现模型中的股利替换为 *FCFE*，得到 *FCFE* 估值的一般模型，如下所示：

股票的价值＝高增长期 *FCFE* 的现值＋终值的现值

$$价值_0 = \sum_{t=1}^{t=n} \frac{E(FCFE)}{(1+r)^t} + \frac{终值_n}{(1+r)^n}$$

其中，

$$终值_n = \frac{E(FCFE)_{n+1}}{r_n - g_n}$$

式中，$E(FCFE)$ 是高增长期逐年估计的预期 *FCFE*，r 是权益成本，g_n 是稳定增长率。

但两种模型间有一个关键的差别。股利不可能小于零，而 *FCFE* 可以小于零。即使收益为正，如果企业有大量的营运资本与资本支出需要，*FCFE* 就有可能小于零。实际上，很多小型高成长企业早期的预期 *FCFE* 都是负数，因为那时候的再投资需求比较高，但是随着增长率的下降，再投资需求也下降，*FCFE* 就变成正数了。

实践：估计资本支出与营运资本的需求

再投资的估计包含两个部分。第一部分是净资本支出，也就是资本支出与折旧之间的差额。虽然对于美国企业来说都很容易获得这些变量当年的数字，但是这些变量在使用时有如下缺陷[①]：

（1）企业很少对资本支出的现金流进行平滑。它们可能某一年有很高的资本支出，接着下一年资本支出又很低。因此，在估计用于计算预期未来现金流的资本支出时，我们应当考察一段期间的资本支出，对这些资本支出取平均数，或者我们参考一下行业的

---

① 在一些非美国市场中，大型上市企业的资本支出数据都很难获得。这些市场中的会计准则允许企业将投资混在一起合并报告。一种解决方法就是通过考察每期净固定资产的变化从资产负债表中倒推出净资本支出。

平均数。

(2) 如果我们将资本支出定义为用于产生多年利润的支出，像研发费用（对高科技企业来说）、开采费用（对自然资源类企业来说）以及培训成本（对人力资源企业来说）这些费用都应当被视为资本支出（而不是经营支出），因此得到的资产需要在每年进行摊销，将摊销额作为折旧的一部分。[①]

(3) 最后，我们在估计资本支出时，不应当对内部投资（通常是现金流量表中的资本支出）与外部投资（也就是并购）加以区分。因此，企业的投资必须包括并购，无论使用股票来为并购融资还是使用现金来为并购融资。因为企业很少在每年都进行并购，并且每次并购都有不同的价格，因此对于计算出平均化的资本支出这点尤其适用于并购的情形。

再投资的第二个部分就是要为营运资本的需要留出部分现金。正如同在投资章节里所分析的，我们将营运资本的需求定义为非现金的营运资本，也就是，非现金的营运资产与非现金的营运负债之间的差额，而对于现金流的影响就是这一差额在每期之间的变化。虽然我们使用财务报表估计出每年营运资本的变化，但是还是要谨慎一些，因为非营运资本的变化是波动性很大的。为了确保预计值并不是特殊年份导致的结果，我们将营运资本的变化与预期收入的变化以及企业的销售成本相联系。例如，我们计算出非营运资本占收入的百分比，同时估计出每年预期的收入变化，以此来估计出预计的非现金营运资本的变化。非现金营运资本可以为负数，也就是当收入增加时将营运资本转换为正的现金流。在这种情况发生时，可以谨慎地将非现金的营运资本设定为零。[②]

估计模型中的变量

与股利折现模型一样，*FCFE* 模型中要用到四个基本变量。第一，要确定出高增长期的时间长度。第二，要计算出增长期内每期的 *FCFE*。这意味着要估计出高增长期的净资本支出、非现金营运资本的变化以及有关负债的融资组合。第三，要估计出股东要求的收益率。第四，根据高增长期之后的稳定增长率、*FCFE* 以及必要收益率，估计出高增长期期末权益的终值。在这四个变量中，高增长期的时间长度以及股东所要求的收益率对于股利折现模型与 *FCFE* 估值模型是一样的。而另外两个变量的差异较小，不过仍然值得注意。

a. 估计出高增长期的 *FCFE*。与股利折现模型一样，我们首先从每股收益开始分析，并且估计出收益的预期增长。因此，股利折现模型中对于收益增长率的讨论也适用于此。唯一的差异在于对基本面增长的估计。我们在股利折现模型中估计基本面的增长时，使用留存收益率与权益收益率得出收益的预期增长。在估计 *FCFE* 模型中基本面的增长时，

① 将研发费用资本化有三个步骤。第一，你需要确定这些研究在多长时间内可以产生效益（摊销年份）。第二，你必须对同样期间过去的研发费用进行汇总。第三，必须对过去的研发费用在年限内进行摊销（直线法）。

② 虽然企业可以在短期内通过降低营运资本来获得正的现金流，但是假设这种情况一直持续下去是存在危险的。

使用上一部分定义的权益的再投资比率和权益收益率来估计出预期的增长率：

预期的净利润增长率＝权益的再投资比率×权益收益率

留存收益率不能超过100％也不能低于0％，而权益再投资比率可以为负（如果资本支出低于折旧）或者高于100％。如果权益再投资比率为负，并且在可预见的未来一直保持为负，那么收益的增长率也为负。如果权益的再投资比率超过100％，净利润就会按照高于权益收益率的速度来增长，而企业将不得不发行新的股票来为再投资进行融资。①

我们在估计出收益之后，还需要估计出净资本支出、营运资本需求以及负债的融资需要，从而得到 *FCFE*。我们可以将股利支付比率进行调整以反映出预期增长率的变化，同理，我们在增长率发生变化时也必须相应地对净资本支出与营运资本的需要进行调整。具体来说，高成长性的企业有着相对较高的净资本支出和营运资本需要。换句话说，当增长率较高时，权益再投资比率也比较高。对于财务杠杆也是如此。高成长性且高风险的企业通常不会使用很多负债；随着增长变弱，企业采用负债的意愿会提高，这表明随着增长率的下降，负债比率会上升。

最后需要指出的一点是，由于净利润包含了经营利润以及来自现金与有价证券的收入，我们将其运用于权益估值时有两种选择。第一种也是最简单（虽然不是很精确）的选择是对所有的 *FCFE* 进行折现（包括持有现金产生的收入），其中折现率采用的权益成本为反映出现金持有情况而做了相应调整。② 此时权益的现值就包含了公司的现金持有量。第二种方法，也是更精确的方法是，对净利润进行折现，不考虑持有现金产生的利息收入，采用的折现率仅仅反映企业经营业务的权益成本，最后再在现值上加上现金与有价证券的价值。

Capex. xls：网上的这个文件包含了行业平均的净资本支出与运营资本占收入的百分比。

【例 12—5】　估计净利润的增长率——塔塔化学公司

塔塔化学公司与很多制造业企业一样，再投资支出的波动性较大，并且每年从负债中获得的现金流也变化很大。在表 12—4 中，我们汇总了企业 2004—2008 年每年的净利润与权益再投资（资本支出－折旧＋非现金营运资本的变化－来自负债的净现金流）。

① 如果权益的再投资比率超过100％，企业的净利润将不足以满足企业的再投资需求，必须发行新的权益来填补这种空隙。

② 权益的贝塔是以无杠杆贝塔为基础，然后根据公司的持有现金量进行调整后得到。换句话说，如果该企业有20％的现金以及80％的经营资本，在估计无杠杆贝塔时，现金的贝塔为0，相应的权重为20％，而经营业务的无杠杆贝塔对应的权重为80％。

表 12—4 2004—2008 年塔塔化学公司的权益再投资与净利润							
	净利润（百万美元）	资本支出（百万美元）	折旧（百万美元）	营运资本的变化（百万美元）	负债的变化（百万美元）	权益再投资（百万美元）	权益再投资比率（%）
2003—2004	3 418	357	1 442	－557	－2 771	1 129	33.04
2004—2005	4 550	692	1 377	－493	5 448	－6 626	－145.64
2005—2006	5 156	11 730	1 389	2 823	867	12 297	238.51
2006—2007	6 338	1 196	1 504	－1 662	－4 411	2 442	38.53
2007—2008	11 571	28 956	1 488	88	17 054	10 502	90.76
总计	31 033	42 930	7 199	200	16 187	19 744	63.62

我们使用各变量在整个期间的加总值计算出标准化的权益再投资比率：

$$\text{权益再投资比率}=\frac{\text{权益再投资}_{2004-2008\text{年总计}}}{\text{净利润}_{2004-2008\text{年总计}}}=\frac{19\ 744}{31\ 033}=63.62\%$$

为了估计出权益收益率，我们考察了同一期间的净利润与权益的账面价值，如表12—5 所示。

可以用该期间的净利润的总和除以权益的账面价值的总和，得到标准化的权益收益率。

$$\text{权益收益率}=\frac{\text{净利润}_{2004-2008\text{年总计}}}{\text{权益的账面价值}_{2004-2008\text{年总计}}}=\frac{31\ 033}{178\ 992}=17.34\%$$

净利润的增长率就等于 *ROE* 与权益再投资比率的乘积。

$$\text{预期的净利润增长率}=\text{权益再投资比率}\times ROE=63.62\%\times 17.34\%=11.03\%$$

根据这些基本变量，我们估计出塔塔化学公司每年净利润的增长率为 11.03%。

表 12—5 2003—2008 年的净利润与 *ROE*			
	净利润（百万美元）	期初权益价值（百万美元）	*ROE*（%）
2003—2004	3 418	20 353	16.80
2004—2005	4 550	19 978	22.78
2005—2006	5 156	39 451	13.07
2006—2007	6 338	37 258	17.01
2007—2008	11 571	61 952	18.68
总计	31 033	178 992	17.34

实践：达到更高 *ROE* 的路径

每股收益的预期增长率和净利润的增长率都依赖于企业对于新投资的权益收益率。权益收益率越高，收益的预期增长率越高。但是这些企业如何产生更高的权益收益率呢？可以将权益收益率分解为资本收益率的效应与杠杆效应：

$$ROE=\text{资本收益率}+\frac{\text{负债}}{\text{权益}}\times(\text{资本收益率}-\text{税后的负债成本})$$

等式的第二项反映了负债的影响。只要企业的资本收益率超过税后的负债成本，权益收益率就会随着企业负债的增大而增大。比如，一个企业的资本收益率为 12%，负债权益比率为 0.5，税后的负债成本为 4%，可以计算出该企业的权益收益率为 16%。为了避免企业将此视为免费的午餐，我们必须指出，增加负债会提高企业的贝塔和权益成本，于是，当负债增长时，即使权益收益率和预期增长率可能提高，权益的价值也很可能会下降。

b. 估计终值。在股利折现模型中，*FCFE* 的终值是由稳定增长率与权益成本所决定的。*FCFE* 模型与股利折现模型的差别主要在于终值计算中使用的现金流：后一个模型使用的是股利，前一个模型使用的是 *FCFE*：

$$\text{权益的终值}_n=\frac{FCFE_{n+1}}{r_n-g_n}$$

在估计该现金流时，净资本支出与非现金营运资本的变化都应当符合稳定的定义。最简单的方法是，根据稳定期的权益收益率估计出权益的再投资比率：

$$\text{稳定增长期的权益收益率}=1-\frac{g_{\text{稳定}}}{ROE_{\text{稳定}}}$$

这与我们在股利折现模型中计算留存收益率的等式完全一样。

很多分析人士认为稳定增长企业的资本支出正好与折旧相抵消，并且不存在营运资本的需求，于是得到权益的再投资比率为 0，但这个假定只有在稳定增长率为零时才成立。如果采用 3%或 4%的稳定增长率，同时又没有进行再投资，实质上是让企业无需为增长支付代价，最后得到的结果是过高的企业价值。

将 *FCFE* 模型与股利折现模型进行协调

FCFE 的折现现金流模型可以视为股利折现模型的替代模型。因为两种方法有时候得到的估值是不一样的，所以有必要考察一下导致差别的原因。

在两种情况下，从 *FCFE* 模型中得到的折现现金流价值与从股利折现模型中得到的折现值相等。第一种情况是很明显的：当股利与 *FCFE* 相等时，两模型得到的价值相等。第二种情况更加微妙一些：当 *FCFE* 大于股利，但是将剩余现金（*FCFE*－股利）投资到净现值为零的项目上时，两模型得到的价值也是相等的。例如，投资到被公允定价的金融资产上，该资产的净现值为零。[①]

① 从技术上来说，只有当你记录下股利折现模型中所有的现金积累并将该价值加到终值上时，两模型的结果才相同。如果你不这样做，就会低估股利折现模型得到的价值。

更常见的情形是两模型得到不同的价值。第一，当 *FCFE* 大于股利时，剩余现金要么只能赚取低于市场回报的收益，要么被投资于净现值为负的项目，因而用 *FCFE* 模型估计的价值就会高于股利折现模型估计的价值。这并不少见。企业通过支付远远低于 *FCFE* 的股利累积大量现金储备，并用来为不明智的收购提供资金（支付的价格高于收到的价值），众多的案例已对这种行为进行了研究。第二，当支付的股利低于企业能够负担的水平（*FCFE*）时，企业的产权比率会降低，相应导致杠杆比率低于正常水平，从而减少其价值。

当企业支付的股利超过了 *FCFE* 时，企业为支付股利就必须发行新股或者借入新债，至少会导致对价值的三种负面影响之一：第一，证券发行成本，尤其是股票的发行成本相当高昂；第二，如果靠借入资金来进行股利支付，则企业的杠杆会变得过大（相对于最优水平），导致价值减损。第三，股利支付过多会导致资金配给约束，于是好项目会被拒绝，带来价值上的损失。

当两模型得到的价值不同时，还需要思考以下两个问题：（1）两种模型的价值差额告诉了我们什么？（2）哪种模型更适用于估计市场价值？在大多数情况下，*FCFE* 模型的估值会超过股利折现模型。可以将两者的差异视为控制企业的价值，也就是说，这种差异衡量了控制股利政策的价值。在敌意收购中，并购方希望控制企业并且改变鼓励政策（目的是反映 *FCFE*），这样就获得了更高的 *FCFE* 价值。最罕见的情形是，从股利折现模型中得到的价值大于从 *FCFE* 模型中得到的价值，此时两模型价值的差异没有什么经济含义，只是要注意一下预期股利的持续性。

至于哪种模型得到的价值最适用于估计市场价值，答案在于控制权市场的开放程度。如果一个企业被收购或者管理权发生变更的可能性很大，那么市场价格将会反映出这种可能性。在这种情况下，根据 *FCFE* 模型得到的价值是更合适的标准。当公司控制权难以变更时，无论是因为企业的规模过大还是因为存在一些法律上或市场上的并购限制，此时股利折现模型得到的价值是更合适的比较基准。

12.7 *FCFE* 与股利折现价值

大多数公司可以用 *FCFE* 模型和股利折现模型来定价。对于这两个模型得到的价值之间的关系，你最赞同以下哪种观点？

a. 从 *FCFE* 模型中得到的价值总是高于从股利折现模型中得到的价值。

b. 从 *FCFE* 模型中得到的价值通常高于从股利折现模型中得到的价值。

c. 从股利折现模型中得到的价值通常高于从 *FCFE* 模型中得到的价值。

d. 从股利折现模型中得到的价值一般等于从 *FCFE* 模型中得到的价值。

【例 12—6】　用 *FCFE* 模型来估值——塔塔化学公司

为了用 *FCFE* 模型来对塔塔化学公司进行估值，我们将会使用到例 12—4 中估计的预计净利润增长率，首先对经营资产的权益价值进行估计，然后再加上现金以及其他非经营资产的价值，从而得到公司的权益价值。将基本信息汇总如下：

● 我们使用标准化的权益收益率 17.34%（见例 11—5）和当前权益账面价值(357.17 亿卢比)，而不是 2007—2008 年的净利润来估计基础年度的净利润：

$$\begin{aligned}\text{标准化的净利润} &= \text{当前权益的市场价值} \times \text{标准化的 } ROE \\ &= 35\ 717 \times 0.173\ 4 = 6\ 193 \text{ 百万卢比}\end{aligned}$$

● 我们在例 12—5 中根据 2004—2008 年的数据计算出平均的权益再投资比率 63.62%，并且计算出标准化的权益收益率 17.34%，从而估计出接下来五年里每年预期的增长率为 11.03%。

● 在例 4—9 中，我们估计出塔塔化学公司经营资产的权益贝塔为 0.945。① 另外，已知卢比的无风险收益率为 4%，印度的权益风险溢价为 10.51%（在第 4 章中所估计的），从而计算出权益成本为 13.93%。

$$\text{权益成本} = 4\% + 0.945 \times 10.51\% = 13.93\%$$

到第 5 年，我们假定贝塔将上升到 1，权益风险溢价将下降到 7.5%。② 得到权益成本为 11.5%。

$$\text{稳定增长期的权益成本} = 4\% + 1 \times 7.5\% = 11.5\%$$

● 在第 5 年之后，我们将假定净利润的增长率将下降到 4%，权益收益率将上升到 11.5%（也就是权益成本）。稳定增长期的权益再投资比率可以计算如下：

$$\begin{aligned}\text{权益再投资比率}_{\text{稳定增长期}} &= \text{预期的增长率}/\text{权益收益率} \\ &= 4\%/11.5\% = 34.78\%\end{aligned}$$

为了估计出塔塔化学公司的权益价值，我们首先估计来自经营活动的 *FCFE*，如表 12—6 所示。

表 12—6　　2009—2013 年塔塔化学公司的预期 *FCFE*

	2009	2010	2011	2012	2013	合计
净利润（百万卢比）	6 876	7 634	8 476	9 411	10 449	
权益再投资比率（%）	63.62	63.62	63.62	63.62	63.62	
FCFE（百万卢比）	2 501	2 777	3 084	3 423	3 801	
权益成本（%）	13.93	13.93	13.93	13.93	13.93	
现值（百万卢比）	2 195	2 160	2 085	2 032	1 980	10 433

FCFE＝净利润×(1－再投资收益率)

① 我们在本次估值中使用经营资产的权益贝塔。如果我们将现金等金融性资产包含进来，则必须对塔塔化学公司的贝塔进行调整。

② 我们将国家风险溢价从 4.51%降低到 1.5%。我们假定，随着印度的不断发展，该国家的投资风险在不断降低。

为了估算出权益的终值，我们首先估计出第 6 年的 *FCFE*：

第 6 年的 *FCFE* ＝第 6 年的净利润×(1－权益再投资比率$_{稳定增长期}$)
＝10 449×1.04×(1－0.347 8)＝7 087 百万卢比

另外，已知权益成本为 11.5%，可以计算出终值，如下所示：

权益的终值＝7 087/(0.115－0.04)＝94 497 百万卢比

当前的权益价值就是表 12—3 中预期现金流的现值，加上权益终值的现值，再加上当前现金以及非经营资产的价值：

高增长期 *FCFE* 的现值＝10 433 百万卢比
＋权益终值的现值＝94 497/1.139 3^5＝49 231 百万卢比
＝经营资产的股权现值＝59 664 百万卢比
＋现金与有价证券的价值＝1 759 百万卢比
企业的权益价值＝61 423 百万卢比

用企业的权益价值除以发行在外的股票 235.17 百万股，得到每股价值为 261 卢比。该数值比估值期间（2009 年 6 月）的股价 222 卢比高出 20%。

实践：协调得到的价值与市场价格

当你对企业进行估值并得到不同于市场价格的价值时，有三种可能的解释。第一，我们的假设有误导致估值是错的，而市场是正确的。无需诉诸有效市场的论断，这是合理的分析起点，因为这是最可能发生的情形。第二，市场是错误的而我们是正确的。在这种情况下，我们必须思考一下是否对自己的估值有足够的信心。如果我们发现一个企业的价值被低估，那么就应当购进并持有该股票。如果股价被高估，我们就要卖空。问题是，即使市场是错误的，也不能保证它在不久的将来会修正这些错误。换句话说，价值已经被高估的股票会被高估得更严重，价值被低估的股票可能好几年都被低估，这种情况对于我们的投资组合造成严重的影响。这也使得卖空成为一种风险很大的策略，因为我们基本上只能在有限的几个月内进行交易。

衡量市场预期的一种方法是，解出能够产生市场价格的增长率。例如，在对塔塔化学公司进行的估值中，要使得到的价值等于市场价格，需要使未来五年里的预期收益增长率为 7%。该数值就是隐含增长率，可以将隐含增长率与我们在估值中所用的增长率 11.03%作比较。

Ⅲ. 企业自由现金流模型（*FCFF* 模型）

股利折现模型与 *FCFE* 模型都用来直接估计企业的权益价值。另一种方法则是先评估整个企业的价值，然后再根据企业价值推算出权益的价值。这就是我们运用企业整体估值模型所要达到的结果，此时我们关注的是企业的经营资产与其产生的现金流量。

模型的设定

企业现金流量可以用两种方式来衡量。第一种方式是将归属企业所有索取权的现金流加总起来。也就是，用归属权益投资者的现金流量（采取的是股利与股票回购的形式）加上归属债权人的现金流量（利息和净债务的偿付），就可得到整个企业的现金流。另一种方式是估计出偿付债务前和再投资需要满足后企业的现金流，两种方法对现金流的估计结果相同。

$$EBIT(1-税率)-(资本支出-折旧)-非现金营运资本的变化 =企业自由现金流$$

资本支出与折旧的差额（净资本支出）同非现金营运资本的增加代表了企业为将来增长而进行的再投资。上式的另一种表达方式是将净资本支出与营运资本的变动额加在一起，再除以税后的经营利润。净资本支出与营运资本的变化之和占税后经营利润的比例就是再投资比率，于是 FCFF 可以写成：

$$再投资比率=\frac{资本支出-折旧+营运资本的变化}{EBIT(1-税率)}$$

$$FCFF=EBIT(1-t)(1-再投资比率)$$

请注意，若企业有大量的再投资需要，再投资比率可以超过 100%。[①] 如果发生这种情况，即使经营利润为正，FCFF 也会为负。企业现金流量通常被称为非杠杆现金流量，因其不受债务支付及与之相关的税收利益的影响。[②]

与股利和 FCFE 相同，企业经营资产的价值可以表示为高增长期预期现金流的现值（持续了 n 期）与高增长期期末终值的现值之和：

$$价值_0=\sum_{t=1}^{t=n}\frac{E(FCFF)_t}{(1+r)^t}+\frac{终值_n}{(1+r)^n}$$

其中，

$$终值_n=\frac{E(FCFF)_{n+1}}{(r-g_n)}$$

其中，r 是资本成本，g_n 是预计的固定增长率。

估计模型中的变量

与股利折现模型及 FCFE 折现模型一样，计算企业经营资产的价值需要四个变量——高增长期的期间、该期间的 FCFF、作为折现率的权益成本和企业经营资产的终值。我们要得到每股权益的价值还需要进行另外几个步骤。具体来说，我们还必须加上非经营资产的价值，减去负债，并考虑到企业发行在外的股票期权的影响。

a. 估计高增长期的 FCFF。我们根据对企业未来预期现金流的估计得到企业的价值。

① 用实务术语来说，该企业需要负债或权益形式的外部融资来满足超额再投资的需求。

② 来自利息支付的税收优惠是实际的现金收益，在我们计算税后负债成本时，这些体现在折现率上。如果我们在计算 FCFF 时加上这些税收优惠，就相当于计算了双重税收优惠。

通过对收益、净资本支出与营运资本的预计得到预期的现金流。这些估值的关键变量之一，是经营利润的预计增长率。与我们对股利和净利润增长率的估计相同，决定预期增长率的变量是很简单的。经营利润的预期增长率是企业的再投资比率与再投资质量的乘积。其中，再投资比率是净资本支出与非现金营运资本占税后经营利润的比例。而再投资质量是用税后的资本收益率来衡量的。

$$预期增长率_{EBIT}=再投资收益率\times资本收益率$$

其中，

$$再投资比率=\frac{资本支出-折旧+非现金营运资本的变化}{EBIT(1-税率)}$$

$$资本收益率=\frac{EBIT(1-t)}{权益的账面价值+负债的账面价值-现金}$$

这两个变量都是面向未来的，并且资本收益率应当代表未来投资的预期资本收益率。接下来，我们考虑的是估计再投资比率和资本收益率的最佳方案。

再投资比率通常用企业过去的再投资情况来衡量。虽然这是一个很好的起点，但没有必要计算出关于未来再投资比率的最优估计。企业的再投资比率起伏不定，当企业投资于大型项目或者进行并购活动时尤其如此。对这些企业而言，考察长期的平均再投资比率是对未来的更好估计。另外，随着企业的发展与成熟，它们的再投资需求以及再投资比率会下降。对于在过去几年里大幅度扩张的企业来说，历史的再投资比率可能会高于预期未来的再投资比率。对于这些企业而言，行业平均的再投资比率是比历史数据更好的指标。此外，在研发费用和经营租赁费用的处理上保持一致非常重要。在计算再投资收益率时，满足特定需要的研发费用要归为资本支出的一部分。

资本收益率通常以企业现有投资的资本收益率为基础得到，前提是假定资本的账面价值衡量了投资中的资本。这意味着，我们假设目前的会计资本收益率较好地衡量了现有投资的真实收益率，而这个收益率又能恰当反映未来投资带来的回报。当然，如果资本的账面价值不能很好地衡量现有项目的投入资本，或者经营利润的衡量有误，或其波动性很大，那么这个假设就值得怀疑了。因此，我们不仅需要考虑企业当前的资本收益率，而且需要考虑收益率的趋势和行业平均的资本收益率。如果企业当前的资本收益率显著高于行业平均值，预期的资本收益率就应当设定得低于当前企业的资本收益率，这样就可以反映出由竞争导致的资本收益率下降的趋势。

最后，如果一个企业获得的资本收益率大于其资本成本，那么该企业就赚取了超额收益。这些超额收益是企业竞争优势或者拥有行业进入壁垒的结果。如果较高的超额收益可以持续一段较长的时间，那么说明该企业具备长久的竞争优势。

实践：税后经营利润

我们从企业的利润表中可以得到 *EBIT* 和税率值，从而衡量出企业的经营利润。因为我们要估计的经营利润是在扣除资本支出与融资费用前的经营利润，所以我们对于会计上的经营利润至少要做如下两点调整：

（1）第一个调整是，将会计师确定为经营费用项目的融资费用调整回来。最明显的一个例子是经营租赁。因为这些租赁的支付构成了企业未来的义务，相关租赁的支付义务是可以抵税的，而不能完成这些支付义务会导致企业破产，因此我们将这些费用确定为融资费用。我们已经在第 4 章中指出相关的调整。一般来说，这些调整会导致企业经营利润和外债的增加。

（2）第二个调整是，对一次性或非经常性收入和费用加以修正。如果费用（或收入）是一次性费用（或收入），我们应当将这些费用（或收入）从经营利润中加以剔除，在未来经营利润的预计中不使用这些数值。虽然这似乎要将所有的非经常支出从经营利润中剔除出去，但是有些非经常开支会定期发生，比如，每四年或者每五年发生一次。这些费用发生的频率很低但不应当被视为非经常性费用，应当在未来经营利润的预计中进行考虑。最简单的方法就是以年为基础对这些费用进行平均。简单来说，如果某项费用每五年发生一次，那么在计算利润时就认为该项费用每年发生了五分之一。

就税率而言，大多数公司报告的有效税率都低于其边际税率。与经营利润相同的是，我们应当寻找到产生差异的原因，考察企业是否能够保持更低的税率水平。如果不行，在用边际税率计算未来的税后经营利润时就要保持谨慎。

【例 12—7】　估计经营利润的增长率——迪士尼

我们首先使用最近报表的数据估计出 2008 年迪士尼的再投资比率和资本收益率。先将经营租赁转化为负债，然后对经营利润和资本支出做出相应的调整。①

$$\text{再投资比率}_{2008\text{年}}=\frac{\text{资本支出}-\text{折旧}+\text{营运资本的变化}}{EBIT(1-t)}$$

$$=\frac{2\ 752-1\ 839+241}{7\ 030\times(1-0.38)}=26.48\%$$

在计算 2008 年的资本支出时我们将 5.16 亿美元的并购费用考虑进来，但是该项费用是具有波动性的。迪士尼并不是在每年都进行大型并购活动，但是时不时也会进行一些——2006 年花费 75 亿美元购买皮克斯，1996 年花费 115 亿美元购买大都会。对 1994—2008 年的并购进行平均，我们估计出每年平均的并购价值为 17.61 亿美元。用标准化的并购费用替换当年的并购费用，可以计算出更高的再投资比率：

$$\text{再投资比率}_{2008\text{年}}=\frac{3\ 939-1\ 839+241}{7\ 030\times(1-0.38)}=53.72\%$$

我们用 2008 年的经营利润和 2008 年年初的资本余额计算出资本收益率：

$$\text{资本收益率}_{2008\text{年}}=\frac{EBIT(1-t)}{\text{权益的账面价值}+\text{负债的账面价值}-\text{现金}}$$

① 负债的账面价值由于加上了经营租赁义务的现值 17.20 亿美元而被扩大了。迪士尼未经调整的经营利润为 67.26 亿美元。原本的经营租赁费用算在资本支出上，于是在原来的经营利润上加回该经营租赁的费用 5.50 亿美元，再减去租赁资产的折旧 2.46 亿美元，从而得到调整后的经营利润为 70.30 亿美元。

$$=\frac{7\ 030\times(1-0.38)}{(30\ 753+16\ 892-3\ 670)}=9.91\%$$

请注意，迪士尼的有效税率和边际税率是很相近的。我们使用边际税率38%来计算税后的利润。如果迪士尼在以后几年里保持2008年的再投资比率和资本收益率，就可以得出该企业的增长率为5.32%。

$$基于当前基本面的预期增长率=53.72\%\times9.91\%=5.32\%$$

对成长性企业进行估值：一个行为学视角

从理论上来说，我们认为对成长性企业进行估值会比对成熟企业进行估值产生更大的误差，因为我们在对成长性企业进行估值时会面临更多的企业特有的不确定性。我们会从企业实际层面找到一些证据来支持对于增长持续期与增长率大小的假设，但是在对成长性企业进行估值时会有更多的偏差。具体来说，有证据表明，相对于低成长性的企业而言，高成长性（高的市盈率值）企业的股票收益过低而定价过高。

(1) 过度自信。在整本书中，我们指出了很多过度自信对公司财务决策的影响。过度自信的经理人倾向于进行过多的投资，对并购给出过高的支付价，以及进行过多的负债等等。过度自信的投资者倾向于低估公司失败的可能性，而高估未来潜在的增长率。虽然所有的估值都被这种过度自信所影响，但是这种影响在成长性企业中更大，因为对成长性企业来说，失败发生的概率更大并且增长潜力在价值构成中占到更大的比例。

(2) 规模性偏差。分析师倾向于参考最近时期的增长率来推断出未来期间的增长率。虽然这种做法会影响到所有的估值情况，但是在对小型企业进行估值时，这种影响会更大，因为小企业在最近期间有着很高的增长率（反映出其较小的规模）。

(3) 选择性偏差。分析师、经理人与评估师会被高成长性的行业（例如，科技行业）所吸引，而这群人是最乐观的群体，于是他们的估值反映出选择性偏差。

fundgrEB. xls：网上的数据集汇总了美国最近一个季度各行业的再投资比率和资本收益率。

b. 估计资本成本。在权益估值模型中，使用权益成本来对权益现金流进行折现，而在企业估值模型中，用资本成本对企业的现金流进行折现。资本成本是融资成本的组合，包含负债成本、权益成本以及两者在资本结构中的权重：

$$\begin{aligned}资本成本=&k_{权益}[权益/(权益+负债)]\\&+k_{负债}[负债/(权益+负债)]\end{aligned}$$

式中，权益成本代表权益投资者要求的收益率，而负债成本衡量了借债的成本，并且经过了负债的税收优惠的调整。负债与权益的权重必须是用市场价值计算出来的。我们之前在本书有关投资分析和资本结构的内容中广泛探讨了与资本成本估计有关的问题，现在我们来分别考虑企业估值模型中需要的每一个变量。

权益成本，正如我们在整本书中所定义的，是投资中不能分散化的风险的函数，而不能分散化的风险是用单个贝塔（在单因子模型中）或者多个贝塔（在多因子模型中）来衡量的。我们认为，参考行业平均的贝塔值得到的企业贝塔值会更好，此时的贝塔值就是自下而上的预测，因为该贝塔值反映出企业当前的业务组合和杠杆水平。这一观点得到下述事实的有力支持：当企业的预期业务组合和财务杠杆随着时间的推移发生变化时，贝塔也随之相应变化，于是权益成本在不同年度也会不同。

当企业面临的市场风险发生变化时，企业的权益成本会随时间的推移而改变。同理，当企业面临的违约风险发生变化时，企业的负债成本也会发生相应的变化。有两个原因会导致预期的违约风险发生变化。第一个原因是，随着未来预计收益的增长，企业的规模将发生变化；而收益的波动性也会随着时间的推移而变化。第二个原因是，财务杠杆可能发生变化。如果我们预期企业的负债比率随着时间的推移而改变，这将影响到企业的偿债能力，进而影响到企业的举债成本。当预期税率因时间不同而发生变化时，税后负债成本也会发生变化。

如果企业改变其杠杆水平，那么在资本成本计算中负债成本与权益成本的权重都会发生相应的变化。企业的杠杆会在预测期间内发生变化吗？该问题的答案取决于两个因素。第一个因素是企业最初的杠杆水平是过高还是过低。如果该水平恰好是合适的，那么在未来基本上就不必改变杠杆。第二个因素是企业管理层的观念以及他们对股东看法做出反应的程度。如果企业的管理层坚定地反对负债，那么杠杆过低的企业还是会一直保持较低的杠杆。如果股东有更大的权力，那么自然有压力促使企业朝着最优负债比率移动。

【例 12—8】　资本成本——迪士尼

要重新使用在估计迪士尼的资本成本时采用的变量，我们将做出如下假设：

企业在第一个五年的贝塔就是我们在例 4—7 中估计的自下而上的贝塔 0.901 1。另外，已知无风险收益率为 3.5%，市场风险溢价为 6%，可以得到权益成本为 8.91%。

$$\begin{aligned}\text{权益成本} &= \text{无风险收益率} + \text{贝塔} \times \text{风险溢价} \\ &= 3.5\% + 0.901\,1 \times 6\% = 8.91\%\end{aligned}$$

因为迪士尼的评级为 A，据此估计迪士尼第一个五年的负债成本为 6%。此外，已知迪士尼的税率为 38%，得到该企业的税后负债成本为 3.72%：

$$\text{税后的负债成本} = 6\% \times (1 - 0.38) = 3.72\%$$

我们将当前以市场价值计算的负债比率 26.7%作为对第一个五年进行估值的负债比率。记住，该负债比率是用负债的市场价值 16 682 百万美元（包含经营租赁的价值）和权益的市场价值 46 045 百万美元计算出来的。

迪士尼的资本成本，即至少前五年估值采用的资本成本为 7.52%。

$$\begin{aligned}\text{资本成本} &= \text{权益成本} \times [E/(D+E)] + \text{税后的负债成本} \times [D/(D+E)] \\ &= 8.91\% \times 0.763 + 3.72\% \times 0.267 = 7.52\%\end{aligned}$$

12.8 企业的估值与杠杆

对企业估值的一个常见批评是，在估值中使用资本成本时，假设杠杆随时间的推移保持不变，也就是资本成本中负债与权益的权重保持不变。这是对的吗？

a. 是的。

b. 不是。

wacc. xls：这个网络数据库汇总了美国企业按行业划分的资本成本。

c. 估计终值。该方法与折现现金流模型一致的地方在于，假设超过一定年限的现金流以固定的速率增长到永远。于是，可以将终值估计如下：

$$终值_n = 企业的自由现金流_{n+1}/(资本成本_{n+1} - g_n)$$

式中，模型的资本成本与增长率永远不变。我们可以利用增长率与再投资比率的关系估计出稳定增长期的再投资比率：

$$稳定增长期的再投资比率 = 稳定增长率/ROC_n$$

其中，ROC_n 是企业在稳定增长期的资本收益率。可以使用再投资比率得到稳定增长期第一年的 $FCFF$：

$$终值 = \frac{EBIT_{n+1}(1-t)\left(1-\frac{g_n}{ROC_n}\right)}{资本成本_n - g_n}$$

在 ROC 等于资本成本时，公式可以简化为：

$$终值_{ROC=WACC} = \frac{EBIT_{n+1}(1-t)}{资本成本_n}$$

换句话说，当企业获得的超额收益为零时，增长率则变得无关了。在每种折现现金流估值中，我们都需要对稳定增长率做出两个关键的假设。第一个假设是关于非稳定增长的企业成为稳定增长企业的时间。第二个假设与企业在稳定增长期的特征有关，包括资本收益率与资本成本。我们在介绍股利折现模型时考察了第一个问题，现在来考虑一下第二个问题。

当企业从高增长期进入稳定增长期时，我们需要向它们指出稳定增长企业的特征。处于稳定增长期的企业与处于高增长期的企业在如下几个方面有所不同。例如，

- 就像我们在权益估值模型中所指出的，高成长性企业面临着更多的市场风险（也就是有更大的贝塔值）。例如，虽然假设企业在高增长期的贝塔为 1.8 可能是合理的，但是当企业逐渐走向稳定增长时贝塔值要小一些。[①]

---

① 一个经验法则是，如果贝塔值在 0.8～1.2 的范围之外，那么该企业就不是稳定增长的企业。美国有三分之二的企业的贝塔值都落在 0.8～1.2 的范围之内。

● 高成长性企业会有更高的资本收益率，并且能获得超额收益。在稳定增长期间，企业很难再维持超额收益。有人认为唯一能在稳定增长期维持的假设是零超额收益假设，也就是将资本收益率设定为与资本成本相等。虽然我们在原则上认同这种观点，但是在实务中很难假定所有的投资，包括形成现有资产的投资，一下子就失去了产生超额收益的能力。因为整个企业在一段较长的时间内保持超额收益是可能的，所以我们认为，有时假定企业的资本收益率会逐渐趋近于行业的平均值，这在估值中更为合理。

● 最后，高成长性企业使用更少的负债。随着企业的成熟，它们的负债能力也在增加。只有考察了经理人相对于股东的权力以及经理人对负债的态度后，才能知道此时的负债比率是否应当向最优比率移动。如果经理人愿意改变其负债比率并且股东保持了一定的权力，那么假定负债比率在稳定增长期朝着最优比率移动就是合理的。如果情况不是如此，最保险的假设还是让负债比率保持在现有水平上。

12.9 净资本支出、*FCFE* 与稳定增长

假定你在对一家具有高风险（贝塔）的高成长性企业进行估值，该企业有大量的再投资需求（高的再投资比率）。你假定企业在五年后将处于稳定增长期，但是假定那时依然保持着高增长期的风险与再投资比率。你会高估还是低估该企业的价值？

a. 低估该企业价值。

b. 高估该企业价值。

【例 12—9】　稳定增长期的变量与过渡期：迪士尼

我们假定迪士尼在第 10 年后将处于稳定增长期。在稳定增长期间，我们做出如下假设：

● 股票的贝塔将会升高到 1，反映出迪士尼已经是一个成熟企业。这将使企业的权益成本下降到 9.5%。

权益成本＝无风险收益率＋贝塔×风险溢价
　　　　＝3.5%＋6%＝9.5%

● 迪士尼的最优负债比率保持在 26.73%，比我们在第 8 章计算出的最优负债比率要低，但是没有任何迹象表明该企业应当提高其负债比率。因为我们假定负债成本保持在 6%，这就导致资本成本变成 7.95%。

资本成本＝9.5%×0.732 7＋6%×(1－0.38)×0.267 3＝7.95%

● 迪士尼的资本收益率将从高增长期的 9.91%下降到稳定增长期的 9%，仍然高于其资本成本 7.91%，而迪士尼的竞争优势不可能在第 10 年年底全部消失。

● 稳定增长期的预期增长率为 3%。另外，已知资本收益率为 9%，可以得到稳定增长期的再投资比率为 33.33%。

再投资比率＝增长率/资本收益率＝3%/9%＝33.33%

所有这些变量的价值都在过渡期内逐渐进行调整。过渡期是从第 6 年到第 10 年，此时企业从高增长期逐渐进入低增长期。

a. 从经营资产的价值到企业价值。经营利润是从经营资产中获得的利润，而资本成本衡量的是这些资产的融资成本。如果将经营现金流折现到当前，我们就得到了该企业经营性资产的价值。但是，企业的账面上通常有大量的现金与有价证券。企业价值应该等于经营资产的价值再加上现金与有价证券的价值。

很容易计算出现金与有价证券的价值，但是其他非经营资产的价值却很难计算。例如，考虑一下未合并入利润表的对其他企业或子公司的少量持股。[①] 如果我们只关心持有这些资产的报告收益，就忽视了持有价值中重要的一部分。[②] 将这些资产纳入企业估值中的最准确的方法是，对持有股份的每一家子公司或企业进行估值，然后计算出该企业所拥有的价值比例。如果企业拥有子公司超过 50%的股份，美国的会计准则就要求合并子公司所有的利润与资产，而不属于企业的股份就列在资产负债表的少数股东权益这一项上。如果从企业的合并报表中估计现金流，要将少数股东权益的价值扣除，这样就得到企业的权益价值。[③]

还有最后一项资产要考虑。有的企业拥有固定缴款的养老金负债，这些公司的养老金资产累计量有时超过了养老金负债。虽然超出的部分归属于企业所有者，但是如果进行索取的话就产生了相应的应交税金。保守的方法是，假定索取超额养老金的社会成本与税收成本高得令企业几乎不会如此去做。

【例 12—10】 对迪士尼的非经营资产进行估值

在 2008 年年末，迪士尼报告拥有 37.95 亿美元的现金与有价证券。另外，迪士尼对其他公司持有的少数投资的账面价值为 17.63 亿美元，主要是对国外的迪士尼主题公园的少量持股。[④] 由于缺乏这些投资的详细财务信息，我们假定这些投资的账面价值大略等于其市场价值。请注意，我们考虑了迪士尼资产负债表中余下的资产，包括电视与电影的资本化成本 54 亿美元和商誉的价值 222 亿美元，以及已经计入相关现金流量的无形资产。[⑤]

最后，迪士尼对一些持股少于 100%的子公司的财务报表进行了合并。这些子公司中不属于迪士尼权益的部分为 13.44 亿美元，作为资产（少数股东权益）列示在迪士尼的资产负债表上。我们假定迪士尼持有的其他公司价值就是估计的市场价值，在计算迪士尼的权益价值时要减去这些值。

---

① 当对利润表进行合并时，子公司的所有经营利润都呈现在母公司的利润表上。如果企业对某企业持有少量股份并且在管理上处于被动地位，那么就不用对这些被持股方的财务报表进行合并。

② 但该企业对其他企业持有少量权益并且处于比较被动的管理位置时，该企业只报告它从这些投资中收到的股利。如果该企业对其他企业持有少量的权益但是处于积极的管理位置，该企业能够报告被持股企业的净利润归属于它的部分。

③ 我们更偏好于扣除少数股东权益的市场价值而不是列在资产负债表上的账面价值。

④ 迪士尼拥有欧洲迪士尼主题公园 39%的股份，拥有香港迪士尼主题公园 43%的股份。迪士尼还拥有 A&E 网络 37.5%的股份和 E！电视台 39.6%的股份。

⑤ 如果将这些价值加在现金流现值上，就会造成双重计算。

cash. xls：这个网络数据库汇总了美国各行业在最近年度的现金及有价证券的价值。

b. 从企业价值到权益价值。此时所用到的一般准则是，在计算权益价值的过程中，你从企业价值中减去的负债价值至少应等于你在计算资本成本时所用的负债价值。比如，如果我们在计算资本成本时将经营租赁当作负债，那么我们在估计权益价值时应当从经营资产的价值中减去经营租赁的价值。如果企业拥有优先股，从企业价值中减去优先股的市场价值得到普通股的价值。①

还有一些其他的索取权在计算资本成本时并没有包含在负债中，但是在计算权益价值时要从企业价值中减去。

● **预计因法律诉讼而产生的负债。**如果一家企业是诉讼中的被告方并且可能会遭受上千万美元的损失，那么我们应当估计出损失发生的概率并通过这种概率估计出预期的负债。比如，如果有10%的可能性企业会输掉这场官司，预期的损失为10亿美元，我们就应当在企业的权益价值中再减去1亿美元（概率×预期损失）。如果预期七年后损失才可能发生，那么就计算出预期损失的现值。

● **资金供给不足的养老金与医疗保险负债。**如果企业对养老金与医疗保险计划的资金明显供应不足，该企业就需要在未来划拨出一部分现金来满足这些需要。虽然这些划拨的资金在资本成本的计算中没有被当作负债，但是在计算权益的价值时要从企业价值中减去。

● **递延税务负债。**很多企业在财务报表上都有递延的税务负债，反映了这些企业进行的一些税收筹划，即在当年减少了税收而增加了以后的税收。在以上三个项目中，这一项是定义最不明确的，因为不能清楚确定这些负债何时到期甚至是否会到期。但是，不考虑这些义务似乎也不合适，因为企业可能最终还是要在未来支付这些负债。最明智的方法是将该项目确认为一项负债，但是这些负债只有当企业的增长率处于适度稳定的水平时才会到期。比如，如果我们预期某企业在未来十年里将处于稳定增长期，就应当将递延税的义务折现到现在，在计算权益价值时要从企业的整体价值中减去该数值。

c. 从权益价值到每股价值。一旦估计出企业的价值（不包括非经营资产），我们就用企业的价值减去发行在外的负债的价值从而得到权益的价值，再用权益的价值除以发行在外的股份数就得到权益的每股价值。只有当发行的权益全部为普通股时，这种做法才是可行的。当存在权证与雇员期权时，要从总的权益价值中减去这些期权的价值，然后再除以发行在外的股份数，得到每股价值。当企业存在可转换债券时也要经过同样的步骤，因为这些转换权代表了对股东权益的索取权。

---

① 估计优先股的市场价值相对来说是很简单的。优先股通常是永续的，因此优先股的市场价值可以估计如下：

优先股的价值＝优先股股利/优先股的成本

优先股的成本应当高于税前的负债成本，因为负债对企业的现金流与资产有更优先的索取权。

对于那些不愿使用期权定价模型的人来说，有两种快捷的方法可用。一种是用权益价值除以稀释之后所有发行的股份数而不是实际的股份数。[1] 这种方法会低估权益的价值，因为该方法没有考虑到执行期权时的现金收入。另一种快捷的方法也被称为库藏股方法，也就是要先在原本计算的权益价值上加上预期执行期权带来的收入（执行价格乘以发行在外期权的数量），然后再除以发行在外的股份数。虽然这种方法得到的值比第一种快捷方法更合理，但是该方法并没有考虑到发行在外期权的时间溢价。所以说，这种方法会高估普通股的价值。

warrants. xls：你可以利用该电子表格计算出企业发行在外的期权价值，从而考虑到权益的稀释效应。

【例 12—11】　股票期权的价值

迪士尼向其经理人授予了相当多的期权。在 2008 年年底，发行在外的期权有 1.71 亿份，加权平均的执行价格为 28.37 美元，加权平均的期限为 6 年。已知当前的股价为 24.34 美元，估计的标准差为 29%[2]，股利收益率为 1.54%，我们利用期权定价模型可以估计出这些股票期权的价值为 8.51 亿美元。[3] 这个价值可能被高估了，因为我们假定所有的期权都被执行。实际上，很大一部分期权（大约为 30%）还没有过等候期[4]，这会相应地减少估计出的期权价值。我们还假定，当期权被执行时，可以产生税收优惠，大小为期权价值的 38%。

税后的股票期权价值＝851×(1－0.38)＝528 百万美元

我们可以用总的权益价值减去税后的期权价值，从而得到普通股的权益价值。再用普通股的权益价值除以实际流通的股份数就可得到每股权益价值。

协调权益价值与企业价值

FCFF 模型与股利折现模型和 *FCFE* 模型的区别是，*FCFF* 模型估计的是企业经营资产的价值而不是权益价值。但是，权益价值可以用企业经营资产的价值加上非经营资产的价值再减去负债的价值得到。因为可以将 *FCFF* 模型作为估计权益价值的另一种方法，从而就产生两个问题：为什么要对企业进行估值而不是直接对权益进行估值？从 *FCFF* 模型中估计出的权益价值与从 *FCFE* 模型中估计出的权益价值相等吗？

使用对企业估值的方法，其优势在于不需要考虑与负债相关的现金流，因为 *FCFF* 是负债之前的现金流量，而估计 *FCFE* 则要考虑与负债相关的现金流量。如果预计企业

① 我们假定所有的期权都会被执行，从而计算出这些事件导致的股份数的增加。

② 我们使用迪士尼股价历史的标准差。

③ 期权定价模型使用的是布莱克-斯科尔斯模型，其中对潜在的稀释效应进行了调整。这在附录 4 中有详细的解释。

④ 当期权没过等候期时，它们不能被执行；当公司给予员工期权，公司通常要求员工在执行期权之前服务一段时间（等候期）。

杠杆会随着时间的推移发生明显的变动，企业估值法就很省力。因为当杠杆变动时，对新债发行与旧债偿还的估计就会变得比较麻烦。不过，企业估值法需要有关负债比率与利率的信息从而估计出资本成本。

如果你对财务杠杆的假设在两种方法中是一致的，那么从企业估值法中得到的权益价值与直接从权益估值方法中得到的价值将是一样的。在实务中更难以使两种方法得到的值一致。我们先来看一下最简单的情形——一个没有增长的永续性企业。假定该企业的 $EBIT$ 为 166.67 百万美元，税率为 40%。假定企业权益的市场价值为 600 百万美元，权益成本为 13.87%，负债为 400 百万美元，税前的负债成本为 7%。企业的资本成本可以估计如下：

$$资本成本=13.87\%\times\frac{600}{1\ 000}+7\%\times(1-0.4)\times\frac{400}{1\ 000}=10\%$$

$$企业价值=\frac{EBIT(1-t)}{资本成本}=\frac{166.67\times(1-0.4)}{0.10}=1\ 000\ 百万美元$$

请注意，该企业没有任何再投资，也没有任何增长。我们可以从企业价值中减去负债的价值，从而得到权益的价值。

$$权益价值=企业价值-负债价值=1\ 000-400=600\ 百万美元$$

现在我们再使用净利润直接估计出权益价值。首先估计出净利润：

$$\begin{aligned}净利润&=(EBIT-税前的负债成本\times负债价值)(1-t)\\&=(166.67-0.07\times400)\times(1-0.4)=83.202\ 百万美元\end{aligned}$$

权益价值用权益成本作为折现率对净利润进行折现：

$$权益价值=\frac{净利润}{权益成本}=\frac{83.202}{0.138\ 7}=600\ 百万美元$$

在这个简单的例子中，用两种方法计算的权益价值是相同的，因为我们在估值中隐性地或者显性地进行了以下假设：

● 在计算资本成本时所使用的负债与权益的价值同我们在估值中所用的这些变量的价值相同。尽管存在循环推理——你首先需要使用资本成本来估计出这些变量的价值，该假设表明，如果企业在市场中没有被正确定价，利用市场价值权重计算的资本成本不会得出与权益估值模型相同的权益价值。

● 不存在只影响净利润而不影响经营利润的特殊项目或者非经常性项目。这样的话，我们在从经营利润推算净利润的过程中，只需要减去利息费用与税收。

● 利息费用等于税前的负债成本（在资本成本的计算中使用到）与负债的市场价值的乘积。如果企业的账面上有一些旧债或者短期负债并且这些负债的利息不等于企业的税前负债成本与市场价值的乘积，那么这两种方法得到的权益价值就会不一样。

如果存在预期增长，那么导致不一致的因素会更多。我们必须确保在每期借入足够多的资金为新的项目进行融资，使得负债比率与我们在资本成本计算中假设的负债比率保持相同。

fcffvsfcfe. xls：你可以利用该电子表格对 *FCFF* 模型得到的权益价值与 *FCFE* 模型得到的权益价值进行比较。

【例 12—12】　*FCFF* 估值——迪士尼

对迪士尼进行估值，我们要使用到这一章估计出的所有相关数据，将这些数据分类如下：

- 2008 年在税收以及经营租赁调整前的经营利润为 7 030 百万美元。根据 2008 年年初的资本额，我们估计出资本收益率为 9.91%。
- 我们假设从第 1 年到第 5 年，迪士尼将其新投资的资本收益率保持在 9.91%，再投资收益率为 53.72%（见例 12—7）。于是得到每年的预期增长率为 5.32%。
- 我们假设从第 1 年到第 5 年，迪士尼将其负债比率保持在 26.73%，并且当前的资本成本为 7.52%（见例 12—8）。
- 对于稳定增长期的假设（在第 10 年后）与过渡期的假设在例 12—9 中列出。

在表 12—7 中，我们估计出企业在未来 10 年里每年的税后经营利润、再投资和企业的现金流。

表 12—7　　估计迪士尼的 *FCFF*

	预期增长率（%）	*EBIT*(1−*t*)（百万美元）	再投资比率（%）	再投资（百万美元）	*FCFF*（百万美元）
2009	5.32	4 591	53.72	2 466	2 125
2010	5.32	4 835	53.72	2 598	2 238
2011	5.32	5 093	53.72	2 736	2 357
2012	5.32	5 364	53.72	2 882	2 482
2013	5.32	5 650	53.72	3 035	2 615
2014	4.86	5 924	49.64	2 941	2 983
2015	4.39	6 185	45.57	2 818	3 366
2016	3.93	6 428	41.49	2 667	3 761
2017	3.46	6 650	37.41	2 488	4 162
2018	3.00	6 850	33.33	2 283	4 567

在表 12—8 中，我们估计出 *FCFF* 的现值。因为从第 6 年到第 10 年，贝塔与负债比率每年都在发生变动，于是每年的资本成本也在发生变动。

表 12—8　　迪士尼 *FCFF* 的现值

	FCFF（百万美元）	资本成本（%）	累计资本成本	现金流的现值（百万美元）
2009	2 125	7.52	1.075 2	1 976
2010	2 238	7.52	1.156 1	1 936
2011	2 357	7.52	1.243 0	1 896
2012	2 482	7.52	1.336 5	1 857
2013	2 615	7.52	1.437 0	1 819
2014	2 983	7.61	1.546 3	1 929
2015	3 366	7.69	1.665 3	2 022
2016	3 761	7.78	1.794 8	2 095
2017	4 162	7.87	1.936 1	2 150
2018	4 567	7.95	2.090 1	2 185

为了计算出第 6 年到第 10 年的现值，我们用到以前年度的复合资本成本（compounded cost of capital）。具体来说，2016 年的现金流 3 761 百万美元的现值为：

$$\text{现金流在 2009 年的现值}=\frac{3\ 761}{1.075\ 2^5\times 1.076\ 1\times 1.076\ 9\times 1.077\ 8}=2\ 095\ \text{百万美元}$$

估值的最后一部分是终值的价值。为了估计出第 10 年的终值，我们用再投资比率 33.33%和稳定期间的资本成本 7.95%估计出企业在第 11 年的现金流：

$$FCFF_{11}=EBIT_{10}(1-t)(1+g_n)(1-\text{再投资比率}_{\text{稳定增长期}})$$
$$=6\ 850\times 1.03\times(1-0.333)=4\ 704\ \text{百万美元}$$
$$\text{终值}=FCFF_{11}/(\text{资本成本}_{\text{稳定增长期}}-g)$$
$$=4\ 704/(0.079\ 5-0.03)=94\ 928\ \text{百万美元}$$

企业的价值是高增长期产生的现金流的现值、终值的现值以及非经营资产的价值之和。其中，我们在例 12—10 中估计了非经营资产的价值。

高增长期现金流的现值=19 865 百万美元

$$\text{终值的现值}=\frac{94\ 928}{1.075\ 2^5\times 1.076\ 1\times 1.076\ 9\times 1.077\ 8\times 1.078\ 7\times 1.079\ 5}=45\ 419\ \text{百万美元}$$

现金及有价证券=3 795 百万美元

非经营资产(对其他公司的持股)=1 763 百万美元

企业的价值=70 842 百万美元

从企业价值中减去负债的市场价值（包括经营租赁）16 682 百万美元，减去少数股东权益的价值 1 344 百万美元，再减去股票期权的价值（在例 12—11 中估计出的）528 百万美元，得到普通股的权益价值为：

普通股的权益价值＝企业的价值－负债－少数股权益－权益期权

＝70 842－16 682－1 344－528

＝52 288 百万美元

用普通股价值总额再除以发行在外的股数 1 856.75 百万，就可得到每股价值为 28.16 美元，该数值比企业的市场价格 24.34 美元高出 17%。图 12—4 对估值进行了总结。

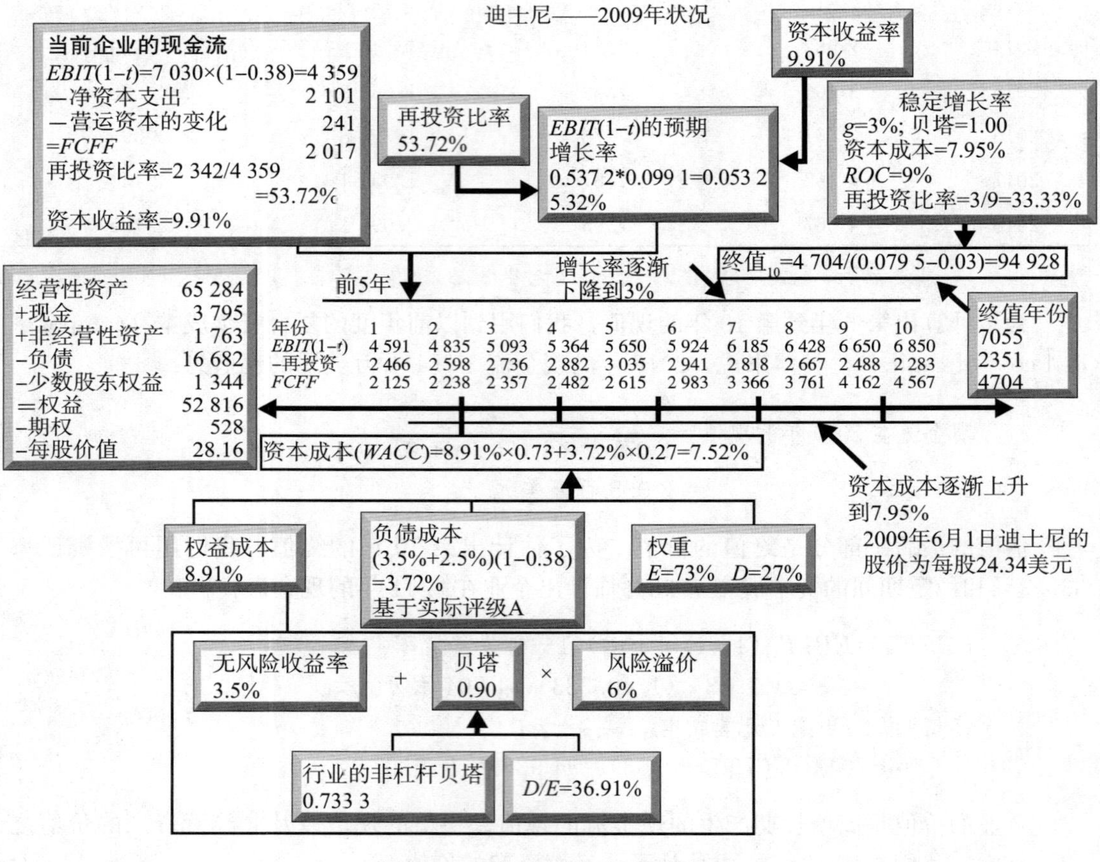

图 12—4　估值总结（百万美元）

12.10　净资本支出与价值

在上面的估值中，我们假定，要维持 3%的稳定增长率，永续的再投资收益率必须为 33.33%。如果我们依然使用 3%的稳定增长率但是将永续的再投资收益率设定为零，此时终值将变成多少？

a. 高于 949 亿美元（在例 12—12 中估计出）。

b. 低于 949 亿美元。

实践：调整的现值

在第 8 章，我们展示了估计企业最优负债比率的调整现值法（*APV* 法）。在此方法中，我们首先计算出不存在负债的当前企业价值。当我们增加企业负债时，同时考虑了举债的收益与成本的净效应。我们假定负债的主要好处在于税收优惠，负债的主要成本在于破产风险的增加。

采用 *APV* 法的第一步是估计出无杠杆企业的价值。可以估计出假定企业不存在负债时的价值，即对预期的 *FCFF* 进行折现，其中折现率为无杠杆的权益成本。在现金流量以稳定速度保持永续增长的特殊情况下，很容易计算出企业的价值：

$$\text{无杠杆企业的价值}=\frac{FCFF_0(1+g)}{\rho_u-g}$$

其中，$FCFF_0$ 是企业当前的税后经营现金流，是无杠杆的权益成本，g 是预期增长率。在更一般的情形下，你可以使用任何合理的企业增长率假设。

第二步是计算出给定负债水平下的税收收益。税收收益是税率的函数，并且用负债成本作为折现率进行折现以反映出现金流量的风险性。如果税收收益是永续的，那么，

$$\begin{aligned}\text{税收优惠的价值}&=\frac{\text{税率}\times\text{负债成本}\times\text{负债}}{\text{负债成本}}\\&=\text{税率}\times\text{负债}=t_cD\end{aligned}$$

这里使用的税率是企业的边际税率。我们假定企业的边际税率不随时间的推移发生变化。如果我们预期到税率会随着时间的推移发生变化，也要计算出税收优惠的现值，但是不能使用永续增长的等式了。

第三步是在给定的负债水平下，对企业的违约风险与预期破产成本进行估计。至少从理论上需要估计出额外负债带来的违约概率及破产的直接成本与间接成本。如果 π_a 是在增加负债后的违约概率，*BC* 是破产成本的现值，可以将预期破产成本的现值估计如下：

$$\text{预期破产成本的现值}=\text{违约概率}\times\text{破产成本的现值}=\pi_a BC$$

APV 法的这一步骤存在最明显的估计问题，因为无论是违约概率还是破产成本都无法直接估计出来。

在理论上，如果对财务杠杆的假设一致，调整现值法与资本成本法可以得到相同的企业价值。但是，由于预期破产成本难以估计，所以很多人都使用简化的 *APV* 法，即用无杠杆企业的价值加上税收利益就等于有杠杆企业的价值，而不对破产成本加以考虑。这种方法通常会高估企业的价值。

对私有企业进行估值

我们所介绍的估值原则也适用于私有企业。换句话说，私有企业的价值是预期现金流量的现值，采用的折现率要反映现金流量的风险。对上市公司与私有企业进行估值的差别主要体现在对现金流与折现率的估计上。

● 在估计现金流量时，要注意，虽然会计准则在大部分上市公司中的运用已标准化，但在私有企业中可能就会存在非常大的差别。对于小型私有企业，我们要重新编制财务报表而不是简单相信这些企业报告的数字。私有企业通常存在两个需要纠正的问题：一是很多私有企业的所有者都不考虑自己运营企业所花费的时间成本。比如，一个书店的老板每天都忙着将货物放在存储架上，自己做出纳，自己做账，但是这些活动都没有相应的工资列示在利润表上，导致收益被高估。第二个问题是，私有企业通常会将个人费用与公司费用混合在一起。我们在对收益进行重述时，必须将个人费用剔除出来。

● 计算上市公司的折现率时我们坚持了两个原则。对权益，我们认为唯一的风险是不能被边际投资者所分散的风险，前提是我们假定边际投资者能够很好地分散风险。对负债，负债成本以债券评级为基础并且违约价差与债券评级相关。对私有企业来说，这些假设都受到抨击。第一，私有企业的所有者几乎不分散风险，他们通常将所有的财富都投资到本企业的资产上。这就是为什么我们在第 4 章中引入了私有企业总贝塔的概念，即在计算企业贝塔时将规模因素考虑进来以反映出所有的风险而不仅仅是未分散化的风险。第二，私有企业通常向当地银行借款，几乎不到债券市场中进行融资。因此，它们通常比同类的上市企业面临着更高的负债成本。

● 最后一个问题与终值相关。就上市公司而言，我们假设这些企业的生命是无限的，并且用无限生命与稳定增长的假设估计出终值。而对于私有企业，尤其是小型的私有企业，它们的生命通常有限，因为这些企业的生存更依赖于其所有者或者创办者。

为反映私有企业的全部风险和有限生命假设，我们对现金流采用更为保守的估计，并使用更高的折现率，所以对私有企业的估值通常低于同类上市企业。这也表明，当私有企业有上市机会时，即使企业所有者不愿上市后被监管，也不想丧失控制权，但是也会愿意选择上市。

【例 12—13】　对私有企业进行估值：书景书店

为了对书景书店进行估值，我们首先以该企业在最近一年获得的税前经营利润 3 百万美元为起点。在对经营租赁进行调整之后，我们得到调整后的税前经营利润为 3.575 百万美元。[①] 利用估计出的总贝塔，再根据第 4 章中设定的假设——企业的资本负债比率将等于行业的平均值 34.84%，计算出资本成本：

$$\begin{aligned}资本成本&=权益成本\times[D/(D+E)]+税后负债成本\times[D/(D+E)]\\&=20.94\%\times0.651\,6+6\%\times(1-0.4)\times0.348\,4\end{aligned}$$

---

① 在例 4—15 中，我们估计出书景书店经营租赁义务的现值是 9.588 百万美元。为了对经营利润进行调整，我们加回该负债所对应的隐含利息费用，即用税前的负债成本乘以经营租赁的现值（6%乘以 9.588 百万美元）。

$=0.149$ 或 14.9%

书景书店的总贝塔为 2.91。另外，只要该企业有应税收入，我们就使用 40%作为企业的税率。

在第 6 章，我们估计出书景书店的资本收益率为 13.76%，并且假定在可预见的未来一直维持在这一水平，同时收益以 2%的速度增长，从而得到再投资比率为 14.53%：

再投资比率＝增长率/资本收益率＝2%/13.76%＝14.53%

假定增长是永续的，现金流的现值可计算如下：

$$\text{经营资产的价值}=\frac{EBIT(1-t)(1-\text{再投资比率})(1+g)}{(\text{资本成本}-g)}$$
$$=\frac{3.575\times(1-0.4)\times(1-0.1453)\times1.02}{0.149-0.02}$$
$$=14.497\text{ 百万美元}$$

我们用经营资产的价值加上现金持有量 0.5 百万美元，再减去负债 9.588 百万美元，得到权益的价值。

权益价值＝经营资产的价值＋现金－负债

＝14.497＋0.5－9.588＝5.409 百万美元

请注意，对权益价值的估计建立在两个假设的基础上：企业将会持续经营，企业的所有者是未分散化的投资者。

如果想知道改变永续经营假设对价值的影响，我们来考虑如下情况：假定企业持续期跟租赁期一样长（25 年），每年现金流的增长速度为 2%，企业在第 25 年年末没有残余价值。在这种情况下，企业的价值会下降到 13.576 百万美元，权益价值下降到 4.67 百万美元。

$$\text{经营资产的价值}=EBIT(1-t)(1-\text{再投资比率})\times\frac{1-\dfrac{(1+g)^n}{(1+r)^n}}{(r-g)}$$
$$=3.575\times(1-0.4)\times(1-0.1453)\times\frac{1-\dfrac{1.02^{25}}{1.149^{25}}}{0.149-0.02}$$
$$=13.576\text{ 百万美元}$$

权益价值＝经营资产的价值＋现金－负债

＝13.576＋0.5－9.588＝4.67 百万美元

最后，我们恢复永续经营的假设，考虑投资者为分散化投资者的情形或者该企业为上市企业的情形。在这种情况下，我们使用市场贝塔估计出书景书店的资本成本 8.81%（见例 4—18）：

$$\text{经营资产的价值}=\frac{EBIT(1-t)(1-\text{再投资比率})(1+g)}{\text{资本成本}-g}$$

$$=\frac{3.575\times(1-0.4)\times(1-0.1453)\times1.02}{0.0881-0.02}$$

$$=27.442\text{ 百万美元}$$

权益价值＝经营资产的价值＋现金－负债

$$=27.442+0.5-9.588=18.35\text{ 百万美元}$$

针对私人购买者与公开市场购买者而计算出的权益价值差异，隐含着如下有趣的结论：

- **分散化折价。**在这两种情况下价值存在差异的唯一原因是，私有投资者没有进行分散化投资，会面对更多的风险（从而要求更高的收益率作为补偿）。
- **对并购的一个合理解释。**从私有投资者与公开市场投资者对于风险和价值的不同看法，我们可以找到上市企业对私有企业进行并购的一个合理解释，根据这种解释，在并购中双方都成为赢家。比如，如果一家上市企业（如巴诺）提出用 8 百万美元来购买书景书店的权益。对书景书店的所有者来说，该企业的价值为 5.4 百万美元，而对巴诺来说，书景书店的价值为 18.35 百万美元，所以当收购价为 8 百万美元时，双方都认为自己是赢家。
- **中间的解决途径。**风险资本与私有权益投资者处在私有投资者与公开市场投资者中间的位置，因为他们比私有投资者要更分散化一些，但是没有市场投资者那么分散化。因此，他们估计的价值会落在 5.4 百万美元与 18.35 百万美元之间，所以他们通过让私有企业上市或者将私有企业出售给上市企业的途径获得回报。

其实许多私有企业上市的原因并不如我们所分析的那样。毕竟，企业的投资者为什么愿意在企业推向市场时接受那么大的价值下降？请注意，像 KKR 与黑石集团这样的私募权益投资者在将一家企业变为私有时，其初衷并不是想让该企业一直是私有企业，而是想找到企业存在的一些问题并加以修正，最终让该企业上市。因为企业最终还是会回到公共市场上，所以还是像上市企业那样运营。

实践：私有企业估值中的非流动性折价

如果你购买了上市公司的股票，然后又改变想法将这些股票进行出售，你的交易成本非常小。如果你购买了一家私有企业，然后又改变了想法，你想反悔就要难得多。因此，很多分析师在对私有企业进行估值时都会采用一种非流动性折价，即将价值减少 20%～40%再得到最终的价值。虽然折价的幅度很大，但是很少人会思考为什么有这么大的折价。事实上，这些都来自对上市公司发行的受限股票的研究。这些股票发行后两年在投资者手中被禁止交易，用发行价格与公司交易股份的市场价格作比较，就可以大致了解投资者对于非流动性所要求的折价。因为限制性股票发行得很少，所以样本规模很小，并且这些公司在筹集新资金时也会有其他的问题。

虽然我们承认在对私有企业的估值中，考虑非流动性折价是很有必要的，但仍应当对折价进行调整以反映出企业的特征。在其他条件保持不变的情况下，我们认为，企业的规模越小，流动性资产的比例越少，财务状况越差，那么这些企业的流动性折价就越大。一种调整的方法是，再深入考察一下限制性股票的发行，看一下不同股票之间存在不同折价的原因。[①] 另一种方法是将买卖价差看作是上市公司流动性折价的替代变量，然后根据买卖价差的决定因素得出对于流动性折价的合理衡量指标。[②] ■

价值的提高

在折现现金流模型中，企业的价值是四个关键变量的函数——来自现有投资的现金流、这些现金流在高增长期的预期增长率、企业在成为稳定性公司之前所经历的期限，以及资本成本。简单来说，为了提高企业的价值，我们必须对下列一个或多个变量做出改变。

- **提高现有资产产生的现金流量。**我们可以采用很多方法来提高资产的现金流量。第一，可以更加有效地使用资产，降低成本，提高生产率。如果能成功做到这一点，我们就能够提高经营毛利率与利润。第二，可以在法律范围内，通过税收筹划尽可能地减少上交的所得税。第三，可以减少维护资本支出与营运资本的投资——存货和应收账款，从而提高剩余的现金流。
- **提高高增长期的增长率。**在上节所运用的构架中，只有两种方法可以提高增长率。我们可以对内部项目和外部并购进行更多的投资，也可以提高新项目上的资本收益率。只要能做到以上两点，我们就能够提高预期的增长率。值得注意的一点是，提高再投资比率几乎总能提高增长率，但是如果新投资的资本收益率低于资本成本，提高再投资比率也不能提高价值。
- **增加高增长期的时长。**并不是增长创造了价值，而是超额收益创造了价值。因为超额收益和持续创造超额收益的能力来自企业所拥有的竞争优势，企业要么创造出新的优势要么加强原有的优势，这样才能提高企业的价值。竞争优势包括品牌、规模经济和对于竞争的法律限制等等。
- **降低资本成本。**在第 8 章，我们考察了如何通过改变负债与权益的组合来降低资本成本。在第 9 章，我们考察了如何使负债与资产相匹配从而减少违约风险，并且相应地减少总的融资成本。在其他条件一定的情况下，减少资本成本就能提高企业的价值。

图 12—5 总结了上市公司可以提高价值的几种方法。

你选择这四种方法中的哪一种取决于你所分析的企业处于生命周期的哪个阶段。对于没有增长潜力的大型成熟企业来说，现有资产的现金流和资本成本为价值增长提供了保证。对于规模较小、具有风险的高成长性企业来说，可以改变增长率与增长期间。

---

① 西尔伯（Silber）在其 1989 年的研究中这样做了，他发现，对于那些收入更少和收益为负的企业来说，折价更大。请见 W. L. Silber，"Discounts on Restricted Stock：The Impact of Illiquidity on Stock Prices，" *Financial Analysts Journal* v47：60－64。

② 更多的细节，请见 Aswatch Damodaran，*Investment Valuation*，2nd ed.（John Wiley and Sons，2001）。

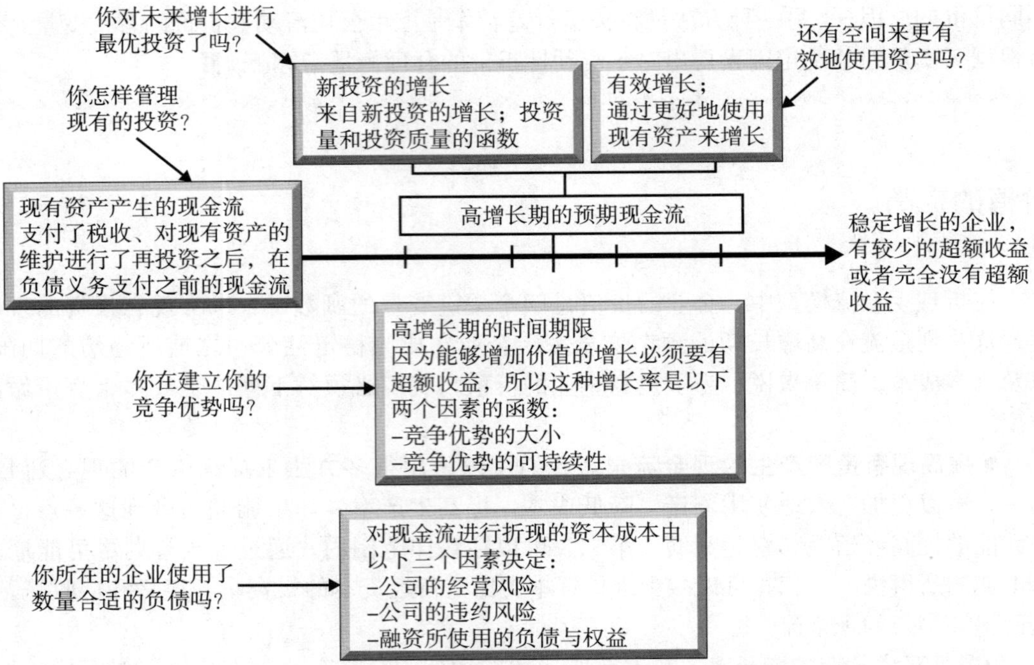

图 12—5　提高价值的方法

【例 12—14】　迪士尼的价值增长

在例 12—12 中，我们估计出迪士尼的价值是每股 28.16 美元。但是，我们估计迪士尼在现有资产中所赚取的资本收益率不会有显著的提高（现在的收益率是 9.91%，远远低于迪士尼在 1996 年之前的资本收益率），负债比率也会保持在 27%的现有水平。为了考察迪士尼如果在运营上有所改进能多大程度提高其价值，我们做出如下改变：

- 我们假定，现有投资的经营效率没有增长的空间了，这些投资的资本收益率将保持在现有的水平上，即保持在 9.91%。
- 我们假定，新投资的资本收益率将上升到 12%。这与迪士尼在对大都会进行并购之前所赚取的资本收益率更接近。我们假设再投资比率保持不变，即保持在 53.72%的水平上。于是，经营收益的增长率（在五年里）为每年 6.45%。
- 我们假定，该企业会将其负债比率迅速提高到 40%，也就是当前最优的负债比率（从第 8 章得到）。虽然这样做会让贝塔上升到 1.04，但是可以使资本成本下降到 7.33%。在稳定增长期间也保持该负债比率，并且假定稳定期间的贝塔变成 1，从而得到该期间对应的资本成本为 7.19%。

假定稳定增长率的大小是不变的，我们在表 12—9 中估计企业在高增长期间产生了更高的现金流。

表 12—9 迪士尼的预期 *FCFF*

	预期增长率（%）	$EBIT(1-t)$（百万美元）	再投资比率（%）	再投资（百万美元）	FCFF（百万美元）	资本成本（%）	累计资本成本	现值（百万美元）
2009	6.45	4 640	53.72	2 492	2 147	7.33	1.073 3	2 001
2010	6.45	4 939	53.72	2 653	2 286	7.33	1.152 0	1 984
2011	6.45	5 257	53.72	2 824	2 433	7.33	1.236 5	1 968
2012	6.45	5 596	53.72	3 006	2 590	7.33	1.327 1	1 951
2013	6.45	5 957	53.72	3 200	2 757	7.33	1.424 4	1 935
2014	5.76	6 300	49.64	3 127	3 172	7.30	1.528 5	2 076
2015	5.07	6 619	45.57	3 016	3 603	7.27	1.639 7	2 197
2016	4.38	6 909	41.49	2 866	4 043	7.25	1.758 5	2 299
2017	3.69	7 164	37.41	2 680	4 484	7.22	1.885 4	2 378
2018	3.00	7 379	33.33	2 460	4 919	7.19	2.020 9	2 434

由于高增长期的增长率提高了，所以终值也提高了：

终值＝$FCFF_{11}$/(资本成本－g)

＝4 919×1.03/(0.071 9－0.03)＝120 982 百万美元

企业的价值与每股价值可以估计如下：

高增长期间的 *FCFF* 的现值＝21 233 百万美元
＋企业终值的现值＝59 866 百万美元
＋现金与有价证券的价值＝3 795 百万美元
＋对于其他公司少量持股的价值＝1 763 百万美元
＝企业的价值＝86 647 百万美元
－发行在外负债的市场价值＝16 682 百万美元
－少数股东权益＝1 344 百万美元
－期权中的权益价值＝528 百万美元
＝普通股的权益价值＝68 093 百万美元
每股市场价值＝36.67 百万美元

当我们对迪士尼的经营方式进行改变时，迪士尼的每股价值从例 12—12 中的 28.16 美元上升到 36.67 美元。[①] 图 12—6 展示了对迪士尼新的估值。

① 你可能会想，为什么当企业的负债比率变为 30%的时候，负债的金额没有发生变化。实际上，负债的金额上升了，但是当迪士尼重新调整其资本结构时，其股份数会上升。净效应是每股价值与我们的估计值接近。

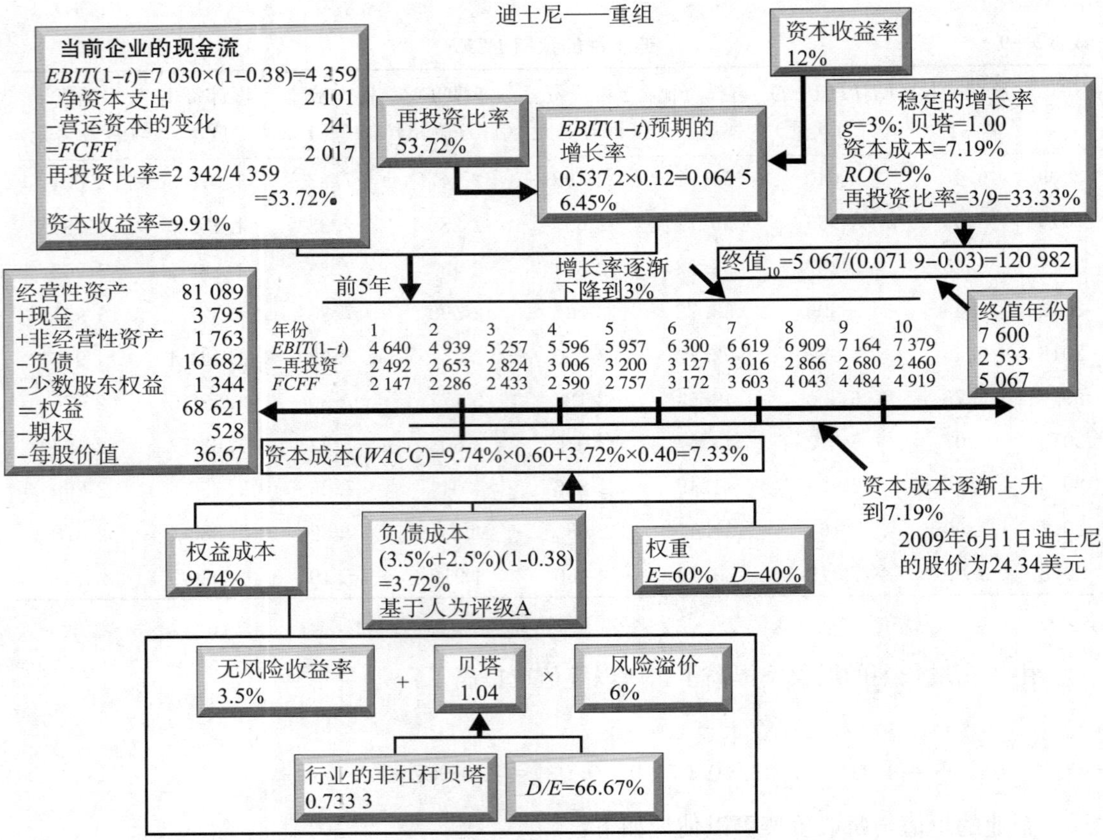

图 12—6 控制权的价值

实践：控制权的价值

一般认为，控制权的价值大约为企业价值的 15%或 20%。这种观念已经深刻体现在估值实务中，但是这种观念实际上是不对的。控制权的价值是企业在现有管理下的价值与最优运营下的价值之差。

控制权的价值＝企业的最优价值－当前的价值

比如，某企业采纳了比较糟糕的投资项目，并且用次优的负债与权益组合来对这些项目进行融资。如果该企业投资于更好的项目，并且使用更好的融资组合，就能获得更高的价值。一般来说，企业的管理越差，企业控制权的价值越大。这一观点围绕公司财务与估值派生了许多理论。

● 敌意收购的本意是想改变目标企业的运营方式。在敌意收购中，你应支付的溢价至多等于控制权价值。你会宁愿少付出一点以便为自己保留一些好处（而不是将所有的好处都给予目标企业的股东）。

● 在那些同时拥有有投票权股和无投票权股的企业里，两种股票的价值差异应当是控制权价值的函数。如果控制权的价值很高，并且改变控制权的可能性很大，那么有投票权的股票价值相对于没有投票权的股票价值上升得更快。

在对迪士尼的估值中，可以通过计算出迪士尼在最优运营下的价值与当前价值之间的差额从而得出控制权的价值。

$$\text{控制权的价值}_{\text{迪士尼}} = \text{最优价值} - \text{现有价值} = 36.67 - 28.16 = 8.51 \text{ 美元}$$

因为股票的交易价为 24.34 美元，我们为了并购该企业最多支付 12.33 美元的溢价。

相对估值

在折现现金流估值中，目标是在给定现金流、增长率以及风险特征的条件下得出资产的价值。在相对估值中，目标是根据相似资产的市场定价得出估值对象的价值。在本节，我们将要考察企业资产价格在与相似资产进行比较前必须标准化的原因和方法，以及如何控制可比企业之间的差异。

标准化的价值与乘数

要在市场上比较相似企业的价值，我们需要通过一些方法将企业的价值标准化。可以通过除以企业的盈余、企业资产的账面价值、企业资产的重置价值（replacement value）或者企业的利润来对企业的价值进行标准化。接下来，我们将对每种方法进行讨论。

1. 盈余乘数

考虑资产价值的更直观方法是将其作为资产所产生收益的一个乘数。在购买股票时，常见的做法是将价格视为公司创造的每股收益的一个倍数，这就是市盈率（*PE*），它可以用过去四个季度的每股盈余计算得出，称为往期 *PE*，也可以通过下一个财务年度的预期每股收益估计得出，称为远期 *PE*。购买一个企业不仅仅是购买企业的权益，普遍做法是将公司的价值视为经营收入（*EBIT*）或者经营现金流量（*EBITDA*）的一个倍数。尽管较低的乘数优于较高的乘数，但这要受到被合并企业的增长潜力和风险的影响。

2. 账面价值乘数或者重置价值乘数

虽然市场对企业的价值提供了一个估计值，但是会计人员却经常在报表中对企业价值进行不同的估计。对账面价值的会计估计在会计准则的指导下进行，并且会受到资产的原始价格以及以后任何会计调整（比如折旧）的强烈影响。投资者经常将他们支付的股票价格和权益账面价值（或者净资产）之间的关系作为权益价值是被高估还是被低估的衡量尺度。市净率（price/book value）在不同的行业间会出现显著的差别，该比率的大小取决于行业的增长潜力和投资质量。如果是对多种业务进行估值，应该利用企业的价值和所有资产的账面价值（而不仅仅是权益）对比率进行估计。对那些认为账面价值不能很好地衡量企业真实价值的人来说，可采用资产的重置成本作为解决之道。企业价值与重置成本的比率被称为“托宾 Q”。

3. 收入乘数

收益和账面价值都是会计指标，都由会计准则决定。另一种方法受到的会计准则的影响要小得多，即考察资产的价值与其所产生的收入的比值。对于权益投资者而言，该比值被称为价格销售收入比（price/sales ratio，PS），可以用权益的市场价值除以企业收入得到。也可以将该比值修正为价值收入比（value/sales ratio，VS），即将计算价格销售收入比的分子换成企业的价值。该比值在不同的行业里有所不同，并且在很大程度上是各行业利润率的函数。使用收入乘数的好处在于，对不同市场中企业的收入乘数进行比较要比对不同市场间企业的账面价值乘数进行比较简单得多，因为不同市场的会计系统是存在差异的。

乘数的决定因素

通常认为，使用这些乘数来对权益价值和企业价值进行估计的一个理由是，这些乘数所需要的假设比折现现金流模型所需要的假设要少得多。我们认为，这是一种错误的想法。折现现金流估值与相对估值之间的差别在于，我们在前者中所做的假设是显性的，在后者中所做的假设是隐性的。重要的是，我们要知道有哪些变量会使乘数发生变化，因为对不同公司的乘数进行比较时我们需要对这些变量加以控制。

要明确或者要论述权益价值乘数和公司价值乘数的性质，我们就必须回到用于确定权益价值和公司价值的十分简单的现金流折现模型，并利用模型的相关数据计算出乘数。最简单的现金流量折现模型——稳定增长的股利折现模型认为权益的价值是：

$$权益价值=P_0=\frac{DPS_1}{k_e-g_n}$$

式中，DPS_1 表示下一年的预期股利，k_e 是权益成本，g_n 是预期的稳定增长率。在等式两边同时除以收益，我们可以得到稳定增长企业的市盈率。

$$\frac{P_0}{EPS_0}=PE=\frac{股利支付率\times(1+g_n)}{k_e-g_n}$$

在股利折现模型的等式两边同时除以权益的账面价值，我们可以估计出稳定增长企业的市净率：

$$\frac{P_0}{BV_0}=PBV=\frac{ROE\times 股利支付率\times(1+g_n)}{k_e-g_n}$$

在股利折现模型的等式两边同时除以每股销售额，就可以估计出稳定增长企业的价格销售收入比，并且该比值是利润率、股利支付率和预期增长率的函数形式。

$$\frac{P_0}{销售_0}=PS=\frac{净利润率\times 股利支付率\times(1+g_n)}{k_e-g_n}$$

我们也可以从企业估值的角度来进行类似的分析。[①] 处在稳定增长阶段的企业价值可以写成如下公式：

$$企业价值=V_0=\frac{FCFF_1}{k_c-g_n}$$

其中，k_c 表示资本成本。在等式两边除以 *FCFF*，就可以得到稳定增长的企业价值与 *FCFF* 的比值。

$$\frac{V_0}{FCFF_1}=\frac{1}{k_c-g_n}$$

因为 *FCFF* 是减去了净资本支出与营运资本需要的税后经营利润，所以可以用类似的方法估计出 *EBIT* 的乘数、税后的 *EBIT* 的乘数以及 *EBITDA* 的乘数。例如，企业价值与 *EBITDA* 的比值可以写成如下等式：

$$\frac{价值}{EBITDA}=\frac{1-t}{k_c-g}+\frac{折旧(t)/EBITDA}{k_c-g}-\frac{CE_X/EBITDA}{k_c-g}-\frac{营运资本的变化/EBITDA}{k_c-g}$$

这种分析并不是要我们回到折现现金流的估值方法，而是去找到可能使得同一行业不同企业的乘数有所不同的一些变量。如果我们忽视了这些变量，当一只股票的 *PE* 为 8，另一只股票的 *PE* 为 12 时，我们可能会认为第一只股票比第二只股票要便宜一些，而真实的原因可能是第二只股票的预期增长率会更高。当一只股票的 *P/BV* 为 0 而另一只股票的 *P/BV* 为 1.5 时，我们也可能会认为第一只股票比第二只股票要便宜一些，而真实的原因可能是后一只股票有更高的权益收益率。表 12—10 列出了被广泛使用的乘数以及决定这些乘数的变量；最重要的因素（在我们看来）已经用斜体标示出来。我们将这些变量称为乘数的伴随变量。我们在使用乘数找到价值被低估或者被高估的资产时需要知道这些变量。

eqmult. xls：给定企业的基本面数据，你可以使用该电子表格估计出企业的权益

① 在实务中，可以用企业价值减去现金与有价证券的价值来得到另一种企业价值（enterprise value）。本章中所有的乘数都可以写成用这种企业价值计算的形式。

乘数。

firmmult. xls：给定企业的基本面数据，你可以使用该电子表格估计出企业价值乘数。

表 12—10　　乘数与伴随变量

乘数	伴随变量
市盈率	成长性，股利支付率，风险
市净率	成长性，股利支付率，风险，*ROE*
价格销售收入比	成长性，股利支付率，风险，净利润率
价值/*EBIT*	
价值/*EBIT*（$1-t$）	成长性，再投资需要，杠杆，风险
价值/*EBITDA*	
价值/销售收入	成长性，再投资需要，杠杆，风险，经营利润率
价值/资本的账面价值	成长性，杠杆，风险，*ROC*

可比企业的使用

在使用乘数时，我们也会同时使用可比企业的数据从而估计出企业价值或者权益价值。分析从两个选择开始——在分析中应使用的乘数以及可比企业集。然后分别计算出每个可比企业的乘数并加以平均。在对私有企业进行评估时，只需将它的乘数与平均水平进行比较，如果二者存在明显的差异，我们必须就此差异是否是由公司的个别特征（增长率、风险）造成的问题做出主观上的判断。比如，某企业的 *PE* 为 22，其所在行业的平均 *PE* 只有 15，分析师认为其中的差异是合理的，因为该企业比行业中的平均企业有更高的成长潜力。根据分析师的判断，如果乘数之间的差异不能被表 12—10 中所列示的变量来解释，就可以认为企业的价值被高估（如果企业的乘数比平均乘数要高）或者被低估（如果企业的乘数比平均乘数要低）。选择可比企业并且控制好可比企业之间的差异是很关键的一步。

1. 选择可比企业

相对估值的第一步通常是选择可比企业。可比企业是现金流、成长潜力和风险与要估值的企业相似的企业。如果我们考察一个现金流、成长潜力和风险与被估值企业完全相同的企业，并以此估计出被估值企业的价值，那就完美了。但是，分析师将可比企业定义为同一行业的其他企业。如果一个行业存在足够多的企业，就可以使用其他的标准对样本进行进一步的筛选。例如，只考虑规模相似的企业。这里隐含的假设是，同一部门的企业有同样的风险、成长性和现金流状况，因此这样比较起来会更加合理。

如果同一行业只有少数几家企业，那么这种方法使用起来就更加困难了。在除美国以外的市场中，特定行业的上市企业的数量非常少，在采取狭义的行业定义作为筛选的标准时尤其如此。如果同一行业内不同企业间的风险、成长性以及现金流状况的差异很大，也很难找到可比企业。例如，美国有成百上千家电脑软件业的上市公司，但是这些公司之间的差异也是很大的。二者间关系的权衡也很简单。如果将行业定义得很宽泛，就可以增加可比企业的数量，但是却使行业内存在更大的差异。

2. 控制企业间的差异

在表 12—10 中，我们列出了每种乘数的决定变量。由于不可能找到完全一样的可比企业，所以我们需要控制一下这些变量在不同公司间的差异。有些方法比较简单，如根据一个关键变量的差异对乘数进行修正。也有些方法比较复杂，如对多个变量的差异进行考虑并对乘数进行修正。

a. 简单的调整

我们对决定乘数的最重要变量进行考量后对乘数进行修正。例如，用公司的市盈率除以其每股盈余（*EPS*）的预期增长率，就可以得到经过增长率调整后的市盈率，也称为 *PEG* 比值。同理，用市净率除以 *ROE*，就可以得到一个价值比值。然后将这些修正后的比值与同一行业企业进行比较。此时的隐含假设是，除了被控制的这个变量外，企业间的其他价值衡量指标都是可比的。

【例 12—15】　比较娱乐业公司间的 *PE* 比值和增长率

为了对迪士尼进行估值，我们根据分析师的一致预计考察了娱乐业企业未来五年的 *PE* 比值和预期的 *EPS* 增长率。表 12—11 列出了这些企业及其 *PE* 比值。

迪士尼的价值是未来收益的 9.4 倍，是当前收益的 9.45 倍，相对于行业的中位数来说，迪士尼的价值被高估。当与平均值作比较时，迪士尼的价值又偏低了，但是由于几个极端值的影响，平均值是有偏的。

表 12—11　　2009 年娱乐业企业的 *PE* 比值与增长率

	当前的 *PE*	过去的 *PE*	未来的 *PE*	接下来五年预期的 *EPS* 增长率（%）	*PEG*
Belo Corp. “A”	1.56	2.60	1.88	1.50	1.04
CBS Corp. “B”	3.76	4.23	5.93	4.50	0.84
Central European Media Enterps	9.10	5.69	5.58	9.78	0.93
CTC Media Inc.	5.26	4.18	4.44	6.55	0.80
Cumulus Media Inc.	20.41	4.89	5.53	12.00	1.70

续前表

	当前的 *PE*	过去的 *PE*	未来的 *PE*	接下来五年预期的 *EPS* 增长率（%）	*PEG*
Disney (Walt)	10.24	9.40	9.45	14.50	0.71
Dream Works Animation	9.37	10.17	12.26	14.50	0.65
Global Traffic Network Inc.	62.00	39.04	32.44	21.40	2.90
Lin TV Corp.	4.22		1.43	8.00	0.53
News Corp.	6.74	7.12	11.98	14.00	0.48
Playboy Enterprises "B"	15.81		30.86	42.50	0.37
RC2 Corp	7.23	22.00	6.93	10.50	0.69
Regal Entertainment Group	13.87		11.74	8.00	1.73
Rentrak Corp.	25.35	29.15	35.73	50.00	0.51
Saga Communic. "A"	2.21	2.29	2.76	8.00	0.28
Sinclair Broadcast	12.36	4.84	9.39	15.00	0.82
Time Warner	8.42	9.35	8.98	6.00	1.40
Viacom Inc. "B"	6.69	6.69	7.72	12.00	0.56
World Wrestling Ent.	14.39	14.06	12.18	15.00	0.96
中位数	9.10	6.90	8.98	12.00	0.80
均值	12.58	10.98	11.43	14.41	0.94

资料来源：Value Line.

在估值时，我们假设迪士尼的增长率与所在行业平均的增长率相同。在比较时考虑增长率的另一个方法是计算出 *PEG* 比值，该值在表 12—11 的最后一栏中列示出来了。根据该指标，迪士尼的价值被低估得更厉害。其中，迪士尼的 *PEG* 比值为 0.71，比行业中位数 0.8 与均值 0.94 都要低。虽然这似乎是为了解决公司间的差异所做出的简单调整，该方法假定增长率与 *PE* 呈线性相关关系。[①]

12.11 相对估值中的潜在假设

假定你正在阅读一份股票研究报告，该报告推荐购买一只股票，理由是该股票的 *PE* 比同行业 *PE* 的平均值要低。该分析师所做的潜在假设是什么？

a. 平均而言，该行业是被公平定价的。

① 换句话说，我们假定，当增长率变成原来的 2 倍时，*PE* 也变成原来的 2 倍。

b. 该行业的企业盈余的衡量是一致的。

c. 该行业的企业风险都相同。

d. 该行业的企业都处于生命周期的同一阶段。

e. 该行业的企业有相似的现金流模式。

f. 以上所有。

pe. xls：这个网络数据库汇总了最近几个年度美国各行业的 *PE* 比值和 *PEG* 比值。

b. 多变量调整

当企业之间不止一个变量存在差异时，根据企业之间的差异对乘数进行修正就变得很困难。我们可以将乘数对这些变量进行回归，以此估计出每个企业乘数的预计值。当可比企业的数量很大并且乘数与变量之间的关系很稳定时，这种方法是很有效的。如果不具备这些条件，几个极端值就会使回归的系数波动非常大，并且使得估计出的预计值是不可靠的。

【例 12—16】 欧洲银行的市净率与权益收益率

表 12—12 列示出欧洲银行的市净率以及这些银行的权益收益率和风险水平（用股票过去五年的贝塔来衡量）。

德意志银行权益的市场价格是账面价值的 0.41 倍，看上去比本行业的其他企业便宜。但是，这种情况产生的部分原因是，德意志银行 2008 年有较低的权益收益率（5.48%）和较高的贝塔（1.61）。因为这些企业的风险和权益收益率都有所不同，所以我们用 *PBV* 比值对这两个变量进行回归：

$$PBV = 1.03 + 1.54\ ROE - 0.40 \times \text{贝塔} \times R^2 = 58.31\%$$
$$(3.79)(2.26) \qquad (2.18)$$

表 12—12　　2009 年欧洲银行的市净率

	市净率	贝塔	*ROE*（%）
Royal Bank of Scotland Group plc	0.24	1.77	−15.37
Deutsche Bank AG	0.41	1.61	5.48
UniCredito Italiano S. p. A.（CM：UCG）	0.44	1.38	7.15
Credit Agricole SA（ENXTPA：ACA）	0.44	1.16	1.13
Barclays plc（LSE：BARC）	0.49	1.32	15.71
LloydsTSB Group plc（LSE：LLOY）	0.52	1.02	21.53
KBC Group NV（ENXTBR：KBC）	0.54	1.53	5.96
Banca Monte dei Paschi di Siena SpA（CM：BMPS）	0.58	1.37	9.59

续前表

	市净率	贝塔	*ROE*（%）
Unione di Banche Italiane Scpa（CM：UBI）	0.62	1.12	8.54
Intesa Sanpaolo SpA（CM：ISP）	0.67	0.99	8.43
Nordea Bank AB（OM：NDA SEK）	0.81	1.17	16.25
Credit Suisse Group（VIRTX：CSGN）	0.84	1.07	14.24
HSBC Holdings plc（LSE：HSBA）	0.9	0.56	12.14
UBS AG（VIRTX：UBSN）	0.99	1.31	12.93
Svenska Handelsbanken AB（OM：SHB A）	1.02	0.72	19.58
National Bank of Greece SA（ATSE：ETE）	1.02	1.09	21.62
Banco Santander，S.A.（CATS：SAN）	1.03	1.23	17.52
Banco Popular Espanol SA（CATS：POP）	1.14	0.5	19.26
Banco Bilbao Vizcaya Argentaria（CATS：BBVA）	1.24	0.85	22.30
Standard Chartered PLC（LSE：STAN）	1.31	0.85	16.18
中位数	**0.74**	**1.14**	**0.135 85**
均值	**0.762 5**	**1.131**	**0.120 085**

资料来源：Capital IQ.

权益收益率较高且收益标准差较小的企业的市净率就较高。括号中的值是 t 统计量，根据该统计量可以看出 *PBV* 与两变量之间的关系是否显著正相关。R^2 表明 *PBV* 的变化中有多大比例能被这两个自变量的变化所解释。最后，可以通过回归得到表中列出的企业的预计 *PBV* 值。① 例如，已知德意志银行的权益收益率为 5.48%，贝塔值为 1.61，我们可以得到其预计 *PBV* 值为 0.47。

$$预计的\ PBV_{德意志银行}=1.03+1.54\times 0.054\,8-0.40\times 1.61=0.47$$

因为分析期间德意志银行的实际值为 0.41，这表明，给定其他银行的定价，德意志银行的股价与其基本面是基本一致的。

pbv.xls：网上的数据集汇总了最近一个季度美国各行业的市净率和权益收益率。

ps.xls：网上的数据集汇总了最近一个季度美国各行业的价格销售收入比。

① 这两种方法都假定乘数与变量之间呈线性关系。因为这不一定总是正确的，我们可能需要用乘数对变量进行非线性回归。

3. 扩大可比企业的范围

在所在行业里寻找可比企业通常受到许多限制，尤其当该行业的企业数相对较少或者该企业同时在多个行业里经营时。因为可比企业的定义并不是同行业的企业，而是具有相同的成长性、风险和现金流特征的企业，因此我们在选择可比企业时不一定仅限于同一行业。如果我们控制了基本面上的差异，一个软件企业也可以成为一个汽车行业的可比企业。

前面介绍的回归可以对可比企业间的变量差异进行控制，我们认为正是这些变量导致了公司间这些乘数的差异。根据表 12—10 列示出的变量，我们应当用乘数对相应的变量进行回归。但是，很可能我们所用的风险（贝塔）、成长性（预期增长率）和现金流（股利支付率）等变量是不完美的，并且乘数与这些变量之间的关系也可能不是线性的。考虑到这些局限性，我们可以在回归中加入更多的变量——例如，企业的规模也是对风险很好的度量——并且对这些变量进行转化从而能够考察乘数与变量之间的非线性关系。

我们可以用 2009 年 1 月美国所有上市公司的乘数对最近一年分析师预计的每股收益的预期增长率以及其他财务指标进行回归。[①] 得到的样本包括 7 000 家企业，得到的回归结果如表 12—13 所示。

这种方法比对同一行业的企业进行“主观上”的比较的首要优势在于，该方法根据实际的市场数据对成长性或风险会如何影响乘数进行了量化。其次，通过参考市场中的所有企业，这种方法让我们能够对所在行业中只有较少公司的企业进行更有意义的比较。最后，我们可以通过该方法估计出企业相对于市场中其他企业的价值，从而考察同一行业企业的价值是被高估还是被低估。

【例 12—17】 利用市场回归来估计乘数——迪士尼公司

我们使用市场回归的结果来估计迪士尼的 PE 值。其中，PE 值的回归结果如下：

$$PE=7.62+77.98_{gEPS}+7.67\times\text{股利支付率}-5.37\times\text{贝塔}$$

迪士尼的自变量值如下：

预期增长率＝14.5%（分析师对于每股收益增长率的一致预测）
股利支付率＝15.35%
贝塔＝0.901 1

预计迪士尼的市盈率为：

$$\begin{aligned}PE&=7.62+77.98\times0.145+7.67\times0.153\,5-5.37\times0.90\\&=15.27\end{aligned}$$

① 回归可以是有截距项的回归，也可以是无截距项的回归。如果截距为负，我们就报告无截距项的回归结果。

表 12—13　　2009 年 1 月美国公司乘数的市场回归（系数下面括号里是 t 统计量）

回归	R^2（%）
PE＝7.62＋77.98$_{gEPS}$＋7.67×股利支付率－5.37×贝塔	28.6
(8.77)　(26.71)　(13.09)　(7.21)	
PBV＝1.28＋6.72$_{gEPS}$＋0.33×股利支付率－1.65×贝塔＋8.67ROE	68.3
(10.09)　(15.85)　(4.95)　(11.70)　(38.48)	
PS＝0.29＋4.32$_{gEPS}$＋0.31×股利支付率－0.86×贝塔＋11.42×净利润率	62.3
(2.48)　(9.52)　(4.58)　(8.60)　(35.72)	
EV/投入的资本＝1.10＋3.99g＋5.06 $ROIC$－1.35×负债/资本	50.1
(10.23)　(6.60)　(20.59)　(10.1)	
EV/销售收入＝1.72＋1.94g＋5.58×经营毛利－4.87×税率	50.3
(16.46)　(3.32)　(29.00)　(18.80)	
$EV/EBITDA$＝6.68＋25.34g－7.99×税率－1.59×负债/资本－1.837RIR	19.3
(18.58)　(12.35)　(9.78)　(3.84)　(1.94)	

g_{EPS}＝接下来五年里 EPS 的预期增长率（分析师的预计值）
g＝接下来几年里收入的预期增长率（如果没有，则使用 g_{EPS}）
股利支付率＝股利/盈余
$ROIC$＝资本收益率＝$EBIT(1-t)$/投入的资本
投入的资本＝权益的账面价值＋负债的账面价值－现金
ROE＝净利润/权益的账面价值
税率＝有效税率
负债/资本＝负债/（权益的市场价值＋负债）
RIR＝再投资比率＝（资本支出－折旧＋营运资本的变化）/$EBIT(1-t)$

因为迪士尼实际的 PE 比值为 9.45，所以相对于市场而言，迪士尼的价值被低估了（大约 40%）。

multregr.xls：网上的数据集总结了最近一个季度美国企业的各种乘数对基本面变量的最新回归结果。

可视为期权的权益

对大多数上市企业来说，权益有两个特征。第一个特征是，股东经营企业，能够在任何时间对资产进行清算并且向其他权益求偿者进行支付。第二个特征是，私有企业以及几乎所有上市企业里的权益投资者的义务仅限于他们对企业进行的权益投资。清算权和有限责任的结合使得权益有了看涨期权的特征。如果企业有大量的负债以及很大的破产可能性，那么该企业期权的价值可能会超过权益现金流的折现值。

作为期权的权益回报

企业的权益是一项剩余索取权，也就是说，现金流在满足了其他所有财务索取权（负债、优先股等等）之后剩下的才归属权益持有者。企业在清算时也适用同样的规则。权益投资者收到的现金是支付了所有负债以及其他财务权利求偿者之后的现金。有限责任是指，如果企业的价值低于发行在外的负债的价值，权益投资者不用支付超过其投入资本的金额。因此，权益投资者在企业清算时的回报可以写成如下情形：

如果 $V>D$，权益投资者在清算时的回报 $=V-D$

如果 $V\leqslant D$，权益投资者在清算时的回报 $=0$

其中，

$V=$企业的清算价值

$D=$发行在外负债以及其他外部索取权的账面价值

可以将权益视为企业资产的看涨期权，执行期权就意味着企业被清算，并且要求支付企业的账面价值（与执行价相对应）。企业自身是标的资产，并且当负债到期时期权就到期了。回报情况如图 12—7 所示。

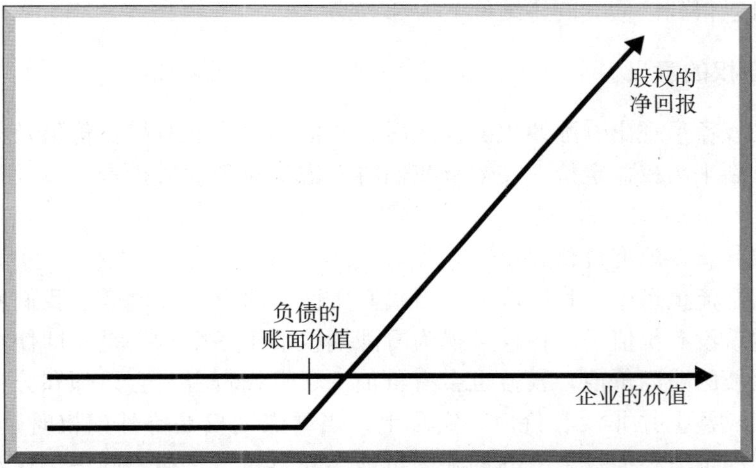

图 12—7　作为期权的权益回报

【例 12—18】　估计出权益作为期权的价值

假定我们正在对某企业的权益价值进行估计，已知该企业当前的资产价值为 100 百万美元，资产价值的标准差为 40%，负债的票面价值为 80 百万美元（负债没有利息，距离到期日还有 10 年）。另外，10 年期国库券的收益率为 10%。我们使用以下期权定价模型中的变量估计出权益作为企业的看涨期权的价值：

标的资产的价值＝S＝企业的价值＝100 百万美元

执行价格＝K＝发行在外负债的账面价值＝80 百万美元

期权的期限＝t＝零息负债的期限＝10 年

标的资产价值的方差＝σ^2＝企业价值的方差＝0.16

无风险收益率＝r＝与期权期限相等的国库券的收益率＝10％

将这些变量代入布莱克-斯科尔斯模型中，我们可以得到看涨期权的价值。

$d_1=1.5994$　　　　$N(d_1)=0.9451$

$d_2=0.3345$　　　　$N(d_2)=0.6310$

看涨期权的价值＝$100\times0.9451-80e^{(-0.10)\times10}\times0.6310=75.94$ 百万美元

因为看涨期权的价值代表了权益的价值，另外，企业的价值为 100 百万美元，可以得到发行在外负债的价值为：

发行在外负债的价值＝100－75.94＝24.06 百万美元

因为负债是 10 年期的零息债券，于是可以计算出债券的市场利率。

$$负债的市场利率=\left(\frac{80}{24.06}\right)^{\frac{1}{10}}-1=12.77\%$$

于是，可以得到该债券的违约价差为 2.77％。

将权益视为期权的意义

当企业的权益呈现出看涨期权的性质时，我们必须改变对权益价值及其价值决定因素的看法，重新来为权益定价。在本节我们将考虑这对于权益投资者以及债权人的一些潜在意义。

什么时候权益是没有价值的?

在折现现金流模型中，我们认为，当我们所拥有的资产价值低于我们所承担的负债价值时，权益就没有价值了。将权益视为看涨期权的第一个意义是，即使企业的价值低于发行在外负债的账面价值，权益也会有价值。尽管投资者、会计师和分析师认为企业处境困难，其权益也并非没有价值。实际上，当看涨期权是价外期权时是存在价值的，因为标的资产的价值在期权余下的期限内可能会超过执行价格，同理，权益也是存在价值的，因为期权存在时间溢价（距离债券到期还有时间），并且在债券到期之间资产的价值有可能超过债券的账面价值。

【例 12—19】　企业价值和权益价值

重新来看前面的例子，假定企业的价值下降到 50 百万美元，已经低于发行在外负债的价值（80 百万美元）。假定所有其他变量都保持不变。权益作为看涨期权的参数如下：

标的资产的价值＝S＝企业的价值＝50 百万美元

执行价格＝K＝发行在外负债的账面价值＝80 百万美元

期权的期限＝t＝零息负债的期限＝10 年

标的资产价值的方差＝σ^2＝企业价值的方差＝0.16

无风险收益率＝r＝与期权期限相等的国库券的收益率＝10%

将这些变量代入布莱克-斯科尔斯模型中，我们可以得到看涨期权的价值。

d_1＝1.051 5　　　　　$N(d_1)$＝0.853 4

d_2＝－0.213 5　　　　$N(d_2)$＝0.415 5

看涨期权的价值＝$50\times0.853\,4-80\exp^{(-0.10)\times10}\times0.415\,5$

＝30.44 百万美元

债券的价值＝50－30.44＝19.56 百万美元

我们可以看到，在这种情况下权益还是有价值的，因为权益具备期权的特征。实际上，在本例中，即使企业的价值下降到 10 百万美元，权益还是有价值的。

风险增加可以提高权益的价值

在传统的折现现金流模型中，更高的风险对权益投资者来说总是意味着更低的价值。当权益呈现出看涨期权的特征时，这种关系就不存在了。如果我们持有的是陷入困境中的杠杆很高的企业，那么风险反而更有助于我们。从本质上来说，我们从企业价值的变动中不会再失去什么了，而只会得到更多收益。

【例 12—20】　权益价值和波动性

让我们重新来看看例 12—8。权益的价值是企业价值方差的函数，其中，我们假定企业价值的方差为 40%。如果我们改变该方差，其他的变量保持不变，权益的价值会如图 12—8 那样发生变化。

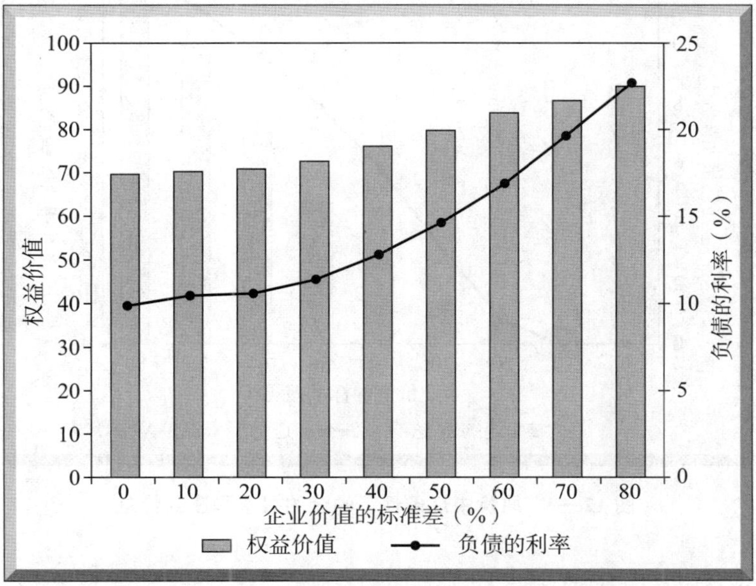

图 12—8　权益价值和企业价值的标准差

请注意，如果将企业价值保持不变，权益的价值随着企业价值标准差的增大而增大。负债的市场利率也会随着标准差的增大而增大。

违约概率和违约价差

我们可以从期权定价模型中得到的一个更有趣的变量是风险中性的企业违约概率。在布莱克-斯科尔斯模型中，我们可以从 $N(d_2)$ 中估计出这个值，该值就是 $S>K$ 的风险中性概率，也就是企业的资产价值超过负债的账面价值的概率。

$$\text{风险中性的违约概率}=1-N(d_2)$$

另外，我们可以从负债的市场利率中估计出负债的违约价差。

你可以将该模型应用到银行贷款组合中，一个是计算出相应的违约概率，另一个则是看你在该负债上要求的利率是否足够高。实际上，有一些商业服务机构利用复杂的期权定价模型估计出企业的违约概率和贷款要求的利率。

【例 12—21】 违约概率与违约价差

我们回到例 12—8，通过计算 $N(d_2)$ 估计一下违约概率和违约价差。其中，违约价差用企业负债的利率与无风险收益率之间的差额来衡量。而 $N(d_2)$ 是企业价值方差的函数。请看图 12—9。

请注意，当企业价值的标准差上升时，违约概率上升得非常快，违约价差也跟着上升。

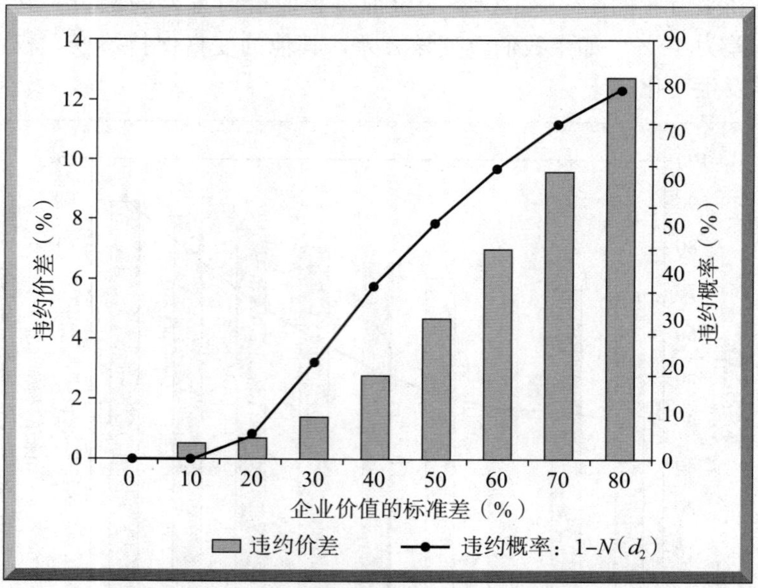

图 12—9 风险中性条件下的违约概率和违约价差

估计作为期权的权益价值

我们已经用例子解释了利用期权定价模型来估计权益的价值。在应用中有一些简化的假设条件，如下所示：

- 企业只有两类财产索取权——负债和权益。
- 在外只发行了一种形式的负债，并且可以以面值的金额将负债赎回。
- 负债为零息负债，并且没有特殊的性质（可转换性、赎回条款等等）。
- 可以估计出企业的价值和价值的方差。

每一个假设条件都是有原因的。第一，通过将财产索取权限制在负债和权益两类上，我们让问题更容易处理。如果引入其他的索取权，例如优先股等等，将更难得出结果（虽然这并不是不可能的）。第二，通过假定只发行了一种可以随时按面值赎回的零息债券，我们负债的特征更接近标准期权中执行价格的特征。第三，如果负债是有息负债，或者在外发行了多于一种负债，那么当权益投资者没有足够的现金流去支付利息时，就会被迫在更早的期间执行该期权（对企业进行清算）。

最后，知道了企业的价值和价值的方差使我们能够对期权进行定价，但是这对于期权定价在权益估值的有用性上也提出了一个有趣的问题。如果企业的负债是公开交易的，那么可以从企业的价值中减去负债的市场价值从而得到权益的价值，并且这种方法会更直接。但是，期权定价方法的确有它的优势。具体来说，当企业的负债并不是公开交易的负债时，就可以利用期权定价模型估计出权益的价值。即使企业的负债是公开交易的，但是债券可能被错误定价，那么期权定价的框架在评估负债和权益的价值时就非常有用。最后，将负债和权益的价值与企业价值的方差相联系，这就让我们能更清楚地看到企业采取的行动所导致的重分配效应。

估计作为期权的权益价值时所用到的变量

因为大多数企业不可能恰好能利用以上所介绍的整体框架（例如只有一种发行在外的负债，并且是零息负债），所以我们在使用期权定价模型估值时需要做出一些妥协。

企业的价值

我们可以通过四种方法得到企业的价值。第一种方法是，假定所有的负债和权益都是可交易的，我们计算出发行在外负债的价值和权益的价值从而得到企业的价值。然后利用期权定价模型将企业的价值再划分为负债的价值和权益的价值。这种方法虽然简单，但其内在是不一致的。我们从负债和权益的市场价值着手，然后使用期权定价模型得到了完全不同的负债价值和权益价值。

第二种方法是，我们用资本成本对预期现金流进行折现得到企业的价值。需要注意的一点是，期权定价模型中的企业价值是企业的清算价值，而企业的清算价值低于考虑了未来投资的企业价值，并且企业在清算时还会产生清算成本。如果我们使用折现现金流模型来估计企业的价值，那么在估计时只需要考虑企业的现有投资。[①]

第三种方法是，我们先计算出同行业中财务状况良好企业的企业价值对收入或者 $EBITDA$ 的乘数，然后利用该乘数计算出所考察对象的企业价值。这种方法隐含的假设是，潜在的购买者在清算企业时会以此价格来进行支付。

当企业有分开交易的资产时，我们使用第四种方法。这里，我们对这些资产的市场价值进行加总从而得到企业的价值。例如，我们要对一家陷入困境的房地产企业进行估值，可以估计出企业所拥有的每处房产的价值，对这些价值进行加总，从而得到企业的价值。

企业价值的方差

如果企业的股票和债券都是公开交易的，我们就可以直接计算出企业价值的方差。假设股价的方差为 σ_e^2，债券价格的方差为 σ_d^2，以市场价值计算的权益的权重为 w_e，以市场价值计算的负债的权重为 w_d，于是我们可以将企业价值的方差写成如下等式[②]：

$$\sigma_{firm}^2 = w_e^2\sigma_e^2 + w_d^2\sigma_d^2 + 2w_e w_d \rho_{ed}\sigma_e\sigma_d$$

其中，ρ_{ed} 是股票价格与债券价格之间的相关系数。当企业的债券没有公开交易时，我们可以使用评级相同的债券的方差来估计 σ_d^2，然后使用同等评级的债券与该企业股票之间的相关系数来作为 ρ_{ed}。

当企业陷入财务困境时，如果股票价格和债券价格大幅波动，这种方法就可能产生错误的结果。另一种更可靠的方法是，使用同行业的其他企业的平均方差来作为企业价值的方差。例如，如果对一家陷入严重困境的钢铁公司的权益进行估值，可以利用所有上市的钢铁公司价值的平均方差作为企业价值的方差。

负债的期限

大多数企业在账面上都不只有一种负债，并且很多负债都是有利息的。因为期权定价模型只能考虑一种到期期限，所以我们必须将多种债券和利息支付义务转换为一种等价的零息债券。

- 有一种解决方法同时考虑了利息的支付和债券的到期日，即估计出每种负债的久期，然后用债券的面值对这些债券的久期进行加权平均，然后将这个加权平均值作为期权期限的度量。
- 使用以面值加权的负债期限，将此作为期权定价模型中零息债券的期限。

负债的面值

如果一个处于困境的企业有多种发行在外的负债，我们可以利用三种方法得到负债的面值。

（1）我们可以将企业的所有负债在到期时的本金加总，将得到的加总值作为假设的零息债券的面值。这种方法的局限性是，会低估企业在负债期限内真实的支付义务，因为负债期内还需支付相应的利息。

---

① 从技术上来说，可以通过假定企业处于稳定增长，通过对稳定增长的企业进行估值来得到期权定价模型中使用的企业价值。在稳定增长中，再投资被用于保持或扩大现有的资产。

② 这是两资产组合的方差等式。

（2）在另一个极端，我们将负债的本金加上预期的利息支付，将此价值作为假设的零息债券的面值。因为利息在更近的年限内支付而本金要到到期时支付，所以我们在采取这种方法时混淆了不同时刻的现金流。但是，这是考虑到利息支付的最简便的方法。

（3）我们可以将负债到期时支付的本金作为负债的面值，而将每年支付的利息用企业价值的百分比表示出来，以此作为期权定价模型中的股利收益率。实际上，我们预期企业的价值随着年份逐渐下降，下降的幅度是预期的负债支付义务。

【例 12—22】　估计作为期权的权益价值——2009 年的鹦鹉纸浆公司

对于鹦鹉纸浆公司来说，2008 年是非常糟糕的一年，其金融衍生品遭受了很大的损失，将该企业拉到破产的边缘。2009 年 1 月，该企业的负债超过 98 亿雷亚尔，经营利润只有 574 百万雷亚尔。即使我们假定企业会回到 2003—2007 年的平均利润率，该企业也只有 10.07 亿雷亚尔的税前经营利润（见第 8 章）。假定永续增长率为 7%（为名义上的增长），资本收益率为 15%，资本成本为 18.37%（也是名义值，在第 4 章中估计的），于是我们可以估计出经营资产的价值：

$$\text{经营资产的价值}=\frac{EBIT(1-t)\left(1-\frac{g}{ROC}\right)(1+g)}{\text{资本成本}-g}$$

$$=\frac{1\,007\times(1-0.34)\times\left(1-\frac{0.07}{0.15}\right)\times1.07}{0.183\,7-0.07}$$

$$=5\,807\text{ 百万雷亚尔}$$

因为该值比负债的面值要低得多，所以用内在定价模型很难得到正的权益值。

我们可以尝试将权益作为期权估计出鹦鹉纸浆公司的权益价值。其中，假定负债的加权平均久期是 3 年，将行业平均的标准差 34%作为该企业价值的标准差。① 期权定价模型中的变量如下：

标的资产的价值 $=S=$ 企业的价值 $=5\,807$ 百万雷亚尔

执行价格 $=K=$ 发行在外负债的面值 $=9\,835$ 百万雷亚尔

期权的期限 $=t=$ 负债的加权平均期限 $=3$ 年

标的资产价值的方差 $=\sigma^2=$ 企业价值的方差 $=0.34^2=0.115$

无风险收益率 $=r=$ 与期权期限对应的无风险收益率 $=6.5\%$

根据这些变量，我们估计出看涨期权的价值：

$d_1=0.269\,1$　　　$N(d_1)=0.393\,9$

$d_2=-0.858\,0$　　　$N(d_2)=0.195\,4$

看涨期权的价值 $=5\,807\times0.393\,9-9\,835e^{(-0.065)\times3}\times0.195\,4$

① 这是纸和纸浆行业的企业价值的方差。

=706 百万雷亚尔

如果我们将该值作为看涨期权的价值，可以得到每股价值为 1.2 雷亚尔，这比股票的实际价格 15.14 雷亚尔要低得多，但还是大于零。

我们除了可以利用期权定价的框架得出鹦鹉纸浆公司的权益价值外，还可以了解到影响权益价值的一些动因。尽管企业尽力控制成本并且提高经营毛利率是非常重要的，但是还有两个关键的变量影响了权益的价值，一个是负债的久期，另一个则是企业价值的方差。任何增大（减小）负债久期的行动都会增大（减小）权益的价值。因此，如果在分析期间对债务进行重新谈判，这对权益价值会有显著的影响。

对不同的估值方法进行协调

两种估值的标准方法，折现现金流法和相对估值法，可以得到两种不同的迪士尼价值。[①] 如果使用折现现金流模型来估计，迪士尼的市场价值就被低估，但如果使用相对估值模型来估计，迪士尼就被公平定价。即使就相对估值模型来说，如果我们使用不同的乘数或者选择不同的可比企业，估计出的价值也会有所不同。

折现现金流估值法和相对估值法得到的价值差异来自对市场有效性的不同看法，更准确地说，是对市场无效性的不同看法。在折现现金流估值中，我们假定市场会犯错误，市场会随着时间的推移修正这些错误，而这些错误可能发生在整个行业上甚至整个市场上。在相对估值模型中，我们假定市场只会在个别股票的定价中犯错误，平均而言，市场是正确的。换句话说，当我们相对于其他娱乐业企业对迪士尼进行估值时，我们假定从平均上而言市场对这些企业的估值是正确的，即使市场可能对单个股票的估值是不正确的。因此，如果在相对估值法中使用的可比企业普遍被市场高估，那么很可能用折现现金流方法估值时会发现所考察的股票的市场价值被高估，而用相对估值法会发现所考察的股票的市场价值被低估。当整个行业和市场的价格被低估时，就会发生相反的情形。

总之，我们在考虑使用不同的方法得到的价值时，参考如下准则：

● 折现现金流模型是建立在如下隐含的假设条件上，即从长期来看，市场能修正其所犯的错误。

● 在使用相对估值法时，如果可比企业间的差异不能用财务的基本面——成长性、风险和现金流方式——来解释，以乘数作为基础来估值就是有风险的。使用回归方法的一个优势是，从回归得到的 R^2 和 t 统计量可以度量出回归中关系的强弱。

---

① S. Kaplan and R. Ruback, “The Valuation of Cash Flow Forecasts: An Empirical Analysis,” *Journal of Finance* 50: 1059—1093. 他们考察了对并购的估值，发现通过折现现金流模型得到的价值比通过相对估值模型得到的价值能够更好地解释并购的支付价格。

12.12 估计 IPO 的价值

如果你是一个投资银行家，你在对 IPO 定价时，主要使用的是折现现金流模型、相对估值模型，还是将两者结合起来使用？

a. 相对估值法，因为 IPO 的购买者会参考可比企业的情况。

b. 折现现金流估值法，因为该方法反映了企业的内在价值。

c. 两个模型得到的价值较高者，因为投资银行家的工作就是为客户争取到更高的价格。

d. 以上都不对。

请解释。

结 论

有三种基本的估值方法。第一种方法是折现现金流估值法，根据此方法，任何资产的价值都可以通过对预期的现金流进行折现得到。在实际的估计过程中一般需要知道以下四个变量：

（1）预计企业的增长率高于其稳定增长率的期限长度。其中，稳定增长率被限制在与企业所在经济环境的增长率相近的水平上。

（2）高增长期的现金流。

（3）高增长期期末的价值。

（4）折现率。

预期增长潜力在不同的企业间有所不同：有一些企业已经处于稳定增长期，而另一些企业的高增长还会持续一段时间。我们可以通过对在支付负债义务前满足了再投资需求的现金流进行折现得到企业经营资产的价值，使用的折现率为资本成本。在经营资产价值上加上现金和非经营资产的价值，就可以得到企业的价值，然后再减去负债的价值，就可以得到权益的价值。我们也可以对支付了负债义务并满足了再投资需求的现金流进行折现，使用的折现率为权益成本，这样就直接计算出权益的价值。

第二种估值方法是相对估值法，在此方法中，任何资产的价值都是参考同类资产的市场定价得到的。该方法关键的一步是，确定可比企业的价值以及选择价值的标准衡量指标（通常将价值视为收益的乘数、现金流的乘数或者账面价值的乘数）。为了使不同企业的乘数具有可比性，我们还要对这些企业在增长率、风险和现金流上的差异进行控制，就如同我们在折现现金流估值中所做的那样。

最后一种估值方法是，我们假定权益投资者拥有对企业资产进行清算的期权，并且他们对资产的价值和发行在外的负债价值的差异享有索取权。对于杠杆很高且处于财务困境中的企业，这种方法很有用。另外，只有在这种方法下，权益价值会随着风险的增加而增加。

真实案例研究

估 值

目标：根据现有的管理和对未来的预期，对你的企业进行估值。

关键问题

● 你选择什么形式的现金流（股利、*FCFE* 还是 *FCFF*）来折现？

● 你为企业选择怎样的增长方式？高增长和超额收益能持续多久？

● 你的企业何时能处于稳定增长阶段？当该企业处于稳定增长期间时有什么样的特征？

● 你估计的企业的权益价值是多少？与权益的市场价值比较，结果如何？

分析框架

1. 对现金流的估计

● 企业会计上的经营利润是多少？在估值过程中，你会对该值进行相应的调整吗？

● 企业的有效税率是多少？边际税率是多少？你在估值中使用哪种税率？

● 你的企业上一年在内部投资、并购、研发以及营运资本上进行的再投资是多少？

2. 增长类型选择

● 该企业的收益在历史上增长有多快？

● 分析师预计该企业的收益在未来增长有多快？

● 从基本面的数据可看出企业的增长率如何？（再投资有多少？收益率有多高？）

● 如果预期到存在高增长和超额收益，是什么样的进入壁垒使得超额收益得以持续并能持续多久？

3. 估值

● 根据折现现金流模型，企业经营资产的价值是多少？

● 企业拥有现金和非经营资产吗？如果有的话，这些资产的价值是多少？

● 有发行在外的权益期权吗（管理层期权、可转换债券）？如果有的话，这些权益期权的价值是多少？如果没有，为什么没有？

● 每股权益的价值是多少？

4. 相对估值

● 你使用什么乘数来对企业或者其权益进行估值？

● 企业属于哪种行业？可比企业是什么？

● 与同行业的其他企业相比，你的企业的估值（用乘数来表示）如何？

● 给定可比企业的定价情况，你认为你的企业的价值（或者权益的价值）是多少？

获取估值信息

你在估值中所需要的大多数信息来自当前或过去的财务报表。你还需要贝塔和负债比率（请参考风险和收益部分）来估计 *FCFE*。你可以通过几个来源，包括 Zack's 和 I/B/E/S，获得分析师的估计。

网上信息来源

www. stern. nyu. edu/～adamodar/cfin2E/project/data. htm

练习题

（在以下问题中，如果没有特别指出，风险溢价为 5.5%，税率为 40%。）

1. Vernon 企业当前的税后经营利润为 100 百万美元，资本成本为 10%。企业赚取的资本收益率与资本成本相等。

a. 假定企业处于稳定增长期，增长的速度为每年 5%。请估计出企业的再投资比率。

b. 给定再投资比率，估计出企业的价值。

c. 如果假定再投资比率为零并且没有增长，企业的价值将是多少？

2. 将第 1 题中企业的资本收益率改为 15%，其他条件不变。

a. 假定企业处于稳定增长期，增长的速度为每年 5%。请估计出企业的再投资比率。

b. 给定再投资比率，估计出企业的价值。

3. Cello 是一家生产钢琴的企业。该企业在上一年获得的税后资本收益率为 10%，预期该增长率将会持续到接下来的一年。如果当年的税后经营利润为 100 百万美元，企业将 50%的税后经营利润再投入到企业中，请估计出下一年的 *FCFF*。[税后经营利润$=EBIT(1-t)$。]

4. Cell Phone 是一家制造手机的企业，该企业报告说最近一个财务年度的净利润为 50 百万美元。该企业的负债有 10 亿美元，最近一个财务年度的利息费用为 100 百万美元。企业当年的折旧为 100 百万美元，资本支出为折旧的 200%。企业的资本成本为 11%。假定不存在营运资本的需求，并且永续增长率为 4%，估计出企业的价值。

5. Netsoft 是一家生产网络软件的企业。企业在报告中说，最近一个年度的息税前经营利润为 200 百万美元（经营利润不包括利息收入），预期这些收益将按照 4%的速度永久增长下去。另外，企业的现金余额为 250 百万美元，其中获得的利息收入为 20 百万美元。其他网络软件企业的无杠杆贝塔为 1.2，并且这些企业的现金余额平均来说为企业价值的 10%。如果 Netsoft 的负债比率为 15%，税率为 40%，权益收益率为 10%，请估计出该企业的价值。（无风险收益率为 6%，市场风险溢价为 5.5%。）

6. Gemco Jewelers 在最近一年里获得了 5 百万美元的税后经营利润。当年，该企业的资本支出为 4 百万美元，折旧为 2 百万美元，非现金的营运资本为 10 百万美元。

a. 假定企业的经营利润在下一年将增长 20%，并且所有其他的项目（资本支出、折旧和非现金的营运资本）也按照同样的速度增长，请估计出下一年 *FCFF* 的价值。

b. 如果企业在接下来的 5 年按照 20%的速度增长，请估计在这 5 年内 *FCFF* 的现值。已知企业的资本成本为 12%。

c. 在第 5 年后，企业的资本支出将下降到收入的 125%，经营利润的增长率和非现金营运资本的增长率都将下降到 5%。另外，资本成本将下降到 10%。请估计出企业在第 5 年年末的终值。

d. 请估计出企业经营资产的整体价值。

7. 现在假定 Gemco Jewelers 有 10 百万美元的现金和非经营资产，有 15 百万美元发行在外的负债。

a. 请估计出企业的权益价值。

b. 如果企业有 5 百万股发行在外的股份，请估计出每股权益的价值。

c. 如果你意识到企业还有 1 百万股发行在外的期权，并且该期权的执行价为 5 美元，5 年后到期，你在 b 题中的答案会发生怎样的变化？（估计的每股期权值为 7 美元。）

8. 联合太平洋铁路公司最近一个财务年度支付了 320 百万美元的利息费用后的净利润为 770 百万美元。（公司的税率为 36%。）当年的折旧为 960 百万美元，资本支出为 12 亿美元。该企业账面上发行在外的负债为 40 亿美元，该负债的评级为 AA（对应的到期收益率为 8%），按照票面价格交易（上一年年末的价值为 38 亿美元）。股票的贝塔为 1.05，发行在外的股票数为 200 百万股，每股价格为 60 美元。这些股票对应的账面价值为 50 亿美元。该企业将收益的 40%作为股利支付，营运资本的需求很小，可以忽略不计。（国库券收益率为 7%。）

a. 请估计出该企业最近一个财务年度的 $FCFF$。

b. 请估计出企业现在的价值。

c. 请估计出当前的权益价值和每股权益价值。

9. Lockheed 是美国最大的国防产品制造企业之一。该企业最近一个财务年度的 $EBITDA$ 为1 290百万美元，利息费用为 215 百万美元，折旧费用为 400 百万美元。当年的资本支出总计为 450 百万美元，营运资本为收入的 7%，其中收入为 13 500 百万美元。企业发行在外的负债为30.68亿美元（账面价值），这些负债的市场价值为 32 亿美元，税前利率为 8%。该企业总共有 62 百万股发行在外的股份，每股价格为 64 美元，最近的贝塔值为 1.1。企业的税率为 40%。（国库券收益率为 7%。）该企业的预计收入、利润、资本支出和折旧在下个五年的增长率都为 9.5%，之后预期增长率将下降到 4%。（即使这是不现实的，你可以假定稳定期间的资本支出与折旧相抵消。）该企业计划在企业的稳定期使负债权益比率下降到 50%（这将导致税前利率下降到 7.5%）。

a. 请估计出企业的价值。

b. 请估计出企业的权益价值和每股权益的价值。

10. 柯达公司的盈利结果让人非常失望，并且该企业的机构投资者越来越专断，于是该企业计划将其一个运行良好的分支机构出售。该部门在最近一年里的 $EBIT$ 为 560 百万美元，收入为 52.85 亿美元。预计在接下来的五年里收益增长率为 6%，之后则变成 4%。该部门最近一年的资本支出为 420 百万美元，折旧为 350 百万美元，并且资本支出和折旧将长期以 4% 的速率增长。营运资本的需求可以忽略不计。与该部门竞争的企业的平均贝塔为 1.15。虽然柯达公司的负债比率 [$D/(D+E)$] 为 50%，该分支部门将其负债比率维持在 20%，该比率与该部门竞争企业的负债比率相近。在此负债水平上，预期该分支部门在税前对负债支付的利率为 7.5%。（税率为 40%，国库券收益率为 7%。）

a. 请估计出该分支部门的资本成本。

b. 请估计出该分支部门的价值。

11. 请你对美国铝业公司进行估值，有以下变量值：

● 该企业股票的贝塔为 0.90，是用过去五年的数据估计出的。在这期间，企业平均的负债权益比为 20%，平均的现金余额为 15%。

● 企业当前权益的市场价值为 16 亿美元，当前负债的市场价值为 800 百万美元。当前的现金余额为 500 百万美元。

● 企业获得的息税前利润为 450 百万美元，其中包括了利息收入 50 百万美元。企业的税率为 40%。

● 该企业处于稳定增长期，预计其经营利润每年的增长率为 5%，预计其下一年净的资本支出为 90 百万美元。

请估计出该企业非现金资产的价值、总的企业价值和权益价值。

12. 你在分析一个知名分析师对一家稳定增长的企业所做的估值。预期下一年的 *FCFF* 为 30 百万美元，预期增长率为 5%，分析师估计出企业的价值为 750 百万美元。但是，他犯了一个错误，他在计算资本成本时使用负债和权益的账面价值。虽然你不知道他所使用的账面价值权重，你知道企业的权益成本为 12%，税后的负债成本为 6%。你还知道权益的市场价值是其账面价值的 3 倍，并且负债的市场价值等于其账面价值。请估计出正确的企业价值。

13. 有人请你对 Office Help 的价值进行估计，该企业是一家私有企业，在纽约地区提供办公室支持服务。

● 该企业在最近一个财务年度的税前经营利润为 10 百万美元，收入为 100 百万美元。你注意到，在最近一个财务年度内企业的所有者并没有给他们自己支付工资。你认为他们的合理工资为每年 1.5 百万美元。

● 上市的可比企业的资本成本为 9%。(你可以假定该企业有着同样的杠杆和资本成本。)

● 该企业处于稳定增长期，预期每年将以 5%的速率增长。税率为 40%。

私有企业的平均流动性折现率为 30%，但是你自己运行了一个回归，得到下列对流动性折现率的估计式：

流动性折价＝0.30－0.04×ln(以百万美元为收入值)

请估计出 Office Help 在私有交易销售中的价值。

14. National City 是一家国家控股公司，该企业的每股收益为 2.4 美元，支付的每股股利为 1.06 美元。在过去五年里，收益每年增长 7.5%，预期收益在长期每年的增长率为 5%。股票的贝塔为 1.05，股价是每股收益的 10 倍。国库券收益率为 7%。

a. 请估计出该企业的 *P/E* 值。

b. 对企业当前的 *P/E* 值而言，该企业隐含的增长率是多少？

15. 以下是航空/国防行业里企业的 *P/E* 值，以及对应的预期增长率和风险的数据。

a. 请估计出 *P/E* 值的平均值和中位数。这两个值告诉了你什么信息？

b. 一个分析师得出结论，Thiokol 的价值被低估，因为它的 *P/E* 值低于行业的平均值。在什么样的条件下，这种说法是正确的？在此例中，你同意这种说法吗？

c. 使用 *PEG* 比值来判断 Thiokol 的价值是否被低估。你在使用 *PEG* 比值时，假定价值与增长率之间存在什么样的关系？

d. 使用回归控制企业之间在风险、增长率和支付率上的差异。说明你怎样使用回归等式来找出价值被低估的股票和价值被高估的股票。这种方法的局限性是什么？

	P/E 值	预期增长率（%）	贝塔	股利支付率（%）
Boeing	17.3	3.5	1.10	28
General Dynamics	15.5	11.5	1.25	40
General Motors-Hughes	16.5	13.0	0.85	41
Grumman	11.4	10.5	0.80	37
Lockheed	10.2	9.5	0.85	37
Logicon	12.4	14.0	0.85	11
Loral	13.3	16.5	0.75	23
Martin Marietta	11.0	8.0	0.85	22
McDonnell Douglas	22.6	13.0	1.15	37
Northrop	9.5	9.0	1.05	47
Raytheon	12.1	9.5	0.75	28
Rockwell	13.9	11.5	1.00	38
Thiokol	8.7	5.5	0.95	15
United Industrial	10.4	4.5	0.70	50

16. NCH 是一家销售清洁剂、杀虫剂以及其他产品的企业。该企业的每股收益为 4 美元，每股股利为 2 美元。每股权益的账面价值为 40 美元，预期收益在长期的每年增长率为 5%。股票的贝塔为 0.85，交易价为每股 60 美元。国库券收益率为 7%。

a. 根据这些变量值，估计出 NCH 的市净率。

b. 为了保证 NCH 当前销售的市净率，该企业的权益收益率必须提高多少？

17. 你正在估计一个有关环境垃圾处理公司的 IPO 的每股价格。该企业最近一个年度的每股账面价值为 20 美元，每股收益为 3.5 美元。虽然该企业不支付股利，最近一个年度的每股资本支出为 2.5 美元，比每股折旧值要高。另外，该企业没有使用负债融资。分析师预计企业的收益在接下来的五年里将以每年 25%的速度增长。你还有其他环境垃圾处理企业的相关数据：

	价格（美元）	每股账面价值（美元）	*EPS*（美元）	*DPS*（美元）	贝塔	预期增长率（%）
Air & Water	9.60	8.48	0.40	0.00	1.65	10.5
Allwaste	5.40	3.10	0.25	0.00	1.10	18.5
Browning Ferris	29.00	11.50	1.45	0.68	1.25	11.0
Chemical Waste	9.40	3.75	0.45	0.15	1.15	2.5
Groundwater	15.00	14.45	0.65	0.00	1.00	3.0
Int'l Tech.	3.30	3.35	0.16	0.00	1.10	11.0
Ionics	48.00	31.00	2.20	0.00	1.00	14.5
Laidlaw	6.30	5.85	0.40	0.12	1.15	8.5
OHM	16.00	5.65	0.60	0.00	1.15	9.5
Rollins	5.10	3.65	0.05	0.00	1.30	1.0
Safefly-Kleen	14.00	9.25	0.80	0.36	1.15	6.5

这些企业平均的负债权益比率为20%，税率为40%。

a. 请估计出这些可比企业市净率的平均值。你会使用 P/BV 的平均值来为IPO定价吗？

b. 你对于该企业的市净率做出了什么主观上的调整？为什么要做出这些调整？

18. Longs Drug是美国一家大型的连锁药店，该企业主要在南加州经营。该企业的每股销售额为122美元，每股收益为2.45美元，派发的每股股利为1.12美元。预计企业长期的增长率为6%，贝塔为0.90。当前的国库券收益率为7%。

a. 请为该企业估计出合理的价格销售收入乘数。

b. 该企业股票的当前价格为每股34美元。假定估计的增长率是正确的。要达到该股价，企业的利润率必须为多少？

19. Walgreen's是一家连锁药店，有人请你评估一下该企业相对于药店行业的其他竞争对手来说是否被合理定价。下表中是药店行业其他企业的价格销售收入比、利润率以及其他相关的细节信息。

	P/S 比值	利润率（%）	股利支付率（%）	预期增长率（%）	贝塔
Arbor Drugs	0.42	3.40	18	14.0	1.05
Big B	0.30	1.90	14	23.5	0.70
Drug Emporium	0.10	0.60	0	27.5	0.90
Fay's	0.15	1.30	37	11.5	0.90
Genovese	0.18	1.70	26	10.5	0.80
Longs Drug	0.30	2.00	46	6.0	0.90
Perry Drugs	0.12	1.30	0	12.5	1.10
Rite-Aid	0.33	3.20	37	10.5	0.90
Walgreen's	0.60	2.70	31	13.5	1.15

完全根据主观的分析，因为该股票的价格销售收入比是行业中最高的，你认为Walgreen's的股价被高估了吗？如果你不认为该股票的价格被高估，你怎么说明该股价是合理的？

20. 时代华纳正在考虑将其出版部门出售。该部门最近一个年度的*EBITDA*是550百万美元，估计以5%的速度增长，折旧是150百万美元，你可以假定折旧也按照5%的速度增长。该部门的资本收益率为15%，公司税率为40%。如果该部门的资本成本为9%，估计如下变量：

a. 价值/*FCFF*乘数。

b. 价值/*EBIT*乘数。

c. 价值/*EBITDA*乘数。

附录1 基本的统计知识

今天我们在财务分析中面临的问题并不是由于拥有的信息太少，而是由于拥有的信息太多。我们在分析公司时急需做的事是理解大量时常冲突的信息。掌握基本的统计知识可以让这项工作变得轻松。在本章附录中，我们考察了数据分析中一些最基本的工具。

对数据进行描述

人们经常将大量的数据压缩成更容易体现信息的描述性结果，这些描述性结果让使用者能够了解数据的内容且不会被过多的数据所吓倒。有很多展现数据的方法，我们在这里考察其中的两种方法——一种方法是展现出数据的分布，另一种方法则是展现数据关键特征的描述性统计。

数据的分布

当成千上万条信息展现在你面前时，你可以将所有的数据分成几个段值，标示出落在每个段值中的数据个数。这就是**频数分布**（frequency distribution）。如果数据都有一个特定的值，比如我们在足球比赛中统计的进球数，这样的分布就是**离散分布**（discrete distribution）。当数据的值是一个区间内的任何值，比如企业的利润或者市场规模，这样的分布被称为**连续分布**（continuous distribution）。

以分布的形式将数据展现出来有两方面的优势。一方面，你可以将最大的数据集描述成一个分布，总结出现频率最高的数据，找到最小值和最大值。另一方面，数据的分布可能像我们在统计上所熟悉的分布之一。比如，在分析中，我们得到的大多数分布都是正态分布，如图 A1—1 所示。

正态分布是对称的；该分布的中间有一个波峰，也有尾巴，但不是厚尾，一直延伸到正无穷大或负无穷大。并不是所有的分布都是对称的。有一些正偏，有一些负偏。表 A1—2 描述了正偏和负偏的分布。

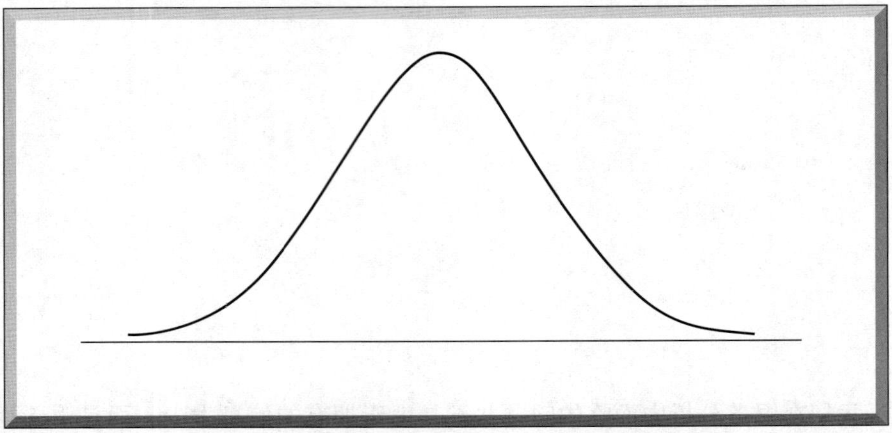

图 A1—1　正态分布

描述性统计

衡量数据集的关键特征的最简单方法就是得到数据集的描述性统计。对一个数据集 X_1，X_2，X_3，…，X_n 来说（其中，n 是这个数据集中观测点的个数），最广泛使用的统计量如下：

- 均值（μ），也就是对所有观测值取平均。

$$均值 = \mu x = \frac{\sum_{j=1}^{j=n} X_j}{n}$$

- 中位数，也就是将数据排列起来位于中间的一个观测值；该数据集中有一半的数据大于中位数，有一半的数据小于中位数。

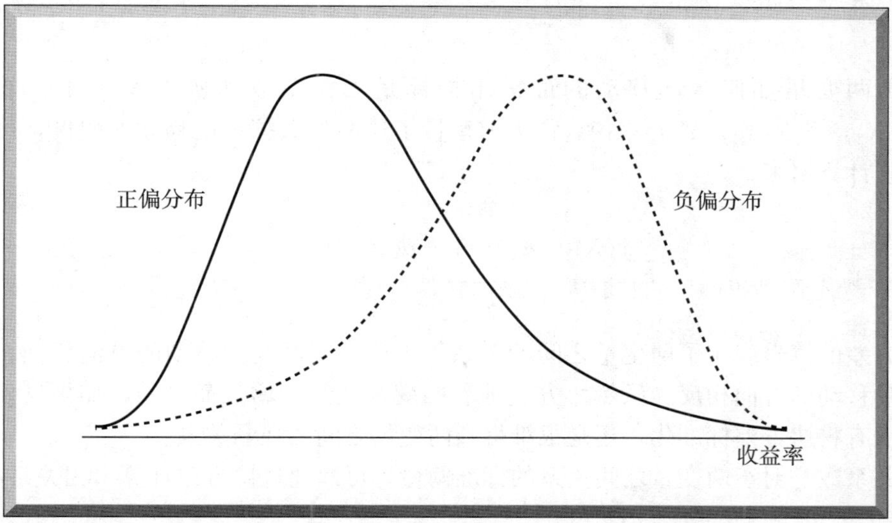

图 A1—2　有偏的分布

- 方差，衡量了分布围绕平均值的离散程度，可以按如下方法来计算：首先将每个值距离平均值的差的平方进行加总，然后再除以观测点的个数（如果数据是总体的话）或者观测点的个数减 1（如果数据是样本的话）。

$$方差=\sigma_X^2=\frac{\sum_{j=1}^{j=n}(X_j-\mu_x)^2}{n-1}$$

标准差是方差的平方根。

均值和标准差被称为任何数据分布的首要特征。正态分布可以完全用这两个变量描述出来。换句话说，正态分布的均值和标准差已经完全能够表现正态分布的所有特征。如果分布不是对称的，偏度（skewness）就是第三个变量，该变量描述了不对称的方向和程度，峰度（kurtosis）是第四个变量，该变量衡量了该分布相对于正态分布尾端的扁平程度。

考察数据之间的关系

当存在两列数据时，可以用一些统计量来衡量这些数据是如何随着时间的推移一起移动的。

相关性与协方差

衡量两变量如何一起移动的最常用指标是相关系数和协方差。对于两列数据 $X(X_1, X_2,)$和 $Y(Y_1, Y_2)$ 来说，协方差衡量了这两列数据一起移动的幅度，可以按照如下公式计算出来：

$$协方差 = \sigma_{XY} = \frac{\sum_{j=1}^{j=n}(X_j - \mu_X)(Y_j - \mu_Y)}{n-1}$$

协方差的符号表明了两变量之间的关系。正号表明两变量移动的方向相同，负号表明两变量移动的方向相反。虽然协方差随着两变量关系的增强而增强，如果仅仅看协方差，而没有将协方差标准化，还是很难得到两变量之间的强弱关系。

相关系数是对于两变量之间关系的标准衡量。可以通过协方差计算出相关系数。

$$相关系数 = \rho_{XY} = \sigma_{XY}/\sigma_X\sigma_Y = \frac{\sum_{j=1}^{j=n}(X_j - \mu_X)(Y_j - \mu_Y)}{\sqrt{\sum_{j=1}^{j=n}(X_j - \mu_X)^2}\sqrt{\sum_{j=1}^{j=n}(Y_j - \mu_Y)^2}}$$

相关系数不可能比 1 大，也不可能小于－1。两变量的相关系数接近 0，表明这两个变量是不相关的。两变量的相关系数为正，表明这两个变量移动的方向相同，并且相关系数越接近 1，两变量的关系越强。两变量的相关系数为负，表明这两个变量移动的方向相反，并且相关系数越接近－1，两变量的关系越强。如果两个变量是完全正相关的，即 $\rho_{XY}=1$，表明两变量完全朝着相同的方向同比例移动；如果两个变量是完全负相关的，表明两变量朝着相反的方向同比例移动。

回　归

简单的回归是对相关系数/协方差概念的扩展。回归是尽力用其他变量（自变量）来解释一个变量（因变量）。

离散点与回归线

假设 Y 是因变量，X 是自变量。如果两变量是一个点的横坐标和纵坐标，则可以通过两变量确定出一个点的具体位置，那么则可以得到散点图，其中 Y 为纵坐标，X 为横坐标。图 A1—3 则是一幅散点图。

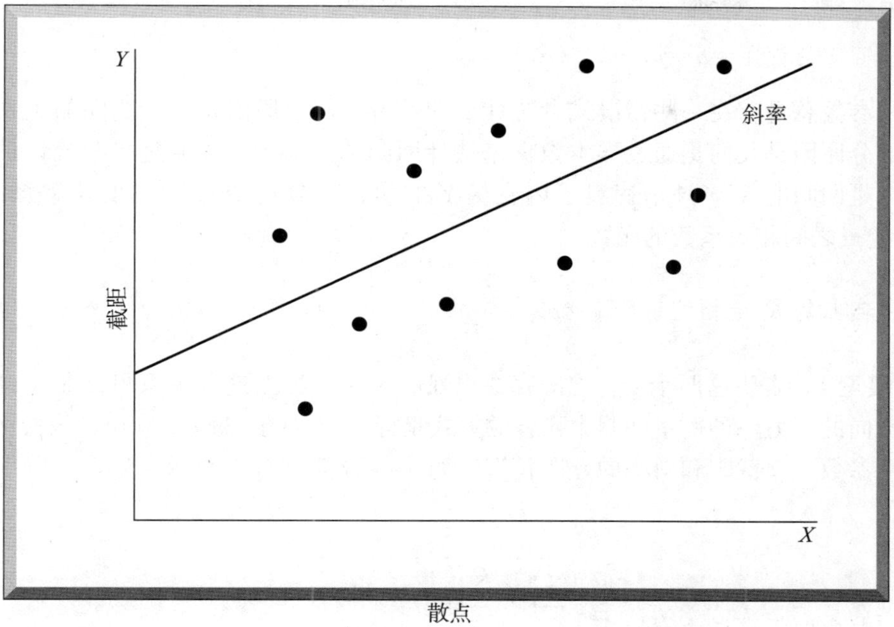

图 A1—3 以 Y 为纵坐标、X 为横坐标的散点图

在回归中，我们尝试拟合出经过这些点的直线。最简单的形式是，找到一条直线，使得所有点到直线的距离的平方和最小。这被称为**普通最小二乘法**（ordinary least squares，OLS）回归。当拟合出这样一条直线时，产生两个参数——一个是直线经过 Y 轴的点的纵坐标，另一个是回归直线的斜率：

$$Y=a+bX$$

斜率（b）衡量了因变量 Y 与自变量 X 关系的方向和幅度大小。当两变量呈正相关关系时，斜率为正；当两变量呈负相关关系时，斜率为负。可以将回归的斜率按如下方式来解释：对于自变量（X）每一单位的变化，因变量的变化（Y）为 b（斜率）。

估计回归参数

虽然通过统计软件包将数据导入就可以得到相应的回归参数，还是有必要看一下这些参数是如何估计出来的。回归线的斜率是对于上一部分介绍的协方差概念从逻辑上的扩展。实际上，可以使用协方差估计出斜率：

$$\text{回归的斜率}=b=\frac{\text{协方差}}{X\text{ 的方差}}=\frac{\sigma_{YX}}{\sigma_X^2}$$

回归的截距（a）有以下几种解释。一种解释是，截距是当 X 等于 0 时对应的 Y 值。另一种解释更为直接，是根据截距如何计算来解释。截距是 Y 的平均值与 X 经过斜率调整后的值之差。

$$回归的截距 = a = \mu_Y - b \times (\mu_X)$$

回归参数总是存在一些错误或者统计上的噪音，部分原因是变量之间的关系不是完美的，部分原因是我们是通过样本数据来估计回归的。噪音可以通过一些统计量反映出来。一个是回归的 R^2，该值衡量了因变量 Y 的变化能被自变量 X 的变化解释的比例。R^2 也是变量之间相关系数的函数。

$$回归的 R^2 = 相关系数_{YX}^2 = \rho_{YX}^2 = \frac{b^2\sigma_X^2}{\sigma_Y^2}$$

R^2 接近 1，表明这两个变量之间存在很强的关系，虽然这种关系可能是正向的，也可能是负向的。另一种衡量回归中噪音的方式是标准误（standard error），该指标衡量了估计的两参数——截距和斜率的差距情况。每个参数都有对应的标准误，可以用数据计算出来：

$$截距的标准误 = SE_a = \sqrt{\frac{\sum_{j=1}^{j=n} X_j^2 \sum_{j=1}^{j=n} (Y_j - bX_j)^2}{(n-1)\sum_{j=1}^{j=n} (X_j - \mu_X)^2}}$$

$$斜率的标准误 = SE_b = \sqrt{\frac{\sum_{j=1}^{j=n} (Y_j - bX_j)^2}{(n-1)\sum_{j=1}^{j=n} (X_j - \mu_X)^2}}$$

如果我们另外假定，截距和斜率的估计值是呈正态分布的，可以通过参数的估计值和标准误得到 t 统计量，t 统计量衡量了回归的关系在统计上是否显著。

$$截距的\ t\ 统计量 = a/SE_a$$
$$斜率的\ t\ 统计量 = b/SE_b$$

如果一个样本有 120 个观测点，t 统计量大于 1.95，表明这个变量在 95%的置信区间上显著异于 0；如果 t 统计量大于 2.33，表明该变量在 99%的置信区间上显著异于 0。对更小的样本来说，t 统计量更大一些才能表明该变量具有统计上的显著性。

使用回归方程

虽然回归跟相关系数和斜率一样反映了两变量关系的强弱，但是回归还有其他的目标。可以利用回归等式根据因变量的假定值或实际值估计出自变量的预测值。换句话说，对任意给定的 Y，我们可以估计出相应的 X。

$$X = a + b(Y)$$

这些预测值估计得如何呢？这完全取决于回归式子中衡量的关系强弱。当自变量能够解释较高比例的因变量的变动时，预测是准确的。当 R^2 很低时，预测就有更大的偏差。

从一元回归到多元回归

如果解释因变量 Y 的自变量从一个变成多个（$X1$，$X2$，$X3$，$X4$，…），回归就从一元回归变成了多元回归。虽然很难用图形来表示多元回归，但是多元回归的确是一元回归的扩展。

$$Y=a+bX1+cX2+dX3+eX4$$

R^2 衡量了相关的显著程度，但是还有一个调整的 R^2，该变量抵消了当在回归中引入更多自变量时 R^2 会上升的偏差。如果回归中有 k 个自变量，调整的 R^2 可以计算如下：

$$R^2=\frac{\sum_{j=1}^{j=n}(Y_j-bX_j)^2}{n-1}$$

$$\text{调整的 } R^2=\frac{\sum_{j=1}^{j=n}(Y_j-bX_j)^2}{n-k}$$

多元回归是个很强大的工具，能让我们考察任何变量的决定因素。

回归的假设和约束

这一节介绍的一元回归和多元回归都假定因变量与自变量之间呈线性关系。如果两变量的关系不是线性的，我们有如下两种选择：一种是通过对变量取平方、平方根或自然对数等对变量进行转换，希望转换后的变量之间的关系是更加偏线性的；另一种方法是进行非线性回归，试图通过数据拟合出一条曲线（而不是一条直线）。

每个多元回归背后都有隐含的统计假设，忽视这些假设是有危险的。为了保证个别自变量的系数是合理的，自变量之间必须相互独立，而这个条件是很难满足的。当自变量之间是相关的，就产生了一个统计问题，即**多重共线性**（multicollinearity）。当存在多重共线性时，自变量系数可能会有预期不到的方向（本来是负向的，现在变成正向的）和预期不到的值。有一些简单的诊断统计量能让我们衡量出数据与理想数据的偏离程度。

结　论

在理解存在大量冲突的数据的过程中，我们可以利用一些有用的统计工具。虽然我们在附录中只介绍了一些最基本的工具，但我们还可以利用更加复杂、功能更加强大的工具。

附 录 2　财务报表

财务报表为我们提供了在分析和估值时需要的基本信息。我们将通过考察三个问题来理解统领这些报表的法则的重要性。

● 企业资产的价值如何？资产有如下几种形式：期限较长的土地和建筑物等；期限较短的存货；可以为企业带来收入的无形资产，如专利权和商标。

● 企业如何筹集资金为这些资产融资？企业可以使用所有者的资金（权益）和借入的资金（负债）。权益与负债组合随着资产变旧而发生变化。

● 资产的盈利性如何？我们认为，好的投资是使收益率大于必要收益率的投资。为了评估企业所做的投资是否是好的投资，我们需要估计出这些投资的收益率。

我们将考察会计师如何回答这些问题，以及为什么在进行财务分析时答案会有所不同。有一些差异可以追溯到目标差异——会计师试图衡量出企业当前的状况和刚过去的状况，而财务分析是往前看，更注重于未来。

基本的会计报表

有三张基本的会计报表。第一个是**资产负债表**（balance sheet），如图 A2—1 所示，该报表总结了某个时点上企业所拥有的资产、资产的价值，以及融资组合，即在当时为这些资产融资的负债和权益。

接下来是**利润表**（income statement），如图 A2—2 所示，该报表提供了某一期间有关企业的收入、费用和最终利润的信息。该期间可以是季度的（如果这是一个季度的利润表），也可以是年度的（如果这是一个年度的利润表）。

最后一个是**现金流量表**（statement of cash flows），如图 A2—3 所示，该报表指出了企业在一段期间内进行经营活动、投资活动和融资活动的现金来源与用途。

可以通过现金流量表来解释这一期间的现金流是多少，为什么现金余额在这段期间会发生变化。

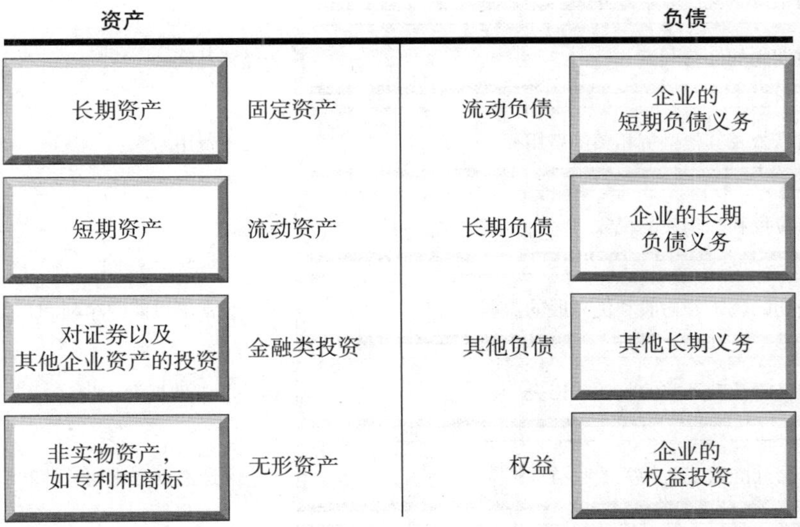

图 A2—1　资产负债表

资产的衡量和估值

我们在分析任何企业时，都想知道该企业所拥有的资产类型、资产的价值，以及资产价值的不确定性。会计报表对企业的资产进行了很好的分类，也对企业的价值进行了估计，但是在报告这些资产价值的不确定性上做得很差。在本部分，我们首先考察资产分类和资产价值衡量的会计准则，再考察会计报表提供资产相关信息的局限性。

资产分类的会计准则

会计对资产价值的看法是建立在**历史成本**（historical cost）的基础上。历史成本是资产的最初成本，如果资产在购买后升值了，则将资产的价值往上调；如果资产随着年限变长而变旧，则将资产的价值往下调以确认损失。历史成本被称为**账面价值**（book value）。虽然公认会计准则对于不同类型的资产的估值准则是不同的，但是在会计报表上对资产进行定价的方式有三条准则。

从销售收入或提供服务得到的总收入	收入
与产生收入相关的费用	–经营费用
该期间的经营利润	=经营利润
与借款及其他融资相关的费用	–财务费用
与应税利润相关的税收	–税收
当期归属于普通股和优先股的盈利	=非经常项目前的净利润
与经营活动无关的收益或损失	–(+)非常性损失（收益）
与会计准则变动相关的收益或损失	–与会计准则变化相关的利润变化
支付给优先股股东的股利	–优先股股利
	=归属于普通股股东的净利润

图 A2—2　利润表

（1）永久地认为账面价值是对资产价值的最佳衡量。会计上对资产的估值是从账面价值开始的。除非有充分的理由，会计师将历史成本作为资产价值的最佳衡量。

（2）不相信市场的估值。当资产当前的市场价值不同于其账面价值时，会计准则会对市场价值持怀疑态度。资产的市场价格通常被认为波动性很大且很容易受到操纵，所以市场价格没有被用作资产的价值。当资产的价值是根据预期现金流估计出来时，这种怀疑会更加严重。

（3）偏好于低估资产的价值而不是高估资产的价值。当可以用多种方法来估计资产时，会计准则认为应当使用更谨慎（更低）的估计值。

从经营活动获得的、支付了税收和利息费用之后的净现金流	经营活动产生的现金流
包括剥离和获得实物资产、处置与购买金融资产，以及对其他企业进行并购产生的净现金流	+投资活动产生的现金流
从权益的发行和回购、负债的发行和赎回获得的支付股利后的净现金流	+融资活动产生的现金流
	=现金余额的净变化

图 A2—3　现金流量表

衡量资产的价值

会计师报告资产价值的财务报表是资产负债表。为了考察如何衡量资产的价值，我们首先来看一下资产负债表中资产的分类。

● 首先，有**固定资产**（fixed asset），包括企业的长期资产，比如厂房、机器、土地和建筑物等。美国的公认会计准则（GAAP）要求固定资产的价值用历史成本来计量，并且对资产维护和随着年限的老化所产生的价值的收益和损失分别进行调整。虽然从理论上来说对资产变旧所产生的成本应当反映出资产盈利能力的丧失，但是实际上这是会计规则的产物。我们将这些调整称为**折旧**（depreciation）。可以将折旧方法分为直线折旧法（假定每年资产价值的减少量是相等的）和加速折旧法（假定资产价值在前几年减少得多一些，在后几年减少得少一些）。

● 接着是企业的短期资产，包括存货（诸如原材料、在产品和产成品）、应收账款（其他企业欠该企业的资金）和现金；这些也被归类为**流动资产**（current assets）。会计师对流动资产最多地使用市场价值。应收账款一般是根据企业信用销售开出的账单确认的亏欠金额。唯一重大的估值和会计问题是，企业何时需要确认不能收到款的应收账款。企业在对存货进行估值时有一些裁量权，可以使用三种存货计价方法——先进先出法（FIFO）、后进先出法（LIFO）和加权平均法。其中，先进先出法是指存货的价值是以最近购进的材料成本为基础确定的；后进先出法是指，存货的价值是以最早年份购进的材料成本为基础确定的；加权平均法是指，存货的价值是按照年份之间的平均成本确定的。

● 在**投资与有价证券**（investment and marketable securities）类别里，会计师确认的是企业对其他企业的证券或资产或其他有价证券进行的投资，包括国库券和债券。这些资产价值的衡量方式取决于投资的类别和投资的动机。一般来说，对于其他企业的投资可以被归为少数被动的投资、少数积极的投资或者多数积极的投资。如果对其他企业的所有权比例低于20%，这项投资就被作为少数消极的投资。这些投资有获得价值，也就是企业最初为获得该证券支付的价格。这些投资通常也有市场价值。如果这些投资是准备持有到期的，那么这些资产的价值就是最初获得资产的支付价，并且这项投资产生的股利或利息就作为净的利息费用展示在利润表上。可出售的投资或交易性投资是按当前的市场价值展示的。如果对其他企业的所有权比例在20%到50%之间，那么就将该投资确认为少数权益的投资。虽然这些投资有最初的购买价值，当被投资的企业在获得利润或者遭受损失时，要按照持股比例相应地对最初的购买成本进行调整。另外，从投资中收到股利时，相应减少购买成本的价值。如果对另一个企业的所有权比例超过50%，那么这项投资就被视为多数权益的投资。① 在这种情况下，投资不再显示在金融投资上，而是在报表中反映出被投资企业的资产和负债。这种方法导致两个企业资产负债表的合并，其中要将两个企业的资产和负债进行加总，并且展示到一张资产负债表上。子公司中其他投资者的权益比例以少数股东权益的方式展示在资产负债表的负债类别上。

● 最后，还有**无形资产**（intangible assets），包括能产生未来盈利和现金流的专利权和商标，以及在合并企业的过程中产生的特有会计资产——商誉。对专利权和商标有不同的计量方法，取决于这些资产是由内部创造的还是从外部获得的。当专利权和商标是从内部产生的，比如通过研发获得的，即使这些资产有着多个会计期间的寿命，也要将创造该资产时产生的成本确认为产生期间的费用。因此，无形资产通常没有显示在企业的资产负债表上。相对比的是，如果从另外一方获得一项无形资产，这时就将该无形资产确认为一项资产。当该企业对另一家企业进行并购时，首先将购买价格分配到有形资产上，接着分配到无形资产上，比如专利权和商标。分配后剩余的价值就是商誉。然而直到现在美国的会计准则才让企业有了对商誉进行自主处理的权利，之前的要求要严格得多。当企业进行并购且支付价格超过企业的账面价值时，就应当将商誉确认为资产，并且当会计师认为商誉的价值减少时要相应地冲销商誉的价值。②

融资组合

我们要回答的第二个问题与企业使用的负债与权益的当前价值有关。资产负债表的负债一方和报表附注为我们解答这些问题提供了大量的信息。

计量负债和权益的会计准则

与资产价值的衡量一样，我们也根据一系列严格的准则对负债和权益进行分类。第

① 企业通过将其对其他企业的所有权比例保持在50%以下规避了合并的要求。

② 会计师在进行判断时，需要定期对公司的价值进行评估，将得到的价值与当初并购时支付的价格相比较。如果现在的价值显著低于支付价，企业就必须相应地减少同比例的商誉价值。

一条准则就是，根据义务的性质将融资方式严格划分为负债或权益。如果将一项义务划分为负债，它必须具备三个必要条件。

（1）预期在未来某个确定的时点上会发生现金流出，或者未来现金流入会减少。

（2）企业不能避免该义务。

（3）产生义务的交易行为已经发生。

与估计资产价值的谨慎性原则保持一致，分析师只将那些企业不能逃避的业务划为负债。

第二条准则是，对企业负债和权益的估计最好都使用包含了会计判断的历史成本，而不是预期未来的现金流或市场价值。会计师对负债与权益的价值计量方式都与他们对资产价值的计量方式相关。因为资产主要是以历史成本或账面价值来计量的，负债和权益也主要用账面价值来计量。接下来我们来考察一下对负债和权益的会计计量。

对负债价值的计量

会计师将负债划分为流动负债、长期负债以及既不属于负债也不属于资产的长期义务。其中最后一项包括租赁、资金不足的养老金和医疗保险义务，以及递延税款。

- **流动负债**（current liabilities）包括企业到下个会计期间的到期义务，一般包括应付账款（从供应商获得的信用）、短期借款（用于经营和流动资产需要的短期借款）和长期借款的短期部分（一年内到期的长期借款）。与流动资产类似的是，这些项目的账面价值通常也以当前的市场价值反映。企业的长期负债有两种形式：一种是从银行或其他金融机构获得的长期借款，另一种是在金融市场上发行的长期债券（在这种情况下，债权人是债券投资者）。会计师通过参考到期借款和债券支付额的现值来估计出长期负债的价值。就银行借款而言，该负债的价值就等于借款的名义价值。但是，就债券而言，有三种可能性。例如，当债券按面值发行时，长期借款的价值一般用到期时的本金来衡量。当债券按照面值的溢价或者折价发行时，债券的价值是发行价格，但是对溢价或折价在债券期限内进行摊销。在所有的情况下，负债的账面价值都不受借款期或债券期内利率变动的影响。

- **租赁义务**（lease obligations）包括企业租赁资产时对出租方的义务。在会计上有两种形式的租赁。在经营租赁中，出租方仅仅将使用权转让给承租方。到租赁期满时，承租方将财产还给出租方。因为承租方没有承担所有权的风险，将租赁费用作为利润表中的经营费用，并且这种租赁对资产负债表没有影响。在融资租赁中，承租方承担了一些所有权的风险，并享受到一些所有权的好处。因此，在签订租赁合约时，同时将租赁确认为企业的资产和负债（对于租赁义务）并反映到资产负债表上。企业在租赁资产的年限内计提折旧，并且每年从租赁义务中减去利息费用的部分。

- 在**养老金计划**（pension plan）中，企业同意为雇员提供一定的收益，可以通过

"确定的供款"方式（雇主在每年提供固定的供款，但没有承诺将这些作为养老金计划中的收益），也可以通过"确定的收益"方式（雇主承诺支付一定的收益给雇员）。在后一种情况下，雇主必须在每年将足够的资金放入计划里才能满足确定的收益。如果养老金的资产超过其负债，那么这就是资金供给过多的计划，如果养老金的资产小于其负债，那么这就是资金供给不足的计划，并且必须将这些效应加以披露，在财务报表上反映出来，一般在附注中写出来。

● 企业针对税收和财务报告目的会使用不同的会计方法，于是就产生了如何对应税义务进行报告的问题。因为加速折旧法和有利用税务目的的存货估值方法导致了税款的递延，财务报表中报告的所得税比实际支付的所得税要多。权责发生制会计中将费用与收入相匹配的原则要求，必须在财务报表上确认递延税款，将其确认为一项负债（如果企业实际支付的税款过少）或一项资产（如果企业实际支付的税款过多）。

对权益价值的计量

对权益也是按照历史成本来计量的。资产负债表上权益的价值反映了企业在发行权益时获得的收入，从那之后随着盈利的增加而上升，随着亏损而下降，如果当期支付了股利也相应地减少权益。持续的盈利为负，会让权益的账面价值变成负数。另外，任何可供出售类有价证券存在未实现的利得或损失时，都在资产负债表中权益的账面价值上进行相应的增减。

当企业在短期内回购股票，计划重新发行或者用回购的股票执行期权时，必须将回购的股票作为**库藏股**（treasury stock）展示出来，这时要减少权益的账面价值。企业不能将库藏股展示在账面上很长时间，必须在权益的账面价值上相应减少回购的股份价值。因为这些股票是以当前的市场价格回购的，这会导致企业权益的账面价值显著下降。

会计准则似乎也不能在权益的账面价值上反映出权证和权益期权（例如很多企业授予管理层的期权）的效应。如果在金融市场上发行权证，发行的收入必须反映到权益的账面价值上。更普遍的情况是，将期权授予管理层时，对权益的账面价值没有任何影响。在期权被执行时，相应的现金流入最后显示在权益的账面价值上，发行在外的股票数也会相应上升。可转换债券的发行也是同样的道理，在转换前确认为负债，在转换后确认为权益。

最后，会计准则还要对优先股进行考虑。优先股有固定的股利，与权益相近，很大程度上是因为可以对优先股股利进行递延或累计而没有违约的风险。优先股在资产负债表上的价值是以其初始发行价格为基础，再加上累计的未支付股利。因为优先股没有控制权，所以优先股股份具有很多未担保的负债特征和权益特征。

衡量盈利和盈利能力

企业的盈利性如何？企业投资资产的收益率如何？这些都是我们希望通过财务报表回答的问题。会计师使用利润表得到企业在特定时间段内经营活动的信息。利润表被用来衡量企业现有资产的盈利状况。

衡量盈利和盈利能力的会计准则

衡量会计盈利和利润率有两条主要的会计准则。第一条是应计制会计。在应计制会计中，当货物被销售或者服务被提供后，则对销售货物或提供服务的收入进行确认。同时在费用方确认相应的费用，与收入相匹配。① 而在现金制会计中，只有当收到收入或支付费用时，才确认相应的收入或费用。

第二条准则是，将费用划分为经营费用、融资费用和资本费用。经营费用是只在当期产生收益影响的费用。为了制造在当期销售的产品所花费的人工成本和材料成本就是很好的例子。融资费用是为了对业务进行非权益性融资所产生的费用。最常见的融资费用就是利息费用。资本费用是预期在多个会计期间内产生收益的费用。例如，购买土地和建筑的成本就可以被视为资本费用。

从当期的收入中减去经营费用就可得到企业的经营利润，从经营利润中减去融资费用就可得到归属于权益投资者的利润。企业将资本费用在其有用的期限内进行折旧或摊销。

衡量会计利润和盈利能力

因为可以从多种不同的渠道获得利润，所以会计准则将利润表上的利润划分为四类：持续性经营产生的利润、非持续性经营产生的利润、非常性利得或损失，以及会计准则变化导致的利润调整。

会计准则要求上市公司使用应计制会计来确认从持续性经营中得到的利润。虽然应计制会计在生产和销售产品的企业里是很直观的，但也存在一些特殊的情形，在这些情形下，提供的产品或服务的性质使得应计制会计变得复杂。例如，企业与其顾客订立了长期合同，该合同要求按照完工百分比来确认收入。当收入以完工百分比确认时，相应的成本也以完工百分比进行确认。当购买方的购买能力或支付能力有相当大的不确定性时，企业只有在收到了相应的款项时才确认收入。

① 如果不容易将成本（诸如管理成本）与特定的销售收入联系起来，通常将这些费用确认为期间费用。

经营费用应当只反映那些在当前产生收入的费用。但是，实际上，很多被确认为经营费用的费用都不满足这一条件。首先就是折旧和摊销。资本支出应当在多个期间内进行折旧或摊销，虽然这种看法是合理的，但是根据初始历史成本计算的会计折旧与实际的经济折旧不是一回事。第二项费用就是研发费用，美国的会计准则将研发费用归为经营费用，但是研发费用可以在多个期间内产生收益。之所以这样归类，原因是研发产生的收益不容易量化。第三项费用是经营租赁费用，这项费用更接近于融资费用而不是经营费用。

很多财务分析是建立在对企业预期未来盈利的基础上，而很多预测都是从当期利润开始的。因此我们了解有多少利润是来自企业持续性的经营活动，有多少利润是来自非常性事件，这些事件不可能经常发生。一次性项目包括以下几种：

- **非常性项目。**例如由资产剥离、分支部门出售以及进行资本结构调整产生的利得或损失。企业有时将这些项目作为经营费用的一部分。例如，1997 年波音公司对其并购的麦道公司的资产冲销了 14 亿美元，并且将这些费用作为经营费用。
- **特别项目。**该项目的定义是性质上特别、发生的频率很低且有实质影响的项目。例如，用低利率债券对高利率债券进行再融资的会计利得，以及企业持有的有价证券产生的利得或损失。
- **与不连续经营相关的损失。**该项目衡量了分阶段撤销产生的损失和出售经营业务的预计损失。但是，要确保该经营业务与企业是可分的。
- **与会计准则变化相关的利得或损失。**该项目衡量了企业自愿进行会计准则变更（例如，存货价值的变化）和由于新会计准则实施的强制性变更所导致的盈利变化。

对盈利能力的衡量

虽然我们可以通过利润表以绝对值的形式估计出企业的盈利能力，但是用比较值或者百分比收益的形式衡量企业的盈利能力是很重要的。对盈利能力最简单且最有用的衡量指标是相对于投入的资本得到的投资收益率。这既可以从权益投资者的角度来衡量，也可以从整个企业的角度来衡量。

Ⅰ. 资产收益率（*ROA*）和资本收益率（*ROC*）

企业的资产收益率衡量了在考虑融资效应前从资产中产生利润的经营效率。

$$ROA=\frac{EBIT(1-\text{税率})}{\text{总资产}}$$

息税前利润（*EBIT*）是来自利润表的对经营利润的会计衡量指标，总资产是指使用会计准则衡量的资产，也就是，大多数资产都是用账面价值来计算的。另外，*ROA* 也可以写成如下等式

$$ROA=\frac{\text{净利润}+\text{利息支出}\times(1-\text{税率})}{\text{总资产}}$$

ROA 将融资效应与经营效应分开，对这些资产的真实收益提供了更准确的衡量。

不失一般性，我们还可以计算出税前基础上的 *ROA*，如下所示：

$$税前\ ROA=\frac{EBIT}{总资产}$$

如果有一个不同税率的并购方计划购买该企业或企业的分支部分并进行相应的评估，这种衡量指标就有用。

更有用的衡量指标与企业投入资本产生的经营利润有关，其中将资本定义为：用负债和权益的账面价值之和，减去现金和有价证券的价值。这就是资本收益率。当企业相当大一部分的负债是流动负债（例如应付账款）或者不用支付利息的负债时，这种方法就更好地衡量了企业所利用的资本赚取的真实收益率。

$$税后\ ROC=\frac{EBIT(1-t)}{负债的账面价值+权益的账面价值-现金}$$

$$税前\ ROC=\frac{EBIT}{负债的账面价值+权益的账面价值-现金}$$

企业的 *ROC* 可以写成经营利润率和资本周转率的函数：

$$\begin{aligned}税后\ ROC&=\frac{EBIT(1-t)}{资本的账面价值}=\frac{EBIT(1-t)}{销售收入}\times\frac{销售收入}{资本的账面价值}\\&=税后经营毛利润\times资本周转率\end{aligned}$$

$$税前\ ROC=税前经营毛利润\times资本周转率$$

因此，企业要想得到更高的 *ROC*，可以通过提高毛利润率的方式，也可以通过更有效地使用资本来提高销售收入。要提高销售收入可能存在竞争上和技术上的约束，但是企业在这些约束内还是有些自由选择能最大化其 *ROC* 的毛利润率和资本周转率的组合。资本收益率在不同行业的企业里有所不同，很大程度上是因为不同行业的利润率和资本周转率是不同的。

Ⅱ. 权益收益率

虽然 *ROC* 衡量了企业整体的盈利能力，权益收益率考察了从权益投资者的角度出发的盈利能力。权益收益率估计如下：

$$ROE=\frac{净利润}{普通股权益的账面价值}$$

因为优先股股东与普通股股东的索取权不同，所以上式中的净利润是支付了优先股股利后的净利润，并且普通股权益的账面价值不应当包括优先股的账面价值。

总　结

财务报表仍然是大多数投资者和分析师的主要信息来源。但是在回答企业的关键问题时，会计分析和财务分析还是存在差别的。

我们考察的第一个问题与企业资产的性质和价值有关。会计报表关注现有资产的初始价格（账面价值），这与资产的现有价值和市场价值有显著差异。对于增长性的资产而言，会计准则对于内部研发产生的资产确认很低的价值或者根本不加以确认。

我们考察的第二个问题是对利润率的衡量。与利润衡量相关的准则有两条：一条准则是应计制会计，还有一条准则是将费用划分为经营费用、融资费用和资本费用。经营费用和融资费用都在利润表中列示出来。资本支出采取的方式是折旧和摊销，分摊到多个会计期间里。会计准则错误地将经营租赁费用和研发费用划分为经营费用，而实际上应当将经营租赁费用确认为融资费用，将研发费用确认为资本费用。

附录3 货币时间价值

金融中最简单的工具往往是最有用的。现值是一个直观、计算简单而且应用非常广泛的概念。在做跨期决策时，现值是一个很有用的工具，无论是对一个个体的决定（买房、孩子的教育储蓄、退休的收入预估），还是对一个非常复杂的公司财务决策（选择投资项目、为这些项目确定融资组合）来说，都是如此。

时间轴与标志

时间轴是一个可以同时体现时间点及在每个点现金发生额的轴，利用它可以更方便地处理位于不同时间点上的现金流。例如有一个情况是，在连续 4 年的年末收到 100 美元的现金流入，可用时间轴表示在图 A3—1 中。

在图中，0 表示现在。在时刻 0 发生的现金流已是现在的价值，无需再调整其时间价值。在此，我们必须区分期间和时间点。时间轴上的 0 和 1 之间的部分，被视为第 1 期，在本例中即为第一年。在时刻 1 发生的现金流为在第 1 期期末发生的现金流。本例中暂定各期间的折现率为 10%，折现率大小在不同期间可能不同。若现金流发生在年初而不是年末，其表现形式如图 A3—2 所示。

特别地，发生在第二年年初的现金流与发生在第一年年末的现金流是等价的。

现金流既可以为正，也可以为负；正的现金流表示为现金流入，负的现金流表示为现金流出。在接下来的章节中，我们将以此作为标志（见下表）。

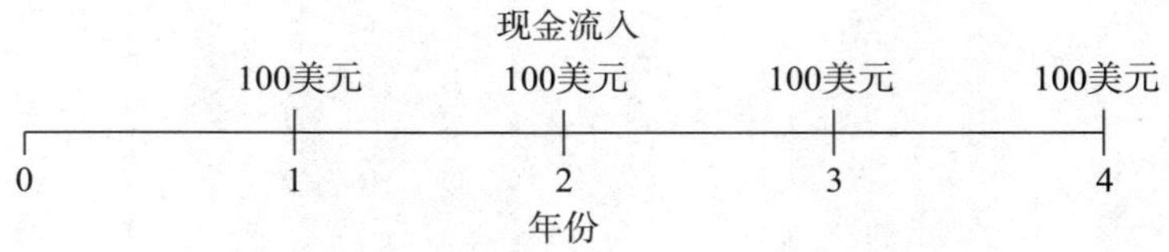

图 A3—1　时间序列现金流：连续 4 年的年末现金流入 100 美元

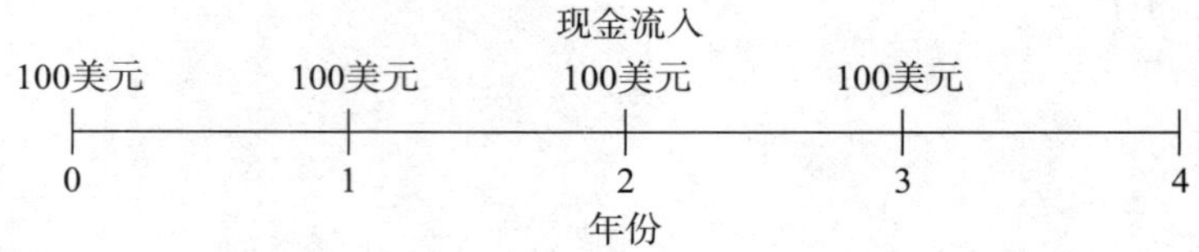

图 A3—2　时间序列现金流：连续 4 年的年初现金流入 100 美元

标志	含义
PV	现值
FV	终值
CF_t	t 期期末现金流
A	年金：各期间的现金流为一常数
r	折现率
g	现金流的预期增长率
n	现金流入或流出的年数

现值的前提假设

相同金额的现金流，其未来的价值小于今天的价值，其中有三点原因：

（1）相对未来消费，人们更喜欢今天的消费。只有将来得到的更多，人们才愿意放弃今天的消费。人们对今天的消费偏好越强烈，若要他们放弃今天的消费，那么将来支付给他们的就要越多，两者的权衡体现在高的“实际”收益率或折现率上。相反的是，对今天的消费偏好较弱的人，若要他们放弃今天的消费，那么将来支付给他们的就比较少，也就是说，其真实收益率或折现率比较低。

（2）当存在通货膨胀时，货币的价值会随时间的推移而递减。通货膨胀越厉害，同样金额的货币在今天与将来之间的价值差别越大。

（3）由于种种原因，一笔已承诺未来兑现的现金流可能无法实现。承诺者可能不履行支付义务，受约人因某种原因可能无法收到，或者一些偶发事件使得约定支付无法实行或减值履行。任何与未来现金流相关的不确定性（风险）都将减少现金流的价值 。

将未来现金流进行调整以反映这些因素的过程，被称为折现，这些因素的影响程度大小体现在折现率上。折现率可以解释为预期真实收益率（反映投资群体总的消费偏好）、预期通货膨胀率（反映现金流购买力的降低程度）和现金流不确定性的总和。

时间价值的特征

通过折现，可以将未来的现金转换成现在的价值。相反，通过复利计算，可以将现在的现金流转化为未来的现金流。现金流一共有五种类型——单一现金流、年金、增长年金、永续年金、永续增长年金，下面我们将一一说明。

单一现金流

单一现金流是指在未来特定时间有一笔现金流；以时间轴表示，如图 A3—3 所示。

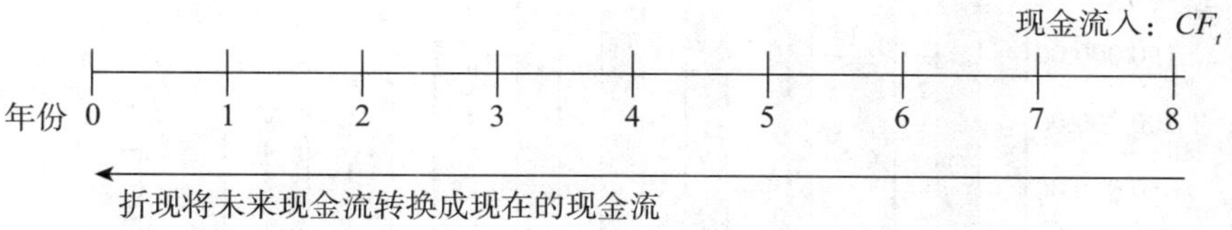

图 A3—3　单一现金流的现值

其中，CF_t＝在时间 t 的现金流。

这笔现金流可以用反映现金流不确定性的折现率折现到现在。同样地，现在的现金流可以利用复利将其转换成期望的未来现金流。

单一现金流折现

折现使得单一现金流转换为现在的现金流，从而使用者可以利用它做些判断。第一，一旦将不同时点的现金流都折现到现在，此时可以对这些现金流进行加总和比较。第二，如果现在的价值预估是正确的，那么同一现金流在未来的价值及折现到现在的价值对于使用者来说是无差异的。单一现金流的现值可以表示如下：

$$单一现金流的现值=\frac{CF_t}{(1+r)^t}$$

其中，r=折现率。

在其他条件保持不变的情况下，现金流的折现值将随着折现率的增大而减小，并随着时间跨度的变长而减小。

为了更好地理解这个概念，假设你要租一个办公场所，计划从现在开始，10 年后一次性支付产权所有者 500 000 美元。假定现金流折现率为 10%，那么此现金流的现值估计如下：

$$付款现值=\frac{500\ 000}{(1.10)^{10}}=192\ 772\ 美元$$

现值是折现率的一个递减函数，如图 A3—4 所示。

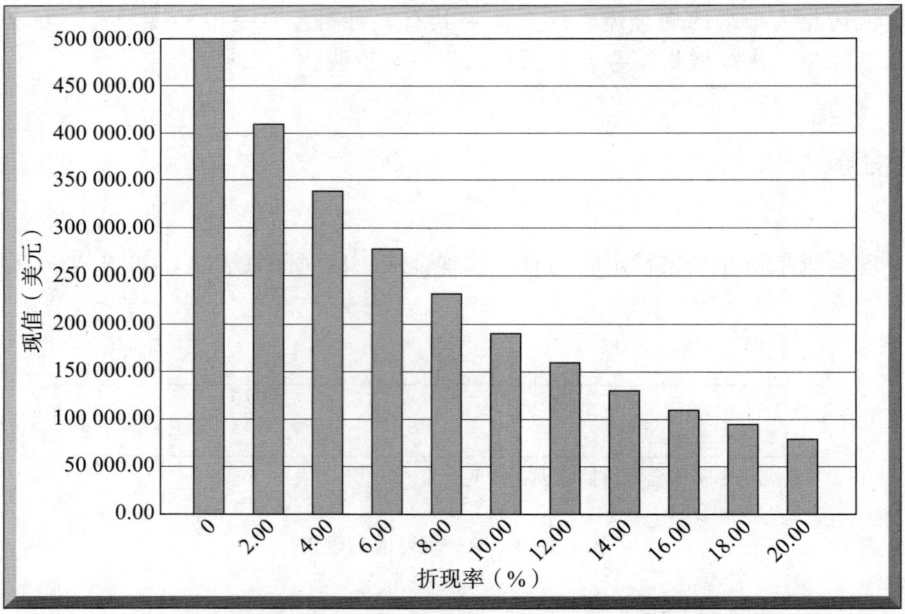

图 A3—4　10 年后 500 000 美元的现值

单一现金流的复利

利用适当的折现率通过复利利率可将当前的现金流转换为未来的现金流。

$$单一现金流的终值=CF_0(1+r)^t$$

其中，

CF_0＝当前现金流

r＝折现率

此外，复利会随着折现率增大和期间变长而增加。

随着时间跨度的延伸，折现率微小的差别都会导致终值很大的不同。伊博森和辛克菲尔德（Sinquefield）以1926—1997年的股票和债券的收益率为对象进行了研究，结果显示，股票的平均收益率为12.4%，债券的平均收益率为5.2%，国库券的平均收益率为3.6%。假设这些收益一直持续到未来，表A3—1展示了现在投入100美元于不同的金融产品，持有一段时间后其终值的列表——1年、5年、10年、20年、30年、40年。①

表A3—1　投资的终值—资产列表

持有时间（年）	股票（美元）	债券（美元）	国库券（美元）
1	112.40	105.20	103.60
5	179.40	128.85	119.34
10	321.86	166.02	142.43
20	1 035.92	275.62	202.86
30	3 334.18	457.59	288.93
40	10 731.30	759.68	411.52

在短期内，因投资不同收益率的金融产品所得到的终值差异不大（例如1年），但随着复利期间的延伸，差异会不断增大。例如，持有40年，投资于收益率为12.4%的股票的终值比投资于平均收益率为5.2%的债券的终值大12倍，比投资于平均收益率为3.6%的国库券大25倍。

折现与复利计算的频率

计算复利的频率对现值与终值都有影响。在刚刚讨论的例子中，假设折现或计算复利的现金流都是每年发生一次，即以开始年年初为基数，利息的收入或支出都是在每年

① See *Stocks*, *Bonds*, *Bills and Inflation Yearbook* (Chicago: Ibbotson Associates, 1998).

年末进行计算。然而，在某些情况下，利息计算可能更加频繁，例如每月或每半年计一次利息。在这种情况下，现值与终值的计算与按年计算有很大的差别；票面年利率可能显著偏离实际利率或有效利率。有效利率计算如下：

$$有效利率=\left(1+\frac{票面年利率}{n}\right)^n-1$$

这里，n=每年计算复利的次数（2=半年计息一次；12=每月计息一次）。例如，年利率10%，若是半年计息一次，其有效利率计算如下：

$$有效利率=1.05^2-1=0.101\ 25 或 10.125\%$$

当以连续复利计算时，有效利率可以计算如下：

$$利率=\exp^r-1$$

其中，

exp=指数函数

r=票面年利率

表 A3—2 展示了实际利率作为复利频率的函数形式。

正如你所看到的，当复利计算的频率越高时，实际利率也越高，未来现金流的现值就越低。

表 A3—2　　计算复利的频率对有效利率的影响

频率	利率（%）	天数	公式	有效年利率（%）
每年	10	1	0.10	10
每半年	10	2	$(1+0.10/2)^2-1$	10.25
每月	10	12	$(1+0.10/12)^{12}-1$	10.47
每天	10	365	$(1+0.10/365)^{365}-1$	10.515 6
连续性	10		$\exp^{0.10}-1$	10.517 1

年　金

年金（annuity）是在某个固定期间内相同时间间隔产生的固定数额的现金流。如果将 A 定义为年金，年金的时间系列可以展示如下：

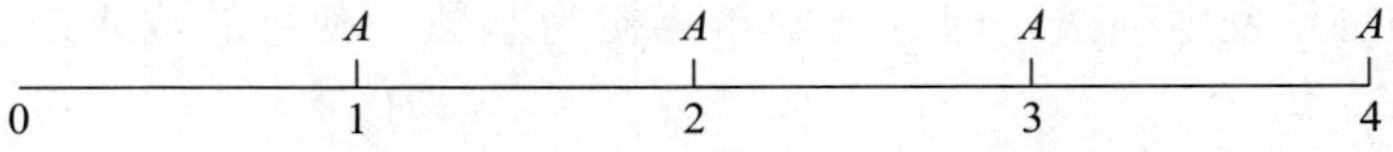

年金在每期期末产生，或者在每期期初产生。

Ⅰ. 期末年金的现值

年金的现值可以通过将每期的现金流折现到现在得到。或者，可以使用一个计算公式得到。如果年金都是在每期期末发生的，该计算公式为：

$$年金现值=PV(A，r，n)=A\left[\frac{1-\frac{1}{(1+r)^n}}{r}\right]$$

其中，

A=年金

r=折现率

n=年数

因此，在本书的余下内容中年金现值表示为$PV(A，r，n)$。

举例而言，假定你面临如下选择，(1) 以10 000美元购入一台打印机，或者 (2) 另一种支付方式：每年支付3 000美元，总共支付5年。如果机会成本为12%，你会怎样做?

$$每年支付3\ 000美元,总共支付5年的现值=3\ 000\times\frac{1-\frac{1}{(1.12)^5}}{0.12}=10.814美元$$

分5年支付的现值超过了一次性支付的费用，所以你应当选择一次性支付10 000美元。

或者，你也可以将每年支付的现金折现到现值，然后再加总，如图A3—5所示。

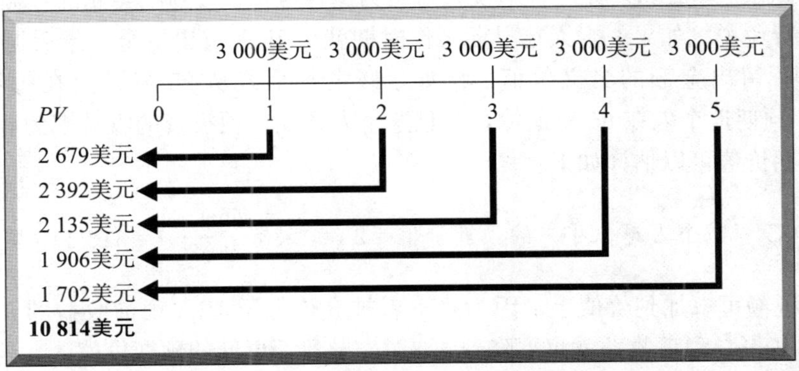

图A3—5　在接下来的5年里每年年末支付3 000美元

Ⅱ. 分摊因素：给定现值的年金

在一些情况下，可以通过现金流的现值估计出所需的年金。这通常是住房和汽车贷款的情形，比如，借款人今年借到贷款，准备在很长一段期间内每月偿付同样的金额。已知现金现值情形下计算年金的过程如下所示：

$$给定现值的年金=A(PV, r, n)=PV\left[\frac{r}{1-\frac{1}{(1+r)^n}}\right]$$

假定你准备借款 200 000 美元来购买住房，传统的抵押贷款为 30 年，并且每月偿还贷款。此贷款的年利率为 8%。可以使用年金公式计算出每月需要支付的年金金额：

$$贷款的月利率=APR/12=0.08/12=0.006\ 7$$

$$抵押贷款的月偿付额=200\ 000\times\frac{0.006\ 7}{1-\frac{1}{1.006\ 7^{360}}}=1\ 473.11\ 美元$$

每月偿还的金额是利率的增函数。当利率下降时，住房拥有者可以选择进行重新按揭，虽然存在一个前期成本。

Ⅲ. 期末年金的终值

在一些情况下，个人可能每个期间留出固定的年金，想知道在很长的一段时间后会有多少资金。期末年金的终值可以计算如下：

$$年金终值=FV(A, r, n)=A\left[\frac{(1+r)^n-1}{r}\right]$$

我们在整本书中将年金的终值都表示为 $FV(A, r, n)$。

个人退休账户（IRA）让一些纳税人每年为退休金留出 2 000 美元的金额，对这些账户的收入进行免税。如果一个人在早期工作时期就为 IRA 留出资金，最后退休金的价值会显著高于所留出金额的名义价值。例如，假定某个人从 25 岁开始在每年年底留出 2 000美元，预期这个人在 65 岁退休，并且这个人预期这项投资的收益率为 8%。到退休日那天的预期价值可以估计如下：

$$到\ 65\ 岁时个人退休账户的预期价值=2\ 000\times\frac{1.08^{40}-1}{0.08}=518\ 113\ 美元$$

免去的税额可以加到价值上，因为投资者被允许保留 IRA 税前收益的 8%。如果收入的税率为 40%，税后收益就将下降到 4.8%，导致了更低的预期价值。

$$\begin{aligned}到\ 65\ 岁时征税情形下个人退休账户的预期价值&=2\ 000\times\frac{1.048^{40}-1}{0.048}\\&=230\ 127\ 美元\end{aligned}$$

当没有税收减免时，退休时的可得资金将会下降 55%。

Ⅳ. 给定终值的年金

个人或者企业在未来要满足某个固定的义务，需要知道他们现在必须每期留出多少资金才能达到此目标。如果给定未来价值，求年金，用 $A(FV, r, n)$ 表示：

$$\text{给定终值的年金} = A(FV, r, n) = FV\left[\frac{r}{(1+r)^n - 1}\right]$$

在期末还本的贷款（balloon payment loan）中，期间偿付利息，本金在期末一次偿清。如果企业借入了期末还本的贷款或者发行了传统的债券，那么该企业通常在贷款期内留出资金来保证到期时能有足够的资金支付贷款的本金或者债券的面值。例如，一只企业债券的账面价值为 1 亿美元，该债券在 10 年后到期，那么为了能够完成支付义务，每年留出的资金应当是（假定利率为 8%）：

$$\text{每年预留的偿债基金} = 100\ 000\ 000 \times \frac{0.08}{1.08^{10} - 1} = 6\ 902\ 950 \text{ 美元}$$

该企业在每年年末留出了 690 万美元的资金来保证到期时有足够的资金偿还债券。

Ⅴ. 期初年金的影响

到目前为止，我们考虑的年金都是在每年年末产生的年金。如果年金不是在期末发生的而是在期初发生的，得到的年金现值和终值都会有所不同。为了说明该影响，我们考虑如下情形，在接下来的四年里每年年末有 100 美元的年金，折现率为 10%。

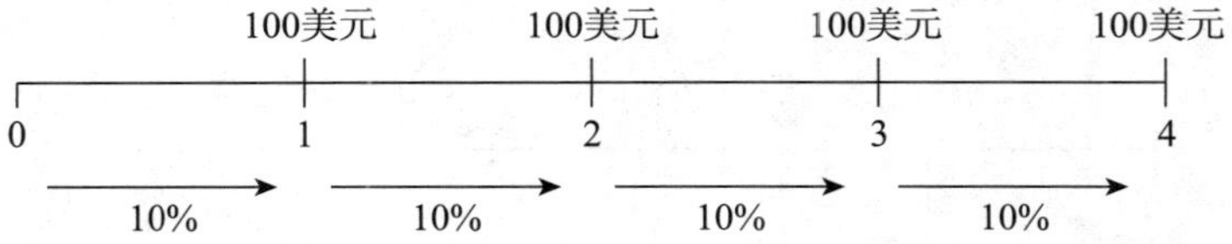

另外一种情形是在接下来的四年里每年年初产生 100 美元的年金，折现率相同，如下图所示。将这两种情形进行比较。

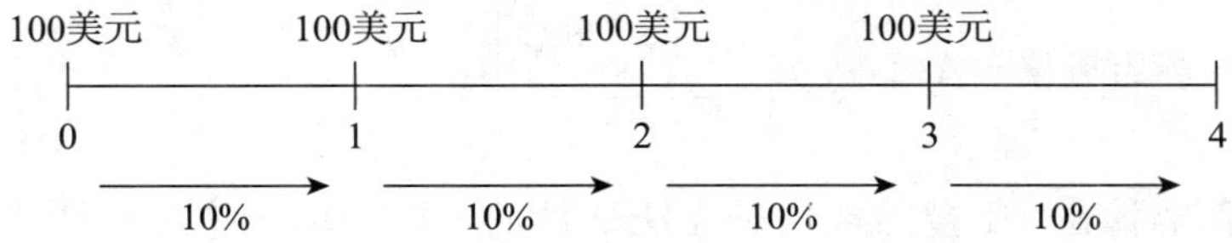

因为这些年金中的第一笔年金是在现在发生的，而余下的三次相当于三年期的期末形式的年金，于是可以将这种情况下年金的现值估计如下：

$$\text{接下来四年每年年初的 100 美元的现值} = 100 + 100 \times \frac{1 - \frac{1}{1.10^3}}{0.10}$$

一般来说，n 年期期初年金的现值一般可表示为：

$$n\text{ 年期的期初年金的现值}=A+A\frac{1-\frac{1}{(1+r)^{n-1}}}{r}$$

期初年金的现值高于等额期末年金的现值。

期初年金的终值可以用每期现金流增加一期复利来计算：

$$\text{期初年金的终值}=A(1+r)\left[\frac{(1+r)^n-1}{r}\right]$$

期初年金的终值高于等额期末年金的终值。

重新考虑个人存款的例子：一个人在今后的 40 年，每年年末留出 2 000 美元存入银行，按复利 8%计算，40 年后这些存款的终值为 518 113 美元。如果改为每年年初存入银行 2 000 美元，则终值会更高：

$$\begin{aligned}\text{个人退休账户的预期价值(年初)}&=2\ 000\times1.08\times\frac{1.08^{40}-1}{0.08}\\&=559\ 562\text{ 美元}\end{aligned}$$

由此可见，每期期初存款得到的最终收入更多。

增长年金

增长年金是指特定时间段内按固定比例增长的现金流。如果当期现金流为 A，预期增长率为 g，则增长年金的现金流如下：

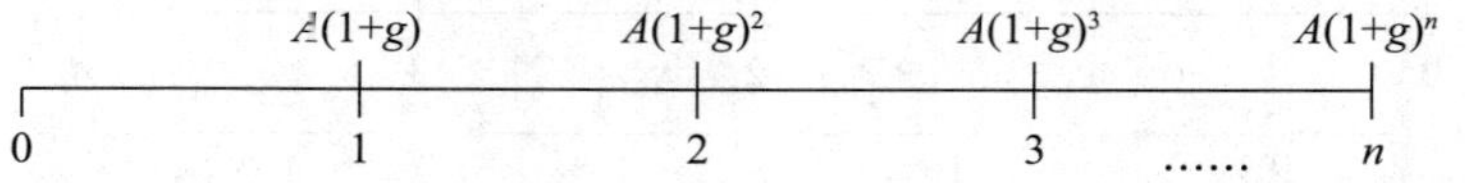

增长年金必须满足每期增长率与第一期增长率相等。

通常，增长年金的现值可以通过以下公式计算：

$$\text{增长年金的现值}=A(1+g)\left[\frac{1-\frac{(1+g)^n}{(1+r)^n}}{r-g}\right]$$

只有一种情况下增长年金的现值是无法估计的，即当增长率等于折现率时，现值等于每期年金名义数值的总额，增长效应就消失了。

$$n\text{ 年期增长年金的现值}(r=g)=nA$$

为了对增长年金进行解释，我们给出以下例子。假定你拥有某金矿 20 年的开采权，在该期间内你计划每年提取出 5 000 盎司黄金。每盎司黄金的当前价格为 300 美元，预期每年的增长率为 3%，折现率为 10%。从金矿中将会提取出的黄金现值可以计算如下：

$$提取的黄金的现值=300\times 5\ 000\times 1.03\times \frac{1-\frac{1.03^{20}}{1.10^{20}}}{0.10-0.03}=16\ 145\ 980\ 美元$$

可以从该金矿中提取的黄金的现值为 1 614.6 万美元。这是预期黄金价格增长率的函数。图 A3—6 将现值描述为预期增长率的函数。

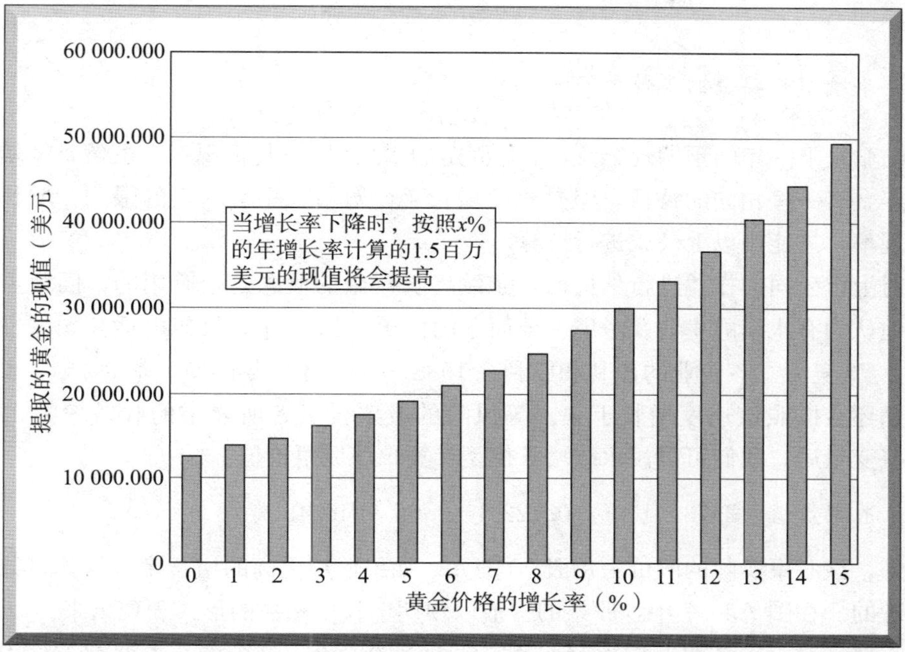

图 A3—6　将提取的黄金的现值表示为增长率的函数

永续年金

永续年金是指相同的间隔期间产生的永久的持续不变的现金流。永续年金的现值可以写成：

$$永续年金的现值=\frac{A}{r}$$

其中，A 是永续年金。永续年金最通常的例子是永续债券（console bond）。永续债券是指没有到期日、每年支付固定的票面利息的债券。假定你拥有票面利率为 6%的永续债券。如果当前的利率为 9%，该债券的价值为：

永续债券的价值=60/0.09=667 美元

如果永续债券的票面利率等于利率，永续债券的价值就等于其票面价值。

永续增长年金

永续增长年金是指永远按固定增长率增长的现金流。永续增长年金的现值可以写成如下等式：

$$\text{永续增长年金的现值}=\frac{CF_1}{r-g}$$

其中，CF_1 是下一年的预期现金流，g 是固定的增长率，r 是折现率。虽然永续增长年金和增长年金有一些相同的特征，但是永续增长年金对增长率有一定的限制。增长率必须小于折现率，才能用以上公式进行计算。

当对上市公司的权益进行估值时，永续增长年金的概念是很有用的，因为上市公司被潜在地认为有永续的生命。考虑一个简单的例子。1992 年，贝尔电话公司派发的股利为每股 2.73 美元。该企业的盈利和股利在 1988—1992 年每年的增长率为 6%，预期该企业在长期还会按照该速度增长下去。等风险的股票投资者所要求的收益率为 12.23%。有了这些变量后，我们可以用永续增长模型计算出该股票价值：

$$\text{股票价值}=2.73\times1.06/(0.122\,3-0.06)=46.45\text{ 美元}$$

另外，该股票实际的股价为每股 70 美元。如果使用更高的增长率来计算，该股价可能是合理的。在图 A3—7 中，股票的价值以预期增长率函数的形式表现出来。

增长率大约等于 8%时才能得到当前 70 美元的股价。这个增长率通常被称为**潜在增长率**（implied growth rate）。

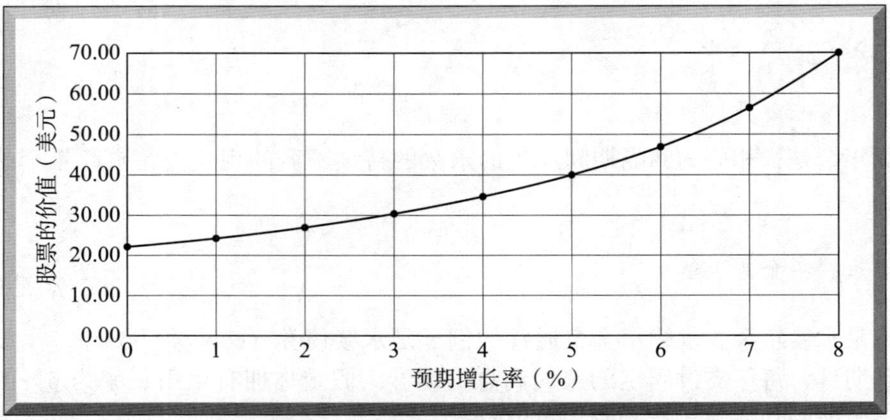

图 A3—7　贝尔电话公司：价值与预期增长率

结　论

现值是财务中最简单也是最有用的工具，在个人决策和企业决策中的应用都相当广泛。可以通过折现得到现金流的现值，也可以通过复利计算得到现金流的终值。用于折现和复利计算的折现率反映了以下三个因素：（1）对当前消费的偏好，（2）预期的通胀率，以及（3）与将要折现的现金流有关的不确定性。

在本章的附录中，我们考虑了五种类型的现金流的折现方法。这些现金流包括：单一现金流、年金、增长年金、永续年金，以及永续增长年金。

附 录 4　期权定价

总的来说，资产价值是由与之相关的未来现金流量的现值决定的。在本附录中，我们将介绍另一种资产定价的方法，这种方法关注了资产的另外两方面的特征。

（1）资产的价值是由其他资产所决定。

（2）资产的现金流量受到一些特定事项的影响。

我们把这些资产称为期权，这些资产未来现金流量的现值将会低于其真实的价值。我们在考虑期权的现金流量特征时，会把影响期权现金流量的其他因素考虑进去，并且进一步考察如何更准确地反映其价值。

期权的现金流量

期权分为两种：看涨期权和看跌期权。看涨期权就是赋予购买者在某个时间以约定的价格买入标的资产的权利，而看跌期权就是赋予卖出者在某个时间以约定的价格卖出标的资产的权利。在这两种期权中，我们把购入或者卖出标的资产的约定价格称为执行价格或者行权价格。

首先我们来研究一下看涨期权。当你能够以一个约定的价格购买某项资产时，你当然希望这项资产的价格会高于约定价格。如果真的高于约定价格，就意味着你能获利。因为你能够以约定的价格购买这项资产并且以更高的价格卖出。当然，获利的前提是买卖的差额能够弥补你为获得这项期权而付出的成本。然而，如果资产的实际价格低于成交价格（约定价格），那么以较高的价格购买这项资产就没有任何意义了。在这种情况下，你的损失还包括为获得该项期权而支付的成本。图 A4—1 为我们列示了看涨期权的购买者在期权到期日所需支付的现金。

看跌期权意味着你获得了以约定的价格卖出某项资产的权利，所以你希望资产的实际价格低于其行权价格。如果实际价格真的低于行权价格，你就能以实际价格购入该项资产，以行权价格将之售出，我们把现实价格和行权价格之间的差额称为毛利。我们还会从毛利中扣除为获得该项权利而付出的费用。如果资产的实际价格高于行权价格，你就不会行权，也就是说，你不会以这个较低的价格将资产卖出。期权因未被行使而失效，你为此损失了获得此项期权而支付的成本。图 A4—2 为我们列示了看跌期权的购买者在期权到期日所需支付的现金。

不管是看涨期权还是看跌期权，对于购买者来说获利的可能性是非常重要的，但是损失却是与获得该项期权所支付的费用有关。

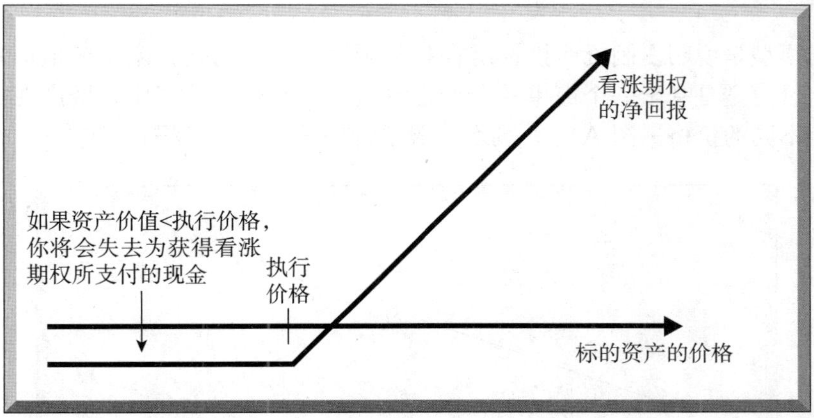

图 A4—1　看涨期权的回报

期权价值的决定因素

是什么决定了期权的价值呢？首先，期权同其他资产一样也有期望现金流量，但是不同于折现现金流估值。期权有两个重要的特征：一个是它的价值受其他交易资产的影响，另一个则是现金流量受到一些特定事项的影响。我们可以用一些可替代的因素来对这两个特征进行描述。我们可以构造一个与期权的现金流量相同的组合，通过借入或者借出这个组合中的资产来达到现金流量相同的目的。通常我们称这样的组合为复制资产

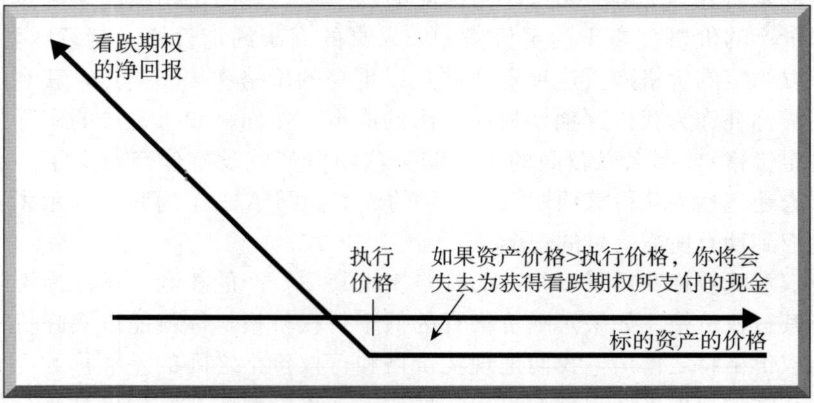

图 A4—2　看跌期权的回报

组合，并且要求为获得该资产组合所花费的成本也要与获得期权所花费的成本相同。必须以相同价格出售具有相同现金流量的两个资产组合（期权和复制资产组合），该理论被称为套利理论。

二叉树模型

二叉树模型是说明复制资产投资组合和基于套利理论的期权定价的最简单模型。二叉树期权定价模型是基于一个简单的资产定价公式，在这个公式中，资产在任何时候都可能有两个不同的价格。图 A4—3 列示了股票价格的二叉树过程。

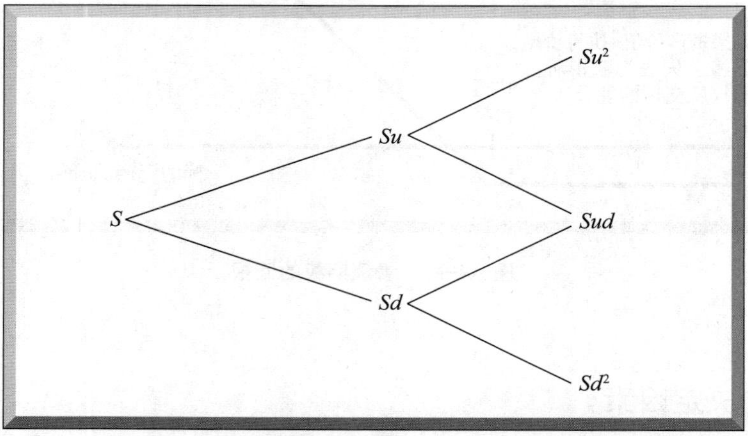

图 A4—3　二叉树价格路径图

在这个图中，S 代表股票现在的价格；股票价格可能以概率 P 上涨到 Su，或者以概率 $1-P$ 下跌为 Sd。例如，如果股票现在的价格为 100 美元，u 为 1.1，d 为 0.9，那么在下一期股票的价格可能会变为 110 美元（如果 u 发生）或者 90 美元（如果 d 发生）。

创建复制资产组合的目标是，使用无风险借贷和标的资产的组合使得该组合产生的现金流与期权产生的现金流相同。在这个公式中，股票的价格在任何时候都可能上涨到 Su，也有可能下降到 Sd，该复制资产投资组合由借入的 B 美元和 Δ 股的标的资产构成。如果我们不知道借入的具体金额和 Δ 是多少，这个公式就没有意义了。我们有办法计算出这些变量。为了达到这个目的，我们必须确保不管股票的价格如何变动，组合的价值必须与期权的价值保持相同。我们假定当股票的价格变为 Su 时，看涨期权的价格为 C_u；或考当股票的价格变为 Sd 时，看涨期权的价格为 C_d。如果我们借入 B 美元并且购入 Δ 股股票，这两个组合的价值如下表所述。

	状态的价值	期权的价值
如果股票的价格上升到 Su	$\Delta Su-\$B(1+r)$	C_u
如果股票的价格下降到 Sd	$\Delta Sd-\$B(1+r)$	C_d

在上述两种情况下，我们还必须用利息去归还借款，因为组合必须和看涨期权有相同的现金流量，于是我们可以得到：

$$\Delta Su-\$B(1+r)=C_u$$
$$\Delta Sd-\$B(1+r)=C_d$$

从上述方程中，我们可以解出 Δ，

$$\Delta=\text{应买入标的资产的数量}=(C_u-C_d)/(Su-Sd)$$

其中，

C_u = 当股价为 Su 时看涨期权的价值

C_d = 当股价为 Sd 时看涨期权的价值

当涉及多期时，我们应该从最后一期开始计算。因为知道了用来求解方程所知的最后一期看涨期权的现金流量后，就可以估算出构建一个这样的资产组合所需的成本。我们把这个价值作为看涨期权的估算价值，并且估算出以前期间资产组合的价值。这样重复计算下去，就可以计算出现在期权的价值。我们可以利用所得到的复制资产组合的价格来计算看涨期权的当前价值：

看涨期权的价值＝标的资产的当前价值×期权 Δ－构建此期权所借入的资金

【例 A4—1】　二叉树期权定价的实例

假设我们需要计算一个连续两期的看涨期权的价值，这项期权在到期时才被行使，期权的执行价格为 50 美元，期权的标的资产的价格为 50 美元并遵循二叉树过程。图 A4—4 列示了标的资产的价格路径和到期日看涨期权的价值。

请注意，因为这项看涨期权的执行价格为 50 美元，所以到期的总现金流量如下所示：

如果股票的价格上涨到 100 美元：看涨期权的现金流量＝100－50＝50 美元；

如果股票的价格仍为 50 美元：看涨期权的现金流量＝50－50＝0 美元；

如果股票的价格下降为 25 美元：看涨期权的现金流量＝0 美元（期权不被行使）。

现在假设利率为 11%，另外，定义：

Δ＝资产投资组合中的股票数量

B＝资产投资组合中借款的金额

这项研究的目的就是构建一个由 Δ 股股票和借款金额 B 构成的组合，使这个组合的现金流量同成交价格为 50 美元的看涨期权相同。

我们从最后一期向前推。首先假设在 $t=1$ 期时，股票的价格为 70 美元，然后遵循二叉树过程，股票的价格要么变为 100 美元，要么变为 50 美元。我们已知这两种情况下看涨期权的现金流量，而且也有一个由 Δ 股股票和借入 B 美元组合而构成的复制资产组合。因此，可以计算出在这两种情况下（股价为 50 美元或 100 美元）复制资产组合的现金流量。图 A4—5 列示了该过程。

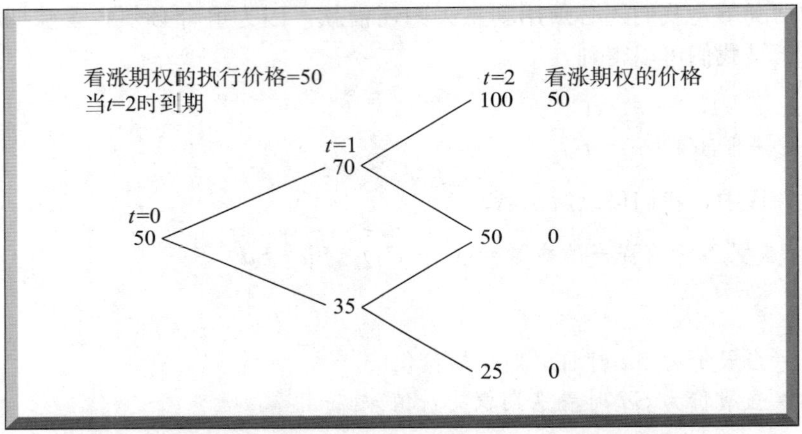

图 A4—4　二叉树价格路径

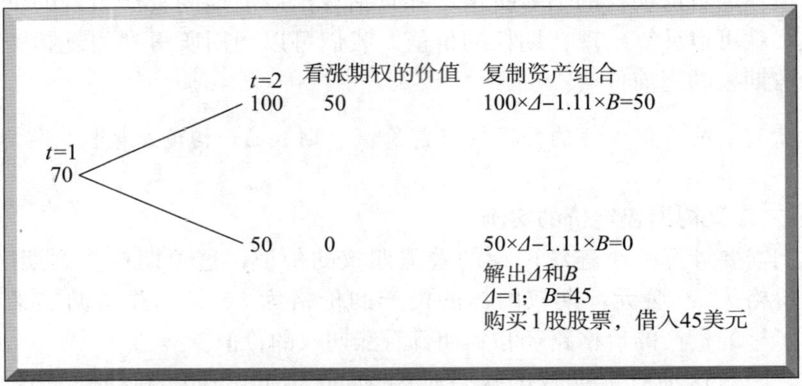

图 A4—5　当股价为 70 美元时复制资产组合的价值

换句话说，如果在 $t=1$ 期、股票价格为 70 美元时，我们买入 1 股股票并且借入 45 美元，就可以得到与看涨期权相同的现金流量。在 $t=1$ 期、股价为 70 美元时，我们将复制资产组合和看涨期权结合起来做如下计算：

$$70\Delta-B=70\times1-45=25$$

构建一个复制资产组合的成本为 25 美元，因为 70 美元中的 45 美元是借入的，这也是在 $t=1$ 期、股价为 70 美元时看涨期权的价格。

假设在 $t=1$ 期时，另一个结果发生了，即股票价格变为 35 美元，那么在第二期股价可能变为 50 美元或者 25 美元。与上面一样，我们可以估计期权的现金流量，包含 Δ 份股票和借入 B 美元的复制资产组合的现金流量也可以计算出来。图 A4—6 列示了复制资产组合的计算方法。

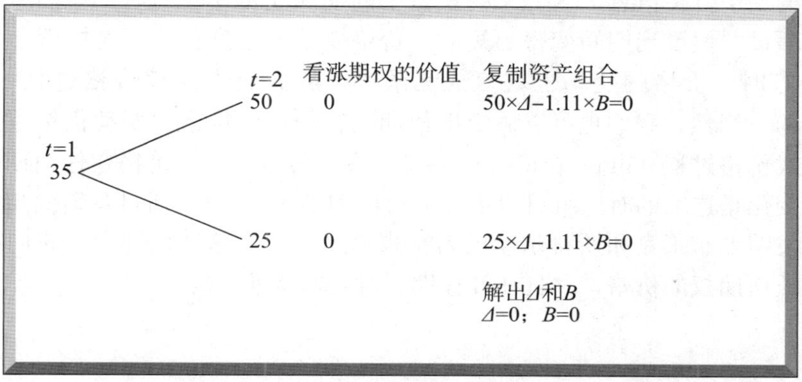

图 A4—6　当股价为 35 美元时复制资产组合的价值

在上述两种情况下期权没有任何价值，因此，复制资产组合也应为零。在 $t=1$ 期、股票价格为 35 美元时，复制资产组合的现金流量也为零。

在 $t=1$ 期，我们已经计算出期权的价格。当股票价格为 70 美元时，期权的价格为 25 美元，但是当股票价格为 35 美元时，期权的价格为 0。计算完第 1 期后，我们再回到第 0 期，考虑复制资产组合的现金流量。图 A4—7 列示了当期复制资产组合的计算方法。

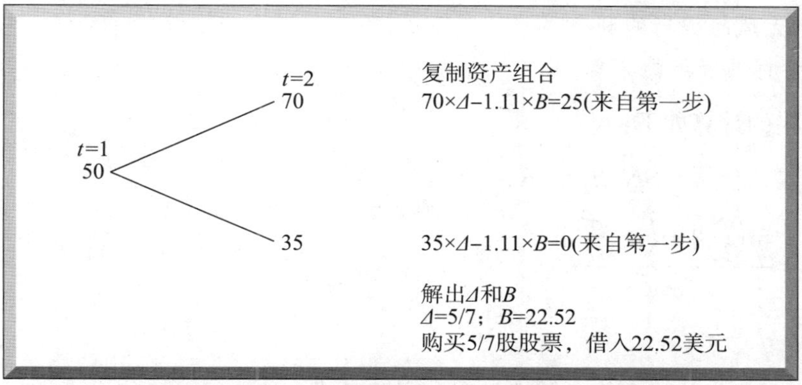

图 A4—7　利用复制资产组合来求解期权价值

同上述步骤一样，我们得出借入 22.5 美元并购买 5/7 股股票就可以提供同执行价格为 50 美元的看涨期权相同的现金流量。在当前股价为 50 美元时，复制这个资产组合的成本为：

$$复制资产组合的成本=5/7\times 50-22.5=13.20\ 美元$$

这也是期权的价值。

布莱克-斯科尔斯期权定价模型

虽然二叉树模型为我们确定期权价值提供了比较直观的感觉，但是在每个时间节点上需要大量的期望价格信息。当二叉树模型中的期间变得非常短时，我们可以对资产的价值做以下假设。假设当期间变得更短时，价格变动的幅度更小，这样就会导致当时间区间接近于零时，价格的变动也就变成无限小，从而成为**连续价格过程**（continuous price process）。当然，我们也可以假定即使期间很短，但价格的变动仍然很大，这就是所谓的**跳跃式价格过程**（jump price process），在这种情况下，价格在任何期间都可以改变。当价格变化是连续的时，就可以把二叉树模型纳入布莱克-斯科尔斯模型中去。这个模型是以其发明者布莱克和斯科尔斯的名字来命名的，在这个模型中，我们可以用少量的数字计算任何期权的价格，并且在计算期权时是非常准确的。

模　型

因为布莱克-斯科尔斯模型的推导过程非常复杂，我们在此就不说明了。这个模型也是以构建复制资产组合开始，并且这个组合中的无风险资产与期权也有相同的现金流量，因此，期权的价格与复制资产组合的价格也是相同的。在布莱克-斯科尔斯模型中，看涨期权的价值可以用以下五个变量来描述：

S＝标的资产的当前价格
K＝期权的执行价格
t＝期权的到期期限
r＝无风险资产的利率
σ^2＝标的资产的方差

期权价格的计算如下：

$$期权的价格=SN(d_1)-Ke^{-rt}N(d_2)$$

$$d_1=\frac{\ln\left(\frac{S}{K}\right)+\left(r+\frac{\sigma^2}{2}\right)t}{\sigma\sqrt{t}}$$

$$d_2=d_1-\sigma\sqrt{t}$$

注意，e^{-rt}代表的是现值，期权只有在到期时才会被执行。$N(d_1)$ 和 $N(d_2)$ 代表概率，通过累积标准二项分布以及期权的 d_1 和 d_2 值计算而来。图 A4—8 列示了累积分布的计算方法。

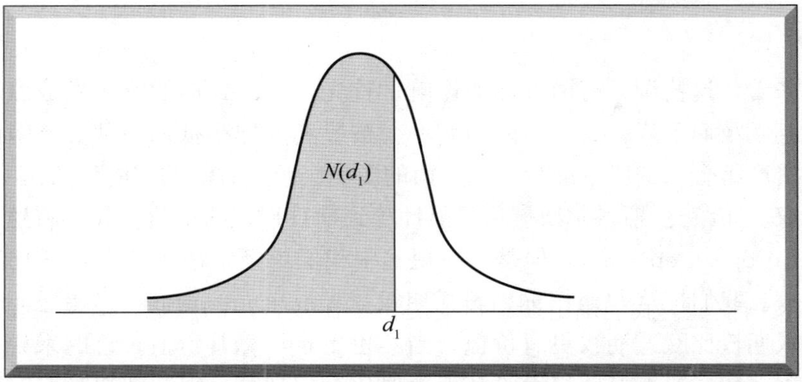

图 A4—8　累积正态分布

越接近到期日，当所有者行使期权时就有更大的可能性产生正的现金流量，例如，在看涨期权时的 $S>K$，或者在看跌期权时的 $K>S$。复制资产组合是通过购买 $N(d_1)$ 份标的资产和借入 $Ke^{-rt}N(d_2)$ 美元构成的。这个复制资产组合和看涨期权有相同的现金流量并且和看涨期权有相同的价格。复制资产组合中所需要购买的 $N(d_1)$ 股股票，我们将之称为**期权 Δ**（option delta）。

模型的局限和修正

布莱克-斯科尔斯模型只能用于计算到期行权的期权，并且要求标的资产不能分红。另外，还需要假定当行权后，标的资产的价值不会受影响。在现实生活中，资产会派发股利，期权可能会被提前行权，并且期权的行权会影响到标的资产的价值。因为这个模型不太完美，我们对布莱克-斯科尔斯模型的某些地方做了一些修正。

股利。支付股利会降低股票的价格；而且在派发股利之前，股票的价格也会下降。因此，当期望股利增加时，看涨期权的价值会变小，看跌期权的价值会变大。这里有两种方法来对布莱克-斯科尔斯模型进行相应的修正。

(1) 短期期权。第一种方法就是从资产的现价（S）中减去在期权有效期内标的资产发放的股利的现值。

修正的股价＝股票现值—期权有效期内标的资产发放的股利的现值

(2) 长期期权。当期权为长期期权时，计算期间内股利的现值就不太现实，我们可以用另外一种方法替代。我们假设在整个期权的期间内，标的资产的股利分配率（y＝股利/资产的当前价值）保持不变，就可以对布莱克-斯科尔斯模型修正发放股利的情况。

$$C=Se^{-yt}N(d_1)-Ke^{-rt}N(d_2)$$

其中，

$$d_1=\frac{\ln\left(\frac{S}{K}\right)+\left(r-y+\frac{\sigma^2}{2}\right)t}{\sigma\sqrt{t}}$$

$$d_2=d_1-\sigma\sqrt{t}$$

从直观来看，这些调整有两方面的影响。首先，考虑到标的资产发放股利，资产的价值会因股利发放而下降；其次，因为利率会被股利分配率抵消一部分，因此会使持有资产（复制资产组合）的成本减少。两方面的影响会减少看涨期权的价值。

提前行权。布莱克-斯科尔斯模型只能计算到期日行权的价值。我们将这种期权称为**欧式期权**（European options）。但是，在现实中我们更经常碰到的是在任何时候都可以被行权的期权。我们把这种期权称为**美式期权**（American options）。在任何时候都可以被行权的美式期权比欧式期权更有价值，当然也更难计算其价值。总的来说，期权是可以交易的，大多数情况下将期权卖给其他人要比行权划算，因为期权具有时间价值——例如，卖掉期权可能赚得更多。这里有两种例外情况：一种是因标的资产发放大量股利而导致资产的期望价值减少，在这种情况下，如果期权的时间价值小于因股利发放而引起的资产价值减少的期望值，看涨期权可能在股利发放之前就被行权；另外一种情况就是，在利率非常高的时候，投资者持有标的资产和价内看跌期权——看跌期权的成交价格高于标的资产的当前价格，在这种情况下，看跌期权的时间溢价可能小于提前行权所带来的潜在收益，提前行权还能以行权价格来赚取利息。

这里有两种方法来解决提前行权对期权价值的影响：一种就是继续使用布莱克-斯科尔斯模型，并认为计算结果是对真实结果的保守估计；另一种方法就是将提前行权加入到模型中，有两种解决的方法。一种是利用布莱克-斯科尔斯模型计算每一个可能行权日的期权价值，因为期权是建立在股票基础上的，因此需要计算每个股利分配日之前期权的价值，并且要选择其中的最大值。第二种方法就是将提前行权的可能性放入修正的二叉树模型来考虑。在这种情况下，每期资产价格的上下移动可以根据方差和期间长短来估算。①

行权对标的资产价值的影响。布莱克-斯科尔斯模型是建立在期权的行使不影响标的资产价值的基础上的。这可能对上市期权来说是真实的，但是对于大多数期权来说是不太可能的。例如，认股权证的行权会导致在外流通股数量的增加以及公司现金流的增加，这两方面都会影响股票的价格。同其他期权相比，行权后负面的影响（稀释）就会降低认股权证的价值。在布莱克-斯科尔斯模型中，考虑稀释对股票价格的影响是非常简单的。我们对因为行权被稀释的股票进行价格的调整。在认股权证的例子中，

---

① 举例来说，如果 σ^2 为 ln（股价）的方差，二叉树中的上下移动可估计如下：

$$u=e^{\left[\left(r-\frac{\sigma^2}{2}\right)\left(\frac{T}{m}\right)+\sqrt{\frac{\sigma^2T}{m}}\right]}$$

$$d=e^{\left[\left(r-\frac{\sigma^2}{2}\right)\left(\frac{T}{m}\right)-\sqrt{\frac{\sigma^2T}{m}}\right]}$$

式中，u 和 d 是二叉树中每期的上下移动，T 是期权的期限，而 m 是期权的期数。

$$稀释后调整的\ S=\frac{Sn_S+Wn_W}{n_S+n_W}$$

其中，

$S=$ 股票的现值

$n_w=$在外流通的认股权证数量

$W=$ 在外流通的认股权证价值

$n_S=$在外流通的股票数量

当认股权证被行权时，在外流通的股票数量会增加，股票的价值会降低。这反映了包括股票和在外流通的认股权证在内的公司的市场价值。股价的下降也会导致看涨期权价值的下降。

这个研究有一定的内生性，因为认股权证的价值被用来计算稀释调整后的股价，而稀释调整后的股价又被用来计算认股权证的价值。我们可以从假定的认股权证的价值（行权价值或者认股权证的当前价值）开始。这样我们就可以得到认股权证价值，并且利用这个数值再次估算认股权证的价值，直到完成。

结　论

期权是一项依附于标的资产而存在的资产。在期权行权日之前，看涨期权赋予其持有者以固定价格购买标的资产的权利，而看跌期权赋予其持有者以固定价格出售其标的资产的权利。期权的价值是由六个因素决定的：标的资产的当前价值、方差、执行价格、期权的期限、无风险利率和期望股利。我们列举了二叉树模型和布莱克-斯科尔斯模型，这两个模型都是通过构建一个包括标的资产和无风险买入或卖空的复制资产组合来计算期权的价值。

译后记

这是世界公认的最好的公司财务教材，它把复杂的财务概念用一种容易阅读、容易理解的方式表达出来，有效地把理论和实践结合起来。这是我见过的公司财务领域最精深、最浅显易懂、最前沿又最切合实际、理论与实际结合最完美的优秀著作。

目前在中国，绝大多数大学都设有公司财务专业，但培育人才的核心还是在理论层面，而对于如何运用理论，如何实际运用公司财务的教学却非常少，真正懂得如何应用财务理论的专业人才远远不足。因此希望本书的翻译能够对中国的公司财务应用起到一定的推动作用。

达摩达兰博士是纽约大学商学院教授，全球最权威的财务学教授之一，主要教授MBA公司财务和估值课程，同时还在许多主要的投资银行讲授公司财务和估值培训课程。他的研究领域包括估值、投资组合与应用公司财务，曾在金融财务领域最权威的杂志《金融期刊》、《金融经济期刊》、《金融研究评论》上发表了多篇富有影响的论文，成果丰硕。他著作丰富，著有4本有关估值的著作（《达摩达兰论估值》、《投资估价》、《深入价值评估》和《简明估值手册》）、2本有关公司财务的著作（《公司财务：理论与实践》、《应用公司财务》）、1本有关投资管理的著作（《投资管理》）、2本有关投资组合管理的著作（《投资哲学》、《投资寓言》）、1本有关战略风险管理的著作（《驾驭风险》）。但他认为他首先是一个教师，而不是学者、教授或作者。他曾获得大量教学突出奖，并且是纽约大学最年轻的教学突出贡献奖获得者。1994 年他荣获《商业周刊》评选的全美商学院 12 个最佳教师奖，2011 年获《商业周刊》最受 MBA 欢迎的教师奖。他的教材一直以来是公司财务的畅销书，而本书是最畅销的代表作。

达摩达兰博士非常强调理论和模型的运用和适用性，本书可读性强，容易理解，在本书中你找不到金融财务理论复杂的数学推导和评价，但其有关有效市场假设、证券组合理论、资本资产定价模型、资本结构理论、期权定价模型等西方当今最流行的财务理论的描述会让你一目了然、茅塞顿开，尤其是近几年日益盛行的行为金融、金融危机与财务危机理论也在本书中有非常好的体现。更重要的是，贯穿全书的全球五家不同类型公司的案例分析使得本书论述生动形象。本书注重如何培养和运用现代公司财务理念，而不是局限于理论分析；本书通俗易懂、实用性强、信息含量大、价值高。通过本书你不仅能学到公司财务方法，有助于公司财务实务决策，还能享受公司财务的乐趣。我认为本书在以下七方面值得我坚决推荐：

1. 应用性强。本书认为理论模型是我们分析问题、解决问题的工具，因此公司财务的核心原则建立在常识的基础上，目的是应用。本书提供了学生和实务人员所需要的一切可能的内容，而不是理论争论、假设和模型，把公司财务应用于真实的公司决策中。通过有效的分析模型和工具致力于把公司财务理论转化为现实的财务分析，可以说是完全从使用者的视角出发、利用真实公司的真实数据解决现实问题的唯一的一本公司财务教材。

2. 框架严谨。本书阐述了世界上公司财务的基本观点，即任何一个企业所作的决策可以分成投资决策、融资决策、股利决策，并总结归纳为一个完整的框架图，构建各模块的决策原则，通过这个框架能够解释每天发生在我们周围的事件，并且能够为未来的决策提供合理的预测。

3. 决策原则一致。决策原则同时适用于大型企业和小型企业、国内企业和外国企业、上市企业与非上市企业；国内财务决策和跨国财务决策；短期投资和长期投资。作者通过一致性原则强调财务决策的共性而不是差别，强调不同公司在不同市场做出不同决策时所采用的公司财务准则的普遍性。

4. 全过程案例。这是本书的亮点，本书用五家公司贯穿全书来阐述公司财务的各个方面概念和决策原则，而不是不涉及其中某一些章节的内容；包括一家大型美国上市公司（迪士尼公司）、一家小型新兴市场商品公司（巴西的鹦鹉纸浆公司）、一家印度家族集团控股的制造公司（塔塔化学公司）、一家金融公司（德意志银行），以及一家小规模的私人企业（书景书店）。本书中的案例不仅仅是为了解释理论，更是理论与案例相辅相成的完美体现。

5. 技术性强。本书的另一个重要特色是作者花费大量时间建立的个人网站（http://pages.stern.nyu.edu/～adamodar/），在网站上建立了大量的真实有用的不断更新的数据库，还提供了大量的辅助材料，尤其是各种财务 Excel 决策模型表格。这使本书不仅仅是一本书，而是掌握整个财务决策的钥匙，这些资料和模型可以帮助读者更好地理解财务决策的原理和现实决策过程，这将使学习公司财务的过程变得妙趣横生。

6. 易学有用。即使没有任何财务经验的学生也能把本书学好。本书不仅网站上有相关教辅材料和模型，为了便于学习和理解并使理论与现实相结合，还不断引入一些主动学习的内容、概念思考问题来引导读者去思考和分析现实。尤其是每章结束时的“真实案例研究”专栏的分析框架，便于读者将该章的原理运用于任意一家公司的分析中。

7. 内容新颖。本书专门针对2008年的金融危机，引入权益风险溢价和债务危机成本相关内容。将一些行为金融上的研究成果结合在投资、融资和股利决策中。

本书的翻译是集体合作的结晶。本书由中欧商学院芮萌教授组织翻译，其中上海财经大学孙红博士在本书的翻译过程中做了大量的基础性工作，中欧商学院芮萌教授与张逸民教授对全书进行最终的统一校对。感谢云南财经大学副教授纳超洪博士对本书的审阅勘误，同时也感谢马媛老师对最后一章提出的详细建议，感谢硕士研究生储璐雅、侯永平、高曦、聂兰苏，她们是一年级硕士新生及二年级硕士生，她们分别阅读了部分章节，并从学生的角度提出翻译是否到位和是否容易理解的建议。本书在翻译过程中得到了香港中文大学商学院的支持，也非常感谢中国人民大学出版社的高晓斐编辑对我的信任和宽容。为了把本书翻译好，我们比原计划多花了两个月时间审校。

尽管我们尽力做好本书的翻译工作，力求既能保持原味又符合中国的表达习惯，但由于我们水平和时间有限，书中翻译不确切甚至可能存在错误之处，敬请读者批评指正。

本书主要针对MBA、EMBA等学生，同时也是本科和研究生难得的好教材和教学参考书，更是广大理论和实务工作者必备的参考书和工具书。

Applied Corporate Finance，3rd edition by Aswath Damodaran
ISBN：D/ 0470384646

图书在版编目（CIP）数据

应用公司财务：第3版/达摩达兰著；芮萌，张逸民译．—北京：中国人民大学出版社，2012.7
（金融学译丛）
ISBN 978-7-300-16034-4

Ⅰ.①应…　Ⅱ.①达…②芮…③张…　Ⅲ.①公司-财务管理　Ⅳ.①F276.6

中国版本图书馆CIP数据核字（2012）第132641号

金融学译丛
应用公司财务（第三版）
阿斯沃思·达摩达兰　著
芮　萌　张逸民　译
Yingyong Gongsi Caiwu

出版发行	中国人民大学出版社		
社　　址	北京中关村大街31号	**邮政编码**	100080
电　　话	010－62511242（总编室）		010－62511770（质管部）
	010－82501766（邮购部）		010－62514148（门市部）
	010－62515195（发行公司）		010－62515275（盗版举报）
网　　址	http://www.crup.com.cn		
经　　销	新华书店		
印　　刷	涿州市星河印刷有限公司		
开　　本	787 mm×1092 mm　1/16	**版　　次**	2012年7月第1版
印　　张	43.75 插页1	**印　　次**	2024年11月第10次印刷
字　　数	996 000	**定　　价**	108.00元

教学支持说明

1. 教辅资源获取方式

为秉承中国人民大学出版社对教材类产品一贯的教学支持，我们将向采纳本书作为教材的教师免费提供丰富的教辅资源。您可直接到中国人民大学出版社官网的教师服务中心注册下载——http://www.crup.com.cn/Teacher。

如遇到注册、搜索等技术问题，可咨询网页右下角在线 QQ 客服，周一到周五工作时间有专人负责处理。

注册成为我社教师会员后，您可长期根据您所属的课程类别申请纸质样书、电子样书和教辅资源，自行完成免费下载。您也可登录我社官网的“教师服务中心”，我们经常举办赠送纸质样书、赠送电子样书、线上直播、资源下载、全国各专业培训及会议信息共享等网上教材进校园活动，期待您的积极参与！

2. 高校教师可加入下述学科教师 QQ 交流群，获取更多教学服务

经济类教师交流群：781029042

财政金融教师交流群：182073309

国际贸易教师交流群：162921240

税收教师交流群：119667851

3. 购书联系方式

网上书店咨询电话：010－82501766

邮购咨询电话：010－62515351

团购咨询电话：010－62513136

中国人民大学出版社经济分社

地址：北京市海淀区中关村大街甲 59 号文化大厦 1506 室　100872

电话：010－62513572　010－62515803

传真：010－62514775

E-mail：jjfs@crup.com.cn

John Wiley 教学支持信息反馈表

www.wiley.com

老师您好，若您需要与 John Wiley 教材配套的教辅（免费），烦请填写本表并传真给我们。也可联络 John Wiley 北京代表处索取本表的电子文件，填好后 e-mail 给我们。

原书信息

原版 ISBN：

英文书名（Title）：

版次（Edition）：

作者（Author）：

配套教辅可能包含下列一项或多项

教师用书（或指导手册）	习题解答	习题库	PPT 讲义	学生指导手册（非免费）	其他

教师信息

学校名称：

院/系名称：

课程名称（Course Name）：

年级/程度（Year / Level）：□大专　□本科 Grade：1 2 3 4　□硕士　□博士　□MBA　□EMBA

课程性质（多选项）：□必修课　□选修课　□国外合作办学项目　□指定的双语课程

学年（学期）：□春季　□秋季　□整学年使用　□其他（起止月份________）

使用的教材版本：□中文版　□英文影印（改编）版　□进口英文原版（购买价格为____元）

学生：____个班共____人

授课教师姓名：

电话：

传真：

E-mail：

联系地址：

邮编：

约翰威立股份有限公司北京代表处

John Wiley & Sons（Asia）Pte Ltd

北京市海淀区北太平庄路 18 号，城建大厦 A 座 506-509 室（邮政编码 100088）

TEL：86-10-82093615　　FAX：86-10-82255877

Email：iwang@wiley.com